中国应急管理年鉴

(2020年卷)

中华人民共和国应急管理部　编

应急管理出版社

·北　京·

编 写 说 明

2020年，是新中国历史上极不平凡的一年，应急管理工作遇到许多艰难挑战，取得显著成绩。新冠肺炎疫情的突然暴发，1998年以来最严重汛情的发生，国内外环境的深刻复杂变化，给应急管理工作带来一系列严重冲击。一年来，全国应急管理系统在以习近平同志为核心的党中央坚强领导下，坚持以习近平新时代中国特色社会主义思想为指导，全面贯彻党的十九大和十九届二中、三中、四中、五中全会精神，深入贯彻落实习近平总书记关于应急管理重要论述和党中央、国务院决策部署，坚持人民至上、生命至上，抗疫情、战洪水、防风险、化危机，不断强化防灾减灾救灾能力，有力有序有效应对处置了一系列灾害事故，系统推进了应急管理事业创新发展，取得了新中国成立以来“三个历史最低、两个历史首次”（自然灾害死亡失踪人数历史最低、生产安全事故起数和死亡人数历史最低、重特大事故起数和死亡人数历史最低，首次未发生特别重大事故，首次化工、烟花爆竹、非煤矿山、工商贸重点行业领域同时未发生重特大事故）的成绩，保持了安全形势的总体平稳，为全面建成小康社会和“十三五”规划圆满收官营造了良好安全环境。

应急管理部组织编撰的《中国应急管理年鉴（2020年卷）》（简称《年鉴》）紧紧围绕应急管理部党委中心工作任务，全景式记录了2020年我国应急管理事业创新发展和重要工作进展情况。主要内容以全国应急管理系统各单位报送的材料为基础，并参阅主流媒体、部委门户网站和《中国应急管理报》等媒体的公开报道，进行整理、编辑和加工，最终形成此稿，共计约58万字。同时，文中还配置了一些照片和图、表。具体说明如下：

一、《年鉴》编写工作坚持权威、全面、系统、准确的原则，力求做到宗旨明确、重点突出、系统完整、层次清晰、客观记载、行文规范，以使之真正起到记载过往、鉴启未来、资政育人的作用。

二、《年鉴》内容共十一篇，包括党中央、国务院重大部署，应急管理综述，安全生产和消防安全，防灾减灾救灾，应急救援，基础保障与能力建设，党的建设，英雄模范，地方应急管理，典型事故案例和附录。

三、考虑到《年鉴》为公开出版发行图书，事故案例均引用已结案批复的事故调查报告。

四、《年鉴》重点收录了应急管理系统 2020 年的主要工作信息。所涉信息除特殊注明外，时间均为 2020 年。

五、为方便读者阅读和使用，并克服纸质版容量有限等问题，文中加载了部分重要文件和媒体报道内容的二维码。

六、《年鉴》编写工作由应急管理部办公厅牵头，会同应急管理部信息研究院及应急管理出版社共同完成，并得到了应急管理部机关各司局、部属各单位和各省级应急管理部门、单位的大力支持。

《中国应急管理年鉴》编写组

2021 年 3 月

目　录

第一篇　党中央、国务院重大部署

第二篇　应急管理综述

第三篇　安全生产和消防安全

第四篇 防灾减灾救灾

第五篇 应急救援

第六篇 基础保障和能力建设

第七篇 党的建设

第八篇　英　雄　模　范

第九篇　地方应急管理

第十篇　典型事故案例

第十一篇　附　　录

第一篇

党中央、国务院重大部署

第一章　重　大　决　策

一、习近平对安全生产作出重要指示　强调树牢安全发展理念　从根本上消除事故隐患　有效遏制重特大事故发生

新华社北京4月10日电　中共中央总书记、国家主席、中央军委主席习近平近日就安全生产作出重要指示强调，当前，全国正在复工复产，要加强安全生产监管，分区分类加强安全监管执法，强化企业主体责任落实，牢牢守住安全生产底线，切实维护人民群众生命财产安全。习近平指出，从2019年的情况看，全国安全生产事故总量、较大事故和重特大事故实现“三个继续下降”，安全生产形势进一步好转，但风险隐患仍然很多，这方面还有大量工作要做。习近平强调，生命重于泰山。各级党委和政府务必把安全生产摆到重要位置，树牢安全发展理念，绝不能只重发展不顾安全，更不能将其视作无关痛痒的事，搞形式主义、官僚主义。要针对安全生产事故主要特点和突出问题，层层压实责任，狠抓整改落实，强化风险防控，从根本上消除事故隐患，有效遏制重特大事故发生。

二、习近平对防汛救灾工作作出重要指示　要求统筹做好疫情防控和防汛救灾工作　切实把确保人民生命安全放在第一位落到实处

新华社北京6月28日电　中共中央总书记、国家主席、中央军委主席习近平对防汛救灾工作作出重要指示。习近平指出，6月以来，我国江南、华南、西南暴雨明显增多，多地发生洪涝地质灾害，各地区各有关部门坚决贯彻党中央决策部署，全力做好洪涝地质灾害防御和应急抢险救援等工作，防灾救灾取得积极成效。习近平强调，当前，我国多地进入主汛期，一些地区汛情严峻，近期即将进入台风多发季节。国家防总等部门要加强统筹协调，指导相关地区做好防汛、防台风等工作。习近平要求，各地区和有关部门要坚持人民至上、生命至上，统筹做好疫情防控和防汛救灾工作，坚决落实责任制，坚持预防预备和应急处突相结合，加强汛情监测，及时排查风险隐患，有力组织抢险救灾，妥善安置受灾群众，维护好生产生活秩序，切实把确保人民生命安全放在第一位落到实处。

三、习近平对进一步做好防汛救灾工作作出重要指示　要求压实责任　勇于担当　深入一线　靠前指挥　尽最大努力保障人民群众生命财产安全

新华社北京7月12日电　中共中央总书记、国家主席、中央军委主席习近平对进一步做好防汛救灾工作作出重要指示。习近平指出，近期，长江、淮河等流域，洞庭湖、鄱阳湖、太湖等湖泊处于超警戒水位，重庆、江西、安徽、湖北、湖南、江苏、浙江等地发生严重洪涝灾害，造成人员伤亡和财产损失，防汛形势十分

严峻。习近平强调，当前，已进入防汛的关键时期，各级党委和政府要压实责任、勇于担当，各级领导干部要深入一线、靠前指挥，组织广大干部群众，采取更加有力有效的措施，切实做好监测预警、堤库排查、应急处置、受灾群众安置等各项工作，全力抢险救援，尽最大努力保障人民群众生命财产安全。国家防总、应急管理部、水利部等部门要加强统筹协调，科学调配救援力量和救灾物资。驻地解放军和武警部队要积极参与抢险救灾工作。习近平要求，各地区各有关部门要在抓好防汛救灾各项工作的同时，精心谋划灾后重建，尽快恢复生产生活秩序。要认真做好受灾困难群众帮扶救助，防止因灾致贫返贫。

四、习近平主持中共中央政治局常务委员会会议 研究部署防汛救灾工作

2020 年 7 月 17 日，中共中央政治局常务委员会召开会议，研究部署防汛救灾工作。中共中央总书记习近平主持会议并发表重要讲话。习近平指出，6 月份以来，在党中央坚强领导下，防洪救灾体系发挥重要作用，防汛救灾工作有序有力推进，取得了积极成效。当前，全国防汛进入“七下八上”阶段，长江流域中上游地区降雨仍然偏多，黄河中上游、海河、松花江、淮河流域可能发生较重汛情，必须统筹抓好南北方江河安全度汛，加强组织领导和责任落实，坚持预防预备和应急处突相结合，加强统筹协调，强化协同配合，抓实抓细防汛救灾各项措施。各有关地区都要做好预案准备、队伍准备、物资准备、蓄滞洪区运用准备，宁可备而不用，不可用时无备。会议强调，党中央高度重视 2020 年的防汛救灾工作，各级党委和政府要全面落实防汛救灾主体责任，加强领导，守土尽责，切实把保障人民生命财产安全放到第一位。要精准预警严密防范，及时准确对雨情、水情等气象数据进行滚动预报。要强化重要堤防、重要设施防护，确保重要基础设施安全。要全力抢险救援救灾，努力将各类损失降到最低。要统筹做好疫情防控和抢险救灾工作，严格落实各项防控措施，避免疫情出现反弹。要精心谋划灾后恢复重建，要全面提高灾害防御能力，坚持以防为主、防抗救相结合，把重大工程建设、重要基础设施补短板、城市内涝治理、加强防灾备灾体系和能力建设等纳入“十四五”规划中统筹考虑。

五、习近平在安徽考察时对防汛救灾等工作作出重要指示

2020 年 8 月 18—21 日，中共中央总书记、国家主席、中央军委主席习近平在安徽考察，听取安徽省防汛工作情况介绍，了解防汛抗洪、企业灾后恢复生产和受灾群众等情况，亲切看望慰问在防汛抗洪救灾斗争中牺牲同志的家属、防汛抗洪一线人员、先进典型代表和参加抗洪抢险的部队官兵，就统筹推进常态化疫情防控和经济社会发展工作、加强防汛救灾和灾后恢复重建作出重要指示。习近平强调，要把治理淮河的经验总结好，认真谋划“十四五”时期淮河治理方案。要坚持湿地蓄洪区的定位和规划，尽快恢复生态湿地蓄洪区的行蓄洪功能和生态保护功能。要根据蓄洪区特点安排群众生产生活，扬长避短，同时引导和鼓励乡亲们逐步搬离出去，确保蓄洪区人口不再增多。习近平指出，当前，南方有关地方要继续抓好防汛救灾工作，同时要严防次生灾害。北方

有关地方要对可能发生的汛情加强警戒和防范，全面落实防汛救灾各项工作，确保安全度汛，确保人民群众生命财产安全。习近平强调，当前，防汛救灾任务仍很艰巨，各级党委和政府要发扬不怕疲劳、连续作战的作风，做好防汛救灾和灾后恢复重建工作，支持受灾企业复工复产。要坚持以防为主、防抗救相结合，结合“十四五”规划，聚焦河流湖泊安全、生态环境安全、城市防洪安全，谋划建设一批基础性、枢纽性的重大项目。

第二章　重要会议活动

一、李克强对安全生产作出重要批示　强调树牢安全发展理念　全面开展安全生产专项整治三年行动　切实维护人民群众生命财产安全

新华社北京 4 月 10 日电　中共中央政治局常委、国务院总理李克强作出批示指出，当前，全国正处于统筹推进新冠肺炎疫情防控和复工复产的关键时期，安全生产意识和工作丝毫不能放松。各地区、各有关部门和各单位要坚持以习近平新时代中国特色社会主义思想为指导，认真贯彻落实党中央、国务院决策部署，树牢安全发展理念，层层压实责任，深入排查各领域各环节安全生产隐患，全面开展安全生产专项整治三年行动，坚持系统治理、精准施策，扎实推进危险化学品、矿山、交通运输、工业园、城市建设、危险废物等重点领域安全整治，确保见到实效；加快建立健全安全生产责任和管理制度体系、隐患排查治理和风险防控体系，加强监管执法和安全服务，坚决遏制重特大事故发生，切实维护人民群众生命财产安全。

二、李克强作政府工作报告，对应急管理工作提出要求

2020 年 5 月 22 日 9 时，十三届全国人大三次会议开幕会在人民大会堂举行，国务院总理李克强作政府工作报告。关于应急管理工作，政府工作报告在第八项“围绕保障和改善民生，推动社会事业改革发展”部分中指出：“强化安全生产责任。加强洪涝、火灾、地震等灾害防御，做好气象服务，提高应急救援和防灾减灾能力。实施安全生产专项整治。坚决遏制重特大事故发生。”报告还指出：加强重大风险防控，坚决守住不发生系统性风险底线。加快危化品生产企业搬迁改造。对因灾因病遭遇暂时困难的人员，都要实施救助。要切实保障所有困难群众基本生活。

三、李克强主持召开国务院常务会议部署进一步做好防汛救灾工作　推进重大水利工程建设

2020 年 7 月 8 日，国务院总理李克强主持召开国务院常务会议，部署进一步做好防汛救灾工作。会议要求各地各有关部门要贯彻党中央、国务院部署，坚持生命至上，全力做好防汛救灾工作。一是压实各方责任，各级防汛责任人要下沉一线，强化监测预警，加强协调调度。二是切实做好大江大河流域防汛工作，加强中小河流防洪、中小水库除险和城市防涝。针对北方江河多年未来大洪水、防洪设施较薄弱等情况，抓紧部署做好黄淮海和松辽等地区防洪工作，健全会商联防机制，备齐防汛物资，强化水库、堤防等巡查防守，科学调度骨干防洪工程，做好蓄滞洪区运用准备，完善人员撤避预案，及时转移受威胁群众。三是加大物资和资金支持，帮

助地方妥善安置受灾群众、开展水毁工程修复和生产自救。同时，做好部分地区抗旱工作和旱涝急转应对。

四、李克强对全国安全生产电视电话会议作出重要批示　强调毫不放松做好安全生产各项工作　毫不松懈抓好防汛抗洪救灾工作

2020年7月31日，国务院安委会召开全国安全生产电视电话会议。中共中央政治局常委、国务院总理李克强作出重要批示。批示指出，2020年以来全国安全生产状况总体稳定，但风险隐患增多，形势依然严峻复杂，务必高度警觉和重视，毫不放松做好安全生产工作。各地区、各有关部门和单位要坚持以习近平新时代中国特色社会主义思想为指导，认真贯彻党中央、国务院决策部署，坚持“生命至上、安全第一”，强化安全发展理念，增强底线思维，进一步压实各方面各环节安全生产责任，抓实抓细安全生产专项整治和日常安全生产管理，深化各重点行业领域隐患排查治理，坚决遏制重特大事故发生。要继续指导和帮助南北方相关省份毫不松懈地抓好大江大河大湖和重要水库、河流防汛抗洪救灾工作，加强山洪泥石流等灾害防范，周密安置好受灾群众生活，支持地方灾后恢复生产、重建损毁房屋和设施，扎实做好沿海地区防台风准备，尽最大努力保障人民群众生命财产安全。

五、李克强在重庆考察时强调做好防汛救灾和恢复重建工作

2020年8月20—21日，中共中央政治局常委、国务院总理李克强在重庆考察。李克强一到重庆就赶赴受灾地区，强调要贯彻落实好习近平总书记对防汛救灾和灾后重建工作的重要指示精神，加强科学防洪调度，做好抢险救援、生产恢复等工作。他还到市重点水库考察，并察看洪水对低洼城区淹没情况，叮嘱要抓紧研究政策并建立直达受灾地区机制，支持地方加强水毁工程修复、防洪排涝等城市基础设施建设。李克强一连走进多家商户，并与群众和游客交流，了解因疫情和水灾造成的商家损失，考察消费和旅游恢复情况。李克强说，加快服务业全面复业带动消费扩大，对于巩固经济恢复性增长态势至关重要，要在做好常态化疫情防控下，发挥国家政策扶持作用，助力企业和商户渡过难关，促进旅游等服务业正常经营，释放巨大消费潜力。

六、刘鹤出席全国安全生产电视电话会议

2020年4月10日，全国安全生产电视电话会议在北京召开，传达学习习近平总书记重要指示和李克强批示，通报2019年以来的安全生产情况，并就统筹做好复工复产安全防范工作、扎实开展全国安全生产专项整治三年行动作出部署。中共中央政治局委员、国务院安委会主任刘鹤，国务委员、国务院安委会副主任王勇、赵克志出席。会议要求，要深入贯彻落实习近平总书记关于安全生产的重要指示精神，按照李克强批示要求，严格落实安全生产责任制，抓实抓细复工复产安全防范工作。要围绕从根本上消除事故隐患，在全国深入开展安全生产专项整治三年行动。要强化组织领导，把解决问题、推动企业主体责任落实作为整治的关键，进一步完善安全生产执法体系，提升基

础保障能力，加强应急处置，扎实推进安全生产治理体系和治理能力现代化，为全面建成小康社会营造稳定的安全生产环境。

七、王勇出席相关会议

2020 年 12 月 10 日，国务委员王勇出席全国安全生产工作视频会议并讲话。王勇强调，要深入贯彻习近平总书记关于加强安全生产的一系列重要指示精神和党的十九届五中全会部署，牢固树立安全发展理念，进一步采取有力措施，扎实做好岁末年初安全生产工作，坚决遏制重特大事故发生，为全面建成小康社会和“十四五”顺利开局营造安全稳定环境。王勇指出，2020 年以来全国安全生产形势总体稳定，但近期煤矿等行业事故多发，风险挑战十分严峻。各地区各有关部门和单位要深刻吸取事故教训，狠抓责任措施落实，守牢安全生产底线，真正把保护人民生命安全摆在首位。要紧密结合正在全国开展的安全生产专项整治三年行动，迅速开展全国安全生产专项督导检查，深化重点行业领域安全整治，严格监管执法，严厉打击屡禁不止、屡罚不改等违法违规行为，问题突出的依法停产整顿或关闭取缔。对近期煤矿事故要严肃查处追责，全面排查整治煤矿等重点领域安全隐患，确保各类企业全覆盖、各系统各环节全覆盖，坚决防范各类生产安全风险，扎实推动全国安全生产形势持续稳定好转。

2020 年 7 月 2 日，国务委员、国家防汛抗旱总指挥部总指挥王勇出席国家防汛抗旱总指挥部、国家减灾委员会专题会议暨全国自然灾害综合风险普查工作会议并讲话。王勇强调，要深入贯彻习近平总书记关于防汛救灾重要指示精神，认真落实党中央、国务院决策部署，坚持人民至上、生命至上，加强统筹协调，层层压实责任，进一步全力抓好防汛抗洪和防灾救灾各项工作，全力保障人民群众生命财产安全。王勇指出，当前我国南北方已经全面进入主汛期，强降雨天气频发，防汛形势十分严峻。各地各有关部门要切实增强责任感紧迫感，始终绷紧防大汛、抗大洪、抢大险、救大灾这根弦，进一步健全完善工作机制和应急预案，扎实做好江河洪水、山洪泥石流、城市内涝、强台风登陆等灾害的防范预警，预置配足应急救援力量，全面排查整治风险隐患，及时处置重大险情和转移安置群众，最大限度减少人员伤亡，坚决避免群死群伤。要高标准组织开展好第一次全国自然灾害综合风险普查工作，全面摸清灾害风险隐患，用好普查成果，为加强防灾减灾工作和促进经济社会发展提供有力支撑。

2020 年 9 月 18 日，国务委员、国家森林草原防灭火指挥部总指挥王勇在全国森林草原防灭火工作电视电话会议上强调，要深入贯彻习近平总书记关于防灾减灾救灾工作的一系列重要指示精神，落实李克强总理批示要求，坚持生命至上、安全第一，层层压实责任，紧密协作配合，全面排查整治风险隐患，坚决防范遏制森林草原重特大火灾发生，为决胜全面建成小康社会、决战脱贫攻坚营造安全稳定环境。王勇指出，当前已进入秋冬季防火期，火灾防控形势复杂严峻。各地区各相关部门和单位要认真贯彻党中央、国务院决策部署，进一步健全各级森防指组织指挥体系，压紧压实属地领导责任、部门管理责任和林草经营单位主体责任，扎实做好防大火、救大灾各项准备工作。加强中秋国庆等节假日和旅游高峰期火灾风险防范，紧盯重点人群、重点区域，强化源头管控，完善应急预案，靠前部署力量，及时发现处置早期火情。提升科学安全扑救能力，保障应急扑救人员安全。完善法规规划制度，加强人员、装备和基础设施建设，全面提升森林草原火灾综合防御能力，切实保障人民群众生命财产安全和国家生态安全。

第三章　重要法律法规、文件

一、中华人民共和国刑法修正案（十一）

2020 年 12 月 26 日，《中华人民共和国刑法修正案（十一）》由第十三届全国人民代表大会常务委员会第二十四次会议通过，自 2021 年 3 月 1 日起施行。修正案增设危险作业罪，修改强令、组织他人违章冒险作业罪，提供虚假证明文件罪，增设妨害安全驾驶罪，实现了事故前严重安全违法行为入刑、危害公交安全行为入刑。

二、中共中央办公厅　国务院办公厅印发《关于全面加强危险化学品安全生产工作的意见》

2020 年 2 月，中共中央办公厅、国务院办公厅印发《关于全面加强危险化学品安全生产工作的意见》。《意见》是党中央、国务院加快推进实现危险化学品安全生产治理体系和治理能力现代化的重要举措，提出从源头上防范化解危险化学品系统性安全风险，严格安全准入，严格标准规范，推进产业结构调整，深入开展安全风险排查。强化落实危险化学品企业主体责任，强化法治措施，加大失信约束力度，强化激励措施。并对危险废物监管失控、强化危险化学品安全基础保障提出针对性措施。

三、中共中央办公厅　国务院办公厅关于调整应急管理部职责机构编制的通知

2020 年 9 月，中共中央办公厅、国务院办公厅印发《关于调整应急管理部职责机构编制的通知》，将非煤矿山（含地质勘探）安全监管职责及相应编制划入国家矿山安全监察局。撤销安全生产基础司（海洋石油安全生产监督管理办公室），相关职责并入安全生产执法局。安全生产执法局更名为安全生产执法和工贸安全监督管理局，危险化学品安全监督管理司更名为危险化学品安全监督管理一司，增设危险化学品安全监督管理二司。

四、中共中央办公厅　国务院办公厅印发《关于深化应急管理综合行政执法改革的意见》的通知

2020 年 9 月，中共中央办公厅、国务院办公厅印发《关于深化应急管理综合行政执法改革的意见》（中办发〔2020〕35 号）。《意见》指出，深化应急管理综合行政执法改革，是解决安全生产、防灾减灾救灾、应急救援等应急管理领域突出问题，防范化解重大安全风险，保护人民群众生命财产安全和维护社会稳定的内在要求。深化应急管理综合行政执法改革工作坚持和加强党的全面领导、坚持优化协同高效、坚持全面依法行政、坚持准军事化管理、坚持统筹规划推进的原则，主要

任务包括整合监管执法职责、健全监管执法体系、加强执法队伍建设、下移执法重心、规范执法行为、完善执法方式、健全执法制度、突出加强安全生产监管执法、强化执法保障。

五、国务院办公厅关于开展第一次全国自然灾害综合风险普查的通知

2020 年 5 月 31 日，国务院办公厅印发《关于开展第一次全国自然灾害综合风险普查的通知》(国办发〔2020〕12 号)，定于 2020 年至 2022 年开展第一次全国自然灾害综合风险普查工作，成立国务院第一次全国自然灾害综合风险普查领导小组，领导小组办公室设在应急管理部，承担领导小组的日常工作。普查方案明确了三个基本目标：一是聚焦于自然灾害风险的基本要素的底数调查；二是全面调查和评估各地防灾减灾救灾的能力，包括各级政府、社会和基层三方面的防灾减灾救灾能力；三是通过开展风险评估和区划客观反映全国和各地区自然灾害综合风险水平。第一次全国自然灾害综合风险普查将为我国经济社会可持续发展的科学布局和功能区划提供科学依据，也将为我国开展自然灾害风险防范应对工作提供重要支撑。

六、国务院办公厅关于印发应急救援领域中央与地方财政事权和支出责任划分改革方案的通知

2020 年 7 月 4 日，国务院办公厅印发《应急救援领域中央与地方财政事权和支出责任划分改革方案》(国办发〔2020〕22 号)。《方案》指出，要健全充分发挥中央和地方两个积极性体制机制，优化政府间事权和财权划分，建立权责清晰、财力协调、区域均衡的中央和地方财政关系，形成稳定的各级政府事权、支出责任和财力相适应的制度，充分发挥我国应急管理体系特色和优势，积极推进我国应急管理体系和能力现代化。《方案》明确，从预防与应急准备、灾害事故风险隐患调查及监测预警、应急处置与救援救灾等方面划分应急救援领域中央与地方财政事权和支出责任。对现行划分较为科学合理、改革条件相对成熟的事项予以改革确认，对现行划分不尽合理、改革条件相对成熟的事项进行调整，适当加强中央在灾害事故风险隐患调查及监测预警方面的事权。

七、国务院办公厅关于印发国家森林草原火灾应急预案的通知

2020 年 10 月 26 日，国务院办公厅印发《国家森林草原火灾应急预案》(国办函〔2020〕99 号)。该预案合并了《国家森林火灾应急预案》和《全国草原火灾应急预案》，增加了主要任务、处置力量、火因火案查处、约谈整改、责任追究等章节，完善了组织指挥体系，优化了分级响应启动条件，补充了信息报送、响应措施、火场紧急避险、转移安置人员等内容，强化了安全扑救的有关要求。新预案的实施，对健全我国森林草原火灾应对机制，规范响应处置流程，特别是有效应对突发重特大森林草原火灾，保障人民群众生命和财产安全具有重要意义。

第二篇

应急管理综述

第一章　2020年中国应急管理综述

2020年，是新中国历史上极不平凡的一年，应急管理工作遇到许多艰难挑战，取得显著成绩。新冠肺炎疫情的突然暴发，1998年以来最严重汛情的发生，国内外环境的深刻复杂变化，给应急管理工作带来一系列严重冲击。一年来，全国应急管理系统在以习近平同志为核心的党中央坚强领导下，坚持以习近平新时代中国特色社会主义思想为指导，全面贯彻党的十九大和十九届二中、三中、四中、五中全会精神，深入贯彻落实习近平总书记关于应急管理重要论述和党中央、国务院决策部署，胸怀中华民族伟大复兴战略全局和世界百年未有之大变局两个大局，统筹发展和安全两件大事，坚持人民至上、生命至上，抗疫情、战洪水、防风险、化危机，经受了严峻考验。在各方面共同努力下，应急管理工作取得了新中国成立以来“三个历史最低、两个历史首次”（自然灾害死亡失踪人数历史最低、生产安全事故起数和死亡人数历史最低、重特大事故起数和死亡人数历史最低，首次未发生特别重大事故，首次化工、烟花爆竹、非煤矿山、工商贸重点行业领域同时未发生重特大事故）的成绩，保持了安全形势的总体平稳，为全面建成小康社会和“十三五”规划圆满收官营造了良好安全环境。

——安全生产形势总体稳定。2020年，全国共发生各类生产安全事故38050起、死亡27412人，同比分别下降14.7%和7.1%，已连续18年保持同比“双下降”。全年未发生特别重大事故，重特大事故起数连续10年保持同比下降，大部分行业领域安全状况好转。

——自然灾害防范应对成效明显。2020年，在各类安全风险明显上升的情形下，全国各种自然灾害共造成1.38亿人次受灾，591人因灾死亡失踪，589.1万人次紧急转移安置，10万间房屋倒塌；农作物受灾面积19957.7千公顷，其中绝收2706.1千公顷；直接经济损失3701.5亿元。与近5年均值相比，2020年全国受灾人次、因灾死亡失踪人数、倒塌房屋数量分别下降12%、43%和56%。

——灾害事故抢险救援高效有序。2020年，国家层面启动灾害事故应急响应61次；国家综合性消防救援队伍出动1255万余人次，现场营救被困人员16.3万人，疏散遇险人员42.4万人；国家安全生产专业应急救援队伍出动1.6万余人次，抢救遇险人员1517人。有效应对处置1998年以来最严重汛情、新疆伽师6.4级地震、西藏林芝“4·14”森林火灾、安徽阜阳戴家湖“7·26”涵闸重大险情、福建泉州欣佳酒店“3·7”坍塌、浙江温岭“6·13”槽罐车爆炸、山西临汾“8·29”饭店坍塌、重庆松藻煤矿“9·27”火灾、山西太原台骀山冰雕馆“10·1”火灾等重大灾害事故。

一、全力投入疫情防控伟大斗争

在国家危难关头挺身而出、迎难而上，全力投入新冠肺炎疫情防控的人民战争、总体战、阻击战，为疫情防控取得重大战略成果发挥了重要职能作用。一是强化组织调度与工作协同。认真学习贯彻习近平总书记关于疫情防控重要指示精神和党中央、国务院决策部署，积极参与国务院应对新冠肺炎疫情联防联控机制和地方疫情防控工作，及时组织会商研判分析，关键节点持续开展视频调度与部署推动，强化协同配合。二是大力支持湖北、武汉主战场和重点地区疫情防控（图 2-1-1）。消防救援队伍和国家安全生产专业应急救援队伍累计完成涉疫任务 16.7 万起，接送涉疫人员 2.3 万人，消杀面积 4500 余万平方米，转运医疗废弃物 341 吨，转运物资 3.2 万余吨；紧急调拨帐篷、折叠床等中央救灾物资 23.85 万件，有关做法被中央组织部选入学习贯彻习近平新时代中国特色社会主义思想案例。安排 2 架应急救援直升机驻守武汉承担空运任务，调派消防骨干力量进驻武汉火神山医院、雷神山医院 24 小时守护，组织防火专家组和技术组对 3600 余家定点医院、6100 家集中隔离点“一院一策”开展安全服务，组织安全服务组深入 1600 家防疫物资企业“一厂一策”开展安全风险隐患排查。三是统筹疫情防控和复工复产安全。创新制定八项措施，综合运用线上线下、蹲点盯守和专家服务等手段，指导企业落实安全措施，服务“六稳”“六保”① 大局。

三、奋力夺取防汛救灾重大胜利

面对 1998 年以来最严重汛情，全力以赴做好防汛救灾工作。一是加强统筹协调。坚持统分结合和防救协同，充分发挥应急管理部门综合优势和有关部门专业优势，国家防汛抗旱总指挥部 16 次启动应急响应，其中 2 次启动Ⅱ级响应共维持 24 天。汛期每日组织多部门和专家联合

图 2-1-1　消防救援队伍对交通枢纽开展全面洗消杀毒

① “六稳”：稳就业、稳金融、稳外贸、稳外资、稳投资、稳预期；“六保”：保居民就业、保基本民生、保市场主体、保粮食能源安全、保产业链供应稳定、保基层运转。

会商研判，24小时动态监测分析，派出75个工作组赴重点地区和抗洪一线督促指导，支援帮助地方解决实际困难。党委、政府加强领导，有关部门各司其职，军地双方高效协同，人民群众广泛参与，构筑起防汛救灾的坚固防线。高峰时期，长江中下游5省每日有70余万名干部群众在一线巡查防守。二是强化转移避险。把确保人民群众生命安全作为首要目标，把人员转移避险摆在突出位置，全国紧急转移安置群众525.7万人次，为近年来最多；洪涝灾害因灾死亡失踪279人，较近5年均值下降53%，创历史新低。三是全力抢险救援。根据汛情发展态势，提前在重点地区、重点部位预置消防救援、工程抢险等力量，跨区域调动3800余名消防指战员和130多台大型专业排涝装备驰援安徽、江西等重灾区（图2-1-2）。国家综合性消防救援队伍和安全生产专业应急救援队伍累计出动26.8万余人次，参与各类抗洪抢险救援2.3万余起，营救和疏散转移群众21余万人。下拨自然灾害防治体系建设补助资金65亿元，支持灾区抢险装备和基层备灾能力建设。四是有序开展救灾救助。启动国家Ⅳ级救灾应急响应15次，建立救灾资金和物资快速调拨机制，累计下拨中央自然灾害救灾资金135.5亿元、中央救灾物资19.5万件，有力保障了受灾群众基本生活和抢险救灾需要，没有发生一起因安置不到位导致的群体性事件。

三、全力以赴防控重大安全风险

深入贯彻安全发展理念，坚持抓要害抓关键，打出一套防范化解重大安全风险的组合拳。一是以非常之举解非常之困。落实习近平总书记重要指示精神，成立国务院督导组，完成对江苏安全生产问题“开小灶”专项整治督导，江苏省事故起数和死亡人数同比均下降60%以上，未发生重特大事故。对四川森林草原防灭火专项整治进行常驻督导。部署实施全国安全生产专项整治三年行动，分2个专题和9个行业领域推动实施，下大力气打一场攻坚战，着力从根本上消除事故隐患、从根本上解决问题。二是以最严格的措施化

图2-1-2 江西鄱阳湖中洲圩决口顺利合龙

解突出风险。中央出台全面加强危险化学品安全生产工作的意见；深入开展危险化学品企业分类整治、非法违法“小化工”专项整治和化工园区安全整治提升；建立“消地”联合监管重大危险源机制；汲取黎巴嫩贝鲁特重大爆炸事件教训，迅速开展 3 轮硝酸铵等危险化学品安全风险隐患专项排查治理；开展油气储存和长输管道企业安全风险隐患专项排查治理督导，整治烟花爆竹生产企业“一证多厂”问题，开展以信息化为引领的危险化学品企业双重预防体系建设试点，完成两轮危险化学品重点县专家指导服务。紧盯煤矿、非煤矿山、冶金、铝加工（深井铸造）、粉尘涉爆等重点行业领域重大风险，深入开展专项整治，广泛开展明查暗访，强化安全监管执法和事故提级调查，持续开展打通消防“生命通道”工程，深化大型综合体、高层建筑、餐饮娱乐等人员密集场所消防安全排查整治。全国共排查安全隐患 1462.8 万处，整改率 90.7%，其中重大隐患 1.02 万处，整改率 61.2%。针对道路交通、水上交通、建筑施工、农村房屋、渔业船舶等行业领域事故多发状况，及时督办整改。狠抓森林火灾源头防控和专项整治，森林火灾起数和受害森林面积同比分别下降 50.8% 和 36.9%。三是举一反三防止重蹈覆辙。对近 5 年 12 起特别重大事故整改措施落实情况开展“回头看”，总结反思、深化整改。国务院安委会严肃约谈 10 个地方政府和 4 家中央企业负责人。扎实推进明查暗访和安全检查服务常态化报道，发布年度生产安全事故十大典型案例和重点行业领域典型案例，强化警示教育，推动化危为机、转危为安。

四、积极推动完善应急管理体制机制

坚持改革方向不动摇，着力固根基、扬优势、补短板、强弱项。一是健全国家应急管理体系。针对新冠肺炎疫情防控中暴露出的问题，主动查找应急管理体系短板。深入推进防灾减灾救灾体制机制改革，制定健全地方防汛抗旱工作机制、健全完善地方森林草原防灭火工作机制两个指导意见，进一步理顺应急指挥体系。二是深化安全监管体制改革。中央出台深化应急管理综合行政执法改革意见，依托国家煤矿安全监察局组建国家矿山安全监察局，加强危险化学品监管机构和力量建设，进一步理顺危险化学品等行业领域部门安全监管职责。三是健全应急管理法制机制。推进《中华人民共和国安全生产法》《中华人民共和国突发事件应对法》修改和《中华人民共和国危险化学品安全法》制定工作，推动在《中华人民共和国刑法修正案（十一）》中增加危险作业罪等。国务院出台《应急救援领域中央与地方财政事权和支出责任划分改革方案》，修订发布《国家森林草原火灾应急预案》。集中发布 52 项安全生产、消防救援、减灾救灾与综合性应急管理标准。健全新闻宣传报道机制，强化安全知识宣传普及，形成良好社会效应。建立中国-东盟灾害管理部长级会议机制，加强应急管理国际交流合作。

五、加快构建应急管理能力体系

加强优化统筹国家应急能力建设。一是大力提升应急救援能力（图 2-1-3）。国家综合性消防救援队伍强化战斗力标准，调整组建地震灾害救援队 283 支，建设“10+2”森林消防综合应急救援拳头力量。积极推进航空应急救援体系建设，部署一批救援飞机和临时起降点，健全航空应急联动保障机制。新建成 13 个危险化学品、长输管道和隧道施工安全生产专

图 2-1-3　2020 年 1 月 2 日，应急管理部党组书记黄明在西昌市森林消防大队看望慰问，查看营区建设情况

业救援基地。加强自然灾害工程救援中心抗洪抢险专业力量建设。二是统筹推进自然灾害防治重点工程建设。组织召开 5 次自然灾害防治工作部际联席会议专题推进会，制定中央层面重大项目清单和跟踪督办办法，截至 2020 年底九项重点工程累计投入 4600 多亿元。开展第一次全国自然灾害综合风险普查，启动国家应急指挥总部建设，建成灾害综合风险监测预警系统（一期）。国家地震烈度速报与预警工程加快推进，台站建设完工率 96.34%，32 个预警中心全部启动建设。全年完成地震自动速报 363 次，正式速报 1063 次，国内地震自动速报平均用时约 2 分钟。三是推动健全统一的应急物资保障体系。加强应急物资保障顶层设计，进一步优化中央救灾物资储备布局，制修订中央救灾物资储备、军民融合应急物资动用等相关规定。建成应急资源管理平台，开展首次全国救灾物资储备核查，全面摸清各级救灾物资底数，实现全国救灾应急物资的实时查询和新采购中央救灾物资“一物一码”精细化管理。中央财政安排 28.58 亿元增储中央应急物资，实现了历史性突破增储；安排 25.74 亿元支持汛期遭受严重洪涝灾害的 10 个省份的县级及县以下配备救灾物资。四是持续提升科技支撑和人才保障能力。建成国家应急指挥综合业务系统，首次发射应急减灾二号 A、B 两颗卫星，“天眼”卫星监测系统、应急管理大数据应用平台和“应急一张图”持续升级。危险化学品生产企业储罐区重大危险源、煤矿和在用三等以上尾矿库实现全面联网监测。《“十四五”国家应急体系规划》纳入国家重点专项规划范围，中国地震科学实验场工程项目列为“十四五”国家重大科技基础设施项目。应急管理二级学科实现零的突破。

六、深入推进全面从严治党

自 2020 年 3 月 27 日起，应急管理部党组改设为党委，地方应急管理部门的党组也陆续改设党委。一是以党的政治建设为统领。强化政治机关意识教育，实施基层党组织建设质量提升三年行动，推动党支部标准化规范化建设，扎实推进“让党中央放心、让人民群众满意”模范机关创建，推进党建和业务深度融合。二是强化理论武装。深入学习贯彻习近平新时代中国特色社会主义思想，制作《生命重于泰山——学习习近平总书记关于安全生产重要论述》电视专题片，编发《习近平总书记重要训词精神学习读本》。中央组织部、中央党校（国家行政学院）、应急管理部举办省部级领导干部推进应急管理体系和能力现代化专题研讨班。三是加强党风廉政建设。健全完善工作机制，织密扎紧制度笼子，出台《中央自然灾害救灾资金管理暂行办法》等。通报违纪违法典型案件，开展警示教育，持之以恒正风肃纪，始终保持惩治腐败高压态势。制定信访举报处理和问题线索处置办法。出台为基层减负24项具体措施，切实解决困扰基层形式主义问题。四是提升职业荣誉感。设立应急管理系统一级英模、二级英模表彰奖励项目，应急管理部、人力资源和社会保障部印发《应急管理系统奖励暂行规定》。涌现出“感动中国2020年度人物”“中国消防忠诚卫士”陈陆和“时代楷模”九江市消防救援支队、“最美应急管理工作者”福州三坊七巷消防救援站等一批先进典型，增强全社会对应急管理职业尊崇。

当前，安全生产仍处于爬坡过坎期，自然灾害处于风险易发期，应急管理还存在许多短板弱项。一些地方应急管理机构职能转型、职责界定还不到位，一些重大决策部署还没有落地，力量布局、监管执法、物资储备、装备配备、科技支撑等方面还不适应严峻风险挑战需要，基层应急管理薄弱，干部人才队伍建设滞后。深入推进应急管理体系和能力现代化、防范化解重大安全风险，还有大量艰苦工作要做。

第二章 应急管理部重要会议活动

一、全国应急管理工作会议在京召开

2020年1月6—7日，全国应急管理工作会议在京召开（图2-2-1）。应急管理部党组书记黄明强调，要以习近平新时代中国特色社会主义思想为指导，全面贯彻落实党的十九大和十九届二中、三中、四中全会精神以及中央经济工作会议精神，深入学习贯彻习近平总书记关于应急管理重要论述，按照党中央、国务院决策部署，着力防风险、保稳定、建制度、补短板，全力防控重大安全风险，奋力推进应急管理体系和能力现代化，全面建设党和人民信得过靠得住能放心的队伍，为保护人民群众生命财产安全和维护社会稳定，实现“两个一百年”奋斗目标和中华民族伟大复兴的中国梦不懈奋斗。会议指出，2019年是应急管理部门组建到位后全面履职的第一年，是应急管理体系和能力建设整体谋划布局之年，新部门新机制新队伍的优势日益显现。会议强调，推进应急管理体系和能力现代化，既是一项紧迫任务，又是一项长期任务。各级应急管理部门要切实把思想和行动统一到习近平总书记重要讲话精神上来，倍加珍惜大好机遇，深刻认识肩负的职责使命，只争朝夕、奋发有为推进新时代应急管理事业改革发展。

二、应急管理部系统“不忘初心、牢记使命”主题教育总结大会召开

2020年1月14日，应急管理部系统“不忘初心、牢记使命”主题教育总结大会召开，深入学习贯彻习近平总书记重要讲话和中央主题教育总结大会精神，对部

图2-2-1 2020年1月6—7日，全国应急管理工作会议在京召开

系统主题教育进行总结，对持续推动部系统“不忘初心、牢记使命”进行部署。部党组书记黄明、中央第十一巡回督导组组长宋秀岩出席会议并讲话。会议指出，开展“不忘初心、牢记使命”主题教育，是以习近平同志为核心的党中央统揽伟大斗争、伟大工程、伟大事业、伟大梦想作出的重大战略部署，是应急管理部组建后第一次党内集中教育，为我们解决长期以来积累的问题，更好地适应新时代、担当新职责、履行新使命提供了难得的宝贵机遇。部党组坚决贯彻习近平总书记重要指示批示精神和中央有关部署，把开展好主题教育作为重大政治任务，在中央指导组（督导组）的有力指导下，牢牢把握守初心、担使命，找差距、抓落实的总要求，把学和做结合起来，把查和改贯通起来，坚持主题主线、抓好统筹推进，坚持联系实际、务求取得实效，坚持自我革命、纠治沉疴积弊，坚持以上率下、层层压实责任，扎实推进各项工作，达到了预期目的，取得了重要成果。会议要求，应急管理部机关和地震局、煤矿安监局、消防救援局、森林消防局要走好“第一方阵”，强化政治机关意识，在政治能力、领导班子、干部队伍、作用发挥等方面树立更高标准和要求。广大党员干部要切实把主题教育成效转化为政治成果、思想成果、精神成果和实践成果，自觉把个人价值追求与应急管理事业紧紧联系在一起，努力创造无愧于党和人民的业绩。

三、应急管理部召开应急管理系统2020 年党风廉政建设工作视频会议

2020 年 4 月 3 日，应急管理部召开应急管理系统 2020 年党风廉政建设工作视频会议，部党委书记黄明出席会议并讲话。黄明强调，要坚持以习近平新时代中国特色社会主义思想为指导，全面贯彻党的十九大和十九届二中、三中、四中全会精神，认真贯彻中央纪委四次全会部署，增强“四个意识”、坚定“四个自信”、做到“两个维护”，以党的政治建设为统领，坚持“严”的主基调，严格落实全面从严治党主体责任，深化自我革命，持续改进作风，坚决惩治腐败，大力营造风清气正的政治生态，努力建设让党和人民信得过靠得住能放心的队伍，以全面从严治党新成效推进应急管理体系和能力现代化。

四、国务院督导四川省森林草原防灭火专项整治工作动员会在四川成都召开

2020 年 5 月 7 日，国务院督导四川省森林草原防灭火专项整治工作动员会在四川成都召开（图 2-2-2）。国务院四川森林草原防灭火专项整治督导组组长、应急管理部党委书记黄明作动员讲话，传达习近平总书记重要指示精神和李克强总理等中央领导同志重要批示要求，通报专项整治督导工作安排，对做好专项整治督导工作提出要求。国务院督导组督导进驻时间为 2020 年 5 月至 7 月。专项整治督导范围包括思想认识、体制机制、责任落实、风险隐患、队伍建设、基础设施、宣传教育等方面，计划一年时间，分集中督导、整改提升、评估检验三个阶段。

五、应急管理部召开全系统学习贯彻全国两会精神视频会议

2020 年 5 月 28 日，应急管理部召开全系统视频会议，传达学习贯彻习近平总书记在全国两会期间的重要讲话精神和全

图 2-2-2　2020 年 5 月 7 日，国务院督导四川省森林草原防灭火专项整治工作动员会在四川成都召开

国两会精神。部党委书记、副部长黄明出席会议并讲话，强调要切实把思想和行动统一到习近平总书记重要讲话和全国两会精神上来，牢固树立人民至上、生命至上的理念，对国之大者心中有数，毫不放松统筹推进常态化疫情防控和安全风险防范各项工作，扎实做好“六稳”“六保”工作，为完成全年经济社会发展主要目标任务提供有力安全保障。会议指出，要把牢固树立人民至上、生命至上的理念作为应急管理部门的重要政治责任，坚持源头预防，坚守发展决不能以牺牲人的生命为代价这条不可逾越的底线红线。要把围绕中心、服务大局贯穿始终，充分发挥应急管理职能作用，把创新、协调、绿色、开放、共享的要求融入应急管理工作，以安全发展维护产业链、供应链安全，确保人民安全、经济安全、国家安全。要把改革创新、深化发展贯穿始终，着力从体制机制层面理顺关系、强化责任，加快建立应急管理法律法规预案标准体系，加快建设“智慧应急”新模式。要把防控风险、消除隐患贯穿始终，强化地方党政领导责任、部门监管责任和企业主体责任，扎实开展安全生产专项整治三年行动，加强洪涝、火灾、地震等灾害防御，提高应急救援和防灾减灾能力。

六、自然灾害防治工作部际联席会议第二次全体会议在京召开

2020 年 7 月 3 日，自然灾害防治工作部际联席会议第二次全体会议在京召开。会议进一步深入学习领会习近平总书记关于防汛救灾工作的重要指示精神，认真贯彻落实习近平总书记在中央财经委员会第三次会议上关于提高自然灾害防治能力的重要讲话精神和党中央决策部署，听取各牵头部门关于自然灾害防治九项重点工程实施进展情况的汇报，研究分析面临的形势和挑战，安排部署今后一段时间重点工作。部际联席会议召集人、应急管理部党委书记黄明主持会议并

讲话。

七、应急管理部党委召开中央巡视反馈意见整改工作动员部署会

2020 年 9 月 1 日，应急管理部党委召开中央巡视反馈意见整改工作动员部署会，深入学习贯彻习近平总书记关于巡视工作的重要讲话精神，认真落实中央巡视工作领导小组要求和中央巡视组反馈意见，统一思想，明确任务，对巡视整改工作进行动员部署。部党委书记黄明出席会议并讲话。会议强调，要深刻认识巡视整改是践行“两个维护”的具体行动、是推进应急管理事业改革发展的强大动力、是落实全面从严治党战略部署的重要举措，要提高政治站位、主动作为，增强巡视整改的思想自觉政治自觉行动自觉，正视问题和差距，切实通过整改及时校正偏差、保持正确前进方向。

八、应急管理部召开防灾减灾救灾工作地方经验交流视频会议

2020 年 10 月 14 日，应急管理部召开防灾减灾救灾工作地方经验交流视频会议，进一步深入学习贯彻习近平总书记关于防汛救灾和应急管理重要指示精神，总结交流防汛救灾工作的经验和做法，研究防灾减灾救灾和应急管理重点难点问题，促进各地相互学习、相互借鉴。部党委书记黄明主持会议并讲话，强调要认真学习贯彻习近平总书记在中央党校（国家行政学院）中青年干部培训班开班式上的重要讲话精神，坚持问题导向，不断在实战中总结，打一仗进一步，提高解决实际问题的能力。要及时交流分享好经验好做法，在全系统形成攻坚克难、创

新创造的生动局面，加快推进应急管理体系和能力现代化。

九、应急管理系统 2020 年警示教育大会在京召开

2020 年 10 月 22 日，应急管理系统 2020 年警示教育大会在京召开，部党委书记黄明出席会议并讲话。会议深入学习贯彻习近平总书记关于全面从严治党重要论述，认真落实中央巡视整改要求，深刻剖析违纪违法典型案例，督促各级党组织和广大党员干部以案为戒、以案明纪、以案促改，推动全面从严治党向纵深发展，为新时代应急管理事业改革发展提供坚强纪律保证。黄明要求，要清醒认识形势，切实增强从严管党治党的紧迫感、责任感。要正确把握全面从严治党总体形势，清醒认识全系统党风廉政建设存在的差距，始终保持政治上的清醒，以永远在路上的执着和韧劲，对标对表党中央决策部署，把“严”的主基调长期坚持下去。要正确把握党风廉政建设部署要求，清醒认识腐败问题呈现的领域差异和行业特点，综合施策、持续发力，强化针对性措施，提高治理能力，推动党风廉政建设和反腐败工作不断取得新成效。

十、应急管理部党委理论学习中心组（扩大）学习专题报告会召开

2020 年 11 月 3 日，应急管理部党委书记黄明主持召开部党委理论学习中心组（扩大）学习专题报告会，深入学习贯彻党的十九届五中全会精神。黄明强调，学习贯彻全会精神是当前和今后一个时期的重要政治任务，全系统各级党组织和广大党员干部要采取多种措施、运用多种方式把全会精神学习好领会好，联系思想实际

和工作实际，不折不扣抓好贯彻落实。要结合应急管理工作，深入思考我国发展环境面临深刻复杂变化给应急管理带来的新机遇新挑战，深入思考把握新发展阶段、贯彻新发展理念、构建新发展格局对应急管理的新要求，深入思考统筹发展和安全对应急管理工作的理论和实践要求，深入思考如何贯彻十九届五中全会精神谋划做好应急管理“十四五”规划编制工作，深入思考如何适应高质量发展要求推进应急管理高质量发展、推进应急管理体系和能力现代化，深入思考如何适应新时代新要求建设好应急管理部门、建设强应急管理队伍。

十一、应急管理部党委理论学习中心组（扩大）举办学习贯彻党的十九届五中全会精神第二场专题辅导报告会

2020 年 12 月 4 日，应急管理部党委理论学习中心组（扩大）举办学习贯彻党的十九届五中全会精神第二场专题辅导报告会。部党委书记黄明主持报告会，黄明指出，党的十九届五中全会召开以来，部党委组织各级党组织和广大党员干部采取多项举措、运用多种方式，认真学习领会和贯彻落实全会精神，取得初步成效。要持续下功夫，切实把习近平总书记重要讲话精神和《中共中央关于制定国民经济和社会发展第十四个五年规划和二〇三五年远景目标的建议》部署转化为共同认识和坚定行动。黄明强调，要在领会精神实质上持续走深走实，在抓好贯彻落实上持续走深走实，在能力本领转化上持续走深走实。

十二、国务院安委会办公室、应急管理部召开进一步加强当前复工复产安全生产工作视频会议

2020 年 3 月 9 日，国务院安委会办公室、应急管理部召开进一步加强当前复工复产安全生产工作视频会议（图 2-2-3），分析安全生产形势，安排部署当前

图 2-2-3　2020 年 3 月 9 日，国务院安委会办公室、应急管理部召开进一步加强当前复工复产安全生产工作视频会议

重点工作。国务院安委会副主任、应急管理部党组书记黄明强调，要以强烈的政治责任感坚决贯彻落实中央领导同志重要指示精神和批示要求，深刻吸取福建泉州“3·7”坍塌事故教训，全面排查各类安全隐患，加强安全防范，严守安全底线，有效遏制重特大事故发生，为全面打赢疫情防控阻击战、保障企业复工复产提供安全稳定社会环境。

十三、国务院安委会办公室、应急管理部召开全国煤矿安全生产工作紧急视频会议

2020 年 12 月 6 日上午，国务院安委会办公室、应急管理部召开全国煤矿安全生产工作紧急视频会议（图 2-2-4），认真贯彻落实习近平总书记关于安全生产重要指示精神，按照李克强总理等领导同志重要批示要求，分析当前煤矿安全生产形势，查找存在的突出问题，安排部署岁末年初煤矿等重点行业领域安全防范工作。国务院安委会副主任、应急管理部党委书记黄明出席会议并讲话，强调要深刻吸取近期煤矿重大事故教训，采取果断措施遏制煤矿重特大事故，举一反三抓好其他重点行业领域风险防控，确保岁末年初安全形势稳定。

十四、江苏深化安全生产专项整治动员部署会议在江苏南京召开

2020 年 12 月 25 日上午，江苏深化安全生产专项整治动员部署会议在江苏南京召开（图 2-2-5）。国务院江苏安全生产专项整治督导组组长、应急管理部党委书记黄明出席会议并讲话，传达习近平总书记重要指示精神和李克强总理等中央领导同志重要批示要求，肯定江苏专项整治工作成效，对下一步深化专项整治提

图 2-2-4　2020 年 12 月 6 日上午，国务院安委会办公室、应急管理部召开全国煤矿安全生产工作紧急视频会议

图 2-2-5 2020 年 12 月 25 日，江苏深化安全生产专项整治动员部署会议在江苏南京召开

出要求。黄明强调，深化专项整治，要压实各方责任、全力整治攻坚，坚持培根固本、提升本质安全。要持续加强源头治理，持续提升安全基础能力，持续推动制度创新。

十五、应急管理部国家安全科学与工程研究院在京挂牌成立

2020 年 12 月 30 日，应急管理部国家安全科学与工程研究院在京挂牌成立。部党委委员、副部长孙华山、尚勇出席挂牌仪式。为贯彻落实习近平总书记关于加强应急管理、安全生产和科技创新的重要论述精神，激发科技创新活力，由应急管理部、教育部按照“优势互补、共建共享、服务国家、国际一流”的原则共建国家安全科学与工程研究院。研究院以解决重大科技和行业共性关键技术难题为导向，聚焦国家重大战略需求，围绕国际科学前沿，真正实现开放创新、优势科研资源融合，提高应急管理自主创新能力，打造安全科学与工程领域的高端智库、科技研发基地，创新团队培育基地、高端人才培养基地，为国家应急管理与安全生产事业提供有力支撑。

十六、应急管理部党委书记黄明会见澳门纪律部队高层代表团

2020 年 9 月 15 日下午，应急管理部党委书记黄明在京会见澳门特区政府保安司司长黄少泽率领的澳门纪律部队高层代表团（图 2-2-6）。双方就加强应急管理领域的务实合作进行友好交流。黄明简要介绍了应急管理部组建情况及所取得的进展，表示应急管理部将积极支持特区政府应急管理工作，继续与澳门保安司等部门加强交流合作，进一步促进澳门应急管理能力建设。

图 2-2-6　2020 年 9 月 15 日，应急管理部党委书记黄明
会见澳门特区政府保安司司长黄少泽

第三章 2020 年应急救援典型案例

一、重庆市渝北区加州花园小区居民楼火灾扑救

2020 年 1 月 1 日 16 时 55 分，重庆市渝北区加州花园小区 A4 幢居民楼（共 30 层）2 层阳台发生火灾，火势蔓延至 30 层阳台并窜至部分居民室内，造成多人被困。

火情发生后，迅速成立现场指挥部，组织救援处置工作。重庆市消防救援总队迅速调派 42 辆消防车、250 余名指战员到场处置（图 2-3-1）。现场指挥部坚持“救人第一、科学施救”，确定“灭救同步”的作战方案，采取“分区攻坚，逐户清理”的措施，组织攻坚力量全力搜救疏散被困群众，全力堵截火势蔓延扩大，明火于 1 月 1 日 20 时许被扑灭。经过全力扑救，安全营救被困群众 68 人、疏散 200 余人，火灾未造成人员伤亡。

主要经验：按照高层建筑火灾扑救编成，精准调派高层建筑灭火救援专业队到场处置。首战力量到场迅速，充分利用建筑内部固定消防设施，第一时间组织攻坚力量深入建筑内部救人灭火。采取“内攻近战、内外结合、上下合击、逐层消灭”的战术措施，分层疏散被困群众，有效控制火势蔓延。

图 2-3-1 重庆市渝北区加州花园小区居民楼火灾扑救

二、青海省西宁市城中区公交车站路面塌陷救援

2020 年 1 月 13 日 17 时 24 分许，青海省西宁市城中区南大街红十字医院公交车站一辆 17 路公交车进站上下乘客时，路面突然塌陷，致使公交车和车站部分人员坠落。公交车在下坠过程中砸断地下自来水供水管，水流冲击导致塌陷区快速下陷，造成二次塌陷，又有部分人员坠落。

当地迅速调集应急、消防、公安、城管、交通、人防、矿山救援队等专兼职救援力量 1000 余人进行救援（图 2-3-2）。青海省消防救援总队调派 27 辆消防车、129 名指战员到场处置，利用生命探测仪搜寻、热成像定位、无人机侦察等装备器材搜寻被困人员，采取稳固支撑与开辟救援空间、人工搜寻与工程清障、持续搜救与交替换防相结合的方式，全力搜救被困人员。经过 88 小时不间断搜救，共营救被困人员 22 人，找到 9 名遇难者遗体。

主要经验：迅速启动应急响应机制，第一时间成立了现场应急管理处置组，各部门协同，对事故区域采取停气停水停电措施，采用先进适用技术装备，调用不同类型救援队伍协同作战，并得到了社会各公益团队志愿者的支援，救援过程科学有力有序。

图 2-3-2　青海省西宁市城中区公交车站路面塌陷救援

三、福建省泉州市欣佳酒店“3·7”重大坍塌事故救援

2020 年 3 月 7 日 19 时 14 分，福建省泉州市鲤城区欣佳酒店所在建筑物发生坍塌，造成 71 人被困。

事故发生后，应急管理部立即启动应急响应，会同住房和城乡建设部等部门派出工作组连夜赶赴现场指导协助应急处置

工作。福建省、泉州市迅速组织力量开展救援。国家综合性消防救援队伍、国家安全生产专业救援队伍、中交集团、地方专业队伍、社会救援力量等共计 118 支队伍、5176 人参与抢险救援（图 2-3-3）。福建省消防救援总队迅速调派 10 个支队的重、轻型救援队 1086 名指战员，携带生命探测仪、搜救犬以及特种救援装备到场处置。救援人员采取多种方式反复侦查，确定被困人员方位，按照“由表及里、先易后难”的顺序，合理使用破拆、撑顶、剪切等方式破拆建筑构件，多点作业、逐步推进，全力搜寻营救被困人员。卫健部门调派 56 名专家赶赴泉州支援伤员救治，并在事故现场设立医疗救治点，调配 125 名医务人员、20 部救护车驻守现场，及时开展现场医疗处置、救治和疫情防控工作。经过 112 小时的艰苦奋战，成功将 71 名被困人员全部救出，其中 42 人生还。

主要经验：迅速启动重大灾害事故响应机制，第一时间成建制、模块化调集消防救援专业力量到场实施救援。通过“以房找人、以人找人、以物找人”等方法迅速定位，采取“纵横结合、两侧并进”掘进方法，开展地毯式搜寻。针对被埋压人员不同区域位置，采取“搜救犬和生命探测仪交叉搜寻定位、工程机械逐层剥离表层构件”的战术措施，发挥专业装备优势。公安、住建、卫健、疾控、电力、通信和武警部队等部门协同配合，为现场救援行动提供有力保障。

图 2-3-3　福建省泉州市欣佳酒店“3·7”重大坍塌事故救援

四、湖南省郴州市列车脱轨侧翻事故救援

2020 年 3 月 30 日 11 时 40 分，受连日降雨影响，湖南省郴州市永兴县境内京广线马田墟至栖凤渡站下行 K1855+778 处发生塌方，T179 次（济南—广州）旅客列车行驶至该处时撞上滑塌体脱轨。机车及机后第 1～8 位车辆脱轨，其中机后

第 1 位脱轨颠覆起火。

事故发生后，交通运输部、国家铁路局、应急管理部、国铁集团等组成联合工作组赶赴现场，指导开展应急处置工作（图 2-3-4）。当地迅速组织消防救援队伍 147 名指战员、28 辆消防车和铁路救援力量到场处置。救援人员成立 2 个灭火攻坚组、4 个破拆救人组，迅速出枪灭火，及时疏散抢救人员，对每节车厢进行三轮搜救。经过全力奋战，搜救和疏散 120 名人员，妥善转运 525 名旅客，明火于 3 月 30 日 13 时 50 分被扑灭，铁路于 3 月 31 日 9 时 48 分恢复运行。

主要经验：迅速启动应急响应机制，第一时间调集联动部门赶往现场处置。针对现场火势发展和人员被困情况，及时组织开展救人、破拆和灭火行动，全力营救被困人员，有效扑灭火灾。各救援力量按照救人控火、伤员救治、铁路排险等重点救援任务，各司其职、分工协作，提高了综合救援能力。

图 2-3-4　湖南省郴州市列车脱轨侧翻事故救援

五、山西省大同市同煤集团塔山煤矿冒顶事故救援

2020 年 4 月 14 日 14 时 45 分，山西省大同市同煤集团塔山煤矿井下 2205 巷距工作面 30 米处发生冒顶事故，掘进工作面当班 13 人，8 人安全升井，5 人被困。

事故发生后，救援处置工作立即展开，国家矿山应急救援大同队 105 人及其他专业力量投入救援（图 2-3-5）。经过近 30 小时不间断全力施救，5 名被困人员于 4 月 15 日 20 时 35 分全部安全升井。

主要经验：坚持科学决策、安全救援，冒落区外围区域采取了锁口支护、液压支护等有效措施控制冒落区域扩大，为成功救援提供了安全保障。坚持以人为本、生命至上，现场打钻孔与被困人员进行联系，从心理上和身体上保证被困人员健康状况良好。坚持科技支撑、综合施策，合理运用新技术实施救援，利用高分子材料马丽散对通道上方的煤岩进行了有效固化，确保了救援通道的安全。

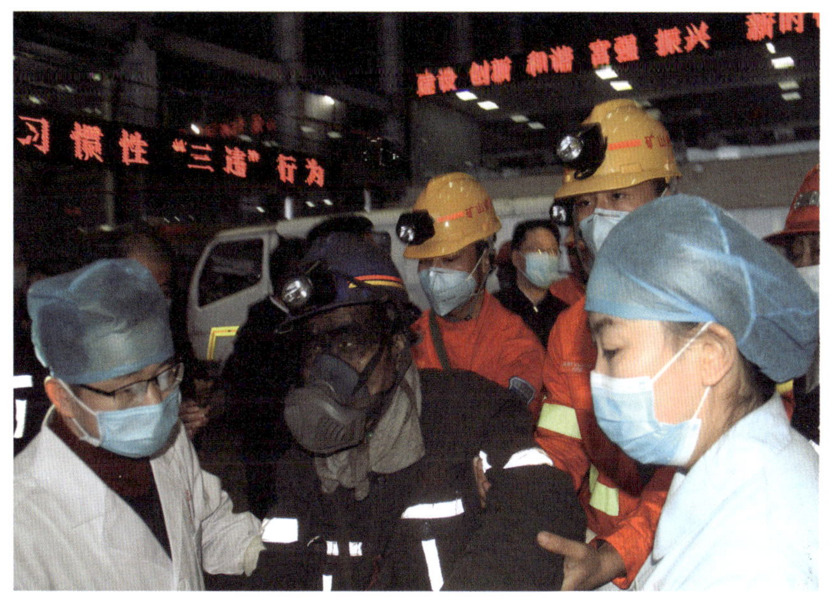

图 2-3-5 山西省大同市同煤集团塔山煤矿冒顶事故救援

六、西藏自治区林芝市巴宜区森林火灾扑救

2020 年 4 月 14 日 17 时 35 分，西藏自治区林芝市巴宜区尼西村附近发生森林火灾，林内腐殖质达 10～20 厘米，极易燃烧，严重威胁附近村庄和民用炸药库安全。

火情发生后，应急管理部持续调度指导灭火工作，并紧急调派西藏森林消防总队 400 人赴火场参加扑救。西藏自治区党委、政府负责同志赶赴现场组织救援处置工作。前线指挥部认真研判分析火场态势，实施扑打清理和开设隔离带相结合的战术，采取“控线、灭点、清中间”的战法迅速控制火势，综合利用以水灭火、人工作业等多种技术手段打歼灭战，跟进开展余火清理，强化后勤保障（图 2-3-6）。扑打火线 14 公里，清理烟点 6400 余处、站杆倒木 3900 余根，开设防火隔离带 3. 5 公里，实施了两次人工增雨。经过森林消防队伍、消防救援队伍、公安、当地武警官兵、民兵和地方干部群众等 2000 余人历时 4 昼夜持续扑救，明火于 4 月 18 日 17 时全部扑灭，受威胁的 389 名群众全部安全转移，所有民爆物品全部安全转运。

主要经验：快速响应靠前指挥，迅速启动应急响应机制，森林消防指战员第一时间奔赴火场。前方指挥部科学研判、果断决策，森林消防队伍在消防救援队伍、武警等力量协同配合下，融合运用多种战法，泵车结合、以水灭火，打隔结合、重点封控，成功将明火扑灭。预警及时安全托底，火场风力风向变化无常，灭火安全员第一时间发出险情预警，一线指挥员反应迅速、处置得当，组织人员快速转移至预设安全区域成功避险，确保了人身安全。

图 2-3-6　西藏自治区林芝市巴宜区森林火灾扑救

七、沈海高速浙江温岭段“6·13”液化石油气运输槽罐车重大爆炸事故救援

2020 年 6 月 13 日 16 时 41 分许，沈海高速浙江台州温岭出口处，一辆载有 25.36 吨液化石油气、由宁波开往温州的槽罐车发生爆炸，爆炸波及范围半径 400~500 米，造成一栋民房局部和两处厂房倒塌，600 余间房屋和多辆汽车受损，多人伤亡并有人员在事故中失联。

事故发生后，应急管理部立即启动应急响应，迅速调集 7 支重型救援队、3 支轻型救援队，共 100 辆消防车、547 名指战员，携带专业搜救设备和 6 头搜救犬开展搜救（图 2-3-7）。浙江省委、省政府负责同志赶赴现场组织救援处置工作，调动中交集团 90 余人、挖掘机 4 台投入救援。现场救援共投入大型抢险救援设备 30 多台（套），出动各类救援车辆 151 辆、医疗救护车 38 辆、参与救援人员 2600 多人次。面对事故现场二次坍塌、二次爆炸等次生灾害叠加的风险，救援人员将爆炸现场划分为坍塌厂房区、受损居民区和槽罐车撕裂抛洒区，实施交叉轮流搜救。经过 38 小时的全力搜救，事故中 175 名伤员全部获救，所有失联人员全部找到并确认身份。

主要经验：按照应急预案一次性调足重、轻型搜救编队和专业装备到场开展救援，集中力量打通救援通道。针对失联人数确定难、人员深度埋压定位难的实际，协调公安等部门全方位搜集受灾区域人口户籍、手机信号、人物特征、亲属关联等有效数据信息，确定被困群众人数和被埋压区域。救援力量抢时间、抓战机，昼夜不歇、协同配合，为营救人员赢得了宝贵时间。

图 2-3-7 沈海高速浙江温岭段“6·13”液化石油气运输槽罐车重大爆炸事故救援

八、安徽省阜阳市颍上县姜唐湖蓄洪区戴家湖涵闸重大险情处置

2020 年 7 月 26 日 9 时 57 分，安徽省阜阳市颍上县姜唐湖行蓄洪区戴家湖涵闸因闸门破损导致洪水外溢，严重威胁戴家湖区域内 8000 余名群众生命安全。

险情发生后，国家防汛抗旱总指挥部立即派出应急管理部、水利部等部门组成的工作组紧急赶赴现场协助抢险救援，并持续跟踪调度、强化协调。安徽省、阜阳市立即组织戴家湖区域内的群众转移（图 2-3-8）。共出动解放军、消防救援队伍、森林消防队伍、中国铁建、中国电建、中国能建、干部群众等抢险人员 3487 人，以及挖掘机 95 台、推土机 58 台、自卸车 96 台，采取封堵涵闸出水口、构筑“养水盆”、填筑防洪闸侧月牙堤等应急处置措施，全面开展抢险救援。经过持续 6 天的紧急抢险，涵闸于 8 月 1 日上午彻底封堵，安全转移 8476 名受威胁群众，成功解除了险情。

主要经验：各救援力量模块化调派、成建制集结，快速响应投入战斗。针对受灾群众点多面广、水流复杂的实际，采取舟艇编队行进和无人机空中侦察相结合的方式，全力营救疏散被困人员。整合人员装备，设置排险、清灌、除草、清理、安全等作战小组，梯次作战、立体推进，及时清除堤坝灌木草丛。充分发挥卫星便携站、单兵图传、动中通移动指挥车等侦察、通信作用，确保科学精准救援。

图 2-3-8　安徽省阜阳市颍上县姜唐湖蓄洪区戴家湖涵闸重大险情处置

九、山西省临汾市聚仙饭店“8·29”重大坍塌事故救援

2020 年 8 月 29 日 9 时 40 分许，山西省临汾市襄汾县陶寺乡陈庄村聚仙饭店发生坍塌，造成数十人被困。

事故发生后，应急管理部、住房和城乡建设部等部门立即派出联合工作组赶赴现场指导处置工作。山西省、临汾市迅速组织应急、消防、公安、卫健、人武及相关救援人员 900 余人，出动大型救援装备车辆 20 余辆、救护车 15 辆，全力搜救被困人员（图 2-3-9）。经过 18 小时持续

图 2-3-9　山西省临汾市聚仙饭店“8·29”重大坍塌事故救援

救援，先后从废墟中搜救出 57 名被困人员，其中 28 人生还。

主要经验：联勤联动响应迅速，第一时间调集各有关力量到场实施救援。现场指挥部科学评估、精准施救，分阶段、分区域、分人员制定救援方案，采取搜救犬与仪器、人工与机械配合作业的搜救方式，全力营救被困人员。蓝天、天龙、晋煤救援队等多方社会力量协同救援，为救援行动提供有效的人员、技术和装备保障。

十、湖南省怀化市沪昆高速雪峰山隧道火灾扑救

2020 年 10 月 25 日 1 时 53 分，沪昆高速湖南怀化境内雪峰山隧道 K1376+600 处，一辆装载电动自行车的半挂车起火，造成 33 辆车滞留，大量人员被困在隧道内。

事故发生后，国家相关部门迅速部署事故抢险救援、人员疏散、风险防范等工作（图 2-3-10）。湖南省、邵阳市立即组织应急、公安、交通等有关方面开展救援处置工作。湖南省消防救援总队迅速调派 6 个支队 238 名指战员，以及消防机器人、大功率水罐车、排烟车等 56 台（辆）专业设备现场处置，采取固移结合、排烟散热、梯次推进、分段灭火等战术措施进行救援，明火于 10 月 25 日 18 时 23 分被扑灭。经过全力抢险救援，营救疏散隧道内司乘人员 65 人。

主要经验：迅速启动应急响应机制，一次性调派足够力量，第一时间疏散隧道内滞留人员，及时在隧道上风方向利用排烟车交替正压送风排烟，组成多个攻坚小组深入隧道内部分段实施灭火作业，为打通道路争取了时间。公安、高速集团、隧道管理、货运公司等部门和单位快速响应，协同配合，各司其职，提高了综合救援能力。

图 2-3-10 湖南省怀化市沪昆高速雪峰山隧道火灾扑救

第四章　重　要　文　件

一、中华人民共和国应急管理部公告（2020 年第 4 号）应急管理部关于国家综合性消防救援队伍 2020 年面向社会招录消防员的公告

2020 年 7 月 17 日，中华人民共和国应急管理部公告（2020 年第 4 号）发布《国家综合性消防救援队伍 2020 年面向社会招录消防员的公告》。经应急管理部、人力资源和社会保障部批准，此次国家综合性消防救援队伍共招录消防员 15000 名，其中，公开招录社会青年 5000 名、定向招录退役士兵 5000 名、专项招录高校应届毕业生 4894 名、专项招录原公安消防部队解约定向培养士官 106 名。

二、中华人民共和国应急管理部公告（2020 年第 5 号）关于消防救援领域行业标准以“XF”代号重新编号发布的公告

2020 年 8 月 25 日，中华人民共和国应急管理部公告（2020 年第 5 号）发布《关于消防救援领域行业标准以“XF”代号重新编号发布的公告》。根据《中华人民共和国标准化法》《行业标准管理办法》《应急管理标准化工作管理办法》的有关规定，消防救援领域 165 项现行行业标准类别由公共安全行业标准调整为消防救援行业标准，代号由“GA”调整为“XF”，顺序号、年代号和内容保持不变；消防救援行业标准（XF）的组织制修订职责，由应急管理部消防救援局及全国消防标准化技术委员会承担。

三、中华人民共和国应急管理部令（第 4 号）煤矿重大事故隐患判定标准

2020 年 11 月 20 日，中华人民共和国应急管理部令（第 4 号）公布《煤矿重大事故隐患判定标准》。为进一步预防和减少煤矿生产安全事故，提升煤矿安全监察执法效能，应急管理部对《煤矿重大生产安全事故隐患判定标准》（原国家安全监管总局令第 85 号）进行修订，自 2021 年 1 月 1 日起施行。《标准》共 20 条，明确了煤矿重大事故隐患包括超能力超强度或者超定员组织生产、瓦斯超限作业、有冲击地压危险未采取有效措施等 15 个方面，明确了隐患认定的具体情形，进一步指导推动煤矿重大事故隐患排查治理，防范遏制重特大事故发生。

四、应急管理部　民政部　财政部关于加强全国灾害信息员队伍建设的指导意见

2020 年 2 月 13 日，应急管理部、民政部、财政部联合印发《关于加强全国灾害信息员队伍建设的指导意见》（应急〔2020〕11 号）。《指导意见》提出了进一步加强全国灾害信息员队伍建设的指导思想、基本原则、目标任务和保障措施，对指明灾害信息员队伍建设

方向、完善灾情报告体系、提升各级灾情管理工作能力和水平，具有重要意义。

五、应急管理部会同国家发展改革委、工业和信息化部、财政部、自然资源部、生态环境部、水利部、中国气象局关于印发防范化解尾矿库安全风险工作方案的通知

2020 年 2 月 21 日，经国务院同意，应急管理部会同国家发展改革委、工业和信息化部、财政部、自然资源部、生态环境部、水利部、中国气象局联合印发《防范化解尾矿库安全风险工作方案》(应急〔2020〕15 号)。《工作方案》提出，自 2020 年起，在保证紧缺和战略性矿产矿山正常建设开发的前提下，全国尾矿库数量原则上只减不增，不再产生新的“头顶库”。到 2022 年底，尾矿库安全生产责任体系进一步完善，安全风险管控责任全面落实；完成所有尾矿库“一库一策”安全风险管控方案编制，安全风险管控措施全面落实；尾矿库安全风险监测预警机制基本形成；坚决遏制非不可抗力因素导致的溃坝事故。《工作方案》部署了 5 个方面 15 项重点工作，要求强化责任分工和落实，着力提升尾矿库安全风险管控能力，有效防范化解尾矿库安全风险，切实保障人民群众生命财产安全和社会稳定。

六、应急管理部关于印发《自然灾害情况统计调查制度》和《特别重大自然灾害损失统计调查制度》的通知

2020 年 3 月 8 日，应急管理部修订印发《自然灾害情况统计调查制度》和《特别重大自然灾害损失统计调查制度》(应急〔2020〕19 号)，为进一步规范灾情统计，及时准确、客观全面反映自然灾害和损失情况奠定了制度基础。《自然灾害情况统计调查制度》明确，自然灾害情况统计内容包括灾害发生时间、灾害种类、受灾范围、灾害造成的损失以及救灾工作开展情况和受灾人员冬春救助情况，采取全面调查和非全面调查相结合的方式。《特别重大自然灾害损失统计调查制度》明确，统计范围包括灾区人员受灾、农村与城镇居民住宅用房损失、非住宅用房损失、居民家庭财产损失、农业损失、工业损失、服务业损失、基础设施损失、公共服务系统损失和资源与环境损失，发生特别重大自然灾害，启动国家Ⅰ级救灾应急响应或党中央、国务院作出特殊要求的，启动该制度。

七、应急管理部关于印发《生产经营单位从业人员安全生产举报处理规定》的通知

2020 年 9 月 16 日，应急管理部印发《生产经营单位从业人员安全生产举报处理规定》(应急〔2020〕69 号)。《规定》根据《中华人民共和国安全生产法》和《国务院关于加强和规范事中事后监管的指导意见》等有关法律法规和规范性文件制定，明确了对生产经营单位从业人员安全生产举报的核查程序、奖励标准，对及时发现并有效查处安全生产违法违规行为、提高监管效能具有重要意义。

八、应急管理部关于进一步推进地方应急管理立法工作的指导意见

2020 年 9 月 26 日，应急管理部印发《关于进一步推进地方应急管理立法工作的指导意见》(应急〔2020〕74 号)。《指

导意见》根据《中华人民共和国立法法》《中共中央　国务院关于推进安全生产领域改革发展的意见》《中共中央　国务院关于推进防灾减灾救灾体制机制改革的意见》等法律法规和文件制定，就推进地方应急管理立法工作提出了总体要求、主要任务、工作要求等。

九、应急管理部关于印发危险化学品企业安全分类整治目录(2020 年)的通知

2020 年 10 月 31 日，应急管理部印发《危险化学品企业安全分类整治目录(2020)》(应急〔2020〕84 号)。《目录》为定性评价标准，用于对危险化学品企业安全生产条件进行评估，其内容分为三类。一是暂扣或吊销安全生产许可证类，共 4 条。经评估属于此类的，依法暂扣其安全生产许可证 1～6 个月，经整改仍不具备安全生产条件的，暂扣期满后依法吊销其安全生产许可证。二是停产停业整顿或暂时停产停业、停止使用相关设施设备类，共 17 条。经评估属于此类的，须停产停业整顿或暂时停产停业、停止使用相关设施设备，经整改仍不具备安全生产条件的，依法吊销其有关安全许可或给予其他行政处罚。三是限期改正类，共 14 条。经评估属于该类的，依法责令其限期改正，逾期未改正的，责令其停产停业整顿。

十、应急管理部　人力资源和社会保障部关于印发《应急管理系统奖励暂行规定》的通知

2020 年 11 月 10 日，应急管理部、人力资源和社会保障部联合印发《应急管理系统奖励暂行规定》(应急〔2020〕88 号)。奖励工作坚持把政治标准放在首位，突出功绩导向；发扬民主，注重群众公认；公开、公平、公正，严格标准程序；精神奖励与物质奖励相结合、以精神奖励为主；定期奖励和及时奖励相结合、注重及时奖励。奖励工作实行统一领导，分级管理，分工负责。奖励分为集体奖励和个人奖励，由低至高依次分为嘉奖、记三等功、记二等功、记一等功、授予称号。授予个人称号分为“全国应急管理系统一级英雄模范”“全国应急管理系统二级英雄模范”；授予集体称号的名称，根据被授予集体的事迹特点确定。

十一、应急管理部关于印发《应急管理部中央预算内投资项目管理暂行办法》的通知

2020 年 11 月 24 日，应急管理部印发《应急管理部中央预算内投资项目管理暂行办法》(应急〔2020〕92 号)。《办法》规定中央预算内投资应当坚持公益性和非经营性，主要用于市场不能有效配置资源的公共领域，促进提升安全生产、防灾减灾救灾、应急救援等方面能力。

十二、应急管理部　工业和信息化部　公安部　交通运输部公告(2020 年第 3 号)发布《特别管控危险化学品目录(第一版)》

2020 年 5 月 30 日，应急管理部、工业和信息化部、公安部、交通运输部公告(2020 年第 3 号)发布《特别管控危险化学品目录（第一版)》。制定《目录》的出发点是筛选出固有危险性高、发生事故的安全风险大、事故后果严重、流通量大的化学品，尤其是发生过重特大事故的化学品，引起社会和公众的特别注意，提出管控要求，引导各地区、各部门和各单位

制定针对性管控措施。《目录（第一版）》共确定了20种特别管控危险化学品，其中，爆炸性化学品4种、有毒化学品6种、易燃气体5种、易燃液体5种。

十三、财政部 应急管理部关于印发《中央自然灾害救灾资金管理暂行办法》的通知

2020年6月28日，财政部、应急管理部联合印发《中央自然灾害救灾资金管理暂行办法》(财建〔2020〕245号)。《办法》对重大自然灾害救灾资金、日常救灾补助资金的申请与下达，预算资金管理与监督等方面进行了规范，并明确建立救灾资金快速核拨机制，可以根据灾情先行预拨部分救灾资金，后期清算，为各地提高财政资金使用效益提供政策支持。

十四、工业和信息化部 应急管理部关于印发《“工业互联网+安全生产”行动计划（2021—2023年)》的通知

2020年10月10日，工业和信息化部、应急管理部联合印发《“工业互联网+安全生产”行动计划（2021—2023年)》(工信部联信发〔2020〕157号)。《计划》提出，要推动技术创新和应用创新，加快互联网、大数据、人工智能、区块链等新一代信息技术在“工业互联网+安全生产”领域的融合创新与推广应用，探索安全生产管理新方式，推动现场检查向线上线下相结合检查转变、一次性检查向持续监测转变，提升行政管理效率。

十五、国务院安全生产委员会印发《全国安全生产专项整治三年行动计划》

2020年4月1日，国务院安全生产委员会印发《全国安全生产专项整治三年行动计划》(安委〔2020〕3号)。《计划》提出，在全国部署开展安全生产专项整治三年行动，从2020年4月启动至2022年12月结束，分为动员部署、排查整治、集中攻坚和巩固提升四个阶段，重点分2个专题和9个行业领域深入推动实施。到2022年底，力争实现切实消除一批重大隐患、形成一批制度成果，建立健全公共安全隐患排查和安全预防控制体系，实现事故总量和较大事故持续下降，重特大事故有效遏制，全国安全生产整体水平明显提高。

十六、国务院安全生产委员会印发《国务院安全生产委员会成员单位安全生产工作考核办法》

2020年4月30日，国务院安全生产委员会印发《国务院安全生产委员会成员单位安全生产工作考核办法》(安委〔2020〕4号)。《办法》决定，对国务院安全生产委员会成员单位安全生产工作完成情况开展年度考核。考核工作由国务院安委会负责统筹组织，国务院安委会办公室负责具体实施，每年开展一次。

十七、国务院安全生产委员会关于进一步贯彻落实习近平总书记重要指示精神坚决防范遏制煤矿冲击地压事故的通知

2020年8月10日，国务院安全生产委员会印发《关于进一步贯彻落实习近平总书记重要指示精神坚决防范遏制煤矿冲击地压事故的通知》(安委〔2020〕6号)。

《通知》提出了严格落实地方政府、煤矿企业、监管监察部门和国务院安委会有关成员单位的责任等具体措施，推进冲击地压灾害超前治理、综合防控、齐抓共管，坚决防范遏制煤矿冲击地压事故。

十八、国务院安全生产委员会关于印发《全国危险化学品道路运输安全集中整治方案》《非法违法“小化工”专项整治方案》的通知

2020 年 8 月 18 日，国务院安全生产委员会印发《全国危险化学品道路运输安全集中整治方案》《非法违法“小化工”专项整治方案》（安委〔2020〕8 号）。《集中整治方案》围绕“人、车、路、货、企”等关键要素和环节，集中排查整治危险化学品道路运输车辆“挂靠运营”、人员“无证上岗”和车辆不符合国家规定上路运行等问题，完善危险化学品道路运输企业退出机制，推行路线风险评估，加快建设“一张网”信息系统，畅通跨地区、跨部门间信息协同共享渠道，使用可靠适用安全技术，破解危险化学品道路运输安全难题，根治长期存在的顽症痼疾，有效防范化解重大安全风险，坚决遏制重特大事故发生。《专项整治方案》结合全国安全生产专项整治三年行动，全面排查、严厉打击、系统整治非法违法“小化工”；通过专项整治，查清当前非法违法“小化工”底数，分门别类建立清单台账，坚持标本兼治，及时彻底消除隐患；建立健全常态化联动监管机制，有效防止非法违法“小化工”死灰复燃，从根本上消除事故隐患，保障人民群众生命财产安全，促进化工行业安全发展高质量发展。

十九、国务院安全生产委员会印发《国务院安全生产委员会成员单位安全生产工作任务分工》

2020 年 12 月 28 日，国务院安全生产委员会印发《国务院安全生产委员会成员单位安全生产工作任务分工》（安委〔2020〕10 号）。《任务分工》是对 2015 年《国务院安全生产委员会成员单位安全生产工作职责分工》的修订，进一步明确了各成员单位的安全生产工作职责，推动各成员单位严格落实“党政同责、一岗双责、齐抓共管、失职追责”和“管行业必须管安全、管业务必须管安全、管生产经营必须管安全”要求。

二十、国务院安委会办公室印发《国家安全发展示范城市评分标准（2019 版）》

2020 年 3 月 29 日，国务院安委会办公室印发《国家安全发展示范城市评分标准（2019 版）》（安委办〔2020〕2 号）。《评分标准》依据《国家安全发展示范城市评价与管理办法》和《国家安全发展示范城市评价细则（2019 版）》的具体要求编制完成，对创建国家安全发展示范城市的 47 项考核内容和 1 项鼓励项内容进行细化说明，逐项明确考核扣分内容与鼓励加分事项，规范引导城市安全发展方向，推动各地各城市切实提升安全发展水平。

二十一、国务院安委会办公室　应急管理部关于开展 2020 年全国“安全生产月”和“安全生产万里行”活动的通知

2020 年 5 月 12 日，国务院安委会办公室、应急管理部印发《关于开展 2020 年全国“安全生产月”和“安全生产万里行”活动的通知》（安委办〔2020〕4 号）。

2020年“安全生产月”和“安全生产万里行”活动以“消除事故隐患，筑牢安全防线”为主题，着眼加强疫情防控常态化条件下安全生产专项整治三年行动排查整治工作，推动各级树牢安全发展理念，压紧压实安全生产责任，深入排查安全风险隐患，扎实推进问题整改，坚决遏制重特大事故发生，切实维护人民群众生命财产安全。通过开展教育培训、隐患曝光、问题整改、经验推广、案例警示、监督举报、知识普及等既有声势又有实效的宣传教育活动，增强全民安全意识，提升公众安全素质，促进安全生产水平提升和安全生产形势持续稳定向好，不断增强人民群众获得感、幸福感、安全感，为决胜全面建成小康社会、决战决胜脱贫攻坚营造稳定的安全环境。

二十二、国务院安委会办公室关于印发《国家安全发展示范城市建设指导手册》的通知

2020年9月14日，国务院安委会办公室印发《国家安全发展示范城市建设指导手册》(安委办函〔2020〕56号)。《指导手册》对城市安全发展工作重点任务和事项进行明确，具体细化创建国家安全发展示范城市的有关要求，从城市安全源头治理、风险防控、监督管理、保障能力和应急救援五方面对各地各城市安全发展工作进行规范和指导，以期全面提高城市安全保障水平。

二十三、国家减灾委员会办公室　应急管理部关于加强基层应急能力建设　做好2020年全国防灾减灾日有关工作的通知

2020年4月10日，国家减灾委员会办公室、应急管理部印发《关于加强基层应急能力建设　做好2020年全国防灾减灾日有关工作的通知》(国减办明电〔2020〕1号)。2020年5月12日是我国第12个全国防灾减灾日，全国防灾减灾日活动突出“提升基层应急能力，筑牢防灾减灾救灾的人民防线”主题，扎实开展防灾减灾活动；加大宣传教育力度，普及防灾减灾知识技能；强化灾害风险网格化管理，推进灾害事故隐患排查治理；落实基层应急物资储备，确保灾害事故发生后物资保障到位；统筹基层应急力量建设，提高灾害事故救援能力；加强应急避难场所建设，因地制宜开展预案演练。

二十四、国家减灾委员会办公室关于做好2020年国际减灾日有关工作的通知

2020年9月27日，国家减灾委员会办公室印发《关于做好2020年国际减灾日有关工作的通知》(国减办发〔2020〕29号)。2020年10月13日是第31个国际减灾日，主题是“提高灾害风险治理能力”，强调加强灾害风险管理，建立完善政府主导、社会参与的灾害风险治理机制，特别是通过制定和实施有利于减轻灾害风险的各项政策措施，不断提高全社会灾害风险治理能力。

二十五、国家防汛抗旱总指挥部关于防汛抗旱行政责任人的通报

2020年5月20日，国家防汛抗旱总指挥部印发《关于防汛抗旱行政责任人的通报》(国汛〔2020〕4号)，通报了全国防汛抗旱责任人，大江大河、大型及防洪重点中型水库、主要蓄滞洪区、重点防

洪城市、南水北调东线及中线工程沿线防汛行政责任人和沿海地区防台风行政责任人名单。

二十六、国家防汛抗旱总指挥部关于印发《洪涝突发险情灾情报告暂行规定》的通知

2020 年 7 月 27 日，国家防汛抗旱总指挥部印发《洪涝突发险情灾情报告暂行规定》（国汛〔2020〕7 号）。《暂行规定》进一步规范洪涝突发险情灾情信息报送工作。突发险情按工程类别分类报告，主要内容包括防洪工程、重要基础设施、堰塞湖等的基本情况、险情态势、人员被困以及抢险情况等。突发险情灾情报告内容包括灾害基本情况、灾害损失情况、抗灾救灾部署和行动情况等。

二十七、国家森林草原防灭火指挥部办公室 公安部 应急管理部 国家林业和草原局关于开展打击森林草原违法用火行为专项行动的通知

2020 年 9 月 16 日，国家森林草原防灭火指挥部办公室、公安部、应急管理部、国家林业和草原局联合印发《关于开展打击森林草原违法用火行为专项行动的通知》（国森防办发明电〔2020〕44 号）。为有效控制野外火源，确保秋冬季森林草原防灭火形势稳定，按照国家森林草原防灭火指挥部 2020 年重点工作安排，自 2020 年 9 月 20 日至 12 月 20 日在全国范围组织开展为期 3 个月的打击森林草原违法用火行为专项行动。通知明确，这次专项行动的重点是打击林牧区所有森林草原违法用火行为，整治危害防火安全的违法行为。主要包括打击违法农事用火、违法祭祀用火、违法林草业生产用火、违法施工作业用火、违法野外生活用火以及其他违法行为和各种故意纵火行为。

第三篇

安全生产和消防安全

综　　述

2020年，面对新冠肺炎疫情冲击、全面复工复产风险集中、洪涝灾害形势严重等不利影响交织叠加的复杂局面，各地区各有关部门和单位坚持以习近平新时代中国特色社会主义思想为指导，深入贯彻落实习近平总书记关于安全生产重要指示批示精神，以推进安全生产专项整治三年行动为重点，坚决防范化解重大安全风险，全国安全生产形势总体稳定，事故总量、重特大事故、重点行业领域及地区安全状况实现了“三个历史最好水平”，也是新中国成立以来首次没有发生特别重大事故的一年。

一、树牢安全发展理念，压紧责任链条

应急管理部党委高度重视安全生产工作，坚决将习近平总书记重要指示精神转化为安全防范的具体行动，立足新发展阶段、贯彻新发展理念、服务和融入新发展格局，充分发挥国务院安委会办公室职能作用，统筹协调推动各地各部门狠抓安全生产责任落实。创新组织开展2019年度省级政府安全生产和消防工作考核巡查，逐省份清单式反馈问题隐患868项，推动将考核结果纳入地方党委、政府领导班子和领导干部高质量发展政绩考核。对近5年12起特别重大事故整改情况开展“回头看”，督促各地区深化问题整改落实。约谈事故多发地区和企业负责人，及时督促建议有关部门强化行业监管责任落实。制定国务院安委会2020年工作要点，明确细化四大方面共24项工作的责任分工。组织修订《国务院安全生产委员会成员单位安全生产工作任务分工》，印发《国务院安全生产委员会成员单位安全生产工作考核办法》，推动各部门切实落实“三个必须”[①] 责任。

二、扎实组织开展安全生产整治攻坚

组织11个部门成立国务院督导组进驻江苏，开展了为期一年的全方位、系统性集中整治督导，督促推动江苏事故起数和死亡人数同比下降60%以上，梳理了江苏省创新的26项经验做法并在全国逐步推广，实现了习近平总书记要求的“务必整出成效”的目标。经报请习近平总书记批准后在全国开展安全生产专项整治三年行动，分2个专题和9个专项，将整治任务细化为401项，明确责任单位和完成时限，建立问题隐患和制度措施“两个清单”，坚持边排查边整改，推动“从根本上消除事故隐患、从根本上解决问题”。狠抓重大节日、重大活动、重点时段安全防范，在全国两会、国庆、中秋、岁末年初等重要节点先后派出400余个工作组，部署开展安全生产明查暗访，强化安全隐患问题的督导整改。

① “三个必须”：管业务必须管安全、管行业必须安全、管生产经营必须管安全。

三、切实防控重点行业领域安全风险

围绕切实扛起防范化解重大安全风险的政治任务，采取一系列务实管用的有效措施。危险化学品方面，深入开展危险化学品运输企业、非法违法“小化工”、硝酸铵等爆炸性危险化学品企业等专项排查整治，完成 2 轮 53 个重点县危险化学品专家指导服务以及 1089 家城镇人口密集区危险化学品生产企业搬迁改造。矿山方面，加强瓦斯、冲击地压、水害等高风险煤矿治理，坚决淘汰退出不具备安全生产条件的落后煤矿，对 7278 座尾矿库政府包保情况开展动态跟踪。建筑施工方面，会同有关部门指导各地建筑企业稳步有序推动工程项目复工复产，深化疫情隔离观察场所安全排查，全面开展农村用作经营的自建房安全隐患整治。消防方面，指导推动各地打通 13 万个小区、57.9 万栋公共建筑的消防“生命通道”，摸排 76 万余栋高层建筑火灾隐患，对 5500 个大型商业综合体开展火灾隐患“回头看”。协调推动住建、市场监管、文旅等部门研究开展农村房屋、燃气、悬空栈道等安全隐患排查整治，召开道路交通、民航、渔业船舶安全形势分析会，开展重点督导检查；盯紧年初疫情防控关键时期和复工复产、国庆假期等重要时间节点，严密部署、督促强化安全防范工作。

四、持续提升安全生产基础保障能力

进一步完善安全生产法律标准，推动《中华人民共和国刑法修正案（十一）》增加危险作业罪等，推进《中华人民共和国安全生产法》《中华人民共和国危险化学品安全法》以及 55 项安全生产标准的制修订工作。进一步提升本质安全水平，完成煤矿、6900 家重大危险源危险化学品企业和三等以上尾矿库监测联网全覆盖，建成智能化煤矿采掘工作面 401 个，大力推进“平安工程”“平安农机”等示范创建，巩固提升安全生产基层基础。进一步推进城市安全发展，积极开展安全发展示范城市试点创建，研究制定“一标准、两手册、一读本、一规范”①，先后召开 3 次全国视频推进会，在全国 324 个参与创建的城市中，总结推广出 30 余个安全基础较好、已初步具备全国示范带动效应的城市（区），强化经验交流和示范引领，切实提高城市安全治理能力和水平。

① “一标准、两手册、一读本、一规范”：《国家安全发展示范城市评分标准》，《国家安全发展示范城市建设指导手册》《国家安全发展示范城市考评手册》，《国家安全发展示范城市创建辅导读本》，《城市安全风险监测预警中心建设技术规范》。

第一章　全国安全生产总体情况

2020年，全国发生各类生产安全事故38050起、死亡27412人，同比减少6559起、2107人，分别下降14.7%和7.1%。其中，未发生特别重大事故，同比减少2起、114人；发生重大事故16起、死亡262人，同比起数持平，增加40人、上升18.0%；发生较大事故517起、死亡1984人，同比增加29起、146人，分别上升5.9%和7.9%。

从行业领域情况看：12个重点统计的行业领域中，农业机械、金属非金属矿山、化工、烟花爆竹、冶金机械八行业、建筑业、铁路运输、道路运输8个行业事故总量同比“双下降”，占75%；渔业船舶事故起数同比下降，死亡人数同比上升；煤矿事故起数同比上升，死亡人数同比下降；水上运输、航空运输2个行业事故起数和死亡人数同比“双上升”。

2020年全国生产安全事故情况（按行业领域分）见表3-1-1。

在各行业领域事故中，交通运输业事故起数和死亡人数最多，分别占80%和71%；其次是建筑业，事故起数和死亡人数分别占8%和13%；商贸制造业事故起数和死亡人数分别占6%和9%；采矿业事故起数和死亡人数均占2%；农林牧渔业事故起数和死亡人数均占1%；其他行业事故起数和死亡人数分别占3%和4%。

一、全国较大生产安全事故情况

2020年，全国发生较大生产安全事故517起、死亡1984人，同比增加29起、146人，分别上升5.9%和7.9%。

从行业领域情况看：12个重点统计的行业领域中，农业机械和烟花爆竹2个行业未发生较大事故，占16.7%；煤矿、烟花爆竹、道路运输3个行业领域较大事故同比“双下降”，占25.0%；渔业船舶、化工、冶金机械八行业、建筑业、水上运输、航空运输6个行业较大事故同比“双上升”，占50.0%。

2020年全国较大生产安全事故情况（按行业领域分）见表3-1-2。

在各行业领域较大事故中，交通运输业发生较大事故起数和死亡人数最多，分别占61%和60%；其次是建筑业，较大事故起数和死亡人数均占16%；商贸制造业较大事故起数和死亡人数分别占11%和12%；采矿业较大事故起数和死亡人数均占4%；农林牧渔业较大事故起数和死亡人数分别占4%和5%；其他行业较大事故起数和死亡人数分别占4%和3%。

从地区情况看，全国32个省级统计单位中，有12个单位实现较大事故同比“双下降”。较大事故起数居前三位的分别是广东38起、云南33起、广西30起；较大事故起数居后三位的分别是宁夏3起，上海4起，北京、天津、西藏各5起；死亡人数居前三位的分别是广东146人、广西119人、云南116人，死亡人数居后三位的分别是宁夏13人、北京16人、天津21人。

2020年全国较大生产安全事故情况（按地区分）见表3-1-3。

表 3-1-1　2020 年全国生产安全事故情况表（按行业领域分）

行　业		起数（起）	同比增减		死亡（人）	同比增减	
			起	%		人	%
合计		38050	-6559	-14.7	27412	-2107	-7.1
A 农林牧渔业	小计	290	-35	-10.8	364	65	21.7
	其中：1. 农业机械	58	-43	-42.6	43	-9	-17.3
	2. 渔业船舶	90	-12	-11.8	150	19	14.5
	其他	142	20	16.4	171	55	47.4
B 采矿业	小计	766	94	14.0	599	-166	-21.7
	其中：1. 煤矿	446	156	53.8	238	-90	-27.4
	2. 金属非金属矿山	312	-57	-15.4	348	-78	-18.3
	其他						
C、F、H 商贸制造业	小计	2341	-535	-18.6	2361	-567	-19.4
	其中：1. 化工	144	-26	-15.3	178	-98	-35.5
	2. 烟花爆竹	9	-4	-30.8	9	-21	-70.0
	3. 冶金机械八行业	1257	-238	-15.9	1320	-132	-9.1
	其他	931	-267	-22.3	854	-316	-27.0
E 建筑业	小计	3254	-375	-10.3	3492	-286	-7.6
	其中：1. 房屋建筑及市政工程	1517	-261	-14.7	1608	-207	-11.4
	2. 交通建设工程	472	-24	-4.8	518	-65	-11.1
	其他	1265	-90	-6.6	1366	-14	-1.0
G 交通运输业	小计	30322	-10881	-26.4	19497	-5262	-21.3
	其中：1. 铁路运输	606	-136	-18.3	507	-149	-22.7
	2. 道路运输	29416	-10698	-26.7	18553	-5182	-21.8
	3. 水上运输	114	7	6.5	258	105	68.6
	4. 航空运输	9	5	125.0	15	9	150.0
	其他	177	-59	-25.0	164	-45	-21.5
D、I-T 其他行业		1077	-170	-13.6	1099	-157	-12.5

表 3-1-2 2020 年全国较大生产安全事故情况表（按行业领域分）

行业		起数（起）	同比增减		死亡（人）	同比增减	
			起	%		人	%
合计		517	29	5.9	1984	146	7.9
A 农林牧渔业	小计	22	10	83.3	92	41	80.4
	其中：1. 农业机械						
	2. 渔业船舶	12	1	9.1	59	12	25.5
	其他	10	9	900.0	33	29	725.0
B 采矿业	小计	19	-11	-36.7	83	-56	-40.3
	其中：1. 煤矿	10	-12	-54.5	49	-56	-53.3
	2. 金属非金属矿山	8			29	-5	-14.7
	其他						
C、F、H 商贸制造业	小计	55	-9	-14.1	239	-12	-4.8
	其中：1. 化工	10	1	11.1	41	6	17.1
	2. 烟花爆竹		-2	-100.0		-7	-100.0
	3. 冶金机械八行业	42	14	50.0	185	75	68.2
	其他	3	-22	-88.0	13	-86	-86.9
E 建筑业	小计	84	17	25.4	308	59	23.7
	其中：1. 房屋建筑及市政工程	49	25	104.2	185	90	94.7
	2. 交通建设工程	13	-7	-35.0	51	-25	-32.9
	其他	22	-1	-4.3	72	-6	-7.7
G 交通运输业	小计	317	-2	-0.6	1195	31	2.7
	其中：1. 铁路运输	4	1	33.3	6	-7	-53.8
	2. 道路运输	287	-14	-4.7	1071	-27	-2.5
	3. 水上运输	23	11	91.7	109	62	131.9
	4. 航空运输	3	3		9	9	
	其他		-3	-100.0		-6	-100.0
D、I-T 其他行业		20	-12	-37.5	67	-49	-42.2

表 3-1-3　2020 年全国较大生产安全事故情况表（按地区分）

地区	起数（起）	同比增减		死亡（人）	同比增减		地区	起数（起）	同比增减		死亡（人）	同比增减	
		起	%		人	%			起	%		人	%
合计	517	29	5.9	1984	146	7.9	湖北	12	-3	-20.0	52	1	2.0
北京	5	1	25.0	16	5	45.5	湖南	19			65	-2	-3.0
天津	5	-3	-37.5	21	-9	-30.0	广东	38	5	15.2	146	20	15.9
河北	12	-5	-29.4	51	-20	-28.2	广西	30			119	6	5.3
山西	31	6	24.0	103	12	13.2	海南	8	3	60.0	24	6	33.3
内蒙古	16	-9	-36.0	55	-32	-36.8	重庆	9	2	28.6	37	12	48.0
辽宁	16	3	23.1	72	13	22.0	四川	26	-10	-27.8	88	-38	-30.2
吉林	9	-6	-40.0	31	-39	-55.7	贵州	24	2	9.1	97	-4	-4.0
黑龙江	18	4	28.6	67	17	34.0	云南	33	5	17.9	116	9	8.4
上海	4	1	33.3	24	18	300.0	西藏	5	-1	-16.7	22	-1	-4.3
江苏	13	-5	-27.8	52	-30	-36.6	陕西	18	-3	-14.3	71	-6	-7.8
浙江	14			58	9	18.4	甘肃	22	3	15.8	80	12	17.6
安徽	25			92			青海	8	-4	-33.3	31	-15	-32.6
福建	15	1	7.1	67	17	34.0	宁夏	3			13		
江西	20	-7	-25.9	72	-19	-20.9	新疆	7	5	250.0	33	26	371.4
山东	24	14	140.0	92	55	148.6	新疆兵团		-2	-100.0		-3	-100.0
河南	27	-5	-15.6	114	-9	-7.3							

二、全国重大生产安全事故情况

2020 年，全国发生重大事故 16 起、死亡 262 人，同比起数持平，增加 40 人、上升 18.0%。

从行业领域情况看：12 个重点统计的行业领域中，农业机械、铁路运输和航空运输 3 个行业未发生重大事故，占 25.0%；金属非金属矿山、化工、烟花爆竹和冶金机械八行业 4 个行业重大事故同比“双下降”，占 33.3%；渔业船舶、道路运输和水上运输 3 个行业重大事故同比“双上升”，占 25.0%。

2020 年全国重大生产安全事故情况（按行业领域分）见表 3-1-4。

在各行业领域重大事故中，交通运输业重大事故起数和死亡人数最多，分别占 56% 和 45%；其次是采矿业，重大事故起数和死亡人数分别占 19% 和 20%；建筑业重大事故起数和死亡人数分别占 13% 和 22%；农林牧渔业重大事故起数和死亡人数分别占 6% 和 8%；其他行业重大事故起数和死亡人数分别占 6% 和 5%。

从地区情况看，全国 32 个省级统计单位中，北京、天津、河北、内蒙古、辽宁、黑龙江、江苏、安徽、江西、河南、湖北、广西、海南、四川、贵州、云南、西藏、陕西、甘肃、青海、宁夏、新疆和新疆生产建设兵团 23 个单位未发生重大事故，占 71.9%；山西、吉林、上海、浙江、福建、山东、湖南、广东、重庆 9 个单位发生了重大事故，占 28.1%。

2020 年全国重大生产安全事故情况（按地区分）见表 3-1-5，2020 年全国重大生产安全事故简要情况见表 3-1-6。

表 3-1-4　2020 年全国重大生产安全事故情况表（按行业领域分）

行　业		起数（起）	同比增减		死亡（人）	同比增减	
			起	%		人	%
合计		16			262	40	18.0
A 农林牧渔业	小计	1	1		21	21	
	其中：1. 农业机械						
	2. 渔业船舶	1	1		21	21	
	其他						
B 采矿业	小计	3	-2	-40.0	52	-35	-40.2
	其中：1. 煤矿	3			52		
	2. 金属非金属矿山		-2	-100.0		-35	-100.0
	其他						
C、F、H 商贸制造业	小计		-6	-100.0		-77	-100.0
	其中：1. 化工		-2	-100.0		-25	-100.0
	2. 烟花爆竹		-1	-100.0		-13	-100.0
	3. 冶金机械八行业		1	100.0		10	-100.0
	其他		-2	-100.0		-29	-100.0
E 建筑业	小计	2	-1	-33.3	58	23	65.7
	其中：1. 房屋建筑及市政工程		-1	-100.0		-11	-100.0
	2. 交通建设工程		-1	-100.0		-12	-100.0
	其他	2	1	100.0	58	46	383.3
G 交通运输业	小计	9	7	350.0	118	95	413.0
	其中：1. 铁路运输						
	2. 道路运输	4	3	300.0	61	51	510.0
	3. 水上运输	5	4	400.0	57	44	338.5
	4. 航空运输						
	其他						
D、I-T 其他行业		1	1		13	13	

表 3-1-5　2020 年全国重大生产安全事故情况表（按地区分）

地区	起数（起）	同比增减		死亡（人）	同比增减		地区	起数（起）	同比增减		死亡（人）	同比增减	
		起	%		人	%			起	%		人	%
合计	16			262	40	18.0	湖北						
北京							湖南	1	-1	-50.0	13	-10	-43.5
天津							广东	1	1	100.0	11	11	100.0
河北		-1	-100.0		-11	-100.0	广西		-1	-100.0		-13	-100.0
山西	2	1	100.0	42	27	180.0	海南						
内蒙古		-1	-100.0		-22	-100.0	重庆	2	2		39	39	
辽宁							四川						
吉林	2	2	100.0	30	30	100.0	贵州		-2	-100.0		-29	-100.0
黑龙江							云南		-1	-100.0		-12	-100.0
上海	1			14	2	16.7	西藏						
江苏							陕西		-1	-100.0		-21	-100.0
浙江	3	1	50.0	51	22	75.9	甘肃						
安徽							青海						
福建	3	3	100.0	52	52	100.0	宁夏						
江西							新疆						
山东	1	-1	-50.0	10	-10	-50.0	新疆兵团						
河南			-100.0		-15	-100.0							

表 3-1-6　2020 年全国重大生产安全事故简要情况表

序号	发生时间	事故发生地点	死亡（人）	事故简要情况
1	3 月 7 日	福建省泉州市鲤城区	29	欣佳酒店所在建筑物发生坍塌事故，造成 29 人死亡、42 人受伤
2	4 月 12 日	浙江省舟山市东福山以东 70 海里附近海域	21	“浙普渔 68628”船失去联系，造成 21 人死亡
3	4 月 15 日	吉林省松原市乾安县境内	12	503 公路 286 公里处一辆奥迪轿车自西向东行驶与自东向西行驶的黔单牌轿车发生剐蹭后，又与自东向西行驶的一辆小型半截货车相撞，导致小型半截货车起火，造成 12 人死亡、4 人受伤
4	6 月 13 日	浙江省台州市温岭市境内	20	沈海高速公路温岭段温岭西出口下匝道发生液化石油气运输槽罐车重大爆炸事故，造成 20 人死亡、175 人受伤

表 3-1-6（续）

序号	发生时间	事故发生地点	死亡（人）	事故简要情况
5	8月20日	上海市横沙岛以东30海里处	14	“隆庆1”轮油船（载3000吨汽油）与“宁高鹏688”轮散货船（载砂石料）发生碰撞，油船甲板起火，散货船沉没，造成14人死亡
6	8月29日	山西省临汾市襄汾县	29	陶寺乡陈庄村聚仙饭店发生坍塌事故，造成29人死亡、28人受伤
7	8月30日	福建省平潭岛以东海域40海里处	12	一艘晋江籍渔船（“闽晋渔05119”轮）被一艘货船相撞，渔船沉没，船上14人中2人获救、12人死亡
8	9月18日	山东省海域烟台港西北约53海里处	10	“辽普渔25097”船被马绍尔群岛籍“VOKARIA”轮撞沉，造成船上10人死亡
9	9月27日	重庆市綦江区	16	重庆能投渝新能源有限公司松藻煤矿发生重大火灾事故，造成16人死亡、42人受伤
10	9月29日	广东省阳江市海陵岛以南约20海里处	11	江苏扬州籍“亿瑞3286”沙船发生侧翻沉没，造成11人死亡
11	10月1日	山西省太原市迎泽区	13	台骀山滑世界农林生态游乐园有限公司四季冰雕馆发生火灾事故，造成13人死亡、15人受伤
12	10月4日	吉林省松原市扶余市境内	18	一辆福田牌轻型仓栅式货车沿S514省道由西向东行驶至39公里处，撞至前方同方向行驶的农用四轮拖拉机挂车尾部，后又驶入对向车道，与对面驶来的欧玲牌轻型栏板货车相撞，造成18人死亡、1人受伤
13	11月12日	浙江省舟山市嵊泗海域	10	“浙嵊渔01148”船在锚泊状态中失联，造成10人死亡
14	11月27日	福建省莆田市荔城区黄石镇涵港大道惠下村附近	11	一辆混凝土搅拌车与一辆农用车发生碰撞，造成11人死亡、5人受伤
15	11月29日	湖南省衡阳市耒阳市	13	导子煤业有限公司源江山煤矿发生重大透水事故，造成13人死亡
16	12月4日	重庆市永川区	23	重庆市胜杰再生资源回收有限公司在重庆市永川区吊水洞煤业有限公司回收设备时发生重大火灾事故，造成23人死亡、1人重伤

三、全国特别重大生产安全事故情况

2020年，全国未发生特别重大生产安全事故，同比减少2起、114人。

从行业领域情况看：12个重点统计的行业领域中，农业机械、渔业船舶、煤矿、金属非金属矿山、烟花爆竹、冶金机械八行业、建筑业、铁路运输、水上运输、航空运输10个行业未发生特别重大事故，与上一年持平；化工未发生特别重大事故，同比减少1起、78人；道路运输未发生特别重大事故，同比减少1起、

36 人。

四、国务院安委会办公室、应急管理部部署安全生产工作

（一）国务院安委会办公室、应急管理部召开全国安全生产专题视频会议

2020 年 8 月 5 日，国务院安委会办公室、应急管理部召开全国安全生产专题视频会议，认真贯彻落实习近平总书记关于安全生产一系列重要指示精神，深刻吸取黎巴嫩贝鲁特重大爆炸事件教训，部署开展全国危险化学品储存安全专项检查整治，深入开展天津港“8·12”等重特大事故整改措施落实情况“回头看”，举一反三狠抓其他行业领域安全防范责任措施落实，坚决遏制重特大事故，确保安全生产形势稳定。国务院安委会副主任、应急管理部党委书记黄明主持会议并讲话。会议要求，要以港口、码头、物流仓库、化工园区等为重点，立即开展全国危险化学品储存安全专项检查整治，对所有硝酸铵等爆炸危险性物品的储存场所开展定量风险评估，严格落实危险化学品生产、储存项目的联合审批和从严把关要求，科学合理布局危险化学品生产、储存企业。

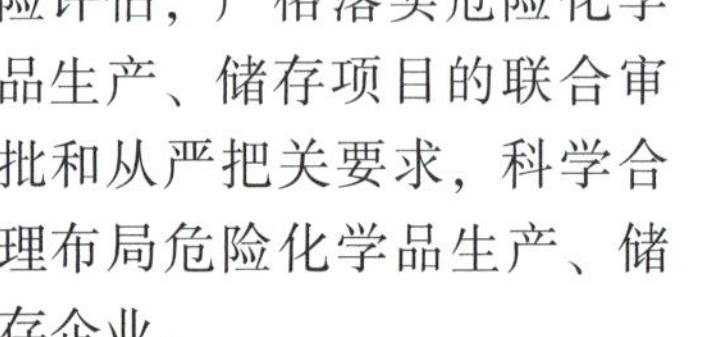

（二）国务院安委会办公室、应急管理部部署城市安全发展工作

2020 年 7 月 8 日、8 月 11 日和 9 月 17 日，国务院安委会办公室、应急管理部分别以科技、管理、文化为主题，召开 3 次城市安全发展工作视频推进会议。国务院安委会办公室副主任、应急管理部副部长孙华山出席会议并讲话，13 个城市（区）的市（区）长作了发言，交流推广了有关典型经验做法，为各地区各城市树立了“参照系”。

（三）国务院安委会办公室、应急管理部召开重点行业领域安全生产专项整治三年行动推进会议

2020 年 9 月 18 日，国务院安委会办公室、应急管理部组织召开重点行业领域安全生产专项整治三年行动推进会议，国务院安委会办公室副主任、应急管理部副部长孙华山出席会议并讲话。会议要求，各有关部门要把问题隐患和制度措施“两个清单”做细做实，发挥好相关行业领域专项整治的牵头作用，把握“条块结合”，加强纵向指导推动力度，强化部门协同监管合力，学习借鉴江苏专项整治经验做法，推动专项整治向难点发力、向深处拓展，确保取得实实在在成效。

（四）国务院安委会办公室、应急管理部部署国庆、中秋假期安全防范工作

2020 年 9 月 27 日，国务院安委会办公室、应急管理部召开全国加强安全防范工作视频会议，部署国庆、中秋假期安全防范工作。国务院安委会副主任、应急管理部党委书记黄明强调，要认真贯彻落实习近平总书记关于安全生产和防范化解重大风险重要指示精神，按照李克强总理等中央领导同志批示要求，针对节日特点切实加强安全防范工作，坚决遏制重特大事故、有效应对各类灾害，切实维护人民群众生命财产安全和社会稳定。

（五）国务院安委会办公室召开重点行业领域中央企业安全防范工作专题会议

2020 年 12 月 8 日，国务院安委会办公室召开重点行业领域中央企业安全防范工作专题会议，通报中央企业安全生产形势和典型事故，分析存在的突出问题，督促进一步树牢安全发展理念，强化安全风

险管控和隐患排查治理。国务院安委会办公室副主任、应急管理部副部长孙华山，国务院国资委党委委员、秘书长彭华岗出席会议并讲话。会议要求，各中央企业要以安全生产专项整治三年行动统领安全生产各项工作，狠抓矿山、危险化学品、建筑施工、工贸等重点行业领域安全风险防控；要加强先进适用技术与装备的推广应用，提升安全生产标准化工作水平，提高从业人员安全素质，不断提升企业本质安全水平。

五、全国安全生产专项整治三年行动情况

全国安全生产专项整治三年行动经党中央批准，从2020年4月至2022年12月，分动员部署、排查整治、集中攻坚、巩固提升四个阶段进行。2020年为动员部署、排查整治阶段，各地区各有关部门和单位深入开展以“两个专题”（学习宣传贯彻习近平总书记关于安全生产重要论述和落实企业安全生产主体责任）和“九个专项”（危险化学品、煤矿、非煤矿山、消防、道路运输、交通运输和渔业船舶、城市建设、工业园区等功能区、危险废物）为重点的安全生产专项整治，取得积极进展和明显成效。

（一）高位部署，统筹推进

国务院召开全国安全生产电视电话会议，对全国安全生产专项整治三年行动作出全面安排部署。国务院安委会办公室、应急管理部牵头成立工作专班，通过定期调度、明查暗访、专题督导和“面对面”会商等多种方式，推动各地区各有关部门和单位迅速行动起来，成立由本单位负责同志任组长的领导小组，并结合实际制定细化全国安全生产专项整治三年行动方案，统筹推进安全生产各项工作。

人民至上、生命至上理念进一步强化。各地区各有关部门和单位把学习贯彻习近平总书记关于安全生产重要论述作为全国安全生产专项整治三年行动的第一专题、首要任务，层层抓好宣贯工作。各地区纳入本级党委（党组）宣传工作要点、理论学习中心组学习和工作述职考核重点内容。一些地区和单位通过组织开展“百团进百万企业”、专家宣传、干部培训等活动，加大宣贯力度。

安全生产责任体系进一步织牢织密。《地方党政领导干部安全生产责任制规定》得到进一步落实，重大事故指标被纳入对各地区高质量发展考核体系之中。国务院安全生产委员会41个成员单位安全生产工作任务分工得到重新修订，《国务院安全生产委员会成员单位安全生产工作考核办法》首次出台，“三个必须”监管职责得以进一步强化。深入推动企业落实安全生产主体责任，事故多发的21个地区和企业负责人被约谈警示，10家中央企业被扣分，1家中央企业因为瞒报事故企业负责人年度经营业绩考核结果被降级；出台《关于落实煤矿企业安全生产主体责任的指导意见》，22个省级煤矿安全监管监察部门制定了实施细则。

一批安全生产法规制度得到建立完善。《中华人民共和国刑法修正案（十一）》将事故前安全生产重大违法行为纳入刑事责任范围，《中华人民共和国安全生产法（修正草案）》已提请全国人大常委会审议，制修订安全生产国家和行业标准55项。建立特别重大事故追责问责和审查调查的部门协作工作机制，出台《危险化学品企业安全分类整治目录（2020）》《民航生产安全责任事故领导责任追究暂行规定》等。研究建立危险废物处置安全监管协同机制。各地针对监管实际，因地制宜出台一些地方性标准和规范：辽宁等地制定化工园区和化工企业风险排查标准，陕西出台博物馆与文物保护等重点单位消防安全标准化管理规则，北京、山东分别制定电动自行车、海上休闲产业新业态涉客船舶安全监管办法。

大力实施“互联网+职业技能培训计划”，启动实施高危行业领域安全技能提升行动计划，深入开展“安全生产月”、“安康杯”竞赛、“青年安全示范岗”等安全教育活动，使全社会对安全生产工作的重视程度进一步提高。

（二）聚焦重点，狠抓治理

全国安全生产专项整治三年行动推进过程中，各地各有关部门和单位瞄准地区、行业领域重点，做实做细问题隐患和制度措施“两个清单”，坚持边排查边整改，落实责任、精准发力，狠抓重大安全风险隐患防控治理。

一批突出重大安全隐患得到有效整治。国务院安委会办公室、应急管理部深刻吸取黎巴嫩贝鲁特重大爆炸事件教训，组织对涉及硝酸铵的企业开展了 3 轮排查，进行“一企一策”治理。国家矿山安全监察局加强瓦斯、冲击地压等高风险煤矿治理，对贵州等 7 个重点产煤省份跟踪督导。工业和信息化部推动各地完成 1089 家人口密集区危险化学品生产企业搬迁改造，加强 5 类重点货车违法改装专项治理。公安部部署集中开展秋冬季交通安全整治百日会战，深入推进事故预防“减量控大”行动。住房和城乡建设部会同有关部门排查用作经营的农村自建房 691.6 万户。交通运输部推动砂石运输船、客货班轮、网约车等专项安全整治。自然资源部集中查处了一批越界开采、乱采滥挖等违法开采案件。市场监管总局全面推进大型游乐设施及客运索道、液化石油气瓶等专项安全治理。

一批重点工程治理措施有序推进。关闭退出煤矿 442 处，淘汰落后产能 4300 余万吨/年，建成 401 个智能化采掘工作面。建设公路安全生命防护工程 17.8 万公里，完成危桥改造 6229 座。煤矿、危险化学品重大危险源以及三等以上尾矿库实现监测联网全覆盖。新建 13 个安全生产专业救援基地。重新认定 352 个化工园区。90%的城市公交车辆安装了驾驶区防护隔离设施。13 万个小区、57.9 万栋公共建筑打通消防“生命通道”。针对“两客一危”车辆，江苏、湖南、湖北、内蒙古、陕西、山西等地安排专项资金对“两客一危”车辆全部安装智能视频监控报警装置，其余地区安装率达到 70%。

截至 2020 年底，全国各地共排查安全隐患 1462.8 万处，整改率 90.7%，其中整改重大隐患 1.02 万处；责令停产整顿企业 7.3 万家，关闭取缔 1.37 万家，对 1.09 万家企业实施联合惩戒。

通过专项整治深入开展，有力促进了全国安全生产形势总体稳定。事故总量继续下降，2020 年全国各类生产安全事故起数和死亡人数同比下降，重特大事故进一步减少，过去最多一年发生重特大事故 140 起，2020 年降到 16 起，并且是新中国成立以来首次没有发生特别重大事故的年份。大部分行业领域和地区安全状况好转，化工行业近年来首次未发生重大以上事故，纳入重点统计的 12 个行业领域中，有 9 个事故起数和死亡人数“双下降”；32 个省级统计单位中，23 个未发生重大以上事故。

六、江苏安全生产“开小灶”取得积极成效

认真贯彻落实习近平总书记重要指示精神，国务院安委会组织11个部门成立国务院督导组进驻江苏，为期一年先后组织开展了集中督导、“回头看”督导等督导检查，督促指导江苏省各级政府部门和企业彻底排查整改问题隐患，推动其树牢安全发展理念、压紧责任链条、加强重大风险防控、强化安全基础，探索形成了部门协调联动机制、企业风险主动报告制度、燃气信息化治理、源头治理货车超载等一系列典型经验做法。通过一年“开小灶”，江苏全省生产安全事故起数、死亡人数同比下降60%以上，基本实现了“务必整出成效”总要求。

从督导情况看，在国务院督导组持续指导推动下，江苏省各级党委、政府坚决贯彻落实习近平总书记重要指示精神，统筹安全生产和疫情防控、复产复工等工作，主动履行安全生产专项整治主体责任，采取超常规、强有力的措施狠抓工作落实。各级领导干部责任在肩、高度重视、亲力亲为，广大企业和社会公众积极参与，全力推进专项整治，各项整治工作深入开展，各项整治任务有序推进，取得了阶段性成效。

（一）贯彻落实习近平总书记重要指示精神，树牢安全发展理念

专项整治极大促进了江苏全省上下政治觉悟提高和思想观念转变。各级领导干部深刻认识到，做好安全生产工作、开展好专项整治、有效防范化解重大风险不仅是一项重大政治任务，更是守初心、担使命的重大考验，是坚决做到“两个维护”的具体体现，政治站位普遍提高，政治自觉和行动自觉明显增强。

一是提高思想认识。江苏省委理论学习中心组、省政府党组多次集中学习，组织全省3万多名干部专题学习，对市县党政主要负责人、分管负责人进行专题培训，开展“百团进百万企业”专题宣讲。全省上下多轮深刻反思和警示教育，逐步强化安全发展理念，痛下决心转变发展思路，坚守发展决不能以牺牲人的生命为代价的安全红线，加快退出淘汰低端落后产能，推进产业转型升级。

二是提升工作摆位。省委、省政府把学习贯彻习近平总书记重要指示精神、强化安全生产纳入党委、政府重点工作同步部署推进，将“生产安全事故起数和死亡人数实现大幅下降”作为2020年全省经济社会发展的主要目标之一。2019年11月专项整治启动以来，江苏省委、省政府共召开21次省委常委会会议、23次省政府常务会议、122次专题会议或活动研究部署安全生产工作。各市县党委、政府把专项整治作为2020年重点工作，政府工作报告专辟章节重点部署，主要负责同志亲自上手、持续推进、研究解决重大问题，盐城市委书记亲自督办道路交通重大隐患整改，南京、苏州、镇江、南通、扬州等市委书记多次作出批示要求。

三是压实责任链条。省、市、县三级全部制定了党政干部领导责任、部门监管责任和企业主体责任三个安全生产责任清单，细化实化工作任务到岗到人。全省上下强化安全生产工作考核，结果计入高质量发展综合考核并将权重由2分提高到4分。省委把安全生产纳入政治巡视的重点内容开展专项巡视，省、市、县三级全部建立党委、政府安全生产巡查制度，13个省级、107个市级、784个县级督导组全程跟进督导，各级领导干部积极深入基层检查督导，有效推动了安全生产责任措

施层层落实。

（二）深入排查整改问题隐患，有效防范遏制重特大事故

全省上下坚持问题导向和目标导向，把整改问题隐患作为专项整治的重要任务，全面排查，精准治理，靶向治疗，着力解决问题、化解风险、消除隐患。

一是紧盯清单抓整改。对国务院督导组反馈的问题隐患整改，各级各部门及时组织研究，逐项整改销号。省政府逐一核查国务院督导组反馈督办的三批21个典型问题，逐项落实整改措施、处理意见，追责问责84人；逐项分解、督办48项问题隐患清单整改任务，已完成整改32项。对督导组现场检查发现的4289项问题隐患立行立改，已完成4166项。省整治办对13个省级督导组发现的2904项重大隐患全部建立清单，定期跟踪调度并落实市、县督导组跟进督办，已整改完成2644项。

二是深入自查抓整改。按照省委、省政府“隐患见底、措施到底、整改见底”的要求，全省突出重点行业、领域、区域，深入自查自改。专项整治以来，各地市共排查突出问题349个、完成整改232个，排查重大隐患6290项、完成整改5203项，关闭取缔企业3425家、停产整顿8106家、暂扣吊销证照102家，罚没金额9.89亿元。集中开展违法违规“小化工”百日专项整治，查处取缔1087家，消除了一大批风险源、隐患点。

三是举一反三抓整改。深刻吸取福建泉州欣佳酒店“3·7”坍塌、浙江温岭“6·13”槽罐车爆炸和黎巴嫩贝鲁特特重大爆炸事件教训，及时开展疫情隔离观察场所和已开复工项目复工人员集中居住安全风险隐患排查、违法建设和违法违规审批专项清查、危险货物运输安全大排查、港口危险化学品储存作业安全生产大检查和船载危险货物安全专项检查整治，提出了22条道路危险货物运输、港口危险货物储存和作业、水路危险货物运输安全管理硬措施，及时化解了一批风险隐患。山西临汾“8·29”饭店坍塌事故发生后，立即开展既有建筑特别是人员聚集场所、经营性场所大排查大整治，严防同类事故发生。

（三）强化重大安全风险防控工作，推进整治目标任务落实落地

化工：开展化工产业安全环保提升行动，关闭退出不符合安全环保要求的企业1064家，企业数量减少到3086家，评估退出化工园区13个，数量减少到40个，超过1/4的企业和化工园区关闭退出。

危险化学品：与化工相关企业数量由1968家减少到1353家，下降31.3%。高危工艺生产装置和罐区库区2576个重大危险源全部建立了“一源一清单”“一企一档案”。113家硝化企业、141套硝化生产装置已关闭退出65家、77套，下降58%。

交通运输：实行入口拒超、长三角两省一市和山东省执法联动，高速公路日均劝返超载货车800余辆，超限率下降到0.16%，省内干线公路超限率降至0.46%，同比下降93.3%。筛查疑似非法营运车辆4745辆，115辆非法营运车列入高速公路禁行“黑名单”；辨别认定“两客一危”挂靠车辆5125辆，均已采取限制管控措施。

水上交通：实行江苏内河水域（包括长江）600总吨以下单壳化学品船和油船禁行、禁泊，引导货主（码头）弃用低标准船舶150余艘。建设非法船舶水上扣押基地14个，扣押“三无”船舶1836艘、拆解1752艘。长江渡运114艘老旧

渡船淘汰 14 艘。

建筑施工和城镇燃气：强化危险性较大的分部分项工程安全管控，信息化动态监管、定期通报所有危大工程。推进建筑工地扬尘污染防治分级分类管控，逐步化解非正常停工风险。601 公里老旧燃气管道完成改造 75%（450 公里），129 处违章占压全部完成清理，68 处外部安全间距不足场所已完成整改 67 处。

消防：实施“多合一”、群租房等重点场所重大火灾隐患挂图作战，累计整改销案 122 家。深化“生命通道”攻坚，清理违规占堵“生命通道”7.89 万处。

危废处置：加快集中处置设施建设，新增处置能力 45 万吨/年，同比增长 27%，提前超额完成了 2020 年 180 万吨/年的规划目标，基本满足处置需求，消除了超期大量贮存危废重大风险。

“百吨王”、非法营运、“两客一危”车辆挂靠、“三无”船舶、堵塞“生命通道”等一批难点问题等初步得到解决。其他行业领域专项整治也积极推进，有效防控化解了一批重大风险。

（四）强化安全基础建设，提升安全生产整体水平

一是健全完善制度机制。修订燃气安全管理条例，出台电动自行车管理条例，制定实施粉尘涉爆等行业领域安全生产 4 个指导意见，制修订中介机构管理办法等 9 项地方性规定标准，建立工业企业安全生产风险报告等 3 项管理制度，健全完善危险废物处置、环保设施安全评价、建筑施工污染防治等一系列部门联合监管工作机制，初步形成一批制度性成果。

二是丰富创新治理手段。建成使用全省安全生产问题处置、危险化学品全生命周期监管、建筑施工安全管理、城镇燃气瓶装液化气安全监管等多个信息系统平台，汇集市县各类问题隐患数据 14 万多条、交换共享 40 类危险化学品监管数据 3762 万条，770 家重大危险源企业全部接入危险化学品风险监测预警系统。高速公路入口和重点港口码头、货运站场、运输源头企业全部安装称重设备实施源头治理；建立全省非法营运车辆智能化整治系统，在“两客一危”车辆安装主动安全智能防控系统。智慧园区、智慧消防、智慧工地等建设也取得进展。

三是全面提升本质安全水平。拟保留的 2001 家化工企业全面整改提升、迁建重组，列入本质安全诊断治理的 977 家危险化学品企业全部开展装置自动化改造，274 家企业完成全流程自动化改造提升。铝加工（深井铸造）全行业开展铸造系统监控监测、自动连锁等安全技术改造。对不满足现行规范的 496 座独柱墩桥梁全部开展提质升级方案设计，实施 379 座，完成 27 座。民爆、煤炭等行业“机械化换人、自动化减人”有序推进。

第二章　煤　矿　安　全

一、基本情况

2020 年，全国共有煤矿 4640 处，单井规模平均 115 万吨；全年发生死亡事故 123 起、死亡 228 人，同比减少 17 起、88 人，分别下降 27.6% 和 27.8%。其中，一般事故 109 起、死亡 124 人，分别占 88.6% 和 54.4%；较大事故 11 起、死亡 52 人，分别占 8.9% 和 22.8%；重大事故 3 起、死亡 52 人，分别占 2.4% 和 22.8%；百万吨死亡率 0.059，同比下降 28.9%；连续 4 年零 1 个月未发生特别重大事故，新中国成立以来首次全年未发生重特大瓦斯事故。

2016—2020 年全国煤矿事故总量和百万吨死亡率如图 3-2-1 所示。

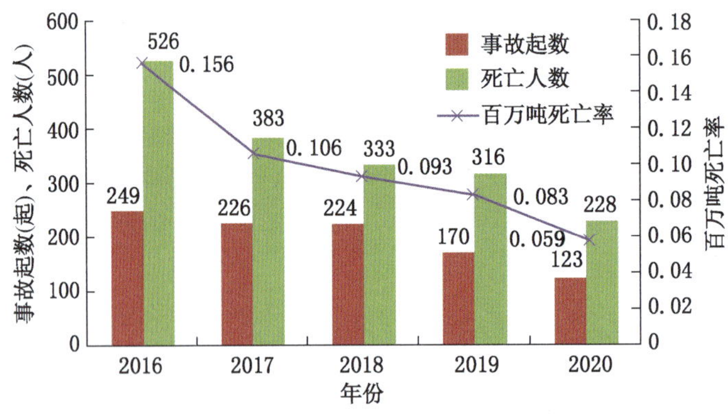

图 3-2-1　2016—2020 年全国煤矿事故总量和百万吨死亡率

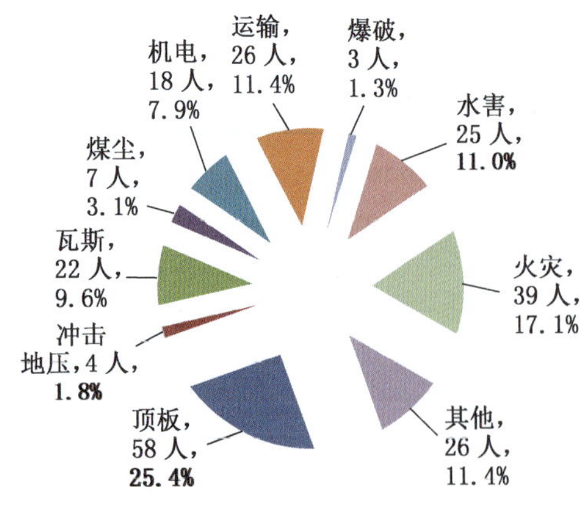

图 3-2-2　2020 年全国煤矿不同事故类别死亡人数

从事故类别看，顶板事故死亡人数最多，其次是火灾事故和运输事故。其中：顶板事故 41 起、死亡 58 人，分别占 33.3% 和 25.4%；火灾事故 2 起、死亡 39 人，分别占 1.6% 和 17.1%；运输事故 23 起、死亡 26 人，分别占 18.7% 和 11.4%。

2020 年全国煤矿不同事故类别死亡人数如图 3-2-2 所示。

从事故煤矿所有制看，国有重点煤矿发生事故 51 起、死亡 92 人，分别占 41.5% 和 40.4%；国有地方煤矿发生事故 21 起、死亡 27 人，分别占 17.1% 和 11.8%；

乡镇煤矿发生事故 51 起、死亡 109 人，分别占 41.5% 和 47.8%。

2020 年全国不同所有制煤矿事故死亡人数如图 3-2-3 所示。

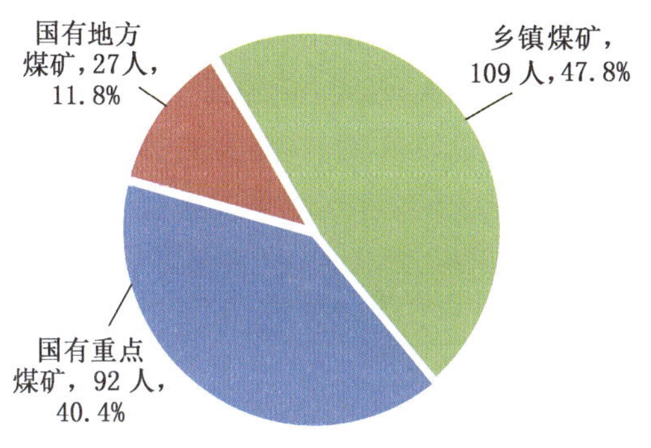

图 3-2-3　2020 年全国不同所有制煤矿事故死亡人数

从事故发生时间看，全国 3 月事故总量最少，发生事故 3 起、死亡 3 人；6 月事故总量最多，发生 20 起；11 月死亡人数最多，死亡 34 人；煤矿较大以上事故集中于 2 月、11 月，2 月发生 3 起、死亡 12 人，11 月发生 3 起、死亡 26 人；1 月、3 月、4 月、5 月、7 月未发生较大以上事故。

2020 年全国不同月份煤矿事故情况如图 3-2-4 所示。

从事故矿井类型看，14 起较大以上事故中，生产矿井发生 11 起、死亡 83 人，分别占 78.6% 和 79.8%；非生产矿井发生 3 起、死亡 21 人，分别占 21.4% 和 20.2%（其中：长期停建矿井发生 2 起、死亡 16 人，分别占 14.3% 和 15.4%；停产整改矿井发生 1 起、死亡 5 人，分别占 7.1% 和 4.8%）。

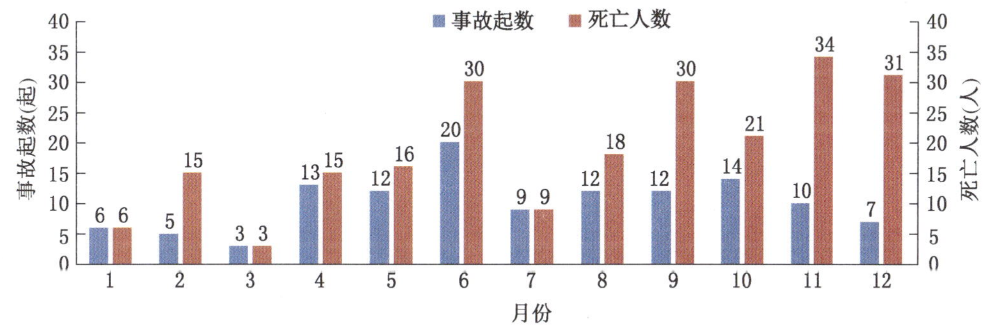

图 3-2-4　2020 年全国不同月份煤矿事故情况

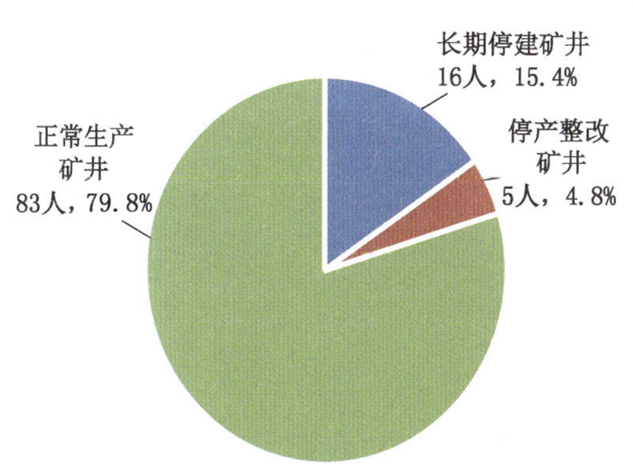

图 3-2-5　2020 年全国不同矿井类型较大以上事故死亡人数

2020 年全国不同矿井类型较大以上事故死亡人数如图 3-2-5 所示。

（注：本章生产安全事故数据按国家矿山安全监察局口径统计）

二、重点工作

（一）认真贯彻落实习近平总书记重要指示精神

一是组织修订《认真贯彻落实习近平总书记重要指示批示和党中央决策部署工作规则》，完善学习贯彻、调查研究、督办落实等闭环工作机制。对2018年以来习近平总书记关于安全生产的重要指示批示精神进行全面梳理，印发要点归纳，制定落实责任分工，推动严格对标对表整改落实，开展“回头看”，建立工作台账，细化贯彻措施103项。始终把落实习近平总书记重要指示精神作为每次督查检查、督导调研、督办考核的首要内容，特别是组织6个组对26个省级煤矿安全监察局开展全覆盖督办考核，推动落地见效。二是贯彻习近平总书记关于冲击地压重大灾害防治重要指示精神，出台《关于进一步加强煤矿冲击地压防治工作的通知》等一批制度文件，编制《冲击地压防治“十例十问十解”》，组织实施冲击地压防治专项监管监察，开展13期专家咨询活动，推动煤矿企业实施“零冲击”目标管理，进一步提升冲击地压防治能力。三是贯彻落实习近平总书记重要指示精神，对事故企业和有关部门开展为期3个月的“开小灶”重点督导，对事故进行挂牌督办。印发《关于认真贯彻落实习近平总书记重要指示精神深化煤矿安全专项整治三年行动的通知》，组织开展“践行安全发展理念、精准履职大讨论”活动，深入开展煤矿安全生产大排查，组织15个执法组开展异地执法。四是贯彻落实习近平总书记关于防汛救灾等重要指示精神，开展全覆盖防汛检查和重点抽查，督促落实“雨季三防”和停送电等制度措施，及时通过短信平台及水害防治微信工作群发布汛期安全预警信息25次，受众41.3万人次。

（二）坚决贯彻落实党中央、国务院重大决策部署

一是推进矿山安全监察体制改革。坚持优化协同高效原则，积极与中央编办等部门沟通协调，推动出台国家矿山安全监察局及内设机构“三定”方案，国务委员王勇出席国家矿山安全监察局揭牌仪式并作重要讲话（图3-2-6）。加强改革期间干部思想动态分析，及时做好引导工作，做到人心不散、队伍不乱、工作不断、干劲不减。二是指导煤矿统筹做好安全与复工复产工作。充分发挥国家矿山安全监察职能作用，指导煤矿开展疫情防控

图3-2-6　2020年12月10日，国家矿山安全监察局揭牌

和安全生产“双风险”评估、隐患排查治理，出台网上行政审批、简化复工复产程序、线上安全培训等一系列扶持政策，持续跟踪关注晋陕蒙等重点产煤省区煤矿复工复产进度，把确保安全作为对煤矿复工复产的最大支持。4 月底，全国煤矿复工复产率已达 91.7%，有效产能超过 2019 年同期。三是协调推进煤炭行业供给侧结构性改革。通过提高准入门槛、落实分类处置、执法倒逼等措施，全年退出煤矿 660 处、产能 1.3 亿吨/年，释放优质产能 9510 万吨/年。

（三）有效防范化解煤矿安全重大风险

一是扎实开展矿山安全专项整治三年行动。按照国务院安委会要求，制定 1 个总方案和 3 个子方案，制定深化煤矿安全专项整治三年行动措施，部署开展煤矿安全生产大排查，强化对重点地区和企业重点督导“开小灶”。各地累计排查矿山安全领域问题隐患 14.9 万余项，制定整改措施 9.4 万余项。二是强化重大灾害风险管控。制定印发《关于预判防控煤矿重大安全风险的指导意见（试行）》，制定煤矿风险管控方案，规范煤矿瓦斯等级鉴定，2020 年底所有正常生产建设煤矿完成安全监控系统升级改造。开展全覆盖防汛检查、煤矿“一通三防”等专项监察，排查整治一批重大隐患。三是推进矿山安全信息化建设。推动 3338 处正常生产建设煤矿的安全监控、人员位置监测、工业视频“三大系统”互联互通、数据接入，成为国家首批“互联网+监管”系统重点示范应用项目。

（四）持续强化煤矿安全基础建设

一是推进煤矿智能化建设。2020 年 9 月 23—24 日，国务委员王勇在山东调研安全生产和应急管理工作，出席全国煤矿智能化建设现场推进会并讲话。王勇强调，要深入贯彻习近平总书记关于加强安全生产工作的重要指示精神，坚持生命至上、安全第一，深入实施科技强安战略，加快推进煤矿智能化建设，大力提升煤矿本质安全水平，努力从根本上消除事故隐患，坚决防范遏制各类安全事故发生。要认真贯彻党中央、国务院决策部署，落实全国安全生产专项整治三年行动要求，明确煤矿智能化建设目标任务，突出工作重点，强化督查考核，力争 2022 年采掘智能化工作面达到 1000 个以上。加强煤矿安全科技攻关，加快煤矿装备更新换代，深化机械化换人、自动化减人，着力创建少人无人矿井。把智能化作为结构调整重要抓手，提高煤矿规模化、智能化水平，淘汰退出风险隐患突出和灾害严重煤矿，确保完成 30 万吨/年以下煤矿分类处置任务。要做好典型示范、经验推广，建设一批智能化示范煤矿，带动智能化煤矿建设全面铺开，建立健全智能化发展长效机制，加快提升煤矿安全治理体系和治理能力现代化水平。联合国家能源局等有关部门出台《关于加快煤矿智能化发展的指导意见》；将 3 类煤矿机器人纳入科技部国家重点研发计划，启动国家首批 71 处智能化示范矿井建设，建成智能化采掘工作面 494 个，同比增加 80%。二是开展“学法规、抓落实、强管理”活动。持续推进各地采取网络培训、视频讲座等形式培训 450 万人次，对照“一规程三细则”[①] 检查发现问题隐患 63 万余项。三是推进煤矿安全技能提升行动。联合人力资源和社会保障部等部门出台《关

① “一规程三细则”：《煤矿安全规程》，《防治煤与瓦斯突出细则》《煤矿防治水细则》《防治煤矿冲击地压细则》。

于进一步规范煤矿劳动用工 促进煤矿安全生产的指导意见》，申请技能提升行动补贴 1.5 亿元，重点培训新入职人员、特种作业人员、班组长等 140 万人次。四是推进煤矿安全生产标准化建设。修订发布《煤矿安全生产标准化管理体系考核定级办法（试行）》和《煤矿安全生产标准化管理体系基本要求及评分方法（试行）》，强化随机抽查和动态管理，全国二级以上标准化煤矿 1862 处，占取得标准化等级煤矿总数的 75.8%。

（五）不断提高监管监察执法效能

一是持续推进严格规范公正文明执法。修订《煤矿安全监管监察检查实施清单》，统一规范 40 种监管执法文书样式，建成煤矿监管执法系统。迭代升级监察执法系统，确保对监察业务、使用人员和数据汇聚全覆盖，全面实现煤矿安全监管监察执法信息化。二是强化疫情防控常态化条件下监管监察执法。实行分区分类分级差异化执法，开展“互联网+监管监察”，建立视频会商制度，通过远程视频共同研判安全风险，研究解决问题，防范安全事故。组织全系统实施“线上巡查、远程执法、全面监控、分析预警、精准执法”。三是用事故教训推动工作。加强事故教育警示，召开事故警示专题视频会 3 次，发布事故警示信息 23 次、印发通报 6 期。从严事故查处，对 2020 年较大以上煤矿事故均进行提级调查或现场督导，先后约谈 2 个地方政府、4 家煤矿企业负责人，并在中央电视台等主流媒体公开曝光。建立事故反思制度，组织对近 5 年发生的重特大事故整改情况开展“回头看”，切实用事故教训推动矿山安全工作。

第三章　非煤矿山安全

一、基本情况

2020 年，全国非煤矿山领域安全生产监管对象共有 46735 个，其中，矿山 37349 座，尾矿库 7278 座，地质勘探单位 1129 个，采掘施工企业 979 个。金属非金属矿山方面，从开采方式看，地下矿山 8174 座，占 25.6%；露天矿山 23728 座，占 74.4%。地下矿山主要分布在河北、辽宁、云南、湖南、内蒙古，露天矿山主要分布在云南、湖南、贵州、辽宁、四川。从开采规模看，小型矿山、中型矿山、大型矿山分别占 60.3%、20.6% 和 19.1%。从安全风险看，全国单班下井 30 人以上的地下矿山共 558 座，100 人以上的 154 座；开采深度超过 800 米及以上的地下矿山 52 座；设计最终边坡高度大于 200 米的露天矿山共 102 座，现状边坡高度超过 200 米的有 53 座。尾矿库方面，尾矿库分布在除上海、天津、宁夏以外的 29 个省（区、市）和新疆生产建设兵团，其中，排名前 10 位的分别是河北、辽宁、内蒙古、云南、湖南、河南、山西、江西、陕西、福建，尾矿库数量占总量的 74%。

2020 年，全国非煤矿山共发生生产安全事故 312 起、死亡 348 人，同比减少 55 起、71 人，分别下降 14.99% 和 16.95%。其中，较大事故 8 起、死亡 29 人，同比事故起数持平，死亡人数减少 5 人，下降 14.7%；未发生重大事故，同比减少 2 起、35 人。

2016—2020 年全国非煤矿山事故变化趋势如图 3-3-1 所示。

二、重点工作

（一）着力完善法规标准体系，提高安全生产法治化水平

一是推动亟需基础性标准的制修订工作。发布《金属非金属矿山安全规程》（GB 16432—2020）和《尾矿库安全规程》（GB 39496—2020）2 项国家标准，完

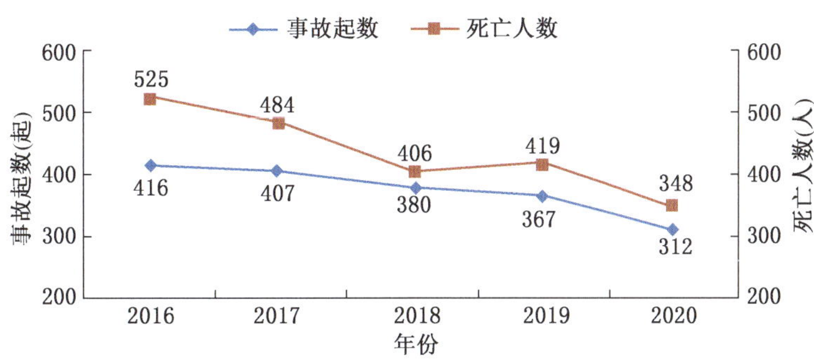

图 3-3-1　2016—2020 年全国非煤矿山事故变化趋势

成《金属非金属地下矿山油料运输、储存、使用指南》等 10 项行业标准的意见征求。二是立改释废并举。修订完成《尾矿库安全监督管理规定》（原国家安全监管总局令第 38 号）送审稿。全面梳理行政规范性文件，形成《非煤矿山行业已废止和主要有效规范性文件目录》，明确有效行政规范性文件 66 个。三是强化监管监察执法。组织各地关闭不具备安全生产条件的非煤矿山 907 座。组织对山东、福建等重点地区开展 10 次明查暗访，推动整改隐患 320 余项，暂扣安全生产许可证 4 个，责令限期整改非煤矿山 6 座。

（二）强力推进安全风险防范体系建设，提升企业安全保障能力

一是制定《金属非金属矿山企业安全风险分级管控工作指南》，指导 15 家企业开展安全预防控制体系建设试点。总结分析安全生产标准化工作存在的问题，探索安全生产标准化和安全预防控制体系有机融合，推动河钢集团矿业公司等大型集团企业探索建立中国特色安全预防控制体系建设模式。二是严把安全准入关，在全国 30 个有矿山的地区（除天津 1 座）已制定 651 个主要矿种最小开采规模和最低服务年限标准的基础上，推动山东等 20 多个地区进一步提高易引发事故的铁、金、石灰石等主要矿种最小开采规模和最低服务年限标准。全年审查通过 16 项高风险非煤矿山建设项目安全设施，否决 14 项（次）不符合安全规定的建设项目安全设施设计。三是健全安全考试培训体系，提升非煤矿山“三项岗位人员”① 安全素质。及时增加党中央、国务院最新要求，安全生产最新规定和技术规范等内容，完成金属非金属矿山领域考试题库更新。编制非煤矿山 5 个一线岗位安全生产工作指导手册，修订金属非金属矿山特种作业实操考试标准，指导实施 20 余个非煤矿山特种作业实操考点规范提升。

（三）扎实开展三年行动排查整治，防范化解重大安全风险

一是制定《非煤矿山安全专项整治三年行动实施方案》，督导各地区和相关中央企业制定细化方案，推动全国市（县、区）制定落实措施。指导各地出台地方性法规标准 41 项，建立 9 万余项问题隐患清单和 2.2 万余项制度措施清单。督促各地严厉打击 10 类违法违规行为，共整合相互影响的地下矿山 246 座，淘汰干式无轨运输车辆 466 辆，责令停产整顿 756 座，暂扣安全生产许可证 608 个，吊销安全生产许可证 152 个，注销安全生产许可证 1540 个。二是开展防范化解尾矿库安全风险行动。经国务院同意，联合国家发展改革委等 8 部门印发《防范化解尾矿库安全风险工作方案》，指导有尾矿库监管任务的 23 个地区出台细化落实举措，推动 11 个地区出台尾矿库闭库销号管理办法，闭库 690 座，销号 505 座。强化尾矿库监测预警，实现全国三等及以上尾矿库全部建成安全监测系统，891 座四等、五等尾矿库建立安全监测系统。三是实施综合治理。配合生态环境部等印发《关于加强长江经济带尾矿库污染防治的指导意见》。组织对长江干流和主要支流岸线 1 公里范围内的 5 座尾矿库实施闭库处理。与国家发展改革委、生态环境部联合印发《关于进一步做好嘉陵江上游尾矿库治理有关工作的通知》，组织有关地区对嘉陵江上游 116 座尾矿库进行安全环境风险隐患治理。

① “三项岗位人员”：生产经营单位主要负责人、安全管理人员、特种作业人员。

（四）强化事故应急救援和调查处理，用事故教训推动工作

一是强化事故应急救援处置。成功处置博孜 3-1X 井“6・24”井喷事故，创造了我国井控最高压力、最高产量、最高温度、最长时间救援纪录。派出工作组指导当地政府，对因局地暴雨出现险情的陕西洛南 7 座、吉林通化 1 座尾矿库及时除险加固，消除重大险情。对黑龙江伊春鹿鸣矿业尾矿库和陕西汉中汉达公司尾矿库泄漏事件泄漏点，组织救援力量快速封堵，全力阻截污水团下移和防治污染扩散。二是强化工作提醒和事故警示。制作内蒙古银漫矿业公司“2・23”井下重大运输事故等 3 部警示教育片，向非煤矿山领域持续推送 14 部典型事故系列警示教育片，推送政策法规、安全常识、预警提示等信息 200 多条。三是强化评估提效。对 2015 年以来 6 起非煤矿山重大事故查处落实和教训吸取情况进行督导，对整改措施落实情况逐条进行评估，切实用事故教训推动非煤矿山安全工作。

第四章　危险化学品安全

一、基本情况

2020 年，我国取得危险化学品安全生产许可证的生产企业有 1.26 万家，山东、江苏、广东、浙江、河北、辽宁 6 个省份生产企业数量占全国总数的 41.4%，其中，构成重大危险源的企业 5309 家、1.8 万处。

2020 年，我国取得危险化学品经营许可证的经营企业有 20.3 万家，带有储存装置的企业 1.6 万家，其中，构成重大危险源的企业 1694 家、4555 处。

2020 年，全国危险化学品经营环节共发生生产安全事故 5 起、死亡 8 人，未发生较大及以上生产安全事故。

2020 年，全国共发生化工事故 144 起、死亡 178 人，同比减少 20 起、96 人，分别下降 12.2% 和 35.0%。其中，一般事故 134 起、死亡 134 人，同比减少 18 起、2 人，分别下降 11.8% 和 1.5%；较大事故 10 起、死亡 44 人，同比增加 1 起、9 人，分别上升 11.1% 和 25.7%。未发生重特大事故，同比减少 3 起、103 人，均下降 100.0%。

从事故发生地区分布看，2020 年，事故起数排前 8 位的省份是山东（13 起）、江西（12 起）、黑龙江（8 起）、安徽（8 起）、辽宁（7 起）、四川（7 起）、陕西（7 起）、青海（7 起），死亡人数排前 8 位的省份是山东（14 人）、湖北（14 人）、江西（13 人）、辽宁（11 人）、山西（10 人）、黑龙江（9 人）、安徽（9 人）、甘肃（9 人）。从事故类型看，爆炸事故死亡人数最多，发生 31 起、死亡 58 人，分别占 21.5% 和 32.6%；其次是中毒和窒息事故，发生 32 起、死亡 50 人，分别占 22.2% 和 28.1%。

2020 年，全国化工事故起数、死亡人数，较大及以上事故起数、死亡人数均同比下降，自 2017 年以来连续 3 年每年发生 2 起以上重特大事故的形势得到遏制；但事故总数依然较多，较大事故同比增加，10 起较大事故都发生在中西部和东北地区，有 6 起发生在精细化工企业，较大事故中死亡 5 人及以上的事故有 3 起，发生重特大事故的风险依然存在，安全生产形势依然严峻。

“十三五”期间全国化工事故情况见表 3-4-1。

二、重点工作

（一）全面部署推动危险化学品安全生产工作

一是印发全面加强危险化学品安全生产工作意见。起草中共中央办公厅、国务院办公厅《关于全面加强危险化学品安全生产工作的意见》，于 2020 年 2 月 20 日印发。国务院安委会印发了包含 55 项重点工作的落实方案。二是印发危险化学品安全专项整治三年行动实施方案。国务院安委会制定《危险化学品安全专项整治三年行动实施方案》，提出 5 个方面、18 项任务，32 个省级单位、13 家中央企业均已制定实施方案。三是印发非法违法

表3-4-1　“十三五”期间全国化工事故情况表

事故级别	事故起数					死亡人数				
	2016	2017	2018	2019	2020	2016	2017	2018	2019	2020
较大事故	12	15	11	9	10	41	57	46	35	44
重大事故	0	2	2	2	0	0	20	43	25	0
特别重大事故	0	0	0	1	0	0	0	0	78	0
总数	226	219	176	164	144	234	266	223	274	178
同比（%）		-3.1	-19.6	-6.8	-12.2		13.7	-12.4	17.6	-35.0

“小化工”专项整治方案。推动深刻吸取有关事故教训，借鉴江苏等省份做法，国务院安委会制定《非法违法“小化工”专项整治方案》，提出4个方面、11项任务，督促各地全面排查、严厉打击、系统整治非法违法“小化工”。

（二）不断强化重大风险防控，构建安全监管长效机制

一是全面深入开展硝酸铵等危险化学品排查治理。督促汲取黎巴嫩贝鲁特重大爆炸事件教训，印发加强危险化学品储存安全防范、硝酸铵等危险化学品风险隐患专项排查治理等多个指导性文件，聚焦“三个坚持”（坚持“一企一策”、坚持举一反三、坚持由点至面），延伸至硝化棉、液氯等5类企业，对所有重大危险源企业检查督导，组织派出3批次、每批次6个工作组，完成为期3个月的专项检查督导。制定硝酸铵生产企业“一企一策”，交办隐患整改工作，全国共排查企业1.2万家，发现隐患11.3万项，下达执法文书2万余件，停产停业整顿企业177家。制定进一步加强硝酸铵安全管理意见（稿），组织10个专家组对全国214家硝化企业开展指导服务，推动停产整顿70余家。二是推动构建危险化学品重大危险源企业联合监管长效机制。印发《危险化学品重大危险源企业联合监管机制（试行）》，发挥各自优势，通过建立联合会商研判等5项机制，形成工作合力，融合创新构建“消地”联合监管长效机制。组织开展两轮对全国7600余家危险化学品重大危险源企业、2万余处重大危险源的全覆盖督导检查，发现隐患7.7万余项，其中重大隐患1200余项。制定《危险化学品企业重大危险源安全包保责任制办法（征求意见稿）》，实施企业主要负责人、技术负责人、操作负责人三级责任人安全包保措施。如期实现2.4万余个重大危险源监测数据联网，全面建成危险化学品安全风险监测预警系统。32个省级应急管理部门建立风险分级监测预警工作机制，发挥系统预警功能助力提升监管效能。三是强化高危险化学品、危险化学品道路运输安全整治。会同3个部委印发《特别管控危险化学品目录（第一版）》，对20种危险化学品实施特别管控措施；以国务院安委会名义印发《危险化学品道路运输安全集中整治方案》，推动破解危险化学品道路运输安全难题。四是认真做好重点时段安全生产工作。全国两会、国庆和十九届五中全会等重点时段，发挥重大危险源风险监测预警平台作用，深入开展明查暗访。圆满完成第三届中国国际进口博览会安保有关工作，博览会期间安全生产形势稳定，有序推进冬奥会安保有

关工作。五是严格应急值守和事故警示教育。认真做好应急值守，及时有序妥善处置突发事件。约谈辽宁省、国家能源集团等有关地方和中央企业负责人，编发 2019 年全国化工事故和烟花爆竹事故分析报告，坚持每月在应急管理部网站发布历史上发生的月度危险化学品典型事故，及时编发国内外典型事故警示信息，向社会集中公布典型事故案例，严防类似事故发生。

（三）加快提高本质安全水平，开展重点专项整治提升

一是规范加强危险化学品企业安全整治提升。印发《危险化学品企业安全分类整治目录（2020 年）》《淘汰落后危险化学品安全生产工艺技术设备目录（第一批）》，“一企一策”实施精准化治理整顿。加快推进城镇人口密集区危险化学品生产企业搬迁改造，全国完成搬迁改造企业 1084 家，3 家企业已停产，占 1089 家应搬迁改造企业总数的 99.8%。二是持续推进化工园区安全整治提升。排摸全国化工园区情况，推动各省级政府认定并公布化工园区名单，开展风险评估，实施“一园一案”管理，促进化工行业转型升级，19 个省份认定公布 352 个化工园区名单。三是全面启动推进非法违法“小化工”专项整治。各地区将非法违法“小化工”专项整治一体纳入本地区安全整治内容，32 个省级单位均制定了实施方案。四是组织完成危险化学品重点县两轮专家指导服务。围绕“两个研判、三个一”①，立足“导师制”辐射带动各地抓实 261 个省级重点县专家指导服务（图 3-4-1）。全国 53 个重点县的第三轮和第四轮指导服务工作如期完成，共组织 1600 余专家人次，指导服务 449 家企业，排查整改隐患 2.3 万余项，学习观摩受众超 2000 家企业、8 万人次，网络讲堂和在线答题覆盖 1 万多家企业，超 40 万人次参与学习答题，全国 53 个重点县事故起数和死亡人数实现“双下降”，且降幅高于全国均值。五是全力做好完成江苏“开小灶”工作。安排骨干人员 30 余人次常驻江苏深入开展专项督导，完成江苏危险化学品安全专项整治集中督导、督导“回头看”，明查暗访，以及江苏响水天嘉宜化工有限公司“3·21”特别重大爆炸事故整改情况“回头看”，有力促进了江苏安全生产形势稳定好转，实现预期目标。2020 年，江苏危险化学品领域事故起数和死亡人数实现“双下降”，同比下降 50% 和 93%，未发生较大及以上事故和有重大社会影响的事故。

图 3-4-1　专家现场检查指导

（四）不断推进基础支撑建设，提升安全监管能力水平

一是进一步完善法规标准体系。公开向社会征求《中华人民共和国危险化学品安全法》意见，应急管理部部务会审

① “两个研判”：研判重点县落实三年行动计划和重点工作部署；“三个一”：重点县每县建设一支本地化专家队伍，打造一个化工实训基地，每家规模以上企业建设运行一个职工培训空间。

议通过完善后报送国务院审议。加快推进《精细化工反应风险评估》《硝酸铵安全管理规范》等多个标准制修订工作，指导出台《化工企业变更管理实施规范》等多个团体标准。深入研究氢能安全、加油站扫码支付安全，提出针对性措施，为有效管控风险提供了支撑。二是扎实做好疫情防控与安全监管。针对疫情防控压力大、急需消杀类产品、各地区复产复工在即的情况，迅速印发《关于进一步统筹做好疫情防控和危险化学品安全生产工作的通知》，通过危险化学品重点县专家指导服务等措施，推动抓好企业复产复工安全监管。三是强化专题专项专班攻坚。组建专题专项专班，加快推进中共中央办公厅、国务院办公厅《关于全面加强危险化学品安全生产工作的意见》和危险化学品安全专项整治三年行动任务落实，制定危险化学品安全生产“十四五”规划方案（稿），组织筹办重大危险源检查督导、化工园区整治和企业淘汰落后、硝酸铵排查等多个全国性会议，制定印发多个规定，推进以信息化为引领的企业双重预防体系建设试点，开展“工业互联网+危化安全生产”研究，有力推动重点任务加快落地落实。四是推进非药品类易制毒化学品监管。非药品类易制毒化学品监管规范化信息化水平得到进一步提升，有效防范了流入非法渠道，得到国家禁毒委员会办公室肯定，应急管理部原危化监管司监管二处被评为“全国禁毒工作先进集体”。

第五章 烟花爆竹安全

一、基本情况

2020 年，全国共有烟花爆竹生产企业 1781 家（分布在 10 个省份），取得烟花爆竹经营许可证的批发企业有 4245 家，零售单位有 22.7 万家。

2020 年，全国烟花爆竹生产经营单位共发生事故 9 起、死亡 11 人，同比减少 4 起、19 人，分别下降 30.8% 和 63.3%，连续 10 年事故起数和死亡人数“双下降”。未发生较大及以上事故，同比减少 3 起、20 人。

2006—2020 年全国烟花爆竹事故变化趋势如图 3-5-1 所示。

从事故发生地区分布看，江西、湖南、重庆、四川 4 个省份发生烟花爆竹事故，同比减少 1 个。其中，江西 1 起、死亡 1 人，同比减少 3 起、7 人；湖南 6 起、死亡 7 人，同比增加 1 起、死亡人数减少 10 人；重庆 1 起、死亡 2 人，同比增加 1 起、2 人；四川 1 起、死亡 1 人，同比起数持平、死亡人数减少 3 人。从事故发生环节看，烟花爆竹生产环节发生事故 8 起，死亡 9 人，同比减少 5 起，21 人，分别下降 38.5% 和 70%，其中，涉药机械设备发生事故 3 起、死亡 4 人，药物清扫（理）发生事故 2 起、死亡 2 人，储存发生事故 2 起、死亡 2 人；零售经营环节发生事故 1 起、死亡 2 人；非法生产行为引发事故 1 起、死亡 1 人。

二、重点工作

（一）强化新冠肺炎疫情防控常态化形势下烟花爆竹安全监管

结合新冠肺炎疫情防控、“六稳”“六保”等工作，建立烟花爆竹企业停复产、库存以及旺季安全监管等重点情况调度机制。国务院安委会办公室印发《关于加

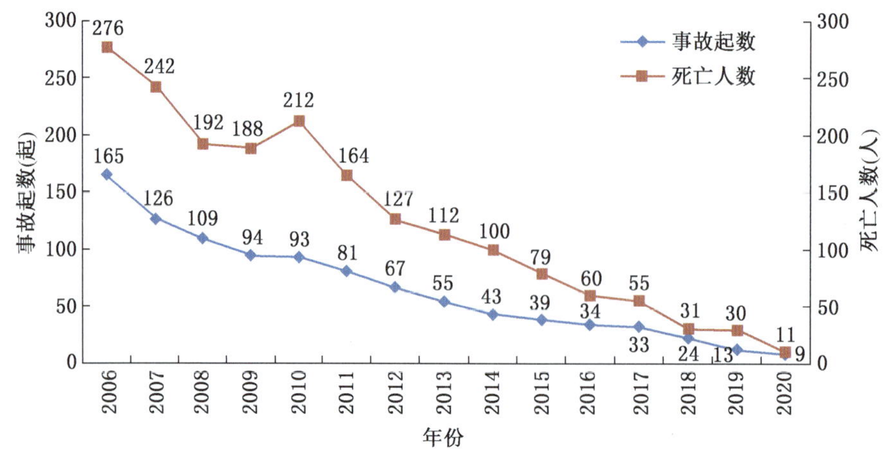

图 3-5-1　2006—2020 年全国烟花爆竹事故变化趋势

强烟花爆竹旺季安全监管工作的通知》。河北、江西、湖北、湖南、广西、海南、四川、贵州、云南、陕西10个产区省份开展烟花爆竹旺季安全交叉检查。中国烟花爆竹协会对烟花爆竹主产区开展2轮深度安全检查。四季度旺季期间，地方各级应急管理部门共检查烟花爆竹生产企业6912家次，发现隐患17043项（其中重大隐患30项），暂扣安全生产许可证8个，对134家企业罚款272万元；检查烟花爆竹批发企业5691家次，发现隐患13943项（其中重大隐患13项），暂扣烟花爆竹经营（批发）许可证20个，对149家企业罚款198万元；检查烟花爆竹零售店（点）158674家次，取缔不具备安全条件零售场所5633个，吊销烟花爆竹经营（零售）许可证2013个，暂扣1213个，对2206个零售店（点）罚款189万元。

（二）推动健全完善烟花爆竹安全发展政策和制度体系

2020年9月，召开烟花爆竹安全监管部际联席会议联络员会议。12月，召开全国烟花爆竹安全生产工作座谈会，研究并初步拟定全国危险化学品安全生产“十四五”规划烟花爆竹内容，谋划依托湖南浏阳、醴陵和江西上栗、万载4个重点产区县（市）建设全国烟花爆竹转型升级集中区的初步方案。《烟花爆竹工程设计安全标准》《烟花爆竹安全与质量》2项强制性国家标准修订工作取得明显进展。

（三）着力提升烟花爆竹安全监管效能

推进烟花爆竹安全风险监测预警智能化和安全监管行政执法信息化。江西、湖南、广西、陕西4个产区省份建设烟花爆竹安全风险监测预警系统。截至2020年底，724家生产企业应用该系统进行安全管理，其中634家接入应急管理部门用于安全监管。全国烟花爆竹安全生产和经营许可证打证程序投用运行，并与烟花爆竹流向管理信息系统实现数据共享互通。湖南浏阳、醴陵和江西上栗、万载4个重点产区县（市）建立安全监管联动协作机制，建立联合交叉执法检查机制、打击非法生产经营烟花爆竹长效机制和烟花爆竹安全生产“黑名单”联合惩戒机制。

（四）持续开展烟花爆竹安全专项整治

完成“一证多厂”专项整治，对江西和湖南两省330家烟花爆竹生产企业、800个分厂工区进行彻底整治，实现全国烟花爆竹生产企业“一证多厂”问题“清零”。深化推进烟花爆竹经营安全专项整治，进一步全面宣贯《烟花爆竹零售店（点）安全技术规范》，规范烟花爆竹批发零售经营行为。持续配合公安部门开展打击整治枪爆违法犯罪专项行动，结合该行动保持打击非法生产经营烟花爆竹行为高压态势。

（五）加强烟花爆竹安全宣传教育引导

开展覆盖全国各省级应急管理部门的烟花爆竹安全监管业务培训，推动各地区烟花爆竹安全监管履职能力提高。在各烟花爆竹安全生产重点时段，以制作投放安全宣传片、组织主流媒体宣传报道、通过网络平台视频直播等多种形式，进行安全宣传引导，营造积极正面的烟花爆竹安全社会舆论氛围。

第六章　石油天然气安全

一、基本情况

2020 年，国内原油产量约 1.9 亿吨，天然气产量约 1900 亿立方米。全国油气井数量约 42 万口，其中，风险较高的井有 6574 口，包括 55 个井控高风险区域的 2013 口井、34 个井控风险敏感区域的 2639 口井和其他高风险井 1922 口。全国石油天然气开采领域共发生生产安全事故 10 起、死亡 15 人，其中，发生较大事故 1 起、死亡 5 人。

2020 年，我国在役陆上油气长输管道总里程约 17.1 万公里。其中，原油管道 3 万公里，占 17.5%；成品油管道 3 万公里，占 17.5%；天然气管道 11.1 万公里，占 65.0%。Ⅰ级、Ⅱ级、Ⅲ级人员密集型高后果区数量分别为 2771 个、8760 个、2426 个。油气输送管道没有发生生产安全事故。

二、重点工作

（一）着力防范化解油气开采安全生产风险

致信“三大石油公司”董事长，分析形势、点明问题、提出意见。逐一分析“三大石油公司”安全生产风险，精准提醒安全风险，针对性提出工作要求。组织开展井控安全风险隐患集中排查治理和专题会商研判，摸清全国井控高风险区、敏感区等底数，集中查处整改各类问题隐患 1 万余项，分析当前井控安全风险，有针对性地提出下一步工作措施（图 3-6-1）。

图 3-6-1　中国海油湛江分公司涠洲 12-1B 平台

（二）健全完善海洋石油安全生产标准体系

完成国家标准《海洋石油天然气开采安全规程　第 1 部分：总则》和行业标准《海洋石油生产设施发证检验工作通则》《老龄化海上固定式生产设施主结构安全评估导则》3 个标准的组织编写、征求意见、技术评审及标准报批工作。启动《海洋石油天然气开采安全规程》系列标准中的海上部分、浅海部分、滩海部分及陆岸终端等标准立项与编写工作，紧紧围绕防范遏制重特大事故，强化海洋石油重大安全风险管控标准供给。

（三）部署指导海洋石油企业防台风工作

印发《关于切实做好海洋石油防台风工作的通知》，督促各海洋石油企业压实防台工作责任，落实各项防台措施。组织海油安监办各分部成立专项检查组 9 个，开展现场检查 67 次，持续督导和协调解决问题 55 项。坚持“逢台风必研判、一台风一调度”，指导企业科学果断实施停产撤人，成功应对“鹦鹉”“海高斯”“巴威”等 10 余次台风影响。

（四）强化油气长输管道高风险区域安全管控

将加强人员密集型高后果区安全风险管控纳入国务院安委会考核内容，督促各地区提高风险防范意识，摸清高后果区底数，压实高后果区安全隐患排查治理和风险管控责任。针对汛期严峻形势，及时向四川、贵州等地质灾害易发多发省份和有关中央企业印发提醒函，从灾害排查、应急物资储备、值班值守、事故应急等方面提出明确要求。指导中石化完成“7·14”西南成品油管道贵渝支线遵义段地质灾害引发漏油事件处置工作。

（五）组织做好疫情期间油气长输管道建设项目安全审查工作

认真落实党中央、国务院有关疫情防控和“六稳”“六保”工作要求，研究提出疫情防控期间石油天然气基础设施重点建设项目安全审查建议，指导中石油中俄东线天然气管道工程项目（永清—上海段）等 5 个项目建设单位在作出安全承诺的前提下按计划开工。全年共组织 9 个建设项目安全条件审查、7 个建设项目安全设施设计审查，完成 16 个建设项目安全审查批复。

（六）组织开展油气储存和长输管道企业安全风险隐患排查治理专项督导

深刻吸取北海 LNG 接收站“11·2”火灾事故教训，深入 16 个重点地区开展专项督导，督导检查 57 家大型原油、LNG 储存企业，随机抽查 19 家城镇建成区成品油储存企业，抽查 41 处油气长输管道人员密集型高后果区、地质灾害易发区和 20 座站场，发现各类问题隐患 1066 项，其中重大隐患 40 项，责令 2 家企业停产整顿。及时印发问题隐患交办函，召开隐患交办会，督促地方和有关中央企业举一反三，切实抓好问题隐患整改落实工作，有效防范化解重大安全风险。

第七章　工贸行业安全

一、基本情况

2020 年，工贸行业共发生生产安全事故 1257 起、死亡 1320 人，同比减少 238 起、132 人，分别下降 15.9% 和 9.1%。其中，较大事故（火灾除外）20 起、死亡 80 人，同比减少 8 起、30 人，分别下降 28.6% 和 27.3%；未发生重大及以上事故，同比减少 1 起、10 人。总体上，工贸行业安全生产形势持续稳定好转。

二、重点工作

（一）聚焦检查重点

通过深入分析近年来工贸行业事故暴露出的问题以及安全生产执法统计数据，研究确定钢铁 8 项、粉尘涉爆 6 项、铝加工（深井铸造）7 项和有限空间作业 4 项以及落实企业主体责任 20 条等重点整治专项，印发《工贸行业安全生产执法检查重点事项表》和《企业落实安全生产主体责任检查要点表》，突出工贸行业企业执法检查工作重点，提高防控重大风险的精准性，提出逐企逐项见底的实效性要求。

（二）组织开展工贸行业专项执法督导

以“督一省、带一省”的方式，吸收相关省级应急管理部门有关主管负责人参加，共同组成督导检查组，采取“三位一体”执法工作模式开展督导。分别带领 13 个地区，对 17 个地区（西藏、兵团除外）钢铁、粉尘涉爆、铝加工（深井铸造）及有限空间作业专项整治和执法检查情况进行督导检查（图3-7-1），随机抽查部分地市及有关企业，对基层执法人员开展现场示范执法，并针对督导情况发布 4 期通报。根据各省上报的工贸行业专项执法进度情况表，截至 2020 年底，钢铁企业 8 项重点事项共发现违法行为 824 项，其中依法处罚 425 项，处罚金额 446.3 万元，停产停业 36 家；粉尘涉爆企业 6 项重点事项共发现违法行为 11589 项，其中依法处罚 3164 项，处罚金额 2184.38 万元，停产停业 395 家；铝加工（深井铸造）企业 7 项重点事项共发现违法行为 2080 项，其中依法处罚 627 项，处罚金额 329.38 万元，停产停业 100 家；有限空间作业 4 项重点事项共发现违法行为 8888 项；违反落实企业主体责任检查要点 54005 项，有力地推动了工贸行业专项整治行动深入开展。

（三）持续推动执法规范化建设

印发 2019 年执法典型案例，向 32 个省级应急管理部门发放书籍和光盘，为基层执法人员规范执法提供借鉴；结合“三位一体”执法模式、执法规范用语以及钢铁行业专项执法重点事项的要求，组织视频拍摄，解读执法过程中涉及的具体检查事项。

（四）加强培训夯实工作基础

面向省、市、县三级应急管理部门和相关企业，举办 4 次视频培训会，逐项讲解 25 项违法行为、执法依据和处罚标准，有力推动基层执法人员业务素质提升。举办省级应急管理部门培训班，通过系统讲解工贸行业安全监管执法重点内容、“三位一体”执法模式等，进一步统一思想认识、明确目标任务、夯实工作基础。

图 3-7-1　铝加工（深井铸造）企业督导检查

第八章　消防安全（含相关公共安全）

2020 年，对标习近平总书记重要训词和重要批示指示精神，强化政治机关意识，发挥业务领率作用，全力防范化解重大消防安全风险，直面疫情防控特殊形势下消防安全新挑战、新形势，应势而谋、因势而动、顺势而为，深入开展靶向治理，大力实施消防执法改革，全面提升消防宣传质效，切实加强科技创新和成果应用，牢牢守住消防安全的基本盘，保持全国火灾形势持续平稳，为疫情防控和做好“六稳”工作、落实“六保”任务创造良好的消防安全环境。

一、专项工作

（一）消防安全专项整治三年行动

国务院安委会印发《消防安全专项整治三年行动实施方案》，细化制定 7 个专题项目、24 项年度重点任务清单，研发信息交流平台，加强跟踪督办。将打通消防“生命通道”列为首要工程，印发通报，列出指引，指导各地累计对 13 万个小区、57.9 万栋公共建筑进行标线施划，清除固定障碍物 28.6 万余处，查处违规占堵行为 6.7 万余起，规划新增车位 120 余万个。持续深化文博单位消防安全治理，会同国家文物局推动各地完成国务院安委会办公室挂牌督办的 33 家文博单位重大火灾隐患整改销案，组织对 762 家第八批全国重点文物保护单位开展专项检查，在贵州联合举办全国文物消防安全管理培训班，督促建立消防管理团队和专职消防队伍，及时消除隐患。进一步加强指导各地开展涉油消防安全检查，共排查 7687 家企业、22325 处重大危险源，督促整改隐患 2.5 万余处。建立危险化学品重大危险源企业联合监管五项工作机制，联合开展 5 次督导检查，共同推进危险化学品企业消防安全风险管控。

（二）大型商业综合体消防安全综合治理

2020 年 12 月 11 日，专题部署进一步加强全国大型商业综合体火灾防控工作，指导各地开展安全自查、分类培训、设施维保、电气检查、消防演练、制度清理和安全承诺等大型商业综合体“七个一”活动，重点督促自查餐饮娱乐、儿童活动、库房冷库等重要部位和用火用电、安全疏散等突出风险，建立问题隐患和整改责任“两个清单”，全力做好大型商业综合体火灾防控工作，坚决遏制群死群伤火灾事故发生。

（三）冬春火灾防控专项行动

2020 年 11 月，国务院安委会办公室在全国部署开展冬春火灾防控工作，紧盯重点场所、重要节点，压实主体责任，加强隐患治理、落实基层责任、强化宣传发动，集中开展电动车、电气火灾等电气领域综合治理；持续推进打通消防“生命通道”工作；集中整治违规使用易燃可燃建筑板材和隔热保温材料。坚决遏制群死群伤和有影响火灾事故发生，全力预防和减少“小火亡人”事故发生，有效维护消防安全形势整体稳定。

二、重点工作

（一）确保涉疫场所消防安全

及时印发《疫情防控特殊时期加强消防监督工作通知》，针对定点医院、方舱医院、集中隔离点和医疗物资生产储存企业四类场所，分类别、分场所制发消防技术要求和火灾防范提示，指导各地加强涉疫重点场所消防安全管理。组织全国5个片区专家组和总队、支队两级1055个技术组，实行“一院一策、一厂一策”，充分发挥专家的技术支撑和辅助决策作用。指导各地积极探索创新服务手段，采取现场检查与远程指导相结合方式，指导加强消防安全管理。疫情期间，全国消防救援机构指导定点医院、集中隔离点、防疫物资储存仓库等场所整改火灾隐患58.7万处，所有涉疫重点场所“零火灾”。

（二）服务复工复产

针对企业复工复产，先后4次下发通知，指导各地分区分类实行差异化监管，精准防控火灾风险（图3-8-1）。推行企业自主管理承诺、主动为企业减负、开展专家技术服务、优化执法服务效能、加强线上培训提示、实施靠前看护服务6项措施，派出11个工作组开展“回头看”专项督导。分析研判“地摊经济”、仓储物流、电商直播等新问题和新风险，指导各地采取针对性防范措施，扎实做好“六稳”工作、落实“六保”任务，全力支持复工复产。

（三）强化保障民生

充分发挥防灾减灾救灾助力脱贫攻坚作用，印发《关于助力打赢脱贫攻坚进一步加强农村消防工作的通知》，突出做好贫困地区特别是“三区三州”等深度贫困地区消防安全工作，统筹指导各地加强农村地区人员密集场所房屋消防安全管理，切实防止因火灾致贫返贫。协调中央组织部、农业农村部将消防安全课程纳入2020年农村实用人才带头人和大学生村官示范培训，抽调业务骨干为91期乡村

图3-8-1　指导复工复产企业做好消防安全工作

消防治理和大学生村官培训班授课。指导各地加强防汛救灾转移群众集中安置点消防安全工作，制定安置点消防安全导则，派出 2 个工作组指导汛情重点地区措施落实。累计检查服务社会单位 200 万余家，指导整改消除火灾隐患 201 万余处。

（四）全面提高消防安全共建共治水平

强化政府领导责任，国务院安委会部署推动消防工作，完成 2019 年省级政府安全生产和消防工作考核，考核结果通报省级政府和相关部委，有效解决一批消防安全突出问题。将消防安全监管、从业人员安全素质等内容纳入国务院办公厅《关于建立健全养老服务综合监管制度促进养老服务高质量发展的意见》，会同民政部部署开展养老院服务质量建设专项行动和养老机构消防安全专项整治三年行动。联合国家卫生健康委、国家中医药管理局修订并印发《医疗机构消防安全管理九项规定（2020 版）》，联合教育部在全国部署加强疫情防控常态化条件下开学复课学校消防安全工作。针对贵州“小火亡人”多发情况，国务院安委会办公室下发通知，派出工作组，开展实地帮扶指导，明确各部门职责，因地制宜开展整治。吸取山西太原台骀山冰雕馆“10·1”重大火灾事故教训，部署开展违规采用易燃可燃材料彩钢板专项检查。指导各地深化消防网格化管理，推动压实基层消防安全管理责任，重点协调公安机关督促派出所加强消防监督检查和消防宣传教育工作，统筹做好城乡基层火灾防控工作。出台《消防安全领域信用管理暂行办法》，对消防安全失信行为单位和责任人，依法依规实施惩戒措施。深化社会单位“三自主两公开一承诺”[①]管理模式，推进大型商业综合体达标创建活动，专题部署进一步加强大型商业综合体火灾防控工作。

（五）推动执法改革落地见效

深化落实消防执法改革意见，全国人大、司法部启动《国家综合性消防救援队伍和人员法》立法工作。完成中央部署的全部 12 项消防执法改革任务，指导督促各地取消证明事项 231 项，推出便民服务举措 3927 项，推动制定《高层建筑消防安全管理规定》，修订《消防监督检查规定》《火灾事故调查规定》和《社会消防技术服务管理规定》3 部规章，开展规范行政许可和处罚行为优化消防执法营商环境专项行动，全面推行消防救援站指战员开展防火工作，扩充一线执法力量。组织开展年度消防监督执法网上检查考评，并进行督促整改。

（六）科学编制《“十四五”消防工作规划》

对标党中央、国务院和应急管理部党委“十四五”规划有关部署，聚焦建强国家综合性消防救援队伍，全面提升防范化解重大安全风险、应对处置各类灾害事故这两项核心能力，精心组织编制《“十四五”消防工作规划》。坚持改革破题，以“三个重大”为支撑，精准谋划一批具有标志性、前瞻性、突破性的重大政策、重大改革措施和重大工程，引领“十四五”时期消防工作高质量发展。

（七）加强消防标准化工作基础建设

2020 年，共有《全氟己酮灭火剂》等 21 项国家标准制修订项目、《消防救援用无人机通用技术条件》等 18 项行业标准制修订项目，以及 34 项现行强制性

---

① “三自主”：自主评估风险、自主检查安全、自主整改隐患；“两公开”：向社会公开消防安全责任人、管理人；“一承诺”：承诺本场所不存在突出风险或者已落实防范措施。

国家标准外文版翻译项目获得正式批准立项，共有《建筑防火封堵应用技术标准》《水域救援作业指南》等14项国家标准、行业标准获得批准发布。《消防车》系列强制性国家标准获得国家市场监督管理总局评选的2020年中国标准创新贡献奖三等奖。完成全国消防标准化技术委员会第六届换届，并指导各分委会有序换届。会同公安部发布公告，将现行165项消防领域公共安全行业标准划转应急管理部归口，发布全新行业标准代码“XF”，建立消防救援行业标准“户口本”。

（八）精心护航重大活动

始终坚持“万无一失、一失万无”标准和“细致、精致、极致”作风，深度研判特殊条件下安保工作新形势、新任务，量身定制重大活动消防安保工作方案，实体化运行工作专班，指导主责总队细化目标、措施、任务和要求，全面落实“点线面”严防严控措施，掌握工作主动权，认真完成重点时段消防安保任务，统筹推进北京冬奥会消防安保工作。紧贴疫情防控和安保实战需要，按照重大活动会场、住地、临时隔离点等核心场所“封闭管理”安保要求，调整优化勤务模式，实现精准管控，确保安全。针对北京冬奥会场馆分布和赛事特点，先后2次召开部安全保障领导小组全体会议，研究制定消防安保领域重大风险防范应对方案，建立健全风险分析研判、隐患排查整治、快速应急处置等机制，为做好安全保障工作奠定基础。

（九）拓展建强宣传阵地

强力推进应急管理部消防救援局、总队、支队三级全媒体工作中心建设，打造集内容生产、产品传播和账号运营为一体的消防宣传“中央厨房”。截至2020年底，全国已有26个总队、330个支队全媒体工作中心建成，消防宣传专职人员超过4000人。《中国消防》杂志平稳划转，组织召开《中国消防》杂志成立40周年座谈会。在中央电视台播发新闻和专题节目7200余条次，其中，《新闻联播》52条、《焦点访谈》12期，《新闻直播间》《共同关注》《东方时空》《晚间新闻》等重点栏目2600余条次、专题18个，《经济半小时》12期、《今日说法》9期；在中央人民广播电台播发新闻和提示760余条，专题7个；在中央主流报刊播发新闻5000余条，其中，《人民日报》专版19个，《光明日报》《经济日报》《法治日报》《中国应急管理报》专版260个。“中国消防”新媒体已在微博、微信、抖音、快手、今日头条、学习强国等16个平台开设账号，举办“火焰蓝新年晚会”网络直播，在广州举行粉丝嘉年华活动。组织开展企业复工复产消防安全、大中小学消防公开课、车辆落水自救实验等多场大型网络直播和直击抗洪一线系列直播，在线观看超过20亿人次。切实提高应急宣传硬实力，完成湖北抗疫和江西、安徽、四川、吉林等地防汛救灾、抗台风重大抢险救援新闻宣传报道，以及福建泉州欣佳酒店“3·7”坍塌等一系列救援行动的宣传报道。

（十）精心筹划主题宣传

深入推进消防宣传“五进”工作，指导各地出台“五进”实施办法，推动相关组织、单位履行消防宣传工作职责，“安全生产月”“119消防宣传月”“中小学安全教育日”等主题活动参与广、影响大、效果好。不断拓宽社会化消防宣传阵地，累计建成各类消防科普教育场馆3200余个，消防站对外开放45万余次，接待群众超过1700万人次。开发“全国消防体验场馆预约平台”“全民消防安全学习云平台”“中国消防志愿者注册管理平台”，探索利用互联网、数字化，强化社会化消防宣传教育工作。协调明星团队创作消防题材文艺作品，登上中央电视台网络春晚、辽宁卫视春晚、广西卫视春晚、甘肃卫视春晚。全国首档消防救援纪实真人秀《冲呀！蓝朋友》网络播放量超过 76.5 亿次，推出系列消防短剧《呼叫蓝朋友》。邀请杨紫、吴京、赵丽颖担任消防公益宣传使者，开展覆盖城乡行业系统、社会单位、街道社区社会化消防宣传。鼓励社会资源参与消防文化推广，审核立项 10 余部影视剧作品，支持拍摄反映江苏盐城“3·21”大爆炸救援的大制作电影《惊天营救》，推动消防文化作品创作的繁荣发展。

（十一）积极发挥火灾调查工作基础作用

印发《关于进一步做好火灾调查工作的通知》，对火灾调查重点工作进行部署，细化任务、列出清单、明确责任、设定时限，“项目管理”式推进。联合公安部修订出台《消防救援机构与公安机关火灾调查协作规定》，建立分工负责、密切配合、信息共享、运转高效的火灾调查协作机制。推动全国火灾调查案例数据库和火灾调查办案模块建设，力争通过火灾调查数据研判分析，服务火灾防控现实需要。组建应急管理部第一届火灾调查专家组，修订完善管理办法，建立全国火灾调查技术学术工作委员会，制定委员会章程，召开第一届专家组暨学术委员会成立大会。组织开展重特大火灾事故整改情况“回头看”评估工作，核查事故整改措施及人员责任追究情况。深化火灾延伸调查，建立并推动火灾案例复盘制度，反思检视消防工作，改进提升工作质量。指导山西太原台骀山冰雕馆“10·1”火灾事故调查，帮助贵州省消防救援总队查找分析“小火亡人”深层次原因，研究制定硬性措施，有效扭转贵州火灾多发局面。

（十二）着力抓实产品监管

制修订公共场所、住宅使用的火灾报警、灭火器、避难逃生三类产品的强制性产品认证实施规则，协调国家市场监督管理总局颁布实施。配合国家市场监督管理总局推进消防产品认证、检验机构市场化发展，培育发展消防产品认证、检验机构 30 余家，进一步规范消防产品自愿性认证管理。改选消防产品技术鉴定专家委员会，修订专家委员会章程，积极推动消防新产品快速入市。印发《关于加强和规范使用领域消防产品监督管理工作的通知》，明确改革过渡期间的消防产品监督管理要求。部署各地开展“3·15”消防产品常识普及宣传，营造全社会关注消防产品质量的氛围。部署开展 2020 年度使用领域消防产品质量监督抽查，指导各总队运用“双随机、一公开”模式进行抽样送检，共抽检社会单位用消防产品 15 类 2418 批次，消防救援队伍用装备产品 10 类 934 批次。印发《消防产品监督管理工作考评办法》，针对疫情常态化部署全年消防产品监督管理工作，修订考评标准与细则，并充分利用消防产品监督管理系统开展网上考评，推动各地工作开展和执法规范化建设，强化消防产品事中事后监管。印发 2019 年度消防产品质量监督抽查情况的通报，部署不合格产品后处理工作，及时清理更换不合格产品、装备，消除安全隐患。2020 年，暂停 539 家企业生产的不合格产品证书 2275 张，撤销 38 家企业生产的不合格产品证书 49 张，有效净化消防产品市场环境。

（十三）深入推进科技创新

加强消防科技顶层设计，组织调研森

林、石油化工、交通、电力、新型能源、高层/超高层、大型综合体领域/场所的火灾防治需求，把握消防救援队伍面对新时期防火监督、灭火与应急救援工作显现出的技术装备瓶颈。统筹规划“十四五”消防科技重点工作和发展路径，制定“十四五”消防科技发展技术路线图，推动消防科技重大需求纳入《“十四五”国家公共安全与防灾减灾科技创新专项规划》，积极争取国家科技计划对消防重点项目的支持。完善消防科技管理制度，贯彻落实党中央、国务院关于科技体制改革系列文件精神，制修订《消防救援局科技计划项目管理办法》《消防救援局科技创新奖励办法》《消防救援局科技成果推广应用管理办法》，深化消防科技供给侧改革，为推动科技立项聚焦重大现实需求、鼓励消防科技原始创新、加速科技成果转化进程、打通成果转化“最后一公里”提供了可靠的制度保障。建立科技评审专家库，通过优化流程、细分专业、统一标准、严格纪律、杜绝挂名等举措，创新科技计划项目评审方式，确保各类科技评审工作的公平、公正和科学性。加强关键核心技术攻关，聚焦当前工作重点，针对近年来防灭火与应急救援工作中暴露出的技术装备短板，在科研立项中加大对洪涝灾害救援、森林火灾防治、智慧消防、电气火灾防治等项目的支持力度。取得一批先进适用成果，4 个消防所共有 2 个国家项目、10 个省部级项目、16 个局项目通过绩效评价，取得成果 47 项、专利 95 项、软件著作权 43 项，获得省部级科技奖励 15 项。新型压缩空气泡沫灭火剂关键指标明显提升，建筑消防设施快速智能化检查方法为消防监督和重大活动消防安保提供了技术支撑。加大成果推广应用力度，通过发布成果推广目录、编印成果公报、新媒体宣传、装备试点应用等多种方式积极推广先进适用科技成果。消防宽窄带融合通信系统等 45 项新成果，分别通过队伍采购、技术转让、技术服务等方式得到推广应用。基于 NB-IoT 研发的智能火灾预警系统，在湖北、山东、福建、广西等新冠肺炎定点收治医院成功应用。消防“生命通道”监测预警系统助力沈阳市打通消防“生命通道”。

（十四）加强消防监督管理人才队伍建设

起草《消防救援局关于改进消防监管强化火灾防范工作的意见》，明确 5 个方面 25 大项任务措施，全面深化消防执法改革，着力解决消防监督管理队伍思想观念、体制机制、方式方法、能力素质“四个不适应”等问题。组织开展全国消防业务培训，从单纯的“我说你听”转变为“我说你听”“你说我听”“我说你也说”，按照“三个环节”组织学员先听后讲、边学边讲，将被动学习转为主动思考，积极将培训学习成果转化为谋划工作、推动发展的思路、措施和本领，推动防火队伍提质强能。组织全国火灾调查骨干暨师资力量培训，采取课前考试查找不足、课上分享学习体会、课后分组研讨交流等方式，增强培训积极性和参与度，着力提升队伍各级火灾调查基础理论水平和业务能力。针对专兼职火灾调查员、消防监督员和消防救援站指战员等不同岗位，分级分类编写全国火灾调查系列培训教材。明确专家工作职责、日常管理和纪律要求。推动各省、有条件的地级市成立本级火灾调查专家组，为火灾调查工作提供技术支持。鼓励充分发挥老专家力量，开展火灾调查法规制度、专业技术研究，培养火灾调查人才，带动研究学习火灾调查工作。

第九章　其他部门负责监管的重点行业领域安全

一、道路运输安全

（一）行业发展情况

2020 年，全国公路总里程 519.81 万公里，同比增加 18.56 万公里。公路密度 54.15 公里/百平方公里，同比增加 1.94 公里/百平方公里。公路养护里程 514.40 万公里，占公路总里程 99.0%。

2016—2020 年全国公路总里程和公路密度如图 3-9-1 所示。

2020 年，全国机动车保有量为 3.72 亿辆，同比增长 6.3%。全国机动车驾驶人数量达 4.56 亿人，同比增长 3.6%，其中汽车驾驶人达 4.18 亿人。

2016—2020 年全国机动车保有量及驾驶人数量统计见表 3-9-1。

表 3-9-1　2016—2020 年全国机动车保有量及驾驶人数量统计表

年份	机动车保有量（亿辆）		机动车驾驶人数量（亿人）
	总量	汽车	
2016	2.9	1.9	3.6
2017	3.1	2.2	3.9
2018	3.3	2.4	4.1
2019	3.5	2.6	4.4
2020	3.72	2.81	4.56

全年完成营业性客运量 68.9 亿人，同比下降 47.0%；完成旅客周转量 4641 亿人公里，同比下降 47.6%。完成营业性货运量 342.6 亿吨，同比下降 0.3%；完成货物周转量 60171.8 亿吨公里，同比增长 0.9%。

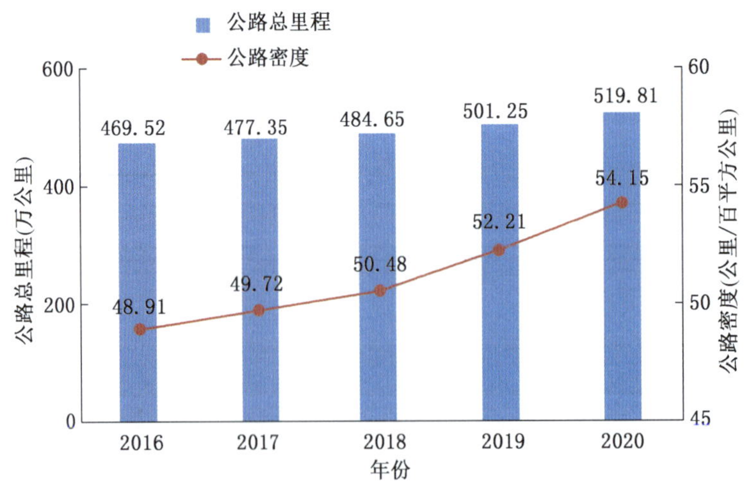

图 3-9-1　2016—2020 年全国公路总里程和公路密度

2016—2020年全国公路货运量、客运量及周转量统计见表3-9-2。

表3-9-2　2016—2020年全国公路货运量、客运量及周转量统计表

年份	公路货运量（亿吨）	货物周转量（亿吨公里）	公路客运量（亿人）	旅客周转量（亿人公里）
2016	334.1	61080.1	154.3	10228.7
2017	368.0	66712.5	145.9	9765.1
2018	395.7	71249.2	136.7	9279.7
2019	343.6	59636.4	130.1	8857.1
2020	342.6	60171.8	68.9	4641

（二）安全形势

2020年，全国道路运输行业安全生产形势总体稳定，发生事故2.9万起、死亡1.8万人，事故起数和死亡人数同比“双下降”。发生重大事故4起、死亡61人，同比增加3起、51人；未发生特别重大事故，同比减少1起、36人。

1. 重点地区、重点车辆事故多发

部分地区和行业主管部门安全生产思想意识淡薄，管理松懈，导致运输安全风险和事故数量居高不下。一方面危险化学品运输事故反复发生，除浙江温岭“6·13”槽罐车爆炸事故以外，江西九江、山东淄博、内蒙古包头等地都发生涉及拉载甲醇、液化天然气、盐酸等危险化学品运输车的相撞、泄漏事故。另一方面个别地区群死群伤事故多发，吉林省发生2起重大道路交通事故，福建、河南、山东发生死亡7人以上的较大事故，稍有不慎就有可能酿成重大事故。

2. 农村道路交通安全风险增大

农村地区通行环境差，公路安全防护设施不足，交通规划缺乏科学性，公共交通需求得不到满足，群众交通安全意识薄弱，日常出行习惯于乘坐低速货车、拖拉机、三轮车以及“黑出租”等非法营运车辆，给道路交通安全带来严重隐患。吉林松原发生2起重大事故，事故形态高度类似，均为农村地区务农群众乘坐非法载人车辆发生事故。河南信阳“11·20”道路交通事故事发时出殡现场有26人在道路上活动，但道路前后未放置任何警示标志。

3. 驾驶人技能水平不足，货车违法问题突出

部分驾驶人驾龄短、应急处置能力不足、安全意识淡薄，如河南信阳“11·20”道路交通事故驾驶人刚刚满实习期，在雾天超速行驶，遇突发状况时应急处置不当冲撞送殡人群造成9死4伤。部分轻型货车“大吨小标”问题突出，吉林、河南、湖北发生多起事故，小货车整备质量均为2.6吨，但实车分别达到4.5吨、5.6吨、8.9吨，属于典型的“大吨小标”车辆，生产一致性不合格，为超限超载留下巨大空间，安全隐患突出。

（三）重点工作

1. 不断强化考核巡查约谈警示

一是强化安全生产约谈工作。针对吉林省6个月内发生2起重大道路交通事故情况，应急管理部党委书记黄明组织对吉林省政府负责人实施安全生产约谈，要求深刻吸取事故教训，切实把确保人民生命安全放在第一位落到实处，坚决防止重蹈覆辙。二是按照国务院安委会统一部署，牵头开展2019年度省级政府安全生产和消防工作考核巡查，将道路交通安全列为重要内容，同时对上海、陕西等8个重点省份考核巡查问题整改情况以及《中共中央　国务院关于推进安全生产领域改革发展的意见》落实情况进行专项督导检查。三是深入落实《道路交通安全“十

三五”规划》，进一步夯实道路交通安全基础，保持道路交通安全形势总体平稳；针对道路交通事故多发情况，国务院安委会办公室向有关部门和地区发出建议函、警示函，督促落实道路交通安全监管责任，严查道路交通非法违法行为、强化公路隧道等部位安全风险管控，健全危险化学品运输安全监管链条，坚决遏制事故多发势头。

2. 持续加强部门间工作协同

一是积极参与交通强国建设纲要起草小组、节能与新能源产业发展部际联席会议、全国道路交通安全工作部际联席会议等，配合有关部门提请党中央、国务院出台《交通强国建设纲要》《国家综合立体交通网规划纲要》《新能源汽车产业发展规划（2021—2035 年）》等规划纲要和指导性文件，做好重点行业领域安全顶层设计工作。二是国务院安委会办公室部署对全国农村交通安全开展书面调研，应急管理部会同公安部、交通运输部、农业农村部组成调研组，分别对四川、陕西、云南等重点省份开展现场调研检查，查找和整治在体制机制、监管执法、隐患整治等方面存在的薄弱环节和突出问题，研究提出针对性措施，推动农村交通安全形势持续向好。三是会同公安部、交通运输部等有关部门开展“122”全国道路交通安全日活动，联合印发《关于开展餐饮经营者勾结客车司机宰客乱象专项整治的通知》《关于进一步加强和改进旅游客运安全管理工作的指导意见》等文件。

3. 加强事故跟踪督办和查处评估

一是加快特别重大事故调查工作，提请国务院批准长深高速江苏无锡“9·28”特别重大道路交通事故调查报告，并印发事故结案通知，督促江苏、浙江、安徽、河南等有关地区和部门吸取事故教训，落实整改措施要求。二是赴浙江台州对浙江温岭“6·13”槽罐车爆炸事故（简称“6·13”事故）进行现场督办，组织公安部、交通运输部、国家市场监督管理总局相关司局负责人以及“6·13”事故调查组负责人进行专题会商；以国务院安委会名义对“6·13”事故和福建莆田“11·27”道路交通事故查处实行挂牌督办，及时审核完毕“6·13”事故调查报告。三是会同交通运输部、公安部组成工作组，赶赴贵州安顺“7·7”公交车坠湖事件、吉林松原“10·4”道路交通事故、河南信阳“11·20”道路交通事故等事故事件现场，对近 30 起典型较大道路交通事故进行跟踪督办，督促指导事故救援、善后处置和事故调查工作。四是会同交通运输部、公安部等部门组成“回头看”评估检查组，对近 5 年 4 起特别重大道路交通事故整改措施落实情况进行“回头看”，通过听取汇报、现场核查、暗查暗访等方式，对事故地区、相关部门及单位进行评估检查，督促各单位举一反三，深刻吸取事故教训。

4. 深入开展重点时段监督检查

一是加强重点时段安全督导检查。在国庆、中秋假期，党的十九届五中全会期间，派出督查组赴陕西、河北、重庆、四川等地，对地方政府及重点行业领域监管部门安全防范工作情况进行督查检查，并抽查有关行业企业，督促各地进一步增强保安全责任意识，确保重点时段安全形势稳定。二是以国务院安委会办公室名义印发通知，督促各地和各有关部门加强元旦、春节、“五一”、国庆、中秋期间交通运输领域重大安全风险防范，并于全国两会期间对广东、广西交通运输安全生产工作开展暗查暗访，督促地方有关部门强化安全监管，切实整治安全隐患。三是加强国务院安委会成员单位协调督导，协调公安、交通运输、文化旅游、农业农村等部门建立节假日安全生产工作日报机制，及时掌握各有关部门工作措施，督促开展专项督查检查，严查违法违规行为、排查治理安全隐患，有效化解安全风险。四是配合国家发展改革委、交通运输部、公安部等部门做好 2020 年春运安全和 2021 年春运准备工作，进一步分析研判疫情防控常态化条件下春运形势，研究重点工作措施，确保群众出行安全。

5. 进一步加强新闻宣传教育

做好长深高速江苏无锡“9·28”特别重大道路交通事故调查报告的发布工作，商请中央宣传部支持做好相关舆论引导工作，协调中央媒体发布新闻通稿，确保发挥警示教育的同时整体舆情平稳有序。组织《中国应急管理报》开设“警钟长鸣”“以案说法”等专栏，推出《车辆出事故　不但不报还继续开　这个公交司机该被辞退吗》《知危险会避险　安全文明出行》等相关报道，以事故案例说法，让交通参与者感知交通违法行为危害，从源头上预防和减少道路交通事故。配合做好警示宣传工作，在春运、汛期、国庆等重点时段组织部属媒体以多种形式发布安全提示，协调中央电视台滚动提示字幕，要求道路运输等领域注意防范事故风险，提醒公众注意合理安排出行，远离危险区域。

二、铁路运输安全

（一）行业发展情况

2020 年，全国铁路营业里程 14.6 万公里，同比增长 5.0%，其中，高铁营业里程 3.8 万公里。

2016—2020 年全国铁路营业里程如图 3-9-2 所示。

全年完成旅客发送量 22.03 亿人，同比下降 39.8%；完成旅客周转量 8266.19 亿人公里，同比下降 43.8%。完成货物总发送量 45.52 亿吨，同比增长 3.2%；完成货物总周转量 30514.46 亿吨公里，同比增长 1.0%。

2016—2020 年全国铁路旅客发送量如图 3-9-3 所示，2016—2020 年全国铁路货物总发送量如图 3-9-4 所示。

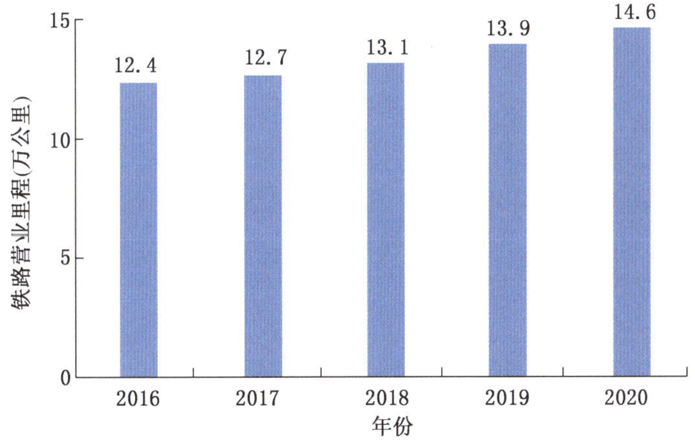

图 3-9-2　2016—2020 年全国铁路营业里程

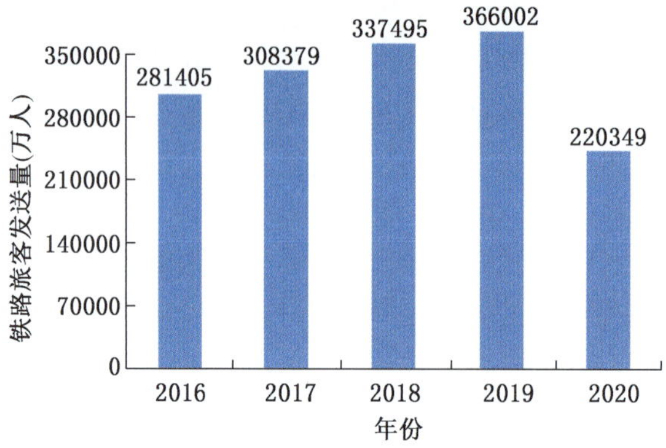

图 3-9-3　2016—2020 年全国铁路旅客发送量

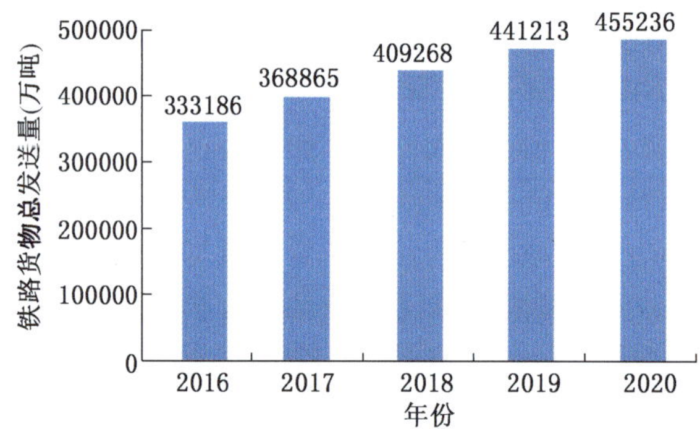

图 3-9-4　2016—2020 年全国铁路货物总发送量

（二）安全形势

2020 年，全国铁路运输行业安全生产形势总体稳定，发生事故 606 起、死亡 507 人，事故起数和死亡人数同比“双下降”。发生较大事故 4 起、死亡 6 人，同比增加 1 起、减少 7 人；2012 年以来，连续 9 年未发生重大及以上事故。

1. 普速铁路安全防护存在短板弱项

铁路系统存在“重高铁、轻普速铁路”的问题，在普速铁路的施工管理、沿线环境安全、设施设备维护、人员管理等方面存在薄弱环节，由此引发的事故较多。同时，普速铁路安全预警信息化程度不高，列车驾驶还主要依赖司机目测瞭望，沿线维护、巡检也主要靠人工进行，不能确保实时获取灾害信息，本质安全水平不高。

2. 铁路施工和设施设备源头管理不到位

由于疫情防控成为阶段性工作重心，铁路系统正常工作机制受到影响，主要行车设备闲置时间较长、人员长时间倒休轮休，铁路现场管护力量不足，影响正常铁路巡线、检修等现场控制和安全管理工作。天津滨海新区“11·1”铁路桥坍塌事故中，铁路桥梁在设计、建设、施工、监理、验收以及维修施工等环节均存在违规问题。

3. 铁路沿线外部环境安全风险突出

随着各行业有序复工复产，人民群众生产生活秩序恢复，各地交通流量快速回升，因道路运输车辆、行人违法进入线路等带来的铁路沿线事故风险突出，需引起高度重视。同时，汛期恶劣天气多发致铁路交通安全风险增大。暴雨等极端恶劣天气引发的山体滑坡、泥石流对铁路交通安全影响极大，易导致设备设施受损、线路中断、列车停运等问题，严重威胁旅客生命财产安全。

（三）重点工作

1. 加强事故督办和安全警示

加强与国家铁路局、中国国家铁路集团的沟通协调，及时跟踪了解京广线“3·30”、锦承线“4·12”、天津滨海新区“11·1”等铁路交通事故调查进展情况，督促国家铁路局依法依规严肃追究责任；针对事故暴露出铁路设备维护不及时、隐患排查不到位、沟通机制不完善等普速铁路安全问题，以国务院安委会办公室名义向国家铁路局、中国国家铁路集团发出警示函，督促认真贯彻落实中央领导同志重要批示精神，抓实抓细铁路交通尤其是普速铁路安全防控工作。

2. 大力推进铁路安全生产专项整治三年行动

会同交通运输部、国家铁路局、中国国家铁路集团等部门联合印发通知，部署各地各有关部门扎实推进铁路安全生产专项整治三年行动计划，集中治理沿线违法施工和非法经营行为、上跨和下穿铁路桥涵隐患、铁路道口平改立、沿线漂浮物等突出问题，坚决防范化解重大风险，坚决遏制铁路安全重特大事故发生。推动中国国家铁路集团对全国10万公里普速铁路线路开展专项安全普查，并开展“1+2+4”[①]专项整治三年行动，对铁路环境安全、消防安全、运输专业、客运专业、货运专业、机辆专业、工电供专业、调度专业专项整治进行细化落实。

3. 加强安全形势联合会商和约谈

一是多次组织国家铁路局、中国国家铁路集团召开铁路安全生产形势分析会，共同研判铁路事故多发的根源性问题，研究通过加强科技信息化建设提升本质安全、健全铁路沿线治理长效机制、强化安全检查和隐患排查等措施。二是针对事故多发情况，对中国国家铁路集团、北京铁路局集团等单位负责人实施安全生产约谈，督促有关单位深刻吸取事故教训，严格落实安全生产主体责任，针对铁路安全风险，加强铁路安全监管，强化铁路沿线外部环境安全和隐患排查整治。

三、水上运输安全

（一）行业发展情况

1. 水路基础设施

【内河航道】 2020年，全国内河航道通航里程12.77万公里，同比增加387公里。等级航道里程6.73万公里，占总里程的52.7%，同比提高0.2个百分点。三级及以上航道里程1.44万公里，占总里程的11.3%，同比提高0.4个百分点。

2016—2020年全国内河航道通航里程如图3-9-5所示。

各等级内河航道通航里程分别为：一级航道1840公里，二级航道4030公里，三级航道8514公里，四级航道11195公里，五级航道7622公里，六级航道17168公里，七级航道16901公里。等外航道里程6.04万公里。

各水系内河航道通航里程分别为：长江水系64736公里，珠江水系16775公

① “1”：总体方案；“2”：学习贯彻习近平总书记关于安全生产重要论述、落实企业安全生产主体责任专题方案；“4”：铁路沿线环境安全、消防安全、铁路危险货物运输安全、铁路运输安全专项整治方案。

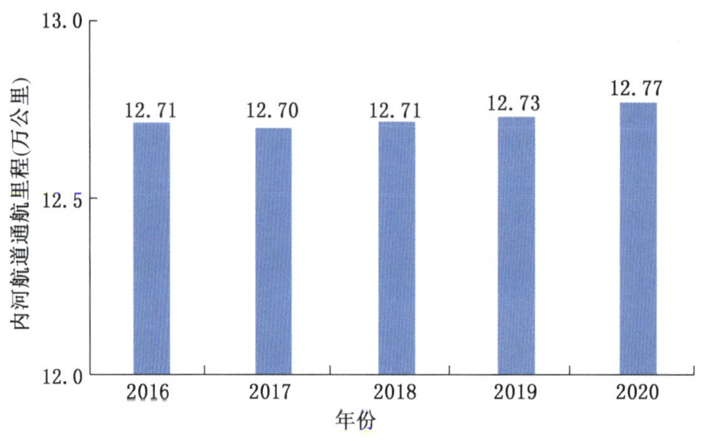

图 3-9-5　2016—2020 年全国内河航道通航里程

里，黄河水系 3533 公里，黑龙江水系 8211 公里，京杭运河 1438 公里，闽江水系 1973 公里，淮河水系 17472 公里。

【港口】2020 年，全国港口生产用码头泊位 22142 个，同比减少 751 个。其中，沿海港口生产用码头泊位 5461 个，同比减少 101 个；内河港口生产用码头泊位 16681 个，同比减少 650 个。

2020 年，全国港口万吨级及以上泊位 2592 个，同比增加 72 个。其中，沿海港口万吨级及以上泊位 2138 个，同比增加 62 个；内河港口万吨级及以上泊位 454 个，同比增加 10 个（表 3-9-3）。

2020 年，全国万吨级及以上泊位中，专业化泊位 1371 个，同比增加 39 个；通用散货泊位 592 个，同比增加 33 个；通用件杂货泊位 415 个，同比增加 12 个（表 3-9-4）。

【运输船舶】2020 年，全国有水上运输船舶 12.68 万艘，同比下降 3.6%；净载重量 27060.16 万吨，同比增长 5.4%；载客量 85.99 万客位，同比下降 2.9%；集装箱箱位 293.03 万标准箱，同比增长 30.9%（图 3-9-6、表 3-9-5）。

表 3-9-3　2019 年全国港口万吨级及以上泊位数量构成表　　个

泊位吨级	全国港口	同比增减	沿海港口	同比增减	内河港口	同比增减
合计	2592	72	2138	62	454	10
1 万～3 万吨级（不含 3 万吨级）	865	6	672	2	193	4
3 万～5 万吨级（不含 5 万吨级）	437	16	313	16	124	0
5 万～10 万吨级（不含 10 万吨）	850	28	725	22	125	6
10 万吨级及以上	440	22	428	22	12	0

表 3-9-4 2020 年全国万吨级及以上泊位构成表（按主要用途分） 个

泊位用途	2020 年	2019 年	同比增减
专业化泊位	1371	1332	39
其中：集装箱泊位	354	352	2
煤炭泊位	265	256	9
金属矿石泊位	85	84	1
原油泊位	87	85	2
成品油泊位	147	143	4
液体化工泊位	239	226	13
散装粮食泊位	39	39	0
通用散货泊位	592	559	33
通用件杂货泊位	415	403	12

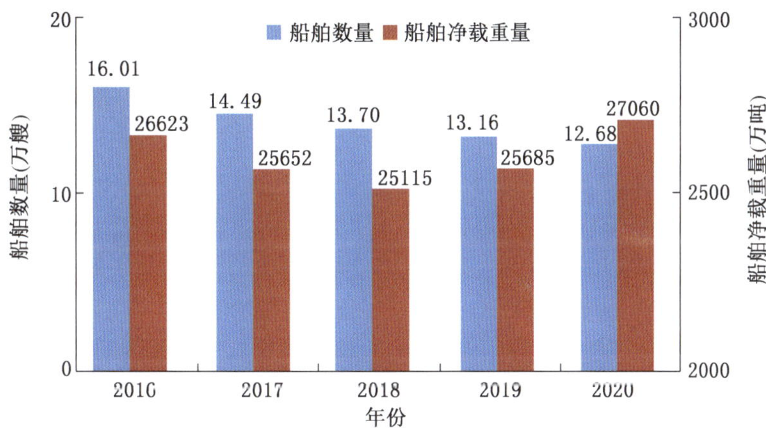

图 3-9-6 2016—2020 年全国水上运输船舶数量、净载重量

表 3-9-5 2020 年全国水上运输船舶构成（按航行区域分）

指标	实绩	同比增减（%）
内河运输船舶		
运输船舶数量（万艘）	11.50	-3.8
净载重量（万吨）	13673.02	4.5
载客量（万客位）	60.07	-4.2
集装箱箱位（万标准箱）	51.31	31.0
沿海运输船舶		
运输船舶数量（艘）	10352	-0.1
净载重量（万吨）	7929.83	12.0

表 3-9-5（续）

指标	实绩	同比增减（%）
载客量（万客位）	23.63	0.6
集装箱箱位（万标准箱）	60.91	-3.7
远洋运输船舶		
运输船舶数量（艘）	1499	-9.9
净载重量（万吨）	5457.30	-1.2
载客量（万客位）	2.29	-3.3
集装箱箱位（万标准箱）	180.80	48.9

2. 运输服务

2020 年，完成客运量 1.50 亿人，同比下降 45.2%，完成旅客周转量 32.99 亿人公里，同比下降 58.0%。

完成货运量 76.16 亿吨，同比增长 1.9%，完成货物周转量 105834.44 亿吨公里，同比增长 1.8%。其中，内河货运量 38.15 亿吨，货物周转量 15937.54 亿吨公里；海洋货运量 38.01 亿吨，货物周转量 89896.90 亿吨公里。

全国港口完成旅客吞吐量 4418.8 万人，同比下降 49.3%。其中，内河港口完成 74.6 万人，同比下降 85.3%；沿海港口完成 4344.2 万人，同比下降 47.1%。

全国港口完成货物吞吐量 145.50 亿吨，同比增长 4.3%。其中，内河港口完成 50.70 亿吨，同比增长 6.4%；沿海港口完成 94.80 亿吨，同比增长 3.2%。完成集装箱铁水联运量 687 万标准箱，同比增长 29.6%。

（二）安全形势

2020 年，全国共发生水上运输事故 109 起、死亡失踪 214 人，同比分别上升 2.8% 和 52.9%。发生重大事故 5 起，同比增加 4 起；未发生特别重大事故。

1. 疫情防控常态化后企业（船东）突击生产对安全造成较大冲击

2020 年下半年以来，上海出口集装箱运价指数同比上涨 170%，中欧航线 40 英尺集装箱运价已接近 4000 美元/箱，中国出口集装箱运输市场延续高位行情。部分航运企业为弥补疫情期间停航停产的损失，一味赶船期、赶进度，导致船舶关键设备保养维护不及时、夜航行为增多，开航前安全检查、保持安全航速等安全措施没有落实，发生碰撞、自沉的风险激增。2020 年 5 月以来发生的较大及以上事故全部为碰撞和自沉事故。随着各地建筑工地全面复工，一些内河船舶非法从事海砂运输的行为也死灰复燃，内河船在构造、稳性、设备和船员素质等方面不能满足海上安全航行的要求，还会威胁到该水域其他船舶的航行安全，上海长江口水域“8·20”重大船舶碰撞事故即为内河船舶非法从事海上运输所致。

2. 对外籍船舶安全监管存在短板

2020 年发生 3 起外籍船舶肇事导致的重大商渔船碰撞事故，这些外籍船舶对我国沿海习惯航路与渔场密集交叉的情况不熟悉，不掌握渔船作业规律，加之语言不通等因素，极易发生碰撞事故。此外，海事部门监管力度不够，存在监管盲区的问题也日益凸显。如渤海海域“9·18”重大商渔船碰撞事故中，海事部门未能及时跟踪涉事外轮动态并进行安全提醒，对船舶值班值守情况不掌握，安全督促、提醒不足；福建平潭岛海域“8·30”重大商渔船碰撞事故中，涉事外轮超出 VTS（船舶交通管理系统）监控范围，海事部门缺乏有效手段对其进行监管。

3. 部分从业人员素质、安全意识和技能水平不能满足安全作业要求

根据近几年的事故原因排序分析，人为因素依然是造成水上交通事故发生的主要原因，船舶操纵不当和瞭望疏忽分别排在最容易导致事故发生的主要原因的前两位，船员安全意识淡薄、技能水平不足、道德和法制观念缺失等问题仍然普遍存在。事故调查显示，有的船员盲目依赖船舶自动导航设备，对瞭望值守工作不重视，甚至不落实值班瞭望制度，在夜间交接班前后出现瞭望空白；有的船员对渔船作业区域和识别标志不熟悉，长时间穿越渔船密集区，且未采取安全航速航行，面临紧迫局面时判断不准、应对失措；还有一些船员肇事后选择逃逸，致使遇险渔民无法第一时间获得救援，扩大了事故损失。

4. 事故调查工作存在制度性缺陷

纳入生产安全事故统计但未按照“四不放过”原则严格调查，重技术轻管理，追责问责不到位，也没有按照《中共中央　国务院关于推进安全生产领域改革发展的意见》规定，公开事故调查报告、开展问题整改评估，吸取教训、举一反三推动治理不够，导致重大事故屡屡重蹈覆辙。

（三）重点工作

1. 强化警示约谈措施，督促责任落实

针对严峻的水上交通和渔业船舶安全生产形势，以国务院安委会名义制定出台《关于加强水上运输和渔业船舶安全风险防范的意见》，制定建立健全水上交通安全工作协调机制等 13 项具体措施。督促交通运输部、农业农村部针对商渔船安全管理中存在的漏洞和问题，举一反三、找准措施，坚决遏制商渔船事故多发趋势；以国务院安委会办公室名义向交通运输部发出警示函，督促有关部门进一步落实安全监管责任，切实强化安全风险防控；对交通运输部海事局负责人实施安全生产约谈，督促绷紧神经不放松，进一步加强水上交通安全监管。

2. 健全完善安全风险协同防范机制

牵头交通运输部、农业农村部建立商渔船安全风险防控会商机制，及时部署休渔前、开渔后以及寒潮大风期间船舶安全监管、避风避险以及应急值守等工作；建立中央重大会议、全国两会、节假日等重点时段安全生产工作日报机制，有效掌握海事部门工作进展情况，督促抓细抓实各项工作措施落地。

3. 推动安全生产专项整治三年行动落实

督促交通运输部按照国务院安委会统一部署，扎实开展安全生产专项整治三年行动，推进安全监管责任落实，加大对水上涉客运输、内河船舶非法从事海上运输、商渔船防碰撞等关键环节安全监管，及时消除重大风险隐患。

4. 强化事故调查

针对纪检监察体制改革后的新变化，在开展水上运输和渔业船舶等事故调查时，要求有关部门联合组成事故调查组，并邀请纪检监察部门及时介入。督促各级安委会修订事故查处挂牌督办办法，按照国务院规定要求严格挂牌督办，事故调查报告和问题整改评估报告全文公开。要求各级安委会办公室加强统筹协调，有关部门不认真调查的及时介入；凡是发生较大事故、重大事故都及时报同级纪委监委。

严肃认真调查事故，切实把人民生命安全放在第一位落到实处。

四、民航安全

（一）行业发展情况

1. 民航运输

2020 年，全国颁证民用航空机场 241 个，同比增加 3 个，其中，定期航班通航机场 240 个，定期航班通航城市 237 个。

年旅客吞吐量达到 100 万人次以上的通航机场 85 个，同比减少 21 个，其中，年旅客吞吐量达到 1000 万人次以上的通航机场 27 个，同比减少 12 个。年货邮吞吐量达到 1 万吨以上的通航机场 59 个，同比持平。

2. 运输服务

全年完成旅客运输量 4.18 亿人，同比下降 36.7%；完成旅客周转量 6311.25 亿人公里，同比下降 46.1%。其中，国内航线完成 4.08 亿人，同比下降 30.3%，港澳台航线完成 96.1 万人，同比下降 91.3%；国际航线完成 956.6 万人，同比下降 87.1%。

2016—2020 年民航旅客运输量如图 3-9-7 所示。

完成货邮运输量 676.6 万吨，同比下降 10.2%；完成货邮周转量 240.18 亿吨公里，同比下降 8.7%。

2016—2020 年民航货邮运输量如图 3-9-8 所示。

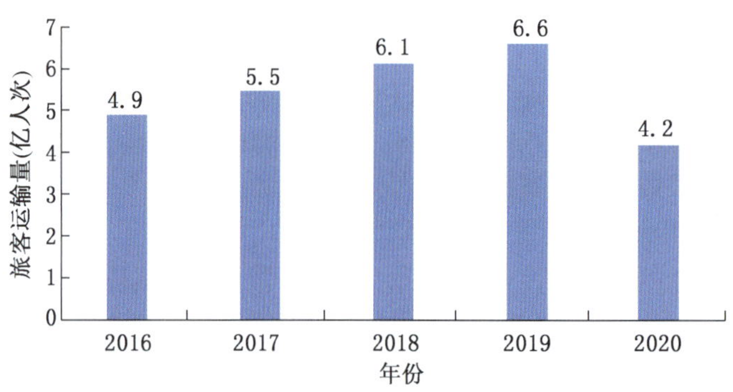

图 3-9-7　2016—2020 年民航旅客运输量

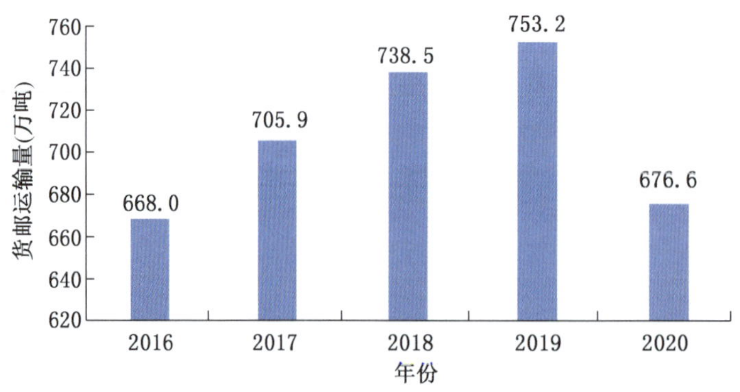

图 3-9-8　2016—2020 年民航货邮运输量

民航运输机场完成旅客吞吐量 8.57 亿人次，同比下降 36.6%。分航线看，国内航线完成 84019.0 万人次，同比下降 30.7%（其中，内地至香港、澳门和台湾地区航线完成 272.8 万人次，同比下降 90.2%）；国际航线完成 1696.9 万人次，同比下降 87.8%。

2016—2020 年民航运输机场旅客吞吐量如图 3-9-9 所示。

完成货邮吞吐量 1607.5 万吨，同比下降 6.0%。分航线看，国内航线完成 947.4 万吨，同比下降 11.0%（其中，内地至香港、澳门和台湾地区航线完成 82.7 万吨，同比下降 12.5%）；国际航线完成 660.1 万吨，同比增长 2.2%。

2016—2020 年民航运输机场货邮吞吐量如图 3-9-10 所示。

完成飞机起降 904.9 万架次，同比下降 22.4%。其中，运输架次为 745.8 万架次，同比下降 24.4%。分航线看，国内航线完成 873.4 万架次，同比下降 18.1%（其中，内地至香港、澳门和台湾地区航线完成 4.8 万架次，同比下降 75.5%）；国际航线完成 31.5 万架次，同比下降 68.4%。

（二）安全形势

2020 年，全行业未发生运输航空事故，同比持平。发生通用航空较大事故 4 起，同比增加 4 起；发生通用航空一般事故 14 起，同比减少 1 起。

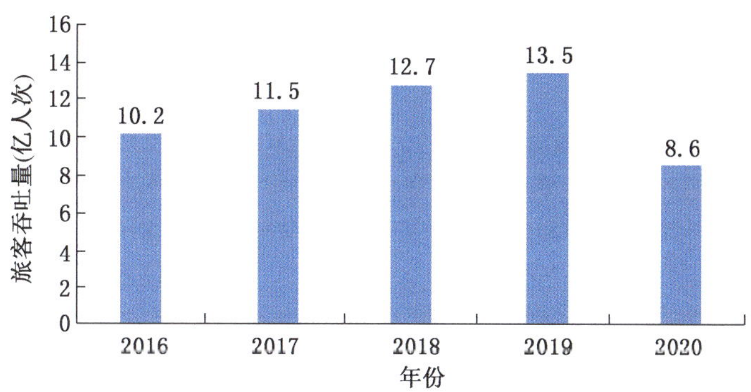

图 3-9-9　2016—2020 年民航运输机场旅客吞吐量

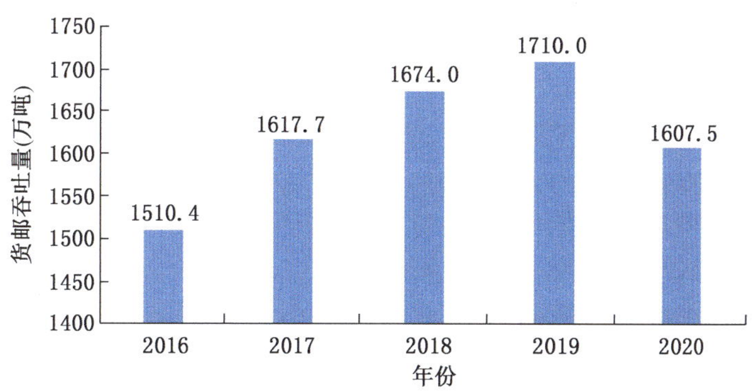

图 3-9-10　2016—2020 年民航运输机场货邮吞吐量

全行业发生征候 462 起，同比减少 121 起。其中，运输航空征候 438 起，同比减少 132 起；通用航空征候 24 起，同比增加 11 起。发生运输航空严重征候 4 起，占运输航空征候总数的 0.91%，同比减少 8 起。

1. 安全管理有松懈倾向

部分民航企业和空管单位在长期相对平稳的安全形势下存在麻痹大意思想，导致安全主体责任弱化，警觉性不强，在风险防控、规章落实和作风建设等方面存在问题，部分机组人员安全意识不强，工作作风松散，导致发生违反飞行纪律等事件。

2. 通航企业安全水平有待提升

我国通航事业发展较为滞后，通用航空机队规模仅为美国的 1/100。国家专门出台意见，采取降低准入门槛、简化审批程序、放开低空区域、升级配套设施等激励手段促进通航发展，但监管力量不足、专业人才不够等问题凸显，导致通航市场鱼龙混杂。70% 的通航事故中机长总飞行时间小于 1000 小时，甚至低于运输航空机长 1 年的飞行时间。全国共有在册的通用飞机约 2800 余架，涵盖 190 种机型（约是运输航空的 5 倍），运行环境复杂、机型众多。而很多通航企业长期亏损，没有能力增加投入提升安全管理水平，行业安全管理水平较低。

3. 无人机等通航领域安全风险显现

无人机等通航领域发展迅速，无人机等通航飞行器驾驶员数量、飞行活动、从业人员增长迅速，通航领域安全风险进一步加剧，通用航空事故呈波动上升趋势，安全生产形势不容乐观。与此同时，无人机与现有民航运输体系不断融合，系统性风险也进一步加大。

（三）重点工作

1. 强化航空安全责任落实

督促民航监管部门进一步强化部门监管责任，加强分类监管和精准监管，把责任落实在风险防控、审批把关、安全监管、责任追究上。重点盯紧管理松散、压力传导不畅、业务量增长快、保障能力不足、隐患治理不实的单位。持续推进企业做好隐患排查治理，提升企业守法意愿和能力，引导和监督企业落实安全主体责任。

2. 进一步提升通用航空本质安全水平

督促民航部门正确处理好安全与发展的关系，坚决克服重“放”轻“管”的现象，注重源头治理，切实做到“放管”结合、两翼齐飞。中国民航局印发系列规章，并推进成立小组专题研究加强通用航空有关工作，进一步强化空管安全管理，落实通用航空安全管理责任，织密行业运行安全风险防范网。

3. 持续防范化解安全风险

针对可控飞行撞地、飞行中失控、跑道安全等运行高风险领域，加强运行数据监控、分析和预警，采取专项措施进一步降低运输航空运行风险；按照《民航安全专项整治三年行动实施方案》的要求，前移关口，管控行业重点风险。在民航领域积极推动相关部门开展专项治理，突出问题导向，采取有效措施化解安全风险，坚决防范重特大事故的发生。

五、建筑施工安全

（一）行业发展情况

1. 建筑业规模

2020 年，全社会固定资产投资 52.7 万亿元，同比减少 3.36 万亿元。房地产开发投资 14.1 万亿元，同比增长 7.0%。其中，住宅投资 10.4 万亿元，同比增长 7.6%；办公楼投资 6494 亿元，同比增长 5.4%；商业营业用房投资 1.3 万亿元，同比下降 1. 1%。全国各类棚户区改造开工 209 万套，基本建成 203 万套。全社会建筑业完成总产值 26. 4 万亿元，同比增长 6. 2%，占固定资产投资的比重为 50. 0%。建筑业增加值 7. 3 万亿元，同比增长 3. 5%。

2016—2020 年我国建筑业总产值统计见表 3-9-6。

从近 5 年的发展趋势来看，建筑业增加值在国内生产总值中的占比逐年增加，2020 年建筑业增加值占国内生产总值的比重约为 7. 2%；但随着我国经济由高速发展转变为高质量发展，建筑业增加值的增速逐渐放缓，从 2017 年开始低于国内生产总值的增速。2020 年，受新冠肺炎疫情影响以及新基建等投资刺激影响，建筑业增加值增速高于国内生产总值增速，建筑业作为支柱产业的地位保持稳固。

2016—2020 年我国建筑业增加值与国内生产总值统计见表 3-9-7。

表 3-9-6 2016—2020 年我国建筑业总产值统计表

年份	产值（亿元）	产值增速（%）	固定资产投资（亿元）	建筑业投资占比（%）
2016	193567	7. 1	606466	31. 9
2017	213954	10. 5	641238	33. 4
2018	235086	9. 9	645675	36. 4
2019	248446	5. 7	560874	44. 3
2020	263947	6. 2	527270	50. 0

表 3-9-7 2016—2020 年我国建筑业增加值与国内生产总值统计表

年份	国内生产总值（亿元）	国内生产总值增速（%）	建筑业增加值（亿元）	建筑业增加值增速（%）	建筑业增加值在国内生产总值中占比（%）
2016	746395	6. 7	51498. 9	7. 7	6. 9
2017	832036	6. 8	57905. 6	3. 9	7. 0
2018	919281	6. 6	65493. 0	4. 8	7. 1
2019	990865	6. 1	70904. 3	5. 6	7. 2
2020	1015986	2. 3	72996	3. 5	7. 2

2. 在建规模

房屋建筑方面：2020 年，我国房屋建筑施工面积 149. 5 亿平方米，同比增长 3. 7%。近 5 年来，我国房屋建筑施工面积平稳增长，从 2016 年的 126. 4 亿平方米增加到 2020 年的 149. 5 亿平方米，增幅达 18. 3%。建筑施工面积的增速波动较大，2020 年的建筑施工面积增速为 3. 7%。

2016—2020 年我国建筑业建筑施工面积统计见表 3-9-8。

表 3-9-8 2016—2020 年我国建筑业建筑施工面积统计表

年份	建筑施工面积（亿平方米）	建筑施工面积增速（%）
2016	126. 4	1. 9
2017	131. 8	4. 2
2018	140. 9	7. 0
2019	144. 2	2. 3
2020	149. 5	3. 7

基础设施方面：2020 年，全国基础设施投资（不含电力、热力、燃气及水生产和供应业）同比增长 0.9%。其中，铁路运输业投资同比下降 2.2%，道路运输业投资同比增长 1.8%，水利管理业投资同比增长 4.5%，公共设施管理业投资同比下降 1.4%。

3. 企业和从业人员数量

截至 2020 年底，我国共有施工活动的建筑业企业 116716 家，同比增长 12.4%。全国具有资质等级的总承包和专业承包建筑业企业利润 8303 亿元，同比增长 0.3%，其中，国有控股企业 2871 亿元，同比增长 4.7%。

截至 2020 年底，建筑业从业人员 5366.9 万人，同比减少 60.5 万人，下降 1.1%。按建筑业总产值计算的劳动生产率为 422906 元/人，同比增长 5.8%。

2016—2020 年我国建筑业企业数量和从业人员统计见表 3-9-9。

表 3-9-9　2016—2020 年我国建筑业企业数量和从业人员统计表

年份	企业数量（个）	从业人员（万人）
2016	83017	5184.5
2017	88074	5536.9
2018	95400	5563.3
2019	103814	5427.4
2020	116716	5366.9

（二）安全形势

2020 年，全国建筑业共发生生产安全事故 3254 起、死亡 3492 人，同比减少 375 起、286 人，分别下降 10.3% 和 7.6%；发生较大事故 84 起、死亡 308 人，同比增加 17 起、59 人，分别上升 25.4% 和 23.7%；发生重大事故 2 起、死亡 58 人，同比事故起数减少 1 起、下降 33%，死亡人数增加 23 人、上升 65.7%；没有发生特别重大事故。

1. 事故教训未深入吸取，同类事故反复发生

部分企业以“看客”心态看待同行业领域事故，对事故所暴露出的突出问题，特别是对有关部门事故通报和事故警示，置之不理，不认真对照查改问题隐患，导致同类事故反复发生。如广西玉林碧桂园凤凰城工地“5·16”较大事故和内蒙古包头中海河山郡工地“5·19”较大事故中，事故直接原因均为施工升降机的上下标准节连接固定螺栓安装数量不足，安装完后未进行检验即进行操作，导致施工升降机坍塌，这与 2019 年河北衡水翡翠华庭“4·25”重大事故的原因基本一致。

2. 建筑市场利益关系复杂，总分包管理混乱

在各类建筑施工项目中，建设、监理、施工总分包等参建单位利益关系复杂，转包、非法分包等违法行为多。特别是一些参建企业与分包单位长期存在“裙带关系”，把工程发包给不具备安全生产条件、无资质的分包单位。在这种情况下，项目安全管理人员不敢管、管不了的现象较为突出。2020 年建筑业较大事故中，超过 40% 的事故存在分包给无资质单位的行为。

3. 违法建筑矛盾积累，事故隐患问题突出

在改革开放早期，各地区违法建设了不少生产经营性房屋建筑。这些房屋建筑未纳入监管，也未聘请有资质单位进行勘察、设计、施工和验收，房屋质量存在重大缺陷，随着房屋逐步老化，其质量安全问题逐步爆发。特别是一些企业和个体经营户擅自改建加建，导致房屋建筑处在危

险临界边缘。福建泉州欣佳酒店“3·7”坍塌事故和山西临汾“8·29”饭店坍塌事故中，均存在非法建设、违规加建改建等严重违法违规行为。

（三）重点工作

1. 做好疫情期间复工复产安全工作

深刻吸取福建泉州欣佳酒店“3·7”坍塌事故教训，统筹推动各相关部门做好新冠肺炎疫情防控和工程安全工作，有序推动工程开复工，保障工程质量安全。以国务院安委会办公室名义发函督促住房和城乡建设部组织开展疫情隔离观察场所和已开复工项目人员集中居住场所安全风险隐患专项排查整治，对全国所有疫情隔离场所逐一排查，对存有安全隐患的建筑及时整改，坚决杜绝使用存在重大安全隐患的建筑。督促推动住房和城乡建设部印发《房屋市政工程复工复产指南》《房屋建筑和市政基础设施工程施工现场新冠肺炎疫情常态化防控工作指南》，指导各地建筑业企业稳步有序推动工程项目复工复产，坚决防范复工复产期间生产安全事故。

2. 防范化解建筑施工领域重大安全风险

推动住建等部门按照全国安全生产专项整治三年行动要求，细化城市建设领域子方案，逐项明确责任分工，在全行业全面深化专项整治工作。会同住建、交通等部门对广东、江苏、广西、河北、西藏等省份开展明查暗访监督检查，共检查47个工程项目，开展座谈会28次，督促指导地方政府、行业主管部门和企业建立健全安全生产责任体系。联合或推动住建、交通等部门印发《城市轨道交通工程建设安全生产标准化管理技术指南》《公路水运工程淘汰危及生产安全施工工艺、设备和材料目录》。对张家口市崇礼区冬奥建设项目进行重点督导检查。定期召开10家建筑施工类中央企业参加的安全生产工作例会。组织中国安全生产科学研究院和清华大学、同济大学等权威专家组成现场调研组，对全国23座大跨径桥梁进行实地调研，详细勘测结构振动模态等技术参数，研讨分析大跨度桥梁安全风险，研究提出对策措施。

3. 强化农村房屋安全隐患排查治理

针对农村自建房领域突出问题，会同住房和城乡建设部组成督导组于9月初常驻山西省，对山西省落实习近平总书记关于安全生产重要指示精神，开展村镇房屋隐患排查整治情况督导。对2个设区市、6个县、15个乡镇、43处农村生产经营、人员密集场所进行督导检查，发现隐患问题86条，责令2家农村宴会厅停业整顿。会同住房和城乡建设部研究制定《关于开展农村房屋安全隐患排查整治工作方案》《农村自建房用作经营场所安全隐患排查整治工作导则》，督促协调有关部门和地方按照职责分工，对全国农村房屋开展摸底建档，对用作经营的农村自建房的结构安全、使用安全、地质和周边环境安全进行重点排查，对存在安全隐患的组织评估鉴定，用3年左右时间基本完成整治。

4. 强化城市道路塌陷事故防范工作

贯彻落实中央领导同志重要指示批示精神，组织住房和城乡建设部、自然资源部、国家人民防空办公室、交通运输部等部门召开专题会议，研究防范措施。会同住房和城乡建设部召开全国城市建设领域安全生产电视电话会议，部署全国立即开展市政道路、桥梁、危房、燃气、建筑施工等城市建设领域的全面梳理排查整治。将排查治理城市道路塌陷隐患作为重点工作，纳入国务院安委会2020年工作要点。会同住房和城乡建设部等部门加强系统性分析，重点针对地下人防工程特别是老旧人防工程的坍塌隐患，地铁施工造成的地面沉降影响，市政供水及排水管网“跑冒滴漏”等影响城市道路坍塌的危害因素，深入查缺补漏，推进综合治理。

5. 强化事故教训吸取工作

通过挂牌督办、事故现场督导等方式，推动相关地区严格开展事故调查工作，深入剖析事故暴露出的源头性问题，研究提出防范措施。督办广东河源市“5·23”较大坍塌事故等 10 余起事故查处情况，及时跟踪事故原因，督促有关行业主管部门和地方政府严格事故查处。根据安全生产约谈等制度规定，对 3 起影响较大的事故，统筹采用警示通报、印发建议函、开展约谈等方式，督促有关部门、单位和企业，深刻吸取事故教训，举一反三落实整改，严防类似事故再次发生。

六、渔业船舶安全

（一）行业发展情况

1. 渔船

2020 年，全国渔船总数 56. 33 万艘、总吨位 1005. 93 万吨。其中，机动渔船 37. 48 万艘、总吨位 979. 68 万吨、总功率 1856. 39 万千瓦，非机动渔船 18. 85 万艘、总吨位 26. 25 万吨。机动渔船中，生产渔船 36. 02 万艘、总吨位 870. 66 万吨、总功率 1624. 80 万千瓦，辅助渔船 1. 46 万艘、总吨位 109. 03 万吨、总功率 231. 58 万千瓦。

2. 渔业人口和渔业从业人员

2020 年，全国渔业人口 1720. 77 万人，同比减少 107. 44 万人、下降 5. 88%。渔业人口中传统渔民 555. 43 万人，同比减少 45. 06 万人、下降 7. 50%。渔业从业人员 1239. 59 万人，同比减少 52. 11 万人、下降 4. 03%。

2016—2020 年，我国渔业人口和渔业从业人员呈连年下降趋势，见表 3-9-10。

3. 渔业经济总产值

2020 年，按当年价格计算，全社会渔业经济总产值 27543. 47 亿元，其中，渔业产值 13517. 24 亿元，渔业工业和建筑业产值 5935. 08 亿元，渔业流通和服务业产值 8091. 15 亿元，3 个产业产值的比例为 49. 1 ∶ 21. 5 ∶ 29. 4。渔业流通和服务业产值中，休闲渔业产值 825. 72 亿元，同比下降 14. 32%。

渔业产值中，海洋捕捞产值 2197. 20 亿元，海水养殖产值 3836. 20 亿元，淡水捕捞产值 403. 94 亿元，淡水养殖产值 6387. 15 亿元，水产苗种产值 692. 74 亿元。渔业产值中（不含苗种），海水产品与淡水产品的产值比例为 47. 0 ∶ 53. 0，养殖产品与捕捞产品的产值比例为 79. 7 ∶ 20. 3。

表 3-9-10　2016—2020 年我国渔业人口数量变化情况表

年份	渔业人口（万人）	同比增减		传统渔民（万人）	同比增减		渔业从业人员（万人）	同比增减	
		万人	%		万人	%		万人	%
2016	1973. 4	-43. 6	-2. 2	661. 1	-17. 4	-2. 6	1381. 7	-33. 1	-2. 3
2017	1931. 85	-41. 55	-2. 11	652. 14	-8. 97	-1. 36	1359. 39	-22. 30	-1. 61
2018	1878. 68	-53. 17	-2. 75	618. 29	-33. 85	-5. 19	1325. 72	-33. 67	-2. 48
2019	1828. 20	-50. 50	-2. 69	600. 50	-17. 80	-2. 88	1291. 70	-34. 00	-2. 57
2020	1720. 77	-107. 44	-5. 88	555. 43	-45. 06	-7. 50	1239. 59	-52. 11	-4. 03

4. 渔业灾情（自然灾害）

2020 年，由于渔业灾情造成水产品产量损失 116.95 万吨，受灾养殖面积 808.79 千公顷，直接经济损失 181.97 亿元。

（二）安全形势

2020 年，全国共发生渔业船舶事故 90 起、死亡失踪 150 人，同比分别下降 11.8%、上升 14.5%。发生较大事故 12 起、死亡 59 人，同比增加 1 起、12 人；发生重大事故 1 起、死亡 21 人，同比增加 1 起、21 人；未发生特别重大事故。

1. 我国沿海水域渔船作业、通航资源紧张导致安全风险加剧

一是作业渔场面积大幅缩减。随着中日、中韩渔业协定的全面实施，可供我方渔船作业的东海渔场面积减少了 1/3，大量渔船不得不集中在浙江沿海及协定线内从事捕捞作业，单位作业面积渔船数量大幅增长。二是作业渔场与商船航线密集交叉。浙江、福建海域是南北海上运输的“黄金通道”，每日从该海域过往的海轮约有 3000 艘次，航线贯穿整个东海渔场，一些港口既是商港又是渔港，商渔船航线交织，通航环境复杂，极易发生碰撞事故。如 2020 年发生在浙江、福建海域的 2 起重大商渔船碰撞事故都是商船航线与渔船航线垂直交叉所致。

2. 渔船安全基础较差，部分渔民安全意识薄弱、技能水平不足

一是在全国 73.12 万艘渔船中，70% 是木质渔船，船型落后、建造标准低、抗风浪能力不足，水上救生设施配备不齐，滋生出安全隐患。二是部分渔民的侥幸心理、麻痹大意思想较为浓厚，“超员超载超风级超航区”冒险航行、疲劳驾驶、瞭望懈怠，脱编生产、擅自关闭 AIS 防碰撞设备、未按规定显示号灯号型、篡改识别码等行为屡有发生；个别渔民仍然存在“抢过大船头、吃喝不用愁”的迷信思想，主动驶入商船船艏等视角盲区，导致碰撞风险激增。三是安全技能水平较差，对海上避碰规则不熟悉，遇到突发事件时应急处置能力不足，容易出现操作失误，无法采取积极有效应对措施。

3. 渔业船舶安全监管不到位

一是安全监管责任不落实。落实“港长制”、渔船进出港报告等安全管理制度不到位，渔船私下租赁和异地挂靠现象普遍，船籍港“管不着”、靠泊港“不愿管”，安全监管缺位。二是监管能力不足。机构改革后，大多数地区海洋与渔业部门划入农业农村部门，专门负责渔业安全的力量减少，如辽宁、浙江两省渔业部门均由一个正厅级单位缩编为一个处室，行政编制 10 人左右，其中专职负责安全生产工作的仅有 1 人。浙江宁波共有渔船 4275 艘，农业农村局专门负责渔船安全生产工作也仅有 1 人。三是一些沿海重点省份落实安全生产专项整治三年行动不深入。如辽宁、福建作为渔船事故多发省份，涉及渔船的整治方案照搬照抄全国方案，既没有结合实际提出解决渔船“人证不符”、脱检脱管等难点问题的具体措施，也没有推进工作的时间表、路线图，缺乏可操作性。

（三）重点工作

1. 压实部门安全监管责任

推动制定《关于加强水上运输和渔业船舶安全风险防控工作的意见》，建立健全水上交通安全工作协调机制等 13 项具体措施。针对涉渔重大事故多发的现状，及时会商农业农村部深入分析事故原因，总结工作规律，研究部署针对性措施进一步加强安全监管，要求各级渔业部门严格按照“三个必须”要求履职尽责；

在《中华人民共和国海上交通安全法》修订过程中，进一步明确并落实海事、渔业部门对渔港水域外渔船海上交通安全监管职责，避免出现监管漏洞。

2. 推动开展专项治理

督促推动农业农村部开展“亮剑2020”、渔业无线电专项治理、渔业安全生产交叉互检等专项治理行动，严厉打击“三无”渔船，整治休渔期违规出海作业、配员不足、无证航行作业、船证不符、船舶脱检等违法违规行为。

3. 强化渔业船舶安全源头监管

会同农业农村部督促各重点省份进一步落实船籍港和靠泊港的安全监管责任，严把渔船出港安全关口，做到船舶适航、船员适任、人证相符、船员 100% 持证上岗，严厉打击涉渔“三无”船舶、渔船单船出海、恶劣天气冒险出海作业等违法违规行为。

4. 强化从业人员培训教育

会同农业农村部从企业（船东）层面着手，督促加强通导设备、错泊值班、应急处置等方面培训，增强渔民安全技能；严把船员培训、考试、发证等关口，在有条件的地区配备船舶实操考试设施，加大渔船船员的实操考试力度，提高渔船船员持证上岗比例。

5. 进一步提高安全技防水平

推动农业农村部开展“插卡式 AIS”管理改革，鼓励引导渔船更新使用新型 AIS 防碰撞设施，有效预防擅自关机、篡改识别码等行为。督促交通运输部、农业农村部研究制定我国沿海航路规划，确定商船固定航路，禁止渔船在固定航路内作业，在浙江、福建等重点省份先试先行。

第十章　安全生产执法

一、加强应急管理综合行政执法改革

认真贯彻落实习近平总书记重要指示精神，根据中共中央办公厅、国务院办公厅印发的《关于深化应急管理综合行政执法改革的意见》，制定印发《应急管理部关于认真贯彻落实〈关于深化应急管理综合行政执法改革的意见〉的通知》，推动各地应急管理部门主动向地方党委、政府汇报制定实施意见。积极研究制定配套落实政策措施，积极争取财政部、司法部支持，将应急系统执法服装保障纳入《综合行政执法制式服装和标志管理办法》，推动执法队伍统一着装；推动印发《应急管理综合行政执法装备配备标准（试行）》，推动执法装备建设；大力争取国家发展改革委和财政部支持，推动印发《关于加强应急管理综合行政执法用车保障工作的通知》，统一执法车辆标识和落实执法用车保障工作。

二、加强安全生产执法规范化建设

组织修订《安全生产执法手册（2020年版）》等规范性文件，结合近年来安全生产执法实践，推进分类分级执法，规范年度执法计划编制，规范行政执法程序，明确重点执法检查事项，确保重点企业年度执法全覆盖，促进应急管理部门严格规范公正文明执法。组织编制应急管理综合行政执法事项指导目录，深入分析近年来安全生产监管监察执法人员追责问责方面的典型案例，梳理规范应急管理领域依据法律、行政法规设定的行政处罚和行政强制等事项，切实加强对应急管理领域行政执法事项的源头治理。

组织拍摄钢铁、粉尘涉爆、铝加工（深井铸造）3个专题规范执法视频片，进一步强化执法宣传引导。明确工贸行业执法检查重点事项，按照国务院安委会《全国安全生产专项整治三年行动计划》总体部署要求，通过深入分析近年来工贸行业事故暴露出的问题以及安全生产执法统计数据，在国务院江苏安全生产专项整治督导组前期工作成果的基础上，编制印发《工贸行业安全生产执法检查重点事项表》和《企业落实安全生产主体责任检查要点表》，其中，钢铁8项、粉尘涉爆6项、铝加工7项、有限空间作业4项、落实企业主体责任20项。突出工贸行业企业执法检查工作重点，提高执法防控重大风险的精准性，提出逐企逐项见底的实效性要求。

以煤矿安全监管执法流程为主线，组织制定40种执法文书样式，并配套制定文书制作说明，明确每一种文书具体制作要求，统一规范监管执法文书样式。组织修订《煤矿安全监管监察检查实施清单》《煤矿安全生产违法违规行为和处理处罚规范描述汇编》并植入监管监察执法系统。印发《加强和规范煤矿安全事中事后监管监察的实施意见》，指导各地完善煤矿重大事故隐患治理挂牌督办、整改验收、闭环管理等工作机制。通过监察执法系统开展两轮执法情况在线互查互检，发现各类问题 11731 条，通过互查互检、互学互鉴、取长补短，进一步推动了监察执法规范化。

三、加强安全生产执法信息化建设

按照应急管理部“互联网+执法”总体工作方案，结合钢铁、粉尘涉爆、铝加工（深井铸造）以及有限空间作业等行业领域专项执法工作，紧扣 25 个执法检查重点事项的初始配置、过程管控和闭环分析等需求，开发专项执法子系统，并组织四川、陕西、宁夏等地区开展“互联网+执法”系统试点试用，推动江苏、辽宁、山东、广东等地专项执法系统与部本级数据对接。

开发建设统一的“煤矿安全监管执法系统”并推广使用。持续优化和完善煤矿安全监察执法系统，新增罚款收缴、隐患整改复查、重大隐患整改销号、执法追责问责情况填报等功能。加快推进煤矿安全风险监测预警系统建设，率先建成煤矿安全风险监测“一张网”，成为国家“互联网+监管”系统重点示范应用项目。全年利用安全监控、人员位置监测、工业视频监控等联网系统开展远程监察 774 矿次，查处隐患 2592 项，行政罚款 2738 万元。

四、加强疫情期间安全风险防控工作

印发《应急管理部办公厅关于进一步加强疫情防控常态化条件下安全生产监管执法工作的通知》，持续推动各地紧盯重点行业领域问题隐患，严格规范安全监管执法行为。通过“安全执法”公众号和微信工作群等方式发布“疫情期间企业复工复产安全提示”，及时推送各地典型工作经验和执法工作方式方法。通过视频调度等方式，指导地方应急管理部门加强对口罩、防护服等疫情防控物资生产企业的安全服务，对金属冶炼等重点行业企业通过信息化、远程视频等方法开展监督检查和具体指导，提升执法成效。

五、做好平安中国建设相关工作

作为平安中国建设协调小组公共安全组的组长单位和社会治安组、市域社会治理组的成员单位，深入贯彻落实习近平总书记重要指示精神和平安中国建设协调小组部署安排，部内成立专班推动工作落实，把握政治方向，坚持统筹谋划，加强组织协调，切实担负起平安中国建设各项职责任务。

六、全面推行行政执法“三项制度”①

在应急管理部、中国地震局、国家矿山安全监察局政府网站公布行政执法事前公示信息清单，并及时进行动态调整。督促指导垂直管理的省级部门全面深入推行行政执法“三项制度”。连续两年将推行行政执法“三项制度”情况纳入对省级政府安全生产和消防工作考核巡查内容，推动各级应急管理部门落实有关工作部署。

七、全国安全生产监督监察执法情况

（一）现场监督监察

2020 年，各地应急管理部门、煤矿安全监察机构直接监督监察的生产经营单位总数为 386.9 万家，同比增加 68.1 万家，增长 21.4%（表 3-10-1）。

---

① 行政执法“三项制度”：行政执法公示制度、行政执法全过程记录制度、重大执法决定法制审核制度。

表 3-10-1　2020 年直接监督监察的生产经营单位情况表

项　目	直接监督监察的生产经营单位（家）	同比增减（家）	同比增减（%）
合计	3869300	681788	21.4
其中：高危行业（领域）	366802	33796	10.1
一、应急管理部门	3864660	682448	21.4
1. 金属与非金属矿山	41489	2163	5.5
2. 危险化学品	200651	10980	5.8
其中：生产企业	22269	4116	22.7
经营企业和单位	178382	14374	8.8
3. 烟花爆竹	120022	21313	21.6
其中：生产企业	1739	-1289	-42.6
4. 工贸企业	1756924	267709	18.0
5. 其他	1745574	380283	27.9
二、煤矿安全监察机构	4640	-660	-12.5

各地应急管理部门、煤矿安全监察机构充分发挥安全生产监督监察职能，以提高监管效能为主线，综合运用教育、法律、行政、经济等手段，加强日常监督监察执法。31 个省份和新疆生产建设兵团应急管理部门现场监督监察各类生产经营单位 112.7 万家、229.2 万次（表 3-10-2）。

表 3-10-2　2020 年现场监督监察执法情况表

项　目	现场监督监察生产经营单位（家）	现场监督监察生产经营单位（次）	监督监察覆盖率（%）
合计	1127342	2292355	29.1
一、应急管理部门	1122702	2276582	29.1
1. 金属与非金属矿山	37236	117513	89.7
2. 危险化学品	147224	354109	73.4
3. 烟花爆竹	78871	202471	65.7
4. 工贸企业	599205	1086561	34.1
5. 其他	260166	515928	14.9
二、煤矿安全监察机构	4640	15773	100

（二）行政处罚

2020 年，各地应急管理部门、煤矿安全监察机构强化安全生产执法，严厉查处和打击非法违法生产经营建设行为，实施行政处罚 15.7 万次，同比增加 685 次，上升 0.4%（表 3-10-3）。

各地应急管理部门、煤矿安全监察机构责令停产停业整顿生产经营单位 12544

家，提请关闭生产经营单位 1191 家。其中，实际关闭生产经营单位 1089 家，占 91.4%（表 3-10-4）。

（三）经济处罚

2020 年，各地应急管理部门、煤矿安全监察机构实施经济处罚 48.7 亿元，同比增加 5.6 亿元，上升 13.0%（表 3-10-5）。其中，对高危行业领域生产经营单位实施经济处罚 23.3 亿元，同比增加 5.9 亿元，上升 33.9%；罚款收缴率 95.3%，同比上升 2.4 个百分点。

表 3-10-3　2020 年实施行政处罚情况表

项　目	合计	应急管理部门						煤矿安全监察机构
		小计	金属与非金属矿山	危险化学品	烟花爆竹	工贸企业	其他	
行政处罚（次）	156867	145912	8039	17974	16717	78689	24493	10955

表 3-10-4　2020 年责令停产停业整顿、提请关闭情况表

项　目	责令停产停业整顿生产经营单位（家）	提请关闭生产经营单位（家）	实际关闭生产经营单位（家）
合计	12544	1191	1089
一、应急管理部门	11978	1191	1089
1. 金属与非金属矿山	1785	297	232
2. 危险化学品	1941	118	114
3. 烟花爆竹	1253	410	457
4. 工贸企业	6292	342	257
5. 其他	707	24	29
二、煤矿安全监察机构	566		

表 3-10-5　2020 年实施经济处罚情况表

项　目	经济处罚		其中：事故罚款		其中：监督监察罚款	
	罚款额（万元）	收缴率（%）	罚款额（万元）	收缴率（%）	罚款额（万元）	收缴率（%）
合计	487109	90.6	160049	83.9	327060	93.9
一、应急管理部门	340002	86.5	143126	82.0	196876	89.8
1. 金属与非金属矿山	32066	85.7	10341	89.3	21725	84.0
2. 危险化学品	49481	87.5	7186	63.0	42295	91.6
3. 烟花爆竹	4670	93.7	392	99.4	4278	93.2
4. 工贸企业	175217	88.3	65600	83.1	109617	91.4
5. 其他	78568	82.0	59607	81.7	18961	82.9
二、煤矿安全监察机构	147107	100	16923	100	130184	100

八、煤矿安全生产执法情况

2020年，各级煤矿安全监察机构共完成监察执法15773矿次，查处事故隐患118625条，其中重大事故隐患834条。实施行政处罚10955次、罚款14.7亿元，责令停产整顿566处，暂扣煤矿安全生产许可证887处，停止采掘工作面作业5882个、停止运行或使用设备51560台（套）。

各级煤矿安全监管部门共检查煤矿85978矿次，查处隐患569852条，其中重大事故隐患462条。实施行政处罚5545次、罚款5.58亿元，责令停产整顿662处，停止采掘工作面作业3527个、停止运行或使用设备3450台（套）。

（一）严查重处违法违规行为

把深化“打非治违”作为执法工作的重点贯穿到执法全过程，保持高压态势，聚焦“五假五超三瞒三不”[①]、企业主体责任落实不到位、法律法规标准不执行、蓄意突破法律底线等，严肃查处了一批违法违规行为。组织开展3轮异地执法，累计检查煤矿329处，查处隐患4174条（其中重大事故隐患82条），罚款9074.26万元，责令停产整顿46处，暂扣煤矿安全生产许可证58处，停止采掘工作面作业267个、停止运行或使用设备344台（套），对企业管理人员问责891人次。

（二）开展违法违规行为责任倒查

通过执法推进“查事警人”“查下警上”“上下通查”，倒逼企业落实安全生产主体责任，依法依规加强对“关键人”处理问责，累计推动企业内部实施党政纪处理问责1753人次，调整“五职矿长”[②]742人次，解聘382人次，处罚37957人次、罚款6536.29万元。

（三）落实信用监管措施

积极推动建立信用监管监察机制，按照安全信用实施分类监管监察，采取差异化监管监察措施，对失信煤矿企业及其主要负责人纳入“黑名单”管理，推动企业建立起自我规范、自我约束的安全生产长效机制。共纳入联合惩戒对象煤矿企业35家，纳入安全生产不良记录“黑名单”管理煤矿企业20家。

---

① “五假”：假整改、假密闭、假数据、假图纸、假报告；“五超”：超层越界、超能力、超强度、超定员、证照超期；“三瞒”：隐瞒作业地点、隐瞒作业人数、瞒报谎报事故；“三不”：不具备法定办矿条件、不经批准擅自复工复产、拒不执行指令仍然生产。

② “五职矿长”：矿长、总工程师和分管安全、生产、机电的副矿长。

第十一章　安全生产基础

一、省级政府安全生产和消防工作考核巡查及国务院安委会成员单位安全生产工作考核

（一）省级政府安全生产和消防工作考核巡查

2020 年，国务院安委会开展了省级政府安全生产和消防工作考核巡查。6 月 9 日，2019 年度省级政府安全生产和消防工作考核巡查动员部署会在京召开，国务委员王勇出席会议并讲话。王勇强调，要深入贯彻习近平总书记关于安全生产和消防工作重要指示精神，落实全国两会精神，严肃认真开展考核巡查工作，推动各地提升安全风险防范能力，为经济社会发展营造安全稳定环境。王勇指出，当前安全生产和消防形势总体稳定，但一些行业领域风险隐患依然较多，重特大事故时有发生。要通过考核巡查，督促各地各部门进一步树牢安全发展理念，坚持生命至上、安全第一，切实维护好人民群众生命财产安全。要抓好“四看四查”，将各地区学习贯彻习近平总书记关于安全生产和消防工作重要指示精神摆在考核巡查首要位置，对安全生产责任体系建设执行、重点行业领域专项治理、安全生产专项整治三年行动计划部署开展等情况进行重点考核巡查。要以考核促工作，查准问题短板，督促整改落实，提升考核巡查实效，推动各地各部门加快从根本上消除事故隐患，坚决防范遏制各类重特大事故发生。

根据考核巡查实施方案，国务院安委会办公室组织协调教育部、公安部、应急管理部等 26 个国务院安委会成员单位，组成 16 个考核巡查组，于 2020 年 6 月 10—24 日对全国 31 个省（区、市）和新疆生产建设兵团开展了 2019 年度安全生产和消防工作现场考核巡查，并对各地贯彻落实习近平总书记关于安全生产重要论述以及安全生产专项整治三年行动等情况开展了专项巡查。共核查抽查 60 个设区市级政府、260 个重点行业领域企业、220 个消防重点单位和森林草原经营主体，开展暗查暗访 62 次，与各级党政领导、部门、企业负责人及一线员工专题谈话 820 余人次。现场考核巡查共发现各类问题隐患 1200 余项。现场考核巡查结束后，以国务院安委会名义印发《2019 年度省级政府安全生产和消防工作考核巡查情况的通报》，在通报整体情况和考核结果的基础上，逐省点评年度安全生产和消防工作，逐一列明问题清单，列出现场未完成整改的问题隐患 868 项。

为进一步督查各地认真整改问题，国务院安委会办公室对山西、河南等 8 个省级政府进行督导抽检，举一反三，对部分未被考核巡查的市级政府开展问题整改措施落实情况抽查，进一步推进考核巡查实现“闭环管理”。

（二）国务院安委会成员单位安全生产工作考核

2020 年，按照《中共中央　国务院

关于推进安全生产领域改革发展的意见》的规定要求，国务院安委会组织制定《国务院安全生产委员会成员单位安全生产工作考核办法》，并于2020年4月30日印发，明确考核内容、方式方法、结果运用等事项。国务院安委会办公室结合国务院安委会成员单位工作任务分工，研究提出《2020年度国务院安全生产委员会成员单位安全生产工作考核细则》，旨在推动各单位贯彻落实好党中央、国务院关于安全生产工作的重大决策部署，推动落实“三个必须”要求。

（三）考核工作成效

一是推动地方政府进一步深化落实安全发展理念。考核巡查工作始终把贯彻习近平总书记有关重要指示精神放在首位，把落实党政领导责任放在突出位置。通过逐年推动，所有省级政府由主要负责同志担任安委会主任、消防安全第一责任人，由有关负责同志担任森林草原防灭火指挥部总指挥；全部由担任党委常委的负责同志分管安全生产工作，彻底解决安全生产“末位分管”的问题，“党政同责、一岗双责、齐抓共管、失职追责”的责任体系进一步健全。

二是进一步强化部门监管责任落实。通过考核巡查，更加有力促进“三个必须”落实到位。年度评分标准涉及具有安全生产和消防工作职责的部门25个左右，各省级安委会办公室据此将有关考核任务分解到相关部门。各部门各单位将安全生产职责纳入“三定”规定，进一步细化落实“三个必须”安全监管职责。认真研究新行业、新业态带来的安全风险，厘清环境保护、瓶装液化石油气、游乐场所和游乐设施等行业领域和环节安全监管责任。考核巡查组通过现场问询谈话和对表评分，检验了各部门各单位安全监管责任落实情况和重点工作任务完成情况，发现存在问题、查找监管盲区漏洞，推动相关部门安全监管责任进一步明确和落实。

三是进一步夯实基层基础建设。各地区持续加大安全生产、消防、森林草原防灭火资金投入力度，危险化学品等高危行业领域安全风险监测预警系统逐步投入运用，应急管理综合应用平台、应急指挥“一张图”等信息化和“智慧消防”建设加快推进。出台深化消防执法改革的实施意见，顺利完成消防执法体制有效衔接、工作平稳过渡。通过考核巡查，充分调动了地方工作的积极主动性，创新了工作思路，提升了工作成效。

四是进一步强化工作绩效评价。省级政府安全生产工作考核因其精准的评价指标体系、严谨的考核组织安排、客观的现场评分标准、规范的现场考核流程、明晰的问题隐患清单、权威的考核结果运用，受到各地区和各有关部门的高度认同。各省级政府比照考核巡查制度，出台相应的考核办法和实施方案。中央组织部对省级政府考核巡查的指标设计、组织实施、成果运用等方面给予充分认可，特别是逐省通报问题的做法，在中央对地方工作考核中具有典型意义。国家发展改革委在制定高质量发展指标体系过程中，多次咨询相关做法；国家市场监督管理总局在研究制定质量安全考核指标时，多次借鉴相关内容。省级政府考核结果被纳入中央政法委“平安建设（综治工作）考评指标”和“市域治理现代化评价指标”，推动将国家发展改革委“高质量发展评价指标”纳入中央组织部对地方党委、政府领导班子和领导干部推动高质量发展的绩效评价指标。

二、安全生产培训

（一）持续推进高危行业领域安全技能提升行动

深入贯彻落实《关于高危行业领域安全技能提升行动计划的实施意见》，印发《关于扎实推进高危行业领域安全技能提升行动的通知》，加强工作指导督促，加大安全技能提升培训补贴政策宣传和落实力度，切实提高企业从业人员安全意识和能力。2020 年全国实施补贴安全技能培训 406.5 万人次，累计发放补贴资金 13.3 亿元。编印非煤矿山、金属冶炼行业和有限空间作业 12 个一线重点岗位《安全生产指导手册》，提供给有关生产经营单位和从业人员学习使用，助推安全技能提升。

（二）加强“三项岗位人员”考核工作

规范“三项岗位人员”证书样式，印发电子证书标准，推行电子证书与纸质证书同等效力、全国通用，2020 年全国核发电子证书 444.3 万张。强力推行“三项岗位人员”证书全国统一平台查询，2020 年提供查询服务超过 4000 万人次。坚持问题导向，组织编制培训考试发证工作常见问题政策解读系列宣传材料，加大宣传力度，强化企业人员依法培训、考核合格上岗的法律意识和行动自觉。

三、安全诚信体系建设

按照 2020 年国家对诚信体系建设提出的新要求，结合《对安全生产领域失信行为开展联合惩戒的实施办法》实施过程中存在的一些共性问题，对《安全生产领域信用信息管理办法》进行较大的修订完善，明确失信行为的分级管理，规范认定标准，严格认定程序，完善信息告知、异议申辩等渠道。对失信主体名单认定、信用信息纳入、共享公开、失信惩戒、信用修复等全流程提出阶段性规范要求。

强化联合惩戒名单管理。将 5 批 204 家整改合格的企业移出联合惩戒名单，定期向国家信用信息共享平台及信用中国网站推送相关信息。

积极配合有关部门健全诚信体系和业务协同机制建设。推动联合惩戒，2020 年，国内相关银行机构对纳入联合惩戒名单的企业中 33 户、43.25 亿元贷款采取了督促整改措施，对 8 户、3.04 亿元贷款采取了压缩退出措施，对 4 户、1.96 亿元贷款采取了清收处置措施，对 5 户、0.71 亿元贷款采取了其他措施。

四、城市安全风险防控

按照党中央、国务院决策部署，在制度设计、部署推动、经验推广、课题研究、调研指导等方面持续发力，推动各地强化城市安全风险防控，牵引带动城市安全发展水平实现整体提升。

一是研究制定“一标准、两手册、一读本、一规范”，帮助各地准确把握创建重点，加快推进示范创建工作。

二是先后赴上海、南京、杭州、沈阳、佛山等 10 余个城市现场调研，组织与 10 余个城市市长“一对一”“面对面”交流，与 12 个城市（区）开展安全发展示范城市创建座谈交流，对科技信息化建设、城市风险防控、安全监管制度体系建设、城市应急救援、城市安全文化等方面进行交流指导。

三是组织召开 3 次国家安全发展示范城市创建工作视频推进会，13 个城市（区）的市（区）长作了交流发言，从“科技、管理、文化”三个维度，交流推广典型经验做法，为各地区各城市树立了

"参照系"。

四是开展"安全发展示范城市评价体系创新实践研究""城市安全文化体系构建研究""国家安全发展示范城市品牌宣传设计研究"等课题，加强城市安全前沿性研究，分析"十四五"期间城市安全面临的形势和突出风险，研究对策措施。

第四篇

防灾减灾救灾

综　述

2020年，应急管理部深入学习贯彻习近平总书记关于防灾减灾救灾和应急管理重要论述，坚决落实“两个坚持、三个转变”[①]工作要求，践行人民至上、生命至上理念，全力抓好重大自然灾害风险防范和应急救援处置工作，统筹推进自然灾害防治九项重点工程建设和防灾减灾救灾体制机制改革，进一步落实责任、完善体系、整合资源、夯实基础，成功应对了1998年以来最严重汛情等重大风险挑战，有力保障了人民群众生命财产安全和社会稳定。

一、统筹推进自然灾害防治重点工程实施

全面推进第一次全国自然灾害综合风险普查，推动成立国务院第一次全国自然灾害综合风险普查领导小组及其办公室，落实7亿元普查试点中央经费，支持122个县（市、区）开展普查试点工作，组织完成北京房山、山东岚山普查试点“大会战”并形成第一批成果。健全地震易发区房屋设施加固工程技术支撑体系，督促指导29个省份制定省级实施方案并加快组织实施，协调完成抗震设防烈度7度及以上地区农房抗震改造年度任务。推动国家应急指挥总部可研报告获国务院批准通过，协调国家发展改革委下达2020年度中央预算内投资计划；西南、华中、西北、东南和东北区域应急救援中心建设项目全部完成规划用地、节能、社会稳定性风险评审等前期审批工作。《自然灾害监测预警信息化工程实施方案》印发实施，国家防灾预警“一张图”基本建成，气象、洪涝、地震等20余类灾情预警信息实现融合，综合监测预警专项工程可研报告获得批复，协调安排中央本级投资10.67亿元。自然灾害防治技术装备现代化工程的重点研发项目取得初步成果，一批前突通信、水域应急、森林草原灭火等急用先行抢险救援装备配备项目顺利实施。

二、持续深化防灾减灾救灾体制机制改革

进一步理顺应急指挥机制，推动印发国家防汛抗旱总指挥部《关于健全完善地方防汛抗旱工作机制的指导意见》和国家森林草原防灭火指挥部《关于健全完善地方森林草原防灭火工作机制的指导意见》，制定实施国家森林草原防灭火指挥部运行机制。加快区域联动和军地协同布局，支持长三角地区“三省一市”（浙江省、江苏省、安徽省，上海市）防灾减灾救灾区域协同纳入长三角一体化发展战略，推动军地各级分层逐级健全完善应急指挥协同、常态业务协调、灾情动态通报、兵力需求对接等工作机制。优化社会力量和市场参与机制，印发《关于进一

① “两个坚持”：坚持以防为主、防抗救相结合，坚持常态减灾和非常态救灾相统一；“三个转变”：从注重灾后救助向注重灾前预防转变，从应对单一灾种向综合减灾转变，从减少灾害损失向减轻灾害风险转变。

步推进社会应急力量健康发展的意见》，制定实施社会应急力量建设、社会应急资源管理体系建设方案，指导各地开展综合性巨灾保险实践探索。加强法治建设，完成《自然灾害防治法》《应急救援队伍管理法》草案起草，研究合并修改《森林防火条例》《草原防火条例》等行政法规，配合财政部研究制定《自然灾害防治体系建设补助资金管理暂行办法》。国务院办公厅印发《国家森林草原火灾应急预案》，优化洪涝、地震、海啸灾害等部门应急预案。组织编制国家综合防灾减灾“十四五”规划，协调推进防灾减灾救灾体制机制改革意见贯彻落实情况“回头看”，制定印发深化改革工作方案。推进“一带一路”自然灾害防治和应急管理国际合作机制建设，建立中国-东盟（10+1）灾害管理部长级会议机制。

三、加快推动自然灾害防治能力建设

加强综合风险监测，会同气象、水利、自然资源等部门开展月度、季度以及重要时点灾害风险会商研判，编制灾害综合风险信息250余期，在汛期面向社会滚动发布未来3天全国自然灾害综合风险预警提示信息26期。强化重点风险防控，开展汛情综合风险分析，组织重特大地震等巨灾风险研究和专项评估，持续跟踪研判金沙江、雅鲁藏布江滑坡堰塞湖风险，开展全国野外火源治理和打击森林草原违法用火行为专项行动，指导北京、河北加强冬奥会赛区风险排查整治。建强国家应急救援关键力量，推进国家综合性消防救援队伍围绕“全灾种、大应急”要求加速转型升级，加快航空应急救援体系建设，新组建一批地震灾害救援队伍，常态化开展洪涝、地震灾害拉动演练。提升应急物资保障能力，牵头制定应急物资保障体系建设重点任务清单，完善跨部门应急物资协同保障机制，投入28.58亿元增加中央应急物资储备，新增家庭应急包、木板折叠床等物资品种，优化中央救灾物资储备库布局；搭建应急资源管理平台，全国2.55亿件应急物资实现全程监管、溯源。

四、扎实做好应急准备和救灾救助工作

强化预防预备措施，汛前组织核定全国重点地区2278名防汛抗旱行政责任人，16个省份和31个重点防洪城市指挥长和责任人全部由政府主要负责同志担任，完成首次自然灾害防治工作综合督查检查，组织开展四川森林草原防灭火专项整治督导和重点地区防火督查，开展线上线下防汛、防震检查，压实属地责任。紧盯各地灾情险情，科学指挥调度，充分发挥应急管理部门牵头抓总优势和各有关部门专业优势，启动39次国家森林防火、地震、防汛、救灾应急响应，先后2次共24天维持防汛Ⅱ级应急响应，派出75个工作组分赴重点地区协助各地各部门做好防汛救灾工作，成功应对长江、淮河流域特大暴雨洪涝灾害，四川西昌“3·30”森林火灾、新疆伽师6.4级地震、“黑格比”台风等重大自然灾害。国家综合性消防救援力量成建制靠前驻防和跨区域驰援调动，汛期营救和疏散转移被困群众21万余人，全国各地因洪涝灾害紧急转移安置群众525.7万人次，为近年来最多。高效做好生活救助和灾后恢复重建，统筹采用预拨、快拨等方式，下达中央自然灾害救灾资金132.68亿元，及时调拨19.5万件中央救灾物资支持地方防灾减灾救灾工作，协调对受灾较重省份倒塌和严重损坏民房的群众，在每户现行2万元补助标准

基础上再增加5000元。2020年全国受灾人次、因灾死亡失踪人数、倒塌房屋数量较前5年均值分别下降12%、43%和56%，特别是在遭遇了1998年以来最严重汛情的情况下，洪涝灾害死亡失踪人数降至279人，较前5年均值下降53%。

五、有效夯实防灾减灾救灾基层基础

协调中央财政安排30.74亿元支持基层备灾能力建设，落实29.74亿元中央资金支持地方森林草原防灭火基础设施建设和森林防火工作，组织开展全国应急避难场所底数情况调查，指导地方加快推进应急避难场所等防灾减灾救灾基础设施建设。联合民政部、财政部印发《关于加强全国灾害信息员队伍建设的指导意见》，全国灾害信息员队伍已达80余万名，初步实现全国每个城乡社区有1名灾害信息员的目标。修订印发《全国综合减灾示范社区创建管理办法》及其标准，新创建全国综合减灾示范社区999个；制定《全国综合减灾示范县创建管理办法》，支持首批13个试点县结合实际开展创建工作。利用全国防灾减灾日、“安全生产月”“119消防宣传月”等时间节点，组织各地广泛开展线上线下宣传教育活动，印发《推进安全宣传“五进”工作方案》，统筹推进防灾减灾科普宣传教育内容、平台、渠道和场馆建设。支持自然灾害防治基础理论研究，建立国家自然灾害防治研究院，启动应急管理部自然灾害防治重点实验室申报评审工作。

第一章　全国自然灾害总体情况

一、基本情况

2020 年，我国气候年景偏差，主汛期南方地区遭遇 1998 年以来最重汛情，自然灾害以洪涝、地质灾害、风雹、台风灾害为主，地震、干旱、低温冷冻、雪灾、森林草原火灾等灾害也有不同程度发生。全年各种自然灾害共造成 1.38 亿人次受灾，591 人因灾死亡失踪，589.1 万人次紧急转移安置；10 万间房屋倒塌，30.3 万间严重损坏，145.7 万间一般损坏；农作物受灾面积 19957.7 千公顷，其中绝收 2706.1 千公顷；直接经济损失 3701.5 亿元。

面对严峻汛情灾情，各受灾地区、各有关部门坚决贯彻习近平总书记关于统筹做好疫情防控和防汛救灾工作的重要指示精神，全面落实党中央、国务院重大决策部署，始终把人民生命安全放在第一位，及时果断转移受威胁群众，全力抢险救援救灾，尽最大努力降低了人员伤亡和灾害损失。与近 5 年均值相比，2020 年全国因灾死亡失踪人数下降 43%，其中，因洪涝灾害死亡失踪 279 人、下降 53%，均为历史新低。

2020 年全国自然灾害分灾种损失情况统计见表 4-1-1，2020 年全国自然灾害损失情况统计见表 4-1-2。

表 4-1-1　2020 年全国自然灾害分灾种损失情况统计表

灾害种类	人员受灾情况			农作物受灾情况		房屋倒损情况			直接经济损失（亿元）
	受灾（万人次）	死亡失踪（人）	紧急转移安置（万人次）	受灾面积（千公顷）	绝收面积（千公顷）	倒塌（万间）	严重损坏（万间）	一般损坏（万间）	
合计	13829.7	591	589.1	19957.7	2706.1	10	30.3	145.7	3701.5
洪涝灾害	7861.5	279	525.7	7190.0	1321.7	8.96	22.56	89.4	2669.8
地质灾害	6.8	171	1.1	6.5	4.0	0.1	0.3	0.2	16
风雹灾害	1514.3	92	3.9	2765.2	290.8	0.2	2.97	41.9	282.3
台风灾害	1062.7	8	55.6	3863.2	172.4	0.64	2.87	3.0	309.5
干旱灾害	2413.5	0	0	5081.0	704.5	0	0	0	249.2
地震灾害	15.6	5	2.8	0	0	0.1	1.6	11.2	20.6
低温冷冻和雪灾	955.3	2	0	1051.8	212.7	0	0	0	154.1
森林草原火灾	—	34	—	—	—	—	—	—	—

表4-1-2　2020年全国自然灾害损失情况统计表

地区	人员受灾情况				农作物受灾情况		房屋倒损情况			直接经济损失（亿元）
	受灾（万人次）	死亡（人）	失踪（人）	紧急转移安置（万人次）	受灾面积（千公顷）	绝收面积（千公顷）	倒塌（万间）	严重损坏（万间）	一般损坏（万间）	
合计	13829.78	522	69	589.10	19957.67	2706.10	10.01	30.32	145.72	3701.45
北京	1.80	0	0	0	1.60	1.10	0	0	0	1.30
天津	12.90	0	0	0	17.20	8.40	0	0	0	5.50
河北	286.10	4	0	0	371.40	69.40	0	0	0.40	39.90
山西	607.30	10	0	0.40	1029.90	182.70	0.20	0.41	1.20	93.65
内蒙古	416.14	7	0	0.02	2367.80	239.60	0	0.07	0.35	115.44
辽宁	612.80	1	0	5.50	1321.50	327.80	0	0.11	0.11	99.80
吉林	475.10	2	0	3.50	1219.40	70.20	0.13	0.85	1.00	82.30
黑龙江	528.60	10	0	6.40	3178.50	212.40	0.28	2.33	4.55	147.10
上海	0.80	0	0	0	5.20	0	0	0	0	0.90
江苏	108.20	5	0	2.80	135.60	20.40	0.10	0.20	0.80	19.00
浙江	230.70	8	0	38.80	114.10	10.80	0.40	0.40	0.60	144.70
安徽	1064.10	15	0	132.90	1237.90	393.90	0.60	2.70	15.30	602.60
福建	59.31	3	0	7.00	65.30	3.70	0	0	0.70	37.11
江西	954.70	13	0	84.30	943.20	206.90	0.70	2.30	11.80	355.30
山东	395.70	2	0	0.90	382.20	33.60	0.33	0.52	7.01	102.50
河南	814.50	4	0	1.80	670.40	45.20	0.20	0.20	0.40	35.80
湖北	1575.10	43	1	53.01	1632.20	263.30	1.00	1.82	6.24	278.03
湖南	907.80	29	0	38.22	817.10	122.90	0.80	1.70	13.40	166.33
广东	119.00	15	0	12.40	84.10	8.20	0.20	0.10	0.30	54.54
广西	336.93	33	5	25.11	279.30	19.90	0.30	0.30	2.01	118.65
海南	26.71	0	0	3.10	40.40	2.20	0.01	0	0	2.25
重庆	401.81	31	8	28.20	158.50	34.00	0.91	1.51	8.12	167.43
四川	1152.30	93	27	91.13	632.50	76.35	1.81	4.75	16.91	446.40
贵州	475.15	46	8	28.50	233.44	50.02	0.33	2.32	13.33	89.90
云南	1128.51	63	10	3.00	1225.00	95.00	0.12	0.75	9.70	139.21
西藏	16.50	6	0	1.20	9.20	1.80	0.06	0.15	0.30	4.00
陕西	409.70	25	6	10.20	532.30	102.50	0.30	0.50	2.00	91.62
甘肃	485.31	32	3	9.10	395.63	33.43	1.11	4.70	15.52	191.54
青海	48.30	16	1	0.10	43.10	1.00	0	0.10	0.30	3.90
宁夏	93.21	0	0	0	175.40	16.60	0.01	0.02	0.06	16.72
新疆	72.00	3	0	0.70	440.90	49.20	0.10	1.10	12.70	40.20
新疆兵团	12.70	3	0	0.80	197.40	3.60	0	0.40	0.60	7.83

二、全国自然灾害特征

（一）主汛期南方地区遭遇1998年以来最重汛情，洪涝灾害影响范围广，人员伤亡较近年显著下降

全国共出现33次大范围强降水过程，平均降水量689.2毫米，较常年偏多11.2%，为1961年以来第3多。汛期降雨主要集中在长江中下游地区，接连出现10次强降雨过程，落区重叠度高，梅雨季长达62天，梅雨量为1961年以来最多。长江、黄河、淮河等主要江河共发生21次编号洪水，次数超过1998年。长江发生流域性大洪水，上游发生特大洪水，三峡水库出现建库以来最大入库流量75000立方米/秒；太湖发生历史第3高水位的流域性大洪水，淮河、松花江均发生流域性较大洪水。在遭遇严峻汛情背景下，洪涝灾情呈现“三升、两降”特点：受灾人次、紧急转移安置人次和直接经济损失较近5年均值分别上升23%、62%和59%，因灾死亡失踪人数、倒塌房屋数量分别下降53%和47%。此外，由于降雨频率高、强度大、范围广，导致地质灾害发生数量较往年偏多，主要以中小型为主，西南地区地质灾害灾情较重，损失占全国的一半以上。

（二）风雹灾害点多面广，南北差异大

全国共出现58次大范围短时强降雨、雷暴大风和冰雹等强对流天气过程，较近5年均值明显偏多。全国1367个县（市、区）遭受风雹灾害，造成1514万人次受灾，93人死亡失踪。灾害影响南北差异大，主要表现为：北方主要以大风、冰雹等强对流灾害为主，集中发生在5—6月，对农作物造成重大损失；南方主要以连续、集中的短时强降雨、雷暴等强对流灾害为主。7—8月，四川盆地、长江流域等地雷暴大风次数为2011年以来最多，雷击造成人员死亡事件多发频发。

（三）台风时空分异明显，对华东、东北等地造成一定影响

西北太平洋和南海共有23个台风生成，较多年平均偏少3.8个，其中，有5个台风登陆我国，较多年平均偏少2个。7月，南海和西太平洋地区无台风生成和登陆，为1949年以来首个7月“空台月”。8月上中旬，第4号台风“黑格比”、第6号台风“米克拉”和第7号台风“海高斯”先后在近海快速增强，均以峰值强度登陆我国华东华南沿海地区，华东地区受灾较重，尤其是第4号台风“黑格比”对浙江造成较大影响。8月下旬至9月上旬，两周内第8号台风“巴威”、第9号台风“美莎克”和第10号台风“海神”先后北上影响东北地区，间隔时间短、影响区域高度重叠，台风带来的持续性降雨造成嫩江、松花江、黑龙江等主要江河超警，黑龙江、吉林等地农作物大面积倒伏。

（四）干旱灾害阶段性、区域性特征明显

全国旱情较常年明显偏轻，从年初开始主要经历了西南地区冬春旱、华北地区春旱、东北地区夏伏旱和年底南方局地旱情。汛期大部地区雨水偏多、蓄水情况较好，局地旱涝急转、旱涝并存。四川、重庆、辽宁、吉林4省（市）初夏旱情较重，但入汛后连续出现强降雨，6个市（州）64个县（区）旱涝急转；江西、湖南2省因梅雨期降雨不均，出现北涝南旱、旱涝并存。总体看，2020年全国因旱农作物受灾面积、直接经济损失较近5年均值分别下降44%和37%，云南、辽宁、山西、四川、内蒙古、陕西6省（区）旱情相对较重。

（五）森林草原火灾呈下降趋势，时空分布相对集中

全国发生森林火灾 1153 起（其中，重大森林火灾 7 起，未发生特大森林火灾），受害森林面积 8526 公顷；发生草原火灾 13 起，受害草原面积 11046 公顷。与近年均值相比，森林草原火灾发生起数、受害面积和造成伤亡人数均降幅较大。从时段看，森林火灾主要集中在 2—5 月，其间春耕生产、上坟烧纸、野外踏青等林内活动频繁，导致火灾起数加剧，共发生 780 起，接近全年森林火灾的 7 成；7 月雷击火集中爆发，全年因雷击引发森林火灾 130 起，较 2019 年上升 8.3%。从区域看，西南等地火险期叠加干旱，广西、四川、陕西等省（区）森林火灾较多，占全国森林火灾的 3 成以上。

（六）地震强度总体偏弱，西部发生多起中强地震

我国大陆地区共发生 5.0 级以上地震 20 次（其中 5.0～5.9 级地震 17 次，6.0～6.9 级地震 3 次），低于 1950 年以来平均水平。上半年地震灾害偏重，发生 5.0 级以上地震次数占全年的 80%。其中，1 月 19 日新疆伽师 6.4 级地震及其余震造成 1 人死亡，800 余间房屋倒塌；5 月 18 日云南巧家 5.0 级地震造成 4 人死亡，1100 余间房屋不同程度损坏。全年大陆地区 5.0 级以上地震主要发生在新疆、西藏、四川、云南等地。7 月 23 日西藏尼玛 6.6 级地震是 2020 年我国大陆地区最高震级地震，震中位于高海拔人口稀少地区，造成 50 余间老旧房屋损坏，未造成人员伤亡。

（七）低温冷冻和雪灾对部分地区造成一定影响

全国共出现 18 次冷空气过程，接近常年。4 月，两次冷空气过程造成西北、华北至山东一带出现大范围大风降温降雪过程，山东、河北、山西等局地最低气温降至 0 ℃以下，导致果蔬等作物大面积受冻。11—12 月，中东部地区出现两次大范围雨雪降温天气过程，造成内蒙古、吉林、黑龙江、陕西等 7 省（区）不同程度受灾，局地降温幅度达 12～14 ℃，多地电力设施受损。12 月，湖南、福建、广西等南方地区遭受低温冷冻灾害，农作物遭受一定损失。

第二章　风险监测和综合减灾

一、统筹推进自然灾害防治重点工程建设

（一）加快中央层面自然灾害防治重点工程建设

组织召开 1 次自然灾害防治工作部际联席会议全体会议、2 次联络员会议、1 次办公室会议、1 次工作协调会，印发部际联席会议 2019 年工作总结和 2020 年工作要点，协调督促 2019 年尚未印发方案的 7 项重点工程的总体工作方案全部印发实施，推动九项重点工程实施进入全面落地见效阶段。制定中央层面重大项目清单和跟踪督办办法，按季度跟踪调度 38 个重大项目实施进展，印发 2 期重大项目实施进展情况通报。成立由部党委书记黄明任组长的应急管理部重点工程建设领导小组，制定印发《加快推进自然灾害防治重点工程建设工作方案》，各项工程按计划进度有序推进。组建九项重点工程第三方评估专家组，筹备开展重点工程实施成效评估工作。

（二）督促指导地方推进重点工程实施

会同国家发展改革委、财政部联合印发《关于加强自然灾害防治做好汇总统计工作的通知》，每季度调度各地重点工程实施进展情况。按照中央和国家机关督查检查考核计划，组织开展第一次全国自然灾害防治工作综合督查检查，组成由发展改革、自然资源、生态环境、住建、交通运输、水利、应急管理、林草、气象等部门领导带队的 9 个部际工作组，对 17 个省份开展督查检查，指导未纳入督查的省份开展自查，及时向国务院报告督查检查情况，根据国务院领导批示精神印发督查检查报告，督促各地加快推进九项重点工程建设和防灾减灾救灾体制机制改革任务落实。截至 2020 年底，全国所有省份均建立了省级联席会议制度或协调工作机制，27 个省份和新疆生产建设兵团出台实施意见或行动计划，一批地方重点工程项目建成投运，广东等地启动地方重点工程实施进展评估工作。

（三）组织推进第一次全国自然灾害综合风险普查

商请国务院办公厅印发风险普查通知，成立由国务委员王勇任组长的国务院第一次全国自然灾害综合风险普查领导小组。组建国务院普查办，组织召开 4 次普查办全体会议，编制印发普查总体方案和实施方案，制修订第一批 48 项调查类技术规范。协调财政部下达 7 亿元资金支持中央本级和全国 122 个县（市、区）开展普查试点工作，完成北京房山、山东岚山普查试点“大会战”，总结形成第一批试点成果。建立专人联系地方制度，编印宣传手册，开通专题网站，开展 6 期业务培训，完成软件系统开发。国务院第一次全国自然灾害综合风险普查领导小组主要成员单位全部成立工作专班，全国 31 个省（区、市）和新疆生产建设兵团、94% 的市（州）、76% 的县（市、区）成

立第一次全国自然灾害综合风险普查领导小组，全国普查各项准备工作稳步推进。

二、扎实做好灾害综合风险监测预警和评估工作

（一）推进灾害综合监测预警能力建设

国家防灾预警“一张图”初步建成，灾害综合风险监测预警系统一期项目上线运行，二期项目完成需求任务书和初步设计，自然灾害综合监测预警中心启动试运行。持续优化综合监测预警分级制度体系，编制完成国家自然灾害综合风险预警工作管理办法和响应启动分级标准，推动加快灾害综合风险预警模型研发。

（二）开展综合风险分析研判

在重大节假日、重要时间节点以及每月月末，开展全国自然灾害风险形势部门会商研判，定期向中共中央办公厅、国务院办公厅报告会商结果，10 月开始对外发布。编制全国灾害综合风险信息 250 余期，国外重大灾害事故周报 50 余期，全年通过中国应急信息网向社会发布风险监测产品 120 余期。针对主汛期长江、淮河等流域严重汛情，向中共中央办公厅报送研判结果和对策建议稿件 10 余篇，每月跟踪研判金沙江白格滑坡体、雅鲁藏布江米林滑坡风险，每月开展北京冬奥会两地三赛区和北京地区风险形势专题分析。首次发布未来 3 天全国自然灾害综合风险预警提示信息，全年累计发布 26 期，其中 7 期被全网推送，服务公众超过 2 亿人次。

（三）强化重大专项风险防控和卫星资源应用

认真贯彻落实习近平总书记关于加强近地卫星风险防控的重要批示精神，与国家国防科工局建立沟通协调机制，编制完成总体工作方案。开展自然灾害防治和应急管理卫星资源应用需求研究，起草需求分析报告，完成应急卫星“天目网工程”规划论证，环境减灾二号 A、B 卫星发射有关筹备工作。

（四）初步建成全球灾害数据库

组织开发全球灾害数据库软件系统，整理入库我国历年灾害数据近 3 万条、“一带一路”国家灾害空间点位信息近 1 万条、全球四大知名灾害数据库历史数据 60 余万条，建立全球实时灾害数据采集、入库、发布业务流程。发布中英文版《2019 年全球自然灾害评估报告》，这是我国机构第一次编制并发布全球灾害评估报告。

三、持续加强综合防灾减灾能力

（一）谋划“十四五”综合防灾减灾工作

按照中央财经委员会办公室统一部署，开展“十四五”防灾减灾救灾战略研究。起草完成《“十四五”国家综合防灾减灾规划》初稿，两轮征求采纳相关部门和各省级应急管理部门意见，开展规划目标和重点项目等 6 项支撑课题研究，与国家发展改革委就规划重点项目立项进行协调沟通，组织业务司局和研究机构开展规划重大项目论证工作。指导支持中国灾害防御协会、北京师范大学减灾院开展综合减灾和重大风险防控专题研究。

（二）推进新时代国家减灾委员会建设

修订完善《国家减灾委员会工作规则》和《国家减灾委员会办公室工作规则》，完善风险会商、灾情核定和应急响应等制度。商请国务院办公厅印发《关于调整国家减灾委员会组成人员的通知》，将国家减灾委员会成员单位由 34 个扩充到 42 个。组织召开机构改革后首次国家减灾委员会全体会议，部署年度重

点工作，召开 2 次国家减灾委员会协调员会议，总结交流防灾减灾救灾工作。组织开展国家减灾委员会专家委换届，制定换届方案，拟定专家委委员候选人建议名单。

（三）指导加强基层综合减灾能力建设

推动全国综合减灾示范社区、全国综合减灾示范县创建活动纳入全国创建示范活动保留项目目录。修订印发《全国综合减灾示范社区创建管理办法》，印发《全国综合减灾示范县创建管理办法》，启用金民工程减灾示范创建网上申报系统，命名 2020 年度全国综合减灾示范社区 999 个。组织召开防灾减灾救灾工作地方经验交流视频会议，汇总报告落实中央一号文件、乡村振兴、脱贫攻坚、基层治理工作进展，牵头落实国务院妇儿工委、残工委分工任务。开展有关重点地区重大自然灾害综合防治调研，指导北京、内蒙古、上海、江西、广东、陕西等地应急管理部门开展综合减灾业务培训工作。

（四）开展防灾减灾科普宣传教育活动

组织开展全国防灾减灾日活动，活动主题为“提升基层应急能力，筑牢防灾减灾救灾的人民防线”，指导各地各有关部门开展科普宣教活动，宣传周期间，全国举办现场培训及讲座、应急演练等活动近万场，举办网络公开课、新媒体直播、在线访谈、VR 体验 4 万余场，直接受益人群超过 2 亿人次。开展国际减灾日活动，以“提高灾害风险治理能力”为主题，强化灾害风险管理理念，完善政府主导、社会参与的灾害风险治理机制。

（五）务实开展国际减灾合作

参加亚洲部长级减灾大会、亚太减灾伙伴关系论坛、东盟减灾合作等视频会议，宣传中国减灾行动。推进《仙台减轻灾害风险框架》任务落实，介绍《仙台减轻灾害风险框架》监测系统灾害指标填报经验。推进与联合国减灾办、联合国外空司、国际民防组织、亚洲备灾中心等合作事宜。

第三章　地震与地质灾害

一、地震灾害

（一）地震灾害情况

1. 地震灾害统计情况

2020年，我国大陆地区共发生11次破坏性地震事件，直接经济损失约20.6亿元。其中，5次为地震灾害事件，造成5人死亡、30人受伤。灾害损失最严重的是1月19日新疆伽师6.4级地震，造成1人死亡、2人受伤，直接经济损失16.2亿元。人员伤亡最严重的是云南巧家5.0级地震，造成4人死亡、28人受伤，直接经济损失约1.01亿元。

2020年，我国共发生5.0级以上地震28次（大陆地区20次，台湾及海域地区8次）。其中5.0~5.9级地震25次，6.0~6.9级地震3次，震级最大的是7月23日西藏那曲市尼玛县6.6级地震。

2020年我国大陆地区主要地震灾害情况见表4-3-1，2020年我国5.0级以上地震情况见表4-3-2。

2. 地震应急响应

2020年，开展重点危险区地震灾害损失预评估12项。针对2020年历次显著有感及破坏性地震，震后第一时间组织开展指挥协调、快速评估、信息收集研判等应急处置工作，协调指导包括新疆伽师6.4级地震、云南巧家5.0级地震等21次国内地震突发事件的应急处置行动。积极开展快速评估、趋势会商、烈度评定、新闻宣传和舆情引导等工作，为抗震救灾提供信息服务和技术支持。

3. 主要灾情

【新疆库车5.6级地震】 2020年1月16日16时32分，新疆维吾尔自治区阿克苏地区库车市发生5.6级地震，震源深度16公里。地震未造成人员伤亡，直接经济损失700万元。本次地震震中位于新疆阿克苏地区库车市塔里木乡，极震区烈度为Ⅵ度，Ⅵ度区面积813.6平方公里。

表4-3-1　2020年我国大陆地区主要地震灾害情况表

序号	日期	北京时间	震中位置	震级（M）	人员伤亡（人）		直接经济损失（亿元）
					死亡	受伤	
1	1月16日	16:32	新疆阿克苏地区库车市	5.6	0	0	0.07
2	1月19日	21:27	新疆喀什地区伽师县	6.4	1	2	16.2
3	4月1日	20:23	四川甘孜州石渠县	5.6	0	0	1.7
4	5月18日	21:47	云南昭通市巧家县	5.0	4	28	1.01
5	6月26日	05:05	新疆和田地区于田县	6.4	0	0	0.17

表 4-3-2　2020 年我国 5.0 级以上地震情况表

序号	日期	北京时间	震级（M）	经度（度）	纬度（度）	震源深度（公里）	震中位置
1	1月16日	16:32	5.6	41.21	83.60	16	新疆阿克苏地区库车市
2	1月18日	00:05	5.4	39.83	77.18	20	新疆喀什地区伽师县
3	1月19日	22:23	5.2	39.89	77.46	14	新疆克孜勒苏州阿图什市
4	1月19日	21:27	6.4	39.83	77.21	16	新疆喀什地区伽师县
5	1月25日	06:56	5.1	31.98	95.09	10	西藏昌都市丁青县
6	1月29日	07:39	5.3	27.16	126.60	10	东海海域
7	2月3日	00:05	5.1	30.74	104.46	21	四川成都市青白江区
8	2月15日	19:00	5.4	23.95	121.49	10	台湾花莲县
9	2月21日	02:01	5.0	34.56	85.68	9	西藏阿里地区改则县
10	2月21日	23:39	5.1	39.87	77.47	10	新疆喀什地区伽师县
11	3月10日	02:12	5.0	32.84	85.52	10	西藏阿里地区改则县
12	3月12日	23:44	5.1	32.88	85.55	10	西藏阿里地区改则县
13	3月20日	09:33	5.9	28.63	87.42	10	西藏日喀则市定日县
14	3月23日	03:21	5.0	41.75	81.11	10	新疆阿克苏地区拜城县
15	4月1日	20:23	5.6	33.04	98.92	10	四川甘孜州石渠县
16	5月3日	11:24	5.4	23.29	121.60	40	台湾台东县海域
17	5月6日	18:51	5.0	39.71	74.10	10	新疆克孜勒苏州乌恰县
18	5月9日	23:35	5.2	40.77	78.76	15	新疆阿克苏地区柯坪县
19	5月18日	21:47	5.0	27.18	103.16	8	云南昭通市巧家县
20	6月14日	04:18	5.5	24.29	122.41	27	台湾宜兰县海域
21	6月26日	05:05	6.4	35.73	82.33	10	新疆和田地区于田县
22	7月12日	06:38	5.1	39.78	118.44	10	河北唐山市古冶区
23	7月13日	09:28	5.0	44.42	80.82	15	新疆伊犁州霍城县
24	7月23日	04:07	6.6	33.19	86.81	10	西藏那曲市尼玛县
25	7月26日	20:52	5.5	24.27	122.48	50	台湾花莲县海域
26	9月29日	04:50	5.0	22.29	121.10	13	台湾台东县海域
27	9月30日	12:37	5.0	24.85	122.14	116	台湾宜兰县海域
28	12月10日	21:19	5.8	24.74	121.99	80	台湾宜兰县海域

【新疆伽师 6.4 级地震】 2020 年 1 月 19 日 21 时 27 分，新疆维吾尔自治区喀什地区伽师县发生 6.4 级地震，震源深度 16 公里。地震造成 1 人死亡、2 人受伤，直接经济损失 16.2 亿元。本次极震区烈度为Ⅷ度，Ⅵ度区及以上总面积 7599 平方公里。其中，Ⅷ度区面积 257 平方公里，主要涉及伽师县西克尔库勒镇、古勒鲁克乡，共 2 个乡镇；Ⅶ度区面积 2397 平方公里；Ⅵ度区面积 4945 平方公里。

【四川石渠5.6级地震】2020年4月1日20时23分，四川省甘孜藏族自治州石渠县发生5.6级地震，震源深度10公里。地震未造成人员伤亡，直接经济损失1.7亿元。地震最高烈度为Ⅶ度，主要涉及四川省甘孜藏族自治州石渠县、德格县、甘孜县和青海省果洛藏族自治州达日县，共计4个县。Ⅵ度区及以上总面积3500平方公里。其中，Ⅶ度区面积360平方公里，主要涉及2个乡。Ⅵ度区面积3140平方公里，主要涉及11个乡镇。此外，位于Ⅵ度区之外的色达县泥朵镇和其他个别乡镇也受到波及，零星房屋有破坏现象。

【云南巧家5.0级地震】2020年5月18日21时47分，云南省昭通市巧家县发生5.0级地震，震源深度8公里。地震造成4人死亡、28人受伤，直接经济损失1.01亿元。地震最高烈度为Ⅵ度，Ⅵ度区总面积约330平方公里，主要涉及巧家县小河镇、新店镇、红山乡、东坪镇、药山镇与鲁甸县乐红镇。

【新疆于田6.4级地震】2020年6月26日5时5分，新疆维吾尔自治区和田地区于田县发生6.4级地震，震源深度10公里。地震未造成人员伤亡，直接经济损失1700万元。于田县阿羌乡3.5公里道路出现塌方，1座40米中桥多处出现裂缝，1处自建木桥受损，1处1米涵洞严重受损，1处12米拱桥受损。

（二）重点工作

1. 切实履行国务院抗震救灾指挥部及办公室职能

2020年4月16日，国务院抗震救灾指挥部办公室召开国务院抗震救灾指挥部联络员会议，研究做好2020年全国防震减灾和抗震救灾工作。5月12日，国务院抗震救灾指挥部召开国务院防震减灾工作联席会议，国务委员、国务院抗震救灾指挥部指挥长王勇出席会议并讲话，国务院抗震救灾指挥部副指挥长、应急管理部党委书记黄明主持会议。王勇强调，我国地震形势严峻，各地区、各部门要认真落实“两个坚持、三个转变”要求，加强统筹协调，突出强化风险防范，在加强地震风险预测和震情跟踪基础上，加快实施重大工程建设，持续做好地震应急准备，扎实做好防震减灾救灾工作。6—8月，国务院抗震救灾指挥部办公室组织4个检查组前往四川、云南、甘肃、新疆开展地震灾害防范应对准备检查督导，督促地方做好应对准备。10月，国务院抗震救灾指挥部办公室组织调研组赴辽宁、福建、云南、西藏4省（区）开展防震减灾救灾体制机制建设情况调研，研究进一步健全完善防震减灾救灾体制机制。11月5日，国务院抗震救灾指挥部办公室在国家地震紧急救援训练基地组织召开国务院抗震救灾指挥部地震应急桌面推演，11个成员单位参加，通过演练不断磨合应急响应机制，为进一步做好抗大震、抢大险、救大灾做好准备。12月6日，国务院抗震救灾指挥部印发《关于调整国务院抗震救灾指挥部办公室主任的通知》，闵宜仁担任国务院抗震救灾指挥部成员、办公室主任。

2. 夯实地震应急准备工作

时刻紧盯震情，强化应急备班值守，做好春节、“五一”、全国两会、国庆等重点节日和重要时段的安保工作。每月向地震重点地区下发月度地震趋势预测意见，并要求各地做好预案、人员、队伍、物资、装备等应急准备方案。修改完善全国地震重点监视防御区（2021—2030年）确定结果和加强防震减灾工作意见。组织编写《汶川地震老震区及其周边地区发生7级左右地震应对准备工作措施》。

3. 健全完善地震应对工作机制

组织有关专家开展京津冀地区重特大地震风险隐患及对策建议研究，组织京津冀地方应急管理部门和地震部门召开座谈会，推动建立京津冀地区重特大地震应急联防联控机制。修订《应急管理部特别重大灾害应急响应工作手册（地震地质灾害分册）》，修订完善《重特大地震灾害应急响应工作组工作方案》，编制《新冠肺炎疫情防控期间大震应急响应准备建议》《应急管理部重特大地震应急响应任务清单》等，制定相关应急材料模板，编制印发应急管理部重特大地震应急救援信息流和重特大地震后应急管理部赴前方工作组保障方案，开展重特大地震灾害应急响应工作组工作机制检查对接，进一步配合完善地震应急救援“一张图”功能。

4. 应对地震灾害突发事件

地震发生后，立即组织协调开展震情灾情收集、指挥协调、快速评估、趋势研判等工作，协调指导新疆伽师6.4级地震、云南巧家5.0级地震、新疆于田6.4级地震等21次国内地震突发事件的应急处置行动，赴灾区指导地方地震地质灾害应急处置和紧急救援工作。

5. 强化地震应急演练

组织国家地震灾害紧急救援队开展重大破坏性地震后实战救援演练。指导浙江、四川、河北、山西、广东、新疆等地开展地震和地质灾害应急演练。组织部机关开展3次重特大地震应急救援实战拉动演练，进一步磨合了部内重特大地震应急响应工作机制，编制部机关重特大地震应急演练评估工作方案。

6. 研究推动应急避难场所工作

将避难场所相关内容纳入《应急管理法》《自然灾害防治法》制修订稿，以及“十四五”应急体系建设和综合防灾减灾规划。组织地震易发区房屋设施加固工程中避难场所建设总体方案编制和实施。将避难场所底数调查纳入全国自然灾害综合风险普查。研发全国避难场所综合信息管理服务平台。

7. 加强法律法规、预案和标准体系建设

组织修订《国家地震应急预案》，已按程序报国务院审批。研究制定疫情防控期间重特大地震灾害和地质灾害应急响应专项工作方案。积极推动《应急管理法》《自然灾害防治法》制修订工作。配合推进《防震减灾法》修订工作，协调自然资源部、水利部、武警部队、中国海油等对我国周边地区地震海啸灾害情况开展专题调研，编制《地震海啸灾害救援处置预案》。筹备地震灾害应急救援分标委和地质灾害应急救援分标委，组建专家队伍，研究标准编制目录，完善标准体系。组织开展地震专业救援队信息系统技术规范和地震专业救援队岗位技术要求标准化研究。

8. 着力提升地震监测预报预警能力

大力推进预警工作，预警工程站点土建基本竣工，设备招标全部完成，预警中心建设全面启动，专用信息终端安装计划全部落实，联合国家广播电视总局在5个省（区）开展信息广播试点。优化地震监测站网布局，调整国家业务中心职能职责，出台地震台站改革指导意见，加快中心站能力建设，完成248个地震监测站标准化改造。全年完成地震自动速报363次，正式速报1063次，国内地震自动速报平均用时约2分钟，平均位置偏差小于10公里，平均震级偏差小于0.2级。开展2021—2030年地震重点监视防御区确定工作，出台年度全国危险区震情跟踪和应急准备工作规则，实施大震应急救灾物资储备项目。

9. 稳步推进地震灾害风险防治

落实习近平总书记重要指示精神，编制特大城市地震风险防控工作方案。制定地震灾害风险调查和重点隐患排查工程、地震易发区房屋设施加固工程总体方案，实施专项方案，开展普查试点“大会战”，强化加固工程地方责任督导，加快推进工程实施（图4-3-1）。按照“保留审批、压减范围”改革新思路，加强与相关部委沟通协调，推进出台深化地震安全性评价管理改革的意见。全国建设工程地震安全监管检查近31万项，抽查安评报告205份，排查地震安全监测和健康诊断系统68项，完成31个省（区、市）学校、医院及九大类工程专项数据复核，强化安全隐患整改落实。

图4-3-1　航测风险普查试点

10. 切实强化科技创新和人才队伍建设

凝练重大工程项目，强化观测基础集成，扎实推进中国地震科学实验场建设。编制国家地震科技中长期规划，出台科技创新支撑现代化建设实施意见，开展中国地震局属重点实验室评估，新组建火山研究所和成都青藏高原地震研究所。制定“十四五”地震人才发展规划，高层次人才培养引进取得突破，入选国家千人计划、万人计划各1人，入选科技部重点领域创新团队1个。

11. 着力推动改革深化和现代化建设

科学编制“十四五”国家防震减灾规划，凝练业务发展思路，全力推进国家地震监测台（站）网改扩建工程、中国地震科学实验场、第六代地震灾害风险区划3个项目立项。批复地震预测研究所、中国地震灾害防御中心现代化试点建设三年行动方案，总结推广试点经验，每季度开展督查，对山东省地震局、广东省地震局等5个单位现代化建设情况开展评估。

12. 强化防震减灾公共服务

京津冀、四川、云南、福建等地区初步形成地震预警能力，在四川石渠5.6级、云南巧家5.0级、河北古冶5.1级、台湾宜兰海域5.8级等地震发生后均成功产出预警信息，并通过信息终端、手机APP等方式向示范用户提供预报、预警、速报、烈度速报信息。出台公共服务事项清单，确定35项公共服务事项和第一批51个服务产品。开展防震减灾公共服务需求调查和满意度评估，完成公共服务平台和标准框架编制，北京市地震局、河南省地震局、四川省地震局、地震预测研究所、第二监测中心开展公共服务试点。内蒙古、新疆、河南等省（区）出台地震预警政府规章。建成“互联网+监管”系统。为陕西府谷、山东兰陵等96起事件提供非天然地震信息服务。完成川藏铁路沿线地震区划和32个重点桥梁地震安全性评价。开展全国防灾减灾日、玉树地震十周年等45个重点时段科普活动，发布院士系列等科普精品，全年发放科普图书资料百万余份，各类活动参与公众超2亿人次。

二、地质灾害

（一）地质灾害情况

1. 地质灾害统计情况

2020 年，未发生造成 10 人以上死亡失踪的地质灾害，灾害造成的人员死亡失踪数量相比近年均值大幅下降。

2020 年，全国共发生地质灾害 7840 起，其中，滑坡 4810 起、崩塌 1797 起、泥石流 899 起、地面塌陷 183 起、地裂缝 143 起、地面沉降 8 起，分别占地质灾害总数的 61.4%、22.9%、11.5%、2.3%、1.8%和 0.1%。2020 年，全国共成功预报地质灾害 534 起，涉及可能伤亡人员 18239 人，避免直接经济损失 10.2 亿元。

2020 年全国地质灾害类型构成如图 4-3-2 所示。

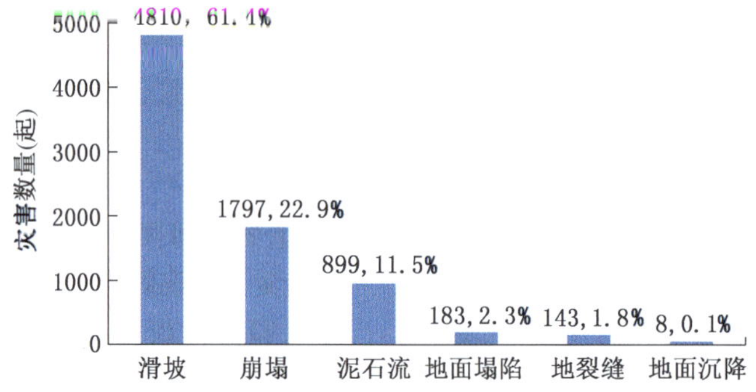

图 4-3-2　2020 年全国地质灾害类型构成

2. 主要灾情

【湖北黄冈“7·8”山体滑坡】受特大暴雨影响，2020 年 7 月 8 日 4 时 10 分左右，湖北省黄冈市黄梅县大河镇袁山村发生山体滑坡，造成 5 户 9 人被埋，其中 1 人获救生还，8 人死亡（图 4-3-3）。

图 4-3-3　湖北黄冈“7·8”山体滑坡

【湖北恩施“7·21”滑坡】受连续强降雨影响，2020 年 7 月 21 日，湖北省恩施州屯堡乡马者村清江左岸沙子坝滑坡体前缘滑入清江，一度堵塞清江河道形成堰塞湖。滑坡体体积约 1000 万立方米，已滑动土石方量约 250 万立方米，未滑动土石方量约 750 万立方米，滑入清江的土石方量约 150 万立方米（图 4-3-4）。

图 4-3-4　湖北恩施“7·21”滑坡

【四川雅安“8·21”滑坡】受连续强降雨影响，2020 年 8 月 21 日 4 时 40 分左右，四川省雅安市汉源县富泉镇中海村三组突发山体滑坡，总方量约80万立方米，造成3户9人被埋，其中7人死亡，2人失踪（图4-3-5）。

图4-3-5 四川雅安“8·21”滑坡

（二）重点工作

1. 不断加强地质灾害应急管理基础建设

2020年初，开展全国地质灾害应急防范应对基本情况调查，及时掌握各省（区、市）相关情况，为推进地质灾害应急管理工作奠定扎实基础。研究制定疫情防控期间重特大地质应急响应专项工作方案，复盘甘肃舟曲特大泥石流灾害应急救援案例。修订完成《应急管理部特别重大灾害应急响应工作手册（地震地质灾害分册）》。加快推进《国家突发地质灾害应急预案》修订，完成修订初稿。细化完善地质灾害应急响应启动标准并获批实施。配合自然资源部推进《地质灾害防治条例》修订工作。加强与自然资源部工作沟通与信息共享，不断健全完善地质灾害防范应对协同联动工作机制。

加强地质灾害应急管理信息化建设，完成“地质灾害应急响应与救援指挥决策子系统（一期）”项目建设并顺利通过终验，通过该系统第一时间产出应急报告和专题图件20余份，为应急处置提供有力保障。

积极推动自然灾害防治九项重点工程建设相关工作，配合开展“灾害风险调查和重点隐患排查”“自然灾害监测预警信息化”和“实施自然灾害防治技术装备现代化”等工程方案编制，指导协调自然资源部门印发《地质灾害综合治理和避险移民搬迁工程工作方案》并推进实施。

2. 高效应对突发地质灾害事件

高效应对地质灾害灾情险情。针对甘肃皋兰特大滑坡、湖北恩施滑坡堰塞体、金沙江白格滑坡和燃灯村滑坡、新疆滑坡堰塞湖等灾险情，协调自然资源部组成联合工作组赴现场指导应急处置；针对云南贡山“5·26”群发性滑坡泥石流、四川阿坝甘孜“6·17”山洪泥石流和重庆武隆中堡滑坡堰塞湖等地质灾害，密切联系地方应急部门和自然资源部，组织会商研判，及时报送信息简报。

紧盯重点时段和区域，强化应急值守和信息报送。汛期每日组织分析雨情水情灾情形势，会商研判地质灾害风险趋势，提出防灾措施建议，为防汛会商调度决策提供依据；研究提出不同等级预警的应对措施建议，及时督促地方做好应急准备；在重要节假日和全国两会期间等重点时段，每日汇总对比地质灾害情况，提出防范应对措施建议。

及时分析地震次生地质灾害情况。针对新疆伽师5.4级和6.4级地震、云南巧家5.0级地震、新疆于田6.4级地震等灾害事件，快速产出次生地质灾害分析研判报告，为部署抗震救灾工作提供决策依据。

3. 持续指导地方地质灾害应急管理工作

2020年4月，以国家减灾委员会名义印发《2020年全国地质灾害风险形势分析报告》，5 月印发《关于加强 2020 年汛期地质灾害应对工作的通知》，为基层工作提供重要依据。

派出 21 个调研组共 46 人次，分赴浙江、重庆、四川、湖南、江西等 10 余个省份开展地质灾害应急管理工作调研，总结各地先进经验做法，指导地方切实厘清“防”与“救”职责关系，形成书面调研报告供地方学习参考。

主动创新工作方式，编制地质灾害工作周报，动态关注各地地质灾害情况和工作进展，分析研判地质灾害形势，4—9 月期间编制 24 期，推送给各地学习借鉴。

组织座谈交流，加强地质灾害应急管理培训。9 月在江西南昌市召开全国地质灾害应急管理研讨会，11 月在重庆市召开全国地质灾害应急管理年度工作总结交流会，派员赴广东、湖南、浙江等地培训指导各级应急管理部门负责人，分享各地先进经验及做法。

积极协调下拨中央自然灾害救灾资金，共计向四川、湖南、湖北、江西、重庆、贵州、广西、安徽等省份拨付地质灾害救灾资金 4. 47 亿元，支持帮助地方做好地质灾害抢险救援工作。下拨专项资金 2. 42 亿元，支持地质灾害高易发区的县配备天通一号卫星设备，提升基层应急通信能力。

第四章　防汛抗旱防台风

一、基本情况

（一）洪涝

2020年，洪涝灾害造成28个省（区、市）和新疆生产建设兵团共7861万人次受灾，7190千公顷农作物受灾，共死亡失踪279人，倒塌房屋8.96万间，直接经济损失2669.8亿元。安徽、江西、湖北、湖南、重庆等省（市）洪涝受灾严重。长江、淮河流域防洪工程出险5237处，主要集中在支流和圩堤。在出现1998年以来最严重汛情的情况下，因灾死亡失踪人数、倒塌房屋数量与近5年同期均值相比，分别下降53%和47%。

1. 降雨

2020年入汛后，我国出现30次大范围强降雨过程，特别是6月下旬至7月中旬，主雨带集中在贵州、四川、重庆至长江中下游地区并南北摆动；主汛期长江、淮河、太湖流域降水量均为1961年以来历史同期最多；江淮梅雨季持续时间长达62天，为历史最长。全国70%的县（市）出现暴雨，41个县（市）日降雨量突破当地历史极值。

2. 洪水

长江、黄河、淮河、珠江、太湖、松花江和嫩江共发生21次编号洪水，其中长江5次、黄河6次。全国26个省（区、市）共836条河流发生超过警戒水位以上洪水，数量较多年平均偏多80%，其中268条河流发生超保洪水，78条河流发生超历史洪水。长江、太湖发生流域性大洪水，淮河发生流域性较大洪水。

3. 主要灾情

【6月上中旬江南、华南等地暴雨洪涝灾害】2020年6月2—14日，江南、华南及贵州等地出现多轮强降雨天气，且降雨落区重叠。其中，6月5—10日，广西东北部、广东中东部等地降雨量达300~500毫米，广东惠州和汕尾局地降雨量600~979毫米。受连续强降雨影响，广西西江干流及支流、广东北江中游及支流80余条河流发生超警以上洪水，其中，广西柳江支流洛清江、广东北江支流浈江等5条河流发生超历史洪水，引发洪涝及次生地质灾害。灾害造成浙江、福建、江西、湖北、广东、广西、湖南、贵州8省（区）714.4万人受灾，54人死亡，9人失踪，47.5万人紧急转移安置，20.1万人需紧急生活救助；近6700间房屋倒塌，6.6万间不同程度损坏；农作物受灾面积577.5千公顷，其中绝收62.5千公顷；直接经济损失210.6亿元。

【6月下旬西南等地暴雨洪涝灾害】2020年6月20—28日，重庆、四川、贵州至长江中下游地区遭遇两次降雨过程。其中，20—25日，上述地区累计降雨量超过100毫米的面积达33万平方公里，重庆南川、贵州黄平和惠水、湖南常宁日降雨量达到或突破当地6月历史极值；重庆、四川、贵州等多省份共计58条河流发生超警以上洪水，16条河流发生超保洪水，3条中小河流发生超历史洪水，重庆綦江五岔站水位、流量为有资料以来第

1 位。26—28 日，川渝至长江中下游出现新一轮强降雨过程，暴雨区域北移，四川盆地、重庆西南部、贵州北部、湖北东部和西南部、安徽北部、江苏中部等地大部地区相继出现大到暴雨，四川东部、湖北北部、安徽北部等地局地降雨量达 250～300 毫米。两轮降雨过程引发洪涝灾害，造成四川、贵州、重庆、湖南、安徽、江西、湖北 7 省（市）597.8 万人受灾，36 人死亡，3 人失踪，24.9 万人紧急转移安置，9.9 万人需紧急生活救助；4100 余间房屋倒塌，4.3 万间不同程度损坏；农作物受灾面积 438.6 千公顷，其中绝收 48 千公顷；直接经济损失 113.7 亿元。

【7 月长江、淮河流域特大暴雨洪涝灾害】 2020 年 7 月，长江、淮河流域连续遭遇 5 轮强降雨袭击，长江流域平均降雨量(259.6 毫米) 较常年同期偏多 58.8%，为 1961 年以来同期最多，长江发生 3 次编号洪水；淮河流域平均降雨量（256.5 毫米）较常年同期偏多 33%。受强降雨影响，淮河流域江河来水偏多 1.5～2 倍，长江中下游流域偏多 4～6 成，引发严重洪涝灾害（图 4-4-1）。灾害造成安徽、江西、湖北、湖南、浙江、江苏、山东、河南、重庆、四川、贵州 11 省（市）3417.3 万人受灾，99 人死亡，8 人失踪，299.8 万人紧急转移安置，144.8 万人需紧急生活救助；3.6 万间房屋倒塌，42.2 万间不同程度损坏；农作物受灾面积 3579.8 千公顷，其中绝收 893.9 千公顷；直接经济损失 1322 亿元。

【7 月太湖新安江暴雨洪涝灾害】 2020 年 6 月 28 日，太湖水位超警，发生 2020 年第 1 号洪水；7 月 17 日涨至 4.65 米，发生超标准洪水；7 月 21 日涨至最高水位 4.79 米，为 1954 年有实测资料以来第 3 高水位（与 1991 年并列）；7 月 25 日退至保证水位 4.65 米以下，8 月 14 日降至警戒水位以下，累计超保 9 天、超警 48 天。7 月 8 日 9 时，新安江水库水位达 108.39 米，超过历史最高水位 108.37 米（1999 年 6 月 29 日），新安江水库泄洪闸 9 孔全开泄洪，系水库运行 61 年来首次全力泄洪，最大下泄流量 7700 立方米/秒。

【8 月中旬川渝及陕甘滇严重暴雨洪涝灾害】 2020 年 8 月 10—17 日，西南地区东部、四川盆地至陕西、甘肃等地连续

图 4-4-1　江西修河三角联圩溃堤

出现多轮强降雨过程。其中，四川盆地中西部和甘肃南部降水量较常年同期偏多2~4倍，陕西西南部及云南偏多5成。强降雨引发长江上游发生特大洪水，三峡水库出现建库以来最大入库流量75000立方米每秒，多地暴发山洪、泥石流等灾害。灾害造成四川、重庆、陕西、甘肃、云南5省（市）53市（州）852.3万人受灾，58人死亡，13人失踪，107.1万人紧急转移安置，8.3万人需紧急生活救助；2.3万间房屋倒塌，35万间不同程度损坏；农作物受灾面积331.1千公顷，其中绝收58.6千公顷；直接经济损失609.3亿元。

【东北台风“三连击”】2020年8月下旬至9月上旬，两周内第8号台风“巴威”、第9号台风“美莎克”和第10号台风“海神”先后北上影响东北地区，间隔时间短、影响区域高度重叠，造成东北地区半个月内平均降水量达170.1毫米，较常年同期偏多3倍，为1961年以来历史同期最多。台风带来的降雨造成嫩江、松花江、黑龙江等主要江河长时间超警，大风造成黑龙江、吉林等地玉米等农作物大面积倒伏，直接经济损失128亿元。

（二）干旱

2020年，旱情南北交替出现，西南地区发生冬春旱，华北地区发生春旱，东北地区发生夏伏旱，福建、广东、浙江、江西等省发生秋冬旱。干旱灾害造成云南、河南、山西等20个省（区、市）和新疆生产建设兵团2413.5万人次受灾，因旱需生活救助307.4万人；农作物受灾面积5081千公顷，其中绝收704.5千公顷；直接经济损失249.2亿元。与近5年同期均值相比，旱灾受灾人次、因旱需生活救助人数、农作物受灾面积和直接经济损失分别下降45%、58%、44%和37%。

（三）台风

2020年，西北太平洋及南海共计生成23个台风，较常年偏少4个；其中登陆我国5个，较常年偏少2个。7月无台风生成，为1949年以来首次，但随后台风密集生成。6号“米克拉”台风从生成到登陆不足24小时；8号“巴威”、9号“美莎克”、10号“海神”3个台风在半个月内相继影响东北，为有气象记录以来首次。从10月中旬到11月上旬，1个月内海南省连续受到6个台风影响，其中16号台风“浪卡”登陆琼海。

二、防汛抗旱防台风工作

（一）李克强对防汛抗旱工作作出重要批示

2020年4月2日，中共中央政治局常委、国务院总理李克强对防汛抗旱工作作出重要批示。批示指出，防汛抗旱事关人民群众生命财产安全，事关经济社会发展大局。各地区各部门要坚持以习近平新时代中国特色社会主义思想为指导，认真贯彻落实党中央、国务院决策部署，坚持以防为主、防抗救相结合，全面压实各地各部门和各环节责任，立足防大汛、抗大旱、抢大险、救大灾，细化优化防控方案，提前做好各项准备，强化监测预报预警，加强应急抢险救援队伍建设，保障抢险物资充足到位，扎实做好江河水库防洪调度和巡查防守，抓好台风、山洪和城市洪涝等灾害防范，确保必要时群众及时转移避险。国家防总要加强统一指挥和组织协调，各地要进一步完善防汛抗旱指挥体系和协调机制，统筹社会各方资源，形成防汛抗旱整体合力，为促发展、保安全提供支撑！

（二）调整国家防汛抗旱总指挥部组成人员

2020 年 3 月 12 日，国家防汛抗旱总指挥部印发《关于调整国家防汛抗旱总指挥部组成单位和人员的通知》，国务委员王勇任总指挥；应急管理部党组书记、副部长黄明，水利部部长鄂竟平，中央军委联合参谋部副参谋长马宜明，国务院副秘书长孟扬任副总指挥；应急管理部副部长兼水利部副部长周学文任秘书长，兼任办公室主任。

（三）王勇赴多地调研防汛抗旱抢险救灾工作

2020 年 6 月 3—6 日，国务委员王勇在广西、四川调研防汛抗旱、森林防灭火和灾害防治等工作。王勇强调，要深入贯彻习近平总书记关于防灾减灾救灾的重要指示精神，按照党中央、国务院决策部署，坚持生命至上、安全第一，进一步强化底线思维和风险意识，狠抓责任措施落实，全面扎实做好各类灾害风险隐患排查和防范应对工作，切实保障人民群众生命财产安全。2020 年汛期区域性暴雨洪涝预计重于常年，各地务必立足防大汛、抢大险、救大灾，严格落实防汛抗旱行政首长负责制，加快修复水毁工程，深入排查整治隐患，落实应急抢险预案和装备物资，加强监测巡护，及早发布预警，及时安排转移，严防滑坡、泥石流、城市内涝等次生灾害，千方百计确保安全度汛。

2020 年 7 月 6—7 日，国务委员、国家防汛抗旱总指挥部总指挥王勇在江西调研指导长江流域防汛抗洪救灾工作。王勇强调，要深入贯彻习近平总书记关于防汛救灾的重要指示精神，牢固树立人民至上、生命至上的理念，进一步压实防汛抗洪责任，强化防范应对措施，全力开展防灾救灾，切实把确保人民生命安全放在第一位落到实处。

2020 年 7 月 15—16 日，国务委员、国家防汛抗旱总指挥部总指挥王勇在湖南、湖北考察指导防汛抗洪抢险救灾工作。王勇强调，要坚决贯彻习近平总书记关于进一步做好防汛救灾工作的重要指示精神，坚持把人民生命安全放在第一位，压实各级防汛责任，严密重点环节防御，以更加有力举措开展防汛抢险救灾，最大限度降低灾害损失。

2020 年 7 月 24 日，国务委员、国家防汛抗旱总指挥部总指挥王勇在河北检查指导防汛工作。王勇强调，要全面贯彻习近平总书记在中央政治局常委会会议上关于防汛救灾工作的重要讲话和一系列重要指示精神，树牢底线思维和风险意识，坚持预防预备和应急处突相结合，全力确保海河流域安全度汛。

2020 年 7 月 31 日至 8 月 1 日，国务委员、国家防汛抗旱总指挥部总指挥王勇在安徽调研指导防汛救灾工作。王勇强调，要深入贯彻习近平总书记关于防汛救灾的重要指示精神，认真落实党中央、国务院决策部署，始终把保障人民生命财产安全放在第一位，抓实抓细责任措施，统筹做好应急抢险、受灾群众安置和灾后恢复工作，坚决夺取防汛救灾全面胜利。

（四）召开防汛抗旱专题会议

2020 年 4 月 2 日，国家防汛抗旱总指挥部召开全国防汛抗旱工作电视电话会议。国务委员、国家防汛抗旱总指挥部总指挥王勇出席会议并讲话。王勇强调，要深入贯彻习近平总书记关于加强防灾减灾工作的重要指示精神，落实李克强总理重要批示要求，统筹推进疫情防控和防汛抗旱工作，有效防范洪涝干旱、台风、泥石流等灾害风险，全力保障人民群众生命财产安全。

2020 年 6 月 12 日，国家防汛抗旱总指挥部召开专题会议。国务委员、国家防汛抗旱总指挥部总指挥王勇主持会议。王勇强调，要深入贯彻习近平总书记关于防灾减灾救灾的重要指示精神，认真落实党中央、国务院决策部署，坚持生命至上、安全第一，全力做好防汛抗洪和抢险救援各项工作，尽最大努力减轻灾害损失，切实保障人民群众生命财产安全。各地区各有关部门要切实加强组织领导，压实各方责任，强化救灾资金和物资保障，抓紧抓实防范应对措施。

2020 年 6 月 23 日，国家防汛抗旱总指挥部召开长江流域防汛抗旱工作视频会议。国务委员、国家防汛抗旱总指挥部总指挥王勇出席会议并讲话。王勇指出，各部门加强监测预警和风险研判，建立多部门联合会商机制，提前安排部署防范和应对措施。各地各有关部门要全面落实防汛抗旱责任，加强协作，完善机制，合力抗灾。进一步完善应对预案和防范措施，统一科学调度防洪工程，充分发挥三峡水库等重点水利工程调节作用，全力做好超标准洪水防御工作。

2020 年 7 月 14 日，国家防汛抗旱总指挥部召开全国防汛救灾工作视频会议。国务委员、国家防汛抗旱总指挥部总指挥王勇强调，要深入贯彻习近平总书记关于进一步做好防汛救灾工作的重要指示精神，认真落实党中央、国务院决策部署，进一步强化责任措施，毫不放松抓紧抓实防汛救灾和抢险救援各项工作，尽最大努力保障人民群众生命财产安全。各地各有关部门要发扬连续作战精神，压实责任，靠前指挥，加强统筹协调，增强防汛救灾工作合力。

（五）强化统筹协调，持续完善体制机制

国家防汛抗旱总指挥部坚持统分结合和防救协同，加强统筹协调和督促指导，健全完善体制机制。国家防汛抗旱总指挥部办公室配合中央编办、国务院办公厅协调落实防汛抗旱体制、理顺工作机制、厘清部门职责，派出 3 位部级领导带队的工作组赴实地调研督促指导。提出健全完善地方防汛抗旱工作机制的指导意见，经国务院办公厅多次协调并报国务院同意，以国家防汛抗旱总指挥部文件印发执行。制定印发《国家防汛抗旱总指挥部工作规则》《国家防汛抗旱总指挥部成员单位任务分工》《国家防汛抗旱总指挥部成员单位报送信息清单》《省级防汛抗旱指挥机构报告事项清单》《洪涝突发险情灾情报告暂行规定》等，组织开展《国家防汛抗旱应急预案》修订，推动各级防汛抗旱指挥部和成员单位按照各自职责开展工作。

（六）加强组织领导，落实预防预备措施

汛前完成国家防汛抗旱总指挥部组成单位和人员调整，组织各地核定并向社会通报防汛抗旱行政责任人 2278 人，16 个省（区、市）及 31 个全国重点防洪城市指挥长和责任人由政府主要负责同志担任。联合山东省防汛抗旱指挥部开展抗洪抢险应急演练，全国累计开展防汛抗旱培训演练 4.6 万次，参训 224 万人，提升抢险救援实战能力。应急管理部优化国家综合性消防救援队伍抗洪抢险专业力量建设，调整组建省级救援队 31 支、专业队员 20388 人备战抗洪抢险，对接中国安能、中国电建、中国能建等中央企业明确防汛抢险队伍 368 支。水利部聚焦防范化解超标洪水、水库失事、山洪灾害“三大风险”，超前部署、全程盯防。中央军委联合作战指挥中心组织各级滚动修订预案，梳理细化指挥流程，分流域分类型指定 41 万兵力预作充分准备。

（七）严查风险隐患，滚动监测预报预警

国家防汛抗旱总指挥部汛前派出 7 位部级领导带队检查全国七大流域防汛准备工作，结合疫情防控开展线上防汛检查，组织成员单位和省级防汛抗旱指挥部开展风险隐患排查，及时完成整改，进一步完善应急度汛方案措施。水利部派出 6 位部级领导带队的检查组对 18 个省份进行检查，深化各地河道“清四乱”（“四乱”：乱占、乱采、乱堆、乱建）工作，及时修复 2019 年 9.97 万处水毁工程。自然资源部细化落实群测群防措施，安排专业队伍排查地质隐患。湖北把防洪重点工程作为“停不得”工程，在抗疫过程中优先组织复工对 1627 处度汛隐患挂单督办。广西强化监测预警，成功应对 5 座水库险情、6 起地质灾害，1600 多名群众成功避险无人员伤亡。

（八）坚持科学防控，强化会商研判指挥调度

加密组织多部门联合会商研判，主汛期先后组织联合会商 90 多次。在淮河防汛关键时刻，国务委员、国家防汛抗旱总指挥部总指挥王勇在水利部组织召开国家防汛抗旱总指挥部紧急会议，连线淮河防汛抗旱总指挥部、安徽省主要负责同志反复研究，依法依规按程序决定启用蒙洼蓄滞洪区分洪，历时 76.5 小时，蓄洪量约 3.75 亿立方米。汛期开展 24 小时动态监测分析，视频连线重点地区，在监测预警、防洪调度、工程防护、抢险救援、救灾救助等方面组织各部门协调联动密切配合。水利部精细调度三峡、小浪底等大中型水库 4042 座（次），共拦蓄洪水 1780 亿立方米，发挥了巨大的防灾减灾效益。中国气象局对标精准预报，持续改进升级数值预报系统，防汛业务支撑能力进一步加强。江西精细安排 185 座单退圩垸有序运用，保障重要堤防安全。地方各级党委和政府切实履行属地责任，受灾地区党政主要负责同志深入一线、靠前指挥，全力组织转移避险和抢险救灾。

（九）提前转移避险，预置力量高效抢险救援

国家防汛抗旱总指挥部协调各方抢险救援力量共同参与抗洪抢险工作。解放军和武警部队坚决贯彻落实习近平总书记重要指示和中央军委决策部署，关键时刻紧急协调 2 批 4.4 万兵力驰援江西、安徽抗洪一线，转移群众 28 万余人次。水利部门共派出 1.6 万组次、8.56 万人次专家做好抢险技术支撑。应急管理部针对每次暴雨台风过程，加强抢险救援力量预置，共出动国家综合性消防救援队伍 22 万余人次，营救和疏散转移被困群众 21 万余人次。全国应急管理部门共组织 2049 万人次和 78 万台（套）设备（舟艇）投入防汛防台风抢险救援，全国共紧急转移安置群众 525.7 万人次，为近年来最多。高峰时期，长江中下游 5 省共组织 70 余万人 24 小时不间断巡堤查险。安徽长江、

淮河两大流域防汛抗洪最高峰时投入抗洪抢险人数31.41万人（图4-4-2）。四川在8月中旬长江洪水过程中，迅速救援被洪水围困的乐山市大佛坝、成都市金堂县等地群众。重庆提前预警应对綦江、涪江和长江上游特大洪水，累计组织转移避险超100万人次，实现人员“零伤亡”。

（十）强化指导支持，及时响应做好应急保障

国家防汛抗旱总指挥部共启动防汛和防台风Ⅱ级、Ⅲ级、Ⅳ级应急响应16次，其中7月12—30日、8月18—22日启动Ⅱ级应急响应2次共24天（表4-4-1）。国家防汛抗旱总指挥部、国家减灾委员会共派出工作组75个，关键时期派出应急、水利、公安、自然资源、气象等部级领导带队的6个部门联合工作组，协助地方开展防汛救灾工作。国家防汛抗旱总指挥部办公室、应急管理部积极与财政部协商，新增4亿元防汛抢险物资储备，累计下拨中央防汛抗旱资金15.96亿元、救灾资金53.84亿元支持地方抢险救援和救灾救助。向江西、湖北、湖南、安徽、云南、四川、甘肃7省调拨总价约1.02亿元的中央防汛物资，以及帐篷、棉被、毛毯、毛巾被、折叠床等19.5万件中央救灾物资。组织抢险救援力量跨区增援，调集22支排涝专业消防救援分队驰援江西和安徽等省受灾严重地区。各受灾地区切实把受灾群众生命安全放在突出位置，积极开展生产自救，加强对困难群众帮扶，确保受灾群众基本生活。

（十一）强化部门联动，高效协同发挥抗洪合力

国家防汛抗旱总指挥部充分发挥部门专业优势，各成员单位团结协作，紧密配合，开展了大量扎实有效的工作。中央宣传部加强防汛新闻宣传和舆论引导，形成良好社会氛围。国家发展改革委、财政部积极推进防汛抗旱补短板工程体系建设，及时安排建设资金和中央自然灾害救灾资金。教育部组织各级各类学校修订完善应急预案，强化应急保障。工业和信息化部组织三大电信运营商（中国移动、中国电信、中国联通）及时发布山洪地质灾害等预警信息28.4亿条。公安部结合

图4-4-2 安徽阜阳戴家湖涵闸漏水险情处置成功

表 4-4-1　2020 年国家防汛抗旱总指挥部应急响应启动表

序号	响应时间	响应类型	响应级别	响应范围	事　件
1	6 月 7—13 日	防汛	Ⅳ级	浙江、福建、江西、湖南、广东、广西、重庆、贵州	南方地区强降雨
2	6 月 13—15 日	防汛 防台风	Ⅳ级	广东、广西、海南、福建	防御第 2 号 台风“鹦鹉”
3	7 月 2 日	防汛	Ⅳ级	上海、江苏、浙江、安徽、江西、河南、湖北、湖南、重庆、贵州、云南	长江、淮河、太湖流域发生洪水
	7 月 7 日	防汛	提升至 Ⅲ级	上海、江苏、浙江、安徽、江西、湖北、湖南、四川、重庆、贵州、云南	
	7 月 12 日	防汛	提升至 Ⅱ级	上海、江苏、浙江、安徽、江西、湖北、湖南、四川、重庆、贵州、云南	
	7 月 30 日	防汛	调整至 Ⅲ级	上海、江苏、浙江、安徽、江西、河南、湖北、湖南、四川、重庆、贵州、云南	
	8 月 7 日	防汛	调整至 Ⅳ级	上海、江苏、浙江、安徽、江西、河南、湖北、湖南、四川、重庆、贵州、云南	
	9 月 2 日	防汛	终止	上海、江苏、浙江、安徽、江西、河南、湖北、湖南、四川、重庆、贵州、云南	
4	8 月 2—5 日	防汛 防台风	Ⅳ级	浙江、福建、上海、江苏	防御第 4 号 台风“黑格比”
5	8 月 10—11 日	防汛 防台风	Ⅳ级	福建、浙江、广东	防御第 6 号 台风“米克拉”
6	8 月 11 日	防汛	Ⅳ级	北京、天津、河北、山西、内蒙古、辽宁、吉林、黑龙江、山东、河南、四川、重庆、贵州、云南、陕西、甘肃、青海、宁夏、新疆、新疆生产建设兵团	长江上游特大洪水，西北、华北、东北、黄淮强降雨防范应对
	8 月 14 日	防汛	提升至 Ⅲ级	河北、山西、辽宁、江苏、山东、河南、四川、重庆、山西、甘肃	
	8 月 18 日	防汛	提升至 Ⅱ级	四川、重庆、云南、山西、甘肃	
	8 月 22 日	防汛	调整至 Ⅳ级	河北、山西、辽宁、江苏、山东、河南、四川、重庆、云南、陕西、甘肃	
	9 月 2 日	防汛	终止	北京、天津、河北、山西、内蒙古、辽宁、江苏、吉林、黑龙江、山东、河南、四川、重庆、贵州、云南、陕西、甘肃、青海、宁夏、新疆、新疆生产建设兵团	

表 4-4-1（续）

序号	响应时间	响应类型	响应级别	响应范围	事 件
7	8月18—20日	防汛 防台风	Ⅳ级	广东、海南、广西、福建	防御第7号 台风“海高斯”
8	8月25日	防汛 防台风	Ⅳ级	天津、河北、内蒙古、辽宁、吉林、黑龙江、上海、江苏、浙江、山东	防御2020年第8号 台风“巴威”
	8月26日	防汛 防台风	提升至 Ⅲ级	天津、河北、内蒙古、辽宁、吉林、黑龙江、江苏、山东	防御2020年第8号 台风“巴威”
	8月28日	防汛 防台风	终止	天津、河北、内蒙古、辽宁、吉林、黑龙江、上海、江苏、浙江、山东	防御2020年第8号 台风“巴威”
9	9月1日	防汛 防台风	Ⅳ级	福建、浙江、上海、江苏、山东、河北、内蒙古、辽宁、吉林、黑龙江	防御2020年第9号 台风“美莎克”
	9月7日	防汛 防台风	终止	福建、浙江、上海、江苏、山东、河北	
10	9月7日	防汛 防台风	提升至 Ⅲ级	内蒙古、辽宁、吉林、黑龙江	防御2020年第10号 台风“海神”
	9月9日	防汛	调整至 Ⅳ级	内蒙古、辽宁、吉林、黑龙江	
	10月15日	防汛	终止	内蒙古、辽宁、吉林、黑龙江	
11	10月12—15日	防汛 防台风	Ⅳ级	海南、广东、广西、福建	防御2020年第16号 台风“浪卡”
12	10月23—26日	防汛 防台风	Ⅳ级	海南、广东、广西、福建	防御2020年第17号 台风“沙德尔”

“百万警进千万家”活动，开展为期1个月的防汛相关工作检查。交通运输部派出13个工作组赴防汛防台风重点省份进行督导检查。住房和城乡建设部强化城市排水防涝隐患整治，全国有610个城市明确政府分管负责同志担任排水防涝安全责任人。农业农村部共派出30多个救灾工作组，指导各地及早落实科学抗灾救灾和灾后生产恢复工作。自然资源部加强地质灾害隐患点群测群防和监测预警，成功避让地质灾害128起，应急避险5055人。水利部加强水情预测预报预警，持续跟踪工程调度、堤库巡查防守、险情处置及山洪灾害防御，突出抓好水库安全度汛。商务部全力保障灾区生活必需品市场供应。文化和旅游部组织对景区防汛风险举行监测评估，及时发布风险提示。国家卫生健康委派出医疗、防疫小分队10万余人次，救治伤病人员17万余人次。应急管理部成立防汛救灾领导小组，统筹协调部内力量，形成高效协同机制，加强综合风险监测，全力开展防汛救灾，会同有关部门指

导有序开展灾后救助和恢复重建，有效保障受灾群众基本生活。国家广播电视总局充分利用广播、电视、短信、微信等多种渠道，做好预警信息传递工作，广泛宣传好典型经验做法。中国气象局启动重大气象灾害应急响应累计 112 天，连续 41 天发布暴雨预警，累计发布各类预警信息 21 万余条。国家粮食和物资储备局汛期累计组织调运 16 批次中央防汛物资，完成价值 4.3 亿元中央防汛抗旱物资采购入库。国家能源局健全完善各项应急预案，协调指导水电站应急处置工作。国家铁路局检查 658 个重点单位和场所。军委联合参谋部作战局牵头成立防汛救灾工作专班，加强专项指挥协调。中国国家铁路集团及时检查处置水害 6221 处，确保高铁和客车运输安全。中国安能集团累计投入 2970 余人、1250 余台（套）装备，完成江西鄱阳湖圩垸决口封堵等 54 起防汛抢险救灾任务。

第五章 森林草原防灭火

一、基本情况

（一）森林火灾

2020年，全国共发生森林火灾1153起（其中，一般森林火灾722起、较大森林火灾424起、重大森林火灾7起，未发生特大森林火灾），受害森林面积约8526公顷，因灾造成人员伤亡41人（其中，死亡34人）。与2019年相比，火灾起数、受害森林面积、伤亡人数分别下降50.8%、36.9%和46.1%。与前3年（2017—2019年）均值相比，火灾起数、受害森林面积、伤亡人数分别下降50.0%、52.9%和24.1%。与前5年（2015—2019年）均值相比，火灾起数、受害森林面积、伤亡人数分别下降55.7%、42.0%和8.9%。与前10年（2010—2019年）均值相比，火灾起数、受害森林面积、伤亡人数分别下降69.6%、55.8%和32.8%。与新中国成立以来（1950—2019年）均值相比，火灾起数、受害森林面积、伤亡人数分别下降90.2%、98.4%和91.5%。与1988年以来（1988—2019年）均值相比，火灾起数、受害森林面积、伤亡人数分别下降82.8%、87.4%和72.7%。

2020年，森林火灾发生率（起火灾/10万公顷森林）为0.52，森林火灾控制率（公顷受害森林面积/每起森林火灾）为7.39，森林火灾受害率（受害森林面积/森林总面积）为0.04‰（按全国森林面积22045万公顷计算）。

2020年全国森林火灾按月统计见表4-5-1，按地区统计见表4-5-2，火灾起数与历年火灾起数比较情况如图4-5-1所示，受害森林面积与历年受害森林面积比较情况如图4-5-2所示，伤亡人数与历年伤亡人数比较情况如图4-5-3所示。

表4-5-1 2020年全国森林火灾按月统计表

月份	森林火灾起数（起）					火场总面积（公顷）	受害森林面积（公顷）			人员伤亡（人）			
	合计	一般火灾	较大火灾	重大火灾	特大火灾		合计	其中		合计	轻伤	重伤	死亡
								公益林	商品林				
累计	1153	722	424	7	0	25080.80	8526.20	5893.80	2632.40	41	2	5	34
1	51	31	20	0	0	476.42	246.55	18.30	228.25	0	0	0	0
2	132	93	39	0	0	1197.25	420.71	121.09	299.62	2	0	0	2
3	277	183	92	2	0	10894.20	2688.50	2275.70	412.83	27	0	3	24
4	226	141	83	2	0	5055.35	2125.50	1679.40	446.10	4	0	0	4
5	145	87	56	2	0	4173.29	1211.30	936.26	275.01	4	0	0	4
6	30	19	10	1	0	703.42	428.43	29.42	399.01	0	0	0	0

表 4-5-1（续）

月份	森林火灾起数（起）					火场总面积（公顷）	受害森林面积（公顷）			人员伤亡（人）			
	合计	一般火灾	较大火灾	重大火灾	特大火灾		合计	其中		合计	轻伤	重伤	死亡
								公益林	商品林				
7	139	86	53	0	0	726.55	546.35	447.97	98.38	0	0	0	0
8	10	6	4	0	0	138.83	73.16	66.76	6.40	3	2	1	0
9	10	4	6	0	0	89.75	30.85	1.20	29.65	0	0	0	0
10	21	11	10	0	0	345.00	178.09	106.93	71.16	1	0	1	0
11	71	42	29	0	0	859.65	438.98	202.19	236.79	0	0	0	0
12	41	19	22	0	0	421.10	137.85	8.65	129.20	0	0	0	0

表 4-5-2　2020 年全国森林火灾按地区统计表

地区	森林火灾起数（起）					火场总面积（公顷）	受害森林面积（公顷）			损失林木		人员伤亡（人）			
	合计	一般火灾	较大火灾	重大火灾	特大火灾		合计	其中		成林蓄积（立方米）	幼林株数（万株）	合计	轻伤	重伤	死亡
								公益林	商品林						
累计	1153	722	424	7	0	25080.80	8526.20	5893.80	2632.40	355280.36	10674.31	41	2	5	34
北京	9	5	4	0	0	25.34	23.86	22.53	1.33	0	2610.00	0	0	0	0
天津	0	0	0	0	0	0	0	0	0	0	0	0	0	0	0
河北	11	10	1	0	0	147.63	2.50	0.67	1.83	0	0	0	0	0	0
山西	17	7	9	1	0	4288.94	839.45	839.45	0	47898.74	6.05	0	0	0	0
内蒙古	91	46	44	1	0	1647.41	758.80	741.94	16.86	13429.99	669.14	0	0	0	0
辽宁	11	8	3	0	0	66.66	55.76	51.02	4.74	2724.70	0.10	1	0	0	1
吉林	19	17	2	0	0	21.53	10.95	6.43	4.52	172.09	0.58	1	0	0	1
黑龙江	50	48	2	0	0	51.88	27.01	27.01	0	0	0	0	0	0	0
江苏	2	2	0	0	0	0.78	0.73	0	0.73	0	0	0	0	0	0
浙江	21	8	13	0	0	242.04	107.79	56.31	51.48	4728.50	5.71	0	0	0	0
安徽	8	6	2	0	0	21.76	10.99	9.45	1.54	58.80	0.19	0	0	0	0
福建	55	29	26	0	0	660.12	356.26	32.05	324.21	10898.81	14.96	1	0	0	1
江西	57	26	31	0	0	822.18	409.21	89.36	319.85	12217.25	22.11	0	0	0	0
山东	13	9	4	0	0	1577.11	161.32	156.12	5.20	3247.60	7.54	1	0	0	1
河南	16	14	2	0	0	91.61	41.70	35.17	6.53	3275.00	1.14	0	0	0	0
湖北	45	36	9	0	0	179.62	70.15	21.51	48.64	354.13	6753.01	4	0	0	4
湖南	59	33	26	0	0	627.04	283.60	93.54	190.06	6048.72	18.13	4	2	1	1
广东	114	79	35	0	0	1002.49	591.26	272.94	318.32	12751.56	19.25	1	0	0	1
广西	206	121	85	0	0	2103.27	786.42	274.36	512.06	16336.97	15.55	2	0	1	1
海南	48	12	35	1	0	840.35	528.05	1.33	526.72	11498.95	13.28	0	0	0	0

表 4-5-2（续）

地区	森林火灾起数（起）					火场总面积（公顷）	受害森林面积（公顷）			损失林木		人员伤亡（人）			
	合计	一般火灾	较大火灾	重大火灾	特大火灾		合计	其中		成林蓄积（立方米）	幼林株数（万株）	合计	轻伤	重伤	死亡
								公益林	商品林						
重庆	9	9	0	0	0	4. 81	0. 57	0. 38	0. 19	238. 60	0	1	0	0	1
四川	111	88	20	3	0	5177. 57	1452. 74	1344. 81	107. 93	94460. 83	308. 96	24	0	3	21
贵州	16	8	8	0	0	360. 86	62. 70	22. 43	40. 27	202. 80	2. 74	0	0	0	0
云南	53	19	34			3741. 90	993. 20	847. 31	145. 89	113259. 46	155. 16	0			0
西藏	2	1	0	1	0	755. 87	576. 87	576. 87	0	370. 00	0	0	0	0	0
陕西	77	57	20	0	0	405. 97	238. 30	234. 80	3. 50	1051. 43	12. 59	1	0	0	1
甘肃	11	4	7	0	0	131. 72	78. 56	78. 56	0	45. 57	25. 32	0	0	0	0
青海	7	6	1	0	0	41. 97	35. 84	35. 84	0	0	12. 68	0	0	0	0
宁夏	8	8	0	0	0	13. 59	13. 33	13. 33	0	8. 69	0	0	0	0	0
新疆	7	6	1	0	0	28. 78	8. 28	8. 28	0	1. 17	0. 12	0	0	0	0

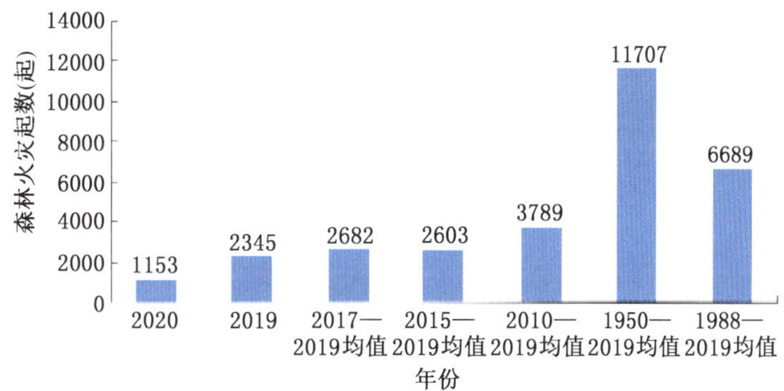

图 4-5-1　2020 年全国森林火灾起数与历年火灾起数比较情况

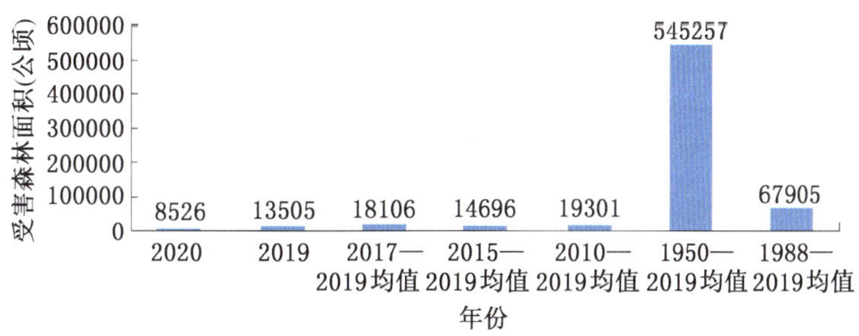

图 4-5-2　2020 年全国森林火灾受害森林面积与历年受害森林面积比较情况

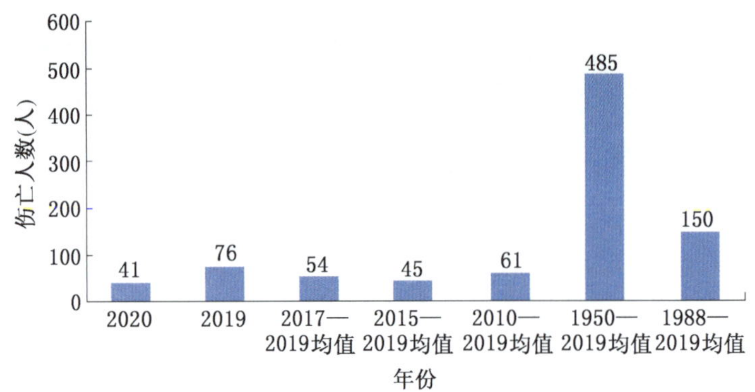

图 4-5-3 2020 年全国森林火灾伤亡人数与历年伤亡人数比较情况

2020 年，已查明起火原因的森林火灾 984 起，占比 85.3%；未查明起火原因的森林火灾 169 起，占比 14.7%。在已查明的起火原因中：农事用火 297 起，祭祀用火 143 起，雷击引发 130 起，野外吸烟 90 起，电线短路 73 起，施工作业 30 起，痴呆弄火 29 起，炼山造林 28 起，野外生活用火 26 起，外省、市、县烧入 22 起，未成年人玩火 16 起，纵火 11 起，境外烧入 2 起，其他原因 87 起。

2020 年全国森林火灾起火原因占比如图 4-5-4所示。

（二）草原火灾

2020 年，全国共发生草原火灾 13 起（未发生重大以上草原火灾），受害草原面积约 11046 公顷，无人员伤亡。与 2019 年相比，草原火灾起数、受害草原面积分别下降 71.1% 和 83.4%，伤亡人

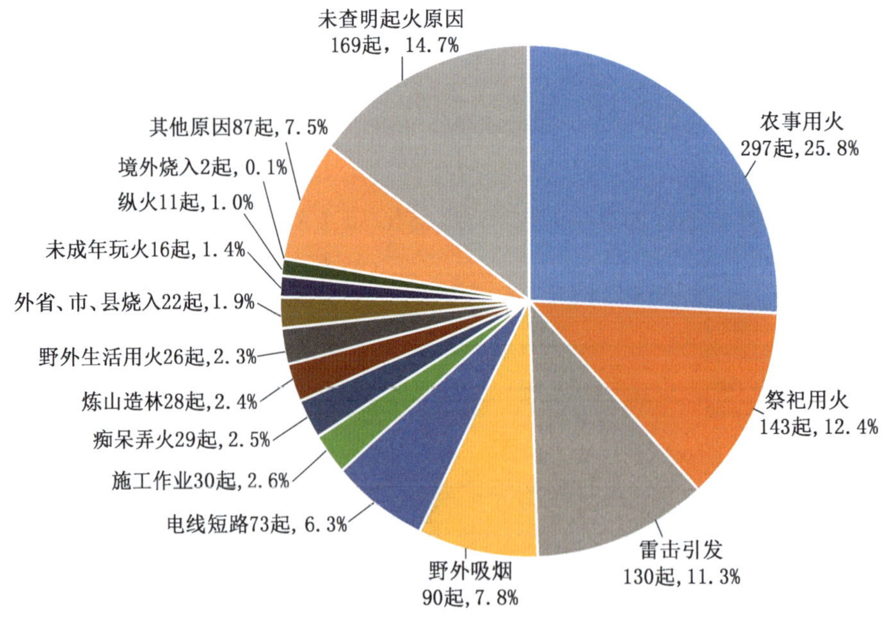

图 4-5-4 2020 年全国森林火灾起火原因占比图

数持平；与前3年（2017—2019年）均值相比，草原火灾起数、受害草原面积分别下降72.3%和54.2%，伤亡人数持平。与前5年（2015—2019年）均值相比，草原火灾起数、受害草原面积、伤亡人数分别下降77.2%、75.7%和100.0%。与前10年（2010—2019年）均值相比，草原火灾起数、受害草原面积、伤亡人数分别下降84.4%、75.5%和100.0%。

2020年全国草原火灾情况见表4-5-3，火灾起数与历年火灾起数比较情况如图4-5-5所示，受害草原面积与历年受害草原面积比较情况如图4-5-6所示，伤亡人数与历年伤亡人数比较情况如图4-5-7所示。

2020年，吸烟引发的草原火灾3起，占比23.1%；电线短路和上坟烧纸引发的草原火灾各1起，分别占比7.7%；未查明和其他原因引发的草原火灾8起，占比61.5%。

2020年全国草原火灾起火原因占比如图4-5-8所示。

表4-5-3 2020年全国草原火灾情况表

地区	草原火灾起数（起）					受害草原面积（公顷）	伤亡人数（人）	参加扑火人工日（工日）	经济损失估算（万元）
	合计	一般火灾	较大火灾	重大火灾	特大火灾				
合计	13	9	4	0	0	11045.86	0	0	0
河北	0	0	0	0	0	0	0	0	0
山西	0	0	0	0	0	0	0	0	0
内蒙古	9	6	3	0	0	9004.86	0	0	0
辽宁	0	0	0	0	0	0	0	0	0
吉林	0	0	0	0	0	0	0	0	0
黑龙江	0	0	0	0	0	0	0	0	0
山东	0	0	0	0	0	0	0	0	0
四川	1	0	1	0	0	2021.00	0	0	0
西藏	0	0	0	0	0	0	0	0	0
陕西	0	0	0	0	0	0	0	0	0
甘肃	2	2	0	0	0	11.00	0	0	0
青海	0	0	0	0	0	0	0	0	0
宁夏	0	0	0	0	0	0	0	0	0
新疆	1	1	0	0	0	9	0	0	0
新疆兵团	0	0	0	0	0	0	0	0	0
黑龙江农垦	0	0	0	0	0	0	0	0	0

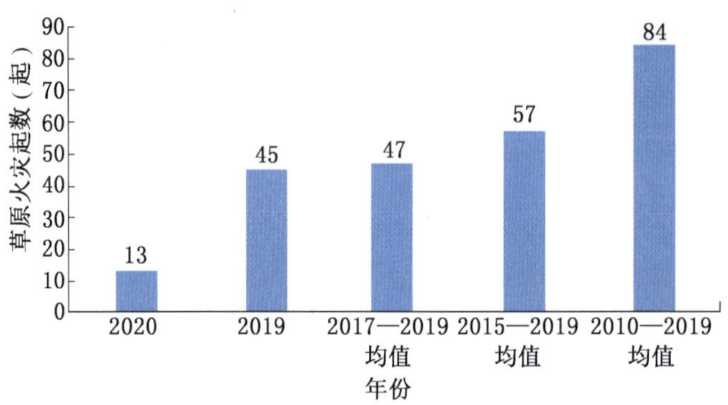

图 4-5-5　2020 年全国草原火灾起数与历年火灾起数比较情况

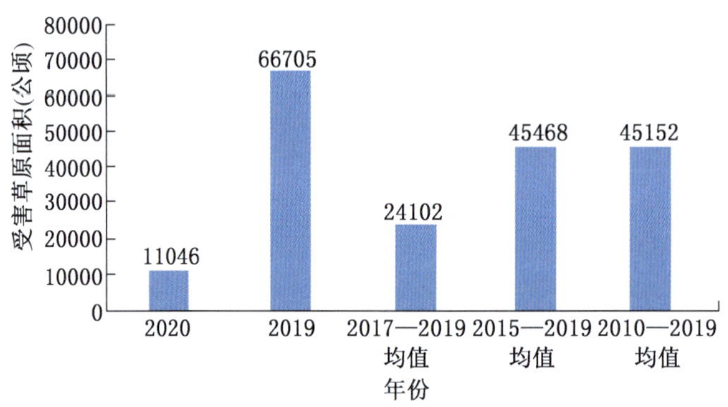

图 4-5-6　2020 年全国草原火灾受害草原面积与历年受害草原面积比较情况

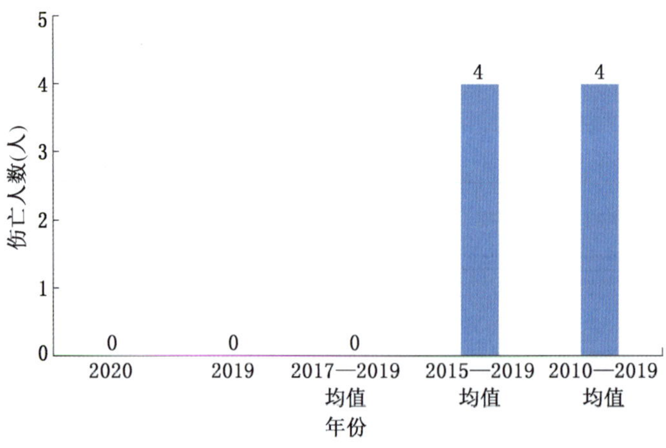

图 4-5-7　2020 年全国草原火灾伤亡人数与历年伤亡人数比较情况

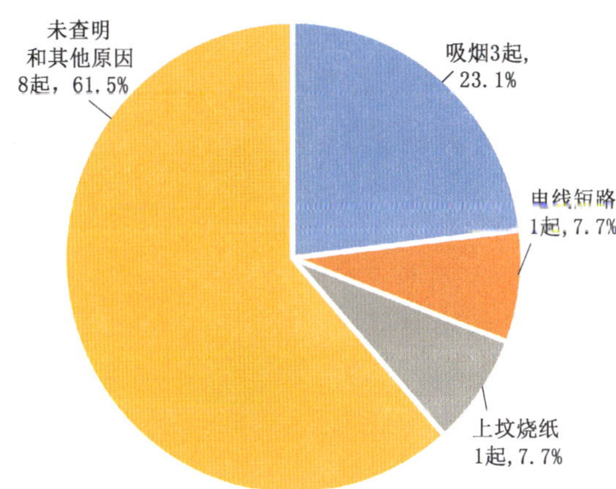

图 4-5-8 2020 年全国草原火灾起火原因占比图

二、防灭火工作

（一）李克强对森林草原防灭火工作作出重要批示

2020 年 3 月 10 日，中共中央政治局常委、国务院总理李克强对森林草原防灭火工作作出重要批示。批示指出，森林草原防灭火事关人民群众生命财产安全和国家生态安全。当前，我国大部分地区将陆续进入森林草原春季防火期。各地区各有关部门要坚持以习近平新时代中国特色社会主义思想为指导，认真贯彻党中央、国务院决策部署，统筹抓好新冠肺炎疫情防控和森林草原火灾防范工作。要坚持预防为主、防灭结合、高效扑救、安全第一的方针，按照“打早、打小、打了”的原则，压实各级各环节责任，衔接好“防”和“救”的责任链条，坚决防范森林草原重特大火灾。要突出重点区域，加强监测预警、火源管控，及时排查消除隐患，防火于未燃之时、成灾之前。进一步完善指挥体系和协调机制，加强力量建设和实战演练，发挥各方优势，强化协同配合，形成整体合力，为促进经济平稳发展、保障人民群众生命财产安全提供有力支撑。

2020 年 9 月 18 日，中共中央政治局常委、国务院总理李克强对森林草原防灭火工作作出重要批示。批示指出，做好森林草原防灭火工作，对于保障人民群众生命财产安全和国家生态安全十分重要。各地区各相关部门要坚持以习近平新时代中国特色社会主义思想为指导，认真贯彻党中央、国务院决策部署，扎实做好秋冬季森林草原防灭火工作各项准备，压紧压实属地管理责任，健全统筹协调、相互配合的机制，整合各方资源，形成工作合力。要强化科技手段，加快防灭火相关基础设施建设，深入排查消除风险隐患，及时科学处置突发火情。加强基层监管执法和防火意识教育，严厉查处违法违规野外用火行为，加快构建群防群治、扑灭及时的工作格局。要建强专业队伍，完善应急预案，加强日常演练，提高防灭火能力水平，坚决防范重特大火灾发生。

（二）王勇在广西、四川、黑龙江调研、检查森林草原防灭火工作

2020 年 6 月 3—6 日，国务委员王勇在广西、四川调研防汛抗旱、森林防灭火和灾害防治等工作。其间，王勇国务委员专程赴四川凉山实地督导检查森林草原防灭火专项整治工作，深入林区、防火卡点检查野外火源防控，了解基层消防、地方扑火队伍和航空护林装备设施建设情况。

2020 年 10 月 18—20 日，国务委员、国家森林草原防灭火指挥部总指挥王勇在黑龙江检查指导森林草原防灭火工作。王勇强调，要深入贯彻习近平总书记关于加强森林草原防灭火工作的重要指示精

神，坚持预防为主、防控救相结合，抓实抓细责任措施，提升综合防控能力，坚决防范森林草原重特大火灾，切实保护人民生命财产和森林草原资源安全。

（三）王勇出席全国森林草原防灭火工作电视电话会议

2020 年 3 月 10 日，国务委员、国家森林草原防灭火指挥部总指挥王勇出席全国森林草原防灭火工作电视电话会议并讲话。王勇强调，要深入贯彻习近平总书记关于统筹推进疫情防控和经济社会发展的重要讲话精神，认真落实李克强总理批示要求，扎实做好森林草原防灭火工作，坚决防范遏制各类重特大灾害事故发生，为打赢疫情防控阻击战、决胜全面建成小康社会营造安全稳定环境。

2020 年 9 月 18 日，国务委员、国家森林草原防灭火指挥部总指挥王勇在全国森林草原防灭火工作电视电话会议上强调，要深入贯彻习近平总书记关于防灾减灾救灾工作的一系列重要指示精神，落实李克强总理批示要求，坚持生命至上、安全第一，层层压实责任，紧密协作配合，全面排查整治风险隐患，坚决防范遏制森林草原重特大火灾发生，为决胜全面建成小康社会、决战脱贫攻坚营造安全稳定环境。

（四）健全完善国家森林草原防灭火指挥部体制机制

及时调整充实国家森林草原防灭火指挥部组成人员，实现应急管理部与国家林业和草原局领导跨部门任职，加强国家森林草原防灭火指挥部办公室领导力量。制定《国家森林草原防灭火指挥部运行机制》，完善信息共享、会商调度、信息报送等工作机制。印发《关于健全完善地方森林草原防灭火工作机制的指导意见》，指导各地推动理顺防灭火管理体制和工作机制。

（五）开展专项行动排查整治火灾隐患

在全国范围先后开展野外火源治理和打击森林草原违法用火行为专项行动，各地累计派出检查执法人员 53 万余人次，查处、制止野外违规用火 10 万余起，行政处罚 6400 余人。全国祭祀用火、农事用火、施工作业等人为火灾分别较 2019 年减少 74%、48% 和 19%。推动北京、河北等地开展冬奥会赛区火灾风险排查整治工作；督促国家电网、南方电网开展森林草原输配电线路火灾隐患排查整治工作。

（六）强化监测预警和火险研判

应急管理部会同中国气象局、国家林业和草原局等部门 8 次开展全国火险形势专题会商，重要时期每日会商。全年共发布森林草原火险天气预警预报 616 期、火灾气象保障服务专报 225 期，累计监测热点 2322 个。

（七）高效处置森林草原火灾

国家森林草原防灭火指挥部办公室和应急管理部强化应急值守，重大火情迅速启动响应程序，特殊火灾提前介入，主要负责人坐镇指挥，调度处置 369 起森林草原火灾。北京延庆，山西榆社、五台，四川西昌、木里，云南昆明、迪庆等地影响较大的森林火灾均得到有效处置。

（八）推进法治化规范化建设

国务院办公厅印发《国家森林草原火灾应急预案》；《森林防火条例》《草原防火条例》修订工作取得重要进展；国家森林草原防灭火指挥部办公室、应急管理部组织编制扑火现场指挥机制、火灾调查评估、检查督导、航空消防管理等一批重要工作制度；指导多个省份制定出台系列地方性制度规范，推动森林草原防灭火工作步入法治化规范化轨道。

（九）开展国务院四川森林草原防灭火专项整治督导

认真贯彻落实习近平总书记对四川西昌“3·30”森林火灾重大人员伤亡事件的重要指示精神，成立国务院四川森林草原防灭火专项整治督导组，常驻四川开展为期一年的专项整治督导。督促指导四川省深刻汲取教训，转变思想认识，严密防范措施，系统加强基础和能力建设，标本兼治开展整改。

（十）全面强化扑火安全

坚决贯彻习近平总书记生命至上、安全第一理念，提升扑火安全意识和能力，国家森林草原防灭火指挥部办公室举办3万人参加的全国森林草原扑火指挥员网上培训班，讲授“十个必须”安全扑火规程，解读灭火技战术，并制作下发扑火安全专题教学片。

三、森林消防重点工作

2020年，森林消防队伍累计动用9.8万余人次，扑救森林草原火灾162起，遂行综合救援任务182起，实施跨省（区）增援14次，组织8个单位1750人、2架直升机，到河北、陕西、广西、广东4省（区）10个驻防点驻防。

（一）不断提升救援能力

坚持把实战化训练作为专业能力建设的重要途径，加强野外化模拟化训练、地空协同训练和指挥通信、应急保障专业训练，加大战场勘察、野外驻训力度，举办“火焰蓝”灭火专业技能尖子比武、特种救援技能比武，不断巩固和提高队伍实战能力。举办转制以来规模最大、时间最长、研究最系统的灭火指挥员培训，集中组织空中观察指挥员、搜救犬训导员、水域应急救援、防火监督等专业培训，6300余人次取得资质证书。分批组织灭火任务较少单位的230名指战员赴火灾高发地区实战见习，对1987年“5·6”大火等9个典型战例进行复盘研讨；大庆、昆明航空救援支队扎实开展实战化飞行训练，拓展空地协同联战联训和“直升机+特战队”作战模式训练，航空救援能力有效提升。

（二）系统加强制度建设

制定《加快推进森林消防队伍转型强能总体方案》和13个分项方案，对机动力量、拳头力量、航空力量和信息化建设等进行系统统筹；指导各级加强与应急、林草、气象等相关部门联系对接，全方位、多层次开展联演联训，建立顺畅高效、一体联动的响应机制，形成体系性工作合力；参与《国家森林草原火灾应急预案》《森林防火条例》等5部法规编修，印发森林消防队伍战备工作、灭火行动、作战指挥、灭火安全等5部手册和《灭火安全防范与紧急避险》录像片。督导各级全时加强战备，规范遂行任务编携配装标准，定期组织检验性拉动演练，进一步提升备战质量水平。

（三）主动排查火灾风险

深入开展森林火灾风险大调研，总体摸清防灭火工作现状和风险底数，组织全队伍针对性开展防火宣传、设卡检查、防火巡护、计划烧除等防火勤务；根据南北方防火期时段差异，科学统筹现有力量，组织跨省驻防；部署开展“国庆旅游景区专项防火行动”，累计出动9.3万余人次、覆盖全国509个景区。赴北京冬奥会赛区等5省（市）开展防火督查，以点带面指导各级为地方专业队进行多层次培训和授课辅导；全国两会期间，派出工作组到大兴安岭等重点林区进行防火督查。

（四）科学组织应急救援

针对春季森林草原火灾多点集中爆发、力量不足、压力叠加的局面，森林消防局主要领导和各级主官深入一线靠前指挥，科学统筹调度力量跨区增援、连续奋战，成功扑灭北京延庆、山西榆社和五台、四川凉山、云南安宁、西藏林芝等多起规模和影响较大的森林火灾。针对夏季严重汛情，抽调内蒙古自治区、甘肃省、四川省森林消防总队 327 人前置备勤，指导重点流域方向队伍全时备勤，吉林省、四川省、福建省、甘肃省森林消防总队和森林消防局机动支队驻南方四省大队积极参与防汛抗洪任务。冬季高度关注各地低温雨雪冰冻灾害情况，前瞻性做好应对准备，内蒙古自治区、吉林省、黑龙江省森林消防总队第一时间投入救援，把握了应急处置的主动权。

（五）大力开展防火宣传

在中央电视台播出报道 336 部，22 次登上《新闻联播》，防火期在中央电视台滚动播出字幕提示、公益广告。播发防火广播 114 条，推送防火短信 4900 余万条。协调部分大中城市 3300 余块广告屏播放防火宣传片，3 万辆公交车、出租车投放公益广告。全队伍开通新媒体账号 427 个，定期开展防火科普直播，阅读量达 98 亿次，有效扩大了防火宣传受众面，提高了全民防火意识。

第六章 救灾和物资保障

一、灾情管理

修订并组织实施《自然灾害情况统计调查制度》《特别重大自然灾害损失统计调查制度》，为做好灾情统计和核查评估打好制度基础。组织气象、水利、农业、保险、减灾等方面专家，组成灾情核查评估专家组，赴安徽、江西、湖北、湖南等重灾省份开展核查评估工作；利用灾害事故“e键通”小程序、智能外呼平台、运营商监测分析等技术，探索传统业务和信息化融合，对灾情核查评估进行实战化应用。

会同民政部、财政部联合印发《关于加强全国灾害信息员队伍建设的指导意见》。指导各地出台省以下实施意见和实施方案，强化灾害信息员队伍建设制度保障。开展全国灾害信息员视频培训，累计培训灾害信息员8.3万名，全年接报灾情信息10.2万条，较2009—2019年均值增长40.1%；组织编写灾害信息员系列教材和工作手册，推进基层灾害信息员队伍规范化标准化建设。推动“全国应急信息员数据库”上线，完成83.4万名灾害信息员信息录入，初步实现灾害信息员定岗定人和城乡社区全覆盖。

充分发挥应急管理部门在灾情管理工作中的牵头作用。强化与自然资源部、水利部、农业农村部、中国气象局等部门的灾情会商机制，针对云南旱灾、南方洪涝、东北台风等重大自然灾害过程，开展专题会商分析，发挥专业部门优势，提升灾情信息的专业性和权威性。全年组织18个部委和单位召开部际灾情会商会12次，定期核定月度、季度和年度全国灾情，并按程序统一对外发布。

二、物资保障

（一）加强应急物资保障顶层设计

完成中央改革办关于健全统一的应急物资保障体系重点课题研究，提出5个方面21项政策建议。积极推进《应急物资保障“十四五”规划》编制工作。制修订中央救灾物资储备管理办法、紧急采购、调度调用规程等。

（二）提升应急物资保障能力和水平

商国家粮食和物资储备局提前启动2020年度常规1.59亿元中央救灾物资采购项目。积极推动28.58亿元中央应急物资增储落地，其中，中央救灾物资增储资金18.6亿元，实现了中央救灾物资历史性增储。新增采购家庭应急包、夏凉被、木板折叠床等物资，丰富了中央救灾物资品种。将存放救灾物资的省份由17个扩展为30个，进一步优化中央救灾物资储备布局。积极协调落实中央财政25.74亿元，专项用于2020年汛期遭受严重洪涝灾害的10个省（区、市）的基层增加采购储备救灾物资。

（三）推进应急物资信息化、标准化建设

开展全国救灾物资储备核查，全面摸清各级救灾物资家底。积极推广应急资源管理平台运用，完成全国救灾物资数据录

入平台，实现救灾物资数据实时查询。2020 年新采购中央救灾物资全部实现“一物一码”。提出救灾物资标准制修订清单，编制完成棉被、毛毯、毛巾被、大衣和防寒服 5 个救灾物资应急行业标准。发布全国基础版家庭应急物资储备建议清单，鼓励各地因地制宜加快制定扩充版清单。

（四）及时调拨物资，支持地方疫情防控和防汛救灾工作

新冠肺炎疫情防控期间坚持急事急办、特事特办，高效办理审批调拨，紧急落实向湖北、浙江、河南、江西和贵州等省调拨 7 批次 23.85 万件中央救灾物资，有力支持地方疫情防控工作。应急管理部全力支持做好全国疫情防控的相关做法，被中央组织部选入学习贯彻习近平新时代中国特色社会主义思想案例。汛期以来，向安徽、江西、湖南、广西和贵州等遭受严重洪涝灾害地区紧急调拨中央救灾物资，为地方开展救灾救助工作提供了有力支持。2020 年，累计组织调拨 18 批次共 48 万件中央救灾物资，包括 4.9 万顶帐篷、8.2 万床棉大衣、13 万床棉被、10.1 万张折叠床、6.3 万床毛毯、5.5 万床毛巾被等中央救灾物资。

2020 年中央救灾物资调拨情况见表 4-6-1。

（五）着力提升救灾捐赠工作水平

着眼于新时期救灾捐赠创新发展，组织修订《救灾捐赠管理办法》《救灾捐赠款物统计制度》，先后收集内部建议意见 89 条，组织专家会议讨论 9 次，形成充分体现应急救灾特色的初稿。积极与国家邮政局会商沟通，协助制定《救灾捐赠包裹寄递服务和安全管理规定》，为规范救灾捐赠包裹寄递服务和管理提供可靠依据。会商海关总署构建应急物资进口入关绿色通道，协助办理境外企业向洪涝灾区捐赠冲锋舟免税入关手续。开发应急资源管理平台，构建新型应急物资物流系统和应急捐赠管理系统，实现救灾捐赠款物全程溯源、全部可查、全面公开，有效回应社会关切。坚持底线思维，着眼极端情况，组织全国性救灾捐赠内部桌面推演和压力测试，模拟检验海量数据处理场景下平台的稳定性和可靠性。

表 4-6-1　2020 年中央救灾物资调拨情况表

序号	灾情/疫情	调拨时间	物资调拨情况
1	新疆伽师 6.4 级地震	1 月 19 日	从中央救灾物资喀什库和乌鲁木齐库向新疆维吾尔自治区地震灾区紧急调拨 5000 顶帐篷、2 万件棉大衣、1 万床棉被、5000 张折叠床等中央救灾物资
2	新疆伽师 6.4 级地震	1 月 23 日	从中央救灾物资喀什库和乌鲁木齐库向新疆生产建设兵团紧急调拨 500 顶帐篷、2000 件棉大衣、2000 床棉被、2000 张折叠床等中央救灾物资
3	浙江新冠肺炎疫情防控	1 月 28 日	从中央救灾物资合肥库向浙江省紧急调拨 4500 顶帐篷
4	湖北新冠肺炎疫情防控	1 月 29 日 2 月 5 日 2 月 17 日	从中央救灾物资武汉库、郑州库、福州库、合肥库、成都库和长沙库向湖北省紧急组织调拨 1.8 万顶帐篷、5 万件棉大衣、10 万床棉被、3 万张折叠床等中央救灾物资
5	河南新冠肺炎疫情防控	2 月 1 日	从中央救灾物资郑州库向河南省紧急调拨 3000 顶帐篷、3000 张折叠床等中央救灾物资

表 4-6-1（续）

序号	灾情/疫情	调拨时间	物资调拨情况
6	江西新冠肺炎疫情防控	2月3日	从中央救灾物资福州库向江西省紧急调拨3000顶帐篷、1万件棉大衣，3000张折叠床等中央救灾物资
7	贵州新冠肺炎疫情防控	2月7日	从中央救灾物资南宁库向贵州省紧急调拨4000顶帐篷、8000床棉被、2000张折叠床等中央救灾物资
8	广西暴雨洪涝灾害	6月11日	从中央救灾物资南宁库向广西壮族自治区暴雨洪涝灾区紧急调拨3000顶帐篷、3000张折叠床等中央救灾物资
9	安徽暴雨洪涝灾害	7月9日 7月17日 7月23日	从中央救灾物资合肥库、福州库、天津库、郑州库、武汉库、北京库、长沙库、成都库、兰州库向安徽省紧急调拨1000顶帐篷、2.8万张折叠床、3.3万床毛毯、2.5万床毛巾被等中央救灾物资
10	江西暴雨洪涝灾害	7月11日 7月13日 7月23日	从中央救灾物资福州库、渭南库、长沙库、成都库、武汉库、合肥库、南宁库向江西省紧急调拨5000顶帐篷、2万张折叠床、2万床毛毯、2.5万床毛巾被等中央救灾物资
11	贵州暴雨洪涝灾害	7月12日	从中央救灾物资昆明库向贵州省暴雨洪涝灾区紧急调拨1000顶帐篷、1万床棉被、3000张折叠床、1万床毛毯等中央救灾物资
12	湖南暴雨洪涝灾害	7月12日	从中央救灾物资成都库和长沙库向湖南省暴雨洪涝灾区紧急调拨1000顶帐篷、2000张折叠床、5000床毛巾被等中央救灾物资

三、灾害救助

（一）高效有序开展灾害救助

针对各地雨情汛情震情和灾情，按照相关预案和方案要求，及时启动国家Ⅳ级救灾应急响应15次（表4-6-2），协调派出15个救灾工作组、28个其他工作组紧急赶赴灾区，指导协助地方做好救灾救助工作。商财政部及时安排下拨应急期中央自然灾害救灾资金51.088亿元。会同国家粮食和物资储备局及时向安徽、江西、湖南、广西和贵州等遭受严重洪涝灾害地区紧急调拨9批次共19.5万件中央救灾物资，指导和支持地方做好受灾群众紧急转移安置、过渡期生活救助、倒损民房恢复重建和冬春救助等工作，有效保障受灾群众的基本生活（图4-6-1、图4-6-2）。

表 4-6-2　2020年国家救灾应急响应启动情况表

序号	响应编号	启动响应时间	工作组出发时间	受灾省份及地市	灾种	响应级别
1	Ⅳ级1号	1月19日	1月20日	新疆喀什等地	地震	Ⅳ级
2	Ⅳ级2号	5月18日	5月19日	云南普洱、玉溪等地	干旱	Ⅳ级

表 4-6-2（续）

序号	响应编号	启动响应时间	工作组出发时间	受灾省份及地市	灾种	响应级别
3	Ⅳ级 3 号	6 月 9 日	6 月 9 日	广西柳州、桂林等地	洪涝	Ⅳ级
4	Ⅳ级 4 号	6 月 13 日	6 月 13 日	贵州遵义、贵阳等地	洪涝	Ⅳ级
5	Ⅳ级 5 号	6 月 28 日	6 月 28 日	四川凉山等地	洪涝	Ⅳ级
6	Ⅳ级 6 号	6 月 28 日	6 月 28 日	贵州遵义、黔东南等地	洪涝	Ⅳ级
7	Ⅳ级 7 号	6 月 28 日	6 月 29 日	湖南怀化、湘西、株洲等地	洪涝	Ⅳ级
8	Ⅳ级 8 号	7 月 7 日	7 月 8 日	安徽黄山、宣城、安庆等地	洪涝	Ⅳ级
9	Ⅳ级 9 号	7 月 7 日	7 月 8 日	湖北黄冈、恩施、荆州等地	洪涝	Ⅳ级
10	Ⅳ级 10 号	7 月 9 日	7 月 9 日	江西上饶、九江、景德镇等地	洪涝	Ⅳ级
11	Ⅳ级 11 号	7 月 9 日	7 月 9 日	重庆綦江、武隆、石柱等地	洪涝	Ⅳ级
12	Ⅳ级 12 号	8 月 15 日	8 月 16 日	四川绵阳、眉山、南充等地	洪涝	Ⅳ级
13	Ⅳ级 13 号	8 月 15 日	8 月 16 日	陕西商洛、安康、汉中等地	洪涝	Ⅳ级
14	Ⅳ级 14 号	8 月 19 日	8 月 20 日	甘肃陇南、定西、庆阳等地	洪涝	Ⅳ级
15	Ⅳ级 15 号	8 月 19 日	8 月 20 日	重庆潼南、江津、合川等地	洪涝	Ⅳ级

图 4-6-1　洪涝灾区受灾群众集中安置点

图 4-6-2　向洪涝灾区紧急组织调运救灾物资

有关重大灾害中央自然灾害救灾资金下拨情况如下：

【新疆伽师 6.4 级地震】 2020 年 1 月 20 日，财政部、应急管理部紧急预拨新疆维吾尔自治区中央自然灾害救灾资金 3000 万元，全力支持帮助地方妥善保障伽师地震灾区受灾群众基本生活。

【云南旱灾】 2020 年 6 月 15 日，财政部、应急管理部向云南省下拨 6000 万元中央自然灾害救灾资金，主要用于支持帮助云南省做好前期严重旱灾受灾群众生活救助工作。

【6 月上中旬江南、华南等地暴雨洪涝灾害】 2020 年 7 月 8 日，财政部、应急管理部向广西、贵州两省下拨中央自然灾害救灾资金 1.85 亿元，其中广西 1.4 亿元、贵州 4500 万元，主要用于支持帮助两省洪涝灾区受灾群众生活救助工作。

【6月下旬西南等地暴雨洪涝灾害】 2020年6月29日，财政部、应急管理部向四川、贵州、湖南3省紧急预拨中央自然灾害救灾资金1.5亿元，其中四川、贵州、湖南各5000万元，主要用于支持受灾地区抗洪抢险救灾工作。

【7月长江、淮河流域特大暴雨洪涝灾害】 2020年7月13日，财政部、应急管理部向江西、安徽、湖北、湖南、重庆5省（市）紧急拨付中央自然灾害救灾资金6亿元，其中江西2亿元、安徽1亿元、湖北1亿元、湖南1亿元、重庆1亿元。8月4日，财政部、应急管理部根据地方请求，紧急向安徽省拨付3亿元中央救灾资金，支持帮助分洪区做好群众安置救助和灾后民房恢复重建等救灾工作。

【8月中旬川渝及陕甘滇严重暴雨洪涝灾害】 2020年8月18日，根据四川、陕西、甘肃、重庆严重暴雨洪涝灾情和抢险救灾工作需要，财政部、应急管理部向四川、陕西、甘肃、重庆紧急拨付4.6亿元中央自然灾害救灾资金，支持受灾地区防汛抢险、救灾救助和恢复重建，其中用于救灾救助和灾后恢复重建资金1.5亿元。

【10个洪涝重灾省份救灾资金核拨】 2020年10月12日，财政部、应急管理部在前期向部分洪涝重灾区省份预拨和拨付中央自然灾害救灾资金的基础上，向安徽、江西、四川、湖北、甘肃、湖南、重庆、贵州、陕西、广西10个洪涝重灾省份核拨中央自然灾害救灾资金36.338亿元，支持帮助灾区做好受灾群众生活救助和因灾倒损住房恢复重建。

（二）扎实做好全国受灾群众冬春救助工作

2020年9月18日，应急管理部会同财政部联合印发通知，部署各地开展全国受灾群众冬春期间基本生活困难救助工作。据各地统计上报，全国2020—2021年冬春期间因灾生活困难需救助近5300万人。12月3日，应急管理部召开2020—2021年度全国受灾群众冬春救助工作电视电话会议，全面安排部署受灾群众基本生活保障工作，要求各地进一步提高政治站位，增强责任感和使命感，切实加强组织领导，加大款物投入，严格程序标准，强化跟踪问效，加强部门协同联动，确保中央冬春救灾资金在春节前全部发放到救助对象手中，不折不扣地把习近平总书记和党中央的关怀和温暖及时传递给受灾群众。12月10日，应急管理部会同财政部向25个省（区、市）和新疆生产建设兵团下拨2020—2021年度中央冬春救灾资金62.447亿元，用于支持帮助灾区统筹做好受灾群众冬春期间基本生活保障工作（图4-6-3）。同时，认真贯彻国务院常务会议关于“中央冬春救灾资金对受灾较重和深度贫困地区给予倾斜支持”的要求，会同财政部对这些地区所在省份额外增加资金，加大对重点地区倾斜支持力度。

图4-6-3　向受灾群众发放冬春救助物资

（三）因灾倒损民房恢复重建

继续牵头指导地方推进因灾倒损民房恢复重建工作，定期统计和通报倒损民房重建进度，召开倒损民房恢复重建部际协调机制成员单位专题视频会议，通报救灾工作和倒损民房恢复重建进展，加强对地方工作的督促指导，协同推进相关工作。截至 2020 年底，2019 年全国因灾倒损民房需重建的 7.8 万户、需修缮的 19 万户已全部完成；2020 年需重建 5.5 万户、需修缮 38.5 万户，竣工率分别达到 64% 和 91%，其中，安徽、江西、湖北、广东等 11 个省份已完成重建修缮任务（图 4-6-4、图 4-6-5）。

图 4-6-4　灾后重建小区

图 4-6-5　灾后重建新村

第七章 2020年全国典型自然灾害

一、7月份长江、淮河流域特大暴雨洪涝灾害

7月份，长江、淮河流域连续遭遇5轮强降雨袭击，长江流域平均降雨量（259.6毫米）较常年同期偏多58.8%，为1961年以来同期最多，长江发生3次编号洪水；淮河流域平均降雨量（256.5毫米）较常年同期偏多33%。受强降雨影响，淮河流域江河来水偏多1.5~2倍，长江中下游流域偏多4~6成，引发严重洪涝灾害。灾害造成安徽、江西、湖北、湖南、浙江、江苏、山东、河南、重庆、四川、贵州11省（市）3417.3万人受灾，99人死亡，8人失踪，299.8万人紧急转移安置，144.8万人需紧急生活救助；3.6万间房屋倒塌，42.2万间不同程度损坏；农作物受灾面积3579.8千公顷，其中绝收893.9千公顷；直接经济损失1322亿元。

二、8月中旬川渝及陕甘滇严重暴雨洪涝灾害

8月10—17日，西南地区东部、四川盆地至陕西、甘肃等地连续出现多轮强降雨过程。其中，四川盆地中西部和甘肃南部降水量较常年同期偏多2~4倍，陕西西南部及云南偏多5成。强降雨引发长江上游发生特大洪水，三峡水库出现建库以来最大入库流量75000立方米每秒，多地暴发山洪、泥石流等灾害。灾害造成四川、重庆、陕西、甘肃、云南5省（市）53市（州）852.3万人受灾，58人死亡，13人失踪，107.1万人紧急转移安置，8.3万人需紧急生活救助；2.3万间房屋倒塌，35万间不同程度损坏；农作物受灾面积331.1千公顷，其中绝收58.6千公顷；直接经济损失609.3亿元。

三、6月上中旬江南、华南等地暴雨洪涝灾害

6月2—14日，江南、华南及贵州等地出现多轮强降雨天气，且降雨落区重叠。其中，6月5—10日，广西东北部、广东中东部等地降雨量达300~500毫米，广东惠州和汕尾局地600~979毫米。受连续强降雨影响，广西西江干流及支流、广东北江中游及支流80余条河流发生超警以上洪水，其中，广西柳江支流洛清

江、广东北江支流滃江等 5 条河流发生超历史洪水，引发洪涝及次生地质灾害。灾害造成广东、广西、湖南、贵州、浙江、福建、江西、湖北 8 省（区）714.4 万人受灾，54 人死亡，9 人失踪，47.5 万人紧急转移安置，20.1 万人需紧急生活救助；近 6700 间房屋倒塌，6.6 万间不同程度损坏；农作物受灾面积 577.5 千公顷，其中绝收 62.5 千公顷；直接经济损失 210.6 亿元。

四、6 月下旬西南等地暴雨洪涝灾害

6 月 20—28 日，重庆、四川、贵州至长江中下游地区遭遇两次降雨过程。其中，20—25 日，上述地区累计降雨量超过 100 毫米的面积达 33 万平方公里，重庆南川、贵州黄平和惠水、湖南常宁日降雨量达到或突破当地 6 月历史极值；重庆、四川、贵州等多省共计 58 条河流发生超警以上洪水，16 条河流发生超保洪水，3 条中小河流发生超历史洪水，重庆綦江五岔站水位、流量为有资料以来第 1 位。26—28 日，川渝至长江中下游出现新一轮强降雨过程，暴雨区域北移，四川盆地、重庆西南部、贵州北部、湖北东部和西南部、安徽北部、江苏中部等地大部地区相继出现大到暴雨，四川东部、湖北北部、安徽北部等地局地降雨量达 250～300 毫米。两轮降雨过程引发洪涝灾害，造成四川、贵州、重庆、湖南、安徽、江西、湖北 7 省（市）597.8 万人受灾，36 人死亡，3 人失踪，24.9 万人紧急转移安置，9.9 万人需紧急生活救助；4100 余间房屋倒塌，4.3 万间不同程度损坏；农作物受灾面积 438.6 千公顷，其中绝收 48 千公顷；直接经济损失 113.7 亿元。

五、2020 年第 4 号台风“黑格比”

2020 年第 4 号台风“黑格比”于 8 月 4 日凌晨 3 时 30 分前后以近巅峰强度在浙江省乐清市沿海登陆，登陆时中心附近最大风力有 13 级（38 米每秒）。受其影响，3—5 日，浙江温州、台州、金华等地部分地区累计降雨量 250～350 毫米，温州永嘉和乐清局地达 400～552 毫米。灾害造成浙江、上海 2 省（市）5 市 30 个县（市、区）188 万人受灾，5 人死亡，32.7 万人紧急转移安置，1.2 万人需紧急生活救助；4300 余间房屋倒塌，8000 余间不同程度损坏；农作物受灾面积 76.3 千公顷，其中绝收 6.3 千公顷；直接经济损失 104.6 亿元。

六、云南巧家 5.0 级地震

5 月 18 日 21 时 47 分，云南昭通市巧家县（北纬 27.18 度，东经 103.16 度）发生 5.0 级地震，震源深度 8 公里。地震造成昭通市巧家、鲁甸 2 县 4 人死亡（巧

家县小河镇2人因房屋倒塌致死、新店镇1人因滚石砸中致死，鲁甸县乐红乡1人因滚石砸中致死），28人受伤（巧家县26人，鲁甸县2人），1151间房屋损坏，直接经济损失1.01亿元。

七、新疆伽师6.4级地震

1月19日21时27分，新疆喀什地区伽师县（北纬39.83度，东经77.21度）发生6.4级地震，震源深度16公里，此后震中附近又相继发生1次5.2级余震和数次4.0级以上余震。地震造成1人死亡、2人轻伤，4000余间房屋不同程度损坏，部分道路、桥梁、水库等设施受损，直接经济损失16.2亿元。

八、东北台风“三连击”

8月下旬至9月上旬，两周内第8号台风“巴威”、第9号台风“美莎克”和第10号台风“海神”先后北上影响东北地区，间隔时间短、影响区域高度重叠，造成东北地区半个月内平均降水量达170.1毫米，较常年同期偏多3倍，为1961年以来历史同期最多。台风带来的降雨造成嫩江、松花江、黑龙江等主要江河长时间超警，大风造成黑龙江、吉林等地玉米等农作物大面积倒伏，直接经济损失128亿元。

九、4月下旬华北西北低温冷冻灾害

4月19—25日，华北、西北出现持续大范围大风降温天气过程，局地伴有沙尘天气，其中，河北西北部、北京中西部、内蒙古东南部和中部偏南地区等地8级以上阵风出现时长有24~45小时，内蒙古东南部超过48小时；山西大同市阳高县、云冈区部分地区最低气温降至-9 ℃。持续大风低温造成大面积坐果期果树冻伤、大棚损毁、蔬菜受冻。灾害造成河北、山西、内蒙古、黑龙江、陕西、甘肃、宁夏7省（区）432.3万人受灾，农作物受灾面积530.1千公顷，其中绝收154.1千公顷，直接经济损失82亿元。

十、云南春夏连旱

2020年入春后，云南持续高温少雨引发严重旱情，其中，普洱南部、西双版纳降水偏少6~8成；3月份全省平均气温达17 ℃，较常年同期偏高1.5 ℃，为历史同期第 3 高，造成部分城市供水紧张、农村人畜饮水困难。4 月底，部分地区出现降雨，旱情得到一定程度缓解。5 月 1—14 日，全省再次出现高温少雨天气，全省有 96 个站点共出现 30 ℃ 以上高温 791 站次；累计平均降水量 8.8 毫米，较常年少 75%，旱情再度发展。灾害造成玉溪、昭通、楚雄等 16 市（州）106 个县（市、区）589 万人受灾，197.6 万人因旱需生活救助，其中 156.6 万人因旱饮水困难需救助；农作物受灾面积 871.7 千公顷，其中绝收 33.9 千公顷；饮水困难大牲畜 46.8 万头（只）；直接经济损失 34.9 亿元。

第五篇

应 急 救 援

综 述

2020年，面对各种风险挑战，应急管理部门和消防救援队伍坚决听从习近平总书记号令，坚决贯彻党中央、国务院决策部署，坚持人民至上、生命至上，抗疫情、战洪水、化危机，着力防范化解重大风险，积极推进应急管理体系建设，全力以赴开展救援。

一、加快推进应急指挥系统建设

聚焦有力有序有效防范化解重大安全风险，进一步整合应急资源，强化协调联动机制建设，扎实推动应急应战工作，提升应对处置能力。优化完善应急联动机制，推动应急管理部与中国国家铁路集团签署应急联动机制协议，与中国安能集团等建筑施工类中央企业分别建立应急协调工作机制，充分发挥应急管理部门综合优势和有关企业专业优势，加强科学统筹协调，共同应对重特大灾害事故。积极适应国家区域协同发展战略，开展京津冀、长三角、珠三角应急救援协同联动问题研究。

二、扎实推进应急预案体系建设

修改完善《国家突发事件总体应急预案》，研究起草进一步加强应急预案体系建设的通知并报国务院办公厅审核。制定印发《应急管理部应急预案内部管理暂行办法》，修订优化形成“1+6+6”[①]应急处置手册体系，规范部内应急预案管理和应急响应流程。组织召开全国应急预案体系建设现场会，指导32个省级单位有针对性开展各类应急演练48场，有效提升灾害事故应对处置能力。

三、积极推进国家综合性消防救援队伍建设

国家综合性消防救援队伍坚持政治建队方针，贯穿全年深入开展“践行训词精神、担当神圣使命”主题教育，以习近平总书记授旗致训词两周年为契机，紧贴改革发展实际抓紧抓实思想政治建设，引导广大指战员铭记领袖嘱托、强化使命担当。坚持依法从严管党治队，严格按“两严两准”[②]标准建设管理，积极推进领导班子和干部队伍建设，不折不扣抓好中央巡视整改，保持严明纪律作风，有效提升正规化水平。坚持守正创新深化改革，按照中央有关改革要求和部党委决策部署，不断破解队伍重点难点问题，健全符合职业特点的专门管理和保障政策。坚持聚焦中心提质强能，树立科学救援理念，优化整合救援力量，加强实战训练，完善救援机制，在防范化解重大安全风险和应对处置各类灾害事故中充分发挥了应

① “1+6+6”：2020年印发的应急管理部特别重大灾害应急响应工作手册总册，地震地质灾害、森林草原火灾、洪涝灾害、生产安全事故、矿山事故、火灾6个灾种分册，交通运输、救援力量、救灾物资、现场战勤、指挥通信、新闻宣传6个保障分册。

② “两严”：严肃的纪律、严密的组织；“两准”：准现役、准军事化。

急救援主力军和国家队作用。

四、进一步加强应急救援力量建设

聚力推进应急救援中心工程建设，组建应急管理部自然灾害工程应急救援中心和6个救援基地，组织7个省份开展大型水上工程抢险救援船及救援装备建设，进一步提升自然灾害工程抢险救援能力。对接军队应急救援兵力需求，指导地方应急管理部门与所在战区展开力量对接和联合演练，保障军地应急力量快速联动，精准救援。编制《中央企业参加抢险救援应急力量预置方案》，协调中央企业落实各项应急准备。积极推进国家航空应急救援体系建设，部署一批救援飞机和临时起降点，会同民航等有关方面健全航空应急联动保障机制。引导社会应急力量发展，制定实施2020年推进社会应急力量建设工作方案，推动社会应急资源管理平台建设，多措并举推进社会应急力量健康发展。

一年来，应急管理部累计组织灾害事故视频会商254次，启动灾害事故应急响应61次，派出工作组91个，成功处置1998年以来最严重汛情、新疆伽师6.4级地震、西藏林芝“4・14”森林火灾、安徽阜阳戴家湖“7・26”涵闸重大险情、福建泉州欣佳酒店“3・7”坍塌、浙江温岭“6・13”槽罐车爆炸、山西临汾“8・29”饭店坍塌、重庆松藻煤矿“9・27”火灾、山西太原骀山景区“10・1”火灾等一系列灾害事故。同时，积极履行国务院应对新冠肺炎疫情联防联控机制疫情防控组相关职责，关键时间节点11次组织全系统视频调度，先后组织66次会商研判，在疫情初期结合直升机部署在湖北武汉预置大型直升机2架担负应急物资运送任务，科学高效组织抢险救援，积极有序开展救灾救助，在各类大战大考中经受住了考验。

第一章 应急指挥系统建设

一、健全指挥协调机制

强化各类灾害事故指挥协调，规范指挥调度流程，有力有序有效应对处置青海西宁“1·13”公交车站路面塌陷、新疆伽师6.4级地震、福建泉州欣佳酒店“3·7”坍塌、四川西昌“3·30”森林火灾、浙江温岭“6·13”槽罐车爆炸、山西临汾“8·29”饭店坍塌、重庆松藻煤矿“9·27”火灾、山西太原台骀山冰雕馆“10·1”火灾、吉林松原“10·4”道路交通事故、重庆永川吊水洞煤矿“12·4”火灾等灾害事故。编制2020年全国应急救援十大典型案例并向社会公开发布，推动各方面深刻吸取事故教训，提升了全社会的应急意识、安全意识、责任意识。科学高效承办8000余人次国家综合性消防救援队伍调动工作，全力支持地方开展抗洪抢险、森林草原防火火工作。举办2期全国应急指挥业务培训班，对全国32个省级和5个计划单列市应急指挥机构主要负责人以及部分多灾易灾地市应急指挥业务骨干近190人进行培训，不断提升应急处置能力。

二、持续强化会商调度研判

优化完善会商调度研判机制，注重灾害事故事前、事中、事后全过程分析研判和信息汇总，重要节假日、敏感时段坚持每日会商研判（图5-1-1）。全年累计视频调度254次，启动应急响应61次。主汛期期间，每日动态跟踪研判灾害趋势发

图5-1-1 会商调度重点省份防汛抗洪工作

展，分析汇总雨情汛情灾情，及时报送《全国汛情灾情》。对全年所有登陆和影响我国的台风进行全过程跟踪研判。落实与中国气象局签署的《关于建立应急管理与气象监测预报预警服务联动工作机制框架协议》，推动地质、水旱、森林草原火灾、极端天气等各类预警信息共享，及时转发预警信息。

三、加强应急指挥信息平台建设

加快应急指挥信息化建设，优化提升语音调度、视频会商等基础系统，建成国家应急指挥综合业务系统，实现全国灾害事故信息报送“一张网”和指挥调度“一键通”，极大地提升了各级应急管理部门灾害事故处置效率。国家应急指挥综合业务系统横向联通国务院各部委，国家矿山安全监察局、中国地震局，部消防救援局、森林消防局及部内各司局（单位），纵向贯通 32 个省级（含新疆生产建设兵团）、459 个市级和 3412 个县级（含部分经开区、高新区等）应急管理部门，注册用户 18.5 万人，录入人员通讯录信息 20.5 万条，年接报信息 20 余万条。

四、健全完善应急值守机制

完善应急值守“一体化”融合运行机制，制定出台文件办理、文件接转、电话受理等应急值守重点工作流程，规范管理值守工作。加强值守统筹协调，配强日常值守力量，重要时段合理安排备勤力量，确保能够迅速响应处置。加强值班检查督促，坚持每周视频点名和讲评，节假日期间对全国应急系统值班情况随机抽查，有效压实各级应急管理部门值守责任链条。加强与中央办公厅信息综合室、国务院总值班室的汇报沟通，不断提升信息综合能力和信息编报能力，及时向党中央、国务院报送灾害事故信息。全年接报处理灾害事故信息 1.3 万余件，向党中央、国务院报送《应急管理部值班信息》481 期，编发《值班工作日报》366 期。

五、建立完善应急联动机制

健全完善应急联动机制，与军委联合参谋部作战局对接，确定 2020 年度应对重特大地震、洪涝、森林草原火灾等灾害兵力需求，协助修订军队参加应对自然灾害的应急预案。对接中国民航局、中国国家铁路集团推动协议和应急交通保障措施落实，并在防汛救灾实战中得到检验。推动相关中央企业及有关单位落实抗大震、抢大险、救大灾的各项应急准备工作。组织由中国民航局、中国国家铁路集团、中国中铁、中国铁建、中交集团、新兴际华、中国电建、中国能建、中国安能有关负责人，军委联合参谋部、武警部队参谋部有关人员参加的应对重特大灾害应急力量预置工作协调会，推动落实各项应急联动协议。借鉴京津冀应急联动机制的经验做法，研究长三角、珠三角等重点区域在灾情信息获取、预案编制、力量协同等方面的联动制度，并以此指导长三角区域 4 省（市）完善应急联动协调机制，建立协同响应、增援调度等 8 项工作机制。

六、升级改造应急指挥辅助决策系统（应急指挥“一张图”）

围绕“全灾种、大应急”指挥要求，升级改造应急指挥辅助决策系统（应急指挥“一张图”），进一步优化灾害事故区域基础研判、态势感知和力量调度等功能。一是汇聚应急情报信息。接入突发事件报送、灾害事故“e 键通”小程序、“网罗天下”信息化助手、500 万路“雪亮工程”、翼龙无人机等信息系统。二是汇聚应急决策信息。开发森林火灾、防汛等专题，建设协同工作台汇聚各相关司局研判结果。三是汇聚应急调度信息。接入全国近 3 万支救援队伍实时定位、物资调度信息，研发了语音直呼功能。基本满足指挥调度需求，实现灾害事故基础信息、综合情报、动态资源、力量调度直观展示。

七、初步建成应急资源管理平台

利用云计算、大数据、区块链等技术，建设应急资源管理平台，包括应急物资、社会捐赠和社会救援力量管理三大子系统，首次实现应急物资全程监管、溯源和一物一码精细化管理，基本满足了应急物资平时管理和战时调度需要。会同国家粮食和物资储备局联合印发《关于应急资源管理平台推广应用的通知》，在全国开展全面推广应用；制定《应急资源管理平台运营实体组建方案》，成立平台专门运营团队，做好业务功能运维管理和技术保障。截至 12 月，平台用户人数达 14173 人，汇聚全国 6880 个仓库物资信息，对接 1413 家应急物资生产企业信息。

八、消防救援应急指挥体系建设

（一）完善优化应急指挥体系

充分总结消防救援队伍抗击新冠肺炎疫情、抗洪抢险跨区域增援作战中设立前方指挥部的经验做法，按照“一部六组”模式固化前方指挥体系架构，制定了《前方指挥部工作导则》，优化升级了应急调度指挥体系，确保作战行动集中统一、快速反应、协同有序、机动灵活、精准高效。

（二）提升应急指挥专业化水平

结合指挥中心岗位特点，充分借助典型灾害事故案例，积极开展桌面推演和战例复盘，制定细化各类评估标准、模拟示范片，开展示范教学，定期组织开展典型案例复盘和业务讲堂，及时总结经验教训，优化调度指挥程序，提升辅助决策能力。先后印发各类处置意见和安全提示 60 余份，辅助各级领导圆满完成 90 余起重特大及有影响的灾害事故救援调度指挥。

（三）强化应急值守工作

全年共接报处置各类灾害信息 8500 余件，传达落实领导批示指示 351 次，编报各类信息 700 余期，警情数据 700 余件，参与准备视频调度、会商研判 430 余次。针对涉消热点问题开展舆情检索 6 万余次，发现处理敏感、负面信息 2. 9 万余条，报送《舆情传递》342 期。

（四）全面变革信息化顶层体系

树牢“以信息化推进消防治理体系和治理能力现代化”理念，研究提出加快消防信息化转型升级的总体思路、战略安排、重大项目和配套机制，实施“智慧消防”提档升级战略，构建以“主官负责制”为核心的长效机制，落实“集约化建设、融合式发展、扁平化应用”新要求，明确“边建设、边应用、边完善”及“试点研发、团队攻坚”新型建设模式，编制 2020 年度信息化建设实施方案，组织召开信息化年度工作推进会，稳妥有序推进信息化建设。

（五）推进信息化建设高水平发展

组织专家调研攻关，研究设计开放共享、高效灵活、迭代更新的消防新型信息化架构方案，指导重庆市消防救援总队试点研发数据治理系统，建设消防大数据资源池和贯通共享的数据通道，打造消防信息化的坚实“底座”。部署开展消防智能接处警和指挥系统示范建设，强化基于“一张图”的指挥调度、辅助决策和大数据研判，推动作战指挥模式由“传统经验型”向“智能精准型”转变。

九、森林消防应急指挥体系建设

森林消防队伍完成了灭火指挥系统和“防火通” APP 一期建设，实现“一张图”共享标绘、协同指挥等功能；研发了作战数据管理系统，先后 4 次组织指挥系统操作培训和数据实力网上会审，整理录入 18 类 6900 余条任务数据，对历年任务形势、特点规律进行系统分析，队伍指挥信息化、智能化、数字化水平显著提升。

十、国家专业队应急指挥体系建设

（一）强化应急值守，提升应急响应能力

一是制定事故灾害救援信息直报办法，减少信息传输关口，缩短信息传输时间，提高信息获取效率，为决策指挥调度赢得时间。二是选优配强值班力量，组织开展应急值班业务专题培训，掌握事故灾害接报处置程序和应急响应工作要求，熟练操作安全生产应急平台系统，为领导高效指挥决策提供有力支撑保障。

（二）强化应急准备，快速投送救援力量

一是编制《重特大地震灾害应急准备工作方案》，划分责任区域，明确国家专业队应急响应职责、行动编组、工作任务等应急准备要求，提高队伍响应时效。二是组织编制安全生产专业应急救援力量应急投送交通保障计划，建立与交通部门快速协调保障机制，保障超宽、超长、超重等特种救援装备车辆及时到位参加抢险救援。三是协调交通部门，为国家专业队救援车辆加装 ETC 标签，提高专业救援力量远程机动通行效率。

（三）理顺调度机制，提高指挥调度效率

一是修订《值班值守和应急响应工作规则（暂行）》，明确职责分工，理顺国家专业队调度机制。二是及时更新应急平台安全生产专业应急救援队伍人员、装备、联络方式等数据信息，提高指挥调度精准性。三是强化指挥调度通信保障，使用小鱼视频会议系统替换原应急平台视频会议系统，提高视频信息传输稳定性。

第二章 应急预案体系建设

一、推动国家层面应急预案制修订

结合新冠肺炎疫情防控反映出的一些问题和中央最新部署要求，进一步修改完善《国家突发事件总体应急预案（报审稿）》，再次征求中央有关部门（单位）意见建议，并按程序报请国务院领导同志审阅，国务院办公厅审核。国务院办公厅印发《国家森林草原火灾应急预案》。组织修订《国家地震应急预案》和《国家突发地质灾害应急预案》。《国家地震应急预案（修订稿）》经征求各有关部门、各省级应急管理部门和社会意见后报国务院。会同自然资源部编制形成《国家突发地质灾害应急预案》修订初稿。与有关部门沟通《国家防汛抗旱应急预案》修订相关工作，督促加快自然灾害救助、生产安全事故等专项应急预案和火灾事故等部门应急预案修订进度；研究起草《应急管理部雨雪冰冻灾害应急预案》。协调国家标准委员会修订《生产经营单位生产安全事故应急预案编制导则》（GB/T 29639—2020），于 2021 年 4 月 1 日起实施。协调国家市场监督管理总局、国家粮食和物资储备局、国家林业和草原局等部门推进国家药品安全事故应急预案、《国家粮食应急预案》《重大沙尘暴灾害应急预案》等修订工作。

二、抓好应急预案管理

一是组织召开全国应急预案体系建设现场会，部署推动各地区和有关部门按要求尽快修订出台总体应急预案，加快制修订专项和部门应急预案，推进城乡社区应急预案建设，务实高效开展各级各类应急演练。二是制定《应急管理部应急预案内部管理暂行办法》，规范应急预案制修订工作规划、起草编制、衔接审核、印发备案、组织实施、应急演练、动态管理等工作，并为省级应急管理部门提供工作指导。指导西藏、江苏、安徽等地印发出台省级总体应急预案。三是部署推动各地在疫情防控常态化条件下，分析研判本地区自然灾害风险形势和安全生产态势，扎实稳妥开展应急演练。

三、消防救援应急预案体系建设

（一）明确编制类别

强化灭火救援预案建设，结合辖区典型灾害事故特点，各总队、支队重点编制跨区域灭火与应急救援预案、灭火与应急救援类型预案、重点单位灭火救援预案，大队、消防救援站制定辖区重点单位灭火救援预案和作战信息卡，明确和规范灾害事故风险、作战力量编成、安全注意事项、紧急避险措施等内容。

（二）检验预案实效

指导督促各地针对辖区灾害事故类型，定期开展实战演练，按照最大、最难、最复杂、最不利情况设置灾情，根据灾情发展规律，开展实兵实装实战训练，重点检验调度指挥、力量编成、战斗部署、技战术措施运用、安全管控、战勤保障、联勤联动等内容，及时解决存在问题，修订完善相关预案。2020 年，总队、支队、消防救援站开展实战演练 32.5 万余次。

（三）强化预案管理

总队、支队作战训练部门明确专人负责预案编制工作，大队、消防救援站确定 1 名干部负责预案编制、日常更新和维护管理工作，明确 2 名消防员为信息采集员，定期维护更新预案基础数据。严格落实预案分级审批制度，对灭火救援难度大的单位场所预案组织专家进行论证，确保预案针对性和实用性。2020 年，31 个总队修订完善各类灭火救援预案 63 万余份，制定森林火灾扑救预案和跨区域力量调派方案。

第三章 国家综合性消防救援队伍建设

一、国家综合性消防救援队伍政策文件出台

2020年，陆续出台国家综合性消防救援队伍改革配套政策制度。2月，印发《国家综合性消防救援队伍干部调动工作规定（试行）》《国家综合性消防救援队伍干部任职回避规定（试行）》《国家综合性消防救援队伍干部辞职辞退规定（试行）》，明确了干部调动、任职回避、辞职辞退的程序、审批权限、办理程序等。3月，财政部、应急管理部联合印发《国家综合性消防救援队伍经费管理暂行规定》，就“两支队伍”经费保障方式进行明确；印发《国家综合性消防救援队伍干部教育培训工作暂行规定》，明确了国家综合性消防救援队伍教育培训的类型、内容、时间、方法和职责分工等事项。7月，中央组织部、财政部、人力资源和社会保障部联合印发《关于印发〈消防救援干部执行国家综合性消防救援队伍工资政策方案有关问题的答复〉的通知》和《关于印发〈消防员执行国家综合性消防救援队伍工资政策方案有关问题的答复〉的通知》，明确了工资政策方案具体执行的有关问题。8月，印发《国家综合性消防救援队伍飞行人员飞行等级标准和评定办法》，明确了飞行等级评定对象、标准、组织与实施等；印发《国家综合性消防救援队伍领导班子和领导干部考核办法（试行）》《国家综合性消防救援队伍机关干部考核办法（试行）》，明确了领导班子和领导干部、机关干部平时、年度、专项考核办法；中央编办明确了中国消防救援学院、中国消防博物馆、消防救援队伍和森林消防队伍综合保障中心（职业技能鉴定中心）4个事业单位职责、编制员额、领导职数等。10月，印发《国家综合性消防救援队伍管理领导责任追究暂行办法》，明确了队伍管理领导责任追究工作的原则、责任类别，以及责任追究对象、方式、影响期、认定时限、办理程序、纠错情形等；印发《关于进一步规范国家综合性消防救援队伍干部选拔任用工作的通知》，对干部选拔任用分析研判和动议工作、民主推荐办法、干部考察程序、党委集体研究讨论及干部选拔任用纪律监督等作出明确规定。11月，印发《国家综合性消防救援队伍2021—2025年人才建设规划》，明确未来5年人才建设目标，提出人才引进、培养、使用、激励措施；印发《国家综合性消防救援队伍处分条令（试行）》，对国家综合性消防救援队伍处分的原则、种类和适用、条件、权限、实施及复核、申诉等进行了明确。

二、国家综合性消防救援队伍招录调配

一是改进和加强消防员招录工作，组

织完成第三批 1.5 万余名消防员招录任务。二是健全干部招录体系，积极协调中央组织部、中央编办审批下达专项计划，组织首次面向普通高校应届毕业生招录干部 858 名；面向具有消防救援实战经验大学生消防员招录干部 185 名，面向现役转改毕业学员招录干部 1806 名。三是指导做好消防救援学院招生工作，共录取新生 1279 名，其中，面向优秀消防员单独招生录取 790 名，招收青年学生 489 名。四是加大人才引进力度，着力弥补消防救援学院师资力量不足，从消防救援队伍、森林消防队伍选调 93 名业务骨干，面向社会公开招聘 12 名博士研究生，充实教师队伍。

三、国家消防救援队伍建设

（一）加强实战训练

以战斗力为唯一的根本标准，贯彻“干什么练什么、缺什么补什么”的练兵原则：一是紧贴实战开展练兵。立足履行“全灾种、大应急”职能需要，坚持以战领训、以训促战，冬练体能、装备操作和熟悉辖区情况，打牢灭火救援基础；夏练技能、战术和实战演练，提升灭火救援攻坚能力。各总队充分利用训练支队、营区，大力开展基地化、实战化轮训，通过案例复盘、专项讲座、督导检查等措施改进和加强训练工作。二是组织开展熟悉演练。遵循真练真演、以演促战，指导各地常态化开展高层、地下、石油化工、水域、地震等“全过程、全要素”实战拉动演练，磨合应急响应机制，检验各地练兵成效。各地组织开展总队级实战演练 180 余次、支队级实战演练 5100 余次、消防救援站级实战演练 32 万余次。三是灭火救援成效明显。2020 年，消防救援队伍战疫情、抗洪涝，救民于水火、助民于危难，彰显了新体制新队伍新优势，先后成功处置福建泉州欣佳酒店“3·7”坍塌、黑龙江伊春鹿鸣矿业“3·28”尾矿库泄漏、湖南郴州“3·30”列车脱轨侧翻、浙江温岭“6·13”槽罐车爆炸、山西临汾“8·29”饭店坍塌等重大灾害事故，最大限度保护了人民群众生命财产安全。

（二）夯实通信保障

坚持围绕中心、紧贴实战，加快推动应急通信全方位变革、体系化转型。一是强化实战训练演练。坚持“部局统筹、分级负责”，组织开展地震和洪涝灾害实战演练，面向五大类全年多发灾害，定期下发工作提示，累计开展前突通信拉动考核 236 次、装备测试考核 300 次、会议保障考核 39 次，有效提升“三断”（断网、断电、断路）等极端条件下应急通信打赢能力。二是持之以恒推进“大练兵”。编制《抗洪抢险应急通信保障规程》《雨雪冰冻应急通信保障规程》和《前方指挥部建设要点》，组织两期全国培训班，培养师资骨干 323 人，各地开展应急通信比武和全员普训，累计培训 16418 人次，普训率达 93.7%，新增无人机飞手 1434 名、通信技师 991 名。三是打赢实战保障攻坚战。建立 24 小时值班备勤机制，创新“一部六组”指挥架构、“挂图作战”指挥模式、“前方—前沿—现场”三级指挥体系，完善多部门、跨区域协同新机制，形成无人机堤坝巡查、灾情影像对比、舟艇交互拍摄等新技战法，在历次重特大灾害救援中发挥了信息化支撑作用。

（三）提升信息化建设水平

一是推进信息化建设新发展。试点研发数据治理系统，分类建设主题库、专题库，研发数据分析模型，探索运用人工智能、物联网、移动互联网等手段，推动信息采集向“智能感知、自动汇聚”转变，为实现大数据分析应用奠定基础；全面开展智能指挥和智能接处警系统示范建设，部署应用消防“一张图”，强化基于“一张图”的指挥调度、辅助决策和大数据研判，推动作战指挥模式由“传统经验型”向“智能精准型”转变。二是织密安全“防护网”。国家机关护网行动期间，对116个业务系统、3449个终端、147个服务器，实施“24小时”扫描监控防护，封堵2万个安全漏洞，抵御外部攻击7.2万次，实现“零渗透、零扣分”。高效完成年度确定的国产软硬件适配、终端配发、软件研发、系统上线等工作，为提升网络信息安全水平打下坚实基础。

（四）规范队伍管理

一是圆满完成队伍落编工作。部署开展消防救援队伍落编定位工作，调整完善细化局机关、总队内设机构主要职责，规范训练总队机构编制管理，圆满完成34个总队、482个支队、3536个大队、4646个消防救援站和442个应急通信与车辆勤务站挂牌组建以及5.9万名干部、9万余名消防员落编定位，队伍各级按新机构、新职责有序运行。二是加速构建正规化管理体系。强力推进正规化试点建设，打造党团群组织、作战训练、监督执法、工作运行、基层队站“五个规范化”建设样板，组织召开全国消防救援队伍正规化建设推进暨试点成果交流展示现场会，集中展示推广一批试点经验做法和实践成果，丰富正规化建设内涵，努力走出一条中国特色消防救援队伍正规化建设新路子。三是从严抓好队伍安全管理。认真贯彻“两严两准”要求，大力开展“条令纲要宣贯”活动，规范队伍“四个秩序”①；立足新体制新要求，出台《安全管理规定》，推动安全管理制度化；聚焦改革动态风险，部署开展队伍安全集中排查整治工作，严防各类事故案件发生。

（五）强化后勤保障

一是全面提升装备实战化配备水平。为满足“全灾种、大应急”任务需要，各总队全面加强各类装备达标建设，全国消防救援队伍共配备各类消防车48200辆、消防员防护装备851.07万件（套）、灭火器材193.28万件（套）、抢险救援器材112.74万件（套）、各类灭火剂7.28万吨。消防救援局投入1.18亿元，完成西部地区基层消防救援大队配备579辆多功能勤务保障车的招标采购任务，申请中央财政自然灾害防治技术装备项目经费20亿元转移支付相关总队，专项用于江西等10个省份水域救援特种装备配备建设。二是强化应急装备物资储备。落实年度储备计划，消防救援局共投入3.15亿元，采购储备战勤保障装备物资6900件（套）、舟艇300艘，采购全驱动、高机动战勤保障车辆177辆。同时，各总队不断加大应急物资储备力度，年内31个总队仅本级就投入14.75亿元，储备各类装备物资9.8万件（套），并与17家国有大型企业签订联勤保障战略合作协议。三是全力保障应急救援行动。在夏季抗洪抢险的关键节点和关键时段先后向江西、广西、湖南、河南、贵州、云南、四川、吉林省（区）消防救援总队调拨抗洪抢险装备1.12万件（套），大功率舟艇130余艘，被装6.25万件（套），应急食品2.12万箱。同时，各总队调集战勤保障

① “四个秩序”：战备秩序、训练秩序、工作秩序、生活秩序。

人员 1090 人，成立保障分队 116 个，调集战勤保障车辆 216 辆，携行战勤保障装备 5.31 万件（套）。四是全面优化服务保障效能。投入 5.01 亿元推动 75 个基层消防站改造升级、38 个训练基地建设、28 个战勤保障项目建设，其中，向“三区三州”等贫困地区投入建设经费 2.84 亿元，占中央财政投资的 51.7%。为 6.9 万名指战员调拨和发放 140 万件（套）被装，适体率达到 98%；组织 15.8 万名指战员，完成约 1100 万件（套）被装选型；为 17 个总队办理号牌 894 副和行驶证 1100 余张。

（六）加强党风廉政建设

1. 持之以恒改进作风

制发 6 期《中央八项规定精神系列解读》，将违反中央八项规定精神问题归纳为十大类 35 种，组织队伍党组织集中学习、定期查摆。出台规范操办婚丧喜庆制度，对操办规格、邀请对象、报备程序等进行规范。针对长期困扰基层的“白头文件”“无号通知”问题，清理解散局机关微信工作群 30 个，释放了改进机关作风的强烈信号。

2. 强化日常教育监督

组织队伍各级学习中央纪委，省、区、市纪委，和驻部纪检监察组通报的典型案例，拍摄并组织各级集中观看《坍塌背后》《镜鉴》《酒殇》等警示教育片，组织全队伍开展“警示教育周”活动、涉赌涉贷专项整治，高质量完成“以案促改、整风肃纪”专题民主生活会、主官讲廉政党课、组织参观见学、邀请专家律师到队授课、线上旁听案件庭审等规定动作。以消防微社区等为载体向全体指战员和家属推送违纪违法案例和廉政提示信，把警示告诫做在指战员和家属“眼前”。

3. 从严查处违纪案件

全年各级共处置问题线索 755 件，立案 298 件，党政纪处分 370 人；运用“四种形态”1009 人次（第一种形态 621 人次，第二种形态 362 人次，第三种形态 21 人次，第四种形态 5 人次）。中央巡视组移交的 34 件信访件已办结。福建、海南、吉林、天津、四川、新疆等省（区、市）消防救援总队运用“第一种形态”的人次和比例较高。内蒙古自治区消防救援总队每月通报“四种形态”运用情况，每季度研判形势。

4. 深入开展巡视巡察

局纪委和各总队纪委按照“三年全覆盖”要求，协助同级党委制定巡察工作实施方案并认真组织落实，推动队伍政治生态持续净化。局纪委协助党委完成对 14 个总队的常规巡察和 6 个总队的巡察“回头看”，首次开展政治生态评估和选人用人、消防执法专项检查，运用问题、责任、任务“三单”和销号、通报和问责“三制”压实责任。

5. 织密制度笼子

消防救援局党委出台“七议”制度①，规范议事决策；制定从严监督管理总队党委班子成员若干措施，压实“关键少数”责任链条；严格执行“三重一大”、任职回避、离任审计等基本制度，切实把制度优势转化为治理效能。配合部政治部制发《国家综合性消防救援队伍处分条令（试行）》，确保行政处分有章可循、有规可依。推动 34 个总队结合落编后新的职能职责开展岗位廉政风险排查防控，健全内控监督机制。

① “七议”制度：议教制度、议训制度、议管制度、议防制度、议廉制度、议财制度、议审制度。

四、国家森林消防队伍建设

2020年，森林消防队伍共有9个总队、39个支队、159个大队、362个中队，担负森林草原灭火、地震地质灾害救援、抗洪抢险等救援任务。力量主要部署在北京、内蒙古、吉林、黑龙江、福建、四川、云南、西藏、甘肃、新疆、安徽、江西、湖北、湖南14个省（区、市），分布在74%的国土面积和92.6%的边境线上。其中，有6个国有重点林区、8个原始林区、18个世界自然文化遗产地和265个国家级野生动植物自然保护区。

（一）注重加强系统谋划

认真落实应急管理部党委明确的森林消防队伍要建设成为国家统一指挥的森林草原灭火、地震地质灾害救援、抗洪抢险专业机动救援力量要求，集中组织各直管单位主官专题召开座谈会，制定《加快推进森林消防队伍转型强能总体方案》和13个分项方案，对机动力量、拳头力量、航空力量和信息化建设等进行系统统筹，形成建设路线图和时间表。

（二）狠抓队伍能力提升

盯“五区五线”（原始林区、老火灾区、高危火险区、重点保护区、敏感地区，中俄、中蒙、中朝、中哈、中缅边境线），全面锻造森林草原灭火硬核力量，重点锤炼综合救援拳头力量，优化全队伍应对地震灾害1万人力量编成，先后5次参加应急管理部组织的拉动演练。以“火焰蓝”灭火专业技能尖子比武、特种救援技能比武为牵引，带动全队伍持续掀起野外化模拟化实战化练兵热潮。集中组织空中观察指挥员、搜救犬训导员、水域应急救援、防火监督等专业培训，分批组织灭火任务较少单位230名指战员赴重点林区实战见习，对1987年“5·6”大火等9个典型战例进行复盘研讨，不断提高指战员专业素养和能力。

（三）大力推动信息化建设

拟制《信息化建设项目暂行办法》等4部文件、规范，研发生产浮空通信中继平台，开展指挥通信车预研，完善超短波通信系统以及北斗、海事卫星终端，积极推进指挥信息网、数字短波网建设、音视频融合通信平台和卫星地面站升级改造等重点工程，动中通、火场通、全时通保障能力进一步提升。

（四）深化航空力量建设

参与起草航空应急救援体系建设“十四五”规划；积极推进航空器属性及管理保障体制、航空人员待遇政策、驻防机组任务保障、年度装备采购、直升机换发和装备质量安全监控等各项工作，指导两个航空救援支队扎实开展实战化飞行训练，积极拓展空地协同联战联训和“直升机+特战队”作战模式训练，有效提升了航空救援实战能力。

（五）推进救援装备和训练场地建设

搭建森林消防队伍装备体系“四梁八柱”，印发《森林消防队伍装备管理暂行规定》《森林消防队伍装备管理“三化”达标检查考评实施细则》《森林消防队伍装备及器材编配标准（试行）》3部法规制度；全队伍拿出家底经费用于灭火装备升级换代和综合救援装备配套建设，黑龙江省、新疆维吾尔自治区森林消防总队等单位积极争取地方党委、政府支持加强训练场地基地建设，各单位建成61个绳索救援训练场。

（六）加强应急保障能力建设

举办保障部（处）长集训，完成四级应急保障队（组）抽组建设，局机关与顺丰集团、三一重工、中联重科签订战略合作协议，抽组建设4个应急交通保障队，各单位分别与驻地铁路、航空部门签订应急联动工作机制协议，初步具备全域快速机动投送能力。

（七）持续强化党风廉政建设

坚持以习近平新时代中国特色社会主义思想特别是习近平总书记管党治党、正风反腐重大战略思想为指导，以贯彻落实十九届中央纪委四次全会精神为主线，坚决执行部党委和驻部纪检监察组决策指示，坚决落实局党委部署安排，牢牢把握“严”的主基调，突出持续深化“三转”，提升监督质效、强化执纪问责、深入转改作风，一体推进不敢腐、不能腐、不想腐，积极协助党委大力加强党风廉政建设、纵深推进全面从严治党，为队伍改革发展和履行使命提供了坚强政治保证和纪律支持。

1. 维护纪律规矩坚决有力

坚持把确保做到“两个维护”作为政治监督的根本任务，严格落实列席党委会议、提出监督建议等制度要求，督促各级党委始终把学习贯彻习近平新时代中国特色社会主义思想作为首要政治任务，把跟进学习习近平总书记重要指示批示精神作为“第一议题”，第一时间组织学习讨论习近平总书记最新讲话、重要指示批示，研究贯彻落实措施。督促局党委修订贯彻落实习近平总书记重要指示批示和党中央决策部署工作机制以及党委会议事规则，完善“理论学习五种模式”，从制度机制上确保党中央部署到哪里、监督检查就跟进到哪里。

2. 推动巡视整改成效明显

充分发挥监督保障执行、促进完善发展作用，积极稳妥做好巡视整改监督工作。按照驻部纪检监察组指导意见，制定整改监督实施方案，建立整改监督落实台账，督导逐级建立整改领导小组，协同局整改办建立周例会、月汇报、过程督导等 8 项制度。深化运用审、碰、促、督、评“五步工作法”，严格审核“一案三单”，定期印发督办清单，与局党委班子成员集中专题会商，实行党委“主体整改”和纪委“监督整改”双清单管理，建立整改评价联审联评机制对专题报告、支撑材料进行“两审核”，确保落地见效、整改到位。

3. 履行监督职责不断规范

按照部党委统筹“一部四局”（应急管理部，国家矿山安全监察局、中国地震局、消防救援局、森林消防局）巡视巡察部署安排，协助局党委严密组织巡察工作，对内蒙古自治区森林消防总队和机动支队 2 个单位党委进行常规巡察，督导 8 个总队分别完成所属 9 个直管单位的巡察。研究制定队伍领导干部经济责任审计、预决算审计和基本建设审计实施办法，开展审计业务集中培训，成立 16 个审计组完成 10 个直管单位 26 个项目的审计，将审计问题抄送机关业务部门，督促从制度机制上共同抓好审计整改。在新疆维吾尔自治区森林消防总队开展纪委日常监督试点，制定纪委日常监督工作办法，建立健全廉政提醒等制度机制。全年各级共派出 192 个明查暗访组，先后 347 次深入基层单位进行实地检查，局纪委对拟提升使用的 130 名干部进行党风廉政审查。

4. 纠治“四风”持续深入

聚焦大力解决形式主义为基层减负，督促局党委制定为基层减负 24 条措施，真正从纠治习惯性形式主义、改进文风会风等具体事入手为基层解难疏困。大力加强基层风气监察联系点建设，研究制定工作规范，局和总队分层建立 10 个联系点，严格落实联系沟通、分析汇报等 8 项制度，及时发现和解决倾向性问题，以点带面推动基层风气向上向好。

5. “三不”一体推进形成常态

加强纪律警示教育，召开全队伍党风廉政建设暨纪律警示教育视频会议，开展警示教育专项行动，指导队伍常态开展“七个廉政”文化活动，各级遵规守纪、知戒知止的意识进一步增强。着眼加强防范权力运行中的廉政风险，督导局机关业务部门制定《政府采购暂行办法》《森林消防局财经管理暂行办法》等 10 部办法措施。坚持从严执纪问责，深化运用监督执纪“四种形态”，对违规违纪问题从严从快查处，有效维护了纪律的严肃性。

6. 纪委自身建设有效加强

加强工作运行机制研究探索，坚持和完善每年初约谈纪委书记、每半年召开纪委书记例会、每月上报正风肃纪情况等工作制度，纪委工作运行进一步规范。结合年度考察帮建对各总队纪委书记履职情况进行摸底，指导队伍选准配强 23 名支队级纪委书记。依托杭州纪检监察培训中心组织 87 名纪委书记和纪检巡察干部进行集中培训，纪检干部业务水平和能力素质进一步提升。

第四章　专业应急救援力量建设

一、安全生产专业应急救援力量

2020 年，全国共有国家级和地方及企业自建安全生产专业应急救援队伍 1263 支，专职指战员 69000 余人，其中，矿山救援队 371 支、危险化学品救援队 521 支、隧道救援队 18 支、水上救援队 70 支、油气管道救援队 55 支、油气田救援队 18 支、海上油气和井控救援队 8 支、勘测队 4 支、其他专业救援队（建设施工、排水、地质勘探、电力抢修等）198 支，配备了各类专业救援装备。2010 年以来，由中央财政、地方财政和依托企业共同投资建设了 91 支国家级安全生产应急救援队伍，其中，矿山应急救援队伍 38 支、危险化学品应急救援队伍 36 支、隧道应急救援队伍 4 支、油气管道应急救援队伍 6 支、水上应急救援队伍 2 支、油气田井控应急救援队伍 1 支、其他类应急救援队伍 4 支，共有专业应急救援人员 1.95 万余人，配备了大直径垂直（水平）钻机、大功率排水泵、灭火与有害气体排放、高喷消防车、举高三相射流消防车、大流量拖车消防炮、管道堵漏、抢修焊接、水下机器人、消拖两用船、浮吊自卸船等先进救援装备，承担所在区域和跨区域重特大生产安全事故以及自然灾害的应急救援任务。

（一）大力提升队伍正规化建设水平

一是加强队伍政治建设。组织开展“全面学习贯彻习近平总书记重要训词精神，建设党和人民信得过靠得住能放心的应急救援队伍”主题实践活动，强化指战员责任感、使命感，持续强化“救民于水火，助民于危险”的思想基础和行动自觉。二是探索推动国家专业队建设改革创新。组成工作专班，深入国家专业队开展调查研究，了解掌握队伍建设情况和存在的困难问题，组织召开各方面代表参加的国家专业队建设改革座谈会，围绕适应“全灾种、大应急”任务需要，研究队伍建设改革目标、思路、措施和方法路径，力求破解队伍建设遇到的瓶颈性、根源性问题。三是着力完善队伍建设制度规范。推进国家专业队内务管理、训练考核等方面标准规范建设，强化纪律部队要求，规范训练考核工作。制定印发《救援信息直报试行办法》，明确国家专业队事故救援信息报告时限、报告内容和激励措施等，规范事故救援信息直报工作，提高事故抢险救援指挥决策时效。四是加强日常监督指导。建立国家专业队月度视频会议制度，总结交流工作经验，安排部署阶段性重点工作，督促队伍高标准抓好落实。实行值班视频点名制度，每日不定时随机抽查国家专业队值班值守和人员在岗在位情况，节假日、重点时段全覆盖检查，强化指战员应急备战意识，确保及时有效应对各类事故灾害。针对个别队伍建设管理突出问题，及时组织依托单位开展联合检查调研，找准问题症结，明确整改责任，跟踪督促落实到位。

（二）积极推进专业救援“拳头”力量建设

一是加强队伍建设统筹规划。编制国家专业队能力建设提升三年规划（2020—2022 年）保障实施方案，立足应对重特大事故，加强国家专业队装备建设，着力打造矿山排水和钻探、大型油罐火灾、油气管道、油气田井控、海上危险化学品等事故应急救援“拳头队”。围绕党中央“十四五”规划建议，研究提出安全生产应急救援能力建设规划重大工程项目需求和专业救援队伍建设规划方案，保障川藏铁路等国家重点工程建设安全。二是加快推进国家安全生产应急救援基地项目建设。采取定期调度、现场督导等方式督促协调有关中央企业总部、地方应急管理部门主动作为，合力推进应急救援基地项目建设，30 个项目完成竣工验收，30 个项目建设基本完成，先进装备发挥作用，形成战斗力。三是组织实施区域重特大灾害事故救援专用装备物资储备库（北京）建设项目、西部地区特别重大灾害事故救援指挥装备储备建设项目，储备一批专业抢险救援装备，为京津冀和西部地区事故灾害抢险救援提供有力物资保障。四是开展大型原油储罐火灾应急准备研究，编制《大型原油储罐全液面火灾事故应急准备指南（试行）》，组织开展危险化学品应急救援队伍指挥员实训，检验完善后印发执行，提升国家专业队应对大型原油储罐火灾的处置能力。五是会同中国国家铁路集团研究提出加强川藏铁路隧道应急救援队伍建设方案，为川藏铁路建设施工提供安全保障。

（三）夯实队伍专业救援能力基础

一是强化实战化专业培训。国际减灾日期间，组织重庆、四川、贵州、云南 4 省（市）16 支国家、地方安全生产专业应急救援队伍 400 余名指战员，在重庆开展为期 3 天的地震灾害救援实战训练，全面检验疫情防控常态化下应对地震灾害的指挥调度、快速响应、远程机动、专业处置和自我保障能力。安徽、陕西、甘肃、新疆等地国家专业队组织开展了针对性远程机动拉练，在实战环境中锤炼队伍，提升能力。二是创新队伍常规培训方式。组织对 433 支矿山救援队伍开展标准化等级评定工作，制作标准化考核规范培训教学视频，对一般技术、仪器装备、医疗急救等操作技术要领进行统一规范。积极推进矿山救援培训网络考核平台建设，完善国家矿山应急救援队伍培训考核系统功能，增加、更新题库，丰富学习资料，保障疫情防控常态化下矿山救援培训不间断。三是强化指挥员队伍建设。组织开展两期全国危险化学品应急救援队伍指挥员高级实训，培训指挥员 144 名，提升指挥员建队、管队、强队本领和应对事故灾害专业指挥能力。四是注重事故救援总结。组织编写 3 起矿山（隧道）、2 起危险化学品事故救援典型案例，总结经验、查找不足，研究提出改进措施，强化科学救援、安全救援、高效救援。

（四）发挥优势拓展专业服务

一是积极投入疫情联防联控。制定《国家专业队参加疫情防控任务清单》，召开专题视频会，动员部署国家专业队发挥专业优势，积极主动参加新冠肺炎疫情联防联控。国家专业队全年出动指战员 186245 人次参加防疫物资转运分装、防疫检查、防疫消杀、防疫设卡、防疫宣传等联防联控工作 17702 次，为全国疫情防控阻击战取得重大战略成果作出了积极贡献。二是积极防范化解重大安全风险。印发《国家矿山应急救援队预防性安全检查工作指南（试行）》，组织开展专题视频培训，指导国家专业队深入开展预防性安全检查，协助企业防控安全风险。全年国家矿山、危险化学品等专业救援队伍出动指战员152501人次开展重大危险源靠前防范、巡检检查安全风险防范工作27672次。三是扎实开展安全技术服务。制定《国家专业队安全技术服务清单》，明确4个方面20项具体任务，指导国家专业队规范开展安全技术服务。全年国家专业队出动指战员53443人次为矿山企业提供排放瓦斯、启封密闭，为危险化学品企业提供动火监护、堵漏作业等安全技术服务9091次，有力保障复工复产企业安全生产。

（五）全力应对事故灾害保民平安

一是强化应对重特大灾害应急准备。编制《重特大地震灾害应急准备工作方案》，印发《关于安全生产应急救援队伍做好重特大地震灾害应急准备工作的通知》，明确国家和地方安全生产专业应急救援队伍应对重特大地震灾害职责任务和工作要求，组织开展专题视频培训，指导54支队伍科学编制实施方案，做好人员、装备、物资器材和生活保障等各项准备。二是积极参加事故抢险救援。坚持24小时值班在岗，始终保持枕戈待旦，及时有效应对事故，忠实履行保民平安的职责使命。全年国家专业队出动1588队次、15797人次参加1383次事故救援，抢救遇险人员1517人，有力彰显了队伍“救民于水火，助民于危难，给人民以力量”的使命担当。三是积极投入防汛救灾重大战役。组建应对洪涝灾害工作专班，摸清人员、装备底数，分流域、分区域编制力量投入方案，指导国家专业队投入防汛抢险救灾重大战役。防汛期间，国家专业队投入3914队次、38939人次、1711车次、258舟艇次参加抗洪抢险、地质灾害救援等防汛救灾行动1439次，抢救遇险人员128人，安全疏散转移群众547人，有力保障了人民群众生命财产安全。防汛工作由抗洪转向排涝后，国家专业队积极参加退水后堤岸险坡排查和险情处置工作，开展防疫消杀、清淤清障、灾民转送、物资运输、恢复生产、抢修设施等防疫防汛救灾任务，积极帮助灾区恢复生产生活秩序。

二、消防专业力量

（一）建强专业力量

立足特殊灾害事故处置需要，建强专业力量，发挥尖刀作用。一是建实各类专业队。对标主力军和国家队，指导各地组建“高低大化”①、地震、水域、雨雪冰冻等专业队建设，并组织开展实战拉动，着力提升重大灾害事故跨区域救援能力。各地已组建90支重型地震救援队、193支轻型地震救援队，指战员20580人；重型化工编队180支，轻型化工编队134支，指战员22447人。二是组建防疫机动队。制定出台《消防救援队伍参加防控新型冠状病毒感染的肺炎疫情工作方案》，指导各总队依托特勤力量，组建不少于200人的机动队伍，疫情较重地区的支队同步组建不少于60人的机动队伍，遂行疫情防控处置任务，完成洗消杀毒、物资转运等涉疫勤务工作。三是打造通信前突队。在地震高风险地区，推进基层应急通信力量建设，组建“轻骑兵”前突小队和志愿消防速报员队伍，在断网、断电、断路等复杂条件下，发挥灾情侦察、信息速报、通信联通等优势作用。各地已组建129支前突小队，选聘2300余名骑手、8200余名速报员。

① “高低大化”：高层建筑、地下建筑、大型综合体、石化企业。

（二）开展专业培训

瞄准高难复杂火灾和“全灾种、大应急”实战需求，强化专业技术培训。一是举办专业技术培训。部消防救援局先后在宁夏、云南、海南、广东、山东、浙江组织举办了化工、水域、潜水、绳索救援、搜救犬及训导员、安全员和紧急救助小组等专项培训，开展师傅带徒弟活动，破解灭火救援难题，培养各类业务骨干近3000人。二是召开专题研讨会。组织对10余起有影响的战例进行即时研讨复盘；举办全国战例研讨班，对典型战例进行集中研讨复盘，组织开展“高低大化”四类典型灾害事故桌面推演。部署各地开展典型灭火救援案例复盘和推演演练工作，完善技战术方法。三是加大总队培训力度。各总队、支队、大队分层组织全勤指挥部人员、基层指挥员、攻坚队员、业务骨干开展各类救援技术培训2000余期。按照“一专多能”原则，培训人员12万余人次，近5000名指战员取得了舟艇驾驶、潜水、绳索等岗位资格证书。

（三）强化专业指挥

坚持把指挥能力作为战斗力建设的基础工程，放在首要位置，常抓不懈。一是配齐专业人员。加强全勤指挥部能力建设，配齐配强总队、支队两级全勤指挥部人员，组织开展指挥能力培训、全勤指挥部拉动检查、典型灭火救援战例复盘、灾害事故技战术研究和类型灾害事故处置想定作业，不断提升指挥水平。二是修订完善行动规程。立足新职能新任务，及时编制典型火灾扑救行动指南，印发26类典型灾害事故处置安全行动要点提示和灭火救援典型战例汇编，制定了大跨度大空间建筑、危险化学品等灾害事故组织指挥要点，指导和规范灾害事故处置行动。三是规范现场组织指挥。建立部局、总队、支队、大队、站、班指挥层级，制定灭火救援指挥部实体化运行工作规范，实行指挥部指挥长月点名制度，建立遂行出动“一部六组”机制，规范全勤指挥部值班值守和遂行作战指挥。

三、地震灾害救援力量

指导推进地震救援队伍专业化、规范化建设，更新省级地震灾害紧急救援队信息。指导完成地震应急救援装备、物资补充项目。组织编制国家地震和地质灾害救援力量“十四五”规划，将专业救援队伍能力提升和救援装备升级改造作为重要内容。利用地震救援训练基地，全年组织地震专业救援队伍培训数十期，培训专业应急救援人员3000人次。指导国家地震紧急救援训练基地等地震救援基地编制2021年度专业救援培训定额计划安排。组织开展地震专业救援队信息系统技术规范和地震专业救援队岗位技术要求标准化研究。

国家地震灾害紧急救援队（中国国际救援队）毫不放松地抓好队伍建设，着力加强队伍技能培训、装备物资保障，完善队内协调机制，时刻保持应急状态，同时发挥国家地震灾害紧急救援队在地震应急救援队伍建设中的示范引领作用。

（一）持续推进队伍整体技能提升

一是积极开展救援队员基础技能培训。2020年5月以来，在全国新冠肺炎疫情初步得到控制的情况下，救援队立即着手开展队员搜救技能培训工作。6月16日至8月15日，中国地震应急搜救中心（简称搜救中心）与工兵旅协调配合，利用国家地震紧急救援训练基地完成救援队员长期驻训工作，驻训期间工兵旅先后共出动车辆98车次，派出救援队员700余人次在基地进行训练，主要对绳索、破拆、顶撑、支撑、障碍物移除等基本操作及相关技能进行复训、补训及强化训练，训练整体效果良好。6 月，搜救中心与解放军第三医学中心密切配合，在基地举行为期一周的实战化训练演练，解放军第三医学中心派出医疗救援队员 30 名，动用轮式装备 4 台、医疗装备 105 台，围绕救援队地震救援模块以及抗震防洪模块，开展了系统化训练，不断完善现场医疗救护方法及标准，并在训练的最后两天组织实战演练检验训练成果。二是派员参与国际救援任务专项培训。10 月 26—30 日，搜救中心具体承办了部外交政策与国际救援规则培训班，内容涉及中国外交政策与外交挑战、救援队伍建设理论、联合国救援行动机制、国内外典型救援案例等，救援队共计 16 人参加培训（搜救中心 4 人，工兵旅 10 人，解放军第三医学中心 2 人）。学员对新时期应急救援队伍建设、指挥协调、现场搜救、风险及安全管理、外交政策等课题进行了深入研修，取得良好培训成效。三是适时组织开展救援队内部演练。为响应应急管理部《汶川地震老震区及其周边地区发生 7.0 级以上地震应对准备工作措施》的具体要求，由搜救中心牵头，组织队伍组成三方共 80 名救援队员，在训练基地开展救援队综合演练，进一步巩固强化救援队的快速机动、指挥通联、自我保障和协同配合能力，为应对大震大灾，做好充分准备。四是抓好队伍常态化训练工作。工兵旅内部统筹全年军事训练和非战争军事行动训练时间安排，以阶段集中强化和固定时间常态组织相结合的方式，采取以老带新、以强补弱的方法，定期组织内部救援训练，强化救援队搜救能力。解放军第三医学中心在疫情期间共组织 5 次救援队医疗队员防疫培训，对现场洗消、防护服使用等技能进行系统强化。同时结合常规军事训练，系统强化医疗队员的急救战救技能，对医疗队员开展考核并全员达标。

（二）进一步加强队伍装备现代化建设

一是做好国家地震灾害紧急救援队装备物资增储项目的组织实施。8 月，申报国家地震灾害紧急救援队装备物资增储项目，获批总经费 5529 万元。从搜索、营救、动力照明、辅助、通信指挥、后勤保障等多个方面，全维度升级、更新及扩充国家地震灾害紧急救援队装备物资，所购置装备物资主要用于救援队的救援行动、日常训练及演练使用。项目完成了全部招标采购，并推进装备测试验收工作，进一步提升了救援队的装备水平及应对大震巨灾的现场应急处置和救援能力。二是不断优化救援队装备物资配置结构及使用效率。为全面满足工兵旅、解放军第三医学中心队伍日常培训演练需求，搜救中心改进了装备用管模式，着力推进训、战、备一体化管理。搜救中心在原有基础上将一辆救援车辆、部分救援装备交由工兵旅管理使用。向解放军第三医学中心调拨训练装备物资共计 24 种、326 件（套）。三是持续加强队伍信息化建设。继续对国家地震灾害紧急救援队出队管理系统投入开发，在原有日常管理、集结管理和现场管理的功能基础上，扩充出队总结、任务复盘、地理信息管理等功能，并大幅优化原有功能模块，有效提升队伍管理信息化水平和队伍决策指挥效率。四是做好装备物资日常维护保养及补充采购工作。队伍三方以时刻准备好应对大震大灾为着眼点，做好救援队现有装备日常维护保养及补充采购。其中：搜救中心全年共进行救援队装备物资维护保养 4 次，保养装备 3000 余件（套），补充采购搜救、通信、后勤及救援装备物资；工兵旅补充采购训练器材、单兵侦察无人机及系留照明无人机装备。

（三）建立完善队内协调联动机制

为适应应急管理体制机制改革后救援队伍建设发展面临的新形势、新要求，队伍三方联合起草了国家地震灾害紧急救援队境内救援任务行动程序，明确了重特大地震等灾害救援任务的启动条件、派出流程及队伍三方各自职责，作为过渡时期队伍行动标准流程。同时，积极做好应急管理部救援队伍统一调配的人员与装备投送方案、现场联勤保障机制建设等工作。队伍三方定期组织研讨，就新形势下队伍能力建设、联训联演和快速派出机制等开展讨论，推动建立定期沟通机制，统一规划年度培训和演练。

（四）积极推进国际合作及标准规范建设

一是积极推进联合国国际救援相关指南手册的翻译校对。搜救中心组织相关人员开展联合国灾害评估与协调队现场工作手册（约 21.9 万字）和联合国现场行动协调中心指南（约 3.4 万字）中文版的校对工作，并积极推进 2020 版 INSARAG 国际搜索与救援指南翻译和亚太响应工具翻译工作。二是紧跟国际动态，参与国际应急救援相关会议。适应新形势下的国际交流方式，组织专家参加各类线上国际会议，包括 2020 年 INSARAG 亚太线上会议、第五届灾害管理高级执行官线上课程（SEPDM）、贝鲁特大爆炸 INSARAG 救援行动分享会，UNDAC 介绍和行动分享会、联合国难民署地区应急准备中心安全风险管理线上研讨会、2020 年版INSARAG国际搜索与救援指南线上发布会、上海合作组织成员国紧急救灾部门国际合作与救援视频研讨会等。三是积极推进救援队相关标准规范建设工作。推动包括《中国城镇救援队能力建设与分级测评标准》在内的 1 项国家标准和 4 项行业标准的立项工作。针对《地震专业救援队岗位技术要求》和《地震专业救援队信息系统技术规范》2 项标准，与中国标准化研究院开展合作，完成标准预研究工作。

（五）充分发挥救援队行业引领作用

国家地震灾害紧急救援队在地震应急救援领域充分发挥引领作用，全力支持国家综合性消防救援队伍建设，支援指导地方性应急救援训练基地建设。依托国家地震基金救援训练基地平台，派出救援队核心技术骨干，组织国家综合性消防救援队伍、应急管理干部等培训班 11 期、742 人次，包括国家综合性消防救援队伍 6 期（含森林消防局高级培训班 1 期）、地方应急管理厅局与抗震救灾指挥部成员单位干部培训班 2 期、社会救援力量骨干培训班 1 期、应急管理总医院培训班 1 期。多次派出搜救专家，指导甘肃、山东等地的应急救援训练基地建设。

四、防汛抗旱救援力量

2020 年，全国共有省级防汛抗旱应急救援力量约 150 支约 1.7 万人，各市、县共有防汛抗旱应急救援力量约 3.1 万支约 112 万人。全国累计开展防汛抗旱培训演练 4.6 万次，参训 224 万人，提升抢险救援实战能力。优化国家综合性消防救援队伍抗洪抢险专业力量建设，调整组建省级救援队 31 支、专业队员 20388 人备战抗洪抢险，对接中国安能、中国电建、中国能建等中央企业明确防汛抢险队伍 368 支。充分考虑长江流域洪涝灾害特点和应急力量建设需求，划拨专项资金分别支持安徽、江西、湖北、湖南省和重庆市购置大型水上抗洪抢险救援船，支持应急管理部自然灾害工程应急救援中心所属队伍加大先进适用装备器材保障力度，依靠科技进一步提升专业应急救援队伍抗洪抢险的专业化、智能化、实战化水平。

五、森林草原火灾扑救专业力量

深入贯彻习近平总书记关于加强森林火灾扑救专业力量建设的重要指示精神，按照党中央、国务院部署，坚持预防为主、防灭结合、高效扑救、安全第一的方针，加强体制创新、机制创新和模式创新，推动专业扑火队伍标准化建设、实战化训练、规范化管理，全面提升处置森林草原火灾综合应急救援能力。全国共建有各级各类森林草原专业扑火队伍 2020 支 10.03 万人，队伍实战能力得到不断提高，在森林草原火灾预防和扑救工作中发挥了关键作用，森林草原火灾的当日扑灭率达到 85% 以上。

六、重点工程和应急救援航空体系

在充分调研论证的基础上，编制印发国家区域应急救援中心建设工作方案，细化明确工程的功能定位、建设目标和重点任务，以及相关基础设施建设和装备器材配备参照标准。加强与相关中央国家机关和有关地区沟通协调，多次组织召开专题会议，进行专题调研、论证、汇报，办理了项目用地、节能、环境和社会稳定风险评估等手续，完成相关项目可行性研究报告编报工作。

依托中国安能集团下设的唐山、贵阳、常州、厦门、武汉、成都 6 个分公司挂牌组建应急管理部自然灾害工程应急救援基地，承担工程抢险救援和基础理论研究、新装备技术研发应用、专业人才培养等任务。

优化力量布局，立足“全灾种、大应急”任务需求，按照掌握关键力量、突出重点地区、发挥国家和地方两个积极性的思路，加大对全国有限航空应急资源的统筹力度，对利用中央补助资金进行政府购买服务的航空器统一进行布局。2020 年，在 21 个重点省份统一部署 76 架航空器，指导 18 个省份补充部署 50 余架航空器，实现了应急状态下就近调配、快速出动、有序救援。完善联动机制，应急管理部与中央军委联合参谋部、中国民航局等建立航空应急联动机制，对航空应急救援体系共建、信息共享、协同应急、力量建设、工作联络等内容进行了明确。协调中央空管委办公室印发加强航空应急救援空管保障工作的通知，健全应急救援航空器空管保障制度，做到遇有应急救援任务时“随时申请、随时批复”。应急管理部指导 22 个省份与战区机关、战区空军、地区民航局和相关通航企业建立联系，为空域快速审批和航材航油供给提供保障。引导各方参与，指导浙江、江西、湖北三省积极开展体系建设试点，广东省政府安排专项资金支持应急管理厅购置大型直升机 9 架。引导有实力、愿意投身航空应急救援事业的通航企业引进大型高原型直升机 7 架，纳入政府购买服务范围，为弥补我国高原地区航空消防力量不足创造了条件。2020 年，各地区新增直升机临时起降场 3500 多个。组织 Mi-26、Mi-171 等大型直升机开展实战化训练演练，指导配备吊桶、网兜、吊索等防汛灭火装备。在森林火灾同比减少 51% 的情况下，航空消防任务量增加 2445 架次、3081 小时，分别增长 33% 和 25%。在疫情防控关键时期，航空消防力量为湖北 15 个市（州）运送防疫物资 36 批次，从上海等地转运防疫物资 20 批次，共计飞行 213 架次、运送物资 91.25 吨。汛期，积极参与重庆郭家沱、湖北阳新县等地救援任务，飞行

188 架次、276.3 小时，空投急需救援物资，成功营救被洪水围困群众。

七、社会应急力量

截至 2020 年底，全国共有社会应急力量 1800 余支约 70 万人。其中，在各级民政部门登记的有 1000 余支，以公司形式在各级市场监督管理部门注册的有 60 余支，由各级红十字会管理的有 380 余支，由企事业单位组建的有 370 余支；专职人员约 1.4 万，正式队员约 17 万，普通应急志愿者约 52 万。

印发《2020 年推进社会应急力量建设工作实施方案》，重点明确了 8 个方面 27 项具体任务，以此统领全年社会应急力量建设工作。印发《社会应急资源管理体系建设工作方案》，开发设计应急物资物流管理、应急物资捐赠管理和社会应急力量管理三个信息系统。印发《关于进一步引导社会应急力量参与防汛抗旱工作的通知》，动员引导社会应急力量在江西、湖北、重庆等重点省份洪涝灾害重区参与巡护堤坝、转移群众、人员搜救及灾后恢复等工作（图 5-4-1），累计出动队伍 500 余支。举办首届全国骨干社会应急力量培训班和座谈会，为社会应急力量搭建交流经验、切磋技艺的平台。

2020 年 1 月新冠肺炎疫情发生以来，全国 30 个省（区、市）的社会应急力量协助相关部门在防疫消杀（图 5-4-2）、设点防控、防疫宣传等防疫抗疫工作中发挥了重要的辅助作用。在疫情防控关键期，社会应急力量共出动队伍 570 支、出动 106830 次、总时长 315160 小时、总出队 164031 人次，其中调用车辆 52715 台次、消毒弥雾机 19791 台次、雾炮车等其他装备 2496 台（支），开展防疫消杀 29918 次、设点防控 21600 次、防疫宣传 10328 次、人员排查 10006 次、物资发放 4339 次、物资捐献 2948 次、物资转运 2493 次。

图 5-4-1　转移被困群众

图 5-4-2　开展防疫消杀

第五章　重大抢险救援任务

一、重庆渝北区加州花园小区居民楼火灾扑救

2020 年 1 月 1 日 16 时 55 分，重庆市渝北区加州花园小区高层住宅 A1 栋 2-5 住宅发生火灾。事故发生后，重庆市领导深入现场调研指导消防安全和火灾处置工作。重庆市消防救援总队迅速调集渝北、特勤、水上、江北、内江、机动 6 个支队、11 个消防救援站，共 42 辆消防车、250 余名指战员赶赴现场处置。经过 3 小时的全力扑救，大火被成功扑灭，共营救被困群众 68 人、疏散 200 余人，未造成人员伤亡，有效阻止了火势向西侧、南侧住户蔓延（图 5-5-1）。

图 5-5-1　火灾扑救现场

（一）快速控火，控制蔓延，及时营救遇险人员

17 时 6 分，辖区渝北支队冉家坝站 5 辆消防车、29 名指战员到达现场，通过外部观察和现场询情发现，火势已沿建筑东侧外墙蔓延至 28 层，建筑内有大量人员被困，情况十分危急。带队指挥员立即组织开展初期处置。一是成立 2 个侦察灭火组，利用消防车车载水炮，并取用单位室外消火栓出 2 支水枪，从建筑外部对 2、3、4 层火势进行压制，控制火势向上蔓延，并取用 2、3、4 层室内消火栓设置水枪阵地，阻止火势向西侧、南侧住户蔓延；二是成立 3 个疏散救人组，携带破拆救生器材，分层逐户搜救被困人员，并开启楼层走道外窗排烟。17 时 8 分，特勤支队黄山大道站 3 车、18 人，水上支队黄泥塝站 3 车、23 人到场，根据辖区指挥员命令，成立 2 个内攻灭火组，沿 2 号楼梯间蜿蜒铺设供水干线，破拆火势较大的 5 层、16 层住户房门进行内攻灭火；成立 6 个疏散救人组，针对群众反映有人员被困的 4、10、16、19、24、26 层住户进行定点搜救。其间，共排查 60 余户，营救遇险人员 46 人、疏散 150

余人。

（二）内攻近战，逐层消灭，全力疏散被困群众

17 时 25 分许，总队、渝北支队全勤指挥部和江北支队江北城站、特勤支队高层建筑火灾扑救编队等增援力量相继到场，第一时间成立现场作战指挥部，根据到场力量情况和现场态势，坚持“以固为主、固移结合”的战术原则，灵活采用“内攻近战，内外结合，上下合击，逐层消灭”的战术措施，并成立内攻救人、外部控火、协调联动、战勤保障等战斗组，由总队党委委员分工负责。一是内攻救人组组织渝北、江北支队和特勤支队高层建筑火灾扑救编队成立 6 个内攻灭火小组，利用建筑疏散楼梯铺设和延伸供水干线，破拆进入室内搜索营救被困人员，扑救各楼层阳台明火，阻止火势向建筑内部蔓延。其间，营救遇险人员 22 人（其中，高龄、婴幼儿和高血压患者 6 人），疏散住户 50 余人。二是外部控火组组织渝北支队举高作战单元，抵近起火建筑举升出水，堵截控制外围火势。三是协调联动组组织总队、支队防火干部，协调交警疏导交通、维持秩序，为消防车抵近现场创造条件，同时，联系民政、街道、物业等对起火建筑住户进行排查造册，并成立人员集结区，确保营救疏散无遗漏。四是战勤保障组做好现场通信、供气、油料、照明、饮食等各项保障工作，并组织后续到场力量成立紧急救助和轮换小组，随时做好人员替换准备。

（三）分区攻坚，逐户清理，安全高效扑救火灾

18 时 2 分，现场火势得到基本控制，指挥部在保持原有作战力量部署的基础上，组织两江支队龙头寺站、特勤站和渝北支队台商站增设 6 个内攻灭火小组，配合渝北支队、特勤支队内攻灭火力量，按照 1 至 8、9 至 16、17 至 24、25 至 30 层 4 个战斗段再次深入建筑内部实施攻坚灭火，对过火房间进行逐一清理，确保现场人员全部获救。组织特勤支队成立 4 个攻坚小组对街道工作人员反映的 4—2、10—2、16—5、19—8、24—5、26—4 等有行动不便老人和病人的住户再次进行搜寻。20 时许，现场明火被扑灭，参战指战员通过现场清理，并和民政、街道、物业核对后，确认楼内被困人员全部获救，火灾扑救行动圆满完成。

二、青海西宁城中区公交车站路面塌陷事故救援

2020 年 1 月 13 日 17 时 24 分，青海省西宁市城中区南大街红十字公交车站附近路面突然塌陷，一辆 17 路公交车突然前倾式跌入塌陷坑洞，站台部分人员因躲闪不及跌落坑洞内。事故发生后，青海省消防救援总队迅速调集西宁、海东、训保 3 个支队 27 辆消防车、129 名指战员前往处置，同时协调公安、应急、人防、电力、燃气、卫健等联动单位到场协同处置。应急管理部视频连线现场指挥部，要求参战指战员“科学施救，确保安全”。此次救援共挖掘土方 1300 立方米，挖掘范围 230 平方米，挖掘深度 22 米，排查地下防空洞 340 米，成功救出 6 名被困人员，搜救出 9 名遇难者遗体（图 5-5-2）。

图 5-5-2 救出塌陷坑洞内被困人员

（一）稳固支撑与开辟救援空间相结合，第一时间抢救生命

在首战力量到场前，公交车内被困人员已全部被周边交警及群众自发营救出。长江路消防救援站、共和南路消防站相继到达现场，随即利用抢险救援车牵引，对被困车辆进行稳固。同时分成 3 个营救小组，采取绳索吊升、人工拉拽等方式，第一时间从坑洞东侧营救 6 名被困人员。并组织对紧邻塌陷区东侧的长城医院内人员进行逐层疏散，将现场警戒范围扩大至塌陷坑洞 5 米以外。经走访群众了解，现场坑洞内仍有 2 名被困人员，但救援人员通过喊话和观察，坑洞内已无明显的被困人员。

19 时 57 分，经现场侦察，未发现明显被困人员。省指挥部决定对公交车进行起吊，对公交车下方区域进行搜索。20 时 59 分，起重吊车将事故车辆吊上路面。

（二）人工搜寻与工程清障相结合，全力搜寻被困人员

因现场自来水管网破裂，经供水集团核算，约 1400 吨水流向坑洞内，与坑洞内黄土混合产生大量淤泥。为确保搜救指战员安全，防止指战员进入坑洞内受重力作用陷入泥浆内，21 时 9 分，指挥部命令消防人员 2 人 1 组利用吊车吊臂和绳索牵引保护，采取垂直吊升的方式多次进入坑洞内部，利用红外热成像仪实施搜索。

14 日 1 时 30 分，确定失联人数由 2 人上升至 10 人。

14 日 2 时 31 分至 4 时，利用挖掘机持续开展清理工作，其间，派出 3 批搜救力量进入坑洞内部开展搜寻。

至 14 日 9 时 37 分，发现第 6 至 9 名失联者遗体，10 名失踪人员搜寻到 9 名。

（三）持续搜救与交替换防相结合，全力做好现场保障工作

指挥部在采取多种方法搜寻的同时，持续利用挖掘机进行挖掘，始终未发现被困人员，坑洞最深部位深度达到 22 米。在持续搜索 89 小时后，经现场专家会商研判，持续的挖掘工作已对毗邻的长城医院地基造成影响，现场地质条件存在发生建筑倒塌的风险隐患，公交站地面塌陷救援搜救工作全面停止。

三、新疆伽师6.4级地震救援

2020年1月19日21时27分，新疆维吾尔自治区喀什地区伽师县（北纬39.83度，东经77.21度）发生6.4级地震，震源深度16公里，此后震中附近又相继发生1次5.2级余震和数次4.0级以上余震。地震造成1人死亡、2人轻伤，800余间房屋倒塌，部分道路、桥梁、水库等设施受损，直接经济损失16.2亿元。

地震发生后，应急管理部立即启动应急响应，视频连线新疆维吾尔自治区应急管理厅、消防救援总队，调度了解震区情况，要求自治区消防救援总队派出前突力量赴震中踏勘情况，全力开展巡查搜救工作，并集结足够力量做好救援准备，中国地震局加强后续趋势分析研判。应急管理部连夜派出工作组赶赴震区指导地方救援救灾工作。自治区消防救援总队迅速调集33辆消防车、142名指战员赶赴震中救援。经过全力救援（图5-5-3），累计排查212户、房屋628间，共搭建帐篷8顶、保障饮食500余份、住宿110人。根据地方需求，会同国家粮食和物资储备局向新疆灾区紧急调拨5000顶棉帐篷、5000张折叠床、1万床棉被和2万件棉大衣等中央救灾物资。20日，财政部、应急管理部向新疆维吾尔自治区紧急预拨中央自然灾害救灾资金3000万元，全力支持帮助地方妥善保障受灾群众生活。

图5-5-3　搜救被困人员

四、福建泉州欣佳酒店“3·7”重大坍塌事故救援

2020年3月7日19时14分，福建省泉州市鲤城区常泰街道南环路欣佳酒店发生楼体坍塌，造成71人受困。事故发生后，应急管理部第一时间视频调度救援工作，并派出工作组赴事故现场指导事故救援和调查工作。福建省消防救援总队迅速

人力物力，全力投入抢险救援行动。经过 112 小时艰苦奋战，成功将 71 名被困人员全部救出，其中 42 人生还。

（一）闻警即动，及时调集充足力量

泉州支队接警后，一次性调集全市精锐力量共 67 车 402 名指战员投入战斗，第一时间抢救人员，在首支增援力量（莆田支队 22 时 14 分到达）到场前，搜救出 23 名被困人员且全部生还。

总队接报后，根据坍塌建筑为区级医学观察点，人员被困数量大，且为夜间作战等因素作出判断，把一次性调足充足力量作为首位要求，第一时间从福州、厦门、漳州、莆田、三明、龙岩、南平、宁德、平潭及训保 10 个支队调集精锐力量和装备增援处置，为后续人员轮换做好准备；总队全勤指挥部和信息通信、战勤保障力量遂行出动。至 7 日 22 时 57 分，全省累计调集 10 个支队，重、轻型搜救队共计 1086 名指战员，并携带生命探测仪器 47 套、搜救犬 9 头，以及破拆、顶撑、起重、洗消等各类型特种救援装备 2600 余件（套），确保以最优力量装备、最佳战斗状态、最高救援效率投入此次救援攻坚战（图 5-5-4）。

（二）迅速定位，确保救援精准高效

1. 挂图作战，加快搜寻“速度”

7 日 22 时 12 分，总队前沿指挥部到场后迅速将现场划分为“核心作业、器材装备、作战指挥、备勤待命、车辆停靠、人装洗消”等功能区域，各作战模块密切配合、高效运转。面对大量人员被困情况，前沿指挥部将定位工作作为救援的重中之重，第一时间绘制现场平面图、埋压人员预判分布图、建筑位移图、作战力量部署图、救援进度示意图，分析研判被困人员的可能位置，赢得宝贵战机。

2. 多措并举，提升搜救“精度”

前沿指挥部将核心作业区分为 6 个作业面，各搜救分队分片负责，通过现场手机信号定位、搜救犬搜索、生命探测仪器探测等多种方式相互印证、反复侦察，实现搜索全覆盖，判定被困人员方位，掌握被困人员情况。通过多种措施，参战人员

图 5-5-4　救出坍塌事故中被困人员

在事发后5小时内，迅速定位出36名被压生还者位置，为争取宝贵救援时间、提高被困人员生还率提供了先决条件。

3. 因情施策，提高搜救“准度”

各搜救组根据被困者具体位置，在确保不造成二次伤害的前提下，多点作业、逐步推进、有序轮换；同时由8名经验丰富的战训干部、高级消防员组成专家团队，指导指挥各个作业区、作业点作业，从选用救援工具、选择破拆角度、现场安全管理等环节着手，集思广益解决复杂情况下人员救援问题。至8日19时许，现场累计打通20余处救援观察窗口、6条救援通道，在24小时“白金救援时间”内救出49名被困人员，其中39人生还。

（三）攻坚克难，持续创造生命奇迹

现场救援力量按照“抓住抢救生命的关键期，千方百计搜救失联者，不放过一丝希望”的要求，对余下22名深度埋压人员持续开展攻坚救援。

8日16时36分救出第49名被困人员后，由于剩余被困人员大多深埋于4至5层，其上紧密叠压钢制梁柱、钢筋混凝土楼板、波纹钢隔板、实心砖墙体及床柜等大量物体，破拆极为困难；前沿指挥部组织15个仪器搜索组和2支搜救犬队，对救援现场进行多轮次、全覆盖交叉搜索侦测，均未发现新的生命迹象和手机信号；现场继续在预判区域破拆孔洞，伸入蛇眼生命探测仪开展搜寻，搜救速度有所放缓。8日21时，前沿指挥部决定调派3台配有抓斗、剪切头的特种钩机及6部钩机、2部渣土车入场协同作业；按照“生命探测逐点确认、工程机械逐层安全剥离、机械停工清场全面探测、发现生命迹象人工破拆”的顺序，循序轮番实施现场作业。

9日7时40分，前沿指挥部将现场重新划分为东部、中部、西部3个作业区、6个作业点，每个作业区由2至3个支队“结对”救援，采取重型队班组与轻型队班组相搭配的方式，轮流执行重型构件破拆和救援通道清理任务，形成强弱结合、优势互补、信息共享、装备共用的良性循环，进一步提升救援效能。通过持续施救，在事发后52小时（9日23时5分、23时8分）和66小时（10日16时38分），分别搜救出深埋于4层405室的母子（第54、55名被困人员）和403室男子（第62名被困人员），且全部生还。

消防救援力量继续在工程机械破拆剥离配合下，采取“纵横结合、两侧并进”的掘进方法，有序、有效、不遗余力开展救援。11日12时27分，搜救出第70名被困遇难人员。现场消防力量经过不懈努力，在12日11时4分搜救出最后一名（第71名）被困遇难人员。

五、山西榆社“3·17”、五台“3·19”森林火灾扑救

2020年3月17日、3月19日，山西省晋中市榆社县、忻州市五台县相继发生森林火灾，在强风作用下，火势发展迅猛，严重威胁附近村庄人民群众生命财产安全、五台山国家5A级景区等重要目标和近万公顷国家森林资源安全。在应急管理部统一部署下，3月20日，部、局前线指挥部靠前指挥，奉命提前预置在河北省的内蒙古自治区、吉林省森林消防总队800名，及甘肃省森林消防总队600名指

战员跨省千里驰援。20 日晚，内蒙古自治区森林消防总队 400 人扑灭五台山火场后，3 个总队、1400 人全部集中到榆社火场，昼夜连续奋战，在消防救援、航空消防、军队武警和地方群众等力量的协同配合下，先后组织激战焦红寺、苦战温家庄、决战沙旺村等攻坚战役，于 24 日凌晨将火灾全部扑灭，圆满完成灭火任务。累计扑灭火线 50.7 公里，清理火线 6.5 公里、烟点 6600 余处，保护国家 5A 级风景名胜区 1 处、村庄 5 个。

（一）科学研判形势，提前预置、快速调集足够力量跨省增援

火灾发生后，应急管理部高度重视，部领导多次调度情况、研判态势，紧急调动内蒙古自治区、吉林省森林消防总队 800 人以临时驻防的形式向河北、山西交界运动，形成了专业力量前置的部署格局。20 日，在榆社火灾持续燃烧 4 天仍未有效控制、五台山名胜风景区又突发森林火灾的紧急关头，立即调动前置驻防的 2 个总队 800 人火速增援山西，为迅速扑灭 2 起火灾占得了先机。内蒙古自治区、吉林省、甘肃省森林消防总队闻令即动，1400 名指战员由各单位主要领导带队昼夜兼程、马不停蹄，在 26 小时内全部到达火场一线，为有效控制火场态势赢得了时间。内蒙古自治区森林消防总队到达五台山火场后连夜奋战、速战速决，首战告捷后随即转场榆社火场，作为主战力量，在 1 号火场多次临危受命，阻击火头、攻坚克难，在火场重要方向、重要地段发挥了重要作用；吉林省森林消防总队最早投入榆社 1 号火场，及时遏止火势向东北方向蔓延，夺取了焦红寺村保卫战的胜利；甘肃省森林消防总队在榆社 2 号火场独立作战，组织指挥有序、力量部署科学、战法运用灵活，为实现灭火全胜发挥了应有作用。

（二）发挥专业优势，主导指挥决策，指导各方力量密切协同

部、局前线指挥部到达火场后，科学指导协助地方联合指挥部，全力展开灭火行动（图 5-5-5）。一是精准研判态势。

图 5-5-5　榆社森林火灾扑救

第一时间组织空中、地面侦察，彻底摸清、详细标绘火灾发展态势，做到整个火场“一张图”指挥。将榆社县焦红寺村、太谷县温家庄村、三县垴、榆次区桃花塔村4个相对独立火场，清晰区分灭火任务，有效扭转了情况不明、指挥不畅、扑救不利的被动局面。二是理顺指挥关系。针对火场参战力量多元、人数超过7000名的实际，积极协调火场联合指挥部实施集中统一指挥，把各力量主要指挥员纳入联合指挥部，统一部署任务、明确责任。三是科学制定方案。积极协调联合指挥部，变被动等待为主动出击，针对每个火场不同情况制定相应灭火方案，以清晰的策略引导整个灭火行动。四是整合灭火力量。将森林消防、武警、群众按照1∶1∶1统一战斗编组，森林消防打火头攻险段，武警清余火守火场，地方人员打隔离带、搞保障，打一段、清一段、守一段，确保一次奏效、严防复燃。充分利用山西省消防救援总队20台消防车，持续为森林消防队伍提供灭火水源；指导气象部门抓住有利条件实施人工增雨，为最终扑灭明火创造了有利条件。

（三）坚持抓住最佳时段、利用最佳地段、采取最佳手段，灵活运用战法

针对灭火行动异常艰难的实际，参战队伍始终本着积极稳妥的原则，因地制宜、因情就势活用战法。一是多手段融合运用。在地势相对平缓地段，多点突破、以风为主、打清结合、快速推进。在地势较为险峻、断崖遍布地段，外围封控、打烧结合、分段巩固、稳扎稳打。二是地空配合精准扑救。指导火场11架飞机突出重点方向实施集群作业，创新采取地面队伍提供火头位置坐标、派出空中观察员登机指挥的方法，引导直升机精准洒水、定点压制，地面力量迅速跟进彻底消灭，有效加快了灭火进程。三是以水灭火强力攻坚。22日中午1号火场风力突然加大，火势迅猛，人员无法靠近，常规手段无法发挥作用，面临全面失控风险，局前线指挥部将内蒙古自治区、吉林省森林消防总队60台水泵集中编组，串并联结合、交替轮战、全力攻坚，经过40多小时的连续战斗，一举将1号火场明火全部扑灭，取得了灭火行动的关键性胜利。

六、黑龙江伊春鹿鸣矿业“3·28”尾矿库泄漏突发环境事件救援

2020年3月28日13时40分，黑龙江省伊春市鹿鸣矿业钼矿尾矿库4号溢流井发生倾斜，大量尾矿砂泄漏，顺流而下进入依吉密河、呼兰河，造成河流水体污染，并直接威胁下游松花江环境安全。黑龙江省消防救援总队先后调集伊春、哈尔滨、齐齐哈尔、大庆、牡丹江、佳木斯、绥化、鹤岗8个支队、60台消防车、211名指战员，黑龙江省森林消防总队前线指挥部组织带领伊春支队251名指战员到场处置。累计铺设无纺布2600平方米，装填搬运沙袋1800余袋，装卸载水泥585吨，搬运倾倒勾兑投放絮凝剂10吨。黑龙江省政府启动环境应急二级响应机制，调集环境、应急、水利、林草、农业、交通、公安、住建、消防、森防等单位力量，各类救援人员1万余人，车辆及机械1511台（套）协助处置，生态环境部领导率专家团队赴现

场指导（图 5-5-6）。

图 5-5-6 泄漏处置现场

（一）闻令即动，筑坝截流，阻截险情发展扩大

一是采取“堆石为基、沙袋垒砌、筑坝围堰”的方法，在泄漏点下游，协助地方力量沿依吉密河修筑 7 号、9 号两处拦截坝进行截流。二是成立攻坚小分队，紧急赶往依吉密河曙光大桥，人工调制、搅拌、投放聚合氯化铝药剂，经过 17 小时连续奋战，将 50 吨药液全部投放至河水中，有效减缓了污染团下泄。三是利用消防车从附近 3 个加水点取水，异地运水保障 13 处临时供水点用水，保障铁力市居民生活用水。四是利用无人机实施高空侦察，实时拍摄传输全景影像，辅助省应急指挥部决策。

（二）紧急驰援，导流排污，排除下游溃坝风险

由于上游积雪融化，河水暴涨，10 号拦截坝出现溃坝风险。31 日 11 时 10 分，总队现场指挥部迅速从哈尔滨、大庆、绥化支队调派大型排涝车、水罐车等 21 台消防车、80 名指战员火速驰援，在拦截坝上游望山灌溉渠闸口设置阵地，利用挖掘机开辟 3 处作业面，设置 3 台“龙吸水”大型排涝车，铺设 6 条 120 米长的排水线路，快速输转分流砂浆和污水，缓解拦截坝压力。4 月 1 日 12 时，经过两天一夜不间断作业，10 号拦截坝水位开始下降，溃坝漫堤风险得到化解，为整体抢险行动争取了宝贵时间。

（三）昼夜奋战，投送药剂，沉淀降解污染水体

4 月 1 日 12 时 30 分，总队现场指挥部将伊春、哈尔滨、绥化支队力量重新整合，分成两个编队。第一编队以 1 号投药点（依吉密河农场四队段）为阵地，从 100 公里外鹿鸣矿业拉运聚丙烯酰胺药液，并向河内投放，对水体中矿砂实施絮凝沉降处理；第二编队以 2 号投药点（依吉密河东兴一队）为阵地，原地打井取水，现场调和药剂，向河内投放聚合硫酸铁药液，对水体中重金属实施降解净化处理。

（四）分段布防，多级削峰，全面攻坚控污降害

4 月 2 日，省应急指挥部在铁力、庆安、北林、望奎、兰西 5 个区县境内，沿依吉密河、呼兰河连续设置 8 处药剂投放点，分河段投药，分区域沉降，多点施治、多级削峰，在距离松花江约 70 公里处呼兰河兰西老桥段实施“斩首行动”。4 日 8 时，1 号、2 号投药点任务终止，消防力量转场至下游 6 处药剂投放点，昼夜不间断远程运输和投放聚丙烯酰胺药液以及聚合硫酸铁药液。11 日 3 时，呼兰河干流全线污染物钼浓度达标。18 日，呼兰河干流全线水体基本复清。19 日 20 时，按照省指挥部命令，将现场移交地方政府和鹿鸣矿业处理，参战力量撤离归建。

此次救援，消防救援队伍先后转战11个作业点，行驶里程13.2万公里，运送投放药剂28486吨（聚丙烯酰胺药液8698吨、聚合硫酸铁药液19738吨、聚合氯化铝药液50吨），排吸砂浆污水169500立方米，为城市居民点送水14732吨，提供照明供电保障269.2小时，有效遏制了险情扩大，降低了污染危害，实现了“不让超标污水进入松花江”的应急处置目标。

七、四川凉山“3·28”森林火灾扑救

2020年3月28日21时许，四川省凉山州木里县乔瓦镇锄头湾村与项脚乡项脚村交界处发生森林火灾。火灾扑救期间，习近平总书记、李克强总理先后作出重要批示；应急管理部多次调度火情、指导扑救（图5-5-7）。

图5-5-7 凉山森林火灾扑救

（一）快速反应，先期投入扑救

3月29日凌晨，四川省森林消防总队凉山支队木里大队五中队35人快速反应，于当日7时先期投入灭火，采取“一点突破、两翼推进”战术，迅速扑灭西线和北线明火，并移交地方看守，进而转场增援南线。14时，从盐源驻防点赶来增援的木里大队六中队35人，从火场东线突破火线，配合南线的五中队对进夹击。16时许，火场风力突然增大，地表火瞬间转为树冠火，整个火场浓烟弥漫，无法继续组织扑救，队伍只能转移至安全地域等待战机，行动未能达到预定目标。

（二）多点增援，奋力阻击南线

由于大火持续扩大蔓延，四川省森林消防总队在充分研判火情的基础上，迅速调集总队前线指挥部带特勤大队152人、凉山支队直属大队一中队35人（二中队在冕宁县驻防），以及刚刚完成西昌市佑君镇灭火任务的西昌大队76人，共263人向火场增援。所有增援力量于30日7时全部到达火场。根据联合指挥部命令，30—31日，总队参战力量全部投入火场南线，采取“以火灭火、打隔结合、对进夹击”等战术展开扑救，但因大风天气造成既定部署难以展开，灭火效果不够明显。4月1日凌晨4时，队伍再次向火场南线发起总攻，抓住凌晨气温低、湿度大和风力小的有利条件，采取“接力架泵、以水灭火、边打边清”等战术手段，当日将南线明火全部扑灭，并利用4月2日一天的时间进行纵深清理，确保彻底消灭不复燃。

（三）科学用兵，攻坚决胜北线

由于连续出现极端大风天气，加之地方扑火队和群众看守不够得力，4月1日下午，火场北线出现复燃，并迅速形成两个火头分别向东北、西北方向扩大蔓延，至4月2日，北线全面失守。根据联合指挥部命令，4月3—4日，四川省森林消

防总队先后调集完成西昌“3·30”森林火灾灭火任务的总队训练大队、保障大队、阿坝支队以及凉山支队直属大队二中队共 284 名指战员向火场机动增援。同时组织南线 333 名指战员再次向北线转场，部署在火场北线西侧瓦板沟、东侧上药铺和中部八耳店区域外围，担负火线外侧隔离带开设和阻截火头任务。4 日 10 时，从西昌方向增援而来的 284 名指战员，到达火场北线内侧火烧迹地药铺沟一线完成部署，至此，可攻可守的外围封控和内线策应防线完成布局。4 月 5 日凌晨至 6 日中午，根据总队前线指挥部统一部署，参战队伍结合水源分布条件，组织 3 条战线、45 个泵组自下而上插入火场实施以水灭火，选择关键部位实施点烧以火攻火，一举扑灭北线明火。4 月 6 日下午至 7 日，各参战分队继续对火场内残余烟点进行纵深清理，实现“三无”后移交地方，队伍组织撤离。至此，灭火作战取得全胜。

八、湖南郴州列车脱轨侧翻事故救援

2020 年 3 月 30 日 11 时 40 分，T179 次（济南—广州）列车在湖南省郴州市永兴县高岗司镇境内发生脱轨侧翻事故。事故发生后，湖南省消防救援总队立即调派郴州、长沙、衡阳支队 28 辆消防车、147 名指战员赶往现场救援。国家矿山应急救援郴州队 35 名指战员携带通信、发电照明、破拆支护等装备参加救援。应急管理部及湖南省领导赶赴事故现场指导救援抢险工作。郴州市政府启动重大灾害事故救援预案，调集公安、交通、卫健等部门赶赴现场协助处置，并通知铁路部门停运线路，切断区间高压电网，防止二次事故。经过全力奋战，搜救和疏散 128 名人员（图 5-5-8），起火车厢明火被成功扑灭，3 月 31 日 9 时 48 分铁路恢复运行。

图 5-5-8　在车厢内搜救人员

（一）开展搜救，初控现场

30 日 12 时 15 分，永兴消防救援车辆经东侧公路抵达事故现场，距事故列车尾部 100 米。经铁路桥上通视全场初步侦察发现，逃生乘客与救援群众交织于狭长的铁路上，两侧公路均有大量人员穿梭走动，车头位置火焰高达十余米。指挥员当即命令成立 2 个灭火组出 2 支泡沫枪进行灭火，成立 4 个破拆救人组从前后分段开展搜救，派出 1 个安全警戒组实施安全警戒并配合引导疏散，派出 1 个供水组寻找水源组织供水。

救援组分别从头部向后和从尾部向前展开搜救行动，首轮搜救以可视人员被困和简单救援行动为主。首轮搜救发现，12~18 车厢仍有人员因车门变形、车厢颠覆通道被堵而被困于车厢内。经破拆打开车厢门窗，先后救出 25 人。

完成首轮搜救后，救援组展开二次搜救。同时，灭火组在着火的发电车厢两侧架设 2 支泡沫枪，先扑灭地面已形成的流淌火，对紧邻的车头和18号车厢前部进行灭火冷却，防止蔓延。随后，再对着火发电车厢进行冷却灭火，防止油箱因高温发生爆炸。

安全警戒组派出3名安全员，在铁路桥、东侧山坡和西侧公路边各设置1个安全监测点，重点监控救援作业面两侧山体稳固情况，防止二次滑坡；并在列车后部设置警戒区，防止无关人员进入，通过喊话引导乘客向安全地段疏散。

（二）近战灭火，持续搜救

30日13时20分许，郴州市消防救援支队全勤指挥部及桂阳、特勤、苏仙、火车站、高新、资兴、战保、安仁等增援力量29车146人先后到达事故现场。现场成立由支队主官任总指挥的前方指挥部。

指挥部根据现场情况和战斗力量调整战斗部署。一是特勤和永兴组成救人组继续对14号车厢被困人员进行营救，安排专门安全员，加设1个水枪掩护阵地。二是苏仙、特勤、永兴成立3个搜救组，对所有车厢进行第3轮搜救，重点对车厢内变形严重区域和颠覆车厢底部进行搜救，防止事故导致人员甩出车厢外被埋压的情况，确保不留死角。三是继续对着火发电车厢进行扑救，资兴增设两个水枪阵地协同灭火，苏仙、桂阳、火车站负责火场供水，安仁、高新为预备队，承担后方警戒及战斗人员轮换任务，战保负责泡沫液等物资运送。四是协同应急、交通、铁路、公安、卫健、环保、通信、武装部等联动力量，并通知铁路部门调派大型工程机械进行处置。五是应急保障分队利用卫星通信指挥车成立现场救援指挥部，通过4G单兵、4G布控球、无人机、卫星便携站等关键通信设备上传现场图像。六是严格落实防疫要求，减少现场作业人员。

30日15时30分，湖南省消防救援总队全勤指挥部和衡阳增援力量到达现场，加大对被困人员施救力度，组织对现场进行第4轮全面搜救；继续对发电车厢进行冷却降温，配合铁路部门对侧翻车辆进行转移，清除路障，畅通铁路；提升现场安全警戒等级，加强警戒和安全人员，应对救援人员激增情况，确保安全救援。30日15时50分，火势被完全扑灭。

（三）监护现场，留守排险

灭火救人结束后，铁路部门大型设备相继进场，全面开展排险抢通工作。郴州市消防救援支队随后调集6套移动照明设备和1台照明车到现场，提供照明。在西侧公路边搭设指挥帐篷，架设通信线路。永兴、特勤、战保12车45人留守协助广铁集团排险处置，其余参战力量有序撤离归队。

30日21时，应急管理部工作组到达现场，并要求继续利用水枪、干粉灭火器进行监护，保障现场照明和应急通信，做好个人防护及后勤保障。

3月31日9时30分，接广铁集团现场指挥部通知，铁路抢修工作已基本完成。

九、四川西昌“3·30”森林火灾救援

2020年3月30日15时35分许，四川省凉山州西昌市经久乡和安哈镇交界的皮家山山脊处发生森林火灾。起火区域位于安宁河干热河谷区，海拔约1800米，

山脊西侧、东侧山坡呈复合坡，地表植被以紫茎泽兰和灌木为主，灌草综合盖度 90% 以上。起火区域所在地属亚热带季风气候，干燥少雨并伴有大风天气，火场风力最高时达 9 级。

30 日 15 时 47 分，接到火情报告后，西昌市党委、政府和有关部门及起火区域周边的经久乡、安哈镇、马道街道等立即组织开展疏散群众、火灾扑救等工作。17 时 50 分许，西昌市启动Ⅲ级应急响应，对扑火处置工作进行安排部署。

30 日 20 时 17 分许，宁南县专业扑火队接到增援西昌市参加森林扑火的指令后，23 人出发前往西昌市。23 时 2 分，宁南专业扑火队到达祭家沟水库大坝。按照安排在向导带领下，沿山坡道路前往与西昌专业扑火队（大营队）会合途中，遇风向突变、风力陡增、飞火断后等突发状况，在采取自救措施无效的情况下，18 名队员和 1 名向导不幸牺牲，3 名队员受伤。

31 日 2 时 10 分，30 名特巡警和相关人员进入火场实施救援。8 时 50 分，19 名遇难人员遗体全部找到，11 时许，遗体全部转运下山。

31 日，省委、省政府，应急管理部工作组相继抵达西昌市，进一步调集整合各方力量，成立省、州、市联合指挥部，分析研判火情发展态势，研究制定火灾扑救方案，指导当地开展森林火灾扑救（图 5-5-9）。4 月 2 日，实现全线无明火。

图 5-5-9　西昌森林火灾扑救

此次森林火灾扑救过程中，省、州、市陆续调集森林消防、消防救援力量 1215 人，地方专业扑火队伍 562 人，武警、公安、民兵等 3662 人，社会救援力量 188 人，共计 5527 人；投入直升机 6 架，专业无人机 8 架次。火灾扑救中共计疏散转移周边受火灾威胁群众 3 万余人；成功守护离火线仅 50 余米的马道液化气储配站、主供西昌卫星发射中心的经久 220 千伏变电站、凉山州粮油药材百货仓库、顺鑫燃气、废弃机油回收运转企业、硫酸储备销售企业、海南加油站等 15 个易燃易爆重点单位；守护了光福寺、全国唯一的彝族奴隶社会博物馆、凉山州农业学校、凉山州职业技术学校、宁远学校、西昌学院等 11 个重点部位和重要设施；成功转移文物 1568 件，典籍 25 箱 200 卷，转移烟花爆竹 1250 余件、工业气体生产企业压缩气体 600 余瓶，转移西昌学院实验室易燃易爆金属钠、金属钾、钾钙等危险化学品 18950 克、次氯酸钠消毒液 3 吨。

十、山西大同同煤集团塔山煤矿冒顶事故救援

2020 年 4 月 14 日 14 时 45 分，山西省大同市同煤集团大唐塔山煤矿有限公司 3-5 号层二盘区 2205 掘进工作面发生冒顶事故，当班 13 人，8 人安全升井，5 人

被困。经过现场近30个小时的全力抢救，5人成功脱险。

（一）领导重视，科学指挥

事故发生后应急管理部、国家安全生产应急救援中心多次视频连线，指导救援工作。山西省委、省政府高度重视，要求科学救援、安全施救，全力以赴做好救援工作，确保被困人员的安全。山西省应急管理厅，大同市委、市政府有关领导第一时间赶赴现场指挥救援，同煤集团总经理在井下事故第一现场指挥协调救援工作。各级政府和领导高度重视，为成功救援提供了坚强保证。

（二）科学分析，有效控制事故区域扩大

14日18时40分，同煤集团矿山救护大队接到事故召请，立即响应，平旺中队一个小队、雁崖中队一个小队8人赶赴事故现场。经过初步侦查，2205掘进工作面冒落区头侧距顶板有约3米空隙，冒落区长度约14米，高度6~7米，原有巷道的风筒在该处被砸断，现场瓦斯浓度达到1.2%，氧气浓度为19.5%，冒落区尾端封死原有巷道。

根据侦查结果，指挥部决定先进行临时支护，在冒落区头端打了2个“井”字木垛进行锁口，防止顶板冒落进一步扩大，并补打锁口锚索进行补强支护。随后，救护队进入冒落区域侦查，发现顶板有伞檐、巷道两帮有鳞皮，瓦斯浓度为1.6%，氧气浓度为19%。决定对该区域进行通风，在原有直径1000毫米风筒末端接入硬质螺纹风筒，并将螺纹风筒送至冒落区尾端，10分钟后冒落区瓦斯下降至0.5%以下。然后在冒落段区域上部利用2组“井”字木垛进行支护，并通过敲帮问顶方式处理了鳞皮、伞檐，在冒落区头端至巷道口20米范围内使用单体液压支柱进行支护，防止冒落区域继续扩大。在临时支护完成之后，现场确定了两项任务，一是向人员被困区域打钻孔联系被困人员，二是进一步加强支护，两项任务平行作业。调用两台锚索钻机进行锚索支护并从冒落区域向巷道打钻孔联系被困人员。15日凌晨3时30分，救援钻孔成功打通，钻孔深度约11米。通过敲击钻杆与被困人员取得联系，确认有人员生还，有力提振了救援工作的信心。同时，救援队员持续不断敲击管路安慰被困人员。

（三）方案正确，措施得力

指挥部制定了3套救人方案。第一套方案是从冒落区顶部挖掘通道进行快速救援（挖掘深度大约6米），第二套方案是从巷道一侧掘小巷穿过冒落区进行救援，第三套方案是地面打钻孔救援。结合现场实际情况分析，考虑到救援速度和操作难易程度等因素，决定采用第一套救人方案。现场冒落区右侧有风流泄出，决定从该区域挖掘直径600毫米救援通道抢救被困人员，受救援空间限制，为保证救援效率，救援人员采取6人一组轮班作业的方式挖掘救援通道。

为确保被困人员生存环境，在原有压风管路的基础上，决定把巷道原有的供水管路从冒落点断开，改成供风管路，增加被困区域的供风量，保证被困人员生存空间有足够的新鲜空气。

15日10时5分，现场再次施工钻孔与被困区域打通，并通过钻孔与被困人员取得了联系，向被困人员输送了水和食物，并通过被困人员传递的纸条确定5名人员全部存活且身体状况良好。

15时30分，随着挖掘救援通道的深

入，前方煤壁先后两次垮落，造成刚刚打好的锚索、锚杆支护失效并将与被困人员联系的钻孔堵塞，增加了救援工作的难度。为保证救援的通道和人员的安全，决定先停止挖掘救援通道，向顶板破碎的煤壁区域喷注马丽散固化煤壁，并实施分段挖掘，即固化一段煤壁，挖掘一段通道，交替作业。

18 时 30 分，在挖掘救援通道接近 1.3 米时，再次打通与被困人员联系的钻孔，并插入一根 2 寸空心钢管，与被困人员进行了通话，进一步确认 5 名被困人员身体状况良好。但靠近冒落区附近顶板破碎，在此情况下，井下指挥部决定让 5 名被困人员进入巷道端头安全区域，防止接近冒落区，进一步缩小挖掘通道的面积，并用道木对缩小的通道口进行加固。

20 时 30 分，直径 600 毫米的救援通道成功打通（图 5-5-10），经过与被困人员联系，得知被困人员身体状况良好，能够自行行走。现场由救援人员放下 3 米长梯子和安全绳，救援人员拽着安全绳，5 名被困人员依次通过救援通道，成功脱险。20 时 55 分，5 被困人员全部安全升井，由 5 辆 120 救护车转往同煤集团总医院进行进一步救治。

图 5-5-10　打通救援通道

十一、西藏林芝巴宜区森林火灾扑救

2020 年 4 月 14 日 17 时 35 分，西藏自治区林芝市巴宜区尼西村附近发生森林火灾。火场海拔 3250 米，沟谷纵横，坡度 60°~70°，植被以云南松为主，伴有青冈林和灌木丛，林内腐殖质达 10~20 厘米，极易燃烧，严重威胁附近村庄和民用炸药库安全。接西藏自治区应急管理厅商请后，西藏自治区森林消防总队迅速反应，安排林芝支队 45 人先期处置，总队前线指挥部 15 人立即赶赴火场实施靠前指挥。根据火场态势变化，总队先后调集了林芝支队 200 人、特勤大队 85 人、训练大队 50 人、那曲大队 50 人共 400 名指战员参与火灾扑救工作（图 5-5-11）。

图 5-5-11　林芝森林火灾扑救

根据联合指挥部部署，西藏自治区森林消防总队主要负责火场东西两线扑打清理和开设隔离带任务。总队前线指挥部综合分析火场地形、气象和火势等因素后，决定按照“以我为主、加强协同，合理调配、优势互补，集中兵力、重点封控，统一指挥、确保安全”的原则合理部署力量，采取“控线、灭点、清中间”的战法迅速控制火势，最大限度减少森林资源损失，保证人民群众生命财产安全。

（一）党委高度重视，领导靠前指挥

部、局党委领导和自治区领导高度重视，多次作出重要指示批示。应急管理部多次召开调度会，详细了解一线灭火情况，指导各方协同行动；自治区领导在火场实施一线指挥；总队党委每日分析火场态势，研究作战制胜之策；总队领导在火灾发生当日连夜机动赶赴火场，克服火场山高坡陡、气象变化无常、滚石倒木较多等复杂危险条件，靠前指挥，为队伍攻坚克难、决战决胜指明方向，极大地鼓舞了指战员士气。

（二）队伍反应迅速，行动积极稳妥

接自治区提报的力量调用商请后，总队根据火场情况迅速启动Ⅱ级应急响应，命令林芝支队巴宜区中队先期进行处置，米林中队、波密中队立即机动赶赴火场。由于火场风力大，可燃物干燥，火势蔓延速度极快，短时难以控制，严重威胁附近人民群众和重要目标安全，自治区立即召开紧急会议并再次向总队提报了调用力量商请。总队综合考量当前火场情况和各地区火险情况，坚持“梯次足量用兵”的原则，立即向特勤大队和训练大队下达了增援命令，并要求其余各单位做好增援准备，在满足火场需求的同时也为其他可能出现的险情预留处置力量。前线指挥部和拉萨方向人员连夜赶赴火场参与灭火行动，实施靠前指挥。次日依据火场态势变化，再次调动那曲大队、察隅中队进行增援，为有效控制火势发展赢得了先机。

（三）战法运用灵活，指挥协同高效

前线指挥部到达火场后，积极协助联合指挥部决策，第一时间组织力量进行火场勘察，精准研判火场态势，作出了东西两线为主要蔓延方向、南北两线基本可控的准确判断，为科学制定行动方案、合理精准排兵布阵提供了基本依据，有效扭转了情况不明、扑救不利的被动局面。针对火场地势陡、沟谷多、有依托，灭火力量多部门、多类别、多手段的实际，总队前线指挥部因地制宜、因情就势，协同整合多方力量，融合运用多种战法，在东西两线有依托处，打隔结合、重点封控；在南线地势平坦临近水源处，泵车结合、以水灭火；在气象条件具备降雨时，指导增雨、快速扑救；在多方力量投入时，协同作战，发挥优势。有效促成了整个灭火行动“同下一盘棋，共织一张网”的良好局面，为取得灭火行动的最终胜利创造了有利条件。

（四）勘察预警及时，全程安全托底

灭火行动过程中，突出加强火场勘察、安全评估和预警监测，在确保人员安全的前提下全力组织扑救，严防次生灾害。总队严格落实指挥员预先勘察、安全员高点瞭望、信息采集员全时收报气象情况等安全措施，随时关注火势和气象变化，发现险情迅速规避，严密组织灭火行动。4 月 16 日，火场风力风向变化无常，多次出现险情，总队预设安全员第一时间预警，前线指挥部果断决策，一线指挥员处置有力、行动迅速，400 名指战员快速转移至预设安全区域成功避险，虽部分装备被烧毁，但无一人伤亡，牢牢守住了人员安全这条底线。

（五）紧贴实战需要，指挥保障有力

此次灭火作战火场环境差、持续时间长、社会关注度高。指挥保障上，指挥中心值守人员通过视频、电话、微信群等方式全时了解收集火场态势和灭火进程，传达上级有关灭火行动的指示要求；与消防救援总队指挥中心建立通信链路，实现了火场信息共享，利用防火通软件及时更新火场变化，实时跟踪灭火进程，收集汇聚行动信息，为各级指挥员全面了解火场动态、前线指挥部科学决策提供了重要参考。

十二、云南安宁“5·9”森林火灾扑救

2020 年 5 月 9 日，云南省安宁市青龙镇发生森林火灾，后蔓延至楚雄州禄丰县勤丰镇。火灾发生后，在森林消防局和省森林草原防灭火指挥部统一指挥部署下，云南省森林消防总队先后调集 449 名指战员，在 6000 余名军警民力量和 4 架直升机、57 台大型机械的协同配合下，经过 6 天 5 夜的艰苦鏖战，成功保护了数十万公顷森林资源和 4 个村庄、3 个大型工厂以及老成昆铁路安禄段的安全（图 5-5-12）。

图 5-5-12　安宁森林火灾扑救

（一）运用“拳头模式”打阻击战，封控东北线

云南省森林消防总队第一时间快速反应，集结重兵投入，坚决打赢阻击战。9 日下午，总队迅速启动应急预案，前线指挥部提出“严控东线、阻截东北线”的作战意图，同时与陆续到达火场的省应急、林草和属地主要领导共同商定，动用多种力量增援火场。昆明支队约 3 小时组织最大出动数 260 人全部接近火线，连夜奋战阻截火场主要方向东北线、东南线，同时投入 410 人的专业队扑救火场次要方向西线、西南线。消防救援 196 人 46 车，解放军 400 人，武警交通 70 人，民兵、预备役和干部群众 1300 余人，南航站 2 架卡-32、昆明航空救援支队 2 架直-8 直升机，57 台重型工程机械先后投入火场。10 日中午，因火场呈急风狂燃之势，新火场形成，云南省森林消防总队迅速向大理支队下达最大出动数 175 人的增援命令，昆明、大理支队密切协同作战，避免了林火向区域位置更加敏感、地理环境更加恶劣、林木植被更加浓密、作战条件更加艰苦的 19 平方公里青龙峡风景区蔓延。

（二）发挥“专业优势”打科学战，阻截新火线

火灾扑救中期，火势不断增强，战线面积扩大，形成北线、西北线、西线等新火线。针对参战力量多元、指挥调控不易的实际，坚持发挥专业优势，主导指挥，坚决打科学战。通过综合施策，实时掌握火场动态，为决策部署提供科

学依据。11 日上午，总队前线指挥部预判到林火有向正北方向蔓延趋势，命令昆明支队逐步移交火场，交由配属力量清理看守，迅速转移用兵，到位后集中 80 人的精干分队追击向西北方向蔓延林火，组织 180 人兵分两路封堵向北蔓延林火。11 日中午，火场北线突发 6~7 级大风，火借风势爆燃发展形成飞火，越过第二道隔离带，迅速向北和西北禄丰方向蔓延。将昆明支队调整至火场北线顶端，依托火场下方小型水库、农田和防火通道，宜打则打、宜烧则烧，阻击火场北线、西北线；将大理支队调整至火场西南线茶花箐一带，与昆明航空救援支队 2 架直-8 直升机，配属干部群众 500 人，采取“地空配合，立体灭火”战法，巩固围控火场西线、西南线，从而形成第一道防线聚力攻坚；将参战的武警交通、地方工程队伍调整至后方 1 公里处，利用重型挖掘机、推土机，先通后拓开设宽度超过 50 米的隔离带，从而形成第二道防线紧急设防；将参战的消防救援队伍重型水车部署在中烟再造公司（薄片厂），将地方小型越野水车部署在阿姜郎村一线，重点部署、点面兼顾，形成第三道防线保卫重点。11 日晚至 12 日中午，昆明支队在追击西北线急进火和处置北线马蹄形沟谷火时，组织 80 人的特勤大队编成 3 个突击分队，针对山势平缓地段林火，采取“强攻推进、递进超越”的战术手段快速处置；组织 80 人的直属大队编成 2 个作战分队，针对山势陡峭地段不规则林火，采取点烧作业将火线相对拉直，引至平缓地带处置；针对深谷烟雾弥漫地段林火，采取常规装备灭火与水泵以水灭火方式，打一段、清一段，步步为营稳妥处置；组织 100 人的昆明大队编成 2 个机动分队，针对悬崖峭壁林火，引导直升机精准吊灭的同时，周边部署机动力量，及时处置滚落火炭火石，最终将火场北线大部分林火歼灭。

（三）勠力“保点守要”攻坚战，决胜西北线

火灾扑救后期，在强风作用下，林火越过第三道隔离带，向西北方向快速蔓延，严重威胁北甸村、新立钛业公司和天宝磷化工厂安全。12 日晚，云南省森林消防总队前线指挥部迅速组织昆明、大理支队向新立钛业公司转场集结，并利用远度无人机夜间勘察整体火势，派出现地侦察组寻找突破点，协调联合指挥部组织村民撤离，指导工厂尽力转移危险品、快速开设隔离区、有效实施增湿作业，最大限度降低安全风险。21 时，昆明支队沿火场西北侧山脚切入，集中优势兵力，依托火线下方小型水库、沟塘实施点烧，架设水泵实施自我供水保障，孤军奋战，连夜阻击林火。大理支队迂回至北甸村附近，组织地方配属群众组建 30 人砍刀队，向山腰打开近 800 米的行动通道，带领队伍迅速抵近火线，运用常规装备直接歼灭林火。13 日上午，昆明支队与大理支队成功在火场西北线合围，火场实现封控。13 日下午，火场北线北甸村东侧，在局部 7 级强风作用下，一处烟点迅速形成约 300 米的火线，总队前线指挥部紧急抽调昆明支队 70 人转场，在火线下方实施点烧反攻作业。同时，派员赴火线上方隔离带，指挥地方 15 辆轻型越野水车，150 人的半专业扑火队进行布防，先后组织处置了 4 次紧急火情，有效防止了跑火情况的发生。通过队伍白天黑夜连续奋战 31 小时，14 日 1 时 10 分，火场外线明火彻底扑灭，队伍分段移交火场。

十三、山东威海“6·4”深圳籍“光汇 616”轮船内泄漏事故救援

2020 年 6 月 4 日 9 时 57 分，深圳籍“光汇 616”轮航行途中发生船载化学品泄漏，在山东省威海市石岛港距离岸边 4.3 海里处抛锚，16 名船员遇险。应急管理部通过视频连线指导处置。山东省应急管理厅和省消防救援总队立即启动灭火救援专家跨区域增援响应机制，调集海事、船舶等联动单位到场。威海市消防救援支队调集 20 辆消防车、156 名指战员到场协助处置。

（一）集中指挥，科学研判

由于国内处置的轮船内泄漏险情大都是汽油、原油类泄漏，非危险化学品船只载运危险化学品泄漏的案例几乎没有，参与险情处置的专家和救援队伍缺乏相关的处置经验，现场成立了消防、海事、船舶、溢油、危化品、船级社、海上交通等各方面专家为成员的专家组，对船舶状态、周边环境、泄漏程度等进行科学研判和风险评估，研究制定救援处置方案，从侦察检测、现场输转、现场堵漏、警戒范围、气象支持和物资保障 6 个方面初步确定泄漏处置意见，建立了“海陆一体、内外联动、上下结合”的高效专业救援体系。

（二）登船侦察，掌握情况

5 日下午，经专家组分析研判和指挥部决策后，4 名侦检人员全部穿戴全套防护服、佩戴正压式空气呼吸器，携带防爆测氧、测爆、测温仪、冷光源照明等侦检设备，按照先机舱后泵舱的顺序进行侦检，设置甲板观察哨，拖消轮与甲板观察哨采用防爆手持电台和红旗联络，明确紧急撤离信号和作业完成后的撤离信号，人员撤离均由上风向撤离。消防救援队伍负责对登船侦检小组开展轻型防化服、佩戴正压式空气呼吸器等个人防护培训。根据现场侦检情况，发现泵舱泄漏量较大，如不尽快处置，存在海上危险化学品外溢重大风险，专家组建议立即开展输转，并第一时间联系同类型危险化学品接驳船，做好过驳准备。

（三）海上处置，现场输转

6 日 0 时，现场由海事部门牵头开始从泵舱向污油舱输转泄漏液体，每小时输转量约 7 立方米；15 时，经现场测量，泵舱液面下降 80 厘米，液面上升趋势得到有效控制。生态环境部门对周边大气和水环境质量进行监测，数据显示无异常。消防救援队伍负责为登船侦检人员提供侦检测爆、个人防护、供气照明等器材装备，并移动指挥中心、供气照明车、防化洗消车等共 10 车 40 名指战员和 50 吨泡沫灭火剂在码头待命，做好突发情况下应急准备工作。

（四）岸基处置，过驳堵漏

8 日下午，海面出现高涌浪，指挥部决定将事故船拖回石岛港码头，由海上处置改为岸基处置。9 日 9 时许，“光汇 616”轮被两艘拖船拖回石岛港码头，对其机舱、泵舱实施持续充氮惰化作业。9 日 18 时许，“宁化 411”轮在经过全面充氮惰化保护后，靠至“光汇 616”轮外侧，开始进行卸货过驳作业，至 17 日 11

时过驳结束。17 日 15 时，由专业队负责开展清污洗舱作业。19 日 15 时许，清污洗舱完毕后，指挥部派出 1 个侦检小组携带可燃气体探测仪和 1 个堵漏小组携带金属堵漏套管、无火花工具组，对泵舱 11 处泄漏点进行泄漏点探测、堵漏，至 20 日上午堵漏处置彻底完成。

岸基作业期间，现场划定 200 米核心警戒区、700 米外围警戒区，消防救援队伍在核心警戒区部署 2 架遥控炮、2 部重型泡沫车、1 套远程供水系统做好应急处置准备，在实施气体惰化作业的设备周边，铺设水幕水带实施隔离保护，并为现场作业人员提供个人防护、应急照明等器材装备，同时，调集 20 架遥控炮、10 部重型泡沫车、100 名指战员部署在港区周边居民区、小型油库、金融机构等区域驻勤布防，确保现场及周边的安全。

至 20 日 16 时 40 分，参战指战员历时 17 个昼夜的连续奋战，主动担当作为，科学果断处置，协调组织多方专业力量，妥善排除险情，成功保护了整个船舶及船载 5000 余吨危险化学品货物，确保了周边整个港区的安全，完成了防止次生灾害发生、避免环境污染的目标任务，有效避免了一场潜在的重大事故发生。

十四、沈海高速浙江温岭段“6·13”液化石油气运输槽罐车重大爆炸事故救援

2020 年 6 月 13 日 16 时 41 分许，位于浙江台州温岭的沈海高速公路温岭段温州方向西出口下匝道处，一辆载有 25.36 吨液化石油气、由宁波开往温州的槽罐车发生爆炸。事故发生后，应急管理部主要领导立即到部指挥中心与现场连线，调度指挥抢险救援工作，同时派出工作组赴现场指导救援工作。浙江省消防救援总队先后调集 100 辆消防车、547 名指战员、6 头搜救犬到场处置。台州市政府启动重特大灾害事故应急处置预案，调集公安、自然资源、卫健、交通、住建、供电等联动单位人员到场协助处置。经过全体参战指战员 30 多小时的艰苦鏖战，共搜救出 24 名被困人员（图 5-5-13）。

图 5-5-13 搜救被困人员

（一）力量饱和响应，初战处置高效

17 时 15 分许，台州支队温岭大队和乡镇消防队（1 支轻型搜救队、4 支灭火救援分队）23 辆消防车、88 名指战员相继到场。经侦察确认，爆炸冲击波大范围波及周边，多幢建筑坍塌，多辆汽车、多处建筑起火燃烧，大量群众受伤以及被困，初步判断为槽罐车爆炸事故，爆炸具体物质不明。

温岭大队指挥员立即向支队及当地政府报告请求增援，并制定“外围控火、人员疏散”同步开展的战术措施，部署 5 个搜救小组对爆炸范围内倒塌建筑、受损车辆按照“先易后难、由浅入深”的顺

序进行施救；部署 4 个灭火小组对高速公路沿线东西两侧着火的汽车、厂房、民房实施灭火；指派 1 名指挥员对接镇村、辖区派出所和高速交警，共享掌握灾情及人员伤亡情况，并疏散 2 公里范围内的群众。截至 17 时 35 分许，从倒塌建筑外围和浅层成功搜救出 10 名被困群众。

（二）科学精准部署，救援安全有序

18 时 10 分许，台州支队全勤指挥部到场，迅速成立现场救援指挥部，设搜救攻坚、政工宣传、战勤保障、通信保障、信息收集 5 个工作组。在听取前期事故处置后，组织力量对现场进行再次全方位侦察，分析研判灾情态势，制定了“救援为先、灭火同步、安全管控”的战术措施，集中力量打通救援通道，重点搜救甲乙机电、雄溪机电厂房和受损居民房的被埋压群众，并将现场划分为甲乙机电厂房、雄溪机电厂房、受损居民房 3 个作战区域，确定了“精准定位、分片搜索、同步灭火、联动协作”的救援方案。

经与交警和市场监管等多个部门核查车辆信息，初步确认为液化石油气槽罐车，但也不排除其他违规装载的丁烯类或其他物质。

19 时 15 分许，重型搜救队 12 辆消防车、55 名指战员到达现场，与台州支队会商后，负责南片作战区甲乙机厂房的搜救工作。

截至 21 时 10 分许，现场救援力量在甲乙机电厂房内搜救出 3 名被困群众，在雄溪机电厂房内搜救出 1 名被困群众，在民房内搜救出 2 名被困群众，共救出 16 名被困群众。

（三）区域联动迅速，发挥专业优势

21 时 20 分许，在全面听取台州、温州支队和政府救援情况汇报后，按照“1+2+6”的组织指挥体系迅速成立现场指挥部，采取前、后方区域层级负责制，明确岗位职责，再次组织力量深入一线实地勘察，确定了“以房找人、以物找人、以人找人”的救援思路，尽快确定失联人员数量；制定以“搜救犬和生命探测仪交叉搜寻定位、工程机械逐层剥离表层构件”战术措施；落实现场安全管控，并加强对爆炸罐体残骸的稀释保护。

22 时 41 分许，经政府大数据平台分析调查，初步确认雄溪机电厂房内已无人员失联，但甲乙机电厂房内仍有 10 名人员失联、民房内仍有 5 名人员失联。

22 时 43 分许，机动、宁波、金华、绍兴、杭州支队 5 支重型、1 支轻型搜救队及搜救犬分队相继到达现场。现场总指挥部根据形势，再次调整作战部署，将现场划分为以坍塌厂房、受损居民区为中心的 2 个南北救援区和槽罐撕裂抛洒的抑爆区，统筹做好 4 个网格作战单元和 3 支轮战备勤力量。

22 时 46 分许，台州支队利用登高车和挖掘机协同配合，从楼房顶部开辟空间，搜救出 2 名被困群众。

14 日 0 时 20 分许，经过公安、消防、镇村及厂区负责人全方位搜集受灾区域人口户籍、手机信号、人物特征等数据，确认厂房仍有 5 名人员失联、民房仍有 3 名人员失联。

14 日 2 时 22 分许，温州支队在甲乙机电厂房内搜救出 2 名被困群众；3 时 12 分许，台州支队在民房内搜救出 2 名被困群众；4 时 47 分许，温州支队在甲乙机电厂房内搜救出 1 名被困群众。

截至 14 日 6 时，经过全体参战指战员近 12 小时的连续作战，共从倒塌建筑中搜救出23名被困群众。同时，经公安和政府最终核实确认，还有1名厂方工作人员失联。

（四）驻守力量监护，全面清理现场

14日7时许，根据救援进展，现场总指挥部命令各增援支队在完成防疫消杀作业后，陆续撤离归建，现场交由台州支队留守处置。台州支队对留守力量进行任务调整，明确重点搜救甲乙机电厂房东南面及附近水渠；战勤保障科负责在温岭西收费站出口处设置洗消点，开展归建前的消杀作业。同时，采取搜救小组配合大型机械全面开展清理作业的措施，扩大搜索范围，加快救援进度。

15日2时30分，经过反复搜寻，成功搜救到最后1名失联人员。至此，槽罐车爆炸事故消防救援工作全部结束。

十五、四川全流域集中汛情抗洪抢险救援

2020年入汛以来，受极端天气影响，持续强降雨造成四川境内以岷江、青衣江、沱江、涪江、大渡河为主的省内多条河流超警戒、超保证水位，先后发生了“6·27”凉山州冕宁山洪、“8·18”乐山凤州岛抗洪救援等影响较大的救援险情。四川消防救援队伍快速反应，第一时间启动跨区域抗洪抢险救援预案，各级消防队伍紧急出动，在消防救援局和地方党委、政府的统一指挥下，充分发挥专业优势，全力以赴救人排险。截至8月30日，全省消防救援队伍先后参与抗洪抢险救援行动共计出动指战员20345人次、车辆4308台次、舟艇1696台次，成功处置抗洪抢险警情3805起，营救被困群众8764人、疏散转移群众38714人，最大程度保护了人民群众生命财产安全（图5-5-14）。

图5-5-14 转移被困群众

（一）全力备战，精准布防救援力量

一是科学研判，力量前置。进入汛期以来，四川省消防救援总队党委及时根据省防汛指挥部风险预警通报，分析研判，调整部署，先后组织召开防汛抗洪形势分析调度会5次，提出“全力备战、力量前置、强化演练、落实督导”工作要求；统筹全省抗洪救援专业队等“尖刀”力量，在研判可能发生较大灾害的沱江、岷江、嘉陵江、大渡河等重点流域的23个重点区域部署力量1120人、266车前置备勤；预置对重庆、贵州、云南等地增援力量共920人190车。二是提前谋划，强化实战。组织全省抗洪救援机动大队，分别在成都、遂宁等地，采取“双盲”[①]模式开展省级防汛实装拉动演练2次；成立

① “双盲”：不提前通知演练时间、地点和演练内容。

了由总队党委成员带队的督导组，分片区对全省所有支队抗洪抢险准备情况开展实地督导。

（二）攻坚克难，全力确保人民群众生命财产安全

一是坚持“区域集结，机动增援”的战术措施。总队结合队伍实际，分析研判，科学制定辖区就地展开、机动力量重点增援、周边力量及时补防的战术措施。特别是在“6・27”凉山州冕宁山洪、“7・6”阿坝州小金县泥石流等抢险救援中，各机动力量协同开展救援，实现了救援力量机动灵活、专业高效的效果。在灾情爆发集中的 8 月，总队及时调整部署，按照“快速反应、就近增援、战区联保、统一指挥、有效处置”的组织原则，组建 5 个战区级增援力量和成都机动增援队，采取编队集结的方式对沱江、岷江、涪江、大渡河流域重点部位进行前置增援。二是坚持机动灵活、分类施救的战术方法。根据地域、灾情特点，分城市内涝区、村镇洪涝区、孤岛围困区、山体滑坡区 4 种类型实施救援。三是坚持重点布防、协同攻坚的救援理念。为预防灾情反复，19 日下午，部、局调集湖南、贵州、云南、陕西省消防救援总队共 690 人、133 车、57 艘舟艇，总队调集 11 个支队共 491 人、109 车、51 艘舟艇（2 艘气垫船），按照省内就近编队、省外协同攻坚的原则，分别跨区域增援泸州、乐山、宜宾、雅安四地开展洪峰过境期间的攻坚驻防和灾后重建工作。截至 9 月 3 日，共参加抗洪排险救助行动 834 起，出动人员 9174 人次、救援车辆 1407 台次，营救被困人员 12 人，转移疏散遇险群众 87 人，排水排涝 76.32 万吨，转运物资 676 吨，巡堤查险 48.6 公里，排除隐患 132 处，保卫重点目标 8 处，清淤排障 26687.4 立方米，助民解困 1367 人，防疫消杀 205397 平方米。

十六、北京通州“7・7”危险化学品钢瓶爆炸事故处置

2020 年 7 月 7 日 16 时 3 分，北京市消防救援总队 119 指挥中心接报通州区台湖镇一简易棚发生爆炸，现场存放有 41 类 757 个钢瓶（3 类剧毒、20 类易燃易爆、18 类有毒），北京市消防救援总队接警后第一时间响应，启动危险化学品处置预案，并协调联动市应急管理局、公安局等相关单位人员到场处置。救援现场始终坚持安全第一、科学处置的原则，先后采用“快速灭火、控制现场，稀释降毒、冷却抑爆，全面检测、清理搬运，侦检分类、工艺处置”等战术措施，圆满完成现场处置任务（图 5-5-15）。

（一）快速灭火、控制现场

第一力量到场后，前方指挥员立即按照危险化学品处置规程，迅速做好个人防护，疏散周围群众，并在周边 200 米外划定警戒线。经侦察了解，初步确认现场存有大量乙炔和环氧乙烷。鉴于现场存在爆炸、剧毒等高风险，现场指挥部命令在北侧架设高喷车、南侧设置消防机器人和遥控水炮，用大水流快速灭火，16 时 39 分现场明火被扑灭，防止了二次爆炸发生，全面控制现场局势。

图 5-5-15 爆炸事故处置现场

（二）稀释降毒、冷却抑爆

明火扑灭后，现场仍有白色雾状气体冒出，高爆剧毒危险性非常大。按照市领导要求，在专家组的指导下，由消防救援总队组织指挥现场处置工作。19 时 10 分，现场指挥部及专家组通过实地勘察分析研判，确定了“分层警戒、安全防护、稀释抑爆、查明物质、分类处置”的工作方案。将现场划分为核心区、警戒区、洗消区 3 个区域。爆炸中心 50 米范围为核心区，350 米范围为警戒区，实施分层警戒，设立洗消区，对进入内部人员进行彻底洗消。调派 4 辆路虎 60 雪炮排烟车和灭火机器人不间断出水稀释、降毒抑爆，有效阻断了有毒有害气体向周边扩散。同时，部署 2 台无人机持续空中侦察，市生态环境局等单位对现场周边有害气体进行采样监测。

（三）全面检测、清理搬运

9 日，通过现场指挥部和专家组分析研判，确定“气瓶检测、清理搬运、持续稀释”的战术措施，90 名消防指战员按照 10 个战斗编组轮换作业，逐瓶侦检测漏，并对事故现场进行搬运清理，历经 12 小时的高强度战斗，4 轮次的地毯式排查，现场 757 个气瓶气罐全部被清理至划定区域。

（四）侦检分类、工艺处置

现场指挥部按照“标定分拣、现场处置、转运搬离”的战术措施，在专业技术人员的指导下，将现场划分为焚烧区、放空区、中和区和待处置区 4 个处置区域，并对 757 个气瓶逐一进行开阀标定分拣，并按照气体类型分别采用置换放空、化学中和、点燃排空和转运等技术措施进行处置；处置组在燕山石化等单位技术人员的配合下，集中处理危险性较大的 64 个气瓶，将危险性最高、无法在现场进行工艺处置的二乙基氯化铝气瓶，依托市公安局反恐总队防爆设备转移处置。13 日 17 时许，现场所有气瓶处置完毕，经专家组研判已无风险后，交由各处置公司将气瓶回收，现场处置任务圆满完成。

十七、鄱阳湖周边3个万亩圩堤溃堤决口封堵

2020 年 6 月起，长江流域频繁发生强降雨，尤其是 7 月上旬，长江中下游遭遇超历史记录暴雨过程，长江发生 1998 年以来最大流域性洪水，鄱阳湖流域发生超历史大洪水，外洪内涝夹击，水位长期居高不下，造成了极为严重的洪涝灾害。受超标准洪水影响，昌江问桂道圩、中洲圩、修河三角联圩分别于 7 月 8 日、9 日和 12 日发生 127 米、188 米和 200 米宽溃口，35 个行政村、7.8 万人口、8.88 万亩农田受灾。其中，昌江问桂道圩辖内行政村 6 个，农田 1.64 万亩，人口 1.8 万人；中洲圩辖内行政村 15 个，农田 2.21 万亩，人口 3.4 万人；修河三角联圩行政村 14 个，农田 5.03 万亩，人口 2.6 万人。

国务委员、国家防汛抗旱总指挥部总指挥王勇高度重视江西抗洪抢险救灾工作，多次就抢险力量前置布防、抢险物资准备、受灾群众安置等工作进行安排部署，要求加强现场指导协调，全力抢险救援，切实把确保人民生命安全放到第一位落到实处。应急管理部组织多次视频会商调度，派出工作组赶赴江西指导抗洪抢险工作。国家防汛抗旱总指挥部办公室、应急管理部与财政部协商及时下拨中央防汛抗旱资金和救灾资金支持地方抢险救援和救灾救助，会同国家粮食和物资储备局紧急调拨拖车式抽水泵站 100 台、应急排水单元 30 台（套）和应急照明灯、帐篷、编织袋等抗洪抢险物资，并跨省调集 20 支排涝专业消防救援分队携带“龙吸水”、移动水泵等驰援江西，支持地方防汛抗洪抢险和救灾救助。

江西省委、省政府坚决贯彻党中央、国务院决策部署和国家防汛抗旱总指挥部工作要求，高位推动、统筹安排。省防汛抗旱指挥部连续提升防汛应急响应级别，启动Ⅰ级应急响应并维持 13 天，积极协调解放军、武警部队和民兵预备役，统筹综合性消防救援队伍、中国安能集团、地方专业森林消防队伍和社会救援队伍等各类应急力量，合理布局，根据风险优化调整，确保就近用兵、迅速出击，全面开展巡堤查险、险情抢护、人员转移等工作，全力抗洪抢险救灾（图 5-5-16）。省委、省政府第一时间派出应急和财政联合工作组赶赴查灾核灾，协助防汛救灾和群众安置，紧急向重灾区调拨救灾资金和棉被、折叠床等救灾物资。

图 5-5-16　封堵作业现场

地方党委、政府迅速反应，成立前线指挥部，积极组织抢险救援工作。九江市永修县及上饶市鄱阳县严格按照“四个明确”（明确转移对象、明确转移步骤、明确转移安置方式、明确转移责任）的要求，采取投亲靠友、集中安置等多种方式及时组织危险区和可能受威胁群众转移避险安置。连夜转移 3 座溃口圩堤 4 万多名群众到安全地带，转移后再次组织救援人员逐户摸排，做到不漏一户、不落一人，无一人因撤离不及时造成伤亡。组织

中国安能集团、江西省水建公司等工程抢险力量，科学制定抢险方案，同步开展装备物料运输、道路保通、水上运输、戗堤进占等抢险工作。中国安能集团迅速从江西南昌、江苏常州、福建厦门等地调集410名抢险队员、130台（套）装备（主要包括冲锋舟、照明装备、测量装备、通信装备等主战装备）投入决口封堵工作；江西省水建公司紧急调集400余名施工人员，调配挖掘机12台、装载机5台、推土机2台、运输车216台参与抢险。抢险队伍日夜不休，采取“人歇机不停”的方式，克服高温酷暑、作业面窄等困难全力抢险。在各地各部门的努力下，问桂道圩提前3天成功合龙，于7月13日完成；中洲圩提前1天成功合龙，于7月16日完成；三角联圩提前50小时成功合龙，于7月18日完成。地方积极争取支持、紧急采购，共调集1200余台（套）大流量排涝车、移动式水泵等设备投入应急排涝。应江西省防汛抗旱指挥部办公室、省应急管理厅的请求，广东省三防办、省应急管理厅从广州、深圳、珠海、佛山等市和省三防物资储备中心、广东省第二人民医院先后抽调91人、11台抢险排水车、11台保障车，组建广东省支援江西抗洪抢险队，奔赴千里紧急驰援江西省九江市永修县三角联圩排涝一线，执行抗洪抢险任务，为受灾群众有序返回，尽早恢复生活生产正常秩序作出重要贡献。

十八、福建龙岩“7·12”卓越新能源股份有限公司爆炸起火事故处置

2020年7月12日10时7分，福建省龙岩市新罗区铁山镇卓越新能源股份有限公司东宝厂区储罐爆炸起火。福建省消防救援总队一次性调集119辆消防车、470名指战员赶赴救援。在21小时的战斗和后续冷却监护过程中，累计供水约4.68万吨，调集泡沫原液568吨，扑灭池火近1300平方米、着火罐体61个，全程将火势控制于罐区和西北面厂房局部，有效保护厂区其他储罐、装置和设施建筑，以及邻近十余家企业、数千户居民和周边山林水系，最大限度地降低社会、经济和生态环境影响。

（一）疏散救人，重点保护

10时30分至51分，辖区莲东站、支队全勤指挥部、化工轻型编队和市区各队站增援力量相继到场，此时罐区绝大部分已化为火海，烈焰翻腾，滚滚浓烟遮天蔽日，不时发生啸鸣爆燃，强烈辐射热严重威胁周边厂房装置，情况万分危急。

根据现场情况，支队指挥部立即确定了“救人第一、疏散转移、侦控协同、关阀断料、重点保护”的基本作战思路，迅速组织侦察搜救，全力疏散厂区员工，转移3部原料罐车，配合疏散周边500米范围居民和企业员工。支队化工编队灭火冷却单元在西南角酯化车间附近设置阵地，使用移动水炮和机器人堵截西面火势，保持甲醇罐体稳定燃烧，保护酯化装置和纯化车间；举高喷射单元在东南侧山坡道路展开，对南面中间产品罐区及周边实施重点保护；远程供水单元沿雁石溪设立取水点；特勤站1个攻坚组配合厂家技术人员深入各装置区关阀断料；市区其余

队站使用水罐消防车轮番运水供水。提请市委、市政府前方指挥部协调应急、森林消防等力量搬运 3000 个沙袋，在西南面构建临时防护堤，防止流淌火蔓延。

11 时 30 分至 14 时 21 分，龙岩支队 6 个县城大队增援力量、支队预置点指战员陆续到达现场，对直接受火势威胁的周边储罐、装置和厂房实施重点保护。

14 时 50 分，支队远程供水系统开始供水，罐区东南、西南面救援力量供水得到有效保障。

（二）全面堵截，稳定火势

15 时 45 分，总队全勤指挥部到达现场，成立总队现场指挥部。通过询问技术人员，对照厂区平面图和无人机影像，进一步核查地沟油、生物柴油、甲醇等罐组分布和大致储量。指挥部研究制定了“筑堤导流、加强监测、冷却抑爆、全面控制”的战术原则，指挥封堵罐区防护堤原有缺口，在西南面道路上增设 2 道围堤，防止流淌火蔓延；提请市政府指挥部在生产、生活区排污管路下水方向挖掘 7 个集污池，导流拦蓄油污和消防废水，避免环境污染，防止最不利情况下流淌火失控向山下蔓延；使用高喷车和机器人精准保护周边储罐装置，最高效利用有限水资源；明确各阵地紧急撤离路线，设置 10 处安全哨，利用红外测温枪、热成像仪、双光热感无人机等装置，实时观察灾情发展态势，不间断监测火场温度、罐体结构变化和防护堤液位，及时发出预警信号。

15 时 54 分至 17 时 48 分，漳州、厦门、泉州支队化工编队增援力量相继到达。由于场地受限，指挥部在进山入口设立交通管控，将现场划分为前、后方区域。前方区域仅允许各增援支队灭火冷却单元、举高喷射单元和指挥通信单元进入，根据作业面条件设立东北、东南、西南 3 个战斗阵地。西南侧阵地：漳州支队部署 1 个灭火单元和 1 个举高喷射单元；东北侧阵地：厦门支队部署 1 个举高喷射单元；东南侧阵地：龙岩支队收缩力量，继续冷却西南面 6 个中间罐体和邻近装置。泉州支队作为机动力量，根据火势发展轮换和加强各阵地力量。协调森林消防队伍砍伐清理东北面、东南面山坡树林，开辟作业面。各阵地力量部署到位后，综合使用机器人、移动炮、车载炮和高喷车等装备，以“全泡沫”战术，逐步扑灭外围火点和罐区池火，冷却保持着火罐稳定燃烧，抑制火场辐射热，保护罐区周边设施，将着火区域牢牢控制在罐区内部（图 5-5-17）。后方区域安排专人调度到场车辆，统一管控重型水罐车、供液车有序向火场供水供液，引导增援支队 3 个远程供水单元沿雁石溪设立取水点，向前方供水。

（三）主动进攻，逐个击破

截至 20 时 17 分，增援支队 3 个远程供水单元相继完成铺设，全力保障火场供水，供水流量达 1000 升/秒。此时，后方已先后调集 568 吨泡沫、3 部供液车、1 部叉车、2 部油罐车，泡沫液、油料供应得到进一步保障。指挥部命令各阵地再次确认泡沫统型情况，反复测试发泡效果，准备转入进攻阶段。

在现场指挥部统一指挥下，各阵地以高喷车、大跨度多节臂车和工业泡沫车车载炮为主力，集中射流，对着火罐进行逐个“点名”。对敞开燃烧罐体，实施高强度泡沫灌注，直至罐内火势熄灭，形成稳定泡沫层；对于罐顶喷射火，集中射流强行切封压制，冲击窒息、消灭火点。在扑灭一个罐体后，随即部署移动炮抵近冷却覆盖，巩固战果，同时调整主战车辆方位，补充车载泡沫液和水，准备下一轮进攻。在不到4小时内，连续扑灭60个着火罐，持续推进战线向前延伸。

13日6时许，现场火势基本控制，仅有东北角46号生物柴油罐仍在泄漏燃烧。指挥部重新调整部署，改为控制稳定燃烧，同时持续加大对其余罐体的冷却强度。各参战力量分批休整，补充灭火药剂和油料，做好强攻准备。

（四）消灭残火，冷却监护

13日7时10分，指挥部命令厦门、泉州、龙岩支队3个作战单元，使用泡沫射流从3个方向对最后一处罐体着火点进行对冲夹击，持续进攻近20分钟后，残火被扑灭。各阵地继续保持罐区冷却力度，确保不复燃。

13日10时许，火场温度明显降低，指挥部组织成立8个攻坚组，着防化服，在泡沫枪掩护下深入储罐区，拉网排查、消除零星火点。罐区温度逐渐冷却至接近室温、现场无复燃危险后，各地增援力量分批陆续归建。根据地方政府建议，留守指战员将防护堤内液体导流排出，使用火钩等工具清理现场，全面搜寻失踪人员。同时，工程技术人员进入罐区，封堵仍在泄漏的阀门、管线。

14日，现场搜寻到2名失踪人员残存遗骸。18日16时40分，罐区次生灾害隐患消除后，现场监护力量撤离。

图5-5-17 爆炸起火事故处置现场

十九、山东东营“7·15”坤德商贸有限责任公司停车场火灾扑救

2020年7月15日15时31分许，山东省东营港坤德商贸有限责任公司停车场油罐车发生爆燃起火。事故发生后，山东省消防救援总队先后调集全省6个支队共

127 辆消防车、533 名指战员赶赴现场处置，同步调集胜利油田、齐鲁石化等救援队伍共 20 辆消防车、122 名专职队员协同处置。经过近 7 小时的连续奋战，大火被成功扑灭，有效保住了停车场内剩余 240 余辆油罐车和邻近加气站及周边多家企业的安全，未造成指战员伤亡和次生灾害。

（一）冷却疏散结合，降低火场潜在风险

15 时 40 分，辖区大队指挥员带领安兴路消防救援站到达现场，第一时间开展火情侦查和人员搜救。侦察发现停车场东侧中部有 5 辆油罐车处于猛烈燃烧阶段，火焰高达数十米，严重威胁周围罐车安全，在停车场外部发现 3 名烧伤人员。指挥员立即展开战斗部署：一是联系 120 救护车到场，对伤员进行救治；二是在北门设置 2 个移动炮阵地，对邻近周边罐车进行冷却，堵截火势蔓延；三是设立现场安全员；四是在停车场外围进一步核查是否还有被困人员；五是向支队指挥中心报告现场情况，请求增援。

辖区政府、企业专职队增援力量陆续到达现场后，大队指挥员在西侧公安分局院内设置 2 个车载炮阵地，冷却西侧罐车，采取运水供水的方式给 2 个车载炮阵地进行供水，并掩护配合挖掘机破拆停车场西侧护栏，开辟进攻通道。在南侧空地设立 2 个高喷车阵地，堵截火势向南侧蔓延。调派辖区远程供水系统保障作战车辆供水，其他车辆占据周边市政消火栓运水供水。

（二）全力堵截火势，防止扩大蔓延

16 时 55 分，东营支队全勤指挥部带领 10 个消防救援站以及胜利应急救援中心共 2 套远程供水系统、16 台消防机器人陆续到达现场，随即成立现场指挥部。

此时，现场正处于猛烈燃烧阶段，火焰高达数十米，并不断发生爆炸。指挥部根据现场情况确定“划定区域冷却抑爆、重点防护防止扩大、寻找水源确保供水、疏散转移开辟阵地”的作战方针，并于火场东侧邻近建筑顶层、北门附近地势较高处分别设立安全观察哨，明确紧急撤离信号；利用无人机进行侦察，进一步甄别停车场内油罐车模型，将现场划分为西、北、南 3 个作战区域，设置了 8 个水炮阵地，重点对着火油罐车和西侧、南侧罐车进行冷却降温，防止火势扩大蔓延。西侧阵地设置 1 门车载炮、1 部高喷车实施冷却；北侧阵地设置 4 台灭火机器人，冷却着火罐车、保护西侧受火势威胁的罐车；南侧阵地设置 2 门遥控炮实施冷却。增设 1 套远程供水系统占据西侧 1 公里处水源，在西北侧设置供水阵地保障现场供水；其他车辆负责运水供水。

18 时 35 分许，现场发生规模最大的一次爆炸，火势突然明显增大，指挥员果断下达紧急撤离的命令，参战指战员按照既定路线全部徒手撤离。火势稳定后，参战指战员返回战斗岗位，发现北侧阵地内的 2 辆灭火机器人损坏，此时风向也由西风转为东风偏南，火势直接威胁西侧车辆，部分车辆驾驶室已经开始燃烧。现场指挥部果断下达命令，迅速替换损坏的灭火机器人，同时在西北侧增设 1 门车载炮，冷却保护西侧车辆，坚决防止火势向西侧蔓延扩大。

19 时许，火势趋于稳定燃烧，现场指挥部调整作战意图，北侧机器人和南侧车载炮阵地向前推进，改出泡沫压制火势。部署 2 辆泡沫输转车保障作战车辆泡沫液供给。西侧阵地设置 1 门遥控炮代替车载炮和高喷车继续冷却保护。

（三）四面合围夹击，实施总攻灭火

19时50分，总队全勤指挥部和滨州支队增援力量相继到达，掌握现场情况后，随即调整作战部署，命令东营支队保留北侧阵地的4台灭火机器人和1部车载炮，并在东侧增设1部车载炮；滨州支队在西侧阵地设置3门大流量车载炮，并利用2支泡沫管枪消灭被引燃的罐车驾驶室火势，增设1套远程供水系统占据北侧3公里处水源保障现场供水；南侧阵地由胜利应急救援中心设置2门遥控炮；部署3辆照明车在北侧、南侧及西侧实施火场照明。

21时50分，各作战车辆灭火剂充足，灭火时机成熟，总队全勤指挥部果断下达总攻灭火命令。22时15分，明火被彻底扑灭。现场继续进行冷却，防止复燃。

23时10分许，指挥部命令东营支队留守监护，并组织12个小组对过火车辆及邻近车辆逐一排查，防止复燃；其他增援力量收整归建。

二十、湖北恩施“7·21”滑坡堰塞湖险情应急处置

2020年7月21日5时30分，湖北省恩施州屯堡乡马者村沙子坝滑坡体前缘滑入清江，一度堵塞清江河道形成堰塞湖。此次滑坡体体积约1000万立方米，滑入清江的土石方量约150万立方米，最高处约35米、长约300米、宽约60米。

灾害发生后，应急管理部协调自然资源部、水利部、国家能源局、中国安能集团等部门（单位）组成部际联合工作组到达现场，与湖北省应急处置现场指挥部进行了对接，先后2次深入滑坡点实地查看现场，听取地方政府工作情况汇报和水利、地质专家情况介绍，组织灾情会商研判，研究提出了加强应急处置工作的措施建议；参加现场指挥部会议，并就做好应急处置工作提出了建议；指导现场指挥部做好抢险救援方案和滑坡体监测预警方案的拟制（图5-5-18）；指导中国安能集团在清江右岸修筑长约500米、宽约4.5米的施工便道和1.3公里长的导流管铺设平台。7月22日18时，堰塞体两侧自然过流，水位呈缓慢下降趋势。

此次滑坡堰塞湖应急处置，迅速完成了人员转移安置、上下游水库泄洪腾库、冲刷堰体自然过流降低堰塞湖水位、修筑施工便道和导流管铺设平台等措施，基本控制了灾情的进一步发展，全程没有人员伤亡，充分展现了应急管理部牵头，中央、地方、军队、企业各方面协同配合、联合作战的应急管理体制机制的优越性。

图5-5-18 研究抢险救援方案

二十一、上海浦东国际机场“7·22”外籍货机火灾扑救

2020 年 7 月 22 日 15 时 15 分，上海市浦东新区护航路靠近海天五路浦东国际机场 306 号停机位上一架埃塞俄比亚航空公司的波音货机发生火灾。15 时 56 分，市应急联动中心接浦东机场警情通报后，调派上海市消防救援总队、浦东支队、特勤支队全勤指挥部以及川沙、祝桥、中江、川展、金桥、龙阳等 20 个消防救援站、38 辆消防车、200 余名指战员赶赴现场处置。经参战指战员奋力扑救，现场火势于 17 时 1 分被扑灭，保护了飞机驾驶舱、引擎、油箱以及下货舱货物，火灾未造成人员伤亡（图 5-5-19）。

（一）初战布控，重点设防

15 时 56 分，总队接警后一次性调派总队、浦东支队全勤指挥部以及川沙、祝桥、川展、金桥、龙阳 5 个消防救援站共 22 辆消防车赶赴现场处置。总队指挥中心以及辖区川沙消防救援站先后联系机场专职消防队，询问现场情况，初步了解到飞机尾部有大量黑烟冒出，机场消防部门正组织力量在外部展开扑救。

16 时 12 分，辖区消防救援站 3 辆车到场，并与机场专职队对接情况。经指挥员外部侦察发现：飞机右侧前、后舱门开启，机头前舱门有大量浓烟翻滚，机尾顶部有明火窜出，火势呈现向机头前部蔓延趋势，机场消防部门已在外部出水冷却、灭火。经了解，该机人员全部撤出，机翼油箱已加注 25 吨航空煤油，具体燃烧物质为锂电池（实际起火物可能为锂电池，但主要燃烧物质为防疫物资和服饰）。根据掌握的情况，针对现场冷却力量不足的现状，辖区站指挥员确定了重点冷却保护、控制爆炸蔓延的处置方针，指令本站力量配合机场消防力量布置 1 门移动炮、1 支水枪对右侧机翼油箱实施冷却；布置

图 5-5-19　货机火灾扑救现场

2 支水枪在前舱门地面实施射水堵截（后架设 15 米金属梯登高射水）。同时，要求机场专职消防队调整力量重点冷却左侧机翼油箱。

首批出动的祝桥、川展等消防站力量到场后，辖区站指挥员要求增援力量配合实施控火堵截：指令祝桥站出 2 支水枪协同机场专职消防力量加强对左侧油箱冷却；出 2 门移动炮通过开启舱门打击后货舱尾部火势；指令川展站出 2 支水枪协同冷却右侧机翼油箱。同时，要求各站以站为作战单元，保证独立供水不间断。

（二）开辟通道，调整布控

16 时 26 分，浦东支队全勤指挥部到场。此时，机舱尾部已全面燃烧，且火势蔓延至机身中部造成局部穿顶，前舱门有大量黑烟冒出。支队指挥联合机场消防在火场东北侧设立现场联合指挥部，统一协调现场救援行动。指挥部根据现场情况作出以下判断：前期冷却油箱到位，初步排除火势波及油箱风险；内部堆垛火势表层燃烧猛烈且供氧充足；灭火射水排除渠道畅通，飞机整体承载问题不大。针对现场内部燃烧情况不明、控火效率不高以及进攻途径缺乏等问题，指挥部作出如下调整：一是要求机场尽快核实飞机装载货物情况，查明锂电池型号、数量和位置；二是调用 1 辆登机车和 1 辆专用消防平台车分别停靠前、后舱门，开辟抵近侦察进攻通道；三是命令川沙站通过登机车在前舱门过道出 1 门移动炮阻止火势蔓延至驾驶舱；四是命令祝桥站通过平台车在后货舱门出 1 门移动炮、2 支水枪打击尾部火势；五是命令后续增援力量继续加强对机翼油箱的冷却；六是指令机场快速反应消防车利用穿刺水炮穿刺前部机体射水控火。实施上述措施后，现场火势得到明显遏制。

（三）强攻灭火，清理收残

16 时 55 分，总队全勤指挥部到场。经现场综合研判和抵近内部侦察，发现后舱入口火势已被扑灭，机体尾部左侧形成直径约 2 米的开口，机体中、前侧顶部局部烧损开口，内部堆垛火势处于燃烧状态，局部明火较大。但火势已得到有效控制。为加速灭火进程，避免机体在火灾中进一步烧损，指挥部决定采取“内外协同，攻排结合”的战术措施，外部联合机场消防力量继续加大对机翼以及机体中、下部冷却，并组织专业人员开启下货舱确认过火及进水情况；由 1 名总队指挥员带队，组织特勤支队金桥消防救援站攻坚组出 2 支水枪由后部机舱推进实施内攻，前机舱的水枪以控制烟热向驾驶舱蔓延为主，主要实施排烟。安排 2 名总队指挥员在前后舱入口处指挥，有序组织人员进入、撤出，并落实安全措施（平台与飞机间缝隙 30~50 厘米）。同时，组织现场其余参战力量撤至指定区域待命，保证现场秩序。内攻小组在总队指挥员带领下，面对机体内部烟雾浓、温度高，坚决贯彻“纵深穿插、遇火则停”的指令，在 15 分钟内由机尾向前爬行推进约 50 米，扑灭堆垛表面明火，确保了灭火战斗决定性胜利。17 时 20 分，指挥部报火势熄灭，但由于物资堆放密集，指挥部决定划分前后两个区域，继续组织力量利用穿刺水枪实施收残灭火，扑灭内部阴燃火势。

经与机场协调，为最大限度保护现场便于后期调查，内部燃烧物不予清理，航油暂不抽取。22 时 1 分，现场除保留少量留守力量外，其余力量归队。

二十二、安徽阜阳颍上县姜唐湖蓄洪区戴家湖涵闸重大险情处置

2020 年 7 月 26 日上午，安徽省阜阳市颍上县姜唐湖行蓄洪区戴家湖涵闸因闸门破损导致洪水外溢，戴家湖涵闸处堤防面临突然垮塌风险，严重威胁戴家湖内 8000 余名群众生命安全，甚至威胁颍上县城安全，情况十分紧急。

险情发生后，阜阳市通过电话紧急向安徽省防汛抗旱指挥部办公室初步报告险情基本情况，市县领导立即赶赴现场组织开展先期处置。省应急管理厅向应急管理部报告了险情基本情况。应急管理部通过视频连线调度指导抢险救援工作。国家防汛抗旱总指挥部应安徽省防汛抗旱指挥部请求，向安徽省紧急调拨钢丝网兜、救生衣等抢险救援物资，有力支援了地方抗洪抢险工作。

（一）迅速转移受威胁群众

当地党委、政府第一时间组织开展人员安全转移，安排半岗、垂岗两个乡镇通过预警广播通知区内群众转移，及时安全转移戴家湖可能受淹风险区域内 8476 名群众，抽调近 900 名公安干警配合镇村干部开展拉网式排查，确保不落一户、不少一人。采取投亲靠友分散安置和设安置点集中安置的方式妥善合理安置转移群众，做好生活、医疗卫生等保障。

（二）建立指挥调度机制

安徽省领导紧急赶赴险情现场，研究部署应急抢险具体举措。迅速建立指挥调度机制，由阜阳市委书记任总指挥，市长任副总指挥，颍上县委书记负责现场指挥，县长负责人员撤离及戴家湖圩区堤防加高加固方面指挥。成立专家组研究制定处置技术方案，并按照方案抓紧调集相关抢险物资。由阜阳市提出兵力要求，省应急管理厅负责协调部队增加兵力投入、参与抢险救援。

（三）紧急调用力量物资

省防汛抗旱指挥部、应急管理厅紧急联系东部战区协调兵力增援，调拨 3 个方向 1350 人，调动消防救援队伍 750 人，共计 2100 名指战员于 26 日晚全部到位。协调中国能建、中国电建、中国铁建施工人员 721 人增援，协调东部战区前线指挥部联系 71 集团军工化旅架设浮桥平台。27 日继续协调东部战区前线指挥部 2000 兵力、舟桥旅重舟营 400 名官兵携带 127 辆重型车辆增援颍上。省防汛抗旱指挥部紧急向国家防汛抗旱总指挥部办公室申请折叠式抢险金属网箱 1500 个、救生衣 3500 件等中央物资，从省级物资储备点调用块石碎石 1000 余吨、钢丝网兜 4000 个、救生衣 1000 件和混凝土预制块，有力保障了抢险需要。阜阳市征调葛洲坝集团、民兵预备役、市县消防救援和水利施工企业、县级抢险队等 1067 名抢险队员和推土机、挖掘机等 249 台（套）设备，投入抢险（图 5-5-20）。

（四）全力开展抢险处置

一是封堵涵闸出水口。26 日下午陆续投放砂石料、钢丝网兜、钢筋笼等，用黏土袋、棉被等闭气，有效封堵破损涵闸。28 日 15 时外河侧破损闸孔得到有效封堵，30 日凌晨 3 时抛掷的黏土露出水

图 5-5-20 东部战区及消防救援队伍开展现场抢险工作

面，30 日 15 时现场监测已无明显渗漏流量，涵洞漏水得到有效控制。二是构筑“养水盆”。高强度进行抢险筑堤，历时 60 余小时，“养水盆”围堤与防洪堤成功合龙，新筑围堤 316 米，筑堤土方 4.9 万立方米。三是填筑防洪闸侧月牙堤。主要施工方法为：水上利用舟桥部队浮船不间断地向防洪闸迎水侧抛投块石等物料，地面利用自卸车倾倒黏土闭气，起到了正面阻水防渗漏的作用。四是严守沿岗堤。对沿岗堤庙台至垂岗段进行全线测量，对堤顶高程不足堤段，采用编织袋装土抢筑子堤，对所有过堤涵管进行封堵，并安排专人值守。至 8 月 1 日上午，涵闸彻底堵死，“养水盆”围堰、闸前月牙堤构筑等全部完成，险情全部解除。

戴家湖涵闸重大险情处置累计投入抢险人员 3487 人（其中解放军 2420 名）、挖掘机 95 台、推土机 58 台、自卸车 96 台。经过 6 天奋战，险情全部解除。险情处置过程中，没有发生安全事故，无一人伤亡，抢险处置取得全面胜利。

二十三、广西钦州“8·4”“中匀 7”轮石脑油泄漏燃爆事故救援

2020 年 8 月 4 日 3 时 30 分，中国（广西）自贸试验区钦州港片区（简称钦州港区）一艘装载 880 吨石脑油的 3000 吨级油轮“中匀 7”轮在装载作业期间，泵舱内油泵过滤器处油品大量泄漏，机舱发生燃爆冒烟，直接威胁码头沿线甚至整个港区的化工（仓储）企业和航道安全。广西壮族自治区消防救援总队调集 31 辆消防车、130 名指战员，联合海事、应急等部门历经 12 个昼夜连续奋战，8 月 15 日 23 时 27 分成功排除险情（图 5-5-21）。

（一）初期研判，拖带转移

4 日 7 时，支队首批救援力量到达现

图 5-5-21　泄漏燃爆事故处置现场

场，机舱内明火已经熄灭，泵舱内油泵法兰连接处石脑油泄漏，舱内可燃气体浓度35%。经与海事部门研究决定，将船舶拖带远离危险化学品集中区域。20 时 10 分，“中匀 7”轮被拖带至大榄坪 12、13 号泊位港池抛锚停泊。由于船舶失去动力，拖带前弃锚 1 根。

（二）制定方案，测试论证

4 日晚上，支队会同海事部门连夜召集相关部门召开抢险协调会议，确定了抑爆、靠泊、驳油、清舱的整体处置对策。同时，报请钦州市政府启动重大事故应急预案，成立应急救援指挥部。指挥部指令由消防救援支队制定排爆抑爆方案，并负责实施。同时，支队组织开展相关测试和论证工作：组织对干粉消防车、移动氮气瓶、应急注氮系统和定制钢管、PVC 硬（软）管、消防水带等释放管道进行注氮测试。对高倍数泡沫进行发泡和封舱效果测试。对预靠泊码头进行熟悉，确定车辆停放、灭火进攻路线、人员撤离路线。到结构类似的“永鑫油 7”轮熟悉船体和各舱室结构。对事故轮船体结构进行现场勘查熟悉，注水扶正船体。利用远程供水系统+供液车+移动炮+消防机器人+水幕发生器进行泡沫喷射和水幕测试，确定岸防力量部署。调集远程供水系统 2 套，供液车等 16 辆消防车以及遥控炮、灭火机器人、应急注氮装置、泡沫灭火剂、干粉灭火剂等器材装备到距离码头 5 公里的兴港消防站前置执勤点集结。

（三）海上注氮，排爆抑爆

9 日，各项应急准备物资、人员全部到位。提前组织完成岸防措施和阵地设置。吊装液氮瓶和注氮设备到“华海拖 3”拖轮，到事故轮进行注氮管道预设。10 日 1 时 8 分，开始对泵舱开展注氮作业；4 时 25 分，对泵舱惰化并封舱完毕；4 时 48 分，开始对机舱开展注氮作业；16 时 30 分，经检测，舱内氧气和可燃气体浓度符合安全靠泊要求。10 日 16 时 40 分，停止海上注氮。

（四）岸防保护，拖带靠泊

10 日 17 时 56 分，在岸防系统保护下，“中匀 7”轮顺利靠泊码头。22 时 30

分，继续对“中匀 7”轮泵舱、机舱开展注氮作业。同时，对岸防阵地进行调整，由防御型阵地转换为进攻型阵地，消防机器人、移动水炮等改接泡沫供液。

（五）油品过驳，消除隐患

11—13 日，历经 54 小时，“中匀 7”轮货舱油品过驳完成。过驳过程中，持续对泵舱、机舱注氮惰化和检测。调整岸防力量部署，加强对驳油管线静电消除保护。联合海事、应急管理部门设立安全员小组，对现场工作人员进行安全撤离培训，统一撤离信号、撤离路线、联络方式。增设 12 人应急处置小组，应对码头突发紧急情况。

（六）船舱清理，全面排险

预设 6 支泡沫钩管，4 条钢制应急注氮灭火管线，2 个高倍数泡沫发生器阵地，做好驳油后清舱应急处置准备。15 日 0 时 25 分，泵舱、机舱余油全部抽吸完毕。9 时 47 分，开始强制通风作业，经 3 次测爆合格后，指挥部宣布险情解除，救援行动于 23 时 30 分结束。现场留守 9 车 20 人进行监护。

二十四、甘肃陇南洪涝灾害抢险救援

2020 年 8 月中下旬，受持续强降雨影响，甘肃省陇南市武都区、文县等地相继发生暴洪泥石流、山体滑坡、内涝等灾害，部分地区道路阻断，通信中断，导致陇南市 9 个县区 199 个乡镇（街道）2280 个村 11.12 万户 40.75 万人受灾受困，严重威胁人民群众生命财产安全，严重影响当地生产生活。8 月 17 日以来，甘肃省森林消防总队从所属陇南、平凉、张掖 3 个支队，分庆阳、平凉、天水、武都、成县、迭部、合作、甘州、肃南 9 个方向，先后调集 805 名指战员，携带各类救援装备 3100 件（套），出动 75 台车辆投入救援行动（图 5-5-22）。

图 5-5-22 营救被困群众

甘肃省森林消防总队主要担负 13 个乡镇的受困群众转移、清淤排涝、物资运送、垒筑堤坝、卫生防疫等救援任务。9 月 4 日，救援队伍全部安全归建。其间，共营救受困群众 42 人（转移待产孕妇 2 人），转移车辆 41 台，清理、疏通、铺设道路 40 余公里，疏通下水道 157 处，清理洗消民房 499 间，装卸救援物资 150 余吨，清理淤泥垃圾 1 万余立方米，装填沙袋 7000 余袋，装填铁丝石笼 20 个，装填搬运沙石 710 余立方米，架设简易桥梁 1 座，垒筑堤坝 6 处 1000 余米，为居民提供饮用水 130 余吨，心理疏导受灾群众 200 余人。

（一）战备秩序正规，队伍反应迅速

进入主汛期以来，甘肃省森林消防总

队认真落实应急管理部关于抗洪抢险系列指示精神，坚持把抗洪抢险作为阶段性重点工作，在派出 117 名指战员前置备勤河北正定的情况下，为应对本省汛情，着力做到五个“第一时间”。第一时间与省防汛抗旱指挥部、应急管理厅、中央气象局等部门建立了信息共享机制，全面掌握汛情动态，做到预警在先、预防在前；第一时间修订完善《甘肃省森林消防总队参与洪涝灾害抢险救援方案》，组织全队伍大力开展以转移群众、加固堤坝、现场救护、紧急避险为主要内容的依案演练，确保指战员熟悉任务、熟知程序、熟练动作；第一时间检修、补充装备器材，为每名指战员配齐防汛装备，确保遇有任务能够立即出动；第一时间编发《抗洪抢险行动手册》，组织队伍学习，指导救援行动；第一时间投入救援行动，陇南市发生暴洪泥石流灾害后，总队立即启动应急救援预案，抢抓黄金救援时间，8 月 19 日陇南支队成功营救武都区外纳镇农贸市场 40 名被困群众，8 月 21 日第一个挺进受灾严重的文县县城。

（二）深入救援一线，科学高效指挥

此次抗洪抢险，全程做到了科学指挥、高效救援。指挥力量上，各级指挥员始终坚守岗位，各要素 24 小时值班值守，共有 15 名指挥长、80 名指挥员奋战在救援一线，纵向上坚持内部垂直指挥，横向上加强与各级党委、政府和友邻队伍对接协调，确保作战指挥高效顺畅。救援行动中，始终坚持人民至上、生命至上的原则，以保障广大群众的生命安全为第一要务，采取“劝疏结合、拉网巡查、重点突击”等方法解救受困群众，保证了整个行动安全高效。救援后期，针对“点多、线长、面广”的任务实际，总队前进指挥组积极对接省抗洪救灾前方指挥部了解灾情、受领任务，先后深入到文县城关镇、临江镇、堡子坝镇、碧口镇、尚德镇、石鸡坝镇、石坊镇和武都区郭河乡、外纳乡、黄坪镇等任务一线，精准指导队伍行动，力促各救援分队安全、科学、高效遂行救援任务。

（三）紧贴任务实际，战法运用灵活

随着救援行动的深入，针对任务重心由“抢救受灾群众生命”向“清淤、排涝、帮助受灾群众恢复生产生活”转变的实际，各单位灵活采取战术手段，积极做好“三个转变”。一是实现从人力作业向人机配合的转变。遂行任务之初，部分指战员重视队伍自身能完成多少任务，但对如何搞好与大型机械的配合方面思考得比较少；随着时间的推移，人机配合越来越密切，做到了“挖、清、排、冲、洗”灵活选择运用，救援效果更加显著。二是实现从有求必应向区分主次的转变。由于此次洪涝灾害影响范围大、涉及面广，特别是文县城关镇、碧口镇、石鸡坝镇等重灾区，群众损失很大。救灾过程中，经常遇到受灾群众“清淤、搬运、清洗”等救援请求，部分指战员基于“爱民助民”的考虑基本上都是有求必应，影响了本该重点完成的救援任务；但随着任务展开，主次更加分明，群众工作也更加到位。三是实现从被动配合向主动协调的转变。任务初期，基本上是机械开到那里，人员配合到哪里；随着清淤任务的进行，各级指挥员能够主动对接机械操作人员，根据任务需要，邀请机械操作人员配合队伍进行作业，实现被动配合向主动完成的转变。

二十五、上海横沙岛“8·20”“隆庆1”轮碰撞起火事故救援

2020年8月20日3时39分，一艘载运约3000吨汽油的油船“隆庆1”轮与一艘砂石料船“宁高鹏688”轮在上海横沙岛以东30海里处发生碰撞，造成“隆庆1”轮甲板起火，“宁高鹏688”轮沉没，17人遇险。

事故发生后，应急管理部立即调度了解事故情况，要求全力配合有关部门搜救，科学组织、保障安全。按照部领导要求，国家安全生产应急救援中心调动国家危险化学品应急救援中化舟山队派出“中化应急”水上消防救援船赶赴现场参加救援。

（一）迅速响应，先期处置

接到出动指令后，中化舟山队“中化应急”轮水上消防船载20名指战员、17吨泡沫灭火剂全速赶赴事故现场，于20日14时20分抵达。同时，上海市消防救援总队调派“沪消5”轮消防灭火救援船载44名指战员、20吨泡沫灭火剂，于16时30分抵达。上海市应急管理、海事、救助、海警、渔政等部门调派船艇、直升机、固定翼飞机等参加救援，全力组织做好伤员救治，并发布航行警告，设置沉船AIS虚拟应急示位标，划定现场警戒区域，做好船舶交通组织，确保周边船舶航行安全和航道畅通。

（二）协同作战，初步控制

20日16时50分，按照现场指挥部命令，“中化应急”轮和“沪消5”轮协同作战，先后发起三次攻击。“中化应急”轮承担甲板灭火、阻止甲板火灾引发隔舱事故任务，“沪消5”轮负责扑灭船舷撕裂处火灾。“中化应急”轮和“沪消5”轮指战员不顾安危，抵近油船进行长时间饱和泡沫攻击。“沪消5”轮由于吨位小、水炮威力弱，未能有效控制船只右舷撕裂口火势，“中化应急”轮利用自身水炮和吨位优势扑灭甲板大火，初步控制火情。“中化应急”轮和“沪消5”轮泡沫耗尽，且海面能见度极差，按照现场指挥部部署，“中化应急”轮和“沪消5”轮返回补给泡沫。

（三）发起主攻，成功灭火

21日10时，载有45吨泡沫的“中化应急”轮、载有30吨泡沫的“沪消5”轮和载有26吨泡沫的“东海救102”轮，在现场指挥部指挥下发起灭火总攻（图5-5-23）。“中化应急”轮对“隆庆1”轮右舷破口进行大剂量饱和泡沫攻击，在自身水雾掩护和保护下，“中化应急”轮发挥主炮大流量优势迅速消灭主甲板火势，并形成大范围泡沫覆盖，及时有效降低船体温度。针对船体撕裂口较低，泡沫有效利用率不高等不利情况，“中化应急”轮靠前作战，使用甲板2门移动炮以平射方式攻击油船右舷破口，11时30分，油船火势被完全扑灭，三艘救援船持续实施降温作业，避免复燃。经过18小时40分钟奋战，着火油船大火被成功扑灭，救出被困人员12人，其中3人生还，9人遇难，另有5人失踪。24日10时，“隆庆1”轮被拖带至绿华山锚地，抢险救援结束。

图 5-5-23　抵近扑救

二十六、山西临汾聚仙饭店“8·29”重大坍塌事故救援

2020 年 8 月 29 日 9 时 40 分许，山西省临汾市襄汾县陶寺乡陈庄村聚仙饭店发生坍塌，造成数十人被困。事故发生后，应急管理部就作战指挥、科学施救、安全管控作出安排部署，并全程调度指挥抢险救援工作。山西省消防救援总队第一时间调集 21 辆消防车、212 名指战员、8 头搜救犬和侦检、搜救、破拆等各类装备共计 500 余件（套）投入救援工作。经过 18 小时持续救援，共搜救出被困群众 57 人，其中 28 人生还（图 5-5-24）。

图 5-5-24　救出被困人员

（一）多方了解，第一时间掌握情况

坍塌的宴会厅为单层砖混结构，高度约 5 米，建筑物地基低于地面 2 米，屋顶为预制板，预制板上加盖一层混凝土并搭建钢架顶棚，总面积约 400 平方米，坍塌面积约 168 平方米。事故发生时，该宴会厅内正在举办寿宴，有大量群众聚集，不仅有本村居民，还有邻村前来贺寿的群众，被困人员的数量、位置难以确定。宴会厅坍塌后，自行逃离人员较少，被困人员信息获取困难。由于事故发生时间短，突发性强，损毁程度大，为搜救带来极大难度。

（二）迅速响应，科学制定营救方案

接警后，全员出动迅速赶赴现场，并立即上报支队指挥中心。支队快速反应，按照预案实施等级调派，一次性调集 6 个消防救援站紧急驰援，支队全勤指挥部遂行出动及时到场指挥救援工作。总队指挥

中心接报后，及时调派运城支队特种灾害处置专业队跨区域进行增援，总队全勤指挥部紧急出动，靠前指挥。现场救援力量分成3组：第一组配合工程机械采用捆绑救援模式进行被困人员搜索，即机械作业时配备5名消防指战员，3人负责地面巡查，紧盯作业区域下方，及时发现被困人员；2人负责周边安全观测，应对各类突发情况。第二组由2个攻坚组组成，携带破拆工具随时待命，发现被困人员及时开展救援。第三组由2个搜救组携带生命探测仪及搜救犬，在剥离一层建筑构件后，再重新进入废墟进行探测和搜索。按照“人工搜寻、搜救犬探测、仪器确认”的程序，边探测、边破拆，交替进行、协同配合、轮流作业。

（三）精确分析，快速推进救援进度

分阶段、分区域、分人员制定针对性的救援方案。救援初期，浅层被困人员较多，采用集中优势兵力，由轻到重、由浅到深、由易到难的救援措施，在最短的时间抢救人员生命。救援中期，多次利用搜救犬、生命探测仪加人工搜索的方式，加大现场管控力度，保持现场静默，充分发挥3种搜索方式功效，成功发现多名有生命迹象的被困人员。救援后期，通过走访知情人、复原灾害发生前现场原貌，采取人工与机械配合作业、逐层剥离坍塌构件、多点设置观察人员，采用“1+5”捆绑救援模式，按照一人一方案实施精准救援。

（四）保障到位，奠定救援成功基础

首战救援力量到场后，迅速对现场实施安全管控，及时劝离危险区域自救互救的群众；及时加固有二次坍塌风险的区域；及时部署现场安全员多点监测；及时要求相关部门对建筑安全情况进行评估。在救援处置中，一块断裂楼板掉落，现场安全员发出避险信号，及时消除了突发险情。为切实做好救援中的安全保护，创新利用工程机械支撑救援区域上方不易清理的断裂梁柱，确保现场救援人员的绝对安全。

二十七、吉林长春“9·13”饮马河溃堤抗洪抢险救援

2020年9月13日16时40分，吉林省长春市德惠市达家沟镇五家子村饮马河防洪堤发生溃堤。灾情发生后，吉林省消防救援总队迅速响应，先后调集全省720名指战员参战，在天津、河北和山东省消防救援总队跨省增援力量支援下，在部、局前线指挥部统一指挥下，协助政府疏散、转移、安置群众，营救被困群众，成功封堵溃堤，圆满完成各项抗洪抢险救援和救灾任务（图5-5-25）。

（一）准确研判灾情形势，第一时间调派专业力量挺进灾区，全力疏散营救被困群众

13日17时41分，接到警情报告后，总队当日全勤指挥部充分预判到此次灾情的严峻性，一次性调派长春支队280名指战员、35台消防车、19艘舟艇，迅速向灾区集结；并命令吉林和通化支队抗洪抢险救援专业队集结待命。全勤指挥部、应急通信保障分队、训保支队第一时间赶往

图 5-5-25　封堵溃堤

灾区，组建现场作战指挥部靠前指挥。德惠大队 27 名指战员携带 2 艘舟艇和水域救援装备，第一时间挺进灾区，协助政府疏散、转移、安置受灾群众 2800 余人，并在五家子村 5 社营救出 73 名因未及时转移被困家中的群众。

13 日 22 时许，为确保受灾村屯不落一人，现场作战指挥部又派出 4 组救援力量乘坐橡皮艇、冲锋舟到受溃堤影响严重的 3 个村屯内，采取“分片搜救、编队行进、逐户排查、无人机喊话”等措施，展开拉网式搜救。

13 日 24 时许，逐户排查行动结束，经与政府统计情况核实，确认受洪水威胁的村民全部安全转移。

（二）发扬英勇顽强的战斗作风，科学处置堤坝溃口险情，最大限度控制灾情发展

13 日 17 时许，溃堤发生不久，正在修筑哈大高速的施工队伍即投入了抢险作业。但是，由于事发地段坝顶路面狭窄、道路泥泞，溃口北侧仅容中型载重车辆单向通行，南侧因道路被洪水淹没，车辆难以通行，且水流湍急，封堵未取得实质效果。

13 日 21 时许，成立了现场总指挥部，经分析研判，确定了“巩固坝基、拓宽道路、备足石料、视机封堵”的作战决策。巩固坝基、拓宽道路工作持续到 14 日 20 时许。其间，吉林省消防救援总队调派 150 名指战员实施填装沙袋作业，调派 9 套照明灯组为大型工程机械作业提供夜间照明辅助，并组织力量进行不间断巡堤查险，利用无人机侦察水情。

14 日 20 时开始，作战行动转入封堵溃口阶段。

16 日 16 时 20 分，经过近 72 小时的连续奋战，各方参战力量圆满完成溃堤合龙任务，遏制了受灾面积的进一步扩大。

（三）迅速调整作战重心，抢修排灌站排水设施，发挥水利设施优势作用

溃堤初期，五家子村排灌站的排灌泵和变电柜就被洪水全部淹没，停止工作，排灌站水深达到了近 2 米。

21日11时，在消防救援力量和水利、电力等政府部门的通力协作下，排灌站首批2台机组启动排涝；22时，剩余2台机组全部维修完毕恢复工作状态，排灌站任务区水位快速下降。京哈高速路基下的涵洞全部打开放水，所有23套排涝车组全部满负荷投入排水作业。

（四）以村民返家为第一要务，全面进村排涝、清淤、消杀，确保尽快恢复正常生活秩序

溃堤封堵完成后，现场消防救援队伍在全力实施大面积排水作业的同时，积极做好进村入户排涝、清淤、消杀的准备。

18日凌晨，根据水位持续下降情况，按照部、局前线指挥部统一部署，协同天津、河北和山东部分增援力量，全面展开逐村逐户排涝、清淤、消杀；同时，协调政府相关部门组织力量积极开展自救。据不完全统计，现场消防救援队伍完成排涝近400户，消杀27万余平方米，清淤1200余立方米。

截至24日12时，五家子村90%以上的民宅排涝、清淤、消杀完毕，剩余任务由地方政府接手，组织开展自救；现场由吉林省消防救援总队长春支队远程供水车组实施低洼地势排水任务，其余消防救援力量全部归建。27日15时，长春支队远程供水车组完成任务归建。

二十八、重庆松藻煤矿“9·27”火灾事故救援

2020年9月27日0时20分，重庆能投渝新能源公司松藻煤矿井下2号大倾角运煤皮带上山发生火灾事故，事故后陆续组织安全撤出357人，其中，有11人送往医院治疗，26人感觉身体不适后自行前往医院治疗。松藻救护大队迅速投入救援，成功救出1名被困人员。事故共造成16人遇难、42人受伤。

（一）各级领导高度重视

事故发生后，刘鹤副总理、王勇国务委员就事故救援等工作作出重要指示。应急管理部领导通过视频连线就安全灭火、伤员救治等方面提出明确要求。

接到事故报告后，重庆市委、市政府领导及重庆市有关部门立即赶赴事故现场，成立了现场指挥部，下设现场抢险救灾组、技术支持组、治安保卫组、后勤服务组、医疗救护组、物资供应组、对外联络与信息发布组8个救援小组，全力组织救援。国家煤矿安全监察局、国家安全生产应急救援中心、应急管理部矿山救援中心有关人员组成的工作组赶赴事故现场指导救援工作。

（二）指挥部科学制定救援灭火方案

现场救援指挥部组织制定了详细的人员搜救方案。国家安全生产应急救援中心、应急管理部矿山救援中心赴现场人员和现场专家共同研究制定了三水平二号大倾角皮带上山残余火点隐患处理方案和安全技术措施，保证了快速进行人员搜救和安全实施灭火作业。

（三）救援队伍行动迅速全力施救

松藻救护大队3个小队共23人在事故发生后快速到达事故现场，迅速投入救援，于1时30分进入事故现场展开人员

搜救和灭火工作。10 时 30 分，救护队搜救到 5 人，经救护队搜救确认已无生命迹象，另有 1 人有微弱生命体征，立即运送出井。截至 27 日 12 时 42 分，共找到失联人员 17 人，其中 16 人无生命体征，1 人受伤送医院救治，井下搜救工作结束。同时，根据救援指挥部安排和专家制定的直接灭火方案，井下仍有 3 个救援小队在二号大倾角−75～+5 米段进行灭火作业，另有 2 个救援小队在+100 米运煤联络巷进行隐藏火点巡查。至 28 日零时 6 分，灭火工作安全结束。

二十九、湖南怀化沪昆高速雪峰山隧道火灾扑救

2020 年 10 月 25 日 1 时 53 分，沪昆高速湖南怀化境内雪峰山隧道 K1376+600 处，一辆装载电动自行车的半挂车起火，造成 33 辆车滞留，大量人员被困在隧道内。事故发生后，应急管理部对火灾扑救工作作出指示，省委、省政府领导到一线指挥作战。湖南省消防救援总队迅速调派怀化、邵阳、娄底、长沙、湘西、永州 6 个支队、56 辆消防车、238 名指战员赶赴现场处置，25 日 18 时 23 分，明火被成功扑灭。经过全力救援，营救疏散隧道内被困人员 65 人（图 5-5-26）。

图 5-5-26　隧道火灾扑救

（一）属地快速响应处置

25 日 2 时 13 分，怀化支队洪江大队安江消防救援站接到报警，立即调派 1 个抢险救援编队 10 名指战员赶赴现场处置。2 时 15 分，邵阳洞口雪峰消防救援站接到报警，出动 1 个供水编队、1 个抢险救援编队和 1 台指挥车共计 5 台车、28 名指战员赶赴现场。总队指挥中心调派 27 台消防车、104 名指战员等赶赴增援，同时向部、局指挥中心，省应急管理厅指挥中心和省政府值班室报告。

2 时 48 分，怀化洪江安江消防救援站到达隧道怀化出口侧，事故隧道有大量浓烟向外涌出，非事故隧道有人员向外撤离。2 时 55 分，邵阳洞口雪峰消防救援站到达隧道邵阳侧出口。2 个消防救援站迅速与现场高速交警、隧道管理所人员一起，在隧道入口设置安全员，疏散隧道滞留车辆，组织人员分别进入事故隧道和非事故隧道侦察，疏散被困人员。

3 时 50 分和 4 时 30 分，怀化、邵阳支队全勤指挥部相继到达隧道两侧出口，与当地高速交警、隧道管理方取得联系，确认隧道内滞留车辆和被困人员数量，有无危险化学品，排烟设施运行情况等。

（二）省内救援力量协同处置

1. 加强统一指挥，确定处置方案

9 时 38 分，总队全勤指挥部到达隧道邵阳侧出口，并依托邵阳支队通信指挥车成立前方指挥部。前方指挥部听取情况报告后制定处置方案。

2. 固移结合排烟，内攻近战灭火

9时54分，总队前方指挥部命令娄底支队排烟车进入事故隧道向怀化方向送风排烟。12时28分，怀化支队再次从非事故隧道进入现场，在17号人行横洞至8号车行横洞之间位置发现着火点，组织搜索失联人员，并向总队前方指挥部报告。12时40分，非事故隧道射流风机开启。13时10分，怀化支队根据总队前方指挥部命令，利用非事故隧道消火栓出2支水枪在17号人行横洞内攻灭火，并安排力量在隧道怀化侧出口做好力量轮换准备。后怀化支队反馈，排烟车对下风方向灭火搜救影响较大，随即命令娄底支队暂停排烟车作业。

13时25分，总队前方指挥部命令作战指挥组、娄底、邵阳支队1台排烟车、2台水罐车和1台指挥车进入事故隧道内部排烟，同时组织搜救失联人员。15时42分，长沙支队排烟车到达现场，长沙和娄底支队排烟车各占一个车道依次交替正风送风排烟。16时28分，总队作战指挥组带领长沙、娄底支队排烟车和邵阳支队水罐车推进至K1376米处发现第一起火点。到达着火点后，总队前方指挥部命令迅速组织力量灭火。邵阳支队利用隧道内室内消火栓出2支水枪，同时组织水罐车出1条干线2支水枪直接灭火，长沙支队出1支泡沫枪扑灭货车车厢内的残火。怀化支队由于在下风方向进攻，受高温烟气和水蒸气的影响，总队前方指挥部命令队伍撤离至隧道怀化侧出口。18时23分，隧道内火势被扑灭，娄底、长沙支队排烟车继续送风排烟，命令永州、长沙支队等增援力量返回。

3. 冷却降温排热，恢复道路交通

21时45分，现场高温烟气减小，总队前方指挥部命令湘西支队排烟车在事故隧道口进行负压排烟；命令怀化支队组织力量在18号、17号人行横洞各出2支水枪降温，在17号人行横洞架设1门水炮降温，同时命令邵阳与怀化支队轮流作业射水降温。26日9时许，组织隧道管理方恢复内部受损的电力设施，并制作封堵车行横洞和人行横洞的石棉布。10时20分，怀化支队在事故隧道K1376+660处发现2具被烧焦的遗体。12时36分，总队前方指挥部命令怀化、邵阳支队在隧道内部增设水枪、水炮降温排热。19时50分，为尽快降低隧道内的温度，总队前方指挥部命令从事故隧道怀化侧进入内部投放冰块，同时命令怀化市政公司洒水车进入隧道内部喷雾洒水，全面实施降温处理。21时20分，经检测事故隧道内温度已降至46 ℃左右。

26日23时15分，现场处置完毕，总队前方指挥部命令除怀化支队安排1台水罐车、1台照明车继续留守现场外，其他参战力量返回。26日24时，雪峰山隧道恢复往邵阳方向单向通行。10月28日8时35分，留守力量全部撤离现场。

三十、浙江衢州“11·9”中天东方氟硅材料有限公司火灾事故处置

2020年11月9日11时17分许，浙江省衢州市智造新城高新技术园区浙江中天东方氟硅材料有限公司发生泄漏燃烧事故。浙江省消防救援总队调集4个支队77辆消防车、275名指战员到场处置。经过28小时鏖战，于10日15时成功扑灭

火势（图5-5-27）。此次事故未造成人员伤亡，安全疏散群众9000余人，有效遏制了灾情的扩大升级，确保了事故单位主要生产装置、毗邻企业、化工园区和人员群众安全。

（一）快速响应，全面展开初战控火

9日11时29分，柯山大队在营区内发现中天氟硅厂区有大量浓烟冒出，立即出动侦查灾情，并向支队指挥中心报告。

11时30分，衢州支队指挥中心按照四级警情预案，调集12个消防救援站、1个战勤保障分队、1个通信保障分队、2个企业消防队39辆消防车、173名指战员携带126.6吨泡沫和消防救援机器人赶赴现场救援，支队主官率全勤指挥部遂行出动，并逐级上报灾情。总队接报后，迅速调集杭州、宁波、温州、金华支队4个化工灭火救援重型编队增援。

在现场灾情失控、首战力量不足的情况下，柯山大队联合厂方技术人员，立即组织疏散企业员工，要求厂方采取全厂紧急停车等工艺措施；布置防御阵地，利用高喷车和移动水炮对甲类仓库实行保护；利用泡沫发生器扑救含氢硅油装置流淌火，并对装置进行冷却。全勤指挥部在出动途中，根据现场烟雾情况，通过联动公安、巡特警、街道等工作人员，通过不同方式对下风方向企业员工、社区居民进行紧急疏散。

（二）突出重点，全力保护甲类仓储

11时55分，支队全勤指挥部和增援力量相继到场，迅速成立现场指挥部，形成前、后方协调指挥体系，派出侦查组深入DCS控制室和着火区域开展侦查，确定了4个重点风险区域。

现场指挥部迅速明确战斗意图，制定了“冷却抑爆、梯次进攻、沙土筑堤、逐片消灭”的战斗措施，划分3个战斗区域，落实指挥长负责作战指挥和安全管控。

（三）分割包围，逐片消灭外围火势

13时30分许，含氢硅油车间生产线

图5-5-27　实施灭火作业

火势被有效控制，流淌火被沙土覆盖堵截，盐酸罐仍持续燃烧，硅酮胶生产线火势被有效控制，白炭黑仓库、5号、6号仓库和固废堆场火灾仍然猛烈燃烧，指挥部调整力量部署，组织对硅酮胶车间和露天堆垛火势展开分隔包围。

14时7分，金华支队化工灭火救援重型编队到场。现场指挥部指令金华支队铺设远程供水系统保障火场供水，派出4个攻坚组对6号仓库和硅酮胶仓库进行灭火设防，防止火势向甲类仓库蔓延。

14时35分，总队全勤指挥部到场，在全面听取现场情况汇报以及开展火情侦查后，接管指挥权，成立总队现场指挥部，确立“安全防护、重点突破、冷却抑爆、梯次进攻、筑堤堵流、逐片消灭”等作战原则，将火场划分为2个战斗段，并根据现场力量整合形成侦检警戒、泡沫覆盖、冷却保护、筑堤防护、纵深围剿、转移隔离、战勤保障和通信联络等作战单元，分兵把守、分段负责、各司其职。

16时50分，含氢硅油车间生产线火势逐渐得到控制，流淌火被沙土覆盖熄灭，成功阻止了火势向厂区北侧乙类新硅粉加工厂房、储罐区、导热油站、交电所等设施库房蔓延。16时51分，杭州支队增援力量到场，在6号仓库南侧部署防御进攻阵地，并为各阵地组建力量轮换体系，所有力量形成围剿态势。

（四）转移隔离，消除甲类仓库爆炸危险

18时25分许，盐酸罐已经被有效控制，硅酮胶仓库火势已被扑灭，6号仓库和固废堆场火灾仍然猛烈燃烧，现场指挥部根据情况，调整力量，集中火力打击第六车间和露天堆垛火势，防止火势向甲类仓库蔓延。

20时25分，甲类仓库内20吨共207桶的甲基氯硅烷等甲类危险化学品被安全转移，落实了安全警戒和专人看管。

（五）筑堤保护，控制高沸物安全燃烧

21时43分，固废堆场还有2处火点，盐酸储罐硅油火势得到有效控制，第六车间处于受控燃烧状态，固体颗粒废渣燃烧猛烈，发出蓝色、绿色火光。现场指挥部在前期既定战术不变的基础上，持续增高加厚六号车间沙土堤坝，组织铲车转运车间内原辅料、助剂等易燃易爆物料，降低车间内部风险；组织衢州支队柯城大队等相关力量负责监控盐酸事故罐区。

三十一、重庆永川吊水洞煤矿“12·4”火灾事故救援

2020年12月4日16时40分，重庆市胜杰再生资源回收有限公司（简称胜杰回收公司）在重庆市永川区吊水洞煤业有限公司（简称吊水洞煤矿）回收设备时发生重大火灾事故，造成23人死亡、1人重伤，直接经济损失2632万元。

（一）高度重视，靠前指挥

12月5日3时27分，应急管理部工作组到达重庆市永川区吊水洞煤业公司，现场查看事故煤矿主斜井、副平硐井，了解事故煤矿抢险救援等情况，组织召开会

议，传达李克强总理、刘鹤副总理、王勇国务委员重要批示精神以及应急管理部指示要求，完善抢险救援方案，部署下步工作。

（二）调集力量，维护稳定

事故发生后，重庆市委、市政府高度重视，立即启动应急预案，紧急部署处置工作。市委、市政府领导就应急救援作出批示，并率有关部门赶赴现场指挥救援。成立现场应急救援指挥部，调集国家和地方矿山应急救援天府、芙蓉、永荣、南桐、松藻队，国家隧道应急救援中交建重庆队以及消防救援力量共 300 余人到达现场集结待命，落实现场警戒管理措施，加强现场秩序维护。组建“一对一”工作专班，做好被困人员家属安抚工作。责令全市所有煤矿立即停产，全面开展安全隐患大排查大整治工作。

（三）措施有力，高效救援

按照现场救援指挥部部署，矿井加大了通风量，5 日 3 时，主斜井、副平硐井井口烟气逆流均被控制住，主斜井一氧化碳浓度已由 0.12%降为 0，副平硐井一氧化碳浓度已由 0.17%降为 0.004%。

根据现场监测情况和专家组研判结果，5 日 3 时左右，现场抢险救援组派出南桐矿山救援队 2 支小队下井侦察。4 时 38 分左右，救援小队在主斜井+150 米下车场风门处发现 1 名被困人员，被困人员意识清醒，能正常对话（图 5-5-28）。

4 时 50 分，在主斜井+150 米下车场以里 100 米处发现第 1 名遇难者。

5 时 50 分左右，国家矿山应急救援天府队 2 支小队下井侦察。6 时 34 分，在+150 米暗斜主井下车场以下 130 米处发现第 2 名遇难者。

6 时 45 分，分别在+150 米暗斜主井下车场以下 180 米、185 米处发现第 3、4 名遇难者。

6 时 47 分，在+150 米暗斜主井下车场以下 200 米处发现第 5、6、7、8 名遇难者。

6 时 55 分，在+150 米暗斜主井下车场以下 210~230 米处发现第 9 至 16 名遇

图 5-5-28　抬运伤员出井

难者。

6 时 59 分，分别在+150 米暗斜主井下车场以下 250 米、260 米处发现第 17、18 名遇难者。

7 时 20 分左右，国家矿山应急救援芙蓉队 2 小队下井侦察；10 时 25 分，在+25 米副井底第二道风门处发现第 19 名遇难者。

10 时 25 分，现场抢险救援组又派出永荣、松藻、南桐矿山救援队 10 支小队，共计 65 名救护人员下井开展遇难者遗体转运工作。

14 时 18 分，国家矿山应急救援天府队在+25 米副井底进行调风；16 时 10 分，分别在二级行人副斜井+250 米车场以上 20 米、40 米、70 米处发现第 20、21 和 22、23 名遇难者；该区域现场瓦斯浓度为 8%。为确保救援安全，井下所有救援队员按照现场救援指挥部要求立即撤离至井上。随后，抢险救援专家组进行了深入研究，报请现场救援指挥部完善救援方案，煤矿进行调风、加强通风措施。19 时 20 分左右，救援队员分批次入井，此时井下瓦斯浓度已经下降至 0.2% 左右。23 时 1 分，4 名遇难人员由救援队员抬出升井。

第六篇

基础保障和能力建设

综　　述

2020年，应急管理部主要围绕六个方面不断强化基础保障和能力建设。

一、强化依法应急

强化应急管理法治建设，推进《中华人民共和国安全生产法》《中华人民共和国突发事件应对法》修改工作，推动在《中华人民共和国刑法修正案（十一）》中增加了危险作业罪等规定；组织修订一批部门规章，报批发布、核准制修订、整合精简应急管理国家标准、行业标准和综合性管理标准213项。完善执法体制机制，报请中央出台《关于深化应急管理综合行政执法改革的意见》，制定实施相关配套办法；公开行政执法事前公示信息清单，完善执法程序，加强执法规范化建设。强化执法监督，紧盯重点行业领域重大风险，深入推进安全生产专项整治三年行动，组织开展明查暗访，强化监管执法和事故提级调查，牵头完成对江苏安全生产问题“开小灶”。加强督导考核，组织开展年度安全生产与消防安全考核督导和消防执法质量考评检查，将安全监管纳入平安建设（综治工作）考评体系。深化“放管服”改革，推进网上审批系统应用，优化许可服务、细化办事指南，对部本级实施的行政许可事项所有申请材料进行清单式管理，2020年受理行政许可122件，累计办结163件。开展常态化普法宣传和教育培训，组织开展“七五”普法总结验收；联合司法部、全国普法办举办第二届全国应急普法知识竞赛，参与答题1227万余人，总答题量超过2.4亿人次，总点击量超过19.6亿人次。

二、加强规划引领

围绕推进未来五年应急管理创新发展谋篇布局，科学组织编制“十四五”应急管理相关专项规划，为构建统一领导、权责一致、权威高效的国家应急能力体系，推动形成中国特色应急管理体制机制提供阶段性规划保障。坚持广开言路、科学论证，通过在应急管理部网站开设专栏、视频研讨和分片调研等方式，征求各方意见建议1万余条并充分研究采纳；规划征求意见稿已征求中央层面47个有关部门的意见，促进政策资源协同；紧盯灾害事故多发领域现实需要深化专题论证，完成2批共36个重大课题研究，以及“十四五”形势研判分析、“四个清单”目标指标设置、重大工程布局等专题研究。坚持目标导向、需求导向，按照“目标指引任务、任务引导工程”的原则，聚焦目标研判、风险化解和应急管理体系和能力现代化建设需求，提出了7个方面260余项重点任务，凝练了17类重点工程，研究提出一批重大政策。坚持融入大局、统筹衔接，推动将《“十四五”国家应急体系规划》初步纳入国家重点专项规划范围，作为中央投资、政策保障的重点领域；同时，指导统筹做好部门和地方专项规划的编制工作，推动地方应急管理规划纳入本地区重点专项规划，确保规划核心指标上下衔接、各级各专项规划协调一致。

三、加快推进信息化建设

全面启动“智慧应急”建设工作，编制印发应急管理信息化 8 个地方建设任务书，向地方推广应用 27 个系统。扎实推进信息基础设施建设，建成应急管理大数据应用平台、大数据资源池和安全纵深防御体系，云计算平台部署应用系统 96 个，具备了跨网大数据服务能力。着力提升信息化服务实战能力，应急资源管理平台实现应急物资全程监管、溯源和一物一码精细化管理。建成国家应急指挥综合业务系统，“应急一张图”持续升级；“天眼”卫星监测系统、防汛抗旱态势分析系统在灾害风险预警、动态分析和损失评估方面提供了重要支撑作用；构建国家自然灾害综合监测预警大数据库，危险化学品生产企业储罐区重大危险源、煤矿和在用三等以上尾矿库全面联网监测。加快推进信息化系统创新应用，突发事件信息报送、网罗天下、智能外呼、灾害事故“e 键通”小程序等情报支撑系统相继应用，矿用卡车无人驾驶等六大应用场景“5G+安全生产”试点项目取得初步成效，“互联网+监管”“互联网+执法”“互联网+政务服务”系统应用成效进一步提升。

四、持续提升科技保障能力

大力推动“十四五”时期重大工程规划与立项，完成了应急卫星“天目网工程”规划和深化设计论证，应急管理大数据工程获得国家发展改革委批复。聚焦做强应急科研教育，推动将应急管理重点科研需求纳入国家科技发展规划，将“森林和草原火灾全天候灾情监测预警与处置装备”项目列入科技部国家重点专项；完成国家自然灾害防治研究院更名组建，共建国家安全科学与工程研究院，应急管理二级学科建设实现零的突破。聚力打造实战“尖兵利器”，会同工业和信息化部将应急管理实战重点需求纳入产业化攻关目录并启动实施，成功发射应急减灾二号 A、B 两颗卫星，组织改装翼龙长航时无人机空中无人通信平台，协同解决极端条件下“人员进不去，信息传不出”的痛点难题；扎实推进大型无人机集群作战技术攻关和战术战法研究与实践，探索创新无人机集群灭火模式；加强前突通信能力建设，打通了断网、断电、断路情况下应急通信生命线。

五、加强国际交流与合作

扎实推进“一带一路”自然灾害防治和应急管理国际合作机制建设，促成建立中国–东盟（10+1）灾害管理部长级会议机制。持续深化多边合作与交流，关于加强防灾减灾救灾和应急管理国际合作的倡议被纳入《上海合作组织成员国元首理事会宣言》等多个重要文件，在企业可持续发展、安全发展城市等方面推动开展国际务实合作；应联合国方面和有关国家要求，全面分享福建泉州欣佳酒店“3·7”坍塌事故救援经验。深入推进双边合作，与蒙古国磋商政府间关于边境地区森林草原火灾联防协定，积极落实与俄紧急情况部 2020—2021 年联合行动计划，推动修订《中俄森林草原火灾联防协定》。围绕提高国际救援能力，组织举办外交政策与国际救援规则培训班和灾害医学培训班，积极参与联合国人道主义应急仓库和枢纽筹建工作；全面搜集分析黎巴嫩贝鲁特重大爆炸事件等境外灾情信息，及时组织开展桌面演练并着力完善出境救援预案体系。研究编制《境外中资企业安全生产应知应会口袋书》，促进提高海外员工安全意识和技能。

六、加强新闻宣传

健全完善制度机制，加强组织领导、推动责任落实，在把方向、抓导向、管阵地、强队伍上持续发力。把握宣传着重点，将习近平总书记关于宣传思想和应急管理工作的重要论述贯彻到应急管理新闻宣传工作全过程，围绕年度重点任务和关键节点精心策划组织宣传报道，扎实组织开展应急管理部挂牌两周年、国家综合性消防救援队伍组建两周年、“安全生产月”、全国防灾减灾日等主题活动；大力选树宣传先进典型，推荐陈陆烈士入选“感动中国2020年度人物”，推出“时代楷模”全国重大先进典型江西省九江市消防救援支队；深入开展应急科普宣传，制作公益广告与科普微视频，推送公益科普短信，推进安全宣传“五进”工作。畅通宣传主渠道，围绕疫情防控、安全生产、防汛救灾、森林草原防灭火、国家综合性消防救援队伍改革发展等重大主题宣传，加强与中央主要媒体战略合作，全年中央主要媒体刊播应急管理新闻报道4200余条；及时开展新闻发布工作，全年部本级举行新闻发布会10场、各省级应急部门举行新闻发布会112场，准确释放权威信息，主动回应社会关切。拓展宣传影响面，借助装备信息网建设应用，构建APP、网站、订阅号、期刊四位一体的媒体矩阵，新闻宣传社会影响面不断扩大。微博话题“应急管理部新闻发布会”阅读量近5000万次；在新浪微博持续组织“应急科普”话题，阅读量达7亿次；组织“守护绿水青山”和“追梦火焰蓝”网络主题宣传活动，阅读量达15.5亿次，形成良好社会效应。

第一章　法治体系建设

一、加强党对法治体系建设的领导

2020 年，应急管理部深入学习贯彻习近平法治思想，坚持党对法治政府建设的领导，切实把习近平法治思想贯彻落实到应急管理事业改革发展的全过程，在法治轨道上推进应急管理体系和能力现代化。部领导班子将推进法治体系建设摆在工作全局的重要位置，多次召开党委会、部务会研究部署推进法治体系建设，各项工作取得积极进展。

二、积极推进应急管理法律体系建设

（一）推动重点领域及地方立法工作

配合立法机关推进《中华人民共和国安全生产法》《中华人民共和国突发事件应对法》修改工作，就修法中的重大问题深入研究论证。开展《中华人民共和国危险化学品安全法》《中华人民共和国应急救援队伍管理法》《煤矿安全条例》等法律、行政法规的调研起草工作。推动在《中华人民共和国刑法修正案（十一）》中增加危险作业罪等罪名。做好《煤矿重大事故隐患判定标准》《工贸企业粉尘防爆安全规定》《火灾事故调查规定》等部门规章制修订工作。出台《应急管理部关于进一步推进地方应急管理立法工作的指导意见》，进一步加强对地方立法工作的指导。江苏省出台《江苏省工业企业安全生产风险报告规定》，广东省颁布《广东省安全生产责任保险实施办法》，湖北省出台《湖北省生产安全事故应急实施办法》。

（二）推进标准制修订工作

集中报批发布一批应急管理国家标准和行业标准。应急管理部公告发布 22 项行业标准，下达 58 项行业标准立项计划；向国家标准化管理委员会申报 42 项国家标准立项计划，报批 29 项国家标准。国家标准化管理委员会发布了 16 项应急管理国家标准。。核准 94 项安全生产、消防救援和综合性应急管理标准制修订项目，集中下达三批应急管理行业标准制修订计划，向国家标准化委员会集中申报两批应急管理国家标准制修订计划。推进强制性行业标准向强制性国家标准转化，组织对 67 项安全生产、消防救援国家标准及行业标准进行整合精简。对标“十四五”规划，明确安全生产、消防救援、减灾救灾等应急管理标准化的发展目标、主要任务、重点工作、重大项目及保障措施等。

2020 年国家标准化委员会发布的应急管理国家标准见表 6–1–1，应急管理部公布的应急管理行业标准见表 6–1 –2。

三、持续深化“放管服”改革工作

（一）优化行政许可服务

进一步压减应急管理行政审批事项，创新事中事后监管方式，推进网上审批系统应用，指导各地新版安全生产许可证应用工作。细化办事指南，将行政许可审批依据链接到政策法规标准数据库，对应急管理部本级实施的行政许可事项所有申请

表 6-1-1　2020 年国家标准化委员会发布的应急管理国家标准列表

序号	标准编号	标准报批名称	制修订	发布日期	实施日期
1	GB 39800. 1—2020	个体防护装备配备规范　第 1 部分：总则	制定	2020-12-24	2022-01-01
2	GB 39800. 2—2020	个体防护装备配备规范　第 2 部分：石油、化工、天然气	制定	2020-12-24	2022-01-01
3	GB 39800. 3—2020	个体防护装备配备规范　第 3 部分：冶金、有色	制定	2020-12-24	2022-01-01
4	GB 39800. 4—2020	个体防护装备配备规范　第 4 部分：非煤矿山	制定	2020-12-24	2022-01-01
5	GB/T 38696. 1—2020	眼面部防护　强光源（非激光）防护镜　第 1 部分：技术要求	制定	2020-06-02	2020-12-01
6	GB/T 38696. 2—2020	眼面部防护　强光源（非激光）防护镜　第 2 部分：使用指南	制定	2020-06-02	2020-12-01
7	GB/T 12624—2020	手部防护　通用测试方法	修订	2020-07-21	2021-05-01
8	GB 20653—2020	防护服装　职业用高可视性警示服	修订	2020-07-23	2021-08-01
9	GB 8965. 1—2020	防护服装　阻燃服	修订	2020-07-23	2021-08-01
10	GB 21148—2020	足部防护　安全鞋	修订	2020-07-23	2021-08-01
11	GB/T 31009—2020	足部防护　鞋（靴）限量物质要求及测试方法	修订	2020-07-21	2021-02-01
12	GB/T 6096—2020	坠落防护　安全带系统性能测试方法	修订	2020-11-19	2021-06-01
13	GB 16423—2020	金属非金属矿山安全规程	修订	2020-10-11	2021-09-01
14	GB 39496—2020	尾矿库安全规程	制定	2020-10-11	2021-09-01
15	GB/T 29639—2020	生产经营单位生产安全事故应急预案编制导则	修订	2020-09-29	2021-04-01
16	GB/T 38710—2020	油气输送管道地理信息系统建设指南	制定	2020-03-31	2020-05-01

表 6-1-2　2020 年应急管理部公布的应急管理行业标准列表

序号	标准编号	标准报批名称	制修订	发布日期	实施日期
1	AQ/T 2076—2020	页岩气钻井井控安全技术规范	制定	2020-11-10	2021-05-01
2	AQ/T 2077—2020	页岩气井独立式带压作业机起下管柱作业安全技术规范	制定	2020-11-10	2021-05-01
3	AQ 2078—2020	老龄化海上固定式生产设施主结构安全评估导则	制定	2020-11-10	2021-05-01
4	AQ 2079—2020	海洋石油生产设施发证检验工作通则	制定	2020-11-10	2021-05-01

序号	标准编号	标准报批名称	制修订	发布日期	实施日期
5	AQ/T 1087—2020	煤矿堵水用高分子材料	修订	2020-11-10	2021-05-01
6	AQ/T 1089—2020	煤矿加固煤岩体用高分子材料	修订	2020-11-10	2021-05-01
7	AQ/T 1090—2020	煤矿充填密闭用高分子发泡材料	修订	2020-11-10	2021-05-01
8	AQ 1116—2020	煤矿加固、堵水、充填和喷涂用高分子材料通用安全技术规范	制定	2020-11-10	2021-05-01
9	AQ 1117—2020	煤矿井下注浆用高分子材料安全使用管理规范	制定	2020-11-10	2021-05-01
10	XF/T 3001—2020	水域救援作业指南	制定	2020-11-10	2021-05-01
11	XF/T 3002—2020	搜救犬训导员职业技能要求	制定	2020-11-10	2021-05-01
12	XF/T 3003—2020	火灾调查车装备通用技术要求	制定	2020-11-10	2021-05-01
13	XF/T 3004—2020	汽车加油加气站消防安全管理	制定	2020-11-10	2021-05-01
14	XF/T 3005—2020	单位消防安全评估	制定	2020-11-10	2021-05-01
15	XF/T 3006—2020	灭火剂及防火阻燃产品快速检定技术要求	制定	2020-11-10	2021-05-01
16	XF 3007—2020	F类火灾水系灭火剂	制定	2020-11-10	2021-05-01
17	XF 3008—2020	消防员防蜂服	制定	2020-11-10	2021-05-01
18	XF 3009—2020	救援三脚架	制定	2020-11-10	2021-05-01
19	XF 3010—2020	消防用雷达生命探测仪	制定	2020-11-10	2021-05-01
20	XF/T 3011—2020	逃生与救援用车窗玻璃电动击碎装置	制定	2020-11-10	2021-05-01
21	XF/T 3012—2020	钢结构防火保护板	制定	2020-11-10	2021-05-01
22	XF/T 3013—2020	国家综合性消防救援队伍常用标号	制定	2020-11-10	2021-05-01

材料进行清单式管理。2020年，应急管理部通过集中受理窗口受理行政许可122件，累计办结163件。福建、宁夏等省级应急管理部门将行政审批事项全部进驻政务服务网上办事大厅。

（二）编制行政许可事项清单、权责清单

对应急管理部负责实施的行政许可事项进行重新梳理，形成应急管理部行政许可事项清单。完成应急管理部权责清单的汇总整理工作。编制印发《煤矿安全监察机构权力和责任清单》，明确煤矿38项职权事项的实施依据、履职方式、追责情形等内容。内蒙古、广西、云南等省级应急管理部门全面梳理权责清单，实施动态化管理。

（三）推进"证照分离"改革、做好文件清理工作

对应急管理部的涉企经营许可事项认真研提意见并按要求上报。按照相关要求，组织对部门规章、规范性文件和有关改革措施进行清理。按照国务院办公厅有关要求，组织开展野生动物保护领域法规、规章、规范性文件清理工作。

四、努力提升行政执法规范化水平

（一）推进应急管理综合行政执法改革工作

中共中央办公厅、国务院办公厅印发《关于深化应急管理综合行政执法改革的意见》。研究起草《应急管理综合行政执法事项指导目录（征求意见稿）》及其编写说明，印发《关于认真贯彻落实〈关于深化应急管理综合行政执法改革的意见〉的通知》，推动各地应急管理部门主动向党委、政府汇报，制定实施意见。推动将应急管理纳入《综合行政执法制式服装和标志管理办法》适用范围，实行执法队伍统一着装、执法标志统一管理。印发《应急管理综合行政执法装备配备标准（试行）》，研究制定应急管理综合行政执法用车保障工作办法，持续推进各项改革任务落实。

（二）加强执法规范化建设

印发《安全生产执法手册（2020年版）》《消防监督检查手册》，进一步规范执法程序。在应急管理部、中国地震局、国家矿山安全监察局政府网站公开行政执法事前公示信息清单，并及时进行动态调整。督促指导垂直管理的省级部门深入推行行政执法“三项制度”。持续推进“互联网+执法”信息化系统建设，选取试点省份推广“互联网+执法”系统，开发“互联网+执法”APP，着力解决基层执法“人少质弱”问题。

（三）加大执法检查力度

围绕钢铁、粉尘涉爆、铝加工（深井铸造）及有限空间作业等工贸行业25项执法检查重点事项和落实企业主体责任20项检查要点，扎实推动工贸重点行业领域开展专项执法工作。开展硝酸铵等危险化学品安全风险隐患专项排查治理工作，排查企业4.2万家。组织开展3轮煤矿异地执法，检查煤矿329处。

（四）加强督导考核

贯彻落实国务院安委会《全国安全生产专项整治三年行动计划》，组织将全国1个总体方案、学习宣传贯彻习近平总书记关于安全生产重要论述和落实企业安全生产主体责任2个专题方案、9个重点行业领域专项方案（“1+2+9”方案）细化为401项具体任务，分解落实到41个部门，明确2020年度时间表、路线图。对19个专项整治缓慢省份专治办召开约谈会，督促国务院安委会成员单位、中央企业和省、市、县逐项落实，三年行动中明确的2020年50项重点任务均已完成。由应急管理部牵头的国务院督导组全面完成对江苏安全生产问题“开小灶”。将安全监管纳入平安建设（综治工作）考评体系。组织开展年度消防执法质量考评检查工作，开展网上巡查、组织交叉互评、督促整改。

五、强化法治宣传教育

（一）加强法治教育培训

持续推动应急管理干部轮训，举办12期网络专题培训班，培训46万余人次；举办2期执法资格培训班，共183人通过考试；执法证到期换证网络培训考核通过733人，不断提高领导干部运用法治思维和法治方式防范化解重大安全风险、推进应急管理事业改革发展的能力。做好39名公职律师的年度考核、培训工作。

（二）深入普法宣传工作

联合司法部、全国普法办成功举办第二届全国应急普法知识竞赛，共有1227万余人参与答题，总答题量超过2.4亿人次，总点击量超过19.6亿人次。联合司法部举办首届全国应急管理普法微视频征集展播活动。组织做好“七五”普法总结验收工作，向全国普法办报送《应急管理部门“七五”普法工作总结报告》，组织参加有关普法作品征集评选活动。建设运行“应急普法”微信公众号和网站普法专栏。在部政府门户网站及《中国应急管理报》开设“应急管理普法”专栏，开展常态化应急管理普法宣传。

第二章　规划体系建设

2020年，应急管理部积极推进“十四五”应急管理“1+2+N”规划体系建设［“1”即《“十四五”国家应急体系规划》(简称《规划》)，“2”即《“十四五”国家安全生产规划》《“十四五”国家综合防灾减灾规划》，“N”即《“十四五”国家防震减灾规划》《“十四五”应急救援力量建设规划》等业务领域规划，图6-2-1］，指导地方做好应急管理领域相关规划编制工作。

一、《规划》的总体考虑

《规划》作为明确未来5年应急管理工作战略部署和阶段安排的重要纲领性文件，立足国家级专项规划的功能定位，着眼经济社会发展全局，围绕推进国家应急管理体系和能力现代化谋篇布局。

在指导思想上，坚持以习近平新时代中国特色社会主义思想为指导，全面贯彻党的十九大和十九届二中、三中、四中、五中全会精神，紧紧围绕统筹推进“五位一体”总体布局和协调推进“四个全面”战略布局，坚持总体国家安全观，坚持人民至上、生命至上，统筹发展和安全，以化解安全风险、筑牢发展根基为主题，以推进应急管理体系和能力现代化为

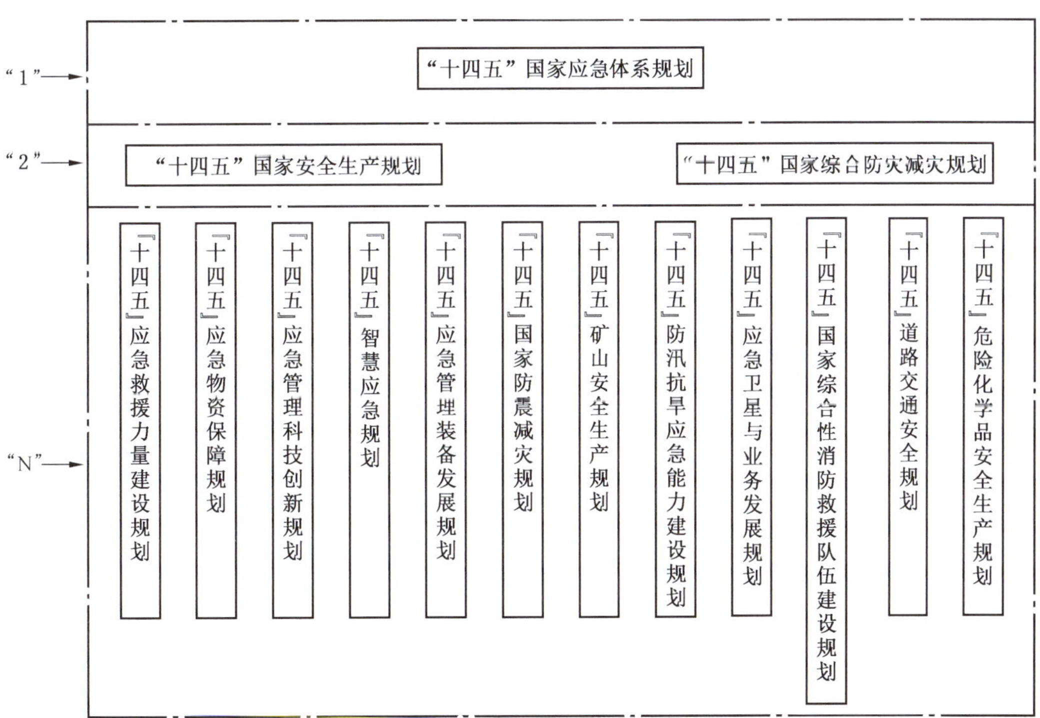

图6-2-1　“十四五”应急管理“1+2+N”规划体系

主线，把安全发展贯穿国家发展各领域和全过程，着力完善应急管理体系，全面加强风险防范、应急处置、综合保障等国家应急能力建设，防范和化解各类自然灾害和生产安全事故风险，有效维护人民群众生命财产安全和社会稳定，不断增强人民群众的获得感、幸福感、安全感。

在规划视角上，《规划》主要围绕自然灾害、事故灾难两大类突发事件应急体系建设，聚焦三个方面。一是聚焦目标研判。立足社会主要矛盾转化和经济发展阶段特征变化，按照《中共中央关于制定国民经济和社会发展第十四个五年规划和二〇三五年远景目标的建议》(简称《建议》)对应急管理的相关部署，细化明确应急管理事业改革发展的总体方向和奋斗目标。二是聚焦化解风险。分析把握中长期各类重大灾害事故的主要类型、分布特征和演化规律，提出科学有效的管控措施，从根本上消除事故隐患，全面遏制重特大事故，全面提高全社会抵御灾害事故的能力，努力把灾害事故的风险和损失降至最低。三是聚焦应急管理体系和能力现代化建设。找准当前应急管理领域面临的突出难点问题和急需加强的关键环节，深入解决当前应急管理最现实、最突出的问题及短板，谋划一批重大工程项目、研究提出一批重大政策，激发应急管理事业发展的核心动力。

在《规划》布局上，坚持“三个导向”，把握“三个统一”，突出“三个重大”，实现“三个转变”。即坚持目标、问题、结果导向相结合，生产安稳、生活安定、生命安全相统一，谋划好重大工程项目、重大政策、重大改革举措，实现由人防为主向技防物防与人防相结合转变，由行政管制向法治综治与行政管制相结合转变，由本能安全向赋能智能与本能安全相结合转变。围绕深化应急管理体制机制改革、夯实应急管理法治基础、增强灾害事故抵御韧性、建强各类应急救援队伍、加强应急物资保障、提升紧急运输能力、推进应急管理科技自主创新、培育壮大安全应急产业、完善基层应急管理组织体系、加强安全文化建设等方面进行布局。

二、《规划》编制及进展情况

为编制好“十四五”应急管理规划，在 2019 年成立规划编制专班的基础上，2020 年进一步充实加强规划编制专班力量，全面加快推进《规划》编制各项工作。

（一）健全《规划》体系，提升《规划》战略摆位

在建立应急管理“1+2+N”规划体系基础上，多次与国家规划主管部门沟通协调，推动将《规划》初步纳入国家重点专项规划范围，标志着应急管理领域“十四五”期间将纳入中央投资、政策保障的重点领域，提升应急管理、防灾减灾救灾抗灾、安全生产在国家战略发展格局中的位阶。

（二）创新方式方法，强化编制支撑力量

确定“专班+专题”的工作方法（即以专班统领规划设计和文本，以专题辅助重大问题决策）和“并行+并轨”的编制模式（即从政府、企业和社会公众不同视角，组织不同单位并行提出《规划》基本思路，再由规划编制专班集中会审并轨）；同时，聘请应急管理领域知名专家学者，组建规划咨询顾问组，采取定期坐班研讨和“短程赛马”的方式，全面参与并指导《规划》编制工作，为《规划》编制提供有力支撑。

（三）深化专题论证，把握《规划》核心要义

围绕贯彻落实习近平总书记关于应急管理重要论述，紧盯灾害事故多发领域现

实需要，完成2批共36个重大课题研究，形成一批重要研究成果。组织规划编制专班聚焦《规划》目标指标和“三个重大”，研究形成《“十四五”规划概念性设计》《“十四五”应急管理形势预判分析》《“十四五”规划目标指标设置及规划值测算》《应急管理领域“四个清单”》《“十四五”应急体系规划重大工程项目框架布局》等专题研究报告，为《规划》编制架起战略支点、搭建宏观架构。

（四）坚持开门编《规划》，回应各方需求关切

2020年3月起，在应急管理部网站开设“我为‘十四五’应急管理规划建言献策”专栏，在《中国应急管理报》《劳动保护》等报刊发布《规划》意见征集信息。数十次就《规划》涉及的具体问题与有关单位、专家和省应急管理厅进行视频研讨。采取专题座谈与实地调研相结合的方式，先后开展西南、东北、华南等分片区调研，分3次召开共16个省（区、市）相关人员参加的座谈会，广泛听取基层部门、有关单位和专家学者的意见。对各方反馈的万余条意见及建议，逐条逐项分类研究，较好地解决了如何在疫情防控常态化期间创新开门编《规划》的问题。

（五）强化沟通协调，推动资源政策协同

加强与《建议》和国家“十四五”规划纲要起草组的沟通，多次报送建议纳入的重点内容。同时，与国务院有关部门建立《规划》沟通联络机制，协调组织有关部门共同开展应急管理领域“十三五”规划评估，初步提出纳入《规划》的重点内容。多次赴国家发展改革委、财政部、自然资源部、生态环境部、水利部、工业和信息化部、中国民航局等10余个部门座谈交流，开展《规划》与行业专项规划的沟通衔接，促进部门间协调联动、步调一致。

（六）注重内部统筹衔接，形成《规划》编制合力

在做好《规划》编制的同时，指导做好部门和地方专项规划的编制工作，印发《关于做好“十四五”应急管理领域专项规划编制工作的通知》，推动地方应急管理规划纳入本地区重点专项规划（除北京、陕西，其余省份均纳入）。建立健全《规划》衔接协调机制，明确衔接原则和重点，两次组织地方报送建议纳入《规划》的“三个重大”，开展《规划》核心指标上下衔接，确保各级各类规划协调一致。

三、《规划》总体架构

在上述工作基础上，起草形成《规划（征求意见稿）》，在与《建议》进行充分衔接之后，征求中央层面47个有关部门意见，凝聚各方共识。

按照国家级专项规划所遵循的体例，《规划》初步分为3个板块，设置11个章节。第一板块属于《规划》的总论，包括第一章和第二章，分析总结应急管理工作取得的进展、面临的挑战、发展的机遇，提出“十四五”应急管理工作的指导思想、基本原则和主要目标，设置7个核心指标和5个方面预期发展目标。第二板块属于《规划》的分论，包括第三章至第十章。按照“目标指引任务、任务引导工程”的原则，明确《规划》的主体结构，提出7个方面260余项重点任务，凝练17类重点工程。第三板块属于《规划》的保障措施，即第十一章，从加强组织领导、经费保障、监督评估3个方面，建立健全《规划》实施保障机制。

第三章 科技和信息化建设

2020 年，坚持统筹谋划，筑牢发展根基，深化业务应用，联网监测、辅助决策、资源平台、应急通信、安全运维等核心能力建设取得显著进展，数据救援、智能执法等新业务模式开始起步，科技和信息化的支撑保障作用愈加凸显，有力推动应急管理现代化建设。

一、构建全国科技信息化一体化推进格局

（一）召开全国“智慧应急”建设现场推进会

2020 年 11 月 6—7 日，应急管理部在广东省深圳市召开“智慧应急”建设现场推进会，副部长尚勇出席会议并作重要讲话，在全国全面启动“智慧应急”建设工作（图 6-3-1）。要求各地在应急管理信息化全覆盖基础上，更加注重系统融合和智能升级，在智慧监测预警、智慧应急救援指挥、“互联网+监管”、智能网上安全宣教、智能化应急装备等方面重点发力，提升科技信息化支撑实战能力。

（二）全面布局“十四五”规划并推进重大工程立项

一是在应急管理信息化发展规划框架基础上，坚持高起点谋划，编制完成“十四五”信息化、科技创新、装备发展、卫星业务发展 4 个规划初稿，研究制定信息化和科技装备指导意见，组织力量宣贯，确保地方规划符合顶层设计。二是完成应急卫星“天目网工程”规划和深化设计论证。三是积极推动应急管理大数据工程获得国家发展改革委批复，编制工程初步设计。

（三）统筹推进应急管理科技信息化工作落地

编制印发应急管理信息化 8 个地方建设任务书，向地方推广应用 27 个系统，明确各地重点建设任务、建设标准和时间表路线图。新制定技术规范 60 项并发布，

图 6-3-1 “智慧应急”建设现场推进会

《应急指挥通信保障能力建设规范》等4个应急管理行业标准立项，《应急管理部安全保障体系实施指南》等18项标准规范已形成初稿，为全国科技和信息化建设提供标准支撑保障。

二、持续推进信息化支撑能力建设

（一）持续建强信息基础设施

一是云计算平台实现政务外网、行业专网和互联网三网融合，具备跨网大数据服务能力，支持微服务、分布式运算等先进技术，部署96个应用系统。二是汇聚四大类51小类应急管理内外部信息，建成应急管理部大数据资源池，为各级提供数据服务1000多个，有效支撑自然灾害、安全生产监测预警和指挥救援、政务管理等领域信息化应用。三是建成纵深防御“八道防线”的安全防御体系，初步实现云、网、端防御全覆盖。

（二）提高信息化服务实战能力

一是大力推进应急指挥信息网建设，覆盖全国省、市、县应急管理部门，联通地震、矿山安全监管监察系统，部署应用系统34个。19个省份完成IPV6（互联网协议第6版）改造，IPV6部署初步形成规模。二是加快应急指挥窄带无线通信网建设，建成部本级核心网和无线频率资源管理系统，与部分省份实现互联互通和现场语音调度。三是“天眼”卫星监测系统接入高分一号、高分四号、高分六号等卫星数据，具备森林火灾、洪涝等灾害风险预警、动态分析和损失评估功能，支撑林火高发季应急响应和汛期长江、淮河及鄱阳湖、洞庭湖等重点区域监测分析。四是防汛抗旱态势分析系统接入部分地方防汛抗旱基础数据以及防洪工程监控视频，加强在全国推广应用，为各地的防汛抗旱应急处置提供支撑。

（三）实现重点领域监测预警全覆盖

一是加强自然灾害监测预警能力建设。加快推进自然灾害监测预警信息化工程实施，推动跨部门、跨层级的数据共享交换，构建国家自然灾害综合监测预警大数据库，初步形成综合监测预警系统框架。二是加强安全生产风险监测预警能力建设。危险化学品安全生产风险监测预警系统全面应用，实现6900余家涉及储罐区重大危险源危险化学品生产企业联网监测，有效提升危险化学品系统性风险防范能力。全面推动尾矿库安全生产风险监测预警系统应用，完成500余座在用三等及以上尾矿库联网监测，初步实现尾矿库安全生产风险监测预警和在线监管。

三、加快信息化系统创新应用

（一）推动情报支撑系统全面应用

突发事件信息报送系统在部、省、市、县四级全面推广，“网罗天下”情报系统全天候实时抓取互联网信息，灾害事故“e键通”小程序、智能外呼等系统畅通社会公众和灾害信息员的报送渠道，在2020年防汛救灾工作中发挥了积极作用。

（二）推进移动互联系统分析应用

利用运营商、互联网公司等大数据资源，加快建设受灾人群分析模型等大数据应用。加快推进“5G+安全生产”试点，聚焦矿山等三大行业，推进矿用卡车无人驾驶等六大应用场景试点应用，8个试点项目取得初步成效。

（三）推进“互联网+”系统建设应用

“互联网+监管”系统打通18个监管业务系统，构建在线预警、信用监管、企业画像等新业务模式；“互联网+执法”系统实现线上执法全流程办理，具备现场违法行为智能辨别、违法依据和裁量标准自动推送等功能；“互联网+政务服务”

系统实现政务服务线上、线下有机融合和部本级政务服务事项一网通办。

四、建立完善科技装备支撑体系

（一）提升科技支撑能力

一是完成国家自然灾害防治研究院更名组建，依托中国安全生产科学研究院、中国矿业大学（北京）与教育部共建国家安全科学与工程研究院。二是搭建科技创新平台，印发《应急管理部重点实验室管理办法（试行）》，启动五大类20个重点方向的重点实验室申报工作，开发应急管理科技众创平台，建设应急管理专家信息管理系统。三是加强与科技部开展战略合作，共同研究编制《“十四五”公共安全与防灾减灾科技创新专项规划》，推动应急管理重点科研需求纳入国家科技发展规划。四是推进科技研发，推动将应急管理部作为“十四五”国家重点研发计划重点专项参与部门，争取立项“十三五”国家重点研发计划重点专项项目8项。

（二）打造应急装备尖兵利器

一是成功发射应急减灾二号A、B两颗卫星，提高卫星组网协同监测能力（图6-3-2）。二是推进自然灾害防治装备现代化工程实施。加快核心装备研发攻关，将“森林和草原火灾全天候灾情监测预警与处置装备”项目列入科技部国家重点专项，突破森林快速开带等关键技术；推进工程产业化任务，会同工业和信息化部将应急管理实战重点需求纳入产业化攻关目录并启动实施。三是打造应急通信“国家力量”。组织改装翼龙长航时无人机空中无人通信平台，建立军地协同跨空域保障机制，解决极端条件下“人员进不去，信息传不出”的痛点难题。加强前突通信能力建设，持续组织236支前突小队实战拉动，强化实战能力，打通断网、断电、断路情况下应急通信生命线。四是探索创新无人机集群灭火模式。持续推进智能集群、精准投掷等大型无人机集群作战技术攻关和战术战法研究，在云南、四川火场开展悬崖火实战检验。五是持续推进装备信息网建设应用，构建APP、网站、订阅号、期刊四位一体的媒体矩阵。

图6-3-2 应急减灾二号A、B卫星成功发射

第四章　国际交流与合作

一、持续推进“一带一路”自然灾害防治和应急管理国际合作机制建设

继续坚持以“一带一路”自然灾害防治和应急管理国际合作机制为依托，推进与“一带一路”沿线国家在应急管理政策和信息交流、防灾减灾监测预警信息共享、应急协同响应、物资救助和安全生产方面的交流合作。

参加东盟灾害管理委员会视频会议，介绍中方关于中国–东盟（10+1）灾害管理部长级会议机制的设想，并提出重点合作领域。抓住2020年中国–东盟领导人会议的有利时机，促成建立中国–东盟（10+1）灾害管理部长级会议机制。受新冠肺炎疫情严重影响，原定于2020年举办的“一带一路”自然灾害防治和应急管理国际合作部长论坛推迟。

二、积极参与抗疫国际合作

举行中俄应急管理部门新冠肺炎疫情防控司局级经验交流视频会议，就疫情防控、推进复工复产和应急管理等议题进行交流，向俄方介绍有关工作情况和经验。主办上海合作组织成员国紧急救灾部门国际合作与救援视频研讨会，就应急管理部门在疫情防控中主要工作举措和经验、重大自然灾害监测预警和会商协调、应急救援、灾后大规模人员安置和恢复重建，以及应急管理部门国际合作情况和上海合作组织紧急救灾领域合作方向进行交流。

应联合国方面和有关国家要求，分享福建泉州欣佳酒店“3·7”坍塌事故救援经验。组织参加新加坡民防部队主办的高级别灾害管理人员网络研讨会，向亚太地区消防和应急管理部门同行介绍我国疫情防控举措和成效，交流各自抗疫行动和经验，协同提升应急响应能力。

及时围绕外国应急管理部门在疫情防控中发挥作用情况开展调研，组织撰写《美俄日应对新冠肺炎疫情举措和国家应急管理体系》《美俄日应急物资管理》《意大利国家民事保护体系》等调研报告。

三、持续深化多边合作

积极参加线上多边会议。参加国际民防组织第53届执行理事会和第24届大会、金砖国家自然灾害管理工作组视频会议、世界粮食计划署“后疫情时代的应急响应”网络研讨会、G20安全生产工作组会议、亚太经合组织备灾工作组第16次会议等一系列活动，积极推动上述会议取得务实成果。参与中亚区域经济合作机制灾害风险转移技术援助项目启动视频会、联合国减灾办仙台减灾框架数据填报会议、全球捐款方视频会议、国际应急科技信息化经验分享会等活动。

积极推介中国倡议和理念。经大力协调推动，应急管理部关于加强防灾减灾救灾和应急管理国际合作的倡议被纳入《上海合作组织成员国元首理事会宣言》《上海合作组织成员国政府首脑（总理）理事会德里宣言》《亚太经合组织领导人吉隆坡宣言》和《落实中国–东盟面向和

平与繁荣的战略伙伴关系联合宣言行动计划（2021—2025）》等文件。

有序开展项目合作。与国际劳工组织推进企业可持续发展项目，与联合国开发计划署、亚洲开发银行就安全发展城市项目、中亚区域经济合作机制灾害风险转移技术援助项目探讨合作，为我国防灾减灾工作提供服务和支撑。

四、深入推进双边合作

保持高层往来。应急管理部党委书记黄明、副部长尚勇等部领导多次向俄罗斯、日本、意大利、越南、菲律宾、哈萨克斯坦等国家应急管理部门领导致信，推动双方合作。副部长尚勇会见蒙古国新任驻华大使巴德尔勒，双方就加强防灾减灾、应急救援和森林草原防灭火等领域务实合作进行友好交流。

加强与周边国家互动。与蒙古国磋商政府间关于边境地区森林草原火灾联防协定，推动中蒙在减灾和救灾领域签署合作谅解备忘录。以哈萨克斯坦重建紧急情况部为契机，推动落实两国关于预防和消除紧急情况政府间合作协定，加强两国应急管理部门沟通和边境地区防灾减灾协调合作。

持续推进大国交流合作。积极落实应急管理部与俄紧急情况部 2020—2021 年联合行动计划，探讨租赁俄灭火救援大飞机，推动修订《中俄森林草原火灾联防协定》，并协调促进中俄边境地区应急管理合作。保持中日应急管理部门沟通联系，探讨签署合作文件。

五、着力强化国际救援基础能力建设

健全完善制度。修订《应急管理部跨国（境）应急救援工作方案》，制定《新冠疫情条件下跨国（境）救援补充方案》，进一步规范应急救援力量参加常态化和非常时期跨国（境）救援任务时的行动策略和流程。修订印发《国外救援力量来华开展紧急救援行动协调机制和工作流程》，逐步完善国家应对特别重大事故灾害协调机制。

加强能力建设。推荐组建跨国（境）救援专家组，组织举办外交政策与国际救援规则培训班和灾害医学培训班，共培训国际救援队伍骨干 120 余人。组织跨国（境）救援队伍参加联合国国际搜索与救援咨询团（INSARAG）、世界粮食计划署等组织的国际救援指南发布会、黎巴嫩贝鲁特港口爆炸救援总结分享会等，了解国际救援规则新变化，借鉴有效做法，分享中国经验。认真研究联合国国际搜索与救援咨询团城市救援队能力分级测评国家认证资格（IRNAP），并推荐中国地震局地壳应力研究所副所长、研究员陈虹当选国家认证工作（NAWG）专家组联合主席。积极参与联合国人道主义应急仓库和枢纽筹建工作。

时刻做好救援准备。密切关注境外重大灾情，及时与外交部和驻外机构保持联系。黎巴嫩贝鲁特重大爆炸事件发生后，第一时间搜集并分析信息，启动响应，制定出队预案并开展桌面演练。根据跨国（境）救援手册，梳理各部门职责分工，制作跨国（境）救援响应流程图和跨国（境）救援响应文档材料模板，提升出队时效性。

加强境外中资企业安全生产能力建设。召开境外中资企业安全生产需求调研座谈会，研究编制《境外中资企业安全生产应知应会口袋书》，促进提高海外员工安全意识和技能；选派专家为商务部“对外投资合作企业海外合规经营和风险防控”培训班授课。

第五章　新　闻　宣　传

2020年，在中央主要媒体刊播应急管理新闻报道4200余条，其中，中央电视台播出1800余条次（《新闻联播》播出151条、《焦点访谈》《新闻1+1》等重点栏目播出专题节目26期），《人民日报》刊发稿件277篇，新华社播发报道692篇；推荐陈陆烈士入选"感动中国2020年度人物"，推出"时代楷模"全国重大先进典型江西省九江市消防救援支队。

一、推动深入宣传贯彻习近平新时代中国特色社会主义思想和习近平总书记关于应急管理重要论述

始终把学习宣传贯彻习近平新时代中国特色社会主义思想作为首要政治任务，组织部属报纸杂志、政府网站、新媒体平台等开设专题专栏，第一时间转发、跟进宣传习近平总书记重要会议活动和重要讲话新闻报道470余条，坚持用党的创新理论武装全系统干部职工头脑。按照学懂弄通做实的要求，推动习近平总书记关于应急管理重要论述的学习宣传贯彻，特别是习近平总书记在中央政治局第十九次集体学习、向国家综合性消防救援队伍授旗致训词、中央财经委第三次会议上的重要讲话精神和关于疫情防控、安全生产、森林草原防灭火、防汛救灾等重要指示精神的学习宣传，深入宣传习近平总书记人民至上、生命至上的执政理念和深厚的为民情怀；拍摄制作《生命重于泰山——学习习近平总书记关于安全生产重要论述》电视专题片（图6-5-1），推动各地各部门各单位树牢安全理念，落实安全责任。精心策划宣传应急管理系统关于党的十九届五中全会、全国两会、全国抗击新冠肺炎疫情表彰大会等重要会议精神的反响报

图6-5-1 《生命重于泰山——学习习近平总书记关于安全生产重要论述》电视专题片片头

道以及落实措施、进展成效，协调主流媒体在重要版面时段刊播。召开应急管理新闻舆论阵地建设暨学报用报工作座谈会，印发《2020 年应急管理新闻宣传工作要点》，部署全年应急管理新闻宣传重点任务，将习近平总书记关于宣传思想工作和应急管理工作的重要论述贯彻到主题宣传、应急报道、舆论引导、新闻发布、社会宣传等应急管理新闻宣传工作全过程。

一、全方位宣传应急管理战线重点工作

及时准确宣传阐释党中央、国务院关于应急管理的重要决策部署，中央宣传部党委各项工作举措，全面展示工作进展成效和队伍形象风貌。一是迎难而上做好应急管理系统疫情防控宣传报道，及时报道国务院安委会办公室、应急管理部关于疫情防控和精准服务企业复工复产决策部署，应急管理系统、消防救援队伍参与疫情防控情况，两次参加国务院联防联控机制新闻发布会，起草发布 40 多篇重点稿件、200 多张照片和视频素材；应急管理系统多位先进典型入选“一线抗疫群英谱”等疫情防控主题，唱响“逆行者守护逆行者”的时代强音。二是全力以赴开展防汛救灾宣传报道，组织中央媒体 20 余人的采访团队深入江西抗洪抢险一线采访报道，中央电视台《新闻联播》播出报道 90 余条，《人民日报》、新华社刊播报道 250 余篇，全网相关新闻报道 121 万余条；在防汛救灾取得阶段性胜利之际，《人民日报》头版头条刊发长篇综述《人民至上　生命至上——今年以来我国防汛救灾工作综述》(图 6-5-2)，新华社播发重磅报道《一切为了人民——写在全国防汛救灾取得阶段性重大胜利之时》，中央电视台《新闻联播》播出综合报道；3 次在国务院新闻办举行的防汛救灾主题发布会上，持续发布汛情灾情、介绍工作举措、提示下一步防范重点；以国家防汛抗旱总指挥部办公室名义开展“2020 年度防汛救灾好新闻”评选工作。三是持续开展《全国安全生产专项整治三年行动计划》宣传报道，做好三年行动启动、动员部署、排查整治、集中攻坚等重要节点，以及特别重大事故整改情况“回头看”、危险化学品储存专项检查治理、安全检查服务和明查暗访等重点工作报道；组织发布 2020 年全国应急救援和生产安全事故十大典型案例，常态化发布危险化学品、烟花爆竹、建筑施工、安全执法等典型案例；在国务院新闻办召开专题新闻发布会。四是聚焦应急管理部挂牌两周年、国家综合性消防救援队伍组建两周年、“安全生产月”、全国防灾减灾日等重要时间节点，以及全国自然灾害综合风险普查、森林草原防灭火等重点任务，精心策划宣传报道。在国务院新闻办举行春夏森林草原火灾防控、国家综合性消防救援队伍改革发展、《国家森林草原火灾应急预案》与冬季森林草原防灭火形势等新闻发布会；联合人民画报社编印《人民画报》国家综合性消防救援队伍专题特刊；协调中央电视台社会与法频道办好周播栏目《应急时刻》，共播出 49 期专题节目；在春节、清明、国庆、中秋等节假日策划推出节日主题和安全防范报道，做好安全提示。

三、稳妥做好突发事件应急报道和舆论引导

加强与宣传、网信部门及重点媒体的沟通对接，积极稳妥开展新闻报道，有效应对福建泉州欣佳酒店“3・7”坍塌、浙江温岭“6・13”槽罐车爆炸、山西临汾

人民日报
RENMIN RIBAO
2020年9月
14
星期一

改善科技创新生态 激发创新创造活力
——论学习贯彻习近平总书记在科学家座谈会上重要讲话

人民至上 生命至上
——今年以来我国防汛救灾工作综述

充分发挥党的领导这一最大优势，党旗在防汛救灾一线高高飘扬

让科技创新成果源源不断涌现出来
——习近平总书记在科学家座谈会上重要讲话引发热烈反响

坚持需求导向和问题导向，整合优化科技资源配置

抵御风险挑战的根本保证
——抗击新冠肺炎疫情表彰大会上重要讲话论学习贯彻习近平总书记在全国

8月中欧班列开行量再创新高

国务院印发《决定》
实施金融控股公司准入管理

导读
生态农业富农家
市场前景广 步伐更坚定
筑牢网络空间安全屏障
车险改革，消费者利好几何
在海底"种"珊瑚
银行网点，转型之路怎么走

图 6-5-2　2020 年 9 月 14 日，《人民日报》头版头条刊发《人民至上　生命至上——今年以来我国防汛救灾工作综述》

"8·29"饭店坍塌、重庆永川吊水洞煤矿"12·4"火灾等突发事故事件。稳妥做好福建泉州欣佳酒店"3·7"坍塌、长深高速江苏无锡"9·28"特别重大道路交通事故等调查结果发布。结合突发事件应急报道工作实践，不断深化规律性认识，健全完善工作制度机制。组织修订《应急管理部特别重大灾害应急响应工作手册（新闻宣传保障分册）》，制定《特别重大灾害事故新闻发布预案》等，明确各部门责任分工、细化工作流程、完善保障措施。应急管理系统 3 名同志被评为中央单位优秀网评员。

四、大力宣传应急管理系统先进典型

注重在重大工作任务和一线战斗中挖掘选树先进典型，推荐江西省九江市消防救援支队入选"时代楷模"全国重大典型，这是应急管理系统先进典型首次获此称号（图 6-5-3）。推荐安徽省合肥市庐江县消防救援大队原政治教导员陈陆烈士入选"感动中国 2020 年度人物"（图 6-5-4），这是继四川省森林消防总队凉山支队入选"感动中国 2019 年度人物"后，再次有应急管理系统典型入选。联合中宣部开展 2020 年"最美应急管理

图 6-5-3　中央宣传部授予江西省九江市消防救援支队“时代楷模”称号
2020 年 8 月 31 日，中央电视台综合频道“时代楷模发布厅”发布仪式录制现场

工作者”宣传发布活动，集中宣传河南省兰考县应急管理局等 10 个先进典型。录制《中国骄傲》专题节目，中央电视台综合频道、社会与法频道分别播出。开展“新时代应急人好样子”主题宣传活动，遴选 84 个宣传对象，在人民网等平台开设专栏集中宣传报道。设计制作应急管理执法制式服装标识和应急救援航空器形象标识。

五、精心策划组织新闻发布活动

加强与国务院新闻办、国务院办公厅信息公开办等部门沟通对接，围绕疫情防控、安全生产、防汛救灾、森林草原防灭火、国家综合性消防救援队伍改革发展等重大主题，举行 10 场新闻发布会，部领导出席 9 人次，准确释放权威信息，主动回应社会关切，凝聚社会共识，为应急管理事业改革发展营造良好舆论氛围。发布活动受到境内外媒体高度关注，平均每场发布会参加媒体 30 余家、记者 50 余人，《人民日报》、新华社、中央广播电视总台等中央主要媒体的重点栏目、重要版面充分报道，微博话题“应急管理部新闻发布会”阅读量近 5000 万次；路透社、凤凰卫视、香港经济导报等境外媒体刊播相关报道 200 余篇，不断向世界传递中国应急管理好声音。扎实开展突发事件新闻发布准备，深入研究重特大突发事件新闻发布案例，分灾种分事故类型梳理常见热点敏感问题，明确发布人，建立专家库。指导推动地方应急管理部门开展新闻发布工作，全国 32 个省级应急管理厅（局）已全部设立新闻发言人，全年共举行 112 场新闻发布会。

六、深入开展应急科普宣传

会同中国科协、中央宣传部等部门联合印发《关于进一步加强突发事件应急科普宣教工作的意见》，建立突发事件应急科普长效机制。以国务院安委会办公室、应急管理部名义联合印发《推进安全宣传“五进”工作方案》，对做好新形势下安全宣传工作进行统一部署。以“消除事故隐患　筑牢安全防线”为主题，深入开展第 19 个全国“安全生产

图 6-5-4　陈陆烈士入选“感动中国 2020 年度人物”
中央电视台综合频道“感动中国 2020 年度人物颁奖盛典”讲述陈陆烈士事迹

月”活动。组织全系统积极参加第四届社会主义核心价值观主题微电影（微视频）征集展播活动，共遴选报送 166 件作品参加全国展播活动，5 部作品分获全国一、二、三等奖。围绕重要时间节点广泛开展常态化科普宣传，制作 5 部公益广告，在中央电视台多个频道持续播出；制作 6 期科普微视频，协调光明网、科普中国推出 100 多个新媒体科普产品；协调三大通信运营商多次集中推送公益短信。创新开展应急科普新媒体宣传，持续打造“应急科普”精品栏目，部微博、微信等平台推出科普内容 1000 余篇次，在新浪微博持续组织“应急科普”话题，阅读量达 7 亿次。

七、创新开展应急管理网上宣传

加强部政府网站运维管理，优化调整栏目设计，不断提升网上服务能力，网络和政务新媒体管理受到国务院办公厅通报表扬。持续推进中国应急信息网建设，加快开发移动端和小程序。部政府网站和中国应急信息网共策划制作发布全国安全生产专项整治三年行动等 9 个专题，累计发布稿件 1 万余篇。部微信发布 2400 余条，粉丝总量接近 150 万人；微博发布 5500 余条，粉丝量达 180 万人；快手账号粉丝量达 110 万人，部政务新媒体影响力不断提升。先后开展“守护绿水青山”和“追梦火焰蓝”网络主题宣传活动，发布原创稿件 240 余篇，网络话题总阅读量达 15.5 亿次。策划推出的主题微视频《英雄之光》等多次被人民日报客户端、新华网等转载传播。微视频《我来》《我是中国火焰蓝》同时入选第五届全国“五个一百”网络正能量精品评选活动“百部网络正能量动漫音视频作品”，微视频《科学识别地震谣言的方法你都 GET 吗?》获“2020 年度中国互联网辟谣创意微视频”。开展首届应急管理系统新媒体作品征集评选活动，评出优秀作品 50 件、优秀创客 15 名、优秀组织单位 10 个。

第六章　支　撑　服　务

森林防火预警监测信息中心

2020 年，森林防火预警监测信息中心围绕防范化解森林草原火灾重大风险，立足当好国家森林草原防灭火指挥部办公室参谋助手，坚持预警监测先行，强化火灾应急处置，做好科技保障支撑。

预警监测工作取得新成效。不断完善会商机制，商请气象、林草、公安等部门定时开展会商研判，科学制作火险预报预警信息，及时提供火场火险服务，为各地做好森林草原火灾防控工作提供科学依据。全年共制作发布各类预报预警信息 841 期。利用卫星资源和网络资源对全国森林草原火情实行全天 24 小时不间断监测，对 10 起较大以上森林草原火灾开展连续跟踪监测和灾后初步评估，加强对重点林区的雷电监测，确保较大以上森林草原火灾早发现、早报告、早处置。全年共制作发布监测图像 12137 幅，报告热点 2629 个，反馈为各类林火和草原火的 2283 起。

火灾处置工作迈上新台阶。研究起草重特大森林草原火灾应急响应等办法，形成《森林草原火灾应急响应工作手册》。严格落实 24 小时在岗在位、“有火必报”和热点核查“零报告”值班值守制度，积极加强沟通、联动，确保火情信息获取及时、准确、全面。对全国的火灾数据进行常态化审核汇总和全面分析，为各级防灭火部门做好森林草原火灾防控提供决策参考。全年共接报森林草原火灾 369 起，妥善处置多起领导关心、社会关切、舆论关注的森林草原火灾。

科技防灭火注入新动能。抓紧推进极轨卫星、静止卫星建设项目和森林草原防灭火综合指挥平台（一期工程）项目建设，全面提高极轨卫星、静止卫星监测覆盖范围和频率，显著提高森林草原防灭火调度指挥信息化水平。强化建设中国森林草原防火网和国家森林草原防灭火信息共享平台，提升行业内外的权威性和影响力。牵头组织多家科研院所和高校开展国家重大自然灾害监测预警与防范专项科技项目研究，为森林草原火灾风险防控体系和能力现代化建设提供科技支撑。

北方航空护林总站

2020 年，北方航空护林总站共租用飞机 91 架（其中，直升机 65 架，固定翼 26 架），全年累计飞行 6601 架次 9783 小时，空中发现火场 19 个，参与扑救火场数 99 个；共接收处理各类飞行计划 6242 条，安全指挥应急救援飞行 7627 架次，处理报文 24708 份，制作航站本场气象预报 5023 份；共发布卫星林火监测卫星图像 2344 幅，发现热点 547 个，发现林火 6 起，境外火 4 起；全年入库 11 类森林防火物资、2804 件，出库调拨水、粉剂灭火剂共计 2800 千克。

充分发挥航空应急救援重要作用。一是出色完成森林火灾航空灭火作业任务。

在最短时间内完成内蒙古大兴安岭和黑龙江大兴安岭林区多起雷击火灾的扑救。二是快速派出应急工作组协调指导森林火灾。及时启动航空应急预案，派出工作组协调指导山西五台县、榆社县和山东青岛小珠山、荣成伟德山森林火灾航空救援工作。三是加强重点时段防灭火检查督导工作。赴河北、辽宁开展森林防火督查，对黑龙江、内蒙古森林草原防火火工作进行明查暗访，参加全国森林草原防灭火“大调研”和国务院四川森林草原防灭火专项整治督导。

以森林航空消防为重点，全力做好应急救援综合保障。一是着力做好航务管理相关工作。按时上报飞机所驻基地、剩余飞行时间、定检等相关数据；严格执行航行管制规定，针对多灾种演练制定协调指挥解决方案，促进提升军民航融合指挥、协同作战能力。二是注重行业系统人才培养。组织完成 14 名飞行观察学员的晋级考核工作；举办全系统新闻宣传、飞行观察、航空管制、气象员理论培训班，积极派员到中国民航大学参加“管制 4+1”培训。

以落实应急救援航空体系建设为抓手，努力向综合性航空应急救援拓展。一是推进应急救援航空体系建设。主动服务各省区航空救援工作，及时向上级报送北方地区应急救援航空体系工作进展情况，有序推动北方航空应急救援工作发展。二是积极开展应急救援综合演练。开展 2 次航空应急救援综合实战演练，并组织 12 个航站开展实战训练，提高地空协同作战能力。三是实现多灾种和社会救援新突破。完成防汛抢险任务前期调机预案和飞行准备，并对实施大型直升机参与封堵决口现场作业条件、飞行地面保障和防汛准备进行业务指导。在社会救援方面，充分发挥航空救援的空中优势，拓展北方航空系统航空综合应急救援能力，实现由单一航空护林向“全灾种、大应急”应急救援模式拓展。

南方航空护林总站

2020 年，南方航空护林总站在南方 13 个省（区、市）的 18 个航站 31 个基地共计布防 14 种机型 51 架飞机，累计出动飞行 3178 架次，安全飞行 6127 小时，航程约 76 万公里，加注航油 10274 吨，发现处置森林火情 74 起，对其中 67 起火灾实施吊桶灭火，吊桶灭火飞行 431 架次 919 小时，洒水 3834 桶，约 15362 吨，扑灭火线 54 公里、火点 549 个、烟点 900 多个。除做好航空消防主业外，参与疫情防控、地质灾害、防汛抗洪等应急救援工作，共飞行 76 架次 72 小时 28 分。

西南卫星林火监测分中心全年发现卫星热点 1509 个，反馈为林火和草原火的 202 起，发布监测图像 1224 幅，林火反馈率 100%；持续 24 小时对四川西昌“3・30”森林火灾、云南安宁“5・9”森林火灾不间断监测，为火灾扑救提供支撑。南方森林防火协调中心累计派出工作组 5 批次，先后赶赴四川省凉山州西昌市经久乡、凉山州木里县项脚乡，云南省香格里拉、安宁山神坝等参与 5 起重大森林火灾扑救任务。西南森林防火物资储备中心收储防灭火物资 10 批次 2432 件（套），调拨 6 批次 5787 件（套）。南方森林航空消防训练基地承办 2020 年度航空应急救援技术实训班，11 个省（区、市）13 个航站业务骨干参加培训；贵州、西藏两省份业务人员到直属航站跟班学习。

完成南方航空救援应急指挥中心、丽江白沙直升机场升级改造项目建设，成都金川直升机场项目已完成主体工程验收，南方森林航空消防火场侦查及移动通信指挥系统项目大部分建设内容已完成。

做好江西、浙江两省所开展的应急救援航空体系建设试点工作，推动贵州、西藏两省份开航，推进高原型 M-171 直升机进驻高原高寒地区开展救援，与应急管理部消防救援局昆明训练总队、云南省消防救援总队、云南省地震局等单位签订战略合作协议，建立快速联动机制，并根据地震灾害的特殊性，制定地震灾害航空应急救援预案，形成快速联动、资源共享机制。

中国地震应急搜救中心

2020 年，中国地震应急搜救中心快速响应 64 次国内地震和 46 次国际强震，及时跟踪福建泉州欣佳酒店“3·7”坍塌事故、黎巴嫩贝鲁特重大爆炸事件等，全年上报灾害评估简报 139 期，为部指挥决策提供支持。

积极支撑服务国家救援力量专业能力建设。在做好疫情防控前提下，全年举办救援队伍等培训班 11 期、742 人次。派出多批次基地教官、专家前往地方进行现场驻训、支持指导演练活动，指导国家综合性消防救援队伍加强专业能力建设、开展队伍分级测评工作，累计培训人数超过 3000 人。

着力加强国家地震灾害紧急救援队（中国国际救援队）能力建设。协调队伍组成单位起草新形势下境内救援任务行动程序，细化重特大地震等灾害救援任务启动条件、内部流程等，强化随时出队救援的各项准备。升级与扩充队伍装备物资，提升装备保障能力。在常态化日常训练演练基础上，12 月 10 日组织开展救援队综合演练。

积极承担地质灾害应急防范处置支撑保障及相关司局重点工作。整合内部地质、测绘等专业人员，启动地质灾害风险评估资质申报工作。制定地质灾害应急响应工作手册，细化响应分级分区标准等内容。协助参与部司局重点项目的方案申报、编写、报告撰写等工作。

积极支撑服务部“十四五”规划编制、预案编制和自然灾害防治重点工程项目方案编制等重点工作。牵头完成部国际救援力量“十四五”规划编写，协助国家国际发展合作署、科技部、国家国防科工局等编写相关规划、计划、项目建议。

积极支撑保障部国际救援交流与合作工作。制定“一带一路”应急管理部长论坛中“搜索与救援”分论坛筹备工作方案，组织会议论文征集。协商国际搜索与救援咨询团（INSARAG）亚太地区地震应急演练方案与任务分工。承办东盟地区论坛城市搜索与救援技能培训及联合演练，举办外交政策与国际救援规则培训班，组织完成联合国多本书籍的翻译工作。

积极申报应急领域科技项目，强化科技支撑引领。承担和申报多项国家重点研发计划项目，成功获批课题 2 项，在研课题 3 项、专题 3 项，完成 1 项 863 项目课题、1 项地震科技星火计划项目。协助完成部规划财务司“十四五”重点课题。出版《地震应急救援科技研究成果汇编》。

积极支持指导地方应急管理工作，加强科普宣传，助力基层提升防灾应急能力。指导支持多个省份基层政府开展地震应急预案修订工作。组织开展“第一响应人”培训 2 次、应急避险科普宣教活动 5 场次，模拟演练 14 场次，发放科普物资 2000 余件，科普活动直接受众近 3 万人。

国家减灾中心

2020年，国家减灾中心强力推进自然灾害综合风险监测预警工作。编制汛期每日灾害综合风险监测报告141期、年度和月度全国灾害风险形势分析报告12期、应急管理部风险预警提示26期、每周全国灾害综合风险报告12期。制作重特大自然灾害风险与损失快速评估、救助需求评估等产品信息50期。推动灾害综合预警标准制定工作，完成台风、干旱、洪涝、低温雨雪冰冻和地质灾害综合预警标准，优化升级台风、洪涝、干旱、地震等灾害评估模型。在中心政务外网部署灾害综合风险监测预警系统（一期），完成灾害综合风险监测系统的业务集成，组织编制完成灾害综合风险监测预警系统（二期）初步设计方案。

全力承担全国自然灾害综合风险普查工作。组织编制应急管理系统技术规范(11项)、调查报表与指标等规范性标准要求，协调推动北京房山、山东岚山两地“大会战”试点工作，组织开展应急管理系统全国试点清查工作。全面推进全国自然灾害综合风险普查软件系统建设，支撑全国122个县试点工作。统筹推进通用软件及行业软件系统建设，支撑全国普查数据多部门、多层级汇交。梳理形成普查任务数据与成果清单、普查任务数据需求清单，会同北京、山东两地普查办完成普查数据离线汇交工作，分析“大会战”试点数据汇交情况。

全力做好灾情报送和分析工作。开展阶段性及重大灾害事件灾情分析评估工作，累计编发《昨日灾情》366期、《洪涝灾情》89期、《灾情分析》41期。编制《中国自然灾害报告2019》，参与编制《2019年全球自然灾害评估报告》，出版《2018年中国自然灾害图集》。形成新版全国报灾系统，全年接收省、市、县级共计10.2万条灾情快报，完成对省级上报的1.1万余条灾害事件信息处理。完成全国应急信息员数据库建设，为全国灾害信息员师资培训提供授课师资40余人次，编写培训教材，累计培训各级灾害信息员超过10万名。

全力推进卫星遥感和航空遥感监测工作。全年制作卫星遥感常态化风险监测信息62期，制作卫星应急监测产品52期184幅。完成应急减灾二号A、B卫星运载、发射、测控、地面、应用系统的接口和进度协调，并于9月27日在太原卫星发射中心成功将卫星发射入轨。持续跟踪5米S-SAR卫星研制工作，密切跟踪高轨20米SAR卫星研制进展，积极推动天地一体化项目工作。编制无人机遥感监测报告18期，签约83支专业无人机队伍、200余架无人机平台设备和专业航空遥感载荷。

统筹推进综合减灾工作。承担国家减灾委员会专家委秘书处工作，配合部司局编制《国家综合防灾减灾规划（2021—2025年)》《应急物资保障“十四五”规划》。组织开展全国防灾减灾日宣传活动，升级改造国家减灾网。持续推动与联合国世界粮食计划署、联合国粮农组织等国际组织的交流合作，完成联合国灾害管理与应急反应天基信息平台(UN-SPIDER)北京办公室相关工作。

国际交流合作中心

2020年，国际交流合作中心积极开展国外应急管理课题研究和信息共享。共完成9项国外信息研究报告，5项国外应急管理专项课题研究，8 项编译材料（13 万字）。完成美国和日本两国在应急管理、安全生产和防灾减灾方面的法律法规、体制机制、安全管理、监察执法、标准体系、技术装备等信息研究和数据分析资料的收集入库。在应急管理部应急装备之家网站开设国际专区，收集来自美国、德国、法国、芬兰、瑞士、澳大利亚、日本、韩国等国家 36 家企业共计 309 套先进装备的情况介绍。

组织实施境外中资企业安全生产培训工作。组织部分中央企业专家共同编写《境外中资企业安全生产应知应会口袋书》，组织筹备境外中资企业安全生产能力提升培训班。

完成部有关司局交办的支撑服务工作。组织人员翻译《2000—2019 年全球灾难对人类造成的损失》《化工企业应对自然灾害的评估与规划指南》，提交《关于黎巴嫩贝鲁特港口爆炸事故情况的报告》《硝酸铵危险特性以及美国等部分发达国家生产企业、港口对于硝酸铵储存的规定》等针对化工事故情况分析及安全监管国外经验。

承担个体防护标准化委员会秘书处工作。助力国内外抗击新冠肺炎疫情，组织开展与疫情防控相关的重要标准解读宣贯工作。协调沟通国际标准化组织（ISO）完成《防护服装职业用防雨服》《防护服装职业用防雨服服装耐上方高能雨滴冲击测试方法》2 项防护服装领域国际标准的立项工作，同时向国际标准化组织个体防护技术委员会呼吸防护分会（ISO/TC94/SC15）提出由我国牵头制定《呼吸防护选择、使用和维护第 4 部分：防护危害性颗粒物口罩的选用指南》国际标准提案。

推广国际合作项目成果应用。编制融合国际元素的《企业安全生产标准化提升方法》。为南京江北新区起草三年提升化工企业安全计划，初步搭建宁波、南京两地过程安全管理交流平台，为持续深入开展两地辅导奠定了基础。

宣传教育中心

2020 年，宣传教育中心围绕服务大局，为应急管理新闻宣传工作提供有力支撑。

全力做好安全宣传“五进”工作，开展方案研究并提出思路和举措建议。策划制作“五进”微课堂，开展“安全生产大家谈”云课堂、校园安全网络公开课、“与灾害风险共处”圆桌访谈，与光明网联合开展消防安全互动直播答题等宣传活动。加强阵地建设，推动各地应急管理科普宣教和安全体验基地建设相关工作，并开展基地分类及标准研究。

围绕培育安全文化，做实服务支撑。编写安全文化示范企业创建工作实施方案和考评标准，向全国评比达标表彰工作协调小组办公室进行备案，研究制定示范创建活动管理办法。承担“国家安全发展示范城市品牌宣传设计研究”“基于责任目标的国务院安委会成员单位安全生产工作考核指标体系研究”等课题。高质量完成应急管理执法徽标和航空器喷涂方案设计工作。为国家矿山安全监察局制作新铭牌，承办“学法规、抓落实、强管理”活动，完成“煤监系统意识形态工作总结与分析研判”“防灾减灾科普宣传教育培训可行性研究”等研究课题。

围绕应急管理重点内容，积极开展应急科普。开发储备应急科普资源 2300 余件，首创应急科普《沙发派》，设计发布“安全小卫士安安”卡通形象，推出“红线贝贝”表情包。完成全国科普日应急科普展区的布展工作，联合中国科协科普部举办全国应急科技周启动仪式，选拔应急科普选手推荐参加全国科普讲解大赛，联合人民网开展应急科普优秀作品征集展示活动。承担中国应急信息网科普馆内容建设，向部微博提供科普知识问答35期260条。联合中国科协在国家应急管理宣教网开辟安全科普频道，在光明网建设应急频道、专设应急科普栏目，在科普云网站设立“应急科普”号，上线“应急科普”APP。

创新开展宣教活动。第19个全国“安全生产月”“安全生产万里行”活动以线上为主，“安全体验场馆360全景示范展示”“全国安全知识网络竞赛”“全民安全大挑战”、抖音“我是安全明白人”等系列云上活动，吸引1.6亿人次参与。在中央电视台《新闻联播》等播发报道9条，《人民日报》、新华社等多家中央主流媒体累计报道400余次。策划推出公益广告在中央电视台、全国候车（机）厅、铁路站台和列车车厢循环播放，在抖音、滴滴、航旅纵横、京东等多平台开展公益宣传。

培训中心

2020年，培训中心应急管理培训、考试和人才服务等工作取得新进步，为推动应急管理高质量发展提供有力支撑。

应急管理干部大培训稳步实施。作为全国应急管理干部大培训办公室，协助人事司组织开展省（区、市）应急管理部门负责人联合培训2期140余人，市级应急管理部门负责人集中培训3期375人，县级应急管理部门负责人示范培训1期138人。网络培训实现对全国县级以上应急管理干部的全覆盖，举办网上专题培训班10期，培训50.2万人次。

集中培训优势逐步凸显。除大培训调训班次外，完成集中培训53期，共计5749人次。突出对部机关的支撑力，共举办部机关委托培训班6期，培训471人次；提升自主培训项目的引领力，举办21期，培训2542人次；增强合作培训班次的示范力，举办26期，培训2736人。

网络培训平台持续拓展。除大培训网络培训外，完成部机关委托的网络培训任务，示范引领地方政府及企事业单位举办网络培训，积极开展网络培训规范研究及基础建设。全年共举办网络培训项目20余个，培训2.1万人次。

培训研究能力显著增强。参与完成中央组织部“构建干部应急管理培训体系”相关课题研究，编制《工矿企业安全生产技术和管理队伍建设导则》，具体起草《安全生产监管监察能力建设“十四五”规划》宣教培训部分。编制危险化学品“三项岗位人员”考核要点3个、题库20个，修订更新36个子题库并新增2200道试题。编审非煤矿山和工贸行业执法教材2部、安全管理和特种作业人员教材6部。

考试管理体系日臻完善。起草《安全生产考试管理工作规范》《特种作业操作资格考试点建设规范》《高危行业安全技能实际操作培训考试基地基本条件建设实施方案》。考核“三项岗位人员”496万人次，提供证书查询服务3887万次，核发电子证书444万张。完成安全监管人员执法资格及涉煤中央企业主要负责人和安全管理人员考试。完成18个特种作业安全生产技术实操考评手册编写，举办实操考评员培训班5期，培训214人。

人才服务水平不断提升。承办应急管理部百千万人才工程国家级人选、享受政府特殊津贴人选、创新人才推进计划、第二届全国创新争先奖等高层次人才遴选工作，共推荐人选 17 名、团队 4 个、基地 2 个。完成部年度人事工资统计、国家煤矿安全监察局年度公务员统计和人事工资统计工作。

研 究 中 心

2020 年，研究中心开展课题研究项目共计 174 项。其中，涉及应急管理与安全生产的 121 项，直接承担应急管理部和国家矿山安全监察局委托项目 28 项。

强化应急管理中心工作服务支撑。一是参加国务院江苏安全生产专项整治督导组，圆满完成工作任务；落实国务院安委会工作部署，开展《中共中央　国务院关于推进安全生产领域改革发展的意见》贯彻落实情况全面评估，配合对浙江、上海等 6 省（市）贯彻落实情况进行督导；围绕加快推进矿山安全监察体制改革，开展《“十四五”矿山安全生产规划》等研究。二是集中力量开展《安全生产信用分级分类监管研究》，提出建立健全以信用为基础的安全监管机制等措施建议；承担《“十四五”安全生产预防控制体系建设研究》，从国家、地方、企业、社会不同层面提出构建安全生产预防控制体系的具体措施。三是承担完成《煤矿安全条例》等 3 项法规文件；完成 8 个地市 24 处煤矿的安全生产标准化现场考核，累计入井 296 人次，查出问题 3115 条。

指导推进地方防范化解重大安全风险。一是承担北京市、山西省应急管理事业发展“十四五”规划等多项课题研究，提出推进应急管理工作的有效措施。二是完成《山东省城市安全发展白皮书导则》《沈阳市安全发展示范城市创建规划》等研究，开展苏州市、南昌市等城市风险评估工作。三是承担三亚市风险普查与应急资源调查，摸清三亚市灾害风险隐患和应急资源底数，为补齐短板、提升应急保障能力提供了依据和支撑。四是对江苏连云港徐圩新区地下综合管廊兼顾应急疏散和国防功能进行研究，推进城市综合管廊全生命周期安全管理技术标准建设。五是与山东人保财险公司合作，开展安全生产责任保险和双重预防机制建设项目，强化国家重点攻关项目“科技冬奥-重点场所与关键设施风险评估关键技术研究”等任务推动实施。

为政府宏观规划和企业战略决策提供智力支持。一是承担《全国煤炭工业发展“十四五”规划》编制工作，对煤炭需求预测、布局方案、运力保障等进行专题研究。二是开展《内蒙古煤炭工业发展“十四五”规划》研究，为国家电力投资集团、中煤能源集团等 22 家中央和大型国有企业开展战略规划研究。三是全年完成煤矿建设项目评审评估 25 项，开展煤矿生产能力核定 9 项。

通信信息中心

2020 年，通信信息中心结合应急管理信息化发展要求和中心实际状况，组织制定三年发展规划，将中心融入应急管理事业全局，确定“以人为本、服务至上、技术引领、融合创新”的发展理念，为中心改革发展和转型升级提供科学指引。

应急管理信息化基础设施建设取得显著成效。与 2018 年相比，网络设备增长 5 倍，安全设备增长 11 倍，服务器增长 14 倍，数据库增长 20 倍，存储总量增长 48 倍。

建成指挥信息网、卫星通信网和应急指挥无线窄带通信网，形成天空地一体的应急通信网络。应急管理部门结束了没有“专用网络”的历史，填补了“无线通信网络”的空白，为面向“全灾种、大应急”提供了应急通信保障能力。

针对断网、断电、断路极端条件，研究制定“土洋结合、多层保障”的通信保障工作方案。确定大震巨灾应急通信技术路线，为灾害重点地区前突侦察小队配齐保底通信装备，构建翼龙大型无人机空中中继平台，应急通信核心能力已经形成。

组织编制智慧应急“十四五”规划，开展“智慧应急”试点建设。加快推进应急管理大数据与自然灾害监测预警信息化工程、国家应急指挥总部工程等的立项和实施工作。

应急管理部应急装备综合信息服务网应急装备之家上线。为3700多家应急装备供应企业的14693个应急装备提供展示平台，首次实现全国应急装备的分类及编码动态统一管理，推动应急装备向数字化与专业化发展。

建成全国应急资源管理平台。首次实现全国应急物资统一管理、中央应急物资一物一码管理、应急物资调度全程跟踪和与领先物流企业联网，首次应急车辆通行码全国通行。

紧急救援促进中心

2020年，紧急救援促进中心着眼于服务应急管理大局、支撑应急资源管理平台建设需要，重点保障应急资源管理平台建设运营等工作落实落地。

强化社会应急资源管理系统建设运营工作。从3月开始，配合部有关司局进行平台功能需求分析设计并配合京东集团进行平台系统开发。完成平台700多个主要功能和12个关键业务流程测试，优化迭代系统版本18次、模块307个，修正问题100余个，为平台正式上线运行打好基础。模拟四川发生地震的场景，开展灾时应急物资实战演练，对平台业务流程和主要功能进行系统性验证。按照“边用边建”的原则，根据平台推广需要，进行多种形式培训，开展用户培训66场，培训用户超过2万人次，累计开通账号16486个。截至2020年底，平台录入各类仓储库5696个、应急物资生产和物流企业信息4056家，管理应急物资信息53618条共计2.56亿件（台、套）；1440支社会应急力量队伍进行注册备案，1225支队伍通过当地应急管理部门审核初步具备业务运营能力。

社会应急力量积极参与新冠肺炎疫情防控工作。跟踪掌握全国社会应急力量参与疫情防控工作动态，积极协调蓝天、红十字会、公羊、绿舟等570余支社会力量队伍，共出队164031人次参与地方疫情防控工作。据不完全统计，2—4月疫情紧张期间，社会应急力量共协助各地完成防疫消杀29918次、按要求设点防控21600处（次），参与防疫宣传10328次、人员排查10006次、物资发放4339次、物资捐献2948次、物资转运2493次，在疫情防控阻击战中较好地发挥了助力作用。

推进职业技能鉴定管理工作。针对社会应急力量对应急救援员职业资格鉴定需求较大的实际，研究制定《职业技能鉴定申报指南》并向社会公布。创建“互联网+职业技能培训”线上教学模式，自8月恢复鉴定工作以来，共完成31家培训机构4600余人次的鉴定任务。

深化社会应急力量应急救援能力体系建设研究。在全面总结2019年广东、浙江两省社会应急力量分类分级测评试点工作经验的基础上，联合中国标准化研究院及社会力量有关专家，在 3 个月内共同编制完成城市搜救类、高空绳索救援类、山地救援类、水上搜救类、潜水救援类、应急救援医疗辅助类 6 个社会应急力量建设标准和 4 套大纲与培训教材。

中国安全生产科学研究院

2020 年，中国安全生产科学研究院着力做好科技创新和技术支撑，党建工作、业务工作和疫情防控统筹兼顾，协调推进。

新冠肺炎疫情暴发后，在春节期间承担北京市“民用口罩重复使用和新型民用口罩研究”任务，制定《关于新型冠状病毒肺炎流行期间民用口罩重复使用指引》，为民用口罩重复使用提供技术保证和管理遵循，完成北京市“防护口罩再利用检测平台建设”，全年克服困难，超常规完成口罩、防护服检测任务。

承担国家重点研发计划项目 6 项、课题 23 项，2 项国家重点研发计划项目顺利通过验收。承担《中国的安全生产》白皮书、江苏省安全生产治理体系和能力现代化、国家应急管理法律体系框架等安全应急理论研究，取得阶段性进展。参与《中华人民共和国安全生产法》相关规章修订研究、《中华人民共和国刑法修正案（十一）》涉及安全生产相关条款司法解释研究、《中华人民共和国危险化学品安全法》制定研究工作，为应急管理法治建设提供技术支撑。

作为“工业互联网+安全生产”行动计划的两家技术支撑单位之一，负责工业互联网安全生产监管平台建设和运行。作为科技部“十四五”公共安全规划副组长单位以及生产安全部分组长单位，组织全国安全生产行业领域专家开展战略研究、规划和实施方案编制工作。承担《国家“十四五”安全生产规划》编制工作，参加 10 多个应急管理部、工业和信息化部、国家发展改革委“十四五”安全应急规划编制和战略研究。

应急管理部和教育部依托中国安全生产科学研究院和中国矿业大学（北京）共建应急管理部国家安全科学与工程研究院，已于 2020 年正式挂牌，旨在通过一系列机制创新，打造安全应急领域的高端智库、科技创新研发基地、工程技术实验基地、创新团队与高端人才培育平台。获批成立安全生产风险监测预警中心，开展国家安全生产风险监测预警技术工作，为安全生产决策提供技术支持。

全力支撑应急管理部重点工作，参加福建泉州欣佳酒店“3・7”坍塌事故、四川甘孜“6・17”山洪泥石流灾害等应急处置和调查分析。参加硝酸铵等危险化学品安全风险隐患专项排查等治理督导；支撑相关司局开展煤矿生产经营和安全管理信息系统建设、较大以上生产安全事故调查处理情况数据库建设；开展超级城市群重大安全风险及防控对策研究、农村安全对策研究、锂电池防火技术研究，以及安全发展示范城市创建技术支撑工作等 30 项重点任务。认真做好日常技术支撑，注册安全工程师考务与注册工作顺利进行；完成全国安全生产标准化技术委员会换届，全国安标委秘书处以及非煤矿山、工贸安全等分标委秘书处日常工作。

化学品登记中心

2020 年，化学品登记中心全力做好危险化学品应急管理和安全技术支撑工作。为完善危险化学品安全监管顶层设计和法规制度体系提供支撑，全年参与制修订《危险化学品目录（2015）实施指南》《危险品绝热储存试验方法》等法规标准近 10 项，开展危险化学品领域安全管理研究，编制《氢能安全风险研究报告》等专项研究报告近 20 项。

深化登记工作，服务安全监管。2020 年为全国 4727 家企业发放登记证书，对 1915 家关闭企业核实后进行注销，审核化学品信息 4 万余个。完善国家危险化学品安全公共服务互联网平台，编写化学品详细信息 5000 种，全年登录查询化学品信息 58000 余人次，网上咨询信息答复 300 余个。

积极推动化学品鉴定与分类工作。全年受地方应急、公安、消防等部门委托完成执法鉴定样品 200 余个，疫情期间为运往武汉火神山医院、雷神山医院的抗疫物资的危险性鉴别提供绿色通道。

扎实推进安全生产标准化工作，提升企业安全管理水平。为 11 家安全生产标准化一级企业进行咨询指导。组织安全生产标准化评审人员培训班 14 期，新培训人员 1100 余人，再教育培训人员 700 余人。

深入开展化学事故调查研究与应急响应工作。2020 年先后参与应急管理部、地方政府等安排的事故现场调查、现场应急处置和事故督导等工作共 14 起。

全力推进全国危险化学品风险监测预警系统建设。攻关研发预警模型，对系统进行升级改造，全面提升系统架构、数据处理、系统功能及模型算法等能力。全力配合各地完成风险监测预警系统全国建设任务，2020 年实现全国 31 个省份和新疆生产建设兵团 6948 家涉及危险化学品重大危险源企业的数据接入，实现全国 20540 个危险化学品重大危险源在线监测联网。

承担危险化学品双重预防体系建设研究工作。选取 18 家不同行业、不同规模企业进行双重预防体系建设试点工作。开发危险化学品安全预防控制系统企业端和政府端，指导企业开展试点工作。结合企业实际情况，形成多元化信息系统部署策略。

信息研究院

2020 年，信息研究院体制机制建设进一步得到完善，干部人才队伍建设不断加强，科研管理水平不断提升，基础工作进一步夯实。

情报信息大数据服务能力进一步增强。应急管理文献数据库和煤炭科技文献数据库不断扩展，全年新增数据 37 万条，推送国外灾害事故信息近 1100 次，完成科技查新 410 项，提交 5 份灾害专题分析报告。

矿山安全技术创新取得突破。开展煤矿冲击地压防治技术、非煤矿山尾矿库安全技术、煤矿安全生产风险防控、煤矿瓦斯治理和地面煤层气开发利用研究等 22 项矿山安全课题研究，提出有效措施和建议。组织开展 34 处煤矿的一级安全生产标准化煤矿管理体系现场检查考核工作，开展国家矿山安全监察局日常法律顾问服务工作等。参与组织全国煤矿智能化建设现场推进会，为应急管理部等 8 部委联合制定《关于加快煤矿智能化发展的指导意见》提供意见建议。加大煤矿信息化平台研发力度，参与完成国家矿山安全监察局“全国煤矿风险监测预警系统”项目第一阶段建设，实现全国 3338 处煤矿的“三大系统”联网、数据接入，成为国家“互联网+监管”系统重点示范应用项目。

承担应急管理部重点图书出版工作，

围绕部党委中心工作，完成有关学习读本、干部教育读本等重要资料的编印工作，积极开展应急管理领域年鉴、政策法规、标准规范、科技理论和应急管理培训教材的图书出版工作。为应急管理部和国家矿山安全监察局提供视频服务支撑，按照要求完成重大活动、会议、有关明查暗访、督查检查等活动的拍摄编辑工作，全年编辑发布视频新闻 247 条、抖音短视频 183 条、库搜短频 142 条。

承担应急管理部委托的课题研究。深入开展“矿山安全治理体系与治理能力现代化研究”“生产安全事故统计分析及趋势预测技术研究”等 20 余项安全生产政策理论、矿山安全、法律法规等课题研究，提出相关建议，为应急管理体系建设提供科学依据。

深化战略规划研究。协助参与现代能源体系“十四五”规划等编制工作，承担广西、内蒙古等地方政府，成都和天府新区等地区委托的应急管理体系“十四五”规划编制项目，开展“新时代世界煤炭工业”重大课题研究，为实现我国煤炭工业高质量发展提供参考借鉴。

推进城市安全发展研究。研究起草《国家安全发展示范城市指导手册》《国家安全发展示范城市创建辅导读本》等多个政策文件，完成《国家安全发展示范城市创建评分标准》《国家安全发展示范城市现场检查制度》《其他类示范城市考核评分方法对比研究》等研究工作，主要承担 14 个城市及街道的创建工作，以创建安全发展示范城市为抓手，全面提升城市安全发展保障水平。

持续扩大《中国安全生产》《中国煤炭》《当代矿工》《煤炭信息》和《中国煤层气》等期刊影响力，承接应急管理部、国务院新闻办重要新闻宣传报道工作，取得良好的社会效益。

上海消防研究所

2020 年，上海消防研究所牵头承担的“十三五”国家重点研发计划 2016 年度项目顺利通过科技部组织的绩效评价、2017 年度项目完成课题验收、2018 年度项目通过中期检查；完成科研项目 22 项，授权专利 16 项，获得软件著作权 19 项，出版专著 3 部，获中国标准创新贡献三等奖 1 项，上海市科技进步三等奖 1 项。在新冠肺炎疫情初期紧急研发多功能防疫防雨执勤服，第一时间捐赠给湖北省消防救援总队、上海市消防救援总队，及上海、山东援鄂医疗队，全年向 20 余个总队提供近 3 万件。与上海市消防救援总队合作组建“消防救援心理抗疫队”，为疫情期间消防救援人员提供心理健康服务 4000 余人次。积极响应中央“六保”“六稳”政策号召，加大湖北籍消防企业检验费用减免力度，支持相关企业复工复产。参与编制国家《工程类自然灾害防治技术装备规划》，提交《自然灾害防治技术装备项目建议》。牵头或参与编制《应急管理装备发展战略规划》《全国消防救援和森林消防人员编制配备方案》《应急管理部中长期科技发展规划》等。

全年受理产品检验任务 12400 余项，完成工厂检查任务 2000 余项，为消防救援队伍提供产品质量监督抽查检验服务 1660 余批次、火灾物证鉴定服务 600 余次，参加重大或亡人火灾现场勘验 26 起。

天津消防研究所

2020 年，天津消防研究所立足战略职能定位，承担科研和标准项目 216 项、成果登记22项，获授权专利36项，报批标准规范17项，在大跨空间、石油化工、特高压输电等领域的火灾防控研究取得突破，8项成果列入应急管理部消防救援局成果推广目录、2项成果列入试点应用计划。

全力服务实战需要。建成"火灾与警情风险监测预警研判"系统，定期分析研判全国火情。完成"7·22"埃塞俄比亚货机火灾和"8·27"国航客机火灾等重大火灾调查任务和物证鉴定1800余项，培训1200名一线火灾调查干部。编制《医疗机构常见消毒剂储存消防安全指引》，为防疫定点医疗机构和集中隔离点消防安全提供技术支撑；承担武汉火神山医院、雷神山医院和佛山"小汤山"等医院消防工程。承办119全国消防科技成果展等中央电视台新媒体直播，受众突破1.2亿人次。

落实"放管服"改革要求。完成检测任务1240余项、发放认证证书1813张，推出检测认证业务"便民利企六项措施"，启动"提质增效专项行"，走访近20个省份、600余家企业。全年减免检测、认证费用3440余万元。

拓宽开放办所格局。同地方消防救援总队、华为公司、三一重工等10余家单位建立战略合作关系。参与筹建全国火灾调查技术学术工作委员会并承办秘书处，举办首届全国火灾调查会议。同国家电网、国家市场监督管理总局、三峡集团等开展合作项目数十项。

沈阳消防研究所

2020年，沈阳消防研究所聚焦主责主业，科研工作成果丰硕。列入年度计划的科研和标准项目共153项。其中，国家科技基础性工作专项项目1项，国家重点研发计划课题6项，标准规范制修订项目63项；34个项目通过绩效评价，7项成果列入应急管理部消防救援局成果试点应用计划；共取得专利14项、软件著作权25项、作品著作权4项；获得辽宁省科技进步二等奖1项、应急管理部消防救援局科技奖3项、中国专利奖1项、金桥奖1项、中国消防协会科技创新奖2项。

响应"放管服"改革要求，检验工作持续加强。出具检验报告7573份；完成工厂检查任务2450人日，完成文审检查任务1063个；在新冠肺炎疫情防控关键期，对消防产品生产企业实行检验费用缓收和适当减免政策，减免检验费820余万元。

面向消防实战需求，大力推进科技成果转化。推荐7项科技成果列入2020年消防科技成果目录，"便携式LTE通信基站"等3项成果列入应急管理部消防救援局2020年消防科技成果试点应用计划；"消防宽窄带融合通信系统"等4项科技成果在全国31个消防救援总队进行试点应用；"窄带物联网（NB-IoT）智能火灾预警系统"在武汉火神山医院、湖北鄂州防疫应急医院、山东日照人民医院等多地"小汤山"模式医院病房安装；"消防生命通道监测预警系统"在沈阳市5个小区试点应用，全流程实现违停车辆自动识别、信息推送、挪车提醒、隐患处置功能；"地铁车辆火灾探测及灭火优化集成系统"在沈阳78列地铁车辆上安装应用，系统中的细水雾灭火系统在沈阳超过3000台公交汽车上得到推广应用；火灾现场电气熔落物分选机在10余省（市）消防救援队伍推广应用；在全国配备消防员个人照明装备共1005件。

四川消防研究所

2020 年，四川消防研究所抓好主责主业，大力推进科研工作。科技计划项目立项 19 项（不含标准），其中国家项目 2 项，标准立项 8 项；获应急管理部消防救援局技术创新奖三等奖 1 项，中国消防协会科学技术创新奖一等奖、三等奖各 1 项；申请专利并获授权 46 项；4 项装备类成果列入应急管理部消防救援局成果试点应用计划；加强国家标准宣贯，组织录制 11 项国家标准“标准云课”视频。积极派员参与危险化学品企业安全督导和地方消防安全隐患排查工作；“烟气与火蔓延控制技术创新团队”通过应急管理部组织的专家推荐评审。

聚焦公共安全，加强服务消防中心工作。全年共受理 4600 多家企业、12646 个产品的检验任务，出具检验报告 10858 份；现场抽样 590 余家企业，出具标识证书 596 份；完成工厂检查任务 1321 个。积极支持企业技术创新和成果推广，组织召开安全玻璃、防火/耐火门窗幕墙系统、住宅通风系统标准等一系列技术宣贯会。积极开展对外交流合作，与威凯认证检测有限公司、国家建筑材料质量监督检验认证有限公司、美国 FM 公司、德国莱茵公司达成合作协议或意向。落实“放管服”改革要求，积极履行社会责任，全力推动企业复工复产，减免检验费用 2500 多万元。

全年共接收消防部门火灾物证鉴定任务 790 余起、司法鉴定委托 4 起、技术服务 14 起。派出 50 余人次赴包括四川西昌“3·30”森林火灾在内的 30 个火场开展现场勘验工作。应用火灾现场超高速三维激光扫描仪获得火灾现场数据，建立远程人机交互机制。

消防产品合格评定中心

2020 年，消防产品合格评定中心围绕贯彻疫情防控的有关要求，迅速出台系列落实措施，全部免除湖北地区消防产品生产企业以及生产防疫物资、为抗疫提供各类服务的消防产品生产企业全部认证费用。缓收国内 6000 余家企业认证费用，全力扶持企业复工复产。

根据深化消防执法改革的决策部署，受国家认证监管部门委托，完成公共场所及住宅使用的火灾报警、灭火器、疏散及逃生产品的强制性认证实施规则，并于 2020 年 12 月 1 日颁布实施。坚持“放管服”改革要求，有效实施云平台工厂检查“阳光工程”，强力推行“先证后查”，为消防产品生产企业减负超过 3000 余万元。受理认证委托 45916 项，签订服务合同 11268 份，发放强制性产品认证证书 6983 张、技术鉴定证书 141 张、自愿性认证证书 28775 张。在强化监督管理方面，依法依规暂停存在质量问题的 539 家企业的认证证书 2275 张，撤销 38 家企业的认证证书 49 张，净化消防产品市场环境。

坚持高水平推进科研与成果转化，“超高层建筑及森林火灾无人机集群协同灭火关键技术研究”项目取得重大突破，完成火灾现场“黑匣子”数据采集装置研制工作，主编的行业标准《灭火剂及防火阻燃产品快速检定技术要求》（XF/T 3006—2020）公布实施，国际合作项目“中国 PFOS 优先行业削减与淘汰—消防行业项目”进展顺利，《泡沫灭火剂 PFOS 物质检定方法》通过审定，环境友好型泡沫灭火剂新技术成果获国际权威部门认可并批量投产。面对新冠肺炎疫情带来的一系列困难，坚持在“科学、严谨、规范”

基础上破解各类障碍，高质量完成一级注册消防工程师资格考试命题规划编制、辅导教材出版、试题拟定以及 30 余万份、120 万道考题的阅卷工作。

应急总医院

2020 年，应急总医院聚焦疫情防控，取得阶段性胜利。认真落实部党委和北京市疫情防控工作部署，科学防治、精准施策，实现“零感染”的目标。驰援北京完成 3.8 万人次核酸检测任务，为部机关和“两支队伍”等单位核酸检测采样 1.5 万人次，先后 16 次深入“两支队伍”组织体检、义诊和健康宣教，在防疫关键时刻有力支援保障服务地方和部系统相关单位，履行公立医院公益职责。

聚焦提质增效，深挖内部潜力。一是院领导带头搬出行政楼办公室，挖潜调整，最大限度为临床腾挪空间，缓解床位严重不足问题。二是创新管理机制。出台提质增效奖励、老专家返聘、同工同酬三大政策，激发临床一线内在潜能，拓展新的增长点。三是加强医疗质量和运营成本管理。在提质量、降耗材、控成本上下功夫，改善医院经营情况。四是树牢服务意识。开展改善服务态度、优化服务流程专项管理，努力打造服务亮点和“名片”。五是开展医联体合作。在太阳宫社区卫生服务中心、光熙康复医院建立合作病区，延伸医疗服务半径，切近社区提供优质服务。

聚焦人心工程，凝心聚力促发展。一是弘扬只争朝夕的精神、锤炼埋头苦干作风。新班子身体力行，以上率下，层层带动，营造干事创业的良好氛围。二是深入开展“医院光荣我光荣，我为医院争光荣”大讨论活动，引导广大干部职工积极建言献策，做好群众知心人。三是实施“阳光工程”，规范医院健康发展。加快建立适应准军事化特点的应急医疗救援队伍管理规章制度体系，用制度管人管事，营造党风清正、院风清新、医风清廉的内部生态。四是实施暖心工程。改善职工就餐环境和饮食质量，增强广大干部职工归属感和干事创业热情。

聚焦转型升级，推动战略发展。一是全力抓好北京市朝阳区霞光里 8 号院规划建设，做好香山康复医养基地规划，打造“一院两区”发展格局。二是全面深入学习贯彻十九届五中全会精神和应急管理部党委部署要求，围绕建设应急特色现代化医院和应急医学中心定位，编制医院“十四五”发展规划、应急医学中心建设方案。三是大力推进医院住院楼改造项目建设，积极筹备院区二期工程。四是加强重点学科建设，打造学科特色品牌，与中国红十字会、天津大学等机构开展合作。五是加快医院信息化、智能化建设，解决信息化水平落后、科技创新不足等问题。六是加大学科带头人引进培养力度，为各类专业人才搭建平台、提供良好环境。七是建立服务“两支队伍”大通道。研究制定服务国家综合性消防救援队伍方案，探索建立医疗服务保障点，加强应急医学救援队伍能力和服务建设。

华北科技学院

2020 年，华北科技学院认真落实立德树人根本任务，抢抓重大历史机遇，加快推进改革创新、转型发展，学校各项工作取得新的进步。

强化政治担当，加强党对学校工作的全面领导。认真贯彻落实《中共中央关于加强党的政治建设的意见》，落实党委领导下的校长负责制，健全完善学校党政主要领导沟通交流和协调配合机制。做好顶层设计，引领学校改革创新、转型发展。制定《服务支撑应急管理事业转型升级改革发展方案》，明确“三横五纵”发展路线图。组建发展战略咨询委员会，推动部省签订共建协议。组建应急技术与管理学院、安全监管学院，形成以“四院一部”为主体的人才培养格局。打造应急特色核心、支撑、基础专业层，初步构建了应急特色人才培养体系。

稳步提升人才培养质量。新增 2 个本科专业，入选国家级一流课程 1 门，省级一流本科专业建设点 4 个、一流课程 4 门，新工科研究与实践项目 2 项，全国煤炭行业教育教学成果奖 3 项、优秀教材奖 9 部，新增实习实践基地 5 个，京西基地获批省级示范性专业学位研究生培养实践基地。组织学生参加各类竞赛并获国家级奖 93 项、省部级 220 项。年底毕业生就业率达 93.1%。

促进科技创新内涵发展。获批危险化学品安全与控制技术重点实验室等河北省科研平台 2 个。科研项目到账经费达 7300 余万元。获批国家自然科学基金 5 项，教育部人文社科一般项目 2 项，省自然科学基金、科学技术进步奖等 12 项，中国煤炭工业协会科学技术奖 3 项。获得各类发明专利 96 件。

优化整合教育培训资源。成立培训中心。更新培训课程 104 门，建成矿山救护培训网络考核平台。举办各类培训班 40 期、培训学员 12700 余人次。承担部委托培训项目 10 期、国家矿山安全监察局委托培训项目 13 期、全国矿山救护大中队指挥员培训班 11 期、地方政府应急管理部门培训项目 2 期。

稳步增强社会服务能力。完成中央组织部“构建干部应急管理培训体系研究”课题，承担应急管理部“应急管理人才培养和学科建设”课题。参与“十四五”国家应急管理总体规划和安全生产专项规划编制和子课题研究工作。参与《习近平总书记重要训词精神学习读本》编写。组织专家开展 25 家煤矿安全生产标准化验收工作，开展安全科学与工程类一流本科专业遴选等工作。

扎实提升综合管理服务能力。累计制修订党政规章制度 57 项，调整处科级干部 100 人次，柔性引进专家人才 22 人。引导学生参与疫情防控，并作为思政教育的生动教材，获得河北省思政创新案例一等奖。1 名辅导员获河北省高校辅导员年度人物提名奖。开展 4 期应急文化建设工程，不断将应急管理特色融入校园文化建设。

煤炭工业职业技能鉴定指导中心

2020 年，煤炭工业职业技能鉴定指导中心组织行业职业标准建设专家，利用网络保障行业职业标准建设速度，完成《中华人民共和国职业分类大典（2015 年版）》中涉及煤炭行业主体 26 个职业 154 个工种的国家职业标准的初稿编制工作；出版《2020 年煤炭行业职业技能竞赛指南》；发布《煤炭行业职业能力评价等级划分依据》和《煤炭行业职业能力评价等级申报条件》，进一步完善评价工作制度体系。批准设立 108 家煤炭行业基层职业能力水平评价中心。其中，89 家评价中心通过职业评价范围评估，进入签约流程；已有 62 家评价中心完成合同签约工作，开通考务管理账号，并正式开展评价事务性工作。向人力资源和社会保障部职业能力建设司报送由中国煤炭工业协会承建的 23 个煤炭类国家职业标准初稿。

做好水平评价类技能人员职业资格退出目录后续工作，保障煤炭主体职业（工种）职业能力水平评价全部回归国家职业技能等级认证体系。

开展 2020 年煤炭行业职业能力水平评价考评人员培训工作，共为 65 家单位提供考评人员在线培训、考核服务，其中考评员 1656 人次、高级考评员 319 人次。举办职业能力评价质量督导员全国统一考试，48 家单位共 253 名职工参加考试。

累计完成行业 302.42 万人次的职业技能评价鉴定与等级评价工作，合格取证人数 243.44 万人次。

在陕西省榆林市举办“陕煤杯”2020 全国煤炭行业职业技能竞赛。启动 2020—2021 行业技能大师服务队系列活动及行业技能大师普查统计活动，举行第七批煤炭行业技能大师及工作室复审答辩，推荐命名技能人员大师 140 人，教科研人员技能大师 99 人，大师工作室 47 个。应用自主研发的煤炭行业高技能人才评审工作系统开展电子化评审，在行业推行技能大师匿名评审和现场答辩制度。

推荐 1 人参加评选中华技能大奖；推荐 4 人参加“大国工匠”学习推荐活动，推荐 14 人参加评选全国技术能手，2 人通过推荐评选，12 人通过竞赛推荐；推荐 1 家煤炭单位参加评选国家技能人才培育突出贡献单位；推荐 1 人参加评选国家技能人才培育突出贡献个人。

煤炭综合利用多种经营技术咨询中心

2020 年，煤炭综合利用多种经营技术咨询中心依照国家法律法规及行业有关技术政策、标准、规程、规定和规范等，开展多个煤矿技术评估，包括煤矿煤炭资源保障程度，地质条件及水文地质条件分析，资源压覆状况，煤矿生产系统及技术、工艺、装备先进适用性，煤矿灾害防治系统及设施设备先进适用性，煤矿地面生产条件及技术工艺装备先进适用性，选煤技术工艺与技术装备先进适用性，煤炭产品方案及市场前景可靠性，矿井证照合法完备程度，矿井综合管理水平，资源转化项目落实情况等，提出煤矿安全生产中存在的问题，促进煤矿安全生产水平的提升。

以国家能源安全发展新战略为统领，认真贯彻新发展理念，先后编制同煤集团“十四五”发展规划和煤炭产业发展规划、煤炭绿色开发利用规划；完成同煤集团电力、煤化工、煤机装备、新能源、金融、信息化建设等 10 个重大领域“十四五”专项规划和 14 家二级专业化子公司“十四五”发展规划咨询；修编收购大同国际陆港可行性研究报告，编制收购大同国际陆港风险防控报告等；编制晋煤集团 2 家煤炭子公司“十四五”发展规划；参与安徽省淮南市“十四五”规划、内蒙古鄂尔多斯市“十四五”能源规划编制；参与晋能控股集团“十四五”发展规划编制，提出企业“十四五”发展的思路目标和重点建设项目、重点任务等，着力保障未来五年煤炭能源企业产业结构持续优化、新旧动能加快转换、供给体系质量增强、经济运行总体平稳。

组织开展国家能源集团、中煤能源集团、冀中能源集团、开滦集团、山东能源集团、晋能控股集团、龙煤集团等现代物资流通管理调研，深化与煤炭能源企业大集团合作；参与 2020 年度煤炭铁路技能大赛和技术交流、技术推广及安全生产标准化咨询审核等，促进煤炭企业工矿区铁路员工技能、生产技术和安全平稳运行水平提升。

国家自然灾害防治研究院

2020 年，国家自然灾害防治研究院抢抓机遇、锐意改革，以创新驱动发展和科技强国战略为引领，秉承“包容、开放、创新”的建院理念，统筹推进疫情防控和研究院事业发展。

深化科技体制改革，构建发展新格局。成立研究院理事会、第一届学术委员会。印发《高层次人才引进实施办法》，着力打造与现代化科研院所发展相适应的高层次人才队伍。完成研究院管理和服务保障部门的重新组建。编制研究院事业发展规划、研究院“十四五”和 2035 年科技发展规划。

坚持开放建院、合作共赢原则。汇集国内优势科技资源，创新科技合作机制，开展与中科院等国内十多家大学、科研院所合作交流并签署战略合作协议。开展中意、中欧、亚太等国际科技合作，积极推进中国-东盟、“一带一路”重大自然灾害风险调查与防治等国际合作。

综合科研实力稳步提升，取得丰硕的科研成果。稳步推进张衡电磁监测试验系列卫星工程及应用研究，首次构建自主知识产权的全球地磁场参考模型。承担国家自然基金川藏铁路重大基础科学问题重大项目，为川藏铁路康定段改线方案提供扎实的科学基础。开展川藏铁路廊道重大灾害监测预警立体综合观测网建设，为川藏铁路高质量建设和安全运行提供试验性灾害预警平台。

加强重点危险区灾害跟踪和自然灾害防控科技支撑工作。新疆伽师 6.4 级地震、西藏尼玛 6.6 级地震、四川凉山“3·28”森林火灾、长江流域洪水等自然灾害发生后，迅速启动应急响应，加强灾情分析研判和科考。面向多灾种、全链条重特大自然灾害链防控理论和“天-空-地-海-井-网”综合观测技术发展需求，积极推进复合链生自然灾害全景模拟器平台、重大复合链生灾害防控技术支撑基地、重大灾害现场应急观测装备建设项目。谋划做好自然灾害应急科技支撑。

中国消防救援学院

2020 年，中国消防救援学院办学育人成效显著。突出顶层设计，制定《中国消防救援学院中长期建设发展规划(2020—2030)》《中国消防救援学院“十四五”发展规划》。搭建慕课平台，推进 30 门院级微课录制，引进 59 门优质网络课程，提升信息化教学水平。成功申报抢险救援指挥与技术专业，“消防指挥专业”获批北京市级一流本科专业建设点，“消防政治工作”课程获评北京高校“优质本科课程”。承建运行国家综合性消防救援队伍网络学院。实施招生“阳光工程”，全年共完成 1279 名新生招录。与西安科技大学、北京林业大学开展研究生联合培养。1 人获评北京市高等学校教学名师，1 人被评为北京市科技新星，1 个项目荣获全国青少年科技创新大赛一等奖，5 名学员分获全国大学生数学竞赛和北京市大学生化学竞赛一等奖。

科研工作推进有力。成功申报北京市自然科学基金依托单位，挂牌成立“北京市应急与防灾课题研究中心”“北京市应急救援应用技术研究中心”。获批国家级课题 4 项，省部级课题 4 项，部机关委托课题 9 项，国家重点研发计划、国家社科基金、应急管理部课题和北京市科委课题“开口破零”。立项资金突破 1000 万元，牵头申报“森林和草原自然火灾全天候灾情监测预警与处置装备”国家重点研发计划项目，获批资金 6850 万元。

人才建设稳步发展。面向队伍选调干部 93 名，首次公开招聘京籍博士、博士后 12 名，聘请客座教授 22 名，新聘、续聘非编人员 76 人次。先后推荐 4 人担任国家森林草原防灭火指挥部、科技部专家，1 人当选全国消防标委会副主任委员，5 人入选北京市应急专家库，遴选 7 名教授担任首批硕（博）士研究生导师。

服务保障成效明显。累计投入 1.22 亿元完成消防体能技能、石油化工装置等灾害事故处置模拟训练设施主体建设，购置教学特种车辆 16 辆、装备器材 1 万余件（套），自筹 1260 万元筹建森林草原防灭火研究中心，完成 3.8 万平方米营房维修改造，引进超市、餐饮社会服务保障，深入开展安防升级、勤俭节约、垃圾分类、传染病防控、食品安全监管等“九维一体”服务质量提升工程。为全院 6166 名教职工及家属投保新冠病毒保险。

中国应急管理报社

2020 年，中国应急管理报社统筹疫情防控和新闻宣传主责主业，积极创建“让党和人民放心的新闻宣传单位”，持续巩固应急管理舆论宣传主渠道、主阵地。新闻报道多次受到部领导批示肯定，全年有 40 余件作品获国家和部省级奖项，报社首次获评“首都精神文明单位”和“‘十三五’中国报业媒体融合示范单位”。

服务大局能力迈上新台阶。以政治建设引领新闻舆论宣传工作，坚持“政治家办报”总方针，坚决贯彻落实习近平总书记关于应急管理体系和能力、安全生产、防灾减灾救灾、能源革命重要论述以及训词精神，围绕“国之大者”，围绕部党委工作部署，精心策划并推出一系列独具特色的重大报道。全国两会、党的十九届五中全会、全国应急管理工作会、全国煤矿安全工作会等重要报道，决战决胜脱贫攻坚、走向我们的小康生活、疫情防控、防汛救灾、“安全生产月”、安全生产专项整治三年行动等专题宣传，全媒体联动，站位高，导向准，行动快，内容全，形式多，效果好，媒体传播力、引导力、影响力、公信力不断增强。同时，积极探索并出版《情况反映》，为部领导决策提供参考依据。

传播集群建设探索新路径。由班子成员带队，组织专题调研组赴光明日报社等单位考察调研，参加 2020 年中国经济媒体融合发展高峰论坛，吸收借鉴先进经验做法，探讨具有报社特点的媒体深度融合发展战略和做强新型主流媒体的发展思路。在全媒体内容的原创策划、大数据舆情产品研发、视频直播等方面积极探索，以云平台大传播、短视频制作为突破，推动传统媒体和新媒体融合发展、协同发力，进一步增强综合传播能力。

报刊订阅工作实现新突破。班子成员带队分赴 20 余个省区推动应急管理部“学报用报”通知和全国应急管理新闻舆论阵地建设工作座谈会精神落实落地。截至 2020 年底，《中国应急管理报》《中国煤炭报》和《中国应急管理》杂志收订总量同比增长 10% 以上。

机关服务中心

2020 年，机关服务中心统筹新冠肺炎疫情防控和机关后勤服务保障，较好完成本年度任务，各项工作取得新成效。

切实加强疫情防控。从严规范部办公区人员进出管理，确保用餐及办公环境安全。筹措发放防疫物资，强化通勤车和机要文件用车防控措施，及时安排核酸检测及疫苗接种，筑牢部机关疫情防控安全屏障。完成部属 13 个住宅小区疫情防控任务，实现部办公区干部职工和 60 万平方米的住宅小区居民新冠肺炎“零感染”的目标。

认真做好部党委交办的重点事项。圆满完成国家应急指挥总部建设项目的阶段性任务，研究提出符合实际情况的生产经营类事业单位的改革方案，强化对三家康复疗养机构业务指导，高标准完成中央巡视、全国应急管理工作会议的保障任务，完成国务院领导莅临部机关指导工作的安全保卫、国家矿山安全监察局揭牌活动等服务保障任务。向部机关发出“文明就餐、制止浪费”的线上倡议，并实施精准登记措施，较好地制止了餐饮浪费现象。

着力增强服务保障能力。完成机要文件传输、公文印制、报刊信函收发等文电文印服务工作；完成机关工作餐、会议和保洁绿化、设备设施维护、办公用品采购等服务保障任务；强化专车、应急车及通勤车服务保障，完成票务、接送站、应急用餐和会议服务，以及材料赶制、急件送取等应急任务。事务工作内涵拓展强化。取得国家机关事务管理局对科技苑小区综合整治的立项批复，着力推进 21 号办公区改造项目结算、本部办公区围墙改造项目的进程；优化安保工作，有效保证办公区秩序；完成部机关委托采购的 56 个大项招标采购任务，资金节约率 12.76%；组织部机关公务员的年度体检，在两个办公区及老干部活动站协调安装 12 台自动体外除颤仪（AED），开办心肺复苏专题讲座；积极协调东城区、西城区有关部门，缓解子女入学难问题。

扎实提升内部管理水平。着力打造“智慧机关”，上线运行“智慧机关”APP 及微信小程序，提高服务信息化水平；严格落实中央巡视及部内巡视整改反馈意见，不断推动中心机关处室制度化建设，完成 46 项制度的修订与新建；下大力气增收节支，财务管理水平进一步提升；组织开展包含年度财务收支审计在内的 5 项审计工作，强化审计监督作用，内部管控水平进一步提高。

档　案　馆

2020 年，档案馆围绕中心大局、践行“两个维护”，进一步加强基础业务、信息化和安全体系建设，档案管理水平和服务能力得到提升。

助力疫情防控，强化档案工作。紧紧围绕疫情防控工作大局，提高站位、提前谋划，及时研究制定新冠肺炎疫情防控档案工作措施并印发通知，明确疫情防控文件材料归档责任和归档范围，为抗疫工作保留好历史记录。加强应急值守，落实疫情防控期间档案文件消毒等管理措施，为部机关档案利用和中央巡视等重点工作做好服务保障。

加强工作规范，提升服务水平。一是强化归档管理。及时跟进归档工作进展，严格归档质量审核，深入各归档单位开展业务服务指导，完成 39 家归档单位的文件材料归档工作，全年归档量同比上升 5.4%。二是强化档案的价值挖掘。立足馆藏档案，汇编 2001—2020 年特别重大事故调查档案，积极支持并参加应急管理史志编纂工作，助力发挥“存史、资政”作用。三是强化档案利用的时效性和规范性。坚持利用服务及时响应与跟进，做好异地办公档案服务应急值守，确保及时满足部机关档案利用需求，2020 年提供档案利用人次和件数同比分别上升 37.0% 和 128.6%。

加强风险防范，严格安全管控。一是指导督促部分系统内单位开展安全风险隐患排查整治和“回头看”，统筹指导各单位对档案安全再检查、再部署，提升应对风险能力。二是在汛期等重要时段印发通知，对汛期档案安全工作提出要求并跟进指导。三是严细落实安全管理制度，开展档案馆库房消防设施检测和年度保密工作自查，修订《档案工作突发事件应急处置预案》，完善库房出入登记制度；严格档案数字化外包项目管理，做好档案信息安全防范。

升级管理手段，推动信息共享。一是2020 年完成数字化扫描 19.57 万页，实现新增档案同步数字化。二是开展档案级光盘复制刻录工作，全年完成刻录 322张。三是跟进部机关信息化建设，提出部机关内外网政务办公系统归档功能模块需求，将档案信息管理系统纳入部应急管理大数据工程项目，积极推进将档案信息化纳入部“十四五”信息化规划。

第七篇

党 的 建 设

综　　述

应急管理部党委坚持以习近平新时代中国特色社会主义思想为指导，以党的政治建设为统领，深入学习贯彻习近平总书记在中央和国家机关党的建设工作会议上的重要讲话精神，胸怀大局、迎难而上，坚决贯彻落实党中央决策部署，组织带领广大党员干部着力推进政治机关意识教育、“灯下黑”专项整治和党支部标准化规范化建设“三项重点工作”，全力抓好疫情防控、中央巡视和模范机关创建“三件大事”，自觉将党建工作融入应急管理中心工作全过程，培育对党忠诚、纪律严明、赴汤蹈火、竭诚为民的党员干部队伍，在推进应急管理体系和能力建设的一系列具体实践中，不断增强“四个意识”、坚定“四个自信”、做到“两个维护”，当好“三个表率”，矢志践行初心使命，推动机关党的建设高质量发展，为忠实履行保护人民群众生命财产安全和维护社会稳定的职责使命提供有力保证。部直属机关各级党组织认真把握机关党建围绕中心、建设队伍、服务群众的职责定位，主动落实主体责任，一以贯之推进全面从严治党，着力实施基层党组织建设质量提升三年行动，推动基层党支部实现“两个覆盖”（党的组织和党的工作全覆盖），达到“两个全面”（全面进步、全面过硬），发挥“两个作用”（党支部战斗堡垒作用和党员先锋模范作用）。通过深入学习、生动实践，广大党员干部和各基层党组织进一步坚定了贯彻落实党中央决策部署和习近平总书记重要指示精神的信心信念，检验了保护人民群众生命财产安全的初心使命，锤炼了迎难而上、赴汤蹈火的过硬作风，增强了防范化解重大安全风险的能力水平，有力推动和保障了应急管理各项工作再上新台阶、取得新成效。

一是政治机关意识牢固树立。围绕坚决贯彻落实习近平总书记重要指示批示精神和党中央决策部署，修订印发了贯彻落实的工作办法，对建部以来贯彻落实情况全面开展了“回头看”，确保各项部署落地见效。切实强化政治机关意识教育，部党委书记黄明带头为全系统党员干部讲专题党课，部党委其他同志以及 42 个单位的党组织书记、180 多名司局级领导干部讲了专题党课，中央巡视指出部机关存在的“重业务轻政治”，甚至“以业务干部自居”等认识偏差开始得到纠正。全面推进模范机关创建工作，结合实际制定创建方案、明确任务举措，组织召开专题研讨会、工作推进会，通过交流互鉴、比学赶超，努力把创建模范机关成效转化为推动应急管理各项工作的内在动力。

二是理论武装工作持续深入。坚持将学习贯彻习近平新时代中国特色社会主义思想作为重大任务盯紧抓实，部党委书记黄明以深入学习贯彻习近平总书记关于应急管理重要论述为主题，在中央党校给中青年干部作辅导讲座；组织举办了 6 期应急管理“大讲堂”，部党委同志结合分管工作实际为全系统授课。各级党委理论学习中心组深化学习研讨，深入学习领会习近平总书记重要训词精神，组织参观“铭记伟大胜利　捍卫和平正义——纪念中国人民志愿军抗美援朝出国作战 70 周年主题展览”，深化革命传统教育和对党忠诚教育。大力实施青年理论学习提升工程，部机关 30 个青年理论学习小组带头创新开展联学联建，各直属单位 110 多个青年小组结合实际开展各类丰富多彩的主题学习，不断推动党的最新理论成果为青年干部所全面掌握。

三是基层组织建设不断加强。牢固树立党的一切工作到支部的鲜明导向，积极推广 5 个党支部试点经验，组织遴选优秀“支部工作法”，全面推进党支部标准化规范化建设。强化分类指导，出台加强事业单位党的建设的意见，切实把党的领导贯彻到事业单位改革发展和履行职责的全过程。完善基层党组织换届督促提醒机制，指导 25 家基层党组织完成换届改选。及时在疫情防控、抢险救灾、事故调查等一线组建近 30 个临时党组织，把战斗堡垒建立在最前沿。注重加强党务干部教育培训，组织 120 多名党支部书记、党小组长和专兼职党务干部参加了专题培训。基层党组织建设得到全面提升。

四是监督执纪力度持续加大。深入贯彻落实十九届中央纪委四次全会精神，召开党风廉政建设工作会议，部署推进全面从严治党。持续纠治“四风”，出台为基层减负的 24 条措施。认真贯彻落实习近平总书记关于坚决制止餐饮浪费行为的重要指示精神，大力推进节约型机关建设。深入排查廉政风险，对 1697 个风险点动态落实防控措施。组织开展了为期 2 个月的警示教育专项行动，召开警示教育大会，驻部纪检监察组通报 38 起典型案例，不断深化警示效果。

五是巡视“利剑”作用全面彰显。全面接受中央巡视，在政治洗礼中检验了全面从严治党成效。组织开展为期 3 个月的中央巡视集中整改，细化 201 项任务分工，健全督促检查机制，每周调度工作进展，每半月梳理整改情况，每月向部党委会议专题报告；之后，主动开展为期 4 个月的“回头看”，推动中央巡视整改向纵深发展，整改工作做法和成效得到中央纪委国家监委的肯定。扎实组织内部巡视，探索创新并首次同步启动“一部四局”巡视巡察工作，进一步彰显了党内监督利剑和密切联系群众纽带作用。

六是主体责任不断压实。严格贯彻落实《党委（党组）落实全面从严治党主体责任规定》，部党委书记黄明带头落实第一责任人责任，定期研究部署党建重点工作，全年召开了 55 次部党委会议，研究审议 66 项党建议题。机关党委组织召开了 5 次党组织书记会议，交流经验，安排布置阶段重点工作。完善了基层党组织书记抓党建工作述职评议考核实施办法，组织 12 名基层党组织书记进行了现场述职，首次开展了直属机关纪委书记现场述职。各级党组织对党建工作的重视程度、认识深度、工作力度显著提升，齐抓共管、层层落实的党建工作格局初步形成。

第一章 思想政治建设

一、坚定扛起全面从严治党政治责任，深入开展强化政治机关意识教育，推进模范机关创建工作

应急管理部党委坚持以党的政治建设为统领，坚定扛起全面从严治党政治责任，坚决贯彻落实党中央决策部署，深入开展强化政治机关意识教育，推进模范机关创建工作，以实际行动带头做到“两个维护”。

（一）坚定落实全面从严治党主体责任

深入学习贯彻习近平总书记在中央和国家机关党的建设工作会议上的重要讲话精神，制定部党委贯彻落实习近平总书记“7·9”重要讲话精神分工方案，研究起草《应急管理部党委2020年度党的建设工作要点》，印发《关于加强和改进应急管理部直属机关党的建设的实施意见》，并逐条细化、明确分工。组织深入学习贯彻中共中央办公厅《党委（党组）落实全面从严治党主体责任规定》，修订形成《中共应急管理部委员会落实全面从严治党主体责任清单》，确保责任落地、工作落实。

（二）深入开展强化政治机关意识教育

以“强化政治机关意识、坚定走好第一方阵”为主题，开展“专题党课月”活动。部党委书记黄明带头为全系统党员干部讲专题党课，部党委其他同志深入分管部门和单位讲党课，部直属机关180多名司局级党员领导干部讲专题党课，教育引导党员干部增强带头践行“两个维护”的思想自觉、政治自觉、行动自觉。及时选编优秀党课讲稿22篇，印发各基层单位交流借鉴。“七一”前后，开展以“不忘初心、弘扬优良家风”为主题的党日活动，印发通知进一步规范党员干部八小时以外政治言行、进一步规范佩戴党员徽章等行为。跟进做好抗击新冠肺炎疫情、抗洪抢险等重大应急救援任务中的政治工作，切实筑牢广大党员许党报国、担当使命的思想根基。

（三）扎实推进模范机关创建工作

着眼做到“三个表率”，对标“讲政治、守纪律、负责任、有效率”要求，督导部机关各司局和各在京单位结合实际，制定创建方案和具体措施。两次听取创建工作进展情况专题汇报，研究制定《关于深入推进2020年度应急管理部直属机关创建模范机关的工作措施》。召开直属机关创建模范机关推进会，总结交流经验做法。认真开展中央和国家机关创建模范机关先进单位评选推荐工作，以创建模范机关的实际行动全面推进部直属机关党的建设取得新成效。

二、持续强化理论武装，推动在学懂弄通做实上下功夫

把学习贯彻习近平新时代中国特色社会主义思想作为必修课，跟进学习习近平总书记关于安全生产、防灾减灾救灾和应急救援等应急管理重要论述和指示批示精神，以《应急管理干部教育读本》为教材，组织开展大讲堂、大培训，加强对青

年理论学习小组的督促指导，推动在学懂弄通做实上下功夫。

（一）组织深入学习贯彻党中央决策部署和习近平总书记重要指示批示精神

组织深入学习贯彻党的十九届五中全会精神，通过邀请中央宣讲团成员宣讲、专家辅导、中心组集体学习研讨、网络培训等形式，不断深化学习效果。深入学习贯彻习近平总书记在“不忘初心、牢记使命”主题教育总结大会上的重要讲话精神，研究提出巩固深化“不忘初心、牢记使命”主题教育成果的工作措施。组织认真学习贯彻习近平总书记在全国两会期间的重要讲话精神。坚持每季度汇编习近平总书记重要讲话、重要指示等内容，全年共编印 4 期、1500 余册学习材料。

（二）充分发挥各级党委理论学习中心组示范引领作用

研究制定《应急管理部党委贯彻落实〈中国共产党党委（党组）理论学习中心组学习规则〉实施细则》《应急管理部党委 2020 年理论学习中心组年度学习计划》，并认真抓好落实。全年共举办应急管理“大讲堂”6 期，组织中心组集体学习研讨 14 次、专题辅导 2 次。在部党委带动下，直属机关各单位充分发挥理论中心组领学促学作用，各级领导班子和领导干部学习研讨的质量和效果明显提升。

（三）严格党员干部经常性教育

坚持每月印发《应急管理部直属机关党员干部理论学习安排》，对理论学习重点、研讨提出具体要求。深化青年干部理论学习，积极推动部机关各司局青年理论学习小组之间开展联学联建活动。制定印发《应急管理部党委学习贯彻习近平总书记重要训词精神实施方案》，分 6 个专题组织党员干部深入学习。举行习近平总书记授旗致训词两周年系列学习宣贯活动。鼓励基层结合实际开展“四史”① 专题教育，组织干部职工参观“铭记伟大胜利　捍卫和平正义——纪念中国人民志愿军抗美援朝出国作战 70 周年主题展览”，不断深化革命传统教育。

（四）加大党建宣传报道力度

全年更新党建信息管理网动态信息 188 条，编发《应急管理部党建工作简报》19 期。积极向有关方面供稿，中央宣传部《党建》、中央和国家机关工委《机关党建研究》《旗帜》《工委简报》和《中国应急管理报》全年刊发反映应急管理部党建经验做法等稿件 11 篇。申报的党建课题先后获中央和国家机关党建研究三等奖 1 篇、优秀奖 1 篇。

（五）全方位做好思想政治工作

在常态化疫情防控形势下，部党委带领直属机关坚持线上线下结合，经常性开展干部职工思想动态分析研判，了解和掌握干部职工的思想状况，有针对性做好干部职工心理疏导和教育管理。组建部机关和所属事业单位两个层面的疫情防控微信群，坚持每日一调度、一汇总、一汇报，及时了解掌握干部职工思想状况，对特殊人员明确专人专盯，全天候做好疫情防控和思想政治工作。全年共编发工作专报 185 期，及时反映干部职工思想动态和疫情状况；组织疫情期间综合研判 68 次，及时掌握和研究解决干部职工关注的有关问题。加强老干部工作，离退休干部局主动提供送药上门、送防疫物品上门等服务，抓好“应急银辉”APP 建设，切实解决老同志疫情期间看病买药等急需问题。注重抓好干部职工心理健康，建立线

① “四史”：党史、新中国史、改革开放史、社会主义发展史。

上义诊平台，为7083名消防指战员进行心理测查和诊疗，为100余名滞鄂干部职工等提供网上心理咨询，并安排专人与重点人员一一对接，做好心理疏导，切实提升广大干部职工心理免疫力。

三、牢固树立习近平总书记重要训词的根本指导地位

坚持用习近平新时代中国特色社会主义思想铸魂育人，着力加强党的创新理论武装，教育引导广大指战员增强“四个意识”、坚定“四个自信”、做到“两个维护”。部署开展“践行训词精神、担当神圣使命”主题教育活动，指导队伍把学习贯彻习近平总书记重要训词精神与巩固深化“不忘初心、牢记使命”主题教育成果有机结合、一体推进。深入开展“争当忠诚卫士、争创优秀队站”主题实践活动，激励全体指战员更好地适应新体制、担当新使命、展现新作为。将《习近平总书记重要训词精神学习读本》配发队伍学习使用，推动习近平总书记重要训词精神进入指战员头脑，用以指导工作实践。以习近平总书记授旗致训词两周年系列宣贯活动为牵引，向中共中央办公厅上报队伍改革组建信息专报，举办专题新闻发布会，制播《中国骄傲》特别节目，推出《人民画报》专题特刊，组织第五届全国119消防先进集体和先进个人评选表彰，紧贴改革发展实际抓紧抓实思想政治建设，着力夯实广大指战员听党话、跟党走的思想根基。跟进做好抗击新冠肺炎疫情、抗洪救灾等重大应急救援和安保任务中政治工作，引导和激励广大指战员发扬优良传统，忠实职责，自觉担当使命。

第二章　组　织　建　设

充分认识应急管理部是新建部、基层组织建设底子薄能力弱的现状，牢固树立党的一切工作到支部的鲜明导向，深入学习贯彻《中国共产党党和国家机关基层组织工作条例》《中国共产党支部工作条例（试行）》，坚持把推进党支部标准化规范化建设作为推动全面从严治党向基层延伸的有效载体，着力实施基层党组织建设质量提升三年行动，加强基层党组织建设，提升基层组织力，推动部机关基层党支部实现“两个覆盖”（党的组织和党的工作全覆盖），达到“两个全面”（全面进步、全面过硬），发挥“两个作用”（党支部战斗堡垒作用、党员先锋模范作用）。

一、注重党组织建设

注重加强自身建设，先后召开应急管理部机关党委委员全体会议和机关党委书记办公会议 9 次，及时传达学习上级重要工作部署，研究部机关贯彻落实措施。充分发挥部机关党组织书记的第一责任人作用，坚持“书记抓、抓书记”，5 次组织召开部机关党组织书记会议，传达贯彻党中央及部党委部署要求，研究机关党建重点工作，推动基层党组织书记切实履行全面从严治党“第一责任人”责任。制定印发基层党组织按期换届提醒督促制度，全年共指导 25 个单位党组织开展换届选举等相关工作。深入研究国家综合性消防救援队伍各级党组织设置、审批权限、党的领导关系、党组织关系等问题，推动中央组织部明确改革过渡期队伍党的组织关系。

截至 2020 年底，应急管理部机关司局和在京单位（含中国地震局直属机关、国家矿山安全监察局机关、消防救援局机关和森林消防队伍）共有党员 22200 名，其中，在职党员 9003 名、离退休党员 2649 名。党组织 1587 个，其中，党委 241 个、党总支 48 个、党支部 1298 个。

2020 年应急管理部机关司局和在京单位党员分布如图 7-2-1 所示，党组织数量分布如图 7-2-2 所示。

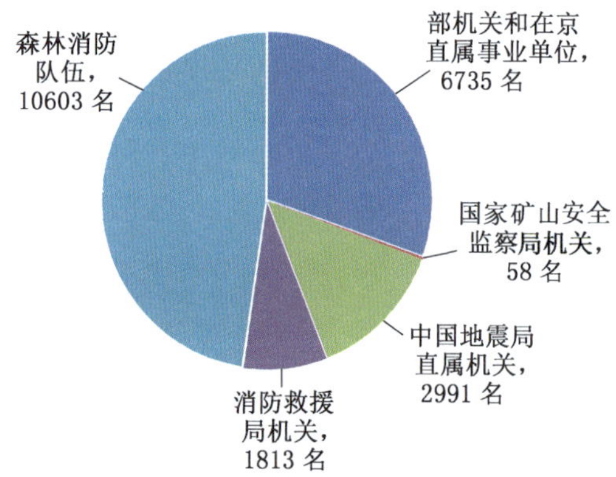

图 7-2-1　2020 年应急管理部机关司局和在京单位党员分布图

二、加强基层党组织建设

（一）深入开展党支部标准化规范化建设

研究制定《关于在应急管理部直属机关全面推进党支部标准化规范化建设的实施方案》，从 6 个方面明确标准、作出规范。组织编写《党建知识应知应会 100

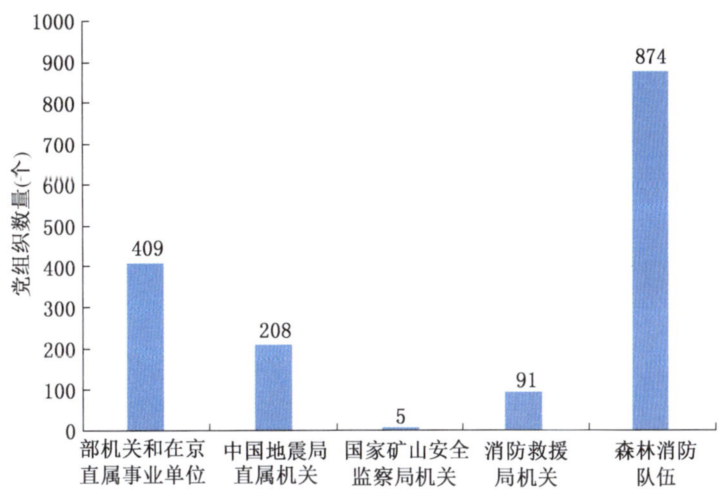

图 7-2-2 2020 年应急管理部机关司局和在京单位党组织数量分布图

题》，汇编人事司等 5 个试点党支部《试点经验材料》，并印发基层党组织学习借鉴。总结提炼党支部工作优秀创新案例和“党支部工作法”，向工委推荐救灾司支部《“五个一线”工作法》和消防救援局作战训练处支部《“五个跟进”工作法》等创新案例。

（二）持续强化基层组织建设

制定印发《应急管理部直属机关基层党组织书记抓党建工作述职评议考核实施细则（试行）》，督促指导基层党组织开展述职评议考核工作，组织直属机关 12 名党组织书记进行现场述职评议，对 3 名评定档次为“一般”的实施约谈。在疫情防控、防汛救灾、事故救援一线组建、批复成立 20 余个临时党支部，确保党的组织和党员教育管理全覆盖。

截至 2020 年底，32 个省级应急管理管理部门全部完成党组改设党委，345 个市级、1452 个县级应急管理部门已设立党委，应急管理部京外事业单位共有党员人数 1501 人，其中在岗党员 1138 名，离退休党员 353 名；共有基层党组织 101 个，其中党委 11 个，党支部 90 个。

（三）严格党员教育管理

制定和实施《关于加强应急管理部直属机关党务干部队伍建设的意见》，着力选优配强党务干部队伍。注重教育培训，组织 64 名党支部书记、党小组长参加工委系列培训班，有 60 人参加了部直属机关专兼职党务干部培训班。严格党员发展，全年发展党员 3137 名。开展“两优一先”评选，集中表彰 30 名优秀党员、15 名优秀党务工作者和 20 个先进基层党组织。

三、坚持党建带群团建

（一）加强群团组织建设

积极筹备并组织召开应急管理部直属机关第一次工代会，选举产生直属机关第一届工会委员会、经费审查委员会及女职工委员会。加强共青团工作，做好中央和国家机关青年联合会第一届委员会委员推荐工作，协调团中央和团工委争取团员发展员额 4759 名，组织开展团委书记培训，努力提升做好共青团工作的能力水平。指导机关服务中心、研究中心、培训中心、紧急救援促进中心工会和信息研究院团委完成换届。

（二）大力选树先进典型

“五四”前夕评选表彰部直属机关优秀青年干部标兵 10 名、优秀青年干部 40 名。做好各类评优评先推荐工作，中国安全生产科学研究院史聪灵、中国地震局地球物理研究所蒋长胜，消防救援局司戈家庭与毕赢家庭、森林消防局王鹏家庭，西藏自治区森林消防总队何学婷分别荣获国家级荣誉称号。

（三）深入开展扶贫帮困工作

组织应急管理部直属机关 45 个单位的 7588 名干部职工为部定点扶贫县贫困家庭大学生捐款 157 万余元，帮助 207 名贫困学生顺利步入大学生活。加大对牺牲烈士党员家庭、生活困难党员、老党员关心帮扶力度。深入开展走访慰问送温暖活动，为困难职工发放慰问金 60 余万元，为部直属机关 25 个有残疾重病子女的家庭申请补助金。助力脱贫攻坚，积极购买贫困地区农副产品作为职工福利，全年累计消费扶贫约 350 万元。积极开展“恒爱行动”，组织部直属机关 589 名干部职工为新疆贫困地区儿童编织、捐赠毛衣制品近 900 件。

四、加强国家综合性消防救援队伍党组织建设

深入研究各级党组织设置、审批权限、党的领导关系、党组织关系等问题，推动中央组织部明确改革过渡期消防救援队伍总队以下单位党组织统一归口由所在省（区、市）直属机关工委管理，森林消防队伍仍全部实行垂直管理。认真抓好党委统一的集体领导下的首长分工负责制落实，坚持科学依法民主决策，着力维护党的团结和统一。大力推进基层党支部标准化规范化建设试点工作，全面加强党员队伍建设，严格规范做好党员发展工作，加大对烈士党员家庭、生活困难党员、老党员关心帮扶力度。

第二章　队　伍　建　设

一、坚持正确选人用人导向

一是建设讲政治、懂应急、敢担当、善作为的领导班子和干部队伍。贯彻落实《2019—2023年全国党政领导班子建设规划纲要》，鲜明树立讲政治重担当、重实干重实绩的用人导向，全年共补充调整52个领导班子、137名司局级干部、124名处级及以下干部，审核备案121名干部。推动在部机关、所属事业单位、垂直管理机构之间交流干部48名。实施“75后、80后、85后培养工程”，全年补充调整45岁左右司局级干部10名、40岁以下处级优秀年轻干部24名，选派6名年轻干部援疆、到西部地区等挂职锻炼。拓宽选人用人渠道，招录遴选公务员37名，接收军转干部7名，公开招聘事业单位人员76名。

二是加强干部人事制度建设，提升干部工作科学化规范化水平。结合贯彻落实中央巡视选人用人专项检查，进一步健全完善选拔任用、干部监督、考核评价等制度机制。修订印发《选拔任用干部工作办法》《机关司局及所属事业单位领导班子和领导干部年度考核实施办法》，制定《安全生产监察专员应急指挥专员管理办法》《事业单位公开招聘人员办法（试行）》《关于进一步规范和加强事业单位选人用人工作等有关事项的通知》《关于进一步加强因私出国（境）证件管理工作的通知》等文件制度。

二、强化干部管理监督

组织对5家事业单位开展内部巡视选人用人专项检查，对2018年以来应急管理部党委巡视的16家事业单位选人用人问题整改情况开展“回头看”。召开国家综合性消防救援队伍主官座谈会，进一步就落实从严管党治队作出强调部署。印发规范性文件，严肃个人事项查核，组织领导干部集中填报个人事项。对中央巡视指出的5名瞒报漏报处理偏轻人员给予诫勉处理。组织开展领导干部个人有关事项报告专项整治，对认定处理偏轻、过重或不到位的问题予以纠正。坚持“凡提必核”，向中央组织部报送重点查核数据23批、2899人次。加强干部日常管理监督，坚持抓早抓小、防微杜渐，函询5人次，提醒谈话2人，诫勉9人，组织处理5人，查核信访举报38件。

三、加强干部培训、人才培养和学科建设

一是做好干部教育培训工作。制定印发《全国应急管理大培训总体方案》，编发《应急管理干部教育读本》15.6万册。会同中央组织部举办1期省部级、厅局级干部推进应急管理体系和能力现代化专题研讨班，培训108人。联合中央党校（国家行政学院）举办2期厅局级（总队级）干部“应急救援队伍能力提升”专题培训班，培训92人。组织举办3期市级应急管理局局长专题培训班、1期县级

应急管理局局长示范培训班，培训 512 人。依托应急管理干部网络学院，分专题举办 12 期网上培训班，培训 53.5 万人次。举办应急管理业务培训班 31 期，培训约 12 万人次。选派 38 名司局级干部参加中央组织部组织调训和专题研修学习。

二是加强人才选拔培养。选拔推荐百千万人才工程、创新人才推进计划等候选人 18 名、候选团队 3 个、候选基地 2 个。推荐 1 名干部作为访问学者参加国家公派出国留学、1 名干部被北京大学南南合作与发展学院录取攻读博士学位。指导中国安全生产科学研究院、应急管理部信息中心做好博士后科研工作站招生及培养工作，在站博士后 11 人。持续做好注册安全工程师工作，发布 9 个批次 44740 名中级注册安全工程师注册及注销注册公告，全国 42.2 万人报名，34.5 万人参加年度注册安全工程师资格考试，人数再创新高。

三是推动优化学科建设。推动在 2020 年高校本科专业目录中新设应急管理、应急技术与管理专业。会同国务院学位办在北京大学等 20 所“双一流”高校开展“应急管理”二级学科博士、硕士研究生招生试点。推动华北科技学院转型升级，指导华北科技学院申请增设应急管理、化工安全工程专业，加大应急管理类专业招生规模。华北科技学院安全工程专业入选教育部国家级一流本科专业建设点。2020 年 11 月 27 日，应急管理部与河北省政府签约共建华北科技学院。

四、抓好表彰奖励工作

一是推动建立应急管理表彰奖励制度。2020 年 11 月 10 日，应急管理部、人力资源和社会保障部联合印发《应急管理系统奖励暂行规定》。推动设立全国应急管理系统一级英模、二级英模表彰奖励项目，协调将全国应急管理系统先进集体和先进工作者表彰名额调整为 100 个、200 名。

二是积极组织开展表彰奖励推荐评选工作。全系统 2 个集体、9 名个人荣获全国抗击新冠肺炎疫情先进集体和先进个人称号，6 名个人荣获全国劳动模范和先进工作者称号，1 个集体和 3 名个人荣获国庆 70 周年大型成就展先进称号，表彰第五届全国 119 消防先进集体 147 个、先进个人 197 名，表彰国家综合性消防救援队伍抗击新冠肺炎疫情先进集体 60 个、先进个人 200 名，1 个集体被授予“全国禁毒工作先进集体”称号。

三是报请设立“中国消防忠诚卫士”表彰项目。将国家综合性消防救援队伍纳入“全国 119 消防奖”评选表彰范围，设计制作国家综合性消防救援队伍牌匾证章，消防救援职业荣誉体系建设迈出新步伐。

五、强化国家综合性消防救援队伍建设

（一）加强领导班子和干部队伍建设

完成国家综合性消防救援队伍 411 名总队级干部、432 名高级专业技术职务干部、274 名专业技术七级以上等级干部落编任职工作，先后为消防救援局、森林消防局补充配备 3 名领导班子成员，补充调整了队伍 24 个总队级领导班子、27 名总队级领导干部。选派 23 名干部到基层挂职锻炼、24 名基层干部到部（局）机关上挂学习。为 2 名支队级正职、55 名支队级副职以下干部办理了转岗交流手续，推荐 3 名支队级正职干部交流提任地震、煤监系统省局纪检组组长。组织做好首次高级专业技术任职资格评审工作，新任命

高级专业技术职务干部 453 名。

（二）强化教育监督管理

坚持依法从严管党治队，制定《国家综合性消防救援队伍处分条令（试行）》《国家综合性消防救援队伍管理领导责任追究暂行办法》等规范性文件。组织全队伍 8669 名领导干部集中填报个人有关事项，完成 895 名干部个人有关事项报告年度随机抽查和 72 名干部查核验证工作，办理 2641 名干部个人事项报告委托查询。扎实开展领导干部个人有关事项报告专项整治，对 29 名领导干部认定处理偏轻、过重或不到位的问题予以纠正。严格案件事故执纪问责，对云南省森林消防总队“2·28”醉酒驾车肇事案、内蒙古自治区森林消防总队“6·9”车辆交通事故等进行责任追究，及时核查处理信访举报问题线索，共党纪处分 345 人，政务（纪）处分 343 人。

（三）推进教育培训工作

围绕用习近平总书记重要训词精神武装头脑、指导实践、推动工作，进一步提高抓队伍建设的综合素质，采取线上线下相结合的方式，有计划地组织开展教育培训工作。一是协调 3 名中管正局级、13 名总队级领导干部参加中央组织部调训及中央和国家机关司局级干部专题研修班。二是分 3 期在中国消防救援学院采取专题授课、案例教学、模拟推演、分组研讨等形式，对 238 名总队级领导干部进行专题培训，着力提升政治能力、战略思维和专业素养。三是围绕提高思想政治素养和专业实践技能，分 2 期在西安科技大学采取专家授课、战例研讨、参观见学等形式，对 158 名高级专业技术职务干部进行专题培训。四是建设国家综合性消防救援队伍干部网络学院，全年设置 6 个专题 39 门课程，组织 6.2 万余名干部开展网上专题培训，登录学习率达 100%。

六、重视离退休干部工作

2020 年，应急管理部系统老干部总数约 1.9 万人，其中，部机关 732 人，中国地震局约 1.07 万人，国家矿山安全监察局约 4500 人，部直属单位约 2800 人。设 15 个离退休干部职工党支部，部机关离退休党员 548 名。

一是立足用心用情，提升保健服务能力。全年走访慰问近 1500 人次；通过电话和微信“探视”患病老同志 230 余人次，“慰问”长期住院老同志 40 余人次。采取“一对一”个性化服务与集中收集审报相结合的方式，及时为大额门诊、住院老同志审核报销医药费、协调解决特殊医疗问题 70 余人次，全年累计报销 3500 余人次。积极协调应急总医院开辟老同志就医绿色通道；采取集中体检和分散体检相结合的形式组织 2020 年度体检，新增 21 个检查项目。

二是立足技能过硬，灵活创新文体活动。开启老年大学“云时代”，创新“互联网+教学+服务+管理”办学模式，开设 8 类 23 个网课教学班，在线学习学员达每周 1200 人次。开展丰富的线上线下文体活动，助力“宅家抗疫”，组织老同志拍摄视频，开展书画作品礼赞抗疫事迹活动，摄制保健视频方便老同志居家锻炼。

三是立足作风过硬，全面做好基础保障。扎实有序组织开展疫情防控，向全体老同志发放口罩和防护用品“爱心包”，发出慰问信和倡议书。对重点老同志开展“三问”“两代”“一条龙”（问健康、问需求、问困难，代报销医药费用、代联系健康特护，全程体检支持保障）服务。做好信息宣传工作，局微信公众号全年推送信息 600 余篇次，部老年大学微信公众号推送信息 92 条；离退休干部局和老年大学微信公众号共发布和推送防疫信息 520 余篇次。规范准确高效加强财务管理，向 22 名离退休人员发放抚恤金，向 204 人发放大病帮扶及困难救助资金；按时发放离退休费 9854 人次、老年大学教师讲课费 95 人次；上线运行用友薪资系统、财务智能报销系统以及公务之家差旅报销系统。强化基础设施保障，协调机关服务中心在局机关和 5 个活动站安装 12 台自动体外除颤仪（AED）。

第四章 体 制 建 设

一、健全完善安全监管体制

推动健全完善安全生产监管体制。中共中央办公厅、国务院办公厅分别印发《关于调整应急管理部职责机构编制的通知》《国家矿山安全监察局职能配置、内设机构和人员编制规定》，撤销应急管理部安全生产基础司（海洋石油安全生产监督管理办公室），相关职责并入安全生产执法局，安全生产执法局更名为安全生产执法和工贸安全监督管理局；危险化学品安全监督管理司更名为危险化学品安全监督管理一司；增设危险化学品安全监督管理二司（海洋石油安全生产监督管理办公室）；国家煤矿安全监察局更名为国家矿山安全监察局，应急管理部非煤矿山（含地质勘探）安全监管职责以及相应行政编制、领导职数划入国家矿山安全监察局，应急管理部其他职责不变。

二、深化应急管理综合行政执法改革

加快构建权责一致、权威高效的监管执法体制，提升安全防范能力水平。中共中央办公厅、国务院办公厅印发《关于深化应急管理综合行政执法改革的意见》，明确将法律法规赋予地方应急管理部门的有关危险化学品、烟花爆竹、矿山、工贸等行业领域安全生产监管，以及地质灾害、水旱灾害、森林草原火灾等有关应急抢险和灾害救助、防震减灾等方面的行政处罚、行政强制职能进行整合，统筹执法资源，强化执法力量，完善执法体系，进一步强化应急管理综合行政执法能力。

三、完善自然灾害应急救援指挥体系

协调解决机构改革后地方防汛抗旱、森林草原防灭火等自然灾害应急救援指挥体系不够顺畅等问题，指导部分省份对防汛抗旱、森林草原防灭火、抗震救灾等指挥机构办公室调整设置。国家防汛抗旱总指挥部、国家森林草原防灭火指挥部分别印发《关于健全地方防汛抗旱工作机制的指导意见》《关于健全完善地方森林草原防灭火工作机制的指导意见》，进一步完善自然灾害应急救援指挥机制。

四、加强地方应急管理机构建设

截至 2020 年底，全国省、市、县、乡镇（街道）和新疆生产建设兵团应急管理部门、安全生产执法机构及事业单位人员编制总计 251230 名，实有人数总计 322790 名，与 2019 年底相比分别增加 25521 名、33844 名，分别增长 11.3% 和 11.7%。

第五章　党风廉政建设

一、狠抓主体责任落实

应急管理部党委坚持在落实全面从严治党主体责任中走在前、作表率，推动党风廉政建设和反腐败工作与业务工作同部署、同落实、同考核。全年召开部党委会 50 次，研究审议全面从严治党议题 66 个；组织召开全系统党风廉政建设工作视频会，部署系统年度全面从严治党工作；组织修订部党委主体责任清单，进一步细化部党委、党委书记、党委委员职责；不断健全部党委党建、党风廉政建设和反腐败、巡视 3 个领导小组工作机制，提升运转效率、发挥职能作用。同时，旗帜鲜明支持驻部纪检监察组履行监督职责。党委书记带头履行“第一责任人”职责，党委委员认真履行“一岗双责”，全年部党委各同志专题听取分管单位全面从严治党工作汇报 94 次。

二、巩固拓展提升作风建设成效

研究制定应急管理部党委推进中央八项规定精神贯彻落实向纵深发展实施办法，强化中央八项规定精神贯彻落实。每逢重要节点，及时向部直属机关基层党组织和纪检组织发通知、提要求、作提醒。认真贯彻落实习近平总书记关于坚决制止餐饮浪费行为的重要指示精神，及时印发通知、提出要求，在部直属机关组织召开“厉行勤俭节约、反对餐饮浪费”专题组织生活会。集中开展反对餐饮浪费主题教育，大力推行“计划用餐”，运用信息化手段精准配餐。针对部系统当前存在的作风建设突出问题，推动在地震、矿山安全监察、消防救援、森林消防领域开展违规饮酒等专项治理。结合贯彻落实中共中央办公厅关于持续解决困扰基层的形式主义问题通知要求，及时出台 24 条具体措施，严防部机关出现形式主义突出问题而增加基层负担；结合疫情防控形势，出台统筹推进安全防范和复工复产 8 条具体措施，落实证件到期自动顺延、简化复工复产程序等便民利企措施；将防汛抗旱、森林防火、防震减灾 3 项检查统筹合并为自然灾害防治工作综合督查检查；对省级政府安全生产和消防工作考核巡查的内容和程序再精简再优化，考核条目削减 30%。严格落实精文简会要求，全年文件、会议数量同比分别下降 6% 和 42%。始终坚持过“紧日子”，大力推进节约型机关建设，全年部本级“三公”经费、培训费、会议费同比分别下降 79%、59% 和 65%。

三、强化日常监督

在应急管理部系统组织开展为期 2 个月的警示教育专项行动，召开全系统警示教育大会，通报全系统 7 类 38 起违纪违法典型案件，部党委书记黄明就深刻吸取案件教训、认清全面从严治党形势、加强党风廉政建设作出部署、提出要求。部系统各级党组织和纪检组织持续加强对党员干部的日常监督。针对党员领导干部特别是“一把手”这一关键少数，部党委委员全年与分管司局单位主要负责人开展提醒谈话145人次，促其坚守初心、认真履职、廉洁自律；制定司局级单位领导班子和领导干部绩效考核办法，并将考核结果与选拔任用、激励约束、问责追责紧密结合；在部系统组织开展领导干部报告个人有关事项专项整治，严格落实领导干部个人有关事项年度报告和“凡提必核”要求，抽查核实个人有关事项报告3983人次，对326名漏报瞒报人员进行批评教育或组织处理；要求56名司局级、总队级党员领导干部对受到谈话函询和组织处理、处分情况在民主生活会上作出说明或检讨。针对部系统广大党员干部，政治部制定实施全面深入学习贯彻习近平总书记重要训词精神工作方案，开展“践行训词精神、担当神圣使命”主题实践活动，持续推动训词精神成为应急管理队伍的“魂”和“纲”；部机关纪委印发加强经常性纪律教育的通知，以纪律教育的常态化推进廉洁氛围的长效化；部系统各级纪检机构严把党风廉政意见回复关，认真做好党员干部廉政意见审核工作，回复廉政意见1790人次、提出否定意见6人次。

四、从严监督执纪问责

畅通信访举报渠道，健全线上线下信访办理机制，及时处理群众来信来电来访。驻部纪检监察组和系统纪检机构共受理信访初次举报840件，处置问题线索1630件，立案361件，给予党纪政务处分442人次。坚持惩前毖后、治病救人，注重抓早抓小、防微杜渐，驻部纪检监察组和系统纪检机构用好用足第一种形态，处理1153人次。始终保持惩治腐败的高压态势，对违纪违法案件发现一起、查处一起，浙江省消防救援总队防火监督部原部长周志忠、部机关服务中心原副主任张友明掩盖事实、对抗组织审查，河南煤矿安全监察局原局长严寅初、郑州分局原局长胡瑜履行全面从严治党主体责任不力等受到严肃查处。2020年应急管理系统监督检查、审查调查情况如图7-5-1所示。

五、织密扎紧制度笼子

推动应急管理部直属机关各单位持续深入完善权力运行监督和制约机制，对风险点、风险等级、防控措施、责任人实施动态管理，确保权力运行到哪里，风险防控就跟进到哪里。截至2020年底，各单位在行政审批、执纪执法、事故调查和选人用人、物资分配、资金拨付等重点环节查找廉政风险点1697个，制定防控措施2349条。制定实施部党委工作规则，明确细化党委工作职责、组织原则和决策规

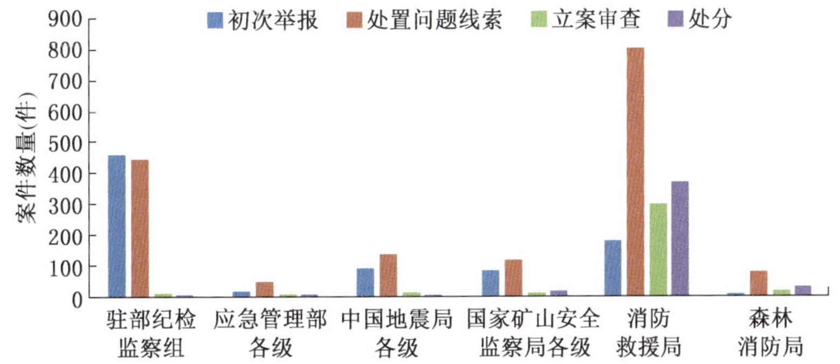

注：本数据来自驻应急管理部纪检监察组关于2020年监督检查、审查调查情况的通报。

图7-5-1 2020年应急管理系统监督检查、审查调查情况

则，实行科学、民主、依法决策；制定党委会、部务会、专题会 3 个制度，以及部党委讨论和决定的重大问题清单，坚持“三重一大”事项决策党委书记末位表态，从制度上保证民主集中制得到有效落实，充分发挥班子智慧和集体力量。同时，出台《中央自然灾害救灾资金管理暂行办法》《应急管理部政府采购管理暂行办法》等制度，进一步规范资金使用范围和程序，确保透明、安全、有效运行；协调出台《关于深化应急管理综合行政执法改革的意见》，编印《安全生产执法手册（2020 年版）》，进一步规范全系统的执法程序、方式，减少自由裁量权、压缩权力寻租空间。带头遵守党内法规制度，严格按部党委工作规则履职，当好制度执行表率，引领部系统各级党组织真心尊崇制度、严格执行制度。同时，狠抓制度落实，将各单位制度执行情况分别纳入领导班子和领导干部年度考核、党建述职评议考核和机关党建“灯下黑”专项整治的重要内容，持续推动制度落地生根，及时转化为推进应急管理事业改革发展的治理效能。

第六章 巡视巡察专项

中央第八巡视组于2020年5月13日至7月3日对应急管理部党委开展了常规巡视，8月19日反馈了巡视意见。部党委把巡视整改落实作为重大政治任务，坚持以习近平新时代中国特色社会主义思想为指导，深入学习贯彻习近平总书记关于巡视工作重要论述精神，认真贯彻落实中央巡视工作部署，增强“四个意识”、坚定“四个自信”，以坚决整改、全面整改、彻底整改的实际行动和实际效果做到“两个维护”，全力做好巡视整改。

一、全力配合中央巡视工作，扎实推进巡视整改落实

（一）充分做好迎接巡视准备和保障工作

部党委第一时间组建巡视工作联络组和5个工作组，制定迎接巡视工作方案，统筹协调、督促指导相关责任单位做好各项准备工作。起草报送《应急管理部党委巡视工作情况专题汇报》和《关于十八届中央专项巡视反馈意见整改情况的报告》；先后制作下达《巡视工作重要事项通知单》111件、《配合中央巡视任务通知单》22件，累计梳理报送各类材料50批次、共计2200余份。

（二）坚决落实中央巡视整改

一是坚持对表对标，统一思想认识。部党委始终以习近平总书记关于巡视工作重要论述武装头脑，指导推进巡视整改各项工作。部党委书记黄明主持召开专题会议，组织深入学习贯彻习近平总书记关于巡视工作重要论述特别是在听取十九届中央第五轮巡视汇报时的重要讲话精神，专题研究巡视整改工作。部党委采取多种形式，及时跟进学习习近平总书记系列重要讲话精神，自觉把中央巡视作为建强班子、带好队伍、创建模范机关、推动事业发展的宝贵机遇，切实增强抓好巡视整改的责任感、使命感和紧迫感。部党委坚持问题导向，勇于自我革命，认真组织召开巡视整改专题民主生活会和年度民主生活会，部党委委员把自己摆进去、把职责摆进去、把工作摆进去，对照巡视指出的问题开展严肃认真的批评与自我批评，做到真认账、真反思、真整改、真负责，切实以思想整改引领行动整改、以自身整改带动系统整改、以班子整改推动全面整改。

二是坚持压实责任，强化组织领导。部党委坚决扛起巡视整改政治责任，把巡视整改落实列入党委会重要议程，定期召开党委会进行研究部署；及时成立以部党委书记黄明为组长的巡视整改工作领导小组，下设整改办公室，加强对巡视整改的领导和督导；迅速召开巡视整改工作动员部署会，动员部系统上下自觉把思想行动统一到中央部署要求上来，以高度的政治自觉和务实的工作作风狠抓整改落实。部党委对照中央巡视反馈意见，及时研究制定《巡视整改总体工作方案》《落实中央巡视反馈意见整改方案》《巡视工作专项检查反馈意见整改方案》《选人用人工作专项检查反馈意见整改方案》及问题、

任务、责任“三个清单”，细化 201 项任务分工，逐条逐项明确牵头领导、责任单位和完成时限，构建起部党委全面抓、部主要领导亲自抓、部分管领导牵头抓、责任单位具体抓的工作格局，督促落实整改任务。在重点工作阶段结束后，部党委即接续开展为期 4 个月的巡视整改“回头看”，确保中央巡视反馈意见不折不扣落实到位。

三是坚持以上率下，示范带动落实。部党委从自身做起、从各级领导班子做起，以强烈的自我革命精神带头整改，示范带动部系统全面整改。部党委书记黄明坚持“四个亲自”，多次召开部党委会和领导小组会研究推动整改工作，并专程到部属相关单位以及国家矿山安全监察局、中国地震局、消防救援局、森林消防局调研督导，面对面研究解决问题、督促整改落实。其他部党委委员分别主持召开巡视整改专题会、会商会、推进会，推动分管司局、单位落实整改工作，并加强日常协调和督促检查，确保责任贯通、任务落实。驻部纪检监察组创新巡视整改“一对一”专题会商模式，探索“审、碰、促、督、评”五步工作法，定期与“一部四局”纪检机构召开碰头会，加强政治监督，有力推动巡视整改扎实开展。

四是坚持上下联动，一体推动整改。部党委结合应急管理部门整合职能多、行业系统体量大等特点，把上下联动、一体整改、同题共答贯穿巡视整改始终。部党委统筹“一部四局”巡视整改，强化系统集成，做到部机关与事业单位联动、与各级消防救援队伍联动、与地方应急管理部门联动。召开省级应急管理厅（局）长专题座谈会通报巡视整改情况，听取意见建议，推动各级应急管理部门同向发力。严格实施周调度、半月报告、月审议制度，加强每日提醒、重点提示和定期会商，持续推动巡视整改走深走实。采取全面自评和逐条复审、实地了解和评鉴测评、专项督导和重点督查等相结合的方式，督促部系统上下逐项抓好整改措施落实落地。部整改办先后组织召开整改办会议 4 次，印发《整改进度通报》10 期，高标准推进巡视整改。

总的来看，应急管理部党委坚持刀刃向内、自我革命，全过程盯牢整改任务、盯实整改措施，盯紧整改进度，巡视整改落实取得重要进展。中央巡视以来，应急管理工作呈现出持续向上向好的发展态势，应急管理队伍初心使命更加巩固、斗争精神显著增强，在大战大考中经受住了严峻考验。

二、统筹开展部系统巡视巡察

（一）推动部系统巡视巡察工作高质量发展

一是结合部及所属单位职能特点，制定印发《关于统筹做好应急管理部系统巡视巡察工作的意见（试行）》，统筹“一部四局”党委（党组）巡视巡察工作，推动部党委在 2020 年初专题听取“四个局”党组（党委）上一年度巡视巡察情况汇报，进一步完善了巡视巡察工作体制机制。

二是于 2020 年 10 月同步启动部党委及“四个局”党组（党委）新一轮巡视巡察，统一召开动员部署会议，对 177 名巡视巡察组成员统一培训，组织包括部党委巡视组在内的 25 个巡视巡察组对 33 家单位开展巡视巡察。对“一部四局”巡视巡察组组长探索进行跨系统交叉，进一步破解“熟人社会”监督难题；建立部系统巡视巡察协调联动和会商研判机制，在巡视全过程加强协调推动。

三是牵头组建5个部党委巡视组，对国家安全生产应急救援中心等6家单位党组织进行了巡视。在工作准备阶段，研究细化“四个落实”监督重点内容，及时修订制发部党委《巡视工作手册》；在巡视组进驻前，安排各巡视组组长当面向被巡视单位分管部领导征求意见建议，并组织有关司局、单位及时向各巡视组提供被巡视单位的有关情况，充分做好准备工作；在巡视期间，加强对巡视组的工作指导，并安排专人到各巡视组专题走访，及时帮助巡视组解决工作中遇到的困难和问题；在巡视组工作后期，组织专门力量加强对巡视报告的前期把关，严把巡视报告质量关。在本轮巡视中，共发现6家单位党组织在“四个落实”方面存在的244个突出问题，并将其中6个问题移交人事司、规划账务司等司局研究处置；同时，向驻部纪检监察组、机关纪委等部门移交涉及23名领导干部违规违纪的问题线索，向相关部门移交涉及工作管理、个人诉求等方面的信访反映16件，进一步增强了巡视发现问题移交工作的科学性。

四是充分利用《巡视工作动态》，及时通报巡视组进驻期间工作进展、各单位巡视整改工作进展等情况，2020年共编印8期。

（二）深入推动内部巡视整改工作

一是将各巡视组对部党委提出的部属各单位领导班子建设、财务管理等方面的意见建议，梳理移交人事司、规划财务司等相关司局（2020年先后移交24条意见建议），推动做好相关工作的落实。

二是向规划财务司发函移交2018年以来已巡视16家单位发现的财务类相关问题，请规划财务司指导部系统各单位举一反三、对照自查自改，完善制度机制，提高工作规范化水平。

三是在各单位3个月的集中整改期内，每周跟踪督导各单位整改落实情况，定期通报整改进展情况；集中整改结束后，综合研判各单位整改情况，编印《2019年第二轮巡视整改工作综合情况通报》；在2020年内部巡视结束后，梳理6家单位存在的共性问题，编印《2020年应急管理部党委内部巡视情况通报》，督促各单位对照查摆整改自身问题，进一步用好巡视成果。

四是制发进一步做好内部巡视整改工作的通知，并于2020年先后2次调度各单位最新整改情况，推进已巡视单位整改工作落实落细（截至2020年底，16家单位制定的1386条整改措施，已完成1219条，取得阶段性成果并持续推动落实整改项目）。经综合研判，对存在整改不到位等问题的4家单位专门发函督办，督促进一步深化整改，提高整改质效。

五是健全完善对巡视整改的日常监督机制，进一步明确纪检监察、组织人事等部门的责任，把抓好巡视整改落实情况作为日常监督的重要内容，加强常态化指导督导。

第八篇

英 雄 模 范

第一章 英 雄 烈 士

马小龙，男，汉族，甘肃镇原人，1988年2月出生，2006年12月入伍，中共党员，生前系青海省海东市化隆回族自治县迎宾大道消防救援站特勤分队班长，一级消防士。2020年2月10日，被应急管理部批准为烈士。入职14年来，马小龙先后荣立个人一等功1次、三等功2次、嘉奖11次，被原公安部消防局表彰为“玉树抗震救灾先进个人”，被青海省消防总队表彰为“十佳士官”“十佳优秀士兵”。

入伍以来，马小龙工作踏实、勤勤恳恳，始终把“人民消防为人民”的铮铮誓言牢记心中。在重大危险任务面前他总是当仁不让抢先上，越是危险越向前，哪里有任务就出现在哪里，哪里险情最重就铆在哪里。2020年2月4日，马小龙在前往扑救山火途中因保护队友身负重伤，送医院抢救无效，于2月4日16时16分壮烈牺牲。

王建，男，汉族，陕西咸阳人，1986年9月出生，2010年6月入伍，中共党员，生前系北京市大兴区黄村消防救援站党支部书记、政治指导员，专业技术一级指挥员。2020年6月23日，被应急管理部批准为烈士。被应急管理部追记一等功，被共青团北京市委、北京市人力资源和社会保障局追授“北京青年五四奖章”。

入伍以来，王建始终保持昂扬向上的工作激情和顽强拼搏的战斗作风，笃定人民至上、生命至上的信念，忠诚践行训词精神，牢记神圣职责使命，把立足本职、奉献社会、服务群众作为自己孜孜不倦的人生追求。先后荣立个人三等功2次，被授予优秀共产党员称号1次，参加灭火救援战斗2000余次，抢救疏散群众520余人。2020年6月12日17时许，北京市大兴区百联清城商务楼B座19层发生火灾，王建带领两名指战员作为第一到场力量组成侦查搜救组，冒着高温浓烟深入火场内部搜救，因高温浓烟影响，空气呼吸器供气不足，体力透支严重，在回撤途中失去意识，被送往医院抢救。经医院多日全力抢救无效，王建于6月21日13时10分壮烈牺牲。

杨鹏，男，汉族，山西阳泉人，1996年10月出生，2017年9月入伍，生前系北京市大兴区黄村消防救援站灭火救援二班消防员，四级消防士。2020年6月14日，被应急管理部批准为烈士。被应急管理部消防救援局追认为共产党员、追记一等功，被共青团北京市委、北京市人力资源和社会保障局追授“北京青年五四奖章”。

入伍以来，杨鹏忠诚党的事业，牢记神圣职责，把人民群众的生命财产安全看得比自己的生命还重要，哪里有火情，他就战斗在哪里，哪里最危险，他就出现在哪里。先后参与千余起警情的处置工作，荣立嘉奖 1 次。2020 年 6 月 12 日 17 时许，北京市大兴区百联清城商务楼 B 座 19 层发生火灾，作为侦查搜救组成员，他冒着高温浓烟深入火场内部搜救，因高温浓烟影响，空气呼吸器供气不足，体力透支严重，在回撤途中失去意识，被送往医院抢救。经医院全力抢救无效，杨鹏于 6 月 12 日 20 时 23 分壮烈牺牲。

李义奎，男，汉族，河南罗山人，1986 年 7 月出生，2003 年 12 月入伍，中共党员，生前系四川省德阳市广汉市佛山路消防救援站政治指导员，专业技术二级指挥员。2020 年 7 月 23 日，被应急管理部批准为烈士。被四川省消防救援总队追记为优秀共产党员。2020 年 8 月，被应急管理部消防救援局追记一等功。

入伍以来，李义奎始终坚持人民至上、生命至上的信念，积极践行训词精神，用坚守诠释初心，用行动担当使命，在一次次火灾扑救、抢险救援和为民服务中，不畏艰险、不怕牺牲，当先锋、打头阵，将人民群众安危装在心中、扛在肩上。生前曾担任中国共产党德阳市第八次代表大会代表，2018—2020 年，连续被支队评为优秀党务工作者，荣立个人三等功 2 次。2020 年 7 月 8 日晚，四川广汉金雁花炮有限责任公司南丰生产区发生火灾，在灭火救援过程中，李义奎作为指挥员，身先士卒、不畏艰险，科学施救、英勇顽强，组织疏散转移群众 1000 余人。因现场发生猛烈爆炸，不幸被冲击波产生的高速抛射物意外击中头盔，导致头部受伤，经医院全力抢救无效，壮烈牺牲。

陈陆，男，汉族，江苏江都人，1984 年 2 月出生，2004 年 7 月入伍，中共党员，生前系安徽省合肥市庐江县消防救援大队政治教导员，一级指挥员。2020 年 7 月 26 日，被应急管理部批准为烈士。被人力资源和社会保障部、应急管理部追授“中国消防忠诚卫士”称号，被应急管理部追记一等功，被中央宣传部、应急管理部、中央广播电视总台评为 2020 最美应急管理工作者，生前战斗的庐江抗洪抢险突击队一分队被中央宣传部、退役军人事务部、中央军委政治工作部表彰为“最美退役军人”集体，被安徽省委宣传部、省退役军人事务厅、省军区政治工作局表彰为“最美退役军人”集体。被应急管理部消防救援局追授“全国消防救援队伍优秀共产党员”，被安徽省委追授“安徽省优秀共产党员”，被共青团安徽省委、安徽省青联追授“安徽青年五四奖章”，被安徽省总工会追授“安徽省五一劳动奖章”，被安徽省、合肥市两级应急管理与人力资源和社会保障部门评为“防汛救灾突出贡献个人”，被中央文明办评为“中国好人”，被中央电视台评为“感动中国 2020 年度人物”，被合肥市劳动竞赛委员会、市总工会追授“合肥市五一劳动奖章”，被合肥市退役军人事务局评为“最美退役军人”。

入伍以来，陈陆长期扎根基层，常年建功一线，始终把人民群众的利益放在心中最高位置。在工作中始终立足本职、担当尽责，灭火救援中敢于赴汤蹈火，勇于冲锋在前。先后参加南方雪灾、汶川地震灾区增援等灭火救援战斗1500余次，参与处置庐江县东顾山火灾、庐江县内涝等重大灾害事故，先后被评为安徽省公安系统“优秀人民警察”、安徽消防救援队伍“优秀共产党员”、合肥市“抗震救灾先进个人”。2020年7月18日，庐江县遭遇百年一遇洪灾，陈陆带领大队全体指战员先后转战5个乡镇，奋战96小时，出警112次，行程600余公里，成功营救、转移和疏散人民群众2665人。7月22日，在执行庐江县连河村抗洪抢险任务中，陈陆所在的舟艇遭遇“滚水坝”侧翻，陈陆壮烈牺牲。

赵丹，男，汉族，贵州开阳人，1996年8月出生，2015年9月入伍，共青团员，生前系甘肃省陇南市文县贾昌消防救援站通信保障班消防员，四级消防士。2020年8月16日，被应急管理部批准为烈士。被甘肃省人力资源和社会保障厅、共青团甘肃省委、甘肃省青年联合会追授“甘肃青年五四奖章”，被甘肃省总工会追授“甘肃省五一劳动奖章”，被甘肃省委宣传部授予2020年度“感动甘肃·陇人骄子”提名奖，被甘肃省消防救援总队追记个人二等功。

入伍以来，赵丹爱岗敬业、忠诚履职，始终冲锋在灭火抢险救援第一线，救民于水火，助民于危难，先后参加“8·7”文县天池特大山洪泥石流、“8·8”四川九寨沟7.0级地震、“7·10”文县特大暴洪灾害救援等任务400余次，成功救助遇险群众200余人，为维护人民生命财产安全作出突出贡献，先后被评为“优秀消防员”“优秀共青团员”。2020年8月，甘肃省陇南市遭遇百年不遇暴洪泥石流灾害，赵丹连续多日奋战在抗洪抢险一线，在8月13日执行抗洪抢险任务营救群众时，因水流湍急体力不支被洪水冲走，壮烈牺牲。

黄强，男，汉族，四川绵阳人，1994年6月出生，2015年9月入伍，生前系河南省洛阳市消防救援支队锦屏大道消防救援站一班班长，四级消防士。2020年8月21日，被应急管理部批准为烈士。被河南省消防救援总队追记二等功。

入伍以来，黄强苦练业务本领，敢于担当使命，在各项急难险重任务面前挑重担、扛大梁、当先锋、打头阵，生死关头不畏险，苦难面前不低头，先后参加灭火救援战斗800余次，抢救疏散群众70余人，因工作成绩突出，先后被评为“优秀共青团员”“优秀士兵”，荣立嘉奖2次。2020年8月18日6时20分，宜阳县消防救援大队接到报警称：宜阳县洛河锦龙大桥东一男子被困洛河橡皮坝中间。黄强立即随队赶赴现场，面对湍急的洪水、隐藏的漩涡，他主动请缨上艇救援。救援中，舟艇突遇漩涡，加之水草缠桨失去动力倾覆，救援人员落入水中。经医院全力抢救无效，黄强于8月19日0时50

分壮烈牺牲。

牛壮军，男，汉族，河北魏县人，1994 年 12 月出生，2012 年 12 月入伍，中共党员，生前系河北省衡水市消防救援支队和平路消防救援站一班副班长，三级消防士。2020 年 8 月 27 日，被应急管理部批准为烈士。被应急管理部消防救援局追记一等功。

入伍以来，牛壮军忠实践行训词精神，忠诚履职、担当使命，将自己全部奉献给了消防救援事业，先后参加各类灭火救援战斗 2000 余次，成功营救、疏散遇险群众 130 余名，多次在总队、支队组织的比武竞赛中名列前茅，先后荣立个人三等功 1 次、嘉奖 5 次，多次被评为“优秀共青团员”“优秀士官”“训练标兵”“十佳技术能手”。2020 年 8 月 23 日晚，一名维修工人在作业过程中被困于污水泵井内。河北省衡水市消防救援支队接到报警后，立即调派和平路消防救援站指战员前往处置。在施救过程中，为营救受伤跌入井底的战友，牛壮军不幸溺水，壮烈牺牲。

彭迪，男，汉族，安徽马鞍山人，1993 年 6 月出生，2012 年 12 月入伍，中共党员，生前系安徽省马鞍山市消防救援支队雨山区向山消防站副站长（站级副职），四级指挥员。2020 年 9 月 22 日，被应急管理部批准为烈士。2020 年 10 月 29 日，被应急管理部消防救援局追记一等功。被安徽省总工会追授“安徽省五一劳动奖章”，被马鞍山市总工会追授“马鞍山市五一劳动奖章”，被马鞍山市青年联合会追授“十大杰出青年”称号。

入伍以来，彭迪恪尽职守，竭诚奉献，以实际行动践行党的宗旨，以对党和人民的赤胆忠心履行使命，坚持人民至上，不畏艰难困苦，始终战斗在急难险重的前沿阵地。2013 年因工作表现突出，荣立个人三等功，先后多次获得嘉奖，累计参加各类灭火救援战斗 550 余次，疏散营救被困群众近百名。在 2020 年防汛救灾战斗中，彭迪顶风冒雨，冲在一线，连续作战，带领指战员巡堤清障 100 余公里，护堤堵漏 20 余处，转移群众 300 余人。2020 年 9 月 18 日 13 时 11 分，安徽省马鞍山市雨山区向山镇小南山小塘口矿坑坍塌，群众被困，彭迪第一时间带领队伍前往处置。13 时 27 分，彭迪行进至矿坑坍塌区进行侦查时，现场突然再次发生坍塌，彭迪不幸被埋压，经抢救无效，壮烈牺牲。

第二章 先 进 典 型

2020年，国家综合性消防救援队伍坚持以习近平新时代中国特色社会主义思想为指导，忠实践行习近平总书记重要训词精神，始终站在党和国家工作大局和应急管理工作全局谋划发展、推动改革，充分发挥应急救援主力军和国家队作用，全面防范化解重大消防安全风险，科学高效应对处置各类重大灾害事故，圆满完成重大安保任务，涌现出一大批先进集体和个人。福建省消防救援总队灭火救援指挥部副部长叶智勇等5名指战员被中共中央、国务院授予“全国先进工作者”称号，江西省九江市消防救援支队被中央宣传部授予“时代楷模”称号；福建省泉州市消防救援支队特勤大队、安徽省合肥市庐江县消防救援大队、江西省九江市消防救援支队3个集体荣立一等功；福建省福州市消防救援支队特勤大队四站二级消防长廖吉鹏等20名个人荣立一等功；北京市大兴区消防救援支队黄村消防救援站政治指导员王建、安徽省合肥市庐江县消防救援大队政治教导员陈陆2名个人被追记一等功；17个集体、153名个人荣立二等功。

2020年8月31日，中央宣传部授予江西省九江市消防救援支队“时代楷模”称号。

2020年9月8日，《中共中央　国务院　中央军委关于表彰全国抗击新冠肺炎疫情先进个人和先进集体的决定》，授予湖北省武汉市消防救援支队特勤一站站长助理陈建、火神山消防救援站站长助理李长春、青山大队副大队长刘江、雷神山专职小型消防救援站站长付洁、襄阳市消防救援支队作战训练科副科长宦吉飞、鄂州市消防救援支队葛店经济技术开发区聚贤路消防救援站消防员包佳凯，内蒙古自治区森林消防总队大兴安岭支队二级助理员王传玺、黑龙江省森林消防总队黑河支队孙吴大队七中队消防员曹冈、消防救援局特种灾害救援处三级指挥长熊伟“全国抗击新冠肺炎疫情先进个人”称号；授予湖北省武汉市消防救援支队、洪湖市消防救援大队“全国抗击新冠肺炎疫情先进集体”称号。

2020年9月8日，《中共中央关于表彰全国优秀共产党员和全国先进基层党组织的决定》，授予湖北省武汉市消防救援支队特勤一站站长助理陈建“全国优秀共产党员”称号。

2020年9月18日，人力资源和社会保障部、应急管理部追授陈陆“中国消防忠诚卫士”称号。

2020年11月24日，《中共中央　国务院关于表彰全国劳动模范和先进工作者的决定》，授予福建省消防救援总队灭火救援指挥部副部长叶智勇、贵州省黔南州消防救援支队长安路特勤站二级消防长鲁文贵、西藏自治区昌都市卡若区消防救援大队大队长向巴朗加、甘肃省甘南藏族自治州消防救援支队副支队长班玛南加、宁夏回族自治区石嘴山市消防救援支队灭火救援指挥部作战训练科副科长王玉珏、中国安全生产科学研究院交通安全研究所所长史聪灵“全国先进工作者”称号。

2020 年 11 月 6 日，应急管理部授予北京市天安门地区消防救援支队故宫特勤站等 147 个单位“第五届全国 119 消防先进集体”称号、北京市消防救援总队特勤支队高米店站副站长潘照虎等 197 名个人“第五届全国 119 消防先进个人”称号。

2020 年 12 月 18 日，应急管理部授予雷永利等 200 名同志“国家综合性消防救援队伍抗击新冠肺炎疫情先进个人”称号、北京市丰台区消防救援支队等 60 个单位“国家综合性消防救援队伍抗击新冠肺炎疫情先进集体”称号。

2020 年 6 月 16 日，国家禁毒委员会授予应急管理部原危险化学品安全监督管理司监管二处“全国禁毒工作先进集体”称号。

2020 年 6 月 30 日，中共应急管理部机关委员会对吕红频等 30 名部直属机关优秀共产党员、鞠治兴等 15 名部直属机关优秀党务工作者、办公厅党总支等 20 个部直属机关先进基层党组织予以表彰。

2020 年 4 月 1 日，应急管理部政治部对 10 名部直属机关优秀青年干部标兵和 40 名部直属机关优秀青年干部予以表彰。

第九篇

地方应急管理

第一章　北京市应急管理工作

2020年，北京市应急管理系统坚持以习近平新时代中国特色社会主义思想为指导，一手抓疫情防控，一手抓企业复工复产安全保障，完成全国两会、中国国际服务贸易交易会等重大活动保障任务，应急管理体系建设取得积极进展，安全生产形势总体平稳。全年全市共发生各类生产安全死亡事故383起、死亡408人。“十三五”时期，全市生产安全事故起数、死亡人数分别下降33.2%和35.4%。

一、坚持标本兼治，统筹推进安全生产与消防安全建设

（一）聚焦疫情防控，企业复工复产保障有力

印发《关于做好当前安全防范工作的通知》《疫情防控期间企业复工复产安全提示》，制发企业复工复产“五个严格”工作措施和“十六条”检查项。周密组织工业、医学隔离场所、油库、加油站、肉类食品加工等企业监督检查，统筹调度应急系统执法检查力量累计检查超25万家次，整改疫情防控隐患8000余项。加强消毒产品安全使用宣传指导，协调保障酒精消毒剂安全供应，累计分装消毒酒精3274桶，储存、配送40余万瓶。出台安全生产责任保险免费延期3个月、统筹使用事故预防专项费等6项惠企举措，对56858家企业实施保险免费延期，减免净保费2662.87万元。组织调拨市级救灾物资15批次，5万余件（套），支持湖北省及北京市基层疫情防控工作。

（二）聚焦安全发展，城市发展环境得到优化

贯彻落实《关于推进城市安全发展的实施意见》，督促指导东城区等7个重点地区的示范创建工作。建立市、区两级安全生产督察制度，完成对各区的全覆盖督察，督促整改各类隐患问题1780项。贯彻落实《北京市生产经营单位安全生产主体责任规定》，制发《北京市生产经营单位安全总监制度实施办法（试行）》，完成全市第二次生产经营单位安全生产条件普查，全市开展安全生产标准化创建企业49968家，其中达标企业38926家，全面压实企业主体责任。先后完成中国国际服务贸易交易会等10余项重大活动安全监管保障任务。

（二）聚焦专项治理，全力防范化解安全风险

统筹推进安全生产专项整治三年行动与城市隐患治理，打造具有首都特色的专项整治方案，量化目标任务和问题隐患清单，形成“市区两级目标任务清单”共计4469项。2020年全市共审核确认挂账隐患13311项，已整改13258项，整改率99.6%。持续开展企业隐患排查标准清单编制工作，隐患排查治理信息系统应用企业累计达到5.4万余家，隐患排查治理信息系统使用率达到95.6%。制发《关于全面加强危险化学品安全生产工作的实施意见》，编制《危险化学品安全监管（管理）职责清单》，1486家危险化学品企业

开展安全风险专项排查，实现“一企一策”。烟花爆竹零售网点减少至23个，同比下降37.8%，实名购买制度严格落实。排查治理城乡接合部重点地区安全隐患1451项。近三年来，累计555家白酒制造、粉尘涉爆、高温金属熔融、涉危使用工业企业完成隐患整改，611家不具备安全生产条件的工业企业疏解退出，14家市属国企集团共140家企业完成安全生产综合考核。

（四）聚焦消防安全，加大隐患排查治理力度

贯彻落实《消防安全责任制实施办法》《关于深化消防执法改革的意见》，制发《关于深化消防执法改革的实施意见》，推动消防执法改革走深走实。市属12个部门联合印发《关于实施消防车通道和消火栓治理三年行动计划方案》，市、区两级消防，公安交管建立消防车通道联合处置和应急联动机制。组织开展老旧小区和城乡接合部村民自建出租房连片区消防安全突出问题整治，对全市摸排上账的1990年前建成的1723个老旧小区和169个城乡接合部，开展“七治理一加装”综合治理。加强电动自行车消防安全管理，将电动自行车纳入三年行动等各项治理行动。扎实开展大型商业综合体消防安全专项治理，研究制定《大型商业综合体火灾风险评估规则》，对全市222家2万平方米以上大型商业建筑开展“组团体检式”集中排查，“一对一”排查整改消防安全风险隐患。出台《“一警六员”消防基本技能实操实训工作实施方案》，对全市社区公安民警、武警，乡镇（街道）政府和村（居）委会工作人员，安全巡查员、物业人员、保安员，餐饮、娱乐等火灾高风险单位职员，微型消防站、义务消防队和社会志愿力量等多种形式消防队员等“一警六员”开展消防基本技能实操实训，累计培训合格13万余人，并已独立和参与扑救了部分初期火灾。组建消防安保团队专班，分级成立消防安保办公室、工作组和团队，实行“一活动一方案、一会场一团队、一住地一专班、一外围一前指”，完善公安、武警和消防联勤联动机制；充分发挥首都群防群治优势，发动大、中、小三级网格共48万专群力量开展巡查巡控。完成全国两会、中国国际服务贸易交易会等消防安保勤务923场次，重点时段、区域实现“零火情”。

二、坚持防治并举，切实提高防灾减灾救灾能力

（一）全力推动风险防控体系建设

探索推进“1+1+N”公共安全风险管理体系建设，拟制北京公共安全风险管理办法总体实施指南和有关分指南。印发自然灾害风险和重点行业领域安全生产风险会商研判制度，定期开展自然灾害和安全生产领域安全形势风险研判。深入推进10个重点行业领域安全风险评估全覆盖，114371家生产经营单位开展风险评估，辨识评估安全风险源共计275747项，实现企业、区域风险“一张图”。组织开展冬奥会、冬残奥会城市运行风险评估。推进多灾巨灾研究，起草《关于北京市进一步提升多灾和巨灾应对能力的若干措施》。

（二）全力提升灾害风险防控能力

全面启动自然灾害防治重点工程实施工作，建立北京市自然灾害防治工作联席会议和灾害综合风险会商机制。第一次自然灾害综合风险普查“房山模式”在全国推广，建立完备的历史灾害数据库，共汇集44万余条调查数据，形成涵盖致灾

要素、承灾体、历史灾情和减灾资源（能力）等全门类、全要素的数据成果。全年发布预警、提示信息269条，覆盖近20亿人次；有效处置森林火灾、火情9起，全力应对60余次降雨过程，雨中共出动巡查抢险人数50余万人次，转移群众27772人次，实现“不死人、少伤人、少损失”的防汛工作目标。对全市受山洪和地质灾害威胁的镇、村防汛工作负责人共1300余人开展防汛业务培训。

（三）全力加强救灾和应急物资管理

编制“十四五”时期应急物资储备规划，制发救灾工作指导规程、协同做好受灾群众基本生活保障工作的实施意见、应急物资管理办法、应急援助各相关省份响应机制等文件，健全完善救灾工作政策制度体系。建立京津冀救灾物资协同保障应急响应机制，完善联席会议、联络员、资源核对、救助演练四项协同工作制度，梳理京津冀救灾物资协同保障工作任务清单。发布家庭应急物资储备建议清单，积极引入社会力量参与物资保障，与京东集团签订《共同推进应急物资保障体系建设合作框架协议》。加快物资保障信息化建设，初步实现市、区两级应急管理系统应急物资情况即时查询、统计、调阅、展示。

三、坚持贯通联动，打造协同高效应急救援体系

（一）持续完善应急指挥体系

制定8类突发事件响应流程和市领导指挥调度服务保障方案，出台《应急指挥中心基础能力提升三年行动计划》，建立重大突发事件应对专班机制，指挥调度122人次。强化与应急管理部的沟通联络，建立完善与中国消防救援学院、森林消防机动支队等力量调用机制。与中部战区、北京卫戍区、武警北京市总队建立“点对点”联络机制，研究制定动用军队力量参加抢险救灾的流程。与津冀两地应急管理部门联合印发指挥中心联动方案，强化区域协同应对突发事件工作。建立完善市、区两级指挥中心联动机制，最大程度提升应急响应效率。

（二）持续规范应急值守工作

推动《北京市应急值守工作管理规范》落地实施，建立信息报告和值守工作评价机制。全年累计投入值班力量2100余人次，接报各类情况1189起，突发事件387起，同比分别下降10.25%和59.28%，妥善处置“3·18”森林火灾、“5·13”通州于家务饭店爆炸、“5·26”门头沟妙峰山地震、“8·12”强降雨等多起有社会影响的突发事件。研究制定《〈值班快报〉编发工作规范》，全年办理市领导批示654件，编发上报各类信息刊物1561件。发布《2019年北京市应急管理事业发展统计公报》，以数据列表、图形展示等方式多维度展示北京应急管理事业改革发展成效。

（三）持续提升应急救援能力

制发关于加强市级专业应急抢险救援队伍建设的指导意见，以及危险化学品、道路桥梁等10项队伍建设团体标准，认定25支市级专业应急救援队伍。印发市森林消防综合救援队伍建设纲要和消防员行为规范，61支2440人的区森林消防综合救援队伍组建完毕，举办市、区、乡三级森林消防指挥员300人轮训。组建航空应急救援队，自主培养观察员，具备遂行火灾救援任务实战能力。组织65支队伍、707名队员进行首届安全应急领域应急救援员职业技能竞赛，以赛促训、以赛练兵、以赛选才，增强应急救援队伍职业荣誉感。

四、坚持强基固本，有效夯实应急管理基层基础

（一）坚持依法治理，应急法治建设稳步推进

发挥立法的引领和推动作用，完成《北京市安全生产条例》《北京市突发事件应对条例》立项，统筹编制“十四五”时期应急管理事业发展总体规划和 10 个专项规划，安全生产“百项地标”印发实施。深化安全生产“四位一体”执法体系，制定全市执法人员培训三年规划，全系统实施执法检查 73108 件、A 岗人均执法量 180.58 件，同比分别上升 32.73% 和 32.04%。持续打造“法律十进”“以案释法”特色品牌，组织普法宣讲 72 场，覆盖企业 200 余家 6000 余人。对群众诉求“闻风而动、接诉即办、主动治理、未诉先办”，接收办理群众诉求 1703 件，办结率 100%。

（二）坚持共治共享，社会动员能力显著提升

制定加强应急社会动员能力建设和应急志愿者队伍建设指导意见，推进社会应急力量网络发展。分层分类开展安全生产大培训、应急救援员、应急第一响应人、应急志愿者、危险化学品、防汛等专项培训，以精准化培训提高专业化水平。公益宣传、科普教育、安全文化建设协同推进，应急新媒体实现破亿传播，“北京榜样”上榜数量创历史新高，“开学第一课”台网联动品牌影响力大幅度提升，安全社区与综合减灾示范社区、安全文化建设示范企业创建深入推进，打造安全“文化圈”。安全生产责任保险保险期内新增和续保企业 58460 万家，增长率 26.25%，为参保企业提供超过 5902 亿元的风险保障。

（三）坚持科技引领，技术保障能力有效夯实

编制“十四五”时期应急管理科技与信息化发展规划，完善科技信息化和装备建设工作领导机制和配套制度体系，强化应急管理信息化工作顶层设计。推进自然灾害监测预警信息化工程实施，推动覆盖重大风险隐患的多层级自然灾害监测预警体系构建。积极推进北京市 370 兆应急指挥窄带无线通信网和应急指挥“一张图”建设，编制森林火灾和危险化学品事故“一册一图一表”，市、区、街乡三级应急视频会议系统实现“一键响应”“一键调度”。16 个区、北京经济技术开发区全部完成应急单兵系统云终端部署与联调测试，为各区、332 个街乡分配应急单兵账号，为 50 个受山洪和地质灾害威胁的重点村庄配备卫星电话和单兵视频装备。

第二章 天津市应急管理工作

2020年，天津市应急管理系统坚持以习近平新时代中国特色社会主义思想为指导，深入学习贯彻习近平总书记关于应急管理重要论述和重要训词精神，全面贯彻落实党的十九大和十九届二中、三中、四中、五中全会精神，坚持“隐患就是事故，事故就要处理”和“铁面、铁规、铁腕、铁心”，抓紧抓好抓实安全生产和防灾减灾各项工作，推进应急管理体系和能力现代化，全力防范化解重大安全风险，坚决遏制重特大事故，保持全市安全生产形势持续稳定。全年全市共发生各类生产安全死亡事故491起，同比减少7起、下降1.41%；死亡532人，同比减少9人、下降1.66%。其中，较大事故4起，同比减少4起，死亡18人，同比减少12人，未发生重大及以上生产安全事故。

一、安全生产和消防安全

（一）压紧压实安全生产责任

市委、市政府高度重视安全生产工作，市委常委会会议、市政府常务会议多次专题听取工作汇报，分析安全生产形势，部署重点工作任务。严格落实《天津市党政领导干部安全生产责任制实施细则》，坚持“党政同责、一岗双责、齐抓共管、失职追责”和“管行业必须管安全、管业务必须管安全、管生产经营必须管安全”的要求，组织16个区政府、18个市级重点部门签订并向市政府递交2020年度安全生产责任书，完成对全市16个区、56个市级政府部门（含8个中央驻津单位）和41个市级党群部门2019年度安全生产责任考核。以市安委会名义组成9个巡查组对16个区党委、政府和8个重点委局开展年度安全生产工作巡查，确保安全生产责任落实到位。

（二）扎实开展安全生产专项整治三年行动

结合天津实际，制定“1+2+11”《天津市安全生产专项整治三年行动计划》，成立以市长为组长、各位副市长为副组长的三年行动领导小组，组建工作专班，强力推进各区、各行业领域专项整治工作落实。组织细化分解各行业领域的总体任务，分专题专项建立三年任务清单，印发第一批11个专题专项的市级任务清单，确定三年工作任务1000余项，推动治理重大安全隐患24项，制定三年行动制度措施76项。2020年度全市安全生产专项整治三年行动共排查整改各类隐患问题183641项，对3386家企业进行警示约谈，实施行政处罚30198家次、罚款8807.47万元。

（三）坚决落实“四铁”“六必”[①] 要求

印发《天津市安委会办公室关于严

① “四铁”：以“铁嘴”讲安全，培养安全意识；以“铁面孔”对安全，强化安全防范意识；以“铁手腕”抓安全，规范管理基础；以“铁心肠”考核安全，落实安全责任制。“六必”：对发现的生产安全事故隐患必罚；对发现存在重大生产安全事故隐患的必停；对不符合安全生产条件的必关；该追究相关责任人责任的必追；该纳入黑名单、纳入诚信体系进行联合惩戒的必惩；触犯法律的必移交司法机关。

格落实“四铁”要求进一步加强安全生产行政执法工作的通知》，坚持执法通报制度，全年集中公开曝光典型案例 59 件，起到警示作用；安全生产行政处罚 1235 件，处罚金额 5456 余万元，严惩了非法违法行为。加强安全生产行刑衔接，与市公安局、市高级人民法院、市人民检察院联合制定并发布《天津市安全生产行政执法与刑事司法衔接工作实施办法》，召开行刑衔接联席会议，建立联动执法、信息互通、办案协作工作机制，对非法生产危险化学品企业依法及时移送公安部门。加强信用惩戒，向天津市市场主体信用信息公示系统推送 834 家企业受处罚的信用信息，实施信用惩戒；报送失信联合惩戒 2 家。

（四）深刻汲取重大事故隐患教训

深刻汲取天津汇洋石油储运有限公司存在重大事故隐患的教训，压紧危险化学品安全监管职责，部署开展全市危险化学品安全隐患大起底大排查大整治工作，市安委办成立 12 个检查推动组，每周 3 次对各区开展检查推动。各区、各部门和单位按照市委、市政府部署安排，组织执法人员和专家对涉及危险化学品的企业和单位进行全链条、全覆盖检查，督促企业整改事故隐患，严厉打击非法违法行为。在全市开展“隐患就是事故，事故就要处理”专题教育活动，先后向全市危险化学品企业印发警示函和安全警示提醒函，并组织 3045 家危险化学品企业和金属冶炼企业签订安全生产承诺书，督促落实安全生产主体责任。印发实施《关于全面加强危险化学品安全生产工作的实施意见》，持续开展硝酸铵等危险化学品安全风险隐患专项排查治理、打击非法违法“小化工”专项整治等工作。

（五）深入开展多领域专项整治

组织对全市 8 家钢铁联合生产企业进行专项督查，对全市铝加工（深井铸造）企业开展摸底排查，强化事前监管，将金属冶炼建设项目依法纳入行政许可审批。组织开展工贸行业粉尘防爆专项整治，责令 2 家涉及重大隐患的企业停产整改。针对季节性多发的硫化氢事故，做好工贸企业有限空间作业安全监管，对造纸、有附属污水处理系统的工贸企业开展“回头看”。组织开展非煤矿山专项治理，对井控高危险区域和风险敏感区域实现全覆盖专项督导。

（六）严格抓好消防安全工作

落实“责任牵引、网格兜底、宣传覆盖、诚信制约、智慧支撑”五项防控机制，市政府颁布《消防安全责任制规定》、发布《打通“生命通道”行动公告》，并将消防“十四五”规划纳入市级重点规划清单。会同 6 部门出台《消防安全信用管理规定》，3200 余家重点单位在信用中国网站作出公开承诺，27 家失信企业受到联合惩戒，倒逼主体责任落实。推进消防安全整治“三年行动”，制定职责手册和任务清单，建立通报、督导、调度“三项制度”，推动各级政府、行业部门、社会单位与消防部门群策群力、齐抓共管。将打通“生命通道”嵌入“创文创卫”等工作，联合 9 部门开展集中划线、百日宣传等 8 项行动，累计标定禁停线 2800 处、新增停车位 3.6 万个。打响养老机构、高层住宅、地下建筑“三大攻坚战”，统筹推进危险化学品企业、“九小”场所、电气火灾等一系列专项整治。深度运用大数据火灾风险预警系统，实现科技赋能、靶向治理。2020 年，督改隐患 4.2 万处、警示约谈重点单位 8000 余家，曝光隐患单位 1.5 万家、整改销案重大火灾隐患 12 家。搭建“公益联盟、快递运输、隐患举报、移动通信”四大平台，制作《津门火焰蓝》电视栏目13期，快手、微博、今日头条等新媒体作品荣获“全国十佳”大奖，消防安全文化氛围日益浓厚。全市连续两年未发生较大以上火灾事故。共接处警4.5万起，抢救疏散群众4100余人，保护财产价值9.3亿元。

二、防灾减灾救灾

（一）加强防灾减灾救灾能力建设

健全气象、水务、交管、城管、消防等部门城市排水联控机制，构建专储、代储相结合的储备体系，落实17家代储企业储备16类防汛物资。推动各区开展防汛抢险、城乡排涝、转移安置等综合演练，提前落实中心城区在建工程、地道桥涵等2900余处重点部位和薄弱环节防汛自保责任、交通管制等措施。完善地震应急预案体系，编制地震应急响应工作流程，高质量组织举办了2020年地震应急桌面演练，推动地震应急演练常态化规范化。

（二）大力推动自然灾害防治“九大工程”建设

深入贯彻落实习近平总书记关于防灾减灾救灾“两个坚持、三个转变”的重要论述，大力推进灾害风险调查和重点隐患排查、重点生态功能区生态修复、海岸带保护修复、房屋设施防震加固、防汛抗旱水利提升、地质灾害综合治理和避险移民搬迁、应急救援中心建设、自然灾害监测预警信息化、自然灾害防治技术装备现代化等自然灾害防治“九大工程”建设，推动重点工程落地，启动项目128个，累计安排资金168.72亿元。

（三）全面开展风险普查

按照全国第一次自然灾害综合风险普查有关部署要求，健全普查组织体系，研究建立风险普查资金保障长效机制。建成地质灾害“三级四层”网格化监测预警系统，新增应急避难场所1775个，申报全国防灾减灾示范社区26个。拨付专项资金1500余万元用于蓟州区森林防火重点区域装备购置，助力蓟州北部山区的14个乡镇和5个国有林场形成独立作战单元。深刻汲取山西太原台骀山冰雕馆“10·1”火灾事故教训，组织对森林公园、旅游景区等重要点位全面开展风险排查，真正做到出现火情“打早、打小、打了”。

三、应急救援

（一）强化应急预案管理和演练

着眼“全灾种、大应急”，推进全市应急预案体系建设，修订完成《天津市突发事件总体应急预案》，以市应急委文件印发《关于进一步加强应急救援能力建设的意见》，指导编制地震、防汛、森林火灾等专项预案，建立以市总体预案为核心，专项预案、部门预案、基层预案、企事业单位预案、重大活动预案为基础的市级应急预案体系。研究开发“天津市应急预案管理系统”，全面启动各区、各部门应急预案管理信息网上填报工作，各区和基层组织应急预案建设扎实推进。开展燃气泄漏、危险化学品事故、消防灭火、防汛、地震地质灾害等应急演练3000余场。

（二）建设过硬救援队伍

出台《天津市应急救援队伍建设管理办法》及《市级专业应急救援队伍建设实施方案》，积极推动应急救援队伍建设，基本形成以国家综合消防救援队伍为主力，专业应急救援队伍和专家队伍为骨干，驻津部队和民兵为突击力量，社会力量为辅助的应急救援队伍体系，建立军地应急救援联动机制。推动 19 个市级部门完成 28 类市级专业救援队伍组建，重点选拔 13 支企业队伍组建市级危险化学品事故应急救援队伍。遴选中国通用航空有限公司作为空中应急救援力量，2 次开展空地协同演练，保障航空应急救援需要。

（三）全力开展抢险救援

危急时刻，应急管理系统广大党员干部逆向而行，积极应对唐山古冶 5.1 级地震，“7·31”等 9 次较强降雨过程。针对“11·1”南环铁路桥坍塌事故，天津市委、市政府主要负责同志第一时间赶赴现场，协调专家、公安、消防、医护、专业救援队等 600 余人次投入救援，6 名群众被成功救起，有效维护了人民群众生命财产安全。

四、基础保障和能力建设

（一）完善协调联动机制

完善京津冀三地应急常态工作联动机制，深化跨区域应急救援领域合作，签订《京津冀应急救援装备协作协议》等，有效提升跨区域应急救援水平。纵向实现应急管理部、市、区三级联动和指挥调度，实时进行安全生产、防汛抗旱、抢险救灾等视频监控和会商研判；横向与市公安局、水务局、消防救援总队、蓟州区林业局等建立互通机制，与市邮政管理局、天津海事局建立应急联动合作机制，为应急指挥调度、协同救援提供机制保障。

（二）强化应急管理社会服务

规范专家管理工作，制定发布《天津市应急管理局专家管理办法（试行）》等专家管理制度，经资格初审、专业审查、复审、社会公示和背景审查等环节，确定 397 名专业人员入选市级应急管理专家库。开展专家指导服务工作，参照国务院安委会办公室专家指导服务模式，聘请 6 家中介服务机构，组成总图、工艺、电气、仪表、消防、安全管理等专家团队，对全市 204 家重点危险化学品企业开展指导服务工作。指导加强安全生产责任保险工作，全年推动 627 家企业完成投保续保，完成率 99.5%；组织开展安全生产责任保险市级财政补助资金申报，399 家申报企业通过审查，享受财政补贴 687.9 万元。

（三）加快推进安全发展示范城市建设

遴选安全布局合理、基础条件好、创建意愿强烈的津南区、西青区作为国家安全发展示范城市创建试点区，参照国家评价细则和评分标准，进一步明确任务、细化分工，印发《国家安全发展示范城市建设指导手册》，强化创建标准，组织召开协调会、落实推进会，解决创建中的重点难点问题，两次邀请国家级专家来津指导，全力推动天津市国家安全发展示范城市创建工作。

（四）强化应急科技支撑

大力推进应急管理信息化建设，优化整合各类信息资源，打造应急“千里眼”，构建全域感知网。建成涵盖 15 个业务系统，集监测预警自然灾害和安全生产隐患、全市应急处置力量联动、应急救援物资调动等诸多功能于一身的实战型应急救援指挥中心，实现平时监测预警、急时会商研判、战时指挥处置。经专家论证答辩，天津市应急管理局列入全国“智慧应急”试点单位。

（五）大力开展应急管理宣传教育

搭建传统媒体与新媒体综合宣教平台，拓展微博、微信、抖音等新媒体渠道，开展“线上+线下”直播互动，普及应急知识，培育安全文化。在《中国应急管理报》、天津“两报两台”等主流媒体开办专版专栏，持续推送各类应急管理新闻信息。全年制作视频专题栏目31个，广播专题节目129个，平面媒体专栏、专版33个，接待本市及外埠媒体采访72次，完成专访42次，多平台展示天津应急管理新形象。借助市应急管理局官方新媒体平台，发布推送应急管理工作进展、安全知识、应急常识、温馨提示等信息4791条、视频844个，阅读量超580万次。精心组织主题宣传和重要节点宣传报道，大力开展全国防灾减灾日、“安全生产月”等主题宣教活动，先后开展了主播走现场、安全闯关答题、VR360全景视频、云体验、海河夜景灯光秀等一系列宣传活动，各媒体直播平台累计参与人数803万人次。举办全市各级领导干部安全生产、应急管理及防灾减灾研讨班，面向市、区、街道三级应急管理部门，举办自然灾害防治、应急管理实务和灾害信息员业务培训班。

第三章　河北省应急管理工作

2020 年，河北省应急管理系统认真贯彻习近平总书记关于应急管理重要论述和指示批示精神，落实省委、省政府决策部署，紧紧围绕办好“三件大事”、打好“三大攻坚战”、当好首都政治“护城河”等重点目标任务，坚持一手抓疫情防控，一手抓风险防范，科学有效应对各类风险挑战，不断推进应急管理体系和能力现代化，应急管理各项工作取得积极进展，“十三五”规划目标和主要任务全面完成，全省安全生产形势持续稳定好转，防灾减灾救灾能力持续提升。全年全省共发生各类生产安全事故 1058 起、死亡 821 人，同比下降 20.9% 和 23.9%；发生较大事故 12 起、死亡 51 人，同比下降 29.4% 和 29.2%；工矿商贸领域共发生事故 53 起、死亡 73 人，同比下降 25.4% 和 38.7%，实现事故总量、较大事故、工矿商贸事故 3 个“双下降”，未发生重大及以上事故。

一、安全生产和消防安全

（一）严格落实安全生产责任

召开省委常委会会议、省政府常务会议，听取安全生产工作汇报，研究解决安全生产难点问题，安排部署安全生产重点工作；省委、省政府主要领导和分管领导带队深入基层一线，调研指导安全生产工作；省政府与各地各部门签订《安全生产责任书》，省安委办开展安全生产巡查考核，组织 83 名市级、1100 余名县级政府分管领导向本级党委、政府主要负责人报告安全生产履职情况。坚持“三个必须”要求，修订《河北省安全生产监管责任清单》，明确 37 个单位的 119 项监管职责；加大提示约谈、通报曝光力度，全省共约谈警示 305 家，下达整改令 654 个，集中曝光问题隐患 4 批次；组织开展事故整改情况“回头看”，省安委办集体约谈 2019 年、2020 年 42 个事故多发、执法薄弱市县，对近 5 年来 538 起生产安全事故整改措施落实情况逐一评估，确保措施到位、整改到位、问责到位。

（二）扎实推进安全生产专项整治三年行动

出台“1+2+14”安全生产专项整治三年行动系列实施方案（即 1 个总体方案、2 个专题方案和 14 个专项方案）。省政府 4 次进行部署调度，召开专题新闻发布会和各行业部门系统会议进行宣传解读。制定 240 项重点工作推进台账和“一表三清单”（三年行动情况汇总表，问题隐患、制度措施、追责问责清单），月统计、季调度、定期通报，推动三年行动重点任务落实落细，240 项重点任务全部完成。按照三年行动实施方案要求，各生产经营单位对每个环节、每个岗位、每个部位存在的安全风险隐患和每项安全措施落实情况进行彻底自查，建立问题隐患台账清单，明确整改措施、整改期限、责任单位和责任人；省安委办对突出问题和重大隐患全部建立清单、挂牌督办，确保按时整改销号。全省共排查隐患 42.1 万项，整改 39.8 万项，整改率 94.7%，其中，排查重大隐患 223 项，整改 200 项，整改率89.7%。

(三)深化重点行业领域安全生产专项整治

煤矿:编制煤矿岗位操作、安全作业、安全管理流程,全省33处正常生产煤矿全部实现动态达标;制定出台《30万吨/年以下煤矿分类处置工作方案》,全省关闭退出煤矿20处;对全省53处煤矿开展“一通三防”专项监察、集中整治和综合督查,共检查企业260余矿次,治理问题隐患1730余项;建立煤矿风险研判和预警制度,加大瓦斯、防治水、冲击地压等灾害治理力度,全省煤矿连续94个月未发生重大及以上事故。非煤矿山:组织开展地下矿山重大事故隐患排查整治专项行动,推动中毒窒息、火灾水灾、坠罐跑车、冒顶坍塌等典型事故隐患排查整治到位;强力推动非煤矿山关闭退出,全省共关闭退出不具备安全生产条件的非煤矿山企业264座,完成关闭退出工作任务;加强尾矿库春季解冻期、汛期安全监管,开展专项排查治理,严格落实安全防范措施,实现春季解冻期尾矿库安全运行,确保尾矿库安全度汛。危险化学品:联合印发《关于全面加强危险化学品安全生产工作的若干措施》,完善21个负有危险化学品安全监管职责部门的责任清单;在全省开展为期两年的化工行业安全生产整治攻坚行动,制定印发《河北省化工行业安全生产整治攻坚行动方案》,各地按照“不落一园、不漏一企”要求,全面摸清96个化工园区,13560家化工生产、经营、危货运输、危废处置企业的总体情况,制定化工生产、经营、危货运输和危废处置的安全评估标准,确定“四个一批”(关停取缔一批、搬迁转型一批、改造提升一批、做强做优一批)名单,到2020年底,全省共完成关停取缔290家、搬迁转型90家、改造提升998家,做优做强86家,完成“四个一批”任务。冶金:组织企业对968个分厂实施安全管理制度诊断,修订管理制度和操作规程8700余个,企业的管理流程进一步优化;全省共建立机械防护和能源隔离试点生产线469条,企业累计投入改造资金近3.5亿元,防范事故的硬件保障能力不断增强;全省51家钢铁企业重大危险源的1360个关键参数和1308个监控视频全部接入省级平台,实现动态监测预警。道路交通:深化道路交通安全整治,完成公路安全防护工程建设2263公里,建设改造桥梁403座,安装公交车安全防护装置近3万台,整治道路隐患5596处,查处交通违法行为704万余起,查处违法超限超载车辆7.4万辆,查获危险化学品运输车辆违法行为1.8万起,注销危货车辆营运证2675个。城市建设:开展房屋建筑、市政工程、城市危房、燃气安全专项整治,累计排查在建项目工程4.2万个、城市房屋21.3万余处,完成燃气老旧管网改造153.9公里。消防:开展打通消防“生命通道”行动,6973栋公共建筑、10043个住宅小区完成消防车通道标线施划,3592个老旧小区完成消防车通道治理。特种设备:深化气瓶非法充装“清零”整治行动,取缔非法充装站69家,收缴报废气瓶11.7万只,纳入信息化管理液化气钢瓶254万只。其他行业领域也结合实际开展了安全生产专项整治。

(四)持续强化安全生产督查执法

将安全生产列为重点督查内容,定期通报安全责任不落实典型案例。组织开展复工复产大检查、集中督导检查、专项执法检查,提出复工复产“八个必须”要求;建立3616家高危行业企业和95家防疫物资生产企业安全生产动态监管台账,分行业领域向复工复产企业进行安全提示，严格复工复产安全验收标准。开展重点行业领域打击安全生产非法行为专项行动，组织开展 2 轮暗查暗访和 2 轮集中督查，突出对环京周边、雄安新区、冬奥赛区、事故多发县、执法薄弱县等重点区域和危险化学品等重点行业领域的督查执法。2020 年，全省共成立督查检查组 1.6 万个，检查单位 10.7 万家次，排查整改 47.6 万项问题隐患，责令停产整顿 2871 家，暂扣吊销证照 1622 个，关闭取缔 285 家，实施经济处罚 3.08 亿元。

二、防灾减灾救灾

（一）森林草原防灭火与防汛救灾

省委办公厅、省政府办公厅印发《关于进一步加强人防物防技防 切实做好森林草原防灭火工作的意见》，出台《河北省森林草原防灭火工作责任制规定（试行）》。坚持人防物防技防相结合，坚持每日分级调度制度，完善森林草原火险等级会商机制，及时发布火险预警信息。建成覆盖全省 85% 以上重点林区的森林草原防火视频监控系统，全省共派出驻点、包村干部 48056 人，设置检查站 9360 个，一线巡护人员 12.6 万人，实现野外火源的高效管控。持续开展森林草原防灭火专项检查暨火险隐患排查整治活动，全省共派出检查组 2226 个，检查人员 10144 人，查出问题隐患 4236 项，发出整改通知 1850 份。春防期间，未发生重特大森林火灾、草原火灾、人员伤亡事故、“进京火”和“过界火”，清明、“五一”和国庆、中秋期间实现全省“零火灾”。按照“汛期不过、排查不停、整改不止”的要求，深入开展问题隐患排查整改。建立覆盖全省 1056 座水库、30 处蓄滞洪区分洪口门、16 处重要闸涵枢纽视频监控系统，发布预警信息 9000 万条，提前转移群众 4.15 万人。完成 46 个应急度汛项目、69 个山洪灾害防治项目和 15 座小型水库除险加固项目，专储防汛物资 70 个品种、价值 3.9 亿元，储备救灾物资 40 余种 141.6 万件、价值 1.62 亿元，号备大型专用装备价值 1.56 亿元、运输车辆 180 余辆。坚持汛期一日一调度一会商，及时启动应急响应，各类抢险救援队伍全时全员高度戒备，有效应对 16 次强降雨过程，全省实现安全度汛。2020 年，全省洪涝灾害损失 1.2 亿元，干旱灾害损失 1.5 亿元，分别比近 3 年同期平均值下降 79% 和 76%。

（二）综合减灾

持续推进自然灾害防治九项重点工程建设，积极做好自然灾害综合风险普查前期准备和试点推进工作，持续推进防灾减灾宣传教育和全国综合减灾示范社区创建活动。制定印发《河北省 2020 年度防灾减灾重点工作任务清单》《河北省第一次全国自然灾害综合风险普查总体方案》，开展 4 次自然灾害风险会商，提出具体防范应对措施。印发《关于加强应急避难场所建设的意见》《河北省地震易发区房屋加固工程总体方案》，成功处置 10 次 2.0 级以上地震、8 起地质灾害和 23 起地质灾害险情，均无人员伤亡和财产损失。

（三）灾害救助

全省灾害信息员队伍 5 万多人，下拨救灾资金 8710 万元、救灾物资 4.79 万件，救助受灾群众 47.8 万人次；农房保险已覆盖 141 个县（市、区）、1160 万户，提供风险保障 4650 亿元。加强救灾物资储备能力建设，全省现有物资储备能够满足启动省级自然灾害救助Ⅲ级应急响应的物资需求。组织地震引发的普通干线公路隧道塌方、桥梁坍塌两个科目的实战演练，举行2020年河北省张家口抗震救灾综合演练，有效提升综合应急能力。

三、应急救援

（一）加强应急指挥体系建设

对省安委会、省减灾委员会、省抗震救灾指挥部、省防汛抗旱指挥部、省森林草原防灭火指挥部、省地质灾害应急救援指挥部6个指挥协调机构及其办公室的组织体制、职责职能、运行机制及各成员单位的责任进行重新调整和优化。

（二）加强应急预案体系建设

印发《关于开展突发事件应急预案编制修订工作“回头看”的通知》，优化完善“1+33+40”省级应急预案体系，全省修订市级专项预案361件、部门预案487件，修订县级专项预案3956件、部门预案4631件。印发《关于开展应急演练大练兵有关工作的通知》，举办河北省2020廊坊输油管道泄漏事故应急救援演练活动，全省共开展各类应急预案演练3.2万余场，其中政府演练1132场、部门演练4380场、企业演练2.5万余场、救援队伍演练1301场，参演人数213万人，动用各类装备器材31万余台（套），演练总投入约1.5亿元。

（三）加强应急救援力量建设

印发《河北省应急救援力量紧急调运与快速通行办法（试行）》，与中石化石家庄炼化分公司消防支队等5支应急救援队伍签订服务合作协议；编制《重特大自然灾害生产安全事故应急响应工作手册（2020年第一版）》，举办2020年安全生产应急救援队伍和社会应急力量救援技能竞赛活动，全省各市（含辛集、定州省辖县级市）及雄安新区18支安全生产专业应急救援队伍和12支社会应急队伍共计270人参加。完善全省应急救援队伍数据库，绘制了应急救援力量分布图，全省各类应急救援力量达到537支、31471人。

四、基础保障和能力建设

加快应急管理综合应用平台工程和应急通信能力提升工程建设，实现与省武警、消防、水利、林草、煤监等相关部门，13个市及雄安新区、192个县（市、区、园区）的应急指挥联动和视频会商；健全完善应急管理“一张图”，全省应急管理信息化平台已汇入煤矿、非煤矿山、危险化学品等41420家企业基础信息，实现对51家煤矿、305座尾矿库以及413家危险化学品重大危险源企业、998个重大危险源点实时在线监测预警和4211处地质灾害点信息的动态管理。深入推进安全生产“双控”机制建设，建立领导包联工作机制，定期开展督导检查和重点帮扶，全省10.1万家企业完成“双控”机制建设；共有2.2万家企业投保安全生产责任保险，投保金额3.2亿元，保障金额2300亿元，投入事故预防资金3549万元，为1.7万多家企业开展了事故预防服务，发现并整改事故隐患2.23万条；全省2249个乡镇（街道）全部设立应急管理办公室，实现省、市、县、乡应急管理机构四级全覆盖。深入开展安全宣传“五进”活动，开展“开工第一课”“开车第一课”“开学安全第一课”系列网络专题讲座，讲座点击量累计突破2100万人次，在省部级以上主流媒体播发应急新闻信息8000余篇（条）；大力推进社会公益和科普文化宣传，已创建省级以上安全文化示范企业195家，其中国家级25家；组织开展应急安全知识网络竞赛，2.3亿人次参与答题活动。联合发布《河北省高危行业领域安全技能提升行动计划实施方案》，采取线上与线下相结合的方式开展从业人员培训，共计培训企业从业人员 213 万人，其中“三项岗位人员”24 万人，其他从业人员 189 万人。出台《河北省有限空间作业安全管理规定》，收集整理 9000 多部国家、行业、地方标准，完善河北省安全生产、应急管理标准体系，发布实施应急管理（安全生产）77 项地方标准（含京津冀地方标准 14 项）。进一步扩大企业诚信管理覆盖面，发布诚信 A 级企业 414 家，联合惩戒“黑名单”企业 95 家。

第四章　山西省应急管理工作

2020年，山西省应急管理系统坚持以习近平新时代中国特色社会主义思想为指引，全面贯彻落实党的十九大和十九届二中、三中、四中、五中全会精神，认真贯彻落实党中央、国务院关于应急管理工作的决策部署，坚持人民至上、生命至上，坚持以铁的担当尽责、铁的手腕治患、铁的心肠问责、铁的办法治本，持续加强安全生产工作，及时防范化解重大安全风险，大力推进应急管理体制机制建设，努力做好防灾减灾救灾工作，为全面建成小康社会和“十三五”规划圆满收官营造良好安全环境。全年全省共发生各类生产安全事故518起、死亡655人，同比分别下降19.19%和14.15%，实现事故总量及煤矿、化工、非煤矿山、道路交通事故起数和死亡人数同比5个“双下降”。

一、安全生产和消防安全

（一）强化责任落实，持续加强对安全生产工作的组织领导

推动全省认真贯彻《党政领导干部安全生产责任制规定》和实施细则，印发1号文件，对安全生产重点工作进行安排部署。出台“三管三必须”实施细则，细化各行业领域的安全监管职责和灾害事故的“防”“救”职责。出台《山西省铁路安全管理办法》，明确铁路运营安全监管部门。全面推行安全生产挂牌责任制，重点行业领域企业实现全覆盖。在全省煤矿实行安全监管专员和安全监察专员制度，省、市、县应急管理等部门选派1100余名煤矿安全监管专员，对656座生产煤矿实行“两人一矿”常态化监管；全省所有煤矿主要领导、总工程师、副总工程师担任安全监察专员，承担下井带班期间安全首要责任。全省所有水库和大中型淤地坝均落实防汛行政责任人、技术责任人和巡查责任人。严格实施煤矿矿长安全生产考核记分办法，2020年对219名矿长记分，21名矿长被责令调离矿长岗位；严肃查处临汾“8·29”饭店坍塌事故、太原台骀山冰雕馆“10·1”火灾事故，对相关单位和责任人提出追责问责建议，倒逼安全责任落实。强化安全生产和消防工作考核，将安全生产纳入省委第八轮常规巡视，对11个市安全生产工作进行了专项巡查。

（二）坚持问题导向，深入开展安全生产专项整治和隐患排查治理行动

开展拉网式、地毯式安全生产隐患大排查。在城乡建筑领域、安全生产领域开展隐患排查治理专项行动，在全省范围停止生产、销售易燃建筑材料。积极推进安全生产“打非治违”，集中整治违法外包转包和“三违”行为。全省累计检查企业21.4万家（次），治理一般隐患47.3万条，发现重大隐患750项，停产停业整顿1210家。全省域范围内全面退出烟花爆竹生产、经营、储存、运输、燃放业态。大力推进安全生产专项整治三年行动和“零事故”单位创建工作，积极推进双重预防机制建设。

（三）坚持建章立制，积极构建防范化解重大安全风险的长效机制

制定《山西省管行业必须管安全、管业务必须管安全、管生产经营必须管安全实施细则》《加强煤矿安全生产特别规定》等 21 项制度办法，进一步扎牢织密安全生产制度的“笼子”。在高危行业领域大力推进机械化、自动化、智能化建设，推进智能煤矿和智能综采工作面试点工作。249 座尾矿库实现省、市、县、企“四级联网”在线监测，197 家涉及重大危险源危险化学品企业实现实时监测预警，91 家涉及一二级重大危险源的危险化学品生产企业进行了紧急停车系统改造，提升本质安全水平。

（四）深入推进安全生产专项整治三年行动

紧盯重点目标任务，落实“四个清单”，突出重点地区、重点企业、重点环节，聚焦重点问题集中攻坚。强化煤矿安全这个重中之重，严格落实加强煤矿安全生产工作特别规定、煤矿安全监管专员制度、煤矿分级分类监察监管办法和煤矿矿长安全考核记分等制度措施，加强煤矿瓦斯、水害、顶板灾害治理，严厉查处违法违规行为。对停建缓建、停产停工或即将关闭的煤矿，采取严防死守、视频监控、电子封条等安全管控措施；加强协同配合，严厉打击偷采盗采行为；对重大隐患屡禁不止的煤矿依法提请关闭；对出现非法煤矿的，依法追究属地政府领导的责任。推进整合煤矿和露天煤矿两个专项整治。强化危险化学品专项整治，加强硝化等高危工艺、硝酸铵等特别管控危险化学品、LNG、油气储存设施、精细化工等风险管控。全面开展化工园区评估和达标认定工作，有效管控化工园区安全风险。开展涉及剧毒、易燃易爆等特别管控危险化学品的重大危险源企业专项行动，严格落实重大危险源安全包保责任制，凡自动化控制系统、安全仪表系统、紧急切断装置（紧急停车）、可燃有毒气体泄漏检测报警装置未装备或未有效投用的，一律停产整顿。大力整治非法违法“小化工”，实现动态清零，防止死灰复燃。强化非煤矿山专项整治，抓实特定井工开采、露天开采的高陡边坡和尾矿库排水系统隐患排查及专项整治。持续推进采空区治理，督促企业严格执行监测预报和定期巡查制度，落实安全防范措施。按照主要矿种最小开采规模和最低服务年限标准，推动取缔淘汰落后生产能力的小矿山，尾矿库要只减不增，停用库要早关闭、早销号。强化冶金工贸专项整治，深入开展易燃易爆气体管线综合治理和配套危险化学品装置集中整治，以铝镁制品加工、木器加工等为重点，深化粉尘防爆专项治理。督促企业严格落实有限空间作业规定，严防发生事故。同时，推动 2 个专题和道路交通、建筑施工、消防等其他 7 个重点行业领域专项整治。

（五）加强消防安全工作

成立省级专家组，组建 184 个复工复产企业服务小组，开展指导性消防检查 4518 次，全力护航“六稳”“六保”“六新”大局。以“三年行动”为总牵引，实施打通“生命通道”等 5 项攻坚治理和 2 项提升工程。制定出台《大型商业综合体消防安全管理规范》，在 11 个市分别召开达标创建工作推进会。积极提请省政府部署彩钢板建筑综合整治，开展 5 类重点行业治理，打响隐患整治总体战，检查单位 8.7 万家，督改隐患 7.9 万处，拆除违规搭建彩钢板建筑 160 万平方米，挂牌督办 27 家重大隐患单位。

二、防灾减灾救灾

加强自然灾害防御能力建设。建立联席会议制度，推动全省9个自然灾害防治重点工程实施。争取中央资金1084万元，将阳高、广灵、孝义三县（市）列为全国第一次自然灾害综合风险普查试点单位。推进省级救灾物资体系建设，健全救灾物资储备管理制度，联合有关部门购置更新2000万元救援物资，提升自然灾害防御能力。

全力做好自然灾害防范救助工作。指导处理地质灾害险情16起，疏散83人，全省未发生较大地质灾害；加强应急准备，有效防范地震灾害；实现全省热点、火情、森林火灾和死亡人数“四下降”。17次派出省级工作组深入重灾县核查灾情，慰问受灾群众，指导救灾工作；争取中央冬春救灾资金3.439亿元，对受灾群众进行生活救助。

三、应急救援

坚持24小时应急值班值守制度，特别是疫情防控期间，坚持每天视频调度应急工作，指导各级做好应急准备工作。先后处置了榆社“3·17”、五台“3·19”森林火灾，临汾“8·29”饭店坍塌，太原台骀山冰雕馆“10·1”火灾等自然灾害和事故灾难抢险救援，指导同煤集团塔山煤矿“4·14”冒顶事故、介休鑫峪沟煤矿“4·28”透水事故应急救援，8名被困矿工全部获救。全年全省消防救援队伍共接警出动1.5万余起，出动车辆2.5万辆次，出动人员14.1万人次，抢救、疏散被困人员1.7万人，抢救财产价值1.6亿元。

不断健全完善应急管理体制机制和预案体系，推动全省建立健全应急救援指挥机构，调整省应急救援总指挥部和专项指挥部成员，制定省应急救援总指挥部等工作规则。出台应急救援联动工作制度，与武警山西省总队建立抢险救灾联动机制，出台《山西省应急救援响应流程》，实现“一张图”指挥救援。编制预案总体规划，积极组织推进专项预案的编制工作。

不断提升应急救援队伍抢险救援能力。确定27家省级区域应急救援队伍，推动武警山西省总队森林灭火救援突击力量建设，努力打造应急救援尖刀和拳头力量。建立应急救援队伍联演联训机制，先后开展“蓝色之光－2020”地震救援、“蓝色使命－2020”抗洪抢险、“蓝色荣誉－2020”危险化学品事故和森林草原火灾等大型综合实战演练；组织开展地震综合救援能力比武竞赛；协调投入1.64亿元，为部分应急救援队伍配备个人防护、森林灭火、抗洪抢险、特种救援等装备5.2万件（套）、消防车65辆，积极推进应急管理大数据平台建设和森林远程快速智能防灭火装备研发，进一步提升抢险救援能力和技战术水平。

四、基础保障和能力建设

不断加强基层党支部建设，举办党支部书记、党务工作人员专题培训班，开展支部党建“十个突出问题”排查整改“回头看”工作，组织“不忘初心·重温我的入党志愿书”等主题党日活动，党支部战斗堡垒和党员先锋模范作用进一步凸显。扎实推进作风建设，严格落实中央八项规定及其实施细则精神，坚决纠治“四风”，特别是形式主义、官僚主义，大幅压减文件、会议和督查检查，着力为基层减负。深化“放管服效”改革，建立行政许可事项前置申请材料清单，实行线上线下无差别受理、同标准办理。共受理行政审批 320 件，办结 289 件，按时办结率、公示率、归档率、满意率均达 100%。扎实开展应急管理和安全生产“大培训、大考核、大比武”，对全省 180 余名领导干部进行应急管理专题培训，举办安全监管执法人员和应急指挥人员比武大赛、首届安全和应急管理“十佳教学能手”比武大赛、8 期应急管理大讲堂，不断提高应急管理系统干部履职能力。推进“零事故”单位创建，制定创建标准，组织专项督查，建立数据库，99.91% 创建主体未发生事故。强化宣传培训，组织开展“安全生产月”“三晋安全行”安全宣传“五进”等活动，大力培育安全文化。

第五章　内蒙古自治区应急管理工作

2020年，内蒙古自治区应急管理系统坚持以习近平新时代中国特色社会主义思想为指导，全力防控重大安全风险，坚决防范遏制重特大事故，安全生产形势保持稳定，未发生重大及以上生产安全事故。全年全区共发生各类生产安全事故927起、死亡785人，同比分别下降10.6%和31.7%；发生较大生产安全事故15起、死亡52人，同比分别下降37.5%和38.1%。自然灾害形势保持稳定，因灾受灾416.14万人、倒塌房屋175间、死亡7人，与近3年同期均值比，受灾人数、倒塌房屋间数、死亡人数分别下降17.37%、93.19%和56.25%；发生森林草原火灾101起（雷击火65起），火灾起数、森林受害面积、草原受害面积同比分别下降56.1%、76.9%和86%，为全区新冠肺炎疫情防控、经济社会平稳健康发展创造了安全稳定环境。

一、安全生产和消防安全

（一）安全责任落实

自治区党委和政府出台《关于全面加强危险化学品安全生产工作的实施方案》《消防安全责任制实施办法》，进一步明确重点行业领域属地和部门行业安全监管责任。组织实施盟市政府和自治区有关部门年度安全生产和消防工作考核，重点地区重点时段加强对安全生产、森林草原防灭火、防汛救灾、地震地质灾害应急准备工作督导，对事故多发、问题隐患突出的地方和部门实施通报建议、约谈警示和挂牌督办，督促有关部门和地方严格落实事故灾害安全风险防控责任。

（二）安全服务保障

制定服务推进复工复产工作措施，从到期证件自动顺延、行政审批网上办理、简化复工复产手续等方面支持各类企业复工复产，各级应急管理部门累计派出1342个组次、1.52万人次，指导帮助复工复产企业9019家次，自动顺延到期证件43044个。成立安全服务指导组对防疫物资生产企业、集中收治定点医疗机构和隔离场所开展安全指导服务和安全专项检查，累计服务检查各类场所（单位）1.39万家次，排查治理问题隐患4000多项，有力保障疫情防控重点单位安全运行。组织开展安全生产集中整治，累计检查企业单位（场所）84566家次，排查整治隐患6.06万项，严防发生大的事故影响和干扰疫情防控工作大局。同时，在疫情防控中主动作为，发挥职能优势，累计调拨帐篷、棉被等应急物资10.93万件（套），全力支持保障地方和有关部门疫情防控。

（三）安全专项整治

部署推进2个专题、15个重点行业领域安全生产专项整治三年行动，建立完善工作会议、调度通报、信息报送、督导考核、约谈曝光等工作制度，制定“一情况、四清单”，严格按既定部署有序推进。专项行动开展以来，共成立各类检查组6600多个，检查企业6.33万家次、整治隐患11.85万项，依法行政处罚企业2236家次，责令停产整改358家，暂扣吊销证照 24 家，关闭取缔 48 家。以三年行动为抓手，紧盯直接监管领域和薄弱环节，持续深入推进专项治理。危险化学品方面，投入资金 2286 万元，对全区 470 家危险化学品生产储存企业安全状况进行了新一轮评估，评定蓝色等级 51 家、黄色 332 家、橙色 79 家、红色 8 家，实现“一企一策”精准治理；开展非法违法“小化工”专项整治，打击整顿非法违法生产经营使用企业 48 家；完成 1044 个重大危险源两轮次安全专项督导检查，11 项重大隐患全部整改完成；对涉及硝酸铵等企业开展 3 轮次专项排查整治，督办整改问题隐患 3141 项。金属非金属矿山方面，制定《防范化解尾矿库安全风险工作实施方案》，完成 606 座尾矿库安全风险排查并全部落实了旗县级政府包保责任人，督办整改问题隐患 1118 项；对 23 家单个采空区体积超过 100 万立方米的地下矿山、7 座尾矿库“头顶库”隐患治理情况进行了安全评估；持续推进铁、有色金属矿山安全生产突出问题专项整治；对尾矿库、地下矿山、陆上石油天然气开采专项执法进行“回头看”。冶金等工贸方面，组织开展钢铁、铝加工、粉尘涉爆专项执法，检查企业 261 家次，督办整改问题隐患 997 项。同时，对岁末年初、全国两会、国庆、中秋、汛期等关键时期安全风险防范进行专门部署，会同有关部门推进煤矿、建筑施工、道路交通、消防火灾等重点行业领域专项治理和隐患排查整治，有效防范各类生产安全事故发生。

（四）消防安全建设

修订出台《消防安全责任制实施办法》，将消防工作纳入绩效考核和乡村振兴战略考核，自治区、盟市、旗（县、区）三级政府将“十四五”消防规划全部列入目录清单。与民政、卫健、文化等 21 个重点行业部门共同发力，解决系统性火灾隐患，完成 9254 个新建住宅小区消防车通道治理，45 家大型商业综合体实现消防安全达标。

二、防灾减灾救灾

（一）森林草原防灭火

组织开展野外火源专项治理行动和打击违法用火行为专项行动，全区各级派出 900 余个督导检查组，排查整改隐患风险点 3100 余处，查处野外违规用火和防火治安案件 2200 余起、查处肇事人员 2100 人；布控 2 万余名护林员、709 个防火检查站、1039 座瞭望台 24 小时值守，9500 名专业扑火队员、700 名森林消防救援指战员靠前驻防；在 6 个航站 7 个基地布设 21 架飞机，全部按时开航，并派出移动航站靠前保障；特别是东北部森林防雷击火关键期采取非常措施，组织指导呼伦贝尔市、兴安盟、森工企业 361 座瞭望台全天候值守，每天派出 2 万余人地面巡查，交通要道、关键路口增设卡站 1532 个，根河、满归、海拉尔 3 个航站、12 架飞机每天全覆盖航线巡查，7 月发生的雷击火均做到了第一时间发现，实现了当天火当天全部灭的目标，为精准监测和扑救雷击火积累了成功经验。

（二）防汛抗旱

自治区防汛抗旱指挥部办公室设立黄河防凌前线指挥部，靠前指挥、统筹调度，做到平稳顺利封开河，并充分利用应急分洪区分蓄凌水 5.85 亿立方米，实现了黄河防凌安全和生态保护双赢。汛前公布各盟市、旗县、重点防洪工程防汛抗旱行政责任人；汛期联合有关部门派出 17 个工作组督导检查防汛救灾工作；主汛期加密会商研判，坚持日调度、日报告制度，先后两次启动防汛Ⅳ级应急响应，成功应对了入汛以来13次大范围降雨。组织各地累计投入5.19万人次、1.44亿元开展抢险救援，排除险情215处，减淹人口331.04万人、减淹面积1540平方公里。

（三）地震和地质灾害

对11个盟市和20个重点旗县的地震和地质灾害应急准备工作进行专项检查；组织开展地震和地质灾害应急管理工作互检互查；绘制全区地震和地质灾害应急资源分布图；会同自治区地震局开展建设工程地震安全监管督察检查；及时派出工作组科学指导处置和林格尔“3·30”4.0级地震灾害。

（四）自然灾害综合风险普查

成立自治区第一次全国自然灾害综合风险普查领导小组，完成了赤峰巴林右旗、兴安盟扎赉特旗、锡盟西乌旗3个全国自然灾害综合风险普查试点的普查清查工作，编制自治区第一次全国自然灾害综合风险普查实施方案和3个试点实施方案，各盟市、旗县（市、区）均成立了普查领导小组。

（五）救灾和物资保障

绘制全区救灾储备物资“一张图”，制定《内蒙古自治区本级救灾储备物资管理办法》，完成了5000万元区本级救灾物资采购工作，新增防汛、地震地质、森林草原火灾救援救灾物资装备4600多万元。建立五级1.7万人灾害信息员数据库。累计下拨中央冬春救灾、防汛抗旱救灾资金3.76亿元，前置调拨救灾物资5.91万件（套），有力保障了受灾群众生产生活和社会安全稳定。

三、应急救援

（一）应急指挥体系建设

进一步完善森林草原防灭火、防汛抗旱等自治区级指挥机制，与林草、水利、自然资源、气象和地震等部门建立完善了灾害预警发布、信息资源共享、重点工作会商、隐患共查、救援联动等机制，投入1997万元，加快推进自治区应急救援指挥中心项目建设。年内累计组织10次会商研判，及时作出安排部署，科学指挥调度，提前预置力量物资，有力有效应对了各类事故灾害。

（二）应急预案体系建设

加快推进内蒙古自治区突发事件总体应急预案和专项预案修订，制修订《内蒙古自治区突发地质灾害应急预案》《内蒙古自治区黄河防凌应急预案》和厅本级突发地震地质灾害应急处置工作预案，各级应急管理部门组织指导开展事故灾害应急演练216场次。

（三）应急救援力量建设和应急演练

投入1.57亿元专项资金为自治区消防救援总队、森林消防总队和矿山救援队伍配备应急救援装备。依托地方和企业在全区布点建设了25支森林草原火灾、地震地质灾害、防汛救灾区域性应急救援专业队，探索建立重大灾害事故和跨区域联调联战工作机制。立足全区化工产业集聚特点，打破行政区划，构建“呼包鄂”“乌海三角区”“赤锡通”3个化工灾害事故应急救援圈，已组建4支轻型、9支重型化工编队和78个各类型作战单元，建成后将辐射保障区内外23个工业园区、2000余家化工企业安全。

四、基础保障和能力建设

（一）依法治理

制定厅行政执法公示制度、行政执法全过程记录制度和重大行政执法决定法制审核制度，组织开展专项监督检查。制定《重大生产安全事故防范和整改措施落实情况评估办法（试行）》，对2016年以来发生的 3 起重大事故防范和整改措施落实情况进行评估。科学制定年度监督检查计划，编制《企业安全生产责任制落实自检自查指导手册》，建立完善重点、专项和三级联动执法检查机制，全面推行“三位一体”执法检查方式，严格企业主体责任特别是主要负责人安全生产第一责任人责任落实情况的执法检查。

（二）规划科技支撑

完成《内蒙古自治区应急体系建设“十四五”规划》《内蒙古自治区综合防灾减灾“十四五”规划》《内蒙古自治区安全生产“十四五”规划》初稿编制。危险化学品重大危险源企业 299 家、三等以上尾矿库 26 座应接尽接安全生产风险预警系统，实现联网监控。组建首批包含 288 名人员的专家库，修订专家管理办法，为安全生产、防灾减灾救灾和应急救援工作提供技术支撑保障。

（三）新闻宣教培训

举办“学习贯彻习近平总书记关于安全生产重要论述”专题讲座。组织开展全国防灾减灾日、“安全生产月”“安全生产宣传‘五进’”等系列宣传活动。在腾讯网开设“应急直播间”，在厅门户网站开设应急科普知识网上展厅，拍摄制作应急安全科普知识系列宣传片 10 部，制定《内蒙古自治区高危行业领域安全技能提升行动计划实施方案》，年内累计安全培训考核企业主要负责人、安全管理人员和特种作业人员 90455 人。

第六章　辽宁省应急管理工作

2020年，辽宁省应急管理系统坚持以习近平新时代中国特色社会主义思想为指导，履职尽责，一手抓安全生产，一手抓自然灾害防治和应急救援，保持了全省安全生产和灾害防治形势的总体稳定。全年全省共发生各类生产安全事故1048起、死亡820人，同比减少11起、增加3人。其中，一般事故1034起、死亡762人，同比减少12起、增加4人；较大事故14起、死亡58人；未发生重大以上事故。发生森林火灾11起，其中一般森林火灾8起，较大森林火灾3起，火场过火面积66.7公顷，受害森林面积55.8公顷，同比森林火灾发生次数下降81.7%，火场过火面积下降96.7%，受害森林面积下降96.1%，森林火灾受害率为0.0092‰。

一、安全生产和消防安全

（一）压实各地区、各部门安全生产责任

督促各地区、各相关部门参照《省委、省政府领导班子成员安全生产责任清单》，制定领导班子成员责任清单，逐级逐岗压实领导干部安全责任。制定《辽宁省安全生产委员会2020年工作要点》。组成5个巡查组，对省工信厅等10个省直负有安全生产监管职责的部门开展巡查工作，督促各部门进一步履行安全监管职责。修订《辽宁省安全生产工作目标管理考核办法（试行）》等制度，丰富完善督促责任落实的相关工作机制。印发《辽宁省生产安全事故责任追究和整改措施落实情况评估暂行办法》，对事故责任追究和整改措施落实情况评估作出明确规定。

（二）强化重点行业领域安全监管

危险化学品：开展化工园区和企业安全环保隐患排查整治，印发《关于进一步规范重点行业工业投资项目管理加强事中事后监管工作的通知》，对化工项目核准、备案，生产装置和投资规模、限制禁止类以及化工园区准入标准作出专门规定，进一步完善辽宁省新建化工项目准入条件；推动14个市制定危险化学品“禁限控”目录和新建化工项目准入条件；出台《辽宁省化工园区认定暂行办法》，公告辽宁省第一批化工园区认定名单（21个）；对不符合外部安全防护距离要求的涉及“两重点一重大”① 的生产装置和储存设施进行排查，纳入搬迁改造的174户危险化学品企业已全部完成搬迁改造；全省39个化工园区和594家危险化学品生产企业，全部完成安全环保隐患自查；1114个一、二、三、四级危险化学品储存单元重大危险源的监测数据、监控视频已经全部接入风险监测预警系统；关闭退出40家小炼油企业，查处非法违法生产经营储存化学品450.7吨，注销各类不符合国家和省产业政策，或不具备安全生产条件的“小化工”企业50家。非煤矿山：组织对全省923座尾矿库、294家地下矿山企业进行检查，对97座“头顶

① “两重点一重大”：政府安监部门重点监管的危险化工工艺、重点监管的危险化学品和重大危险源。

库”逐一排查，关闭非煤矿山69家；印发《辽宁省防范化解尾矿库安全风险工作方案》；对182座废弃尾矿库全覆盖式检查，汇总形成废弃尾矿库基本情况表，为废弃尾矿库治理工作提供基础信息。煤矿：组织开展全省煤矿运输系统、顶板控制、防治水、“一通三防”等隐患排查专项整治及系统性监督检查，检查煤矿30家，其中开工生产煤矿22家，8家地方煤矿停产、停建，排查隐患问题2136项，已整改完成2112项，投入整改资金1533.08万元。交通运输：扎实开展公路水路运输安全生产集中整治、“坚守公路水运工程质量红线”专项行动等，对64家港口危险货物作业企业的1000余个作业设施进行风险隐患排查。住房城乡建设：开展建筑施工领域安全检查，加强市政基础设施和公用行业安全管理，检查企业（项目）6643个，排查隐患问题18079项，完成165座桥梁护栏升级改造任务，改造供水、排水、供暖管网近1200公里。

（三）组织开展集中整治和大检查

从2019年12月至2020年4月底，突出煤矿、非煤矿山、危险化学品、道路交通等重点行业领域，在全省组织开展为期近5个月的安全生产集中整治。印发《关于开展复工复产阶段安全生产大检查的通知》，从2月底至4月30日，突出复工复产企业，在全省组织开展“拉网式”安全生产大检查。先后组织20个督查组赴各市督导、推进复工复产阶段安全生产工作。全省共检查各类企业场所315882家次，排查整改隐患105194项，关闭取缔企业20家，行政处罚333.76万元，约谈相关部门（单位）相关人员4164人次。

（四）扎实推进安全生产专项整治三年行动

印发《全省安全生产专项整治三年行动实施方案》，成立推进工作领导小组、办公室和工作专班，明确人员组成和工作职责。组织召开新闻发布会、动员部署会，印发《推进工作指南》，指导各地扎实推进安全生产专项整治三年行动。印发重点工作任务分解表。印发4期安全生产简报，介绍推广各地区和各行业领域好的经验做法。开发专项整治信息报送系统，将工作进展情况统计表和四个清单实施信息化管理。成立三年行动推进工作组，具体承担统筹推进工作，并赴各市开展专项督导检查。

（五）强化消防责任制落实

出台《辽宁省人民政府办公厅关于深化消防执法改革的实施意见》《辽宁省人民政府办公厅关于构建火灾事故应急处置指挥体系和工作机制的指导意见》，加强顶层设计，推动重点工作落实。印发《辽宁省消防安全委员会成员单位工作职责》，重新明确26个省政府主要部门的消防工作职责，倒逼行业部门落实消防工作责任。印发《关于加强基层消防安全管理工作的通知》，进一步明确乡镇（街道）和公安、住建、应急等行业部门在基层消防工作职责任务。持续推动全省1.9万余家重点单位落实“三自主两公开一承诺”制度。全省共检查社会单位4.5万余家次，督促整改各类火灾隐患1.8万余处，临时查封220家，责令“三停”停产停工停运132家，罚款636万元。

（六）加强火灾隐患排查整治

紧盯“高低大化”“老幼古标”（养老服务机构、幼儿教育场所、文物古建筑、标志性建筑）等高风险场所领域，先后组织各地区、各部门开展高层建筑消防安全排查整治和打通消防“生命通道”集中治理专项行动，开展危险化学品重大危险源企业专项检查督导和石化企业消防安全

"回头看"，开展大型商业综合体专项检查；抽调多个省直部门业务骨干组成工作组，对全省高层建筑、大型商业综合体、地下建筑、石化企业、居民小区和消防车通道6类重点场所领域开展专项督导检查。2020年，共检查单位4.9万余家，督促整改火灾隐患2万余处，临时查封240家，责令"三停"147家，罚款700余万元。

二、防灾减灾救灾

(一) 统筹协调自然灾害防治工作

2020年主汛期期间，辽宁省共出现12次强降雨过程。全面开展各项防范应对工作，加强台风和强降雨期间安全防范，突出地下矿山、尾矿库、危险化学品企业，严格落实各项防洪措施。全力做好抗洪抢险救援应急准备，统筹协调军队、武警、消防、供水工程抢险、路桥抢修、通信电力保障等专业救援队伍和直升机救援力量，在入汛后，全面进入临战状态，24小时备勤备战。强化会商研判和应急指挥协调，参加国家防汛抗旱总指挥部防汛视频调度会32次，13次汇报辽宁省强降雨应对情况。参加省防汛抗旱指挥部会商研判会21次，汇报应急准备工作及传达国家防汛抗旱总指挥部会议精神18次。加强汛期应急工作督导检查，7月1日至9月20日，组成14个督查组，突出围绕尾矿库、临水危险化学品企业等防汛重点部位及防汛救灾备勤备战情况，进行重点督导检查62组次、167人次。

(二) 全力做好森林草原防灭火工作

印发《关于开展打击秋冬季森林草原违法违规用火行为专项行动实施方案》，组织各级森林草原防灭火指挥部办公室、公安局、应急管理局、国家林业和草原局联合开展为期3个月的打击秋冬季森林草原违法违规用火行为专项行动。其间，全省共出动森林公安、林草等各类执法人员13259人次，派出检查组435个、2367人次，查处、制止违法用火385起，对11个违法人员共计罚款5200元，行政处罚10人。

(三) 扎实做好综合减灾和救灾救助工作

印发《辽宁省自然灾害救助工作方案》《辽宁省自然灾害灾情报送和会商制度》《辽宁省自然灾害应急物资储备目录》等文件，不断完善救灾工作制度。及时调度、核查、汇总、上报2020年以来台风、洪涝、风雹、干旱等20次自然灾害过程灾情损失信息。申请中央自然灾害救灾资金6000万元。争取省财政1115万元，购买帐篷、净水设备、棉大衣等应急救援物资。调拨价值1100多万元的救灾物资，提前部署在转移避险人员安置场所或交通不便的灾害易发地区，确保受灾人员基本生活。进一步做好社会救助工作，2019—2020年度，争取国家支持辽宁省冬春救助资金5234万元，对44.33万名受灾群众给予救助。

三、应急救援

(一) 加强航空应急救援能力建设

为发挥航空应急救援优势，提升跨区域、跨部门的航空救援联动能力，省应急管理部门与沈阳市政府签订依托沈阳市法库通用航空产业园，合作共建"辽宁省航空应急救援保障基地"协议；省应急管理部门与民航东北空管局签订合作共建"辽宁省航空应急救援指挥调度基地"协议。至此，辽宁省航空救援任务分工、后勤保障、指挥调度基本明确，航空救援应急联动机制基本建立。

(二) 加强省级直属森林消防综合救援队伍建设

推动3支省级直属森林消防综合救援

队伍建设，与队伍所在地市级政府签订代管协议。研究部署队员招录、基础设施建设和机具、装备采购等事宜，截至 2020 年底，招录消防队员 286 名。2020 年，省级财政安排经费 2265 万元，用于队伍的日常运转和装备购置等，全年累计向省级直属队伍配发风力灭火机、水泵、扑火服等机具、装备价值约 350 余万元，购置装备运输车、消防水车等各类森林消防专用车辆 57 辆。为加强队伍建设保障工作，申报《辽宁省西部森林火灾高风险区应急能力建设项目》，推动省级直属队伍朝阳支队营房、训练场等基础设施建设，申报总投资额 3225 万元（其中，国家资金 2580 万元，省发展改革委配套资金 645 万元），营房建筑主体土建工程已完成。

（三）加强防汛抢险力量体系建设

制定《辽宁省省级抗洪抢险专业应急救援队伍建设管理工作规范（试行）》，强化省级抗洪抢险专业应急救援队伍建设，结合辽宁省防汛抗洪工作需要，从各部门推荐的各类专业救援队伍中，选择组建了覆盖水工程抢险、路桥抢修、通信保障、电力保障和水域救援 5 个领域的省级抗洪抢险专业应急救援队伍 16 支 3422 人。积极对接中央企业驻辽机构救援力量，建立健全协同联动机制，利用中央企业应急队伍、物资装备及救援经验等资源，整合抗洪抢险救援队伍 26 支 2441 人。截至 2020 年底，全省共组建各级各类防汛抢险专业救援队伍 3824 支 147774 人；抗洪抢险救援兵力（军队、武警、消防、民兵）66 支 60771 人，全省防汛抢险应急力量达 20.8 万人规模。

四、基础保障和能力建设

（一）加强应急管理法治建设

修改《辽宁省安全生产条例》，修订《辽宁省应急管理厅行政执法公示制度》等 8 项制度，制定《辽宁省安全生产行政执法与刑事司法衔接工作实施办法》《辽宁省消防安全约谈办法》；开展执法监督检查，推动行政执法工作；依法开展行政复议、应诉工作，全年 2 起行政诉讼全部胜诉，1 件行政复议依法作出复议决定；加强全省生产安全事故和行政执法统计直报工作，及时发布事故预警信息。编制完成 2019 年度全省生产安全事故统计分析报告；编制省应急管理厅 2020 年度权责清单，修改法律法规依据、责任事项共计 15 项，完善清单内容，共确定 66 项行政职权。向中国（辽宁）自贸试验区片区管委会下放行政职权 42 项。

（二）加快推进应急管理“十四五”规划编制

将《辽宁省应急体系建设“十四五”规划》纳入省“十四五”重点专项规划目录清单，争取将应急管理重点指标、重点工程纳入国民经济和社会发展规划纲要。《规划》初稿已编制完成，提出了目标指标、10 项任务、12 项重大工程及 3 项保障措施。

（三）加强应急管理信息化体系建设

实现全省应急指挥信息一张网。初步具备综合应急指挥调度能力，全省 14 市和 100 余个县区应急管理部门均配置云视频点调终端，实现应急管理部、省、市、县四级应急管理部门全天候 24 小时在线指挥调度功能。完善应急管理智慧云平台功能，对承担安全生产管理职能部门的信息资源和管理资源进行有效整合与归口管理。深入推动“互联网+执法”应用，全省执法人员执法终端配备率达到 100%，应用执法终端开展执法检查率达到 70%，实现执法全过程在线管理和信息留痕，进一步规范执法行为。

第七章　吉林省应急管理工作

2020年，吉林省应急管理系统坚持以习近平新时代中国特色社会主义思想为指导，深入贯彻党的十九大和十九届二中、三中、四中、五中全会精神，认真履行安全生产、防灾减灾救灾和应急救援三大核心职能，积极推进应急管理体系和能力现代化，切实保护人民群众生命财产安全，推动各项工作取得了积极成效。全年全省共发生各类生产安全事故1645起、死亡664人，同比分别下降27.8%和11.8%。其中，重大事故2起、死亡30人；较大事故9起、死亡31人，同比分别下降40%和55.7%。

一、安全生产和消防安全

（一）安全生产责任落实

根据不同地区安全生产形势，对13名市县政府负责同志下发提示函，对21个市县政府下发督办函，约谈9个市县政府、19个行业主管部门，推动贯彻落实《地方党政领导干部安全生产责任制规定》《吉林省党政领导干部安全生产责任制实施细则》。省安委办成立工作专班，审查11个市（州）和20个省直部门吸取松原“10·4”重大道路交通事故教训整改落实方案，进一步压实属地和部门监管责任。约谈企业7025户，处罚非法违法企业2499户，罚款1695.3万元，停产整顿160户，查封扣押391户，立案查处162起，持续推动《企业安全生产主体责任“五个必须落实”》40条规定落实。

（二）安全生产专项整治三年行动

2020年4月，国务院安委会部署开展全国安全生产专项整治三年行动后，省委、省政府成立了由省委书记、省长同时任组长的领导小组。省安委办出台《吉林省安全生产专项整治三年行动实施计划》，将安全生产专项整治三年行动纳入对省直部门和各设区市年度安全生产目标管理考核内容，对问题隐患跟踪调度，逐一整改销号。

（三）安全隐患排查治理

开展“冬春安全治理”“安全大整治”“夏秋攻坚”“秋冬会战”等专项行动，深入推动9个专项、18个重点行业领域集中整治。累计检查企业40.04万户，排查隐患15.9万项，整改销号14.97万项。整治危险公路桥梁69座，分别实施国省干线和农村公路安保工程113公里、1396公里，超额退出煤矿落后产能33万吨/年，闭库销号尾矿库15座，所有“头顶库”完成安全风险评估，清理“黑校车”14台，打击“百吨王”710起，处理危险废物41.24吨，销毁剧毒和易燃易爆危险化学品5.93吨，完成全省18个化工园区认定，改造2282台公交车辆驾驶区域，1.44万台“两客一危”车辆安装视频监控装置，清理农村“四无”车辆10.4万辆，发放农用车证照6.56万副，改造城镇老旧燃气管网59.8公里。

（四）安全生产长效治理机制建设

出台《建立专家参与安全风险防范工作机制的意见》，各地各部门各单位采取“监管干部+专家”模式，共计选派专家 5683 人次，深入企业帮助排查整治风险隐患。强化“互联网+监管”模式，完成 40 户煤矿企业、83 户四级以上危险化学品企业、19 家三等以上尾矿库接入互联网。印发了《吉林省关于加强乡镇（街道）、村（社区）应急管理体系、能力建设的实施意见》，补齐基层治理短板。

（五）应对疫情指导服务

制定疫情期间支持企业复工复产安全防范 10 项措施，推行网上审批、线上培训、简化程序、容缺办理、差别化监管等措施。通过柔性执法、前置力量、多户联勤等举措护航“夜经济”。集中组织开展疫情防控期间安全防范和企业复工复产安全生产指导服务工作。全省共成立 1472 个、13926 人次的安全指导服务组，坚持一企一策，上门指导服务企业 9912 户，帮助解决整改问题隐患 6207 项。

（六）消防安全建设

通过《深化消防执法改革的实施意见》，制定出台《进一步加强和改进新形势下乡镇街道消防工作的意见》《建设工程消防安全源头管控工作协作机制》等 21 个消防执法改革的配套性文件。

制定出台《消防救援站坚持战斗力标准若干措施》《执勤备战经常性基础工作机制》《重大任务和重大安保战备响应规定》。加强救援力量体系建设，组建 5 支重型、3 支轻型化工灭火救援编队；组建 1 支省级、8 支支队级、69 支站级水域救援队。举办首届“火焰蓝杯”消防运动会暨实战技术交流竞赛。长春、吉林支队，四平支队南四纬路特勤站、辽源支队辽河大路特勤站，长白山支队北景区站被部局表彰为 2020 年度执勤训练工作先进单位。

全年投入 3.5 亿元购置应急救援车辆装备。室内多功能训练馆建成覆盖率达到 85%。修订完善《重大灾害战勤保障预案》及 8 类特殊灾害战勤保障预案。出台《中心消防救援站建设标准》，指导全省建设 59 个中心消防站。制定强化火灾防范工作实施办法，成立乡镇（街道）消防救援委员会。将消防安全纳入全省城镇老旧小区改造内容，出台《依托农村饮水安全工程补齐农村消防供水建设短板的指导意见》，指导全省各地将刀闸开关更换为空气开关。

二、防灾减灾救灾

（一）自然灾害基本情况

2020 年，吉林省灾害多发频发，全省先后有 74 个县（市、区、开发区）789 个乡镇（街道）不同程度受灾，受灾人口 475.1 万人（次）；农作物受灾面积 120.42 万公顷；倒塌房屋 0.13 万间，损坏房屋 1.85 万间；直接经济损失约 79.09 亿元。

（二）三个台风接连登陆吉林

8 月 27 日至 9 月 8 日，8 号台风“巴威”、9 号台风“美莎克”、10 号台风“海神”三个台风在 13 天内先后北上登陆吉林省。三个台风共计形成径流 168 亿立方米，比历年同期多 156%，相当于全省平均水资源总量的 42%。三个台风影响期间，全省累计有 34 条江河发生较大洪水，其中有 6 条江河超保证水位、有 28 条江河超警戒水位，最高超 2.53 米。图们江、鸭绿江、牡丹江、辉发河、珲春河、饮马河等多条河流发生 10 年一遇以上洪水。受台风影响，全省 9 个市（州）68 个县（市、区、开发区）675 个乡镇（街道）受灾，受灾人口 2984673 人。三个台风造成农业和房屋倒损直接经济损失约 38.92 亿元；水利、道路交通、通信电力等基础设施损毁直接经济损失约 18.55 亿元。

（三）罕见雨雪冰冻天气

11 月 17—20 日，吉林省遭遇罕见雨雪冰冻天气，全省大部出现大面积冻雨凝冰，降水量大，全省平均降水量 39.6 毫米，突破 11 月上中旬累计降水量历史极值。最大降水量达到 66.7 毫米，最大积雪深度达到 38 厘米，类似 2008 年我国南方冰冻灾害。此次罕见雨雪冰冻天气对电网、林业、交通等领域造成严重影响。省安委会印发《吉林省供电供水供气通信交通应急保障联动机制》，强化跨地区、跨行业、跨企业联动处置。

（四）自然灾害核查救助

台风灾害和雨雪冰冻天气期间，全省累计派出 22 个由应急、住建、农业等主要涉灾部门组成的工作组，深入 32 个受灾县（市、区、开发区）112 个乡镇查灾核灾，指导当地妥善做好受灾群众基本生活安排。9 月 23 日，省减灾委员会启动省级自然灾害救助Ⅱ级响应，为台风灾区下拨省级救灾资金 1.23 亿元，救助 5.1 万名受灾群众。向珲春、长春、吉林灾区调拨物资 3.61 万件。推进 5912 户倒损民房恢复重建。及时下拨中央自然灾害救灾资金 1.932 亿元，保障 117.28 万名受灾群众冬春临时生活。

（五）第一次全国自然灾害综合风险普查

印发《关于做好第一次全国自然灾害综合风险普查有关工作的通知》，全部市（州）组建普查领导机构。吉林省抚松县、桦甸市、延吉市 3 个县（市）被国家列为试点县。

（六）吉林省实现连续 40 年无重大森林火灾

2020 年，全省发生森林火灾 19 起，未发生草原火灾，其中一般森林火灾 17 起，较大森林火灾 2 起，总过火面积 23.73 公顷，总受害森林面积 10.95 公顷。森林火灾 2 小时扑灭率 84.21%，24 小时扑火率 100%，火灾案件查处率 100%。春防较 2019 年同期相比，总起数、总过火面积、受害面积分别下降 55.8%、86.6%和 82.2%，秋防实现“零火灾”，全省实现连续 40 年无重大森林火灾。吉林省森林草原防灭火指挥部办公室被评为第五届全国 119 消防先进集体。

（七）航空护林

租用直升机 11 架（AS-350 直升机 3 架，M-171 直升机 6 架，M-8 直升机 2 架）；共计飞行 224 架次 370 小时 46 分钟，空中发现火场 1 处。共上传巡护检查照片 103 张，火场照片 6 张，上报明日计划 797 条。气象员共发本场气象实况报 974 份，接收航站预报 387 份，接收重要天气预告图 920 份，接收高空风温预告图 1840 份。9 月 24 日，派出 3 架直升机赴长白山风灾区参加省森林草原防灭火指挥部组织的扑救省级重点区域森林草原火灾应急演练。10 月 22—23 日，派出 4 架直升机与省航空救援分队、和龙市、龙井市消防救援和森林消防队伍实施跨县市联合演练。

三、应急救援

（一）应急指挥

编制《吉林省应对重特大突发事件指挥部框架方案》，推进完成四大类 37 个指挥部方案编制工作。在全省试点并全面应用国家应急指挥综合业务系统，实现全省应急管理系统突发事件信息通过网络系统报送的全面应用。制定《森林草原火灾信息办理工作规范》。建立媒体各类事件信息反馈机制，探索实施网上舆情搜索，实现突发事件早发现、早报告、早处置。

（二）应急值守

全年工作日、双休日、法定节假日24小时值班值守。重大节日和敏感时段指派人员对市（州）、县（市）政府及有关部门值班情况进行电话抽查，将领导带班、值班员值班、电话接听等情况以书面形式报省委、省政府，全年共抽查单位151家。加强12350举报信息接报和处理工作，全年接听电话1000余个，受理举报信息38起，奖励5起，奖励金额1.6万元。

（三）信息报送

全年共发生2起重大道路交通事故、9起较大事故，10余起涉煤矿、涉危险化学品、涉燃爆等敏感事件，125起一般事故以及“三台”（“巴威”“美莎克”和新风王“海神”）叠加、饮马河堤防险情、雨雪冰冻天气等影响较大突发事件。接报各类情况信息1100余件。报送突发事件《值班信息》25份，普通信息118份。向省委、省政府报送《值班信息》44期，报送《应急管理每日摘要》143期，办理省领导指示批示184份。

（四）预案编制

完成《吉林省突发事件总体应急预案》初稿修订工作。完成全省应急预案体系建设调查工作，报送《吉林省应急管理厅关于吉林省应急预案体系建设调查分析的报告》。编制《吉林省应对重特大突发事件指挥部框架方案》，完成各部门专项指挥部工作方案（预案）汇总，共涵盖25个中央和省直部门（单位）、37个专项指挥机构、45类突发事件。编制《应对自然灾害和生产安全事故省现场指挥部工作方案》，为市县现场指挥部工作方案提供参考。

（五）应急演练

制定《2020年省级应急预案演练计划》，选定148个演练内容。全年共计举办生产安全事故及自然灾害应急预案演练活动2.42万场次，参演人数321万人次。

四、基础保障和能力建设

（一）应急管理数字化建设

依托“吉林祥云”，建设完善安全生产、风险监测、应急指挥等八大系统。制定《加快推进重点行业领域可视化监测预警信息共享工作方案》，实现应急、水利、自然资源、气象、地震、粮储等部门数据共享，对接公安、交通、文旅等视频监控数据近10万路。推进各类信息化成果应用和共享，特种作业操作证接入省政务服务平台，为省政务共享平台上传数据74.3万条。统筹推进全省应急通信网络建设，完成卫星等通信系统建设，完成370兆窄带集群部、省、市、县四级贯通。

（二）航空应急救援机制建设

完善航空应急救援临时起降点建设，全省确定80处直升机简易起降点，纳入全省应急救援力量体系。省应急管理厅与中国民用航空吉林安全监督管理局联合印发《应急联动工作机制》，与中国民用航空吉林安全监督管理局、中国铁路沈阳局集团有限公司分别签署《事故灾难应急联运工作机制协议》，建立快速响应、应急对接、工作联络等机制。

（三）应急救援力量建设

全省共有492支应急救援队伍，共计12241人。其中：地方专职消防队伍302支4299人、森林灭火专业救援队伍141支3603人、抗洪抢险专业救援队伍21支3009人、地震与地质灾害专业救援队伍7支189人、安全生产救援队伍21支1141人；各类消防救援车辆461台、运输车

64台、运兵车40台、指挥车12台、救护车17台、风力灭火机1485台、水泵153台，其他专业救援设备80台/套。明确4个应急救援基地和39支专业救援队伍为省级专业救援力量，将省级专业救援力量的地理位置，标注在吉林省应急管理综合应用平台，完成全省应急救援力量覆盖“一张图”。

（四）应急管理“十四五”规划

完成国家“十三五”规划中涉及吉林省相关的应急管理、安全生产、防灾减灾救灾、突发事件应对等方面的总结评估工作。《吉林省应急管理“十四五”规划纲要》初稿已经完成，谋划地震、洪灾、病虫害、森林草原防火领域项目4项，计划总投资1.17亿元。

（五）应急管理教育培训

搭建全省应急管理干部网络学习架构，组织10期网络专题班。完成中央党校专题研讨班、省委党校培训主体班次、副处级领导干部任职培训班的调训工作。共调训省管干部7人次，选调机关干部752人次参加省委组织部举办线上和线下培训班12个（20期）。举办2期应急管理大讲堂，1期全省市、县两级分管应急管理领导干部专题培训班，1期全省乡镇（街道）、村（社区）应急管理人员培训师资力量培训班。

第八章　黑龙江省应急管理工作

2020 年，黑龙江省应急管理系统坚持以习近平新时代中国特色社会主义思想为指导，忠诚践行习近平总书记重要指示批示和重要讲话精神，坚持疫情防控与应急管理主责主业两手抓，积极服务“六稳”“六保”大局，全面落实灾害事故防控责任；消防救援和森林消防“两支队伍”主动融入全省应急管理工作大局，提质强能、奋勇担当；各事业单位积极发挥专业技术优势，强化支撑保障，有效维护人民生命财产安全和社会稳定，共同推进应急管理事业取得新发展新进步。全年全省生产安全事故起数和死亡人数同比分别下降 28.2% 和 14.6%，连续 6 年保持“双下降”，连续 2 年未发生重大事故，连续 10 年未发生特别重大事故；火灾事故起数下降 46.7%，死亡人数持平，未发生较大以上火灾事故，安全生产形势持续稳定向好。

一、安全生产和消防安全

（一）高度重视安全生产工作

省委常委会会议传达学习习近平总书记关于安全生产重要批示精神，听取省应急管理厅贯彻落实意见汇报。省安委会召开全省冬季安全生产保卫战动员会、全省煤矿智能化建设现场推进会议。省委办公厅、省政府办公厅印发《关于全面加强危险化学品安全生产工作的实施意见》。

（二）推动安全生产和消防责任落实

坚持把推动责任落实作为关键，认真贯彻“党政同责、一岗双责、齐抓共管、失职追责”和“三个必须”要求。推动落实《地方党政领导干部安全生产责任制规定实施细则》《生产经营单位安全生产主体责任规定》，制定部门重点工作职责清单、安全生产巡查办法，充实省安委会组成，组织安全生产和消防工作考核，推动安全生产领域改革任务落实，开展事故整改措施落实情况“回头看”，加强安全生产督查检查，进一步压实落实地方属地、部门监管和企业主体责任。审议通过《黑龙江省消防安全责任制实施办法》，明确行业部门消防安全工作职责。制定《黑龙江省火灾事故延伸调查工作规定》等标准制度，为新型消防监管机制提供制度保障。

（三）深化安全生产专项整治三年行动

省政府成立由省长任组长的三年行动领导小组，及时研究部署专项整治重点工作，协调解决重大问题。组建实体化专班，抽调省应急管理厅、煤管局工作人员集中办公，承担领导小组办公室日常工作。制定包含危险化学品、煤矿、非煤矿山、消防、交通运输、民航、邮政、城市建设、工业园区、危险废物、工贸等行业领域“1+2+31”整治方案，全省 13 市（地）全部制定了总体方案及专题专项方案，完成工作专班组建，131 个区（县）全部制定工作方案，24 个省直部门（单位）成立了领导小组。建立完善“一情况、两清单”，省级层面制定完善制度措施 88 项，市级层面制定制度措施 259 项。深入开展全面细致的排查整治，实施“挂图作战”、清单式管理，各部门成立各层级检查组4801个，检查企业26695家。

（四）牢牢守住安全生产基本盘基本面不放松

坚持源头治理、系统治理，出台提升本质安全水平系列文件，打好标本兼治“组合拳”。制定《企业安全生产标准化建设三年行动计划（2020—2022年）》，落实激励约束措施，促进企业达标升级。制定《风险分级管控和隐患排查治理双重预防机制建设推进工作方案》，组织18个行业领域建立完善“一图一栏一卡两台账”，构建安全生产长效机制。制定《“科技兴安”三年行动方案》，以信息化为引领，不断提高安全生产科技水平。制定《高危行业领域安全技能提升行动实施方案》，严控“三违”行为，降低事故概率。制定事故整改评估制度和警示教育制度，加强整改措施评估，真正让血的教训换来安全水平提升。出台《深入开展安全生产“四大”行动的工作意见》，固化有效工作模式。充分发挥“大体检”“大执法”“大培训”“大曝光”作用，督促企业落实主体责任，全年完成安全体检企业25322户，培训49.6万人，行政处罚7472万元，曝光企业787户。强化消防安全管控，先后开展疫情期间火灾防控、清剿火患春季攻坚、易燃易爆危险品企业专项检查、打通“生命通道”集中攻坚、“两重点一重大”危险化学品企业等专项行动，挂牌督办163家重大火灾隐患单位，摘牌销案144家。对全省15154栋高层建筑全覆盖排查，整改火灾隐患13981处，实现高层公共建筑和高层住宅小区全部建立微型消防站，高层住宅小区全部明确楼（院）长或专职经理人。加强重点时段安全监管，疫情防控期间，发布复工复产安全提示，加强防疫物资生产企业安全指导服务，组织有关部门对集中隔离点等涉疫场所和养老院等福利机构开展隐患排查治理。国庆、中秋期间，全省共派出督查检查组6765个，检查企业问题隐患16851项，责令停产停业8家，取缔5家。细化冬季安保措施，开展冬季安全生产保卫战，部署年终岁尾“攻坚战”、元旦、春节“持续战”、全国两会、“巩固战”三大战役，对煤矿领域提出并督促落实“八个必须”“七个一律”要求。

二、防灾减灾救灾

（一）高度重视防灾减灾救灾工作

2020年，全省未发生人为森林火灾，发生雷击火44起，在同比增长83.3%的情况下，过火有林地面积减少15.5%；有效应对17次较大降雨过程、3次台风天气和部分江河洪水，转移安置受灾群众6.33万人，森林草原防灭火和防汛抗洪救灾取得全面胜利。3月30日，省政府召开全省春季森林草原防灭火暨安全生产工作电视电话会议，省长出席会议并讲话。4月2日，省委十二届第127次常委会会议传达学习习近平总书记对四川省凉山州西昌市森林火灾重要指示和李克强总理批示精神。6月17日，召开全省防汛抗旱工作电视电话会议暨省防汛抗旱指挥部2020年第一次全体会议。7月2日，省委十二届第142次常委会会议传达学习习近平总书记对防汛救灾工作重要指示精神。8月27日，省长赴省应急管理厅指挥中心现场指挥调度防范第八号台风“巴威”。9月3日下午，省领导赶赴省应急管理厅指挥中心，就应对防范已进入黑龙江省的台风“美莎克”影响，进行现场指挥并视频调度。

（二）全力防范重大安全风险

将森林草原防灭火和防汛作为重大安全风险紧抓不放。健全完善自然灾害应对制度机制，3 月 31 日，黑龙江省森林草原防灭火指挥部印发《关于进一步完善森林草原防灭火工作运行机制的意见》。6 月 24 日，黑龙江省防汛抗旱指挥部出台《关于进一步完善防汛抗旱工作运行机制的意见》，对森林草原防灭火、防汛抗旱工作职责进一步明确，对工作运行作出规范。出台《自然灾害和安全生产风险分析研判工作制度》，全省共组织各类风险会商和重要时间节点风险分析研判1100 余次。加大森林草原防火监测预警力度，开展野外火源专项治理行动，推广电子入山证管理制度，制止违规用火行为6000 余次，行政处罚 40 人；制定《黑龙江省扑救重特大森林火灾实施方案》《黑龙江省重特大森林火灾扑救战例分析》，建立森林草原防灭火安全官制度，全省配备安全官 2799 名；坚持两个靠前驻防，火灾扑救实现“打早、打小、打了”。严密监测风情雨情水情发展变化和江河动态，坚持打好防风防汛合成战、信息保障战、综合防范战和抢险救灾战，全省55.9 万人投入抢险救灾，处置险情 6843 处。消防救援、森林消防“两支队伍”胸怀大局，积极践行习近平总书记训词精神，攻坚克难，全力投身综合抢险救灾工作。

三、应急救援

组织开展伊春鹿鸣矿业“3・28”尾矿库泄漏突发环境事件、哈尔滨市玉手食品公司“8・4”仓库坍塌事故等抢险救援，成功封堵依兰县“9・10”牡丹江苏格段堤坝溃口。在伊春鹿鸣矿业“3・28”尾矿库泄漏事件抢险救援中，消防救援和森林消防两支队伍英勇作战，成功封堵泄漏点，有效控制尾砂下泄，为实现污染团不进松花江及后期治理奠定了坚实基础。“两支队伍”积极参与抗洪抢险、人员搜救等综合性任务，前置力量 1.18 万人次，及时应对处置灾情险情，得到当地党委、政府和广大群众的一致好评。

四、基础保障和能力建设

制定应急管理中长期立法计划，修订《黑龙江省消防条例》，制定《自然灾害救助管理办法》。制修订涉及危险化学品、事故调查、事故整改和重大自然灾害调查评估等基础性工作制度规范。加强应急预案管理，统筹完成 41 部省级专项应急预案修订。成立黑龙江省第一次全国自然灾害综合风险普查领导小组，召开综合风险普查电视电话会议，开展第一次全国自然灾害综合风险普查。着眼于“有组织、方向对、跑得快、不亡人”目标，制定村屯紧急避险预案 12699 个，开展“龙威”系列防汛防山洪演练 1620 次。加快推进应急指挥体系建设，各市县完成指挥中心平台建设，具备初步指挥功能。实施应急管理信息化建设工程，完成政务外网、指挥信息网、卫星通信网和相关系统、工程建设，信息化支撑能力显著增强。推动国家东北区域应急救援中心和省综合应急救援队培训训练场地及设施项目建设。加强综合减灾示范社区建设，有29 个达到省级以上标准。争取抗疫特别国债和中央预算内储备库建设资金 3.85亿元，建设 34 个市县级应急物资储备库。加强全省灾害信息员队伍建设，全省 1.9万名灾害信息员队伍实现了乡村、城市街道和社区全覆盖。举办第一届全省应急救援职业技能大赛，进一步提高应急救援能力和职业技能人才的荣誉感。推动建立

144支应急救援青年志愿服务队；组织民航、铁路、电力、通信以及大型工程施工企业等12个部门（单位）签订应急响应协同行动备忘录；与省内驻军部队密切协作，信息共享、协调联动，及时开展应急备灾救灾；推进全省应急广播体系建设，组织23个部门成立黑龙江应急信息共享联盟，提高部门协同和应急信息快速发布能力。持续加大安全宣传力度，推进安全“五进”“五宣”，开展全国防灾减灾日、“安全生产月”等活动，推动省安全教育科普体验基地建设，不断提升全民安全意识。及时下拨防汛救灾、冬春救助资金近3.5亿元，有力保障了受灾群众基本生活。

第九章　上海市应急管理工作

2020年，上海市应急管理系统以习近平新时代中国特色社会主义思想为指导，深入学习贯彻习近平总书记考察上海重要讲话和应急管理重要论述精神，认真践行“人民城市人民建，人民城市为人民”重要理念，坚持稳中求进工作总基调，坚持新发展理念，统筹推进疫情防控和应急管理工作。全年全市共发生各类生产安全死亡事故457起、死亡501人，同比分别下降10.74%和6.70%；共发生火灾4068起、死亡55人，同比分别上升1.89%和25.00%；未发生较大及以上事故。

一、深化机构改革，统筹推进应急管理体系与消防安全建设

（一）构建统筹协调的工作格局

统筹协调自然灾害、事故灾难、公共卫生事件、社会安全事件四大类突发公共事件，研究形成上海市应急管理综合议事协调机构设置建议方案。成立市自然灾害防治委员会。完善安全生产议事协调机构，建立市安委会“1+N”工作机制。建立市空中应急救援协调机制，统筹推进空中救援力量、机制和队伍建设。积极适应防汛职能调整，制定应急响应联动工作规范，全力做好防汛防台社会面工作的“加法”。共同推进长三角应急管理协同发展，成立应急管理专题合作组。

（二）完善高效联动的体制机制

适应城市运行管理需要，深度融入城市运行“一网统管”，将局应急指挥中心、救援协调和预案管理处前置市城运中心。积极做好消防救援总队机构改革方案落地后的职责融合工作，市消防救援总队主要领导兼任市应急管理局副局长。开展局内设机构履职评估，制定完善内设机构设置方案。认真贯彻落实中共中央办公厅、国务院办公厅印发的《关于深化应急管理综合行政执法改革的意见》，积极推动构建符合超大城市治理的市、区、街镇有效衔接的应急管理综合执法体系。积极主动将机构改革调研评估工作向基层延伸，积极推动街镇在内设机构中加挂“应急管理办公室”牌子。

（三）落实无缝衔接的应急管理责任

制定出台《关于进一步全面落实企业安全生产主体责任的意见》，持续加强中央在沪及地方国有企业集团安全责任落实，创新建立“年初明确考核指标、年中上门帮扶指导、年末全面评估考核，全年持续跟踪服务”工作机制。精简考核指标，整合应急管理、防汛防台、自然灾害防治等重点内容，改进区级政府和市安委会成员单位年度安全生产和消防工作绩效考核。对26处市级重大消防火灾隐患进行市级挂牌督办，深入推进“一案三查”事故延伸调查机制。

（四）推进高质高效的消防安全建设

市委常委会会议、市人大常委会、市政府常务会议9次研究审议消防改革转制重点事项，在全国率先修订地方消防条例，出台《深化消防执法改革的实施意见》《消防救援队伍职业保障意见》《消防

安全责任制实施办法》等文件，在养老、非机动车管理等地方条例中增加消防条款，设立市消防安全专业委员会。总队以消防安全专项整治三年行动为抓手，统筹推进厂房仓库、“生命通道”、电动自行车、大型商业综合体、既有建筑改造工程专项行动，深化重点行业消防安全标准化管理，连续第10年推出政府消防实事项目，督办销案市级重大火灾隐患单位、风险点位90家（处），督改火灾隐患5.1万余处。命名应急消防科普教育基地12个，建成消防教育体验场所1248个，持续扩大消防宣传受众。

二、聚焦主责主业，坚决守牢城市安全底线

（一）强化危险化学品安全管控

印发《关于全面加强危险化学品安全生产工作的实施意见》。聚焦危险化学品集聚区，持续开展专家指导服务。部署开展危险化学品领域专项整治三年行动，提升危险化学品本质安全水平。会同市消防救援总队，完成全市140家危险化学品重大危险源企业532个重大危险源的专项检查督导。对全市99家涉及重大危险源的危险化学品企业，开展一、二级重大危险源安全仪表系统评估验证和三、四级重大危险源深度排查。开展全市危险化学品使用单位排查，完成6715家使用单位排查登记。吸取黎巴嫩贝鲁特重大爆炸事件教训，深化硝酸铵等危险化学品安全风险隐患第三轮专项排查治理。

（二）强化安全生产监管执法

全面推动开展安全生产专项整治三年行动，制定形成“1+2+9”三年行动实施方案。保障第三届中国国际进口博览会圆满成功。积极探索实施“执法告知+现场检查+交流反馈”“企业负责人+安全管理人员+岗位操作工全过程参加”“执法+专家”三位一体精准执法模式，市、区应急管理部门监督检查生产经营单位8599家次，实施监督检查和事故罚款7460.4万元，开具责令整改书2861份。出台《生产安全事故调查处理导则》《重大、较大生产安全事故责任追究和整改措施落实情况评估办法》，提高事故调查水平。强化防灾减灾能力提升。着力提升综合风险监测预警能力，构建重大风险“发现+研判+预警”工作机制，完善综合风险多部门会商机制，建立会商制度和办法，及时发布自然灾害和事故灾难等领域风险的预警提示和分析报告。着力提升综合减灾能力，高标准高质量推进自然灾害防治10项重点工程，启动开展第一次自然灾害综合风险普查，开展全国综合减灾示范社区动态管理，筹办长三角国际应急救援暨防灾减灾博览会。积极统筹本市应急抢险力量，精准投放应急物资，紧急调运救灾物资应对新冠肺炎疫情，共紧急调拨配送移动厕所255间，配套污物袋和凝固剂12750件，棉大衣5537件，帐篷424顶，折叠床224张，手提应急灯150只，应急包310件，床垫191条等共计21批次应急物资。

三、强化应急指挥救援能力和实战水平

构建部门信息高效共享互通的网格化体系，全面落实全年365天、每天24小时值守、信息收集与报送、现场指挥处置等工作制度。配合应急管理部召开全国应急预案体系建设现场会。组织开展市和区总体预案及市级专项预案修订，组织对65项市级应急预案开展预案结构化工作，并将30多个结构化预案信息录入市城运智能应急联动处置系统。加强空中应急救

援建设，推进空中应急救援体系建设，组织开展空中应急救援演练。聚焦实战性，会同相关单位组织开展本市首次暴雪红色预警发布及响应，以及海上紧急医疗救援、化工装置突发事件应急处置等专项应急演练。研发运用预案数字化、AI 接警、通信融合、微站运管等平台，推广应用“云课堂”，强化作战训练安全管控，成功处置浦东国际机场“7・22”外籍货机火灾扑救等警情 6 万余起，抢救疏散被困群众 8600 余人，保护财产价值 24.89 亿元。圆满完成首次跨区域、长距离抗洪抢险任务。

四、着眼长远发展，不断夯实应急管理基层基础

（一）加大政策制度供给保障

围绕加强保障城市安全运行政策支撑，完成《上海市消防条例》修正工作，完成《上海市安全生产条例》草案修订，印发《关于提高上海市自然灾害防治能力的意见》《关于深化消防执法改革的实施意见》《关于进一步加强本市空中应急救援体系建设的意见》《上海市应对突发事件应急征用补偿实施办法》等。着力提升应急管理制度化规范化水平，制定《上海市应对雨雪冰冻专项应急预案》《上海市自然灾害生活救助资金管理暂行办法》《关于进一步做好受灾群众基本生活保障工作的意见》《关于加强本市灾害信息员队伍的实施意见》。注重加强业务管理的标准化规范化，制定出台本市应急管理系统行政执法“三项制度”、安全生产行政执法与刑事司法衔接工作实施办法和《关于上海市安全生产责任保险支持参保企业应对新冠肺炎疫情的若干意见》以及特种作业人员安全培训补贴等惠企惠民措施并组织实施。

（二）提升应急管理智能化和社会化水平

全面推进全市应急指挥视频调度系统建设，实现部、市、区指挥信息网和政务外网的两网贯通。建设危险化学品安全生产风险监测预警系统，攻坚完成 34 家一、二级重大危险源单位监控视频与风险监测数据接入，指导各区三、四级重大危险源企业全面接入。制定模块化电子标签建设方案，完成化工区 35 家许可企业全品种发货信息的数据接入。开发市、区移动执法信息系统，编制《应急指挥调度系统配置指南》，指导建设市、区两级移动执法装备与指挥调度信息化基础装备的支撑体系。加强应急管理社会共治。参加市新冠肺炎疫情防控系列新闻发布会、上海人民广播电台“民生访谈”、“中国・上海”门户网站在线访谈节目，主动向社会各界发布本市应急管理工作情况，回应社会关切。组织开展高危行业领域安全技能提升行动，落实相关培训补贴政策，推动高危行业企业提升本质安全水平；联合建设信息技术学校危险化学品安全作业人员培训考试点，填补本市特种作业人员安全技术培训考核发证工作空白。加强应急管理学科建设，与上海交通大学签订战略合作框架协议，推动成立上海交通大学应急管理学院。组织开展好全国防灾减灾日、国际减灾日、“安全生产月”“119 消防宣传月”等活动。统筹安全发展示范城市、综合减灾示范社区创建和动态管理，制定出台标准评价体系。

第十章 江苏省应急管理工作

2020年，江苏省应急管理系统以习近平新时代中国特色社会主义思想为指导，扎实开展专项整治“一年小灶”，全力以赴履行安全生产、防灾减灾救灾和应急救援职责，大力推进应急管理治理体系和能力现代化。全年全省共发生各类生产安全事故2190起、死亡1234人，同比减少4256起、2141人，分别下降66.03%和63.44%。其中，较大事故13起、死亡52人，同比减少5起、30人，分别下降27.78%和36.59%；没有发生重特大事故；绝大多数重点行业领域和所有设区市实现事故起数、死亡人数“双下降”。全年发生火灾7978起，造成44人死亡、53人受伤，直接财产损失约2.24亿元，全年督改火灾隐患94万处，销案重大隐患254家，连续21年未发生重特大亡人火灾事故。

一、安全生产和消防安全

（一）坚持改革创新，健全完善应急管理体制机制

落实“三定”规定，理顺优化议事协调机构工作机制，强化部门协作联动，应急管理体制机制更加顺畅。

创新实行安委办实体化运行。加强安委办力量配备，增设专门处室，全省安委办工作力量是实体化运作之前的2.2倍。13个设区市、95个县（市、区）安委办专职副主任配备率均为100%，省、市、县三级应急管理部门共设166个安委办工作机构，统筹核定460名行政编制。用实用好巡查、督查、考核等抓手，充分发挥安委办“指导协调、监督检查、巡查考核”作用，提升综合协调效能，形成了具有江苏特色的安委办运行机制。

充分发挥各类议事协调机构作用。健全完善职责明确、分工协作、协调联动的工作机制，实现职责清单化、制度规范化、效能最大化。调整充实省减灾委员会成员，明确工作规则，强化成员单位职能作用，加快形成“防”与“救”无缝衔接的责任链条；健全自然灾害防治工作联席会议制度，成立省第一次全国自然灾害综合风险普查领导小组，部署开展风险普查。

理顺优化部门协作联动机制。注重发挥相关部门的专业优势，与省卫生健康委签订突发事件紧急医学救援和事故灾害医疗救治合作框架协议，推动信息共享、强化医疗救治、开展联合演练；与省农业农村厅签订防灾减灾救灾和安全生产监管合作机制协议，应对重特大自然灾害、防范遏制重特大生产安全事故等。

（二）坚持落细落实，织密织牢应急安全责任体系

始终把严格落实责任制作为抓好应急管理工作的“牛鼻子”，努力构建明责、知责、履责、追责的完整体系。

党政领导带头履行安全生产责任。省委、省政府出台领导班子成员年度《安全生产重点工作清单》。各级党委常委会向党委全会、各级政府向人代会报告安全生产情况，党政领导干部年度述职必述安

全生产履职情况。强化考核指挥棒作用，把对设区市党委、政府的安全生产和消防工作考核作为唯一专项考核事项，以严格考核推动各地切实承担起“促一方发展、保一方平安”的政治责任。

压紧压实部门安全监管责任。协调省委编委出台省级部门和中央驻苏单位安全生产责任清单，实现各行各业安全生产责任全覆盖。出台加强安全生产重点行业领域监管执法的实施意见，推动负有安全监管职责的部门用好安全生产法律法规，加强执法监管。对部门安全生产履职情况进行差异化考核，与年度绩效奖励挂钩。

推动企业落实安全生产主体责任。组织开展“百团进百万企业”专题宣讲，省、市、县三级党政领导，安委会成员单位负责人近 1.3 万名干部，共宣讲 4 万多场次，推动 34 万家工业企业、260 多万人接受安全生产教育，实现两个全覆盖。围绕安全投入、安全培训、基础管理、应急救援“四个到位”，细化出台企业安全生产主体责任“20 条”清单，同时明确政府督促企业落实主体责任的 10 项要求，开展“春风行动”，推广经验做法，加大执法检查力度。

严格落实自然灾害防治责任。落实以行政首长负责制为核心的防汛责任制，汛前省政府与各设区市政府签订防汛抗旱工作责任状；督促各地调整充实防汛抗旱组织机构，落实各类水利工程行政和技术责任人。省防火指挥部办公室发挥牵头抓总作用，强化统筹协调和综合指导，大力推动责任落实到人、落实到山头地块、落实到工作各环节。

（三）坚持问题导向，精准防控重大安全风险

全面系统排查整治问题隐患，推动专项整治“一年小灶”取得实效。

全力提升危险化学品安全风险管控效能。加强危险化学品生产、使用、退出等重点环节的全生命周期安全管控。生产环节上，实行安全生产许可证现场核查制度，对 726 家重大危险源企业开展全覆盖专项检查督导，对全省硝化工艺企业、硝化生产装置逐一“过筛子”（关闭企业 66 家、退出装置 77 套），全年关闭退出低端落后化工生产企业 700 多家；使用环节上，开展涉及 20 个行业领域的危险化学品使用安全专项治理；退出环节上，出台《江苏省化工生产企业关闭退出验收标准》，严格落实作业许可和安全防范措施，确保“两断三清”（断水、断电，清原料、清设备、清场地），严防关闭退出过程发生事故。

全面巩固冶金工贸安全基础。聚焦钢铁、铝加工（深井铸造）、粉尘涉爆等安全风险，推进设备、工艺改造。全省 37 家钢铁企业吊运铁水、钢水全部使用固定式龙门钩的铸造起重机，113 家深井铸造企业熔铸系统全部实现自动化改造，143 家单班作业 10 人以上的铝镁金属粉尘企业中 122 家推行了湿法除尘技术。

严厉打击违法违规“小化工”。从 2020 年 5 月底开始，在全省范围内开展违法违规“小化工”百日专项整治行动，运用“大数据+网格化+铁脚板”机制，排查治理“小化工”1117 家，立案查处 522 件，移送司法机关处理 129 家，行政、刑事拘留 207 人，没收非法所得、行政处罚 2681 万元；拓展排查其他“小字头”企业、作坊、窝点 250 万家，发现问题 3524 家，完成整治 3477 家。

持续强化矿山安全监管监察。全省矿山杜绝较大以上事故，煤矿实现零死亡，非煤矿山发生事故 2 起、死亡 3 人；矿山数量只减不增，关闭煤矿 1 座、非煤矿山

13 座，尾矿库闭库 2 座；防范化解重大安全风险取得显著成效，新设计安装的煤矿冲击地压工作面全部实现智能化开采，煤矿及重点非煤矿山风险监测预警系统全面建成，闭库及停用尾矿库销号工作全面启动；重大安全隐患全部实现整改销号，全省矿山 47 条重大安全隐患全部整改闭环到位；执法计划全面完成，煤矿监察执法 33 矿次，非煤矿山执法检查 50 矿次，煤矿及重点非煤矿山执法全覆盖。

二、防灾减灾救灾

2020 年，自然灾害受灾人口同比下降 25.8%，因灾死亡人数同比下降 44.4%。

全力防汛抗洪防台。面对严峻的防汛抗洪形势，坚持人民至上、生命至上，实现了无重大险情、无人员伤亡、无重大灾害损失。汛前及早谋划部署，深化与中国安能集团常州分公司、省水利建设工程公司战略合作，充实省级专业抢险力量 280 人；与省地质矿产勘查局组建 400 人的工程应急抢险队；协调对接中国电建、中国能建等 6 家中央企业，落实人员 2000 余人、装备 200 台（套）。举办全省防汛应急抢险救援实战演练。增储 1500 万元物资装备，并在重要水利工程、重点设施就近储备，在重大险工患段就地储备。勘察险工隐患，督促各地做好汛前检查发现风险隐患和薄弱环节的整改落实。主汛期全力以赴抗洪抢险，加强统筹调度，组织工作组赶赴防汛防台一线，督促各地落实责任措施。加强与水利、气象等部门协调联动，强化联合应对，参加会商研判 40 余次，启动Ⅱ级响应后，派员到省防汛抗旱指挥部办公室值守 16 天，合力防汛抗洪。先后 6 批次调派省消防救援队伍、中国安能集团常州分公司等救援力量赴太湖、长江、淮河、沂沭泗等 10 处防洪高风险区域前置备勤、特勤处置，累计出动 2930 人次、车辆 2200 辆次、舟艇 900 艘次，巡查堤坝 5100 公里、加固堤防 10 公里，抢险救援 700 起、营救被困群众 197 人、安全转移撤离 3.73 万人。汛后及时开展调查评估，逐项分析汛期暴露出来的问题，明确改进措施；指导各地开展防汛抢险机制调研，完善组织体系，加强应急抢险救援能力建设。

健全防灾减灾体系。出台《关于做好自然灾害综合监测预警工作的意见》，建立自然灾害风险形势会商机制，及时形成综合分析报告。统筹推动自然灾害防治九项重点工程建设，扎实开展第一次全国自然灾害综合风险普查，创建 72 家全国综合减灾示范社区。组织专家对南京等 7 个重点地区开展现场检查，督促抓好地质灾害防范和应急准备，指导各地成功处置地质灾害灾情 6 起、险情 37 起。先后 4 次对 7 个森林防火重点市县开展督查，全年实现了无森林火灾和无人员伤亡。

健全灾害救助体系。修订《江苏省自然灾害救助应急预案》，出台《2020—2022 年省级应急救援救灾物资和装备储备》三年计划，按计划采购应急装备和生活物资。及时启动省Ⅳ级救灾应急响应，派出工作组赶赴受灾地区查灾核灾，协助地方政府开展救灾救助。协调拨付自然灾害救灾资金、紧急调拨生活类救灾物资 3.3 万件，及时开展冬春救助，指导受灾地区做好民房恢复重建，帮助受灾群众恢复正常生产生活秩序。

三、应急救援

应急指挥方面，强化协调联动指挥，健全完善上下贯通、左右连通的应急救援和事故处置体系，制定出台全省应急指挥中心规范化标准化建设基本要求，推进指挥中心场所建设，配备应急移动指挥车。严格值班值守制度，严格落实“四个一”（一把手总负责、组建一套专班、制定一套方案、统一一个口径）应急值守机制，实行厅领导、处长带班，值班员和驾驶员 24 小时值班，森林防火敏感期、防汛关键期实行业务处室加强值班，节假日每天调度应急值守情况。规范预警信息发布，推动信息联动共享，全年共对各地视频调度和事故现场调度 57 次，接到 12345 工单 686 份并全部按程序完成答复，接收事故灾害信息 93 条，高效处置事故灾害。

救援能力建设方面，稳步推进预案体系建设。启动省级预案修编，出台《江苏省突发事件总体应急预案》《江苏省重特大生产安全事故应急预案》《江苏省危险化学品事故应急预案》《江苏省自然灾害救助应急预案》等 30 件省级专项应急预案；12 个设区市总体应急预案修订出台，市级专项预案共修订出台 257 件；县（市、区）、基层和企业应急预案修订工作有序推进，全省应急预案体系逐步完善。开展应急演练，全年组织开展江苏省重特大生产安全事故（危险化学品）应急预案演练、省防汛应急抢险救援实战演练、危险化学品重大危险源泄漏火灾事故应急处置综合演练、省水上搜救综合演习、省地震应急演练等省级层面应急演练 25 次，指导市县开展各类应急演练 1800 余次。发挥综合性消防救援队伍、专业队伍、社会力量“三支队伍”作用，正式启用省沿江（江阴）危险化学品应急救援基地，协调推进国家危险化学品应急救援连云港基地、省消防训练基地建设。组建长三角应急管理专题合作组，推进区域应急联动协调八项机制建设，联合举办第三届进博会安全保障暨长三角一体化示范区综合应急演练。2020 年，全省累计投入地方消防经费 36 亿元，全年消防站立项 100 个、开建 66 个、投勤 43 个，集中采购消防车 422 辆。

四、基础保障和能力建设

围绕基层监管能力、法规标准制度、科技信息化和宣传教育培训等，扎实推进、稳步落实，不断夯实应急管理基层基础。

配齐配强基层监管力量。推动市、县两级应急管理部门增加编制和人员，市级较改革前分别增加了 48.6% 和 30%，县级较改革前分别增加了 21% 和 6.5%。加强安全监管执法队伍建设，明确 8 个化工重点市、20 个重点县分别配备不少于 20 人、10 人专业执法人员的要求，重点市、县危险化学品监管人员从 2019 年的 230 人增加到 2020 年的 379 人，增加了 64.7%。

健全完善法规标准制度。出台《江苏省工业企业安全生产风险报告规定》，实施《有色金属深井铸造工艺安全技术规范》《有限空间作业安全操作规范》《用电场所智慧安全监控系统技术规范》《企事业单位铅酸蓄电池安全运行技术规范》《江苏省安全评价检测检验机构管理办法》等多项地方标准，推动风险防控和安全管理全面迈上法治化轨道。

着力提高科技信息化水平。建成运行全省安全生产问题处置监管平台，对问题、隐患和事故进行全流程监管。优化危险化学品安全风险监测预警系统，全省重大危险源企业数据全部接入，实现实时监测、动态评估，及时预警处置。推广运用安全生产行政执法系统，完成“一张图”建设，实现行政执法规范化、信息化、智能化、便捷化。建成煤矿安全生产风险监测预警系统，全覆盖煤矿传感监测和视频监控数据。完善化工企业信息化管理制度标准体系建设，577家重大危险源企业建成“五位一体”信息化管理平台。

全面强化宣传教育培训。聚焦国务院督导组移交的46项典型做法，以宣传制度成果和开展舆论监督相结合，深入组织专项整治新闻报道，在全社会营造良好舆论氛围。深入开展“安全生产月”活动，持续推进安全应急科普知识进企业、进农村、进社区、进学校、进家庭。新增3所高职院校设置安全技术与管理等专业，扩大化工专门人才培养规模，遴选确立8所全省安全生产培训示范职业院校，加快培训高危行业企业从业人员和各类特种作业人员，全年培训考核“三项岗位人员”29.9万人。开展灭火救援技术及作战训练安全、舟艇驾驶、水域救援技术培训，完成首批800名“1+N”建筑消防设施操作专业队指战员轮训工作。

第十一章　浙江省应急管理工作

2020 年，浙江省应急管理系统深入学习贯彻习近平总书记关于应急管理重要论述，扫盲区、除死角、提本质、遏重大、降较大、减总量、保安全，提升应急防控能力，为建设“重要窗口”（习近平总书记赋予浙江“努力成为新时代全面展示中国特色社会主义制度优越性的重要窗口”的新目标新定位）提供坚强的应急保障。全年全省共发生生产安全事故 1141 起、死亡 1005 人，同比分别下降 22.0% 和 22.2%；发生火灾 7885 起、死亡 26 人、受伤 26 人，同比分别下降 23.6%、50% 和 49.1%；全省因自然灾害受灾 232.4 万人次，直接经济损失 145 亿元；发生森林火灾 21 起，受害森林面积 107.79 公顷，同比分别下降 30% 和 6.7%，24 小时扑灭率达到 100%。

一、安全生产和消防安全

（一）实施三年行动计划

经省委常委会会议、省政府常务会议专题研究，省委、省政府主要领导审签，5 月印发《浙江省第二轮安全生产综合治理三年行动计划》，确立“3+10”专题专项。对照“目标、工作、政策、考评”四个体系和“问题、任务、责任”三张清单，细化任务措施 319 条，量化指标 273 项，量化率达 85.6%。制定《浙江省第二轮安全生产综合治理三年行动组织领导框架图和工作任务责任分工及进度控制表》，强化过程控制，2020 年度省级 138 项挂图作战任务全部完成。统筹协调各级各部门推进排查整治，全年开展督导检查 10.22 万次、督导单位 39.38 万家、督导问题 15.18 万项；实施行政处罚 159.5 万次、责令停产整顿 9018 家、关闭取缔 946 家。

（二）强化督查督办

省安委会加强巡查考核，对经信、教育、民宗、民政、文旅、卫健 6 个省级部门开展安全生产巡查，并同步对 11 个设区市和 17 个省级部门实施考核，督促责任落实。针对国务院安委会安全生产巡查考核反馈的 24 项问题、2019 年省级安全生产巡查发现的 1827 项问题、国务院安委会办公室事故整改情况“回头看”反馈的 5 方面问题等，清单化督促落实整改。加强重大隐患挂牌督办，严格销号管理，省级挂牌督办重大隐患 161 项，对整改进度滞后的 73 项道路交通隐患发函督办。

（三）深化重点整治

加强疫情防控期间安全监管，先后 7 次印发文件作出针对性部署，整治问题隐患 12743 项。自 3 月 24 日起，部署开展为期 20 天的“护航复工复产安全生产攻坚行动”，落实“三个一，两个全覆盖、点对点”精准指导，督促暗访发现的 2068 项问题整改到位。深刻吸取温岭“6·13”槽罐车爆炸事故和黎巴嫩贝鲁特特重大爆炸事件教训，部署开展危险化学品运输“铁拳整治”专项行动和全生命周期安全重点整治，遏制危险化学品运输事故多发势头。省安委会印发《关于贯彻落实全国危险化学品道路运输安全集中整治方案、进一步深化全省“铁拳整治”专项行动的通知》，探索危险化学品运输监管长效机制。整治开展以来，全省涉及危险化学品运输车辆道路交通事故同比下降39.26%。深刻吸取中天东方氟硅材料有限公司“11·9”火灾事故教训，推进全省62家有机硅生产、储存企业安全集中整治，发现问题隐患1208项，责令停产停业整改4家。推进矿山安全整治、化工园区安全整治提升等重点领域专项整治，巩固小微企业安全生产和消防综合整治、“三个三”风险隐患排查整治等成果，整治小微企业问题隐患超过47万项，完成52家化工园区“一园一档”和整治提升“一园一策”。

（四）加大监管执法力度

强化对事故易发多发领域执法检查，全省检查生产经营单位78338家次，实施行政处罚12727次，罚款3.08亿元，罚款收缴率达99.3%；开展全省生产安全事故调查处理情况“回头看”，对2019年7月以来的16起2人以上亡人事故和近5年发生的7起重大事故整改情况开展“回头看”，推动追责追刑、整改落实。

（五）建立长效机制

推进企业安全风险管控体系建设，完成1131家企业（园区）试点，并在超过5万家企业（园区）全面推广。推行生产安全事故企业公开道歉制度，制定《浙江省安全生产重大事故隐患和违法行为举报奖励实施办法（试行）》，以社会监督倒逼企业主体责任落实。推动社会化服务向小微企业倾斜，提升小微企业安全管理水平，印发《关于进一步推进浙江省安全生产责任保险规范化工作的通知》，加强安全生产责任保险信息系统建设，推动实现危险化学品、烟花爆竹、矿山、金属冶炼4个高危行业安全生产责任保险100%覆盖。

（六）加强消防安全

省政府与11个设区市政府和17个省级单位签订消防工作目标管理责任书，组织开展年度考核巡查。警示通报火灾多发5个地市，并就冬春火灾防控、石化消防安全等发出专门提示，完成15起火灾责任事故延伸调查，共追责刑事立案4人，党政纪处分和组织处理48人。民政、教育、卫健、民宗等13个行业部门实施消防安全标准化管理，联合开展危险化学品重大危险源、文物古建筑、邮政、港口等重点行业领域专项检查督导，推动省标委会出台锂离子电池管理相关规范。2020年，全省共接警出动10.5万起，抢救疏散被困群众1.8万人，抢救财产价值24.5亿元，有效处置抗击台风“黑格比”、钱塘江流域抗洪、温岭“6·13”槽罐车爆炸、中天东方氟硅材料有限公司“11·9”火灾等重大事件并增援江西、安徽抗洪一线。

二、防灾减灾救灾

（一）强化责任落实

全面落实行政首长负责制的防汛防台责任，省、市、县三级防汛抗旱部负责人调整为政府主要负责人，相关部门主要负责人为成员，进一步充实防汛抗旱部工作力量。汛前公布119名市、县防汛防台抗旱行政责任人，梳理更新1387个乡镇（街道）、25094个村（社区）防汛责任人，基层责任体系进一步完善。省、市、县三级防汛防台应急预案全部完成一轮修订，更新3万余幅村级防汛防台形势图。建立防汛培训体系，汛前分级分层组织开展“1+11+N”全省防汛防台万人大培训。

（二）优化机制运行

以落实台风洪涝灾害科学防控能力提升专题调研报告为牵引，推动落实68项重点任务，形成防汛防台“识别一张图、研判一张单、管控一张表、指挥一平台、应急一指南、案例一个库”工作体系。省政府印发《关于进一步加强防汛防台工作的若干意见》，从完善防汛防台领导等9个方面强化“一个口子”统筹机制。先后修订出台《浙江省防汛抗旱指挥部运行规则》《浙江省防汛抗旱指挥部十大机制》《浙江省森林防灭火指挥部运行规则》，推动各类议事协调机构规范化运行。出台一系列制度文件，规范开展会商研判、监测预警、信息发布等各项工作。

（三）全力防御梅汛台风灾害

针对浙江2020年超长超量的梅雨洪涝灾害，省防汛抗旱指挥部每日视频调度、点对点精准指导，有序做好9轮强降雨应对工作；特别是面对新安江水库9孔泄洪，首次启动钱塘江流域防汛Ⅰ级应急响应，下发10期风险提示单，统筹预置各类救援力量1.1万人，调拨防汛物资和救灾物资34万件支援建德、桐庐等地，有序做好了梅雨防御。面对正面登陆的“黑格比”台风，省防汛抗旱指挥部先后10次会同有关部门加强科学研判，下发14期风险提示单加强对重点地区的精准指导，全省累计转移43.76万人，有效应对台风灾害。针对灾情迅速做好恢复工作，梅雨洪涝灾后3日内基本恢复通信、通电、通路，“黑格比”台风过后2日内实现198.63万户全部恢复供电、4010个通信基站全部恢复；会同省财政厅向7个市30个县（市、区）下达救灾资金近1.2亿元支持灾后恢复重建，有力推进灾后恢复重建。

（四）抓好森林防灭火工作

加强违法用火专项治理，开展为期3个月的野外火源专项治理行动，全省排查森林火灾隐患5386项，查处刑事案件3起、处理3人，行政案件108起、处理106人。9月底部署打击森林违法用火行为专项行动，查处、制止违法用火10845起，行政处罚375人、刑事处罚6人，保障秋冬季森林防灭火安全。落实8架直升机实行全年驻防，实行森林航空消防航护时段全年覆盖，10月启动卫星林火监测建设，推进对森林火灾的全天候监测，提升了预警防控能力。推进建德、青田等11个“引水灭火示范县”创建工作，完成浙江省北部森林重点火险区综合治理二期工程、浙江省丘陵地区森林重点火险区综合治理二期工程和金衢盆地森林重点火险区综合治理二期工程建设，提升森林火灾综合防控能力。

（五）加强减灾保障

推进避灾安置场所规范化建设，修订《避灾安置场所建设与管理规范》，完成规范化建设避灾安置场所2227个，可视化接入避灾安置场所8809个。加强物资保障工作，明确省、市、县、乡、村五级物资储备目录。实现1043个多灾易灾地区乡村重要物资配备全覆盖，配备卫星电话15548台，应急发电机16036台，排水泵18860台。推进综合减灾示范社区建设，指导创建40个国家级综合减灾示范社区，完成60个省级示范社区建设。强化灾害信息员队伍建设，基本形成市、县、乡、村灾害信息员全覆盖的工作格局。

三、应急救援

（一）提升救援能力

加强应急救援队伍建设，建成20支50~100人的市级综合森林火灾应急救援队伍，实现设区市级全覆盖。新培育52支社会应急力量，举办全省首届社会应急力量技能比武，进一步提升救援能力。高标打造航空救援体系，全力推动全国首批航空应急救援体系试点省建设，落实8架直升机、5个常态化备勤点和122个临时起降点，实现直升机常态化备勤。完善应急管理专家库建设，建立省政府第三届应急管理专家组队伍，建立涵盖事故灾难、自然灾害、公共卫生、社会安全、综合管理五大类的应急管理专家库，入库专家达4402人，实现专家资源共享共用。全省各地财政投入消防经费28.49亿元，同比增加3%。开工建设队站43个，升级改造营房营区项目237个，新购消防车船、无人机209辆（架）、装备器材2.5万件(套)。

（二）强化协同联动

完善预案体系，起草《浙江省突发事件总体应急预案》，统筹推进防汛防台、防范处置火灾事故等应急预案的修订，强化衔接、加强演练，提高预案的实用性。加强统一管理，强化对各类应急救援队伍的救援统筹，印发《关于规范社会应急力量救援现场管理的通知》，规范现场救援工作。加强与省军区、省红十字会、浙江安邦护卫集团等合作，构建应急联动合作和同训共练机制。强化区域联动，融入长三角一体化发展，长三角应急管理专题合作组纳入长三角地区14个专题合作组之一；牵头制定长三角区域应急联动协调八大机制，加快区域协同发展。

四、基础保障和能力建设

（一）统筹推进自然灾害防治九项重点工程建设

建立浙江省自然灾害防治工作联席会议制度，专班推进，省级制定总体方案，出台9个子方案，切实加强自然灾害防治九项重点工程统筹。启动自然灾害综合风险普查，印发《关于开展第一次全省自然灾害综合风险普查的通知》，组建工作领导小组，重点推进临安、苍南、平湖、温岭、遂昌5个普查试点。加强应急救援中心建设，启动金华区域应急救援中心建设工程。推进自然灾害监测预警信息化工程建设，各专业部门完成安装专业监测设备278处1229台，建成水文测站4533个、水情预报站55个、自动气象站3287个，形成10部新一代天气雷达和15部风廓线雷达组成的雷达观测网。

（二）加强应急安全宣传教育

印发《全民安全素养提升三年行动计划（2020—2022年)》，出台《全省安全宣传“五进”工作实施方案》，大力开展“安全生产月”等主题活动，实施百万员工安全大培训，完成培训160万人，营造了良好的社会氛围。出台《深化推进应急（安全）宣传教育体验馆建设工作的指导意见》，制定建设标准，规范化标准化建设宣教体验馆，全省完成506家体验馆建设，助力提升全民安全素养。

（三）数字赋能应急管理工作

7月底上线运行自然灾害风险平台，归集共享气象、水利等16个部门2.3亿条数据，形成以县域为单位的静态和动态综合风险“五色图”，实现滚动下发风险清单。9月底上线试运行安全生产风险平台，聚焦危险化学品、道路交通、特种设备、消防等重点领域，归集治理五大类共2.74亿条安全生产数据，监控企业达37万家。部署开展企业安全生产风险普查，全面辨识风险，绘制安全生产风险“四色图”。推动“浙江安全码”开发应用，自然灾害防治领域推广“码上转”（危险区域人员转移)、“码上救”（抢险救援队伍通行）、“码上领”（受灾群众灾后救助）、“码上报”（灾情快速上报）等应用场景，全省赋码 53 万人，经受住“黑格比”台风实战检验；安全生产方面，推广特种作业人员“领码上岗、亮码作业、码上学、码上管”和执法人员“码上查”等应用场景，全省实现赋码特种作业人员 48 万。推进应急指挥可视化调度系统建设，实现一键可视互通，突发事件接报后 30 分钟内现场可视化，实现一屏指挥调度；汇总全省应急预案、应急物资数据和应急救援力量情况，智能生成队伍和物资调度调拨建议方案。在钱塘江流域性洪水期间，通过平台支援建德等地 34 万件物资，全部在 3 小时内运达。5 月，“浙政钉”浙江应急移动端应用正式上线，为省、市、县、乡、村五级防汛防台工作人员提供“掌上协同”工具，全年安装近 3 万人。

第十二章 安徽省应急管理工作

2020年，安徽省应急管理系统坚持以习近平新时代中国特色社会主义思想为指导，全面贯彻落实党的十九大和十九届二中、三中、四中、五中全会精神，聚焦抗疫情、战汛情、保安全，推进安全生产“铸安”行动常态化实效化和风险管控“六项机制”制度化规范化，推进安全生产责任措施落实，强化自然灾害防范应对，加强应急管理体系和能力建设，全力防范化解重大安全风险，安全生产和自然灾害形势总体稳定。全年全省安全生产实现“两降三无”：事故总量、死亡人数同比分别下降15.3%和11.2%，无重大生产安全事故、无重大消防火灾事故、无重大森林火灾事故。防汛救灾实现“四个没有”：全省没有发生重大人员伤亡事件，重要堤防没有出现损毁，国家重要基础设施没有受到冲击，经济社会发展重点工作没有受到影响。

一、安全风险防控有力有效，消防安全得到有力保障

（一）抓责任落实

省委常委会会议、省政府常务会议多次研究部署安全生产工作。省政府与16个设区市和25家省直单位签订安全生产目标管理责任书。修订《安全生产工作考核办法》，强化结果导向，加大事故、亡人扣分权重。及时调整健全省安委会、省森林草原防灭火指挥部工作机制。省安委办发出事故通报10次，对事故多发的设区市政府进行约谈，开展党政领导干部安全生产责任制等贯彻落实情况巡查。印发《关于进一步强化企业安全生产主体责任落实的通知》，压实企业主体责任。

（二）抓专项整治

按照国务院安委会统一部署，制定“1+11+N”安全生产专项整治三年行动实施方案，建立考核巡查、约谈问责等8项工作制度。全年全省各级各有关部门和单位排查隐患31万多条，责令停产整顿企业1100余家，约谈警示企业5000余家；完成“全省化工园区、物流园区等申报认定”“建设公路安全生命防护工程6300公里、加固公路危桥139座”等47项目标任务。

（三）抓重点领域

突出防范危险化学品系统性安全风险，省委、省政府印发《关于全面加强危险化学品安全生产工作的实施意见》，开展安全风险排查评估、重大危险源专项检查督导、非法违法“小化工”专项整治、硝酸铵等危险化学品安全风险隐患专项排查治理，推进危险化学品安全防控监测信息系统运用并不断完善。加强非煤矿山和尾矿库安全监管，初步建成尾矿库在线监测预警系统，完成三等以上尾矿库与应急管理部的数据推送和视频接入工作。制定尾矿库安全监管责任清单，出台尾矿库闭库销号管理办法。2020年关闭非煤矿山10座，完成尾矿库闭库7座，完成尾矿库销号76座。强化工贸行业监管，推进“互联网+安全监管”系统建设应用，对企业隐患排查上报、隐患整改闭环

等情况实施“红黄牌”管理。开展防范遏制有限空间中毒窒息事故专项整治，加强粉尘涉爆等领域监督检查。加强森林草原防灭火工作，强化责任落实、源头管控、隐患排查、督导检查，全年火灾次数、过火面积和受害森林面积同比分别下降 81.4%、87.78% 和 74.05%。针对煤矿、道路交通、建筑施工、消防等行业领域，深入排查整治隐患风险，挂牌督办 50 处重大火灾隐患、257 处道路交通隐患、90 处铁路专用线平交道口隐患。

（四）抓执法监管

启动应急管理综合行政执法改革。强化执法队伍、执法制度、执法能力建设，印发《安全生产执法手册（2020 年版）》。开展安全监管执法案卷“四查”活动。严格事故调查和责任追究，对 13 起瞒报事故、2 起未依法调查处理亡人事故和 4 起违法违规行为案件组织核查，对 20 起事故进行挂牌督办，对 6 起事故进行调查。开展重大生产安全事故整改措施落实情况“回头看”，构建 2015 年以来较大及以上等级事故信息库。2020 年，全省应急管理系统检查生产经营单位 19188 个、29119 次，责令停产停业 95 个，实施罚款 14419.61 万元。

（五）抓消防安全

聚焦消防安全专项整治三年行动，省政府连续第 13 年挂牌督办 50 处重大火灾隐患。联合教育、民政、卫生健康等 9 部门制定行业消防安全标准化管理规定，推动全省 1.8 万家重点单位开展消防安全标准化管理达标创建。通过复产复工“消防护航”专项行动做好疫情防控条件下的消防安全服务保障，联合相关行业部门先后对重大危险源企业、文博单位、物流仓储、彩钢板建筑、电商直播等重点场所开展专项治理，全年督改火灾隐患 8 万余处。全年发生火灾 9662 起、死亡 33 人、受伤 12 人，同比分别下降 0.65%、25% 和 61.29%；直接财产损失 1.7 亿元，同比上升 3.31%，火灾形势持续平稳。

二、防汛救灾取得重大胜利

2020 年汛期，安徽省先后发生 10 次强降雨过程，梅雨期之长、暴雨日数之多、累计雨量之大、覆盖范围之广，均为历史罕见，长江及巢湖、淮河、新安江三大流域同期发生大洪水。面对长江、淮河、巢湖“南北夹击、三线作战”的严峻防汛形势，省委、省政府把确保人民生命安全摆在第一位，建立 5 级防汛包保责任体系，省防汛抗旱指挥部、省减灾委员会分别启动防汛Ⅰ级、救灾Ⅱ级应急响应，宣布相关地区进入紧急防汛期。坚决果断转移安置高风险区域群众 132.9 万人，未出现因转移不及时而造成的人员伤亡。省防汛抗旱指挥部运用 11 个行蓄洪区，督促指导合肥市主动运用巢湖周边 9 个万亩以上圩口蓄洪。王家坝时隔 13 年再次开闸蓄洪。协调解放军、武警、民兵预备役、消防救援队伍、企业和社会应急等多方救援力量，投入抗洪抢险。戴家湖涵闸重大险情处置入选 2020 年全国应急救援十大典型案例。坚持一体推进抢险救灾，累计集中安置群众 10.2 万人，单日最多集中安置 4.1 万人，投入生活救助资金 11.8 亿元，下拨重建资金 2.79 亿元，2020 年 11 月底前因灾倒损房屋重建（修缮）任务如期完成。下拨冬春救助资金 5.76 亿元，确保受灾群众安全温暖过冬。省委、省政府召开全省防汛救灾工作表彰大会，应急管理系统 24 家单位被评为“全省防汛救灾工作先进集体”，49 人被评为“全省防汛救灾工作先进个人”；2 家单位被评为“安徽省先进党组织”，1

人被授予“安徽省优秀共产党员”称号。

三、应急救援能力不断提升

省政府发布省突发事件总体应急预案、生产安全事故应急预案、防汛抗旱应急预案。印发应对灾害事故任务分工、重大灾害事故应对工作方案，建立军地、部门对接协调联动机制。加强专业救援队伍能力建设，开展实战化救援演练和技术竞赛。推进抢险救援能力提升工程，谋划建设自然灾害、水域、航空、天然气、森林火灾7类抢险救援基地，建设救灾、粮食和森林防火3类物资储备中心。依托中国安能集团第一工程局合肥分公司、合肥市水上应急救援队，分别设立省自然灾害抢险救援基地、省水上救援基地。积极融入、主动对接长三角，坚持一体化发展，建立应急联动等八项机制，开展长三角应急航空救援体系调研，协助编制长三角突发重大事件应急体系建设方案。印发《综合性消防救援装备发展规划》，明确5年内投入专项经费近40亿元。推进消防救援装备和基础建设，全年全省累计投入消防救援装备建设经费8.8亿元。

落实自然灾害防治工作厅际联席会议机制，每月会商研判自然灾害重大风险，强化应急准备、值班值守、物资保障和应急处突等工作，有效防范应对突发灾害。实施自然灾害防治重点工程，开展自然灾害综合风险普查，下拨1019万元经费推进试点工作。推进地震易发区房屋设施加固工程，基本消除威胁100人以上地质灾害隐患点。加强物资保障能力建设，对部分省级救灾物资代储库进行调整优化，9个市县救灾物资储备库建设被纳入中央预算内投资计划，辐射全省的救灾物资储备网络体系已初步建成，救灾物资储备库已基本覆盖全省多灾易灾地区。印发《应急资源管理平台应用推进工作方案》，推广使用应急资源管理平台，建立健全救灾物资生产企业名录。实施省级救灾物资评估工作，对全省21个市县代储库（点）的省级救灾物资进行实地盘点和价值评估。

四、应急管理基础不断夯实

省政府印发《“数字江淮”建设总体规划（2020—2025年）》《“数字政府”建设规划（2020—2025年）》，将“智慧应急”纳入重点工程推进实施。推进危险化学品、道路交通、地质灾害、森林防灭火、防汛抗旱、地震等“6+N”重点领域监测预警、指挥调度、抢险救援“三大系统”建设。启动建设应急指挥协调能力提升项目。推进应急资源平台应用试点，推广应用应急管理信息化平台。获批“智慧应急”建设试点，在全国“智慧应急”建设现场推进会上作交流发言。

强化法治建设，修订《安徽省自然灾害救助办法》，推动应急管理标准制修订工作。制定权力运行监管细则，修订《安徽省安全生产行政处罚自由裁量标准（2020版）》。加强合法性审查，做到应审必审。依法开展行政复议和应诉。加强普法宣传，在全国应急管理普法知识竞赛中获总决赛第五名；参加全国应急管理普法作品征集活动，2件作品分获二、三等奖，省应急管理厅获优秀组织奖。

强化舆论保障，修订印发新闻工作管理规定，建立完善新闻发言人和新闻发布会制度，召开4次新闻通气会，通报应急管理工作情况。组织中央驻皖和省部分主流媒体开展新闻采访活动，赴芜湖、铜陵等地，走进企业、乡村和群众家中，就应急管理系统学习贯彻习近平总书记考察安徽重要讲话指示精神、安全生产专项整治三年行动以及灾后恢复重建、冬春救助工作开展等情况，进行实地采访。深入开展全国防灾减灾日、“安全生产月”“119 消防宣传月”等群众性安全教育、主题宣传和咨询服务活动，推进安全宣传“五进”工作和安全生产宣讲进百企百校、百村百社、进千家万户活动，全省进企业宣讲 1300 多场、进校园宣讲 120 多场、进农村社区宣讲 100 多场、进家庭宣讲 100 多场。

强化共建共治，开展安全文化建设示范企业和综合减灾示范社区创建，创建全国综合减灾示范社区 60 个，命名全省综合减灾示范社区 103 个。印发《关于加强全省灾害信息员队伍建设的实施意见》，建立健全“反应灵敏、运转高效、全面准确”的灾情统计报送管理体系。推进安全风险网格化管理，支持引导社区居民开展风险隐患排查和治理。落实安全生产举报奖励制度，发动全社会特别是企业一线职工举报安全生产隐患和安全生产违法违规行为，2020 年受理举报事项 3700 余件，兑现奖金 300 多万元。

第十二章 福建省应急管理工作

2020年，福建省应急管理系统坚持以习近平新时代中国特色社会主义思想为指导，全面贯彻落实党的十九大和十九届二中、三中、四中、五中全会精神，增强“四个意识”、坚定“四个自信”、做到“两个维护”，全面贯彻落实习近平总书记关于应急管理重要论述和党中央、国务院决策部署，搭平台、建机制、求精准、重创新，认真落实新冠肺炎疫情防控要求，扎实推进应急管理体系和能力现代化建设，全力防范化解安全风险，全力维护人民群众生命财产安全，安全生产形势总体稳定。全年全省共发生各类生产安全事故1186起、死亡735人，同比分别下降16.5%和13.5%；有力应对25次自然灾害侵袭，及时扑灭55起森林火灾、24小时扑灭率98%，有效减轻了灾害损失。

一、认真抓好安全生产和消防安全工作

始终把抓好安全生产作为重大政治责任，深刻汲取泉州欣佳酒店“3·7”坍塌事故教训，强化安全风险隐患排查治理，推动全省安全生产形势总体平稳。

（一）省委和省政府高度重视

对习近平总书记关于安全生产、防灾减灾救灾、应急救援等应急管理的重要讲话重要指示批示和党中央、国务院关于应急管理的重大部署要求，省委都及时召开省委常委会会议、省委专题会等深入学习领会，研究部署具体贯彻落实措施。

省委和省政府坚持管在日常、严在平时，长期抓、深入抓，省委常委会将应急管理工作列入2020年工作要点，省政府将应急管理工作写入政府工作报告。2020年6次省委常委会会议、7次省政府常务会议专题学习贯彻习近平总书记关于安全生产、防灾减灾救灾、对泉州欣佳酒店“3·7”坍塌事故等作出的重要指示批示精神，听取工作情况汇报，研究贯彻落实具体措施，部署加强应急管理工作。

（二）强化疫情防控和复工复产安全防范工作

认真落实疫情防控要求，分区分类、精准施策，紧盯涉医涉疫、防疫物资生产经营等重点行业领域，加强安全监管、安全服务和宣传教育，全力服务保障疫情防控和复工复产安全。在疫情重点防控期间，派出8支志愿小分队赴一线加强指导，全省开展视频调度1595次、电话督促指导10.18万次、微信发送信息46万多条、远程监控和巡查1.6万次，专家指导服务1293次。

（三）扎实推进各领域安全隐患大排查大整治和安全生产专项整治三年行动

深刻汲取泉州欣佳酒店“3·7”坍塌事故教训，在深入开展全省各领域安全隐患大排查大整治、房屋结构安全隐患大排查大整治百日攻坚专项行动的同时，衔接《全国安全生产专项整治三年行动计划》要求，部署开展安全生产专项整治三年行动。2020年共排查发现隐患1008206

项，同比增加 114.8%；督促整改隐患 997734 项，同比增加 119.5%，剩余 10472 项按计划整改；责令限期整改单位 130143 家、停产停业整改 2181 家、取缔关闭 830 家，同比分别增加 74.3%、70.2% 和 52.5%；全面排查全省 897 万栋房屋，重点排查涉疫场所、生产经营出租等六大类风险隐患房屋 249 万栋，共处置重大安全隐患房屋 6.4 万栋。

（四）有力确保重点时段全省安全生产形势平稳

盯紧春节、“五一”、全国两会、国庆、中秋、党的十九届五中全会等重点时段，细化加强安全防范，安排 10 个省级指导服务组下沉一线加强指导服务，组织各地各有关部门安排力量对不放心的企业开展驻守检查、盯守管控。国庆、中秋节日期间，全省共派出督查检查组 8930 个，检查企业 40343 家次，排查整治问题隐患 20428 项。党的十九届五中全会期间，省安委办组织 7 个指导服务组驻守各地市，重点检查指导各地安全防范措施落实情况，保证重点时段全省安全生产形势平稳。

（五）全面加强危险化学品等重点领域安全生产工作

认真宣贯《关于全面加强危险化学品安全生产工作的意见》，出台福建省《关于全面加强危险化学品安全生产工作的实施方案》及配套重点工作落实方案，制定《福建省禁止、限制和控制危险化学品目录（试行）》，开展乙炔生产企业安全专项整治、重大危险源专项整治、危险化学品道路运输安全集中整治、全省非法违法“小化工”专项整治、烟花爆竹旺季安全检查、危险化学品重点县专家指导服务，开展了 3 轮硝酸铵等危险化学品安全风险隐患专项排查治理，全省应急管理部门共检查危险化学品及烟花爆竹企业 11492 家次，共整治了 16653 项隐患。

煤矿开展“学法规、抓落实、强管理”活动，推进煤矿安全监控、人员位置监测、工业视频监控等“三大系统”升级改造，全覆盖检查全省 49 家煤矿共 1092 矿次，排查 5606 项隐患，目前已全部完成整治，停产停建并公示退出煤矿 8 家。非煤矿山共检查 1543 家次，整治 5732 项隐患，全省 224 座尾矿库实现风险隐患排查、包保责任清单公告、管控治理措施、应急预案完善四个全覆盖。工贸企业排查 65977 家企业，整治 128841 项隐患。全省 1.68 万辆“两客一危”车辆 100% 安装卫星定位装置，共查处超限超载案件 2.16 万件、非法运营案件 4425 件、危货运输案件 730 件；排查 6050 台次拖拉机、联合收割机，整治 2605 项隐患；排查境内普速铁路，整治 4915 项隐患；查获涉渔“三无”船舶 368 艘，查办渔业违法违规案件 1261 件，全省 13246 艘海洋渔船安装了固定式北斗定位终端。

（六）着力做好消防安全工作

部署消防安全专项整治三年行动、打通“生命通道”集中治理行动等工作，将“十四五”消防救援事业发展规划纳入省级重点规划。将消防安全纳入全省安全隐患排查整治八大领域之一部署推进，将消防设施改造纳入全省老旧小区改造内容，将智慧消防纳入数字福建发展规划和政府工作要点。多部门联合开展消防安全标准化达标创建，树立行业标杆示范单位 730 家，推动各级行业部门检查单位 9.3 万家，督改隐患 4.2 万处。省委、省政府通过《福建省深化消防执法改革实施方案》。累计检查单位 5.8 万余家，督改火灾隐患或消防违法行为 1.6 万余处，发现重大火灾隐患单位72处，省政府挂牌督办32处。成立109支专业技术服务队，制定出台《疫情防控特殊时期消防监管工作六项措施》《定点医疗机构等三类单位消防安全指导要点》，运用“现场+远程”模式开展“点对点”指导服务涉疫场所。

二、扎实开展自然灾害防治工作

坚持预防预备和应急处突相结合，推进防灾减灾救灾体制机制改革，统筹落实疫情防控和防灾减灾救灾各项工作，有力防抗25次灾害过程，及时扑灭55起森林火灾。

（一）加强防灾减灾救灾能力建设

健全完善军地协同、专群结合的防汛抢险救援体系，建立健全救灾物资快速调拨配送协调机制、防震减灾和抗震救灾协同联动机制、防灾减灾救灾联动机制、应急联络机制，扎实推进自然灾害防治重点工程建设。开展政策性农村住房保险，预拨省级补助保费9405万元，全省有8161户农户共获赔4059.2万元。编制《自然灾害应急救助物资生产商参与名录》，建成71个救灾物资储备库、18970个自然灾害避灾点、1231个地震应急避难场所，储备冲锋舟、救生衣等20余种抢险物资总价值1.18亿元，省本级采购救灾物资557.49万元，并补充口罩、消毒水、防护服等防疫物资4.07万件。

（二）认真做好防汛防台风工作

在常态化疫情防控情况下，坚持预案制定演练在前、灾情研判预警在前、人员物资预置在前，坚持精准指挥调度、精准转移安置、精准动员社会共同防灾抗灾，及时调度指挥各级各方面力量，有效防御了4场致灾性暴雨和1个登陆台风、7个影响台风，实现了人员“零伤亡”“零感染”。增加“疫情防控”要素修订预案1.19万个，开展演练1695场次、4.4万人次参与，整治15397项自然灾害风险隐患、修复水毁工程设施3582处。着力疫情防控常态化条件下危险区域群众安全转移避险，全省增设15413个群众身边的紧急临时避灾点，编发《疫情防控常态化下防汛防台风转移避险工作手册》《福建省危险区域人员转移避险工作手册》，对全省危险区域需转移的21.86万人进行建档立卡并发放“明白卡”5.28万户，开展危险区域群众转移避险演练1.77万场、参加群众23.39万人次。

（三）全面加强森林防灭火工作

出台《福建省森林火灾信息报送规定（试行）》，实行“日报告、零报告”“火情信息零秒共享”等工作机制，全省共投入各类灭火力量9125人次，及时扑灭55起森林火灾，24小时内扑灭率为98%。开展野外火源专项治理、森林重大火险隐患排查等专项行动，整改隐患8577处，查处制止林区违法用火1444起，拘留41人，行政处罚19人，训诫教育3125人。全省完成沿海防护林基干林带建设32.7万亩，完成生物防火林带建设29.6万亩，建设林火视频监控系统153个、卡口87个，采购风力灭火机、阻燃服装等设备10000余件（套）。

（四）扎实开展防旱抗旱工作

2020年夏季全省共经历13次高温过程，高温日数52天，中南部地区出现不同程度气象干旱，入秋后气象干旱再度发展。旱兆出现后，省防汛抗旱指挥部即启动旬报机制，及时研究部署防旱措施，组织各地积极节水、引水、调水，应对旱情，并对九龙江北溪、闽江和有关流域进行水量调度，气象部门开展人工增雨作业287次。

（五）部署推进自然灾害综合风险普查

印发《关于开展第一次全省自然灾害综合风险普查的通知》，出台《福建省第一次全省自然灾害综合风险普查总体方案》，完成省级普查预算；转下达中央自然灾害综合风险普查试点工作补助资金1298 万元，其中省气象局 100 万元、省地震局 50 元、同安区 276 万元、南安市563 万元、浦城县 309 万元。

三、健全完善应急管理体制机制和保障体系

坚持优化、协调、高效，持续推进应急管理机构改革，深入推进安全生产领域改革发展和防灾减灾救灾体制机制改革，积极构建统一指挥、专常兼备、反应灵敏、上下联动的应急管理体制和统一指挥、权责一致、权威高效的应急体系。

（一）进一步深化应急管理机构改革

省、市、县三级全部成立应急管理部门，核定省应急管理厅行政编制比原省安全监察局增加了一倍。设立中共福建省应急管理厅委员会，并由省消防救援总队、森林消防总队各一名主官兼任党委委员。调整并核定省应急技术中心、省应急救援中心、省减灾中心的机构、职责、编制，撤销了省安全生产执法总队，在省应急管理厅设置安全生产执法监督局。

（二）进一步健全完善森林防灭火、防汛抗旱、抗震救灾指挥体系

调整充实全省各级森林防灭火、防汛抗旱指挥体系，出台《福建省森林防灭火指挥部工作规则》《福建省人民政府防汛抗旱指挥部工作规则（试行）》，细化明确机构设置、成员单位职责分工和议事规则、联络机制。建立省政府抗震救灾指挥暨抗震救灾联席会议制度和工作机制，下设办公室在省应急管理厅和省地震局。调整充实省减灾委员会组成单位和人员，细化明确 45 个成员单位的工作职责。

（三）加强应急救援力量建设

省消防救援总队组建综合应急救援机动支队、省级抗洪抢险救援队和工程机械大队，分类打造地震、水域、山岳等专业救援队 59 支。省森林消防总队成立特种救援大队，在 3 个支队、9 个大队逐级成立快反分队，常态保持 800 人跨省区机动增援力量，组织 2 支驻防分队分别进驻厦门市、莆田市。应急管理部自然灾害工程救援厦门基地、厦门市应急救援机动支队、厦门市空中救援中心先后挂牌。全省现有社会应急救援队伍 56 支共 2722 人，防汛抢险队伍 7638 支共 20.23 万人，地方森林灭火专业队伍 127 支 4092 人，地方森林灭火半专业队伍 543 支 14632 人，群众义务森林消防队伍 6982 支 92466 人，省、市、县级地震紧急救援队 112 支，省航空护林总站每年防火期租用两架直升机担负森林航空消防任务，可实施城市、高空、山地、水上救援和医疗救助等应急救援工作。全省新建特勤和普通消防站 19 座。维修改造消防站 74 座，其中完成改造 36 座，推进改造 38 座。改扩建备勤公寓项目 17 个共 181 套。省消防总队闽北训练基地顺利竣工投用。全省共招标采购各类消防车辆 278 辆、器材装备 22.1 万件（套），采购金额达 16.93 亿元。

四、推进应急管理信息化建设和宣传教育

围绕监督管理、监测预警、指挥救援、决策支持和政务管理五大业务域，建成应急救援指挥、隐患排查治理、危险化学品安全生产监测预警（一期）等业务

系统，与水利、海洋渔业等 10 家单位、14 个业务平台实现互联互通。全省 115 家危险化学品企业（共 373 个重大危险源）和 7 家尾矿库监测监控数据已接入应急管理部监测预警平台。

根据疫情防控要求，采取线上线下结合、线上为主线下为辅的方式，组织开展“安全生产月”“119 消防宣传月”等集中宣传，精心策划开展疫情防控、典型人物、大排查大整治等主题宣传活动，向公众普及安全知识、疫情防控和灾害事故防范应对技能。“安全生产月”活动期间，全省 404903 人次参加网络课堂培训，679514 人次参与全国网上安全知识竞赛，57273 个企业开展“安全生产啄木鸟”“企业风险扫描仪”等活动。

第十四章　江西省应急管理工作

2020 年，江西省应急管理系统深入学习贯彻习近平总书记关于应急管理重要论述，以防范化解重大安全风险为主线，扎实做好“六稳”工作，全面落实“六保”任务，全力抗疫情、战大洪、遏事故、促减灾、强应急、夯基础、带队伍，推进应急管理体系和能力现代化，全省安全形势保持总体稳定。全年全省共发生各类生产安全事故 1746 起、死亡 1062 人，同比减少 347 起、254 人，分别下降 16.58% 和 19.3%，8 个行业领域事故起数、死亡人数“双下降”，未发生重大及以上事故；自然灾害造成 949.9 万人受灾，直接经济损失 355.2 亿元。

一、安全生产和消防安全

（一）压实安全生产责任

完善和落实安全生产责任制，省政府分别与 11 个设区市和 45 家省安委会成员单位签订安全生产责任书，及时调整完善省安委会和 13 个安全专委会人员组成及相关工作制度。积极推进“五个一”“十个一次”活动，认真开展重点企业主要负责人集中研讨、落实主体责任论坛及专题调研，组织对近 5 年 1549 起事故整改情况“回头看”。持续深化“双千示范”工程，严格落实“一报告、双签字”制度，督促 3 万余家企业报送履职报告、5.8 万家企业开展隐患排查治理。

（二）加强源头风险管控

推进落后产能淘汰退出，其中关闭煤矿 48 处、退出产能 293 万吨；关闭非煤矿山 107 座，销号尾矿库 32 座；退出烟花爆竹生产企业 736 家，超额完成 2020 年度整顿退出工作目标；20 家人口密集区危险化学品企业全部完成搬迁或关闭。全省 193 家四级以上危险化学品重大危险源企业、491 家烟花爆竹生产企业、35 座三等以上尾矿库和四等运行“头顶库”、所有在生产煤矿企业全面联网，实现线上监测预警。强化安全生产教育培训，疫情期间组织 4 家公益性在线网络平台，免费为 5 万余名企业员工开展复工复产安全培训；规范“三项岗位人员”考核与证书管理，组织考试 13 万人次、警示教育 16.5 万场、各类安全培训 30 余万人次。

（三）实施专项整治行动

根据《全国安全生产专项整治三年行动计划》，结合江西省实际，增加烟花爆竹和建筑施工 2 个专项，印发省安全生产专项整治三年行动实施方案，明确“1+2+11”任务框架，建立工作例会、工作专班、联络员、分析通报、媒体曝光、举报奖励、巡查考核、约谈问责 8 项制度，绘制工作推进图，完善“一情况、两清单”，梳理出 266 个重点整治问题，统筹推进各项措施落实。11 月对未整改到位的 43 处重大隐患，督促限期整改落实；2020 年底在全省开展岁末年初安全生产集中治理百日行动，对 12 个重点行业领域集中整治。全省辨识管控风险点 23.96 万处，其中重大风险点 3321 处；排查整治隐患 62.03 万条，其中整治重大隐患 769 条。

（四）强化安全监管执法

针对疫情防控，出台27项复工复产监管服务措施，采取证照自动延期、网上行政审批、分区分类执法、线上线下监管融合等手段，加强安全监管服务。对104家重点涉疫物资生产企业和定点医院、集中隔离区等开展安全指导服务，组织11家技术服务机构帮扶588家企业开展隐患排查治理。严格落实"四个一律""五个一批"措施，检查企业5.4万余家次，责令停产整顿2027家，暂扣吊销证照109家，关闭取缔345家，处罚1.03亿元，警示约谈1.01万家。严格事故调查和责任追究，对乐平市"4·19"较大道路事故等9起较大事故进行挂牌督办，省政府对赣州市政府提级约谈，省安委会进行黄牌警告；落实失信联合惩戒制度，全省联合惩戒失信企业538家。

（五）做好消防安全工作

组建11支360人的防疫处置机动队，在做足疫情处置准备的同时全力参与疫情救助服务，先后防疫消杀3.5万平方米，为涉疫区域转送物资160余吨，向灾区捐款200余万元，队伍内部保持"零感染"。积极落实"六稳""六保"任务，省政府出台《关于深化消防执法改革助力经济社会发展若干措施》，利用网络手段指导单位1.6万余家，实地检查4600余家，实现全省医疗机构、涉疫企业和救灾物资仓库"零火灾"。调集11个支队1500名指战员、172辆消防车、275艘舟艇投入鄱阳湖流域超历史洪涝灾害抢险救援，与全国增援力量协同奋战26个昼夜，营救被困群众1.45万人、转移疏散群众3.7万人；发挥专业优势，帮助灾区清淤除障3000余吨、运送生活救灾物资1.7万余件。扎实推进消防安全专项整治三年行动，全面铺开危险化学品重大危险源企业专项督查、畅通"生命通道"、"九小"场所、大型商业综合体四大攻坚整治，挂牌重大火灾隐患单位91家，督改火灾隐患4.2万余处。

二、防灾减灾救灾

（一）健全完善体制机制

充实调整省减灾委员会和防汛抗旱、森林防灭火、抗震救灾等指挥部组成，逐一细化职责分工和协同工作机制，省级专项应急预案全部修订完成。其中，省减灾委成员单位由33个增加至43个。修订印发《关于加强灾害信息队伍建设的实施意见》《关于切实保障受灾群众基本生活的实施意见》《江西省农村住房保险实施方案》《江西省应急管理专项资金管理暂行办法》等文件。其中，给予县（市、区）不超过其购买服务总额30%的资金支持，解决基层灾害信息员队伍工作补助；在原有保费不变前提下，农房保险赔付标准由2.4万元提升至4.8万元。

（二）突出综合防灾减灾

坚持自然灾害防治工作联席会议制度，协调推动自然灾害防治能力提升九项重点工程落地见效，实施各类项目2800余项，投入资金105亿元。大力实施自然灾害综合风险普查，省政府办公厅印发《关于做好江西省第一次全国自然灾害综合风险普查工作的通知》，并成立领导小组，市县普查机构全部组建到位。制作普查宣传片，举办全省普查培训班，累计培训860人次，印发总体方案，明确职责任务，并争取中央试点补助资金1741万元，落实地方配套资金1680万元，大余、兴国、瑞昌3个全国自然灾害综合风险普查试点单位工作取得阶段性进展。

（三）强化监测会商预警

省减灾委员会组织应急管理、气象、

水利、自然资源、林业、地震等涉灾部门召开联合会商会12次，编制灾害风险分析报告12期，并与气象部门建立完善协同高效的联防联控工作机制，累计发布预警信息1000余次。省防汛抗旱指挥部、省森林防灭火指挥部均及时组织专题会商，分析研判形势，发布预警信息，全省各地共组织83.7万群众转移避险、妥善安置。其中，发布地质灾害气象风险预警1656次、预警短信30余万条，提前转移受威胁群众1.95万人，13处隐患点在转移后发生地质灾害，避免人员伤亡97人。

（四）全面排查风险隐患

省防汛抗旱指挥部组织全省防汛大检查，发现各地8个方面普遍性问题和85项具体问题，均以“一市一单”下达整改通知，实行台账管理，跟踪督促、动态销号。组织开展地质灾害隐患排查、巡查、复查，共派出4.93万批次、14.85万人次，对25.31万点次隐患巡查排查。省森林防灭火指挥部组织公安、林业、应急管理等部门联合部署以“防范森林火灾，共建平安江西”为主题的“平安春季行动”，自2009年以来连续12年开展该行动，并联合开展为期3个月的野外火源专项治理行动和打击森林违法用火专项行动，共派出督查检查组6541个、3.57万人次，发出整改通知书1105份，整改隐患2092处，查处、制止违法用火2025起，行政处罚294人、刑事处罚14人。

（五）灾后救助恢复重建

疫情防控期间，下拨帐篷、折叠床等救灾物资近4万件，支持全省330余个隔离观察所（点）开设，保障受疫情影响人员和隔离群众2万余人（次）基本生活。鄱阳湖超历史大洪水期间，江西启动国家四级救灾应急响应，下拨中央和省级应急救灾资金6.69亿元、救灾物资14万件（套），按照“九有”标准，指导各地开设集中安置点200余个，安置受灾群众2.4万余人，及时下拨中央冬春救助资金5.478亿元，并全面完成全省1318户因灾倒房重建、7256户损房维修工作，确保受灾群众温暖过冬。投入综合治理及避险移民搬迁资金4.42亿元，对348处地质灾害隐患点进行治理，保护群众2.54万人，搬迁受地质灾害威胁群众908人。

三、应急救援

（一）加强应急力量建设

省政府出台地方专业森林消防队伍建设管理办法，依托中国安能集团第二工程局南昌分公司建立江西省工程抢险应急救援基地，在应急队伍培训、技术装备研发、综合救援演练、防灾减灾基础工程建设等方面深化交流合作。推动应急救援航空体系试点建设，靖安机场一期工程竣工，建成直升机临时起降点107处，组建59架飞机的航空应急机群和35支、370人的航空应急队伍，承办2020中国航空产业大会，天网、地网、指挥网基本成型。在全省开展为期5个月的专业森林消防队大练兵活动，并举办全省专业森林消防队大比武暨首届社会救援力量技能竞赛，各地专业森林消防和社会救援力量代表队220人参赛。2020年新立项、建设各类城市消防站157个、乡镇专职队130个，征招政府专职队员1578人；新增市政消火栓13436个。

（二）强化预案实战演练

制定印发《江西省应急管理厅应急预案管理工作规则（试行）》《关于加强应急预案编制和演练工作的通知》等，规范应急预案管理，加强综合实战演练。其中，以防汛抗旱为重点，修订完善全省重点水工程度汛方案，县、乡、村三级预案方案近 1.5 万个。先后组织抗洪抢险跨区域拉动、应急通信保障、跨区域水域救援和战勤保障等实战演练，全省开展相关演练 240 余次，2.1 万人次参加。组织 2 次航空应急救援综合演练，举行全省森林防灭火综合演练，各地开展地质灾害防治应急演练 73 次、1.4 万人参加，开展防灾减灾应急演练近 2600 场次、30 万余人参加。

（三）及时启动应急响应

针对鄱阳湖超历史大洪水，省防汛抗旱指挥部先后启动Ⅳ级、Ⅲ级、Ⅱ级和Ⅰ级防汛应急响应，防汛应急响应持续长达 61 天，省减灾委员会先后启动省Ⅳ级、Ⅲ级、Ⅱ级救灾应急响应。其中，防汛Ⅰ级和救灾Ⅱ级响应均为 2010 年以来首次启动，并维持 13 天和 14 天。8 个应急工作组、近 200 人集中联合办公，派出近 160 个专家组、工作组、督导组赴各地协助指导，紧急转移安置 71.5 万名群众，转移后再次组织救援人员逐户摸排，做到不漏一户、不落一人，并高效处置长江干流、鄱阳湖区域堤防管涌、渗漏、塌坡、跌窝等较大以上险情 2075 处，尤其是昌江问桂道圩、中洲圩和修河三角联圩溃口等重大险情，无一人因撤离不及时造成伤亡，无一处铁路干线中断。全省应急管理、自然资源部门共派出专家组 215 批次、533 人次参与地质灾害应急处置，处置灾险情 367 点次。

（四）全力开展抢险救援

全省累计投入解放军、武警部队和国家综合性消防救援、中国安能集团以及地方森林消防、矿山等专业救援队伍和民间社会组织、企业、基层干部群众等各类抗洪力量 490.5 万人次，投放土石方 245.79 万立方米、编织袋（麻袋、草袋）1722.3 万条、彩条布 578.9 万平方米、铅丝网兜 1058 个和照明设备 8.7 万套，参与巡堤查险和险情抢护。采取强排和自排相结合，对进洪单退和出险圩堤“一堤一策”组织排涝，共排出涝水 20 余亿立方米，特别是对 3 座溃口圩堤，共调集 1200 余台（套）大流量排涝车、移动式水泵等应急排涝设备，确保受灾群众提前返回家园、恢复生产。

四、基础保障和能力建设

（一）优化组织指挥体系

结合全省事业单位改革试点，全面加强应急管理科学研究、宣传教育、综合保障、监测预警、减灾备灾、航空救援等支撑机构建设。推动省应急管理综合应用平台、应急指挥信息系统上线运行，指挥信息专网全域连通 11 个设区市、赣江新区和 124 个县级应急管理局，并制定灾害事故应急响应框架和处置机制、现场指挥部设置指导意见等，有效提升应急指挥水平。

（二）开展宣传教育培训

精心组织全国防灾减灾日、“安全生产月”“森林防火宣传月”等主题宣传活动，持续推动应急管理知识“五进”。其中，以“六个一”为主要内容的全国防灾减灾日系列活动，网络知识竞赛参与人次 326 万，公益宣传片、科普音视频播放次数 160 万余次，发送短信 4339.4 万条次，排查各类隐患近 2 万余次，整改灾害隐患点 1800 余处。举办党政领导干部应急管理研讨班和防汛抗旱指挥长、防汛抗旱业务骨干、专业森林消防队业务骨干、救援协调和预案管理业务、应急救援队伍业务骨干、灾害信息员等培训项目 22 个，组织“三项岗位人员”安全生产考试 13 万人次。

（三）强化科技信息支撑

持续实施“科技兴安”战略，推进“机械化换人、自动化减人、智能化管控”专项行动，加快推进安全风险监测预警系统建设，全省193家四级以上危险化学品重大危险源企业、491家烟花爆竹生产企业、35座三等以上尾矿库和四等运行“头顶库”、所有在生产煤矿企业实现线上监测预警。结合全国“智慧应急”试点建设，打造“一朵云、一张图、两张网、三项重点工程”。

（四）提升基层保障能力

编制完成全省重要应急物资储备应急预案和区域规划，推动省级综合应急（航空救援）装备物资储备库建设，争取中央支持，实施4个地市级、7个县级救灾物资储备库建设和80个多灾易灾县（市、区）基层应急备灾能力建设。大力推动综合减灾示范创建，指导大余县创建全国综合减灾示范县，并修订完善省级综合减灾示范乡镇标准，高标准创建国家级和省级示范单位137个。

第十五章 山东省应急管理工作

2020年，山东省应急管理系统大力推进“建体系、建平台、建中心、建队伍、建机制、建责任”，统筹抓好安全生产、自然灾害防治、应急救援能力建设。全年全省共发生各类生产安全事故900起、死亡544人，同比减少552起、339人，分别下降38.0%和38.4%，生产安全事故起数和死亡人数、自然灾害直接经济损失均实现大幅度下降。发生较大生产安全事故13起、死亡51人，同比增加3起、14人；未发生重大及以上事故。

一、安全生产和消防安全

（一）推动习近平总书记关于安全生产重要批示精神落实落地

省委办公厅、省政府办公厅印发《关于贯彻落实习近平总书记重要批示精神进一步加强安全生产工作的意见》，从深入践行安全发展理念、健全安全生产责任体系等6个方面，提出15条具体贯彻落实措施。各市县都结合实际制定具体贯彻落实意见，推动习近平总书记批示精神落实落地。

（二）压实安全生产责任

省委办公厅、省政府办公厅印发《山东省党政领导干部安全生产工作职责》，带头落实安全生产责任。省委、省政府主要负责同志高度重视，带头履行相关职责，多次就安全生产工作作出批示，进行安排部署，提出明确要求。各级各有关部门和企业认真落实属地管理责任、部门监管责任和企业主体责任。

（三）开展安全生产专项整治三年行动

省安委会印发《全省安全生产专项整治三年行动计划》，形成“1+2+20”三年行动方案，分别明确工作目标、整治措施和有关要求。梳理形成需要重点解决的问题隐患83项，提出“从根本上消除事故隐患”的制度措施67项，逐一明确责任部门。细化分解需要2020年度完成的具体问题隐患123项和制度措施60项。组织开展安全隐患拉网式大排查专项行动，强化风险隐患排查整治。截至2020年底，全省检查企业24.8万家，排查隐患88万项。

（四）加强安全风险防控

开展安全生产风险分级管控和隐患排查治理双重预防体系建设，推进双重预防体系与安全生产标准化一体化融合，提升企业风险防控能力。截至2020年底，全省建成并有效运行双重预防体系企业1.7万家，二级标准化达标企业1428家，三级标准化达标企业1.9万家。引入信息化、大数据手段，加强对重大风险的监测预警，建成并运行危险化学品安全生产风险监测预警系统，实现全省1329家企业、4300处重大危险源的监测预警全覆盖。开展危险化学品道路运输全过程信息化监管系统建设，实现对危险化学品运输车辆“无死角、全过程”监管。推进煤矿智能化建设，全省98处生产煤矿中有61处开展智能化建设，建成智能化采煤和掘进工作面183个。

（五）加强重点领域安全监管

危险化学品方面，积极推进安全风险排查管控，涉及“两重点一重大”相关报警装置、紧急切断装置、自动化控制系统装备使用率达到100%；对危险化学品重点县开展两轮专家指导帮扶；组织制定省危险化学品企业反“三违”行动指南、事故隐患源头治理要素管理指南，指导企业健全工作机制。非煤矿山方面，强化油气企业井控风险防控责任，对高风险井逐井落实包保责任人。工商贸方面，加强冶金、粉尘涉爆等重点行业领域专项整治，推进小微企业双重预防体系建设，提升安全保障能力。

（六）夯实安全生产基层基础

推进安全宣传“五进”活动，扎实开展“查保促”等群众性活动，全省共开展宣传活动3.5万余场，发放科普宣传材料3428万余份，受教育群众2353万余人次。实行“互联网+培训”，开展企业全员“大学习、大培训、大考试”专项行动，组织研发安全生产智慧培训平台暨“学习铸安”APP并组织试用，3255万余人次参加线上培训，培训考核企业主要负责人、安全管理人员、特种作业人员28.6万人，实现安全培训远程监控、线上考试。推进城市安全发展，支持烟台、东营两市创建国家安全发展示范城市，创新实施城市安全发展状况综合评估等重点项目，进一步提升城市安全发展水平。

（七）做好消防安全工作

将2020年确定为消防安全“重点工作攻坚年”。组织开展消防安全专项整治三年行动，相继开展打通“生命通道”、校园消防安全整治、危险化学品重大危险源企业隐患排查等攻坚治理。全面推行“双随机、一公开”，将消防安全纳入全省部门联合“双随机、一公开”监督抽查；实施“专家查隐患”，对全省4369家火灾高危单位进行专家评估；试点推进消防救援站开展防火工作，提升消防监管质态。联合13部门印发消防宣传教育“五进”实施细则，科普教育基地实现市县全覆盖；打造消防“云课堂”，举办“中小学生消防公开课”等活动，营造全民消防浓厚氛围。

二、防灾减灾救灾

全年全省发生雪灾、低温冷冻、洪涝、风雹、台风和地面塌陷灾害等多种自然灾害，特别是汛期多发频发的洪涝灾害造成部分地区种植业、养殖业以及居民财产等损失较大，对灾区群众的生产生活造成影响。据核实统计，全省共有15市、102个县（市、区）的811个乡镇（街道）不同程度受灾，全省各类自然灾害受灾人口393.13万人，因灾死亡3人；农作物受灾面积377.11千公顷，其中绝收面积33.58千公顷；倒塌房屋3630间，严重损坏房屋5130间，一般损坏房屋69861间。直接经济损失102.65亿元。

（一）建立山东省委防灾减灾救灾领导小组

借鉴公共卫生应急管理制度成果，整合省减灾委员会、省防汛抗旱指挥部、省森林草原防灭火指挥部、省防震减灾工作领导小组职责，推动成立山东省委防灾减灾救灾领导小组，建立省级常态化工作机制。

（二）推进第一次全国自然灾害综合风险普查试点工作

推进第一次全国自然灾害综合风险普查先行试点岚山“大会战”，全面完成国家下达的25类92项调查任务，探索形成“党政领导、专责机构统筹协调、部门协同配合、上下协调联动、各方共同参与”

的组织实施模式和“行业部门技术力量+高校科研院所+社会专业机构”的技术保障模式，打造普查工作“崮山样板”。

（三）开展灾害综合风险会商

省减灾委员会办公室印发《山东省自然灾害综合风险会商评估工作制度》，省、市两级和有条件的县（市、区）按要求规范开展会商评估工作。成立省自然灾害风险会商评估专家组，按照年度、季度、汛期及特定时期月度的要求，组织气象、水利等主要涉灾种部门开展灾害风险会商评估。2020 年，省级共召开会商会议 8 次，编发自然灾害风险形势分析报告 8 期，分析研判全省自然灾害风险形势，提出防范应对措施，为防灾减灾救灾工作提供参考。

（四）推进应急避难场所建设

按照“统一规划、平灾结合、因地制宜、综合利用、就近疏散、安全通达”的原则，截至 2020 年底，全省建成各类应急避难场所 1500 余处，集中安置点约 2600 个，面积达 5200 余万平方米，可容纳疏散避难人员 1700 万人以上。

（五）做好受灾群众基本生活保障

省财政将 2019—2020 年度中央和省级冬春救助资金 2168 万元下拨至 13 个设区市和 24 个财政直管县，省财政配套资金 583 万元，救助受灾困难群众 17.49 万人。做好受灾群众安置工作，切实保障受灾困难群众基本生活，确保贫困群众不因灾返贫。

（六）开展综合减灾示范创建工作

推动建立以全国、全省和地市级综合减灾示范社区，国家和省级综合减灾示范县（市、区）创建为主线的“3+2”综合减灾示范创建工作体系。全省累计创建 12 批全国综合减灾示范社区 804 个，全省综合减灾示范社区 846 个，全省综合减灾示范县（市、区）12 个，青岛崂山区为全国综合减灾示范县创建试点单位。

（七）开展防灾减灾宣传系列活动

开展安全宣传“五进”活动，将集中性与经常性宣传教育相结合，持续抓好宣传教育培训活动，全年受益 7000 万人次。将防灾减灾教育纳入全省中小学教学计划，教育宣传普及率 100%。

三、应急救援

（一）建成运行山东省应急指挥中心

5 月 1 日，山东省应急指挥中心正式投入运行，成为省委、省政府处置重大突发事件的应急指挥平台。中心广泛采用国内先进技术和设备，设有指挥大厅、新闻发布厅、值班室、保密决策室、视频会议室、专家会商室、情报研判室等功能用房，总建筑面积 3300 平方米，其中指挥大厅面积 436 平方米。中心纵向连接应急管理部、水利部和各市县，横向连接 16 个主要涉险涉灾部门，接入气象等 22 个专业信息系统，实现互联互通和信息资源共享。

（二）推进 5 个区域性应急救援中心建设

2 月，省委常委会会议、省政府常务会议审议通过《区域应急救援中心建设项目报告》，将中心建设列入省委、省政府“补短板、强弱项”重点工程。截至 2020 年底，山东省自然灾害应急救援中心一期工程竣工并投入使用，二期立项工作进展顺利；山东省森林火灾应急救援中心前期建设过程中的遗留问题形成解决方案，新建工程完成立项审批；山东省危险化学品事故应急救援中心工程主体完成建设；山东海洋灾害应急救援中心业务用房、宿舍区封顶。山东省矿山和地质灾害应急救援中心新招录 100 人，总人数达到

430 人。其他 4 个依托消防建设的区域性应急救援中心共招录专职消防救援员 300 人。

（三）推进森林消防专业队伍建设

省森林草原防灭火指挥部印发《全省森林消防专业队伍建设实施方案》，指导 13 个森林防火重点市对应制定方案，明确任务分工、建队模式、队伍布局、重要时间节点及建设完成时限。省应急管理厅会同省消防救援总队印发《山东省森林专职消防员招录工作实施方案》，明确招录任务和招录程序。省消防救援总队印发《新招森林专职消防员培训方案》，指导各消防救援支队分“入职初训、强化提高、考核验收”3 个阶段开展入职培训。截至 2020 年底，全省共招录森林专职消防员 2737 人。

（四）建立应急救援力量联调联战工作机制

省政府办公厅印发《关于建立健全全省应急救援力量联调联战工作机制的实施意见》，建立党委、政府统一领导，应急管理部门统筹协调，综合性消防救援队伍主调主战，各方应急救援力量密切协同的联调联战工作机制。省应急管理厅会同省消防救援总队印发《关于加快推进全省应急救援力量联调联战工作机制建设的实施方案》，进一步明确目标任务，逐项推进工作落实。截至 2020 年底，全省共有 1.3 万个微型消防站、248 个社区应急救援站、514 支乡镇消防队、221 支森林消防队、271 支企业专职队、163 支社会应急救援队伍纳入统一调度指挥体系。

（五）组织开展各类应急演练

6 月 3 日，在枣庄市举办国家防总山东省防指防汛抢险联合应急演练，锻炼多部门、多兵种合成作战能力。7 月 7 日，在日照市举办山东省港口危险化学品事故应急演练。指导推动各地做好应急演练工作，全年全省举办市级政府（含部门）应急演练 513 次，县级政府（含部门）应急演练 1159 次，企业演练约 17.5 万次，参与人数近 600 万人次。督促企业加大应急演练力度，在全省化工企业推行“一周一小练、一月一大练、一季度一检验”工作机制。

四、基础保障和能力建设

（一）加强应急保障规划体系建设

省政府办公厅印发《山东省重大突发事件应急保障体系建设规划（2020—2030 年）》《山东省重大突发事件应急保障体系建设三年行动计划（2020—2022 年）》《山东省消防救援能力建设规划（2020—2030 年）》《山东省应急救援航空体系建设规划（2020—2030 年）》《山东省应急物资储备体系建设规划（2020—2030 年）》，构建起“1+1+3”规划体系，推动全省应急保障体系建设由统筹谋划阶段进入建设实施阶段。

（二）加强应急物资储备

省级财政追加重点应急物资采购经费约 1.3 亿元，采购储备防汛、抢险救援、火灾、医疗救治、卫生防疫、生活保障等物资，提升了省级应急物资保障能力。截至 2020 年底，省、市、县三级救灾物资储备库共有帐篷、折叠床、毛巾被等生活类救灾物资 99.4 万余件，全省共确定各类受灾群众集中安置点 2567 处，可集中安置 1700 余万人。

（三）加强应急管理立法和标准化建设

通过《山东省突发事件应急保障条例》，从物资和资金储备、技术保障、队伍建设、运输通信支持等方面对突发事件应急保障进行规范。出台《山东省自然灾害风险防治办法》《山东省安全生产风险管控办法》，明确各级政府及有关部门的风险防控职责。强化安全生产和应急管理标准化建设，2020 年批准立项地方性标准 41 个，报批并发布 26 个。

（四）推行灾害民生综合保险

按照《关于开展全省灾害民生综合保险工作的通知》要求，积极开展全省灾害民生综合保险工作。2020 年，各级财政承担保费 3 亿多元，免费为全省 1 亿多人、3000 多万户住房提供 13 种自然灾害和 5 种特定意外事故的保险救助，保险保障总金额超过 52 亿元，实现灾害民生综合保险全省覆盖。2020 保险年度受理群众报案 1.2 万起，赔付金额近 1 亿元，救助群众 4 万多人。

第十六章　河南省应急管理工作

2020 年，河南省应急管理系统以习近平新时代中国特色社会主义思想为引领，深入学习贯彻党的十九大和十九届二中、三中、四中、五中全会精神以及习近平总书记关于河南工作重要讲话和指示批示精神，纵深推进全面从严治党，强力推进应急管理改革发展，统筹做好安全生产、防灾减灾救灾、抢险救援、应急保障各项工作，全省安全生产和自然灾害形势明显好转。全年全省共发生各类生产安全事故 1211 起、死亡 1055 人，同比减少 225 起、175 人，分别下降 15.7% 和 14.2%。其中，发生较大生产安全事故 27 起，同比减少 5 起，下降 15.6%；没有发生重大及以上事故。遭受自然灾害 43 次，造成 1026.57 万人受灾，直接经济损失 40.95 亿元，同比减少 16.0% 和 2.6%。

一、守牢基本盘基本面，深化安全生产和消防安全管理

（一）围绕重点领域开展专项整治

扎实推进安全生产专项整治三年行动，出台并组织实施“1+2+9+N”方案，烟花爆竹去库存、危险化学品和非煤矿山企业安全生产许可“回头看”、燃气安全、农村道路安全和城镇市政设施地下有限空间作业专项治理等效果明显，全年共检查各类企业（单位）22.9 万家次，排查隐患 71.9 万处，责令停产整顿 4139 家，关闭取缔 1161 家。各级应急管理部门全年行政处罚 1.4 亿元，完成烟花爆竹去库存 1031 万箱。

（二）围绕重点时段实施严防严控

疫情防控关键期，出台复工复产“九条措施”，组织专家帮扶和驻地指导。元旦、国庆等重点时段提请省委、省政府领导深入基层一线调研督查，引导带动各级各部门明查暗访。针对冬春季节事故多发特点，组织 977 名骨干开展异地督导执法检查，执法立案率、处罚率环比分别提高 30% 和 39%。

（三）围绕职能职责压实各方责任

出台《加强安全生产责任落实若干制度》，修订省安委会成员单位职责，将“安全生产履职尽责情况”列入全省各级党政领导干部年度考核述职内容，加强市县和省直部门年度安全生产考核，进一步压实安全生产党政领导责任、部门监管责任和企业主体责任。

（四）围绕标本兼治健全长效机制

分类推进安全生产双重预防体系提质扩面，出台并推动落实《河南省安全生产风险管控与隐患治理办法》，实现 23 个行业领域规模以上企业、高危行业小微企业、产业园区“三个全覆盖”。出台《关于全面加强危险化学品安全生产工作的实施意见》，全面整顿规范危险化学品安全生产，评估认定并公布 27 家省级化工园区。

（五）做好消防安全工作

将消防工作纳入平安建设、文明创建、政务督查重要内容，逐年增加平安建设消防工作赋分权重。省委办公厅、省政府办公厅印发《关于深化消防执法改革

的实施意见》《河南省消防安全责任制实施办法》。坚持“逐行业逐领域解决问题”，组织23个重点行业领域开展排查整治，深化行业系统消防安全标准化管理，11个重点领域火灾均下降20%以上。试点推行将部分消防执法权限赋予乡镇（街道）综合行政执法机构，推动市、县两级公安机关将火灾事故纳入绩效考评，保持基层消防监管不断档。深入推进消防安全专项整治三年行动，开展养老机构、集贸市场、快递物流、冰雪冰雕馆、消防车通道等12项消防治理，全省消防救援机构累计检查单位34.1万家，督改隐患52.3万处。固化5月火灾警示月和每月25日隐患曝光制度，建成总队、支队两级全媒体中心，向1400万河南有线电视用户和1.08亿手机通信用户常态推送火灾防范提示。2020年，全省接报火灾10066起、死亡34人、受伤13人，直接财产损失1.13亿元，未发生重大以上火灾事故。

二、联防联控重大风险，扎实做好防灾减灾救灾

（一）顺利完成职能划转

积极推进并完成省、市、县防汛抗旱指挥部办公室，森林防灭火指挥部办公室划转，完成省森林航空消防站机构划转和人员转隶，确保工作不断、力度不减。

（二）扎实做好防汛抗旱工作

全面修订防汛抗旱制度预案方案，组织开展专题培训和综合演练，加强监测预警和会商研判。有效应对夏伏旱情和12次较大降雨过程，奋力应战、及时处置信阳固始“7·19”暴雨洪水和黄河编号洪水，实现防洪减灾效益82亿元、抗旱减灾效益69亿元。实现汛期洪涝灾害零死亡。

（三）全面抓好森林防灭火工作

2019—2020年度森林防火紧要期，协同林业部门抓好森林防灭火工作，成功应对新乡辉县“5·3”森林火灾，全省森林火灾起数同比下降87.0%；组织制定指挥部工作规则、运行机制和河南省森林防灭火应急预案，抓好2020—2021年度森林防火紧要期各项工作，全省森林防火形势平稳，未发生重大以上森林火灾事故。

（四）认真做好自然灾害综合风险普查和地震地质灾害防御

新郑市、灵宝市、博爱县、邓州市、信阳平桥区5个试点单位工作推进顺利。排查地质灾害隐患点2734处；开展建设工程地震安全监管检查，编制地震易发区房屋设施加固工程方案。

（五）有序有力开展救灾和物资保障工作

全省共组织各类灾害信息员培训347场次3万余人，灾害信息员业务能力水平明显提升。完成2019—2020年度省以上冬春救助资金3亿元发放工作，215万受灾困难群众得到及时救助；争取2020
2021年省以上冬春救助资金2.8亿元、中央救灾资金1.1亿元，及时下拨各地。全年累计向受灾地区调拨3.31万件（套）、价值2344万元省级救灾物资。

三、着力补齐短板弱项，提升应急救援能力

（一）加强顶层设计

省委、省政府出台《河南省应急管理体系和能力建设三年提升计划（2020—2022年）》，指导鼓励基层结合实际大胆探索创新。开封市将应急管理纳入“一中心四平台”，建立了全市应急管理网格化、数字化治理体系，兰考县应急管

理体系和能力建设经验在全国工作会议上做典型发言；信阳市以转业军人为骨干，在市应急管理局组建 40 人的应急救援支队，在各县（市、区）应急管理局组建 20 人的应急救援大队。

（二）提高应急管理信息化水平

省级应急指挥中心建成投用，纵向实现部、省、市、县四级互联，横向实现主要省直部门互通。指导推进市县应急指挥体系建设，9 个省辖市应急管理局完成应急指挥平台（硬件）一期建设，5 个省辖市应急管理局已落实资金、完成招投标并开展建设。

依托省级大数据中心，建设全省应急管理大数据平台，省应急管理数据资源库接入企业主体数据 387 万条、气象实时信息 229.5 万条，安全生产行政许可信息 7100 余条、考试信息 5.9 万条、隐患信息 8.1 万条。

实现危险化学品重大危险源企业数据专网接入，全省 52 座三等以上尾矿库实现 24 小时在线监测预警。完成“一企一码一档”信息系统建设，录入规模以上企业近 3 万家。推行“互联网+”安全生产执法，省、市、县信息化执法效能明显提高。

（三）加强项目建设

深入分析新冠肺炎疫情防控中暴露出的应急物资储备短板，积极谋划省级防汛抗旱物资郑州中心仓库、河南省危险化学品救援基地（洛阳）、大别山防汛抢险救灾应急物资储备调度中心等 12 个项目，纳入国家重大项目库储备计划。其中“中部地区综合应急救援基地”项目，计划总投资 390 亿元，纳入国家“十四五”国民经济规划纲要，已经开工建设。编制河南省“十四五”消防事业发展规划，将其纳入省级重点规划。大力实施消防队站、消防装备提质升级工程，全省建成执勤消防队站 541 个，各类消防车辆达 2611 台、装备器材达 50.73 万件（套）、灭火药剂 2504 吨。建立完善消防工作应用支撑体系，建成实战指挥平台，实体运行总、支队两级运维中心。全省配备卫星通信指挥车 22 辆、卫星便携站 41 套，无人机 342 架，卫星电话 638 部，图传终端 712 台。

四、加强基础保障和能力建设

服务保障疫情防控，在 2020 年初新冠肺炎疫情暴发期，及时调拨 11900 顶帐篷、3000 张折叠床，保障基层疫情防控和群众临时性隔离安置需求。组织 228 名安全专家和监管人员，对 471 家应急重点物资生产企业进行专家帮扶和驻厂指导，全力保障生产安全。助力企业复工复产，组织开展线上安全培训，落实证件到期自动顺延、行政审批网上办理、网上隐患巡查等“八项服务措施”，指导企业在确保安全前提下加快复工复产。

积极服务市场主体，持续深化“放管服”改革，优化行政审批和服务，推进 15 项政务服务事项办理标准化，推进“互联网+监管”标准化，进一步优化营商环境、更好服务市场主体。

精准开展对口帮扶，各级应急管理部门认真落实脱贫攻坚帮扶任务，对口贫困村全部如期脱贫摘帽。

开展综合减灾示范社区创建，全省 36 个社区进入国家级候选名单、100 个社区进入省级候选名单。以全国防灾减灾日、“安全生产月”“119 消防宣传月”为载体，开展安全知识进企业、进农村、进社区、进学校、进家庭活动，各大媒体和社会公众对应急管理的关注度明显提升。组织拍摄的《安全·让爱延续》《隐患排

查 滴水不漏》公益宣传片在全国主要媒体推广。组织省代表队参加第二届全国应急管理普法知识竞赛，荣获全国第三名。

组织开展全员培训，制定《2020—2022年全省应急管理干部培训总体方案》，举办应急管理分管县（市、区）长、防汛抗旱等23个专题培训班，组织党员干部到愚公移山干部学院接受革命教育，利用公务员网络培训学院和干部网上培训平台进行培训，全省应急管理系统学习氛围日益浓厚。

尊法学法守法用法，自觉运用法治思维和法治方式推动工作，协同制定《河南省铁路安全管理规定》，制定执法监督和行政处罚案件办理、听证、复议等制度以及9项省级地方标准，《刚玉生产安全规程》填补国内刚玉生产领域安全标准空白。举办民法典培训讲座，组织参加全国应急管理普法知识竞赛并获得第三名、二等奖优异成绩，省应急管理普法经验被《中国应急管理报》刊文介绍，“防控疫情法治行动”被省普法办专题报道。

加强精神文明建设，积极践行社会主义核心价值观，开展“文明处室、文明家庭、文明个人”推荐评选活动，营造积极、健康、向上良好氛围，省应急管理厅被评为省级文明单位标兵。

第十七章　湖北省应急管理工作

2020 年，湖北省应急管理系统面对疫情防控、抗洪救灾、疫后重振三场大考，交出了优异答卷。全省安全形势总体平稳，安全生产持续保持“一无两降”态势（无重特大事故，事故总量、较大事故大幅下降）。全年全省共发生各类生产安全事故 1486 起、死亡 1067 人，同比分别下降 19.5% 和 25.1%。其中，发生较大事故 10 起、死亡 45 人，同比分别下降 33.3% 和 11.8%。连续 34 个月无重大生产安全事故。成功应对 1998 年以来最严峻汛情袭击。森林火灾起数、过火面积、受害面积同比分别下降 75%、62% 和 55%。应急处置能力不断提升。

一、安全生产和消防安全

（一）开展安全生产专项整治三年行动

强化责任落实，把安全生产专项整治三年行动作为全年安全生产工作主线，对标国家部署，结合湖北省实际，提出“2+22+4+4”方案设计，增加烟花爆竹等 13 个行业领域、检查执法等 4 个专项行动和打通消防“生命通道”等 4 项重点工程。建立督导检查、会商研判、情况通报、清单管理等机制，压实各级责任。驻应急管理厅、交通运输厅等 15 个纪检监察组对本行业领域三年行动进行全过程监督。汲取山西临汾“8·29”坍塌事故、仙桃市蓝化有机硅有限公司“8·3”爆炸事故，以及省内多起有限空间中毒窒息事故教训，省安委会举一反三，对相关行业“开小灶”。

（二）加强隐患排查治理

省安委会挂牌督办 15 处重大隐患，带动各地各部门挂牌督办隐患 470 处。在危险化学品行业开展 3 轮硝酸铵和硝化企业专项检查，以及安全设施设计诊断复核“回头看”和安全仪表、“七类企业”百日攻坚等专项行动。省应急管理厅派出近百名专家帮扶 8 个重点县，对其中 4 个重点县开展风险隐患深度排查。在全省烟花爆竹生产、批发企业实施岗位员工“四知卡”管理制度。省应急管理厅联合生态环境部门开展了为期 1 个月尾矿库隐患排查治理，覆盖全省 219 座尾矿库，尾矿库三年综合治理圆满收官，安全基础条件明显改善。在消防领域开展仓储物流场所、高速公路餐饮场所、居民小区消防通道等多项治理行动。

（三）加大监管执法力度

大力推行“互联网+监管”，依托省应急管理综合信息平台，在线监测危险化学品重大危险源、三等及以上尾矿库。开展复工复产企业、重点行业领域“双随机、一公开”执法检查。强化事故查处，省应急管理厅依法组织调查 3 起较大生产安全事故，挂牌督办 3 起较大生产安全事故。服务保障重点单位安全，实施一企一策，全省累计实地指导服务 20420 家次，指导消除隐患 22846 处，远程监控抽查重点企业 15591 家次，通过微信、短信等方式提示提醒重点企业 11.17 万条次。

（四）做好消防安全工作

推进消防安全专项整治三年行动、冬

春火灾防控、执法检查等专项行动和重大消防安全保卫，以仓储物流场所、“十小”场所、危险化学品企业、大型商业综合体等为重点，分步骤、高规格开展消防安全综合治理，累计整改火灾隐患10.9万处、查封560处、“三停”262处、罚款1409万元、拘留189人，挂牌督办并整改重大火灾隐患351处。疫情期间，湖北省消防救援总队成立20支技术指导组、82支消防志愿服务队，消除火灾隐患4.74万处。全省全年共发生火灾1.3万起、死亡19人、受伤11人，直接财产损失1.3亿元。在国务院安委会消防工作考核中被评为“优秀”。全年全省消防救援队伍共接警出动7.8万起，累计出动消防车10.5万辆次、指战员55.8万人次，营救遇险群众9213人，疏散被困群众2.6万人，抢救财产价值8.4亿元。

二、防灾减灾救灾

（一）全力以赴战洪水

面对1998年以来最严峻汛情，全系统在实践中探索“四双”（党委、政府主要领导担任防汛抗旱指挥部指挥长，应急、水利部门主要负责人担任防汛抗旱指挥部办公室主任）指挥体制，会同有关部门早部署、勤研判，推动监测预警、工程调度、应急抢险等各环节无缝衔接。省防汛抗旱指挥部启动62天的应急响应，39次视频调度，协调成员单位派出100多个工作组深入一线明查暗访，压紧压实各级防抗责任，对超设防以上江河湖堤分段分片包保、严防死守，科学处置浠水白洋河水库大坝脱坡、恩施清江堰塞湖等重大险情。经过艰苦卓绝奋战，成功应对长达43天梅雨期连续10轮强降水袭击，长江、汉江等江河干堤安然无恙，五大湖泊、近7000座水库平稳度汛。

（二）统筹应对其他灾害

加强地质灾害风险监测，推动全省在册的16137处隐患点全部纳入“四位一体”网格化动态管理，排危除险2178处，及时撤离5351户2万余人。与湖北省地震局建立协作机制，对抗震设防工作实行全链条监管。开展两次为期3个月的野外火源专项整治活动，推动落实山头包保责任制，协调森林消防四大队赴各地宣传森林防火、培训基层森林防灭火队伍，调度直升机靠前巡护重点林区，运用卫星遥感技术密切监测火情，对20余起森林火灾进行提级处置。全省消防救援队伍面对疫情大考，参与涉疫勤务1.5万余起，转运人员2.3万余人、医疗废物406吨、防疫物资3万余吨，洗消杀毒3031万平方米，实现了人员“零感染”、勤务“零失误”。面对防汛考验，参与战斗871次，出动舟艇818艘、指战员7180名，转移疏散被困群众1万余名，并集结172名指战员、44台车辆、36艘舟艇驰援江西鄱阳湖，完成救援任务。

（三）同步抓好综合减灾

扎实开展全国防灾减灾日宣传教育活动。湖北省应急管理厅会同民政、扶贫部门印发实施意见，就防灾减灾救灾助力脱贫攻坚提出一系列措施。在宜昌市夷陵区等3个县（区）启动自然灾害综合风险普查试点。组织全系统186个扶贫驻点村创建“综合防灾减灾示范村”，助力脱贫攻坚，年内已有19个村提前完成创建任务。

（四）抓好灾害救助工作

把灾害救助作为特殊年份重要政治任务、民心工程，依法、精准落实各项救助政策，做到有灾必救。两次启动省级救灾响应，争取中央和省级救灾资金13.9亿元，为湖北近三年以来支持力度最大的一年。全年累计紧急转移受灾群众53万人次，向受灾地区调拨救灾帐篷、衣被等救灾物资53.31万件，提前下拨御寒衣被17.4万件，冬春救灾资金7.6亿元，对3174户、9760户分别纳入倒房重建、损房修缮对象，重建、修缮完工均达到100%。

三、应急救援

（一）完善应急指挥体系

以通信装备建设为突破口，推进应急指挥系统改造升级，破解事故灾难现场的音视频传输难题，初步形成了卫星、自组网、公专一体、多模融合的现场通信配置方案。完善应急值守，湖北省应急管理厅与湖北省委总值班室及文旅厅、中国铁路武汉局集团有限公司等部门顺利对接。完成市（州）单兵及移动指挥系统采购部署。接收视联动力信息技术股份有限公司捐赠的应急通信指挥车和大型视联移动应急指挥车，完成调试工作。组建水域救援专业队116支、化工编队11支、地震救援专业队20支，提升应对特种灾害事故的能力。湖北省消防救援总队邀请建筑设计、石油化工、医疗卫生等8个领域52名专家，建立全省灭火救援专家智库；与民航、铁路部门建立铁路、空中物资、人员快投联动机制。

（二）健全应急联动机制

湖北省应急管理厅先后与民航湖北监管局等16个单位签订应急联动、救援技术保障协议，与中部战区驻鄂部队、湖北省军区建立军地联动机制。开展疫情防控桌面推演、年度防汛综合演练和矿山救援队、社会应急力量比武竞赛、第一届森林消防业务技能竞赛暨防灭火演练活动。

（三）强化实战提能

协调解放军、武警、专业力量等6类救援力量投入抗洪抢险，出动73524人次，救助人员14057人，营救被困人员3331人，处置各类险情49起。全省应急备勤8架直升机，共计飞行210架次，261小时17分钟，航程28320公里，完成一系列重大险情和事故的救援任务，实现救援人员“零伤亡”。首次调度全球最大直升机空投网兜石块封堵河流溃口，实施“水陆空”立体化抢险救援。积极争取社会应急力量建设和航空应急救援体系建设纳入全国试点，促进应急救援能力高水平建设。

（四）抓好疫情防控

支援一线抗疫，争取应急管理部支持，先后18批次向全省各地紧急调拨帐篷、折叠床、棉衣（被）等6个品种，28.37万件（床）中央和省级救灾物资，总价值8445万元，支援方舱医院、隔离点和卡点执勤，深受基层欢迎。协调军地航空力量，助力防疫物资应急运输，共使用各类航空器24架，执行飞行任务213架次，运输防疫物资91.25吨。协调中国安能集团、湖北工建集团等单位17批次参与防疫物资运输、重点场所洗消杀毒、医废转送、社区服务等“跨界”服务。

四、基础保障和能力建设

一是加强组织领导。省委常委会会议4次、省政府常务会议8次研究应急管理工作。省委书记、省长分别22次、29次作出批示，分别7次、6次赴湖北省应急管理厅检查，24次深入一线督导检查。

二是完善体制机制。结合湖北实际，创造性地建立防汛抗旱“四双”指挥体制。常务副省长任湖北省自然灾害综合风险普查工作领导小组。省、市、县三级应急管理部门全部完成党组改设党委，湖北省消防救援总队总队长兼任湖北省应急管理厅党委委员、副厅长。湖北省编委批复湖北省应急管理厅增设森林火灾救援管理处，增加6名编制和1正1副领导职数，批准在湖北省应急救援中心增加4名编制用于航空救援管理工作。市县应急管理部门新增行政编制43名。

三是加大应急投入。在疫情影响空前严重的情况下，争取并及时下达中央和省级防汛、救灾资金14.51亿元（其中中央资金13.01亿元，省级资金1.5亿元）；争取厅机关2021年控制数预算资金3.52亿元，比2020年增长2000余万元。

四是启动应急硬件补短板工程。争取中央一揽子政策支持，"237"应急储备设施建设项目纳入《湖北省疫后重振补短板强功能"十大工程"三年行动方案(2020—2022年)》和《冷链物流和应急储备设施补短板工程强功能工程三年行动实施方案（2020—2022年)》。"十四五"期间，规划建设国家华中区域应急救援中心、国家华中区域应急物资供应链及集配中心，建设3个省级区域性应急救援基地和7座市级应急物资储备库。总投资4.99亿元的鄂东南（黄冈）应急救援基地开工建设。湖北省应急管理厅指导各地并筛选入库项目372个、投资总量约347亿元。

五是突出规划编制。全省应急体系建设"十四五"规划纳入湖北省政府重点专项规划，纳入《湖北省委"十四五"规划纲要和2035年远景目标的建议》重点内容，纳入省"十四五"规划纲要重点章节。

六是突出"智慧应急"。初步建成全省应急管理综合信息平台、危险化学品领域监测预警平台、非煤矿山安全监管信息系统等信息系统并投入使用。湖北被列为"智慧应急"省级试点单位。应急管理部通信信息中心华中技术服务中心在省应急管理厅顺利挂牌运作。邀请华为等领军企业，清华大学、中国地质大学等高校，开展危险化学品、矿山安全、灾害预警、应急救援科技攻关。获行业"科技创新发明成果"奖1项，出台2项地方标准。强化大数据采集，省级平台已接入316家高危行业企业风险感知数据，采集自然灾害基础信息435万余条，实时数据2.88亿余条，逐步形成全省"数据湖"。

七是突出法治建设。起草送审3部政府规章草案，其中，《湖北省生产安全事故应急实施办法》已经省政府常务会议审议通过；制定《湖北省安全生产风险管控办法（试行)》；起草《关于大力推进应急管理体系和能力现代化的意见》。申报立项11项应急管理地方标准项目。率先在全国应急管理系统筹备成立湖北省应急管理法学研究会。

八是突出宣传教育。组建湖北省应急管理厅融媒体中心，会同主流媒体打造立体化宣传矩阵。在第二届全国应急管理普法知识竞赛中蝉联冠军。联合湖北省委宣传部、湖北省总工会开展"荆楚楷模·最美应急人"宣传展示活动，社会反响热烈。会同有关部门部署开展高危行业领域安全技能提升行动，年内免费培训企业员工15000人次。深化与高校合作共建，湖北应急管理职业技术学院首批顺利招生800人，武汉理工大学获批应急管理本科专业。印发防灾减灾救灾应知应会手册，发布《湖北省应急救援人员通用训练规范》地方标准。举办提升突发事件应对能力县市长专题研讨班，举办全省地质灾害应急管理专题培训班、森林消防业务技能竞赛。

第十八章　湖南省应急管理工作

2020 年，湖南省应急管理系统以习近平新时代中国特色社会主义思想为统领，以习近平总书记关于应急管理重要论述为根本遵循，紧紧围绕“三坚决两确保”工作目标（坚决杜绝重特大事故，坚决遏制较大事故，坚决防范自然灾害导致重大人员伤亡，确保生产安全事故总量持续下降，确保全省安全形势持续稳定向好）砥砺奋进、攻坚克难，在大战大考中经受了考验，各项工作取得新进展，全省安全形势总体稳定。全年全省共发生各类生产安全事故 1574 起、死亡 1654 人，同比分别下降 16.1% 和 14.4%；较大事故 17 起、死亡 58 人，同比分别下降 11% 和 13.4%；重大事故 1 起、死亡失踪 13 人，同比分别下降 50% 和 44%。

一、紧盯看牢安全生产和消防安全

印发“1+2+10”的《湖南省安全生产专项整治三年行动实施计划》，组建工作专班，严格落实问题隐患和制度措施“两个清单”，强力“打非治违”，强化警示约谈，全力防控安全生产风险隐患。

（一）压实压紧安全生产责任

制定出台《湖南省重点行业领域安全生产监管责任分工》，协调指导监督各级各有关部门履职尽责，凝聚齐抓共管工作的强大合力。修订《安全生产和消防工作考核办法》，将安全生产和消防工作纳入省委、省政府绩效考核、平安创建和评先评优内容，对市（州）、县（市、区）同步开展安全生产考核巡查。继续开展“落实企业安全生产主体责任年”活动，深入推广“一会三卡”等行之有效的制度，广泛开展“安全生产标准化班组”建设活动。

（二）集中整治安全生产顽瘴痼疾

将安全生产集中整治专项行动延续至年底，采取“一周一调度、一月一通报”等方式，推进“四个一批”（治理一批重大安全隐患，严惩一批违法违规行为，惩戒一批严重失信企业，问责曝光一批责任不落实、措施不力的单位和个人）持续深入。全省累计排查整治隐患 34 万余处，开展督导检查 1.3 万余次，执法处罚 11.9 万余次。

（三）大力推进行业治本攻坚

紧扣杜绝重特大事故首要目标，督促煤矿、非煤矿山、危险化学品、烟花爆竹、消防等行业领域制定出台“杜绝重特大事故、遏制较大事故”的断然措施。深刻汲取源江山煤矿“11·29”透水事故教训，制定印发《全省安全生产风险隐患大排查大整治行动工作方案》《关于对全省煤矿实施“四关闭一到位”断然措施的紧急通知》，举一反三、全力打好年底安全生产收官战。2020 年，3026 处马路市场整治任务提前半年全面完成，3 轮危险化学品硝酸铵专项治理圆满收官，466 个烟花爆竹“独立工区”全部整治到位、152 家生产企业主动退出，30 处煤矿、109 座非煤矿山关闭到位。统筹推进道路交通顽瘴痼疾整治和 9720 处普铁安全隐患整治，按计划完成城镇人口密集区危险化学品生产企业和沿江一公里化工企业搬迁改造年度任务。狠抓国务院安委会考核巡查反馈问题整改，明确36项具体措施及相应责任单位、整改目标、整改时限，除需要长期整改的外，问题均已基本整改。

（四）全面加强安全生产监管执法

持续推进“强执法防事故”专项行动，深入开展安全监管执法评价排名，每月调度统计、两月排名通报，大力推行异地交叉执法。出台《关于推进安全生产分类分级监管执法的指导意见（试行）》，明确各级应急管理部门的监管层级和执法事权，推行精准执法，推动落实对高危行业领域重点企业执法检查全覆盖。全面推行行政执法“三项制度”，强化事前公开、规范事中公示、加强事后公开。

（五）主动服务疫情防控大局

开辟医用物资企业安全生产许可绿色通道，实行“一企一策一专班”安全服务；落实“分区分级精准复工”要求，制定8项具体措施，既严格规范执法，又防止“一刀切”式随意关停企业，竭力为统筹疫情防控和经济社会发展提供安全保障。

（六）加强消防安全工作

聚焦群死群伤和“小火亡人”火灾风险，以消防安全专项整治三年行动为主抓手，部署开展打通“生命通道”“黑服务区”、危险化学品场所、寄递物流场所、滑雪场所、福利机构、无证幼儿园、开学复课等专项治理，实施安全取暖、团寨消防“五改”、大隐患“清零”工程。3059个老旧小区完成“一区一策”消防改造、1411个团寨完成消防“五改”、840家重大火灾隐患整改销号。2020年，全省共发生火灾8236起、死亡63人、受伤29人，直接损失1.4亿元，连续10年未发生重大及以上火灾。

二、努力履行综合防灾减灾救灾职责

充分发挥应急管理部门综合优势，统筹各类资源有效防控自然灾害，全省受灾人口、因灾死亡失踪人口、农作物受灾面积、倒塌房屋数量、直接经济损失与近5年均值相比，分别下降29%、40%、19%、70%和35%。

（一）加强源头防控

调度气象、水利、自然资源等多部门监测网络和预报信息，共编印《自然灾害风险预警》33期、《自然灾害风险信息》3期，实现对全省天气、水文、地质等各类自然灾害风险因素的实时监测，并运用大数据进行融合分析，及时发布预警预报信息。切实履行联席会议办公室工作职责，统筹抓总、协调推进提高自然灾害防治能力重点工程建设，各项重点工程进展顺利，初步实现阶段性目标任务。

（二）牵头应对灾害

科学应对27轮强降雨，及时启动防汛Ⅳ级应急响应2次，有效防御536起群发性地质灾害，打赢了山洪防御、城市排涝、水库防守、江湖抗洪、避险转移“五大”保卫战，取得了未垮一库一坝、未溃一堤一垸、未发生群死群伤的重大胜利。扎实开展野外用火、森林违法用火专项整治行动，加强春节、清明等重点时段巡山盯守，超前部署秋冬森林防灭火工作，全年未发生重特大森林火灾。

（三）精准统筹救助

第一时间开展灾情信息调度，第一时间启动应急响应，第一时间落实各项救助措施，下拨中央和省级救灾资金12.34亿元，紧急调拨救灾物资8.5万余件（套），紧急转移安置人口38.25万人次。全力推进因灾倒房恢复重建工作，倒房需恢复重建和损房需修复的22875户全部修竣完工。

三、大力提升灾害事故救援能力

按照“预防与应急并存，常态与非常态相结合”的原则，切实提升科学施救能力，及时有力应对京广线郴州“3·30”列车脱轨侧翻、汛期特大洪水、怀化“10·25”雪峰山隧道火灾、源江山煤矿“11·29”透水等突发事故灾害，京广线郴州“3·30”列车脱轨侧翻、怀化“10·25”雪峰山隧道火灾两起事故救援入选2020 年全国应急救援十大典型案例。全年全省消防救援队伍共接处警 4.2 万余起，出动指战员 41.1 万人次，抢救疏散群众 2.7 万余人，抢救财产价值 7.8 亿元。

（一）加强指挥调度能力建设

坚持领导带班和 24 小时值班值守，严格落实“1+1+2+N”值班制度，重点防护期实行 1/3 干部值班、1/3 干部备勤。出台《湖南省自然灾害和安全生产类突发事件应急处置暂行办法》和 7 个安全生产类、自然灾害类专项预案，完成军队、武警、民兵参与地方抢险救灾预案修订和兵力部署。投入 5000 余万元改造应急指挥中心，建成湖南省应急管理综合应用平台，实现点对点、扁平化、可视化指挥调度与决策会商。精心编制防汛应急救援“一张图一张表”，为省、市两级配备 14 台应急救援指挥车，现代化、智能化、实战化应急指挥体系初具雏形。

（二）加强救援队伍建设

加快组建省应急救援机动队伍，打造应急救援尖刀和拳头力量。依托省属重点企业，成立 9 个省级专业应急救援队伍1500 人。加强社会救援队伍建设，战时可动员 46 支社会力量 1246 人。成立省航空应急救援队，保障航空应急救援需要。完善应急救援专家队伍，确保应急救援决策服务科学。立足实战，组织各类应急演练 5000 余场次，举办湖南省 2020 年抗洪抢险应急演练、湖南省 2020 年航空应急多灾种救援训练成果汇报演练、铁路路地协同联动机制应急演练，收到良好效果。针对队伍“全灾种救援”职能拓展，省政府组建 400 人规模的省级应急消防救援机动支队。全省新建乡镇专职消防队 92 支，村志愿消防队 4188 支，新增消防车230 辆、装备器材 18.6 万件（套）。

（三）加强物资装备建设

全面开展应急救援物资清查，加大应急物资装备投入，新增应急救援物资和装备资金 9.8 亿元，重点加强消防综合救援队伍和森林消防队伍应急装备建设，以及矿山、危险化学品和有关社会应急救援队伍装备建设和运行维护，矿山救援装备建设初具规模。依托中联重科、三一重工、山河智能等重型工程机械救援队，对分散在全省的 4 万余套设备进行网格化管理，实现战时联勤联调。指导三一重工研制砂石打包机、中联重科研制 25 米应急架桥车等新设备，为抢险救援提供了强有力的支撑。

四、持续推进基层基础应急管理能力建设

坚持把基层基础能力建设作为全省应急管理体系和能力现代化补短板、强弱项的重大任务，列为全省应急管理十项重点工作重要内容，精心组织、稳步推进。

（一）修订法规、标准

开展突发事件应对法“一法一办法”执法调研工作，完成《烟花爆竹生产经营安全规范》等 14 项标准制修订。制定印发《关于实施安全生产轻微违法行为告知承诺制的意见（试行）》，建立适用

告知承诺制执法监管事项清单。

（二）夯实基层建设

印发《湖南省加强乡镇（街道）应急能力建设工作方案》，首批安排1300万元，推动省、市、县三级发力，在全省乡镇（街道）三年内完成以“六有”为主要内容的应急管理能力建设。组建5000余人、覆盖到村组（社区）的灾害信息员队伍，依托农村“村村响”，建成省、市、县、乡、村五级联动的应急广播系统，引导居民开展风险隐患排查治理。持续推进示范创建，新增省级综合减灾示范社区50个，申报创建国家级综合减灾示范社区35个；新命名省级安全发展示范县4个、示范乡镇（街道）41个。

（三）强化科技支撑

建成数字化矿山1座，全省危险化学品安全生产风险监测预警系统接入147家涉危险化工工艺企业以及重大危险源企业重要部位实时监控视频图像和监测数据，对重大危险源关键信息实时在线监控、动态监管和自动预警。全面推行“互联网+监管”，积极推进政务服务“一件事一次办”“网上办”，网上受理率、办结率分别达99.7%和92.5%。

（四）加强宣传教育

以全国防灾减灾日、“安全生产月”“119消防宣传月”活动主题宣传为抓手，在春节、全国两会、节后复产复工、高温汛期、冰雪灾害、国庆、中秋等重点时段、重要节点，在主流媒体开辟专栏以及电视现场连线、飞字幕等组织集中宣传，提升全社会安全意识和应急能力，营造安全发展强磁场，激发安全发展正能量。

第十九章　广东省应急管理工作

2020 年，广东省应急管理系统始终用习近平新时代中国特色社会主义思想统领应急管理工作，胸怀“两个大局”、坚持“两个至上”、统筹“两件大事”、强化“两个根本”，奋力推进全省应急管理工作迈出新步伐、跃上新台阶，安全生产形势持续稳定好转。全年全省事故起数、死亡人数同比分别下降 35.8% 和 18.3%；除水上交通外，各行业、各领域连续两年未发生重大以上事故。有力应对 23 轮强降雨和 4 次台风，因灾死亡失踪人数同比下降 73.4%，实现台风防御“零伤亡”。

一、抓责任强落实，守稳安全生产和消防安全基本盘

（一）强化安全生产统筹抓总

牵头开展安全生产专项整治三年行动和八大专项整治，集中开展“奋战一百天　全年保平安”安全生产攻坚行动，对全省 21 个地市和 41 个省有关部门开展安全生产责任制和消防工作考核，首次对 5 个设区的市、2 个省直部门实施安全生产专项巡查督导。

（二）完善安全生产责任体系

压实党政领导责任，实现市、县（市、区）、镇街三级安委会“双主任”制全覆盖；各级党政领导特别是主要领导制度化规范化定期研究部署、带队检查安全生产工作；要求党政领导年终述职报告必须有安全生产内容。压实行业监管责任，全面落实由部门领导班子中排名第一位的副职分管安全生产工作；修订《广东省党政部门及中央驻粤有关单位安全生产工作职责》，厘清新业态、新领域安全监管职责。压实企业主体责任，深入推进安全监管执法“三个转变”，实行“安全三问”现场考核制，坚持“线上监管+线下执法”相结合，对重点领域企业开展明查暗访，运用应急联动“一键通”系统，对重点企业主要负责人是否在岗进行随机抽查。

（三）筑牢安全生产底线防线

全面推行“一线三排”① 工作机制，先后印发安全生产“一线三排”工作指引、实施指南、标识牌样图等，召开企业家座谈会，全面排查、科学排序、有效排除各类风险隐患。全面开展安全风险分析研判，坚持每周一张风险评估表、每月一份风险分析报告、每季度召开一次灾害风险形势综合会商研判会、每半年公布一次重大风险，排查管控各类风险 4.7 万处，先后 3 批向社会公布 343 处重大风险；组织对全省近 10 年来重特大生产安全事故进行系统分析，编制《广东省化工医药企业典型事故案例》发送至全省 3013 家化工医药企业。全面实行“一盘棋”应急响应机制，针对国内外典型事故，先后 43 次启动全国全省

① “一线”：坚守“发展决不能以牺牲人的生命为代价”这一不可逾越的红线；“三排”：事故隐患的排查、排序、排除。

“一盘棋”应急响应，举一反三，加强防范。

（四）强化安全生产和消防安全专项整治

狠抓安全生产专项整治三年行动，由省委书记、省长签发《广东省安全生产专项整治三年行动实施计划》，成立由省长任组长的领导小组，抽调省相关单位17名业务骨干组成工作专班，采取挂图作战、专项巡查、突击检查、定期通报等方式，推动安全生产专项整治三年行动扎实开展。狠抓重点行业领域安全防范工作，危险化学品方面，印发《关于全面加强危险化学品安全生产工作的实施方案》，对全省23个园区清理退出，对31个园区开展治理整顿；实现381家危险化学品重大危险源企业、802个危险化学品重大危险源检查全覆盖。建筑施工方面，突出加强深基坑、高支模、起重吊装及起重机械安装拆卸、脚手架、暗挖等工程安全管理，严格落实“六不施工”要求。道路交通方面，组织建设全省“两客一危一重货”车辆监控预警融合平台，加大对“两客一危一货一面”、公交车、校车等重点车辆的安全整治。消防方面，投入300余万元对326家5万平方米以上大型商业综合体开展消防安全评估，组织对城中村、“三合一”场所、大型综合体等重点场所开展消防安全专项整治。水上交通和渔业船舶方面，强化砂石船“六禁”安全管理，落实渔船安全“6个100%”，全面加强海洋渔船、内陆渔船安全监管和清理取缔涉渔“三无”船舶。工矿行业方面，组织对11家边坡高度超过200米的露天矿山进行安全风险评估，对133家地下矿山实施安全综合整治，对76家涉氨制冷企业全覆盖执法检查。狠抓安全生产百日攻坚行动，聚焦危险化学品、道路交通、建筑施工等高风险行业领域，在全省范围内开展“奋战一百天　全年保平安”安全生产攻坚行动，开展事故隐患整改落实“3个100%回头看”，抓好安全执法监督检查“4个100%”。

二、抓预防快处置，下好自然灾害防治先手棋

（一）打赢汛期安全保卫战

全面梳理党政机关、部门、企业、学校、村（居）等三防责任人，落实101万三防责任人，加强基层责任人网络化管理，确保责任无盲区。完善“县领导联系镇、镇领导联系村、村干部联系户”责任对接制度，细化对接的任务与时机，明确橙色预警责任人与群众对接，红色预警立即上门视情转移群众。2020年，全省共提前转移危险区域群众约80万人，特别是清远市清城区源潭镇迎咀村在灾害发生前4小时及时转移57名村民，韶关市曲江区乌石镇流坑村提前转移42人，广州市花都区梯面镇西坑村提前转移84人，有效避免了严重山洪地质灾害造成重大人员伤亡。创新短临预警、精细化预报和夜间重点提醒三项机制。会同气象、水文部门，逐时将未来1小时雨量超过50毫米的预警信息（预报到镇）靶向发布到受强降雨影响的乡镇（街道）、村（居委会）。2020年“龙舟水”期间共发布125期《短时临近强降雨天气预告》，成功避免了多起群死群伤事件发生。

（二）提升森林火灾防控水平

出台《广东省森林防灭火指挥部工作规则》《广东省森林防灭火工作职责事项划分意见》，切实理顺“防”与“救”的关系，指导督促有关地市健全森林防灭火指挥机构和组织。落实“一日一抽查、

一日一通报”在线抽查机制。针对重点时段启动“五个一”应急处置机制，对基层森林防灭火工作进行“一日一研判”“一日一报告”“一日一调度”“一事一处理”“一日一抽查”。在特别防护期高森林火险天气时段，省森林防火火指挥部办公室组织人员每天电话抽查全省 30 名县长、70 名镇长（书记），督促落实防灭火工作措施。启用 1490 多个远程视频监控点进行实时监控，发现异常立即通知当地迅速处置。全省 105 支专业森林消防队伍靠前驻防，一旦发生火情，快速出击、重兵扑救，实现“打早、打小、打了”。全年实现了无重大森林火灾的目标，特别是清明节期间实现“零火情”的历史最好成绩，确保了“五一”、全国两会、国庆、中秋期间森林防灭火工作平稳。

（三）增强自然灾害防治能力

统筹推进自然灾害防治能力建设九项重点工程、53 项具体任务，全省已累计安排投入项目建设资金 407.12 亿元。共有 16 项工作任务已超过序时进度，其中“开展造林与生态修复”“推进湿地公园建设”“开展易受台风及其他自然灾害影响重点设备设施风险调查”3 项任务已全部完成。全省 479 处威胁 100 人以上地质灾害隐患点实行市、县、镇三级政府领导挂点负责制度，并全部建成在线监测系统。完善“三个联系”责任对接机制，总结运用“一体三预”① 的工作经验，健全落实强降雨、台风防御工作指引、“防汛四张表”“防台风五个百分之百”等有效做法，形成了一套广东特色的战术打法。2020 年，广东省应急管理厅启动各类应急响应 59 次，维持响应天数达 77 天。

三、抓统筹聚合力，构建权威高效的应急救援体系

（一）完善应急指挥体系建设

推动完善省应急委“双主任”制，调整完成“三委三部”议事协调机构组成人员，统一发布预警和灾情，统一指挥应急救援队伍，统一调拨救灾物资，统一发布 15 种应急响应。构建“四个一”② 基层应急管理体系，共有 1600 多个镇街独立设立应急管理办公室或加挂牌子。

（二）加强应急救援处置机制建设

全面推行应急指挥“四合一”、应急处置“四个一”、临灾转移“四个一”、值班值守“五个一”等工作机制，加强短时临近强降雨预报预警难点攻关。“龙舟水”期间每日会商、逐时研判，做到预判重大雨情水情到哪里，调度指挥就到哪里，工作检查就到哪里，应急小分队就到哪里，精准调度阳山县杜步镇河水漫堤等险情灾情处置以及珠海长炼“1·14”石脑油火灾等事故处置。

（三）强化应急救援队伍基地建设

建立国家危险化学品应急救援惠州基地、广州石化和茂名石化队，建成 5 个省级危险化学品应急救援基地和 4 个省级矿山救援基地，组建 23 支省级危险化学品和 1 支金属冶炼骨干专业应急救援队伍；推动指导全省乡镇（街道）设立应急管理办公室，建成一支 1 万多人的镇（街）、园区专职安全巡查员队伍。组建国家救援机动支队、地震救援专业队及 7

① “一体”：科学有效、从上到下、左右贯通的应急指挥体系；“三预”：事前预判、临灾预告、短临预警。

② “四个一”：确保全省各乡镇街道有一个负责应急管理工作的机构，有一支负责应急救援的队伍，有一个启动应急响应的平台，有一个储备应急物资的仓库。

个类型41支专业救援大队，新增政府专职消防队252支、专职消防人员1538人。全省新建、改造消防站125个，7个支队级训练基地完成建设，国家陆搜基地一期投入使用，二期项目加快推进。积极推进战勤保障体系建设，新购消防车312辆、器材21.7万件（套）。

（四）创新全灾种应急演练模式

分灾种创新开展清明森林防灭火桌面+实战推演、基层防汛工作实战推演、极端情况下应急通信保障实战推演、铁路地质灾害突发事件应急处置联动机制实战演练、危险化学品安全风险防范实战推演、尾矿库突发重大险情应急处置实战演练、应对省外特别重大地震灾害应急救援演练7个专题实战推演，全面复盘、全景展现，把演练当实战。举办全省首届森林消防业务技能大比武和全省社会应急力量技能竞赛，随时保持应急状态，时刻做好应急准备。

四、抓基层打基础，提升防灾减灾救灾能力

（一）打造安全宣传“五进”品牌

创新开展全国防灾减灾日、“安全生产月”“安全生产万里行”“森林防火宣传月”活动，录制防灾减灾一堂课，全省近600万中小学生、77.9万幼儿参加学习。推动广州市安全应急体验馆建设。组织开展“安全生产南粤行”，协调中央和地方主流媒体高频率、多角度、大篇幅宣传报道。开播“广东应急广播”，邀请权威专家、业内资深人士宣讲政策、科普知识，与群众实时连线互动，不断夯实应急管理群众基础。

（二）打造基层防灾减灾救灾样板

全面开展行政村防灾减灾救灾能力“十个有”建设，全力打造5个样板村。广州市从化区、深圳市龙岗区、汕头市南澳县被纳入国家自然灾害综合风险普查试点单位，其中南澳县被定为首批全国综合减灾示范县创建试点单位。成功创建1246个综合减灾示范社区。推动森林消防队伍标准化建设，落实清明、重阳等重要节假日和高火险天气“包山头、守路口、盯重点、签责任、打早小”等各项工作举措。实施自然灾害应急物资前置措施和开展精准灾后生活救助、恢复重建，198户全倒户、156户严损户灾民春节前全部搬入新居。

（三）打造广东智慧应急管理先进示范

把信息化建设作为应急管理的“制胜一招”，建成基于24个部门57个方面的应急管理大数据平台，提高监测预警能力、监管执法能力、辅助指挥决策能力、救援实战能力和社会动员能力。坚持“需求导向、研用一体、开门创新”，发挥“1+1+1+N”联合创新机制作用，使融合指挥、应急通信、全域感知、短临预警、数据智能“五大难题”变身“五大优势”，全面实现监测预警“一张图”、指挥协同“一体化”、应急联动“一键通”。牵头搭建“两客一危一重货”重点车辆智能监控预警融合平台，接入省内外在粤运营的76万辆重点车辆定位数据，接入4.85万辆“两客一危”车辆智能监控视频数据。在广东移动和广州佳都两家企业首批挂牌成立“广东智慧应急研究基地”。召开全省县区应急指挥中心建设现场会，推广广州市花都区按照“辅助决策智能化、指挥调度可视化、应急救援立体化、安全管理动态化”建设区应急指挥中心的经验。

第二十章　广西壮族自治区应急管理工作

2020 年，广西壮族自治区应急管理系统坚决贯彻落实中央和自治区决策部署，围绕“一年打基础、两年有变化、三年上台阶”的工作思路，统筹打好疫情防控和安全生产、应急管理、防灾减灾救灾“四个硬仗”，着力建机制、补短板、强基础，着力防风险、遏事故、保稳定，认真推进平安建设工作。全年全区共发生各类生产安全事故 2933 起、死亡 1862 人、受伤 2243 人，同比减少 955 起、278 人和 1149 人，分别下降 5.1%、7.4%和 5.9%。发生较大事故 30 起、死亡 113 人、受伤 172 人，同比增加 4 起、11 人和 56 人，分别上升 15.4%、10.8%和 48.3%。没有发生重特大生产安全事故，安全生产形势持续稳定向好。

一、安全生产和消防安全

（一）健全完善安全生产责任制

推动出台《中共广西壮族自治区委员会　广西壮族自治区人民政府关于深入学习贯彻习近平总书记重要指示精神进一步加强安全生产工作的意见》，提出进一步加强安全生产工作措施。重新修订自治区安委会成员单位安全生产工作职责，印发《广西壮族自治区安全生产委员会成员单位安全生产工作职责规定》。印发《广西壮族自治区安全生产委员会成员单位安全生产工作考核办法》，推动安全生产工作齐抓共管。

（二）组织开展安全生产专项整治三年行动

组织制定《全区安全生产专项整治三年行动计划》，建立领导小组专题会议制度、专班例会制度等 7 项工作制度，推动应用全国安全生产专项整治三年行动直报系统，建立问题隐患和制度措施“两个清单”，督促相关单位、部门制定落实预防控制措施，明确整改责任人和整改要求。消防方面，印发打通“生命通道”、集贸市场、居民自建房等 18 个消防安全专项整治三年行动方案。2020 年召开 5 次专班会议，5 次通报各市、各成员单位工作情况，推动排查并有序整改 1008 项主要问题、1592 项重大隐患，安全生产专项整治三年行动取得明显成效。

（三）深入推进“强监管严执法年”专项行动

强化煤矿、非煤矿山、危险化学品、烟花爆竹、交通运输、建筑施工、消防、民用爆炸物品、工贸、文旅等行业领域的监管和执法，严厉打击违法违规行为，坚决整治防范化解重大安全风险突出问题。其中，消防救援机构完善重点监管制度，成立 15 人的总队级技术专家组和 14 支共 78 人的支队级技术服务队，全年出动明查暗访组 2269 个，交叉检查组 2211 个，责令停止违法行为 70855 起，公开曝光隐患和违法行为 1238 家，责令停产、停业、停止建设 2252 家，暂扣或吊销许可、资格6567个，关闭非法违法企业334家，处罚22499.61万元，实施联合惩戒298家。

（四）突出抓好高危行业的安全监管

推动煤矿落后产能淘汰退出，重点整治非煤矿山“一面墙”开采现象，开展危险化学品重大危险源检查督导、储存安全治理、非法违法“小化工”专项整治、“红”“橙”高风险企业安全条件“回头看”等工作。深化烟花爆竹产业结构调整和转型升级、“三超一改”“下店上宅”等突出问题专项整治，紧盯高层建筑、地下建筑、大型商业综合体、危险化学品企业等“四大高危”场所，居民自建房、少数民族村寨、电动自行车等“三大不放心”区域及相关人员密集场所的消防安全，加强“两客一危一货”等重点车辆安全监管。重点排查整治隧道施工、高处坠落、施工坍塌等方面隐患和问题。约谈事故多发频发的属地政府及相关企业，挂牌督办乐业大道“9·10”隧道坍塌等12起较大生产安全事故，提级调查北海LNG接收站“11·2”着火事故。

（五）持续抓好消防安全

开展火灾隐患排查整治工作，将15家集贸市场列为自治区级重大火灾隐患单位挂牌督办，组织自治区政法委、商务厅、扶贫办、消防等部门联合召开消防车通道消防安全综合治理、大型商业综合体消防安全标准化管理、脱贫攻坚消防助力现场会，并举办“街长制”、木材加工行业消防安全管理工作交流活动。全区5977个单位或新建住宅小区按标准落实消防车道划线、立牌管理任务，119家危险化学品重大危险源企业落实整改，17家自治区级重大火灾隐患单位全部整改销号。380余家涉疫“三类场所”实现“零火灾”，2万余家复工复产企业未发生有影响的火灾事故。2020年，全区共发生火灾3702起、死亡29人、受伤27人，直接财产损失8258.28万元。火灾起数同比下降30.35%，死亡人数下降38.3%，受伤人数下降35.71%，直接财产损失下降25.02%，连续21年未发生群死群伤恶性火灾事故。全区消防救援队伍全年共处置各类警情65737起，同比上升230.99%，共抢救被困人员4187人，疏散被困人员4992人。

二、防灾减灾救灾

（一）做好防汛抗旱工作

汛期之前在《广西日报》公布重点防洪城市（县）、设区市的防汛（抗旱）行政和安全管理责任人名单，发出1393份职责告知书。汛期应急、气象、水利、自然资源等部门每天联合召开视频会商调度会，分析研判汛情形势，部署防汛抢险救灾工作，发出各级山洪预警短信40多万条；自治区地质灾害预警预报信息181天次，短信近20万条；各市县发布地质灾害预警预报信息近2000天次，短信100多万条。

（二）做好森林防灭火工作

联合自治区林业局成立领导小组，开展野外火源专项治理行动，对祭祀、农事、林事违法违规用火进行重点治理，共派出督查组1542个9647人次，村屯巡逻队5412支23468人次，提出森林火灾隐患整改建议697个，发出整改通知书516份，整改森林火灾隐患3369项，侦破火案152起，查处违规用火276起，追究刑事责任95人，行政处罚50人。严格落实领导带班和24小时值班值守制度，接报森林火灾火情信息93起，接报林火卫星热点342个，均及时妥善处理。加大航空护林巡护灭火力度，参与应急救援15次，累计飞行400余架次885小时，森林火灾当日扑灭率达98%以上。大力宣传森林防灭火常识，共印发森林防火宣传资料180余万份，悬挂标语横幅9万余条，出动宣传车辆7800余台次，发送森林防火短信800余万条；建立自治区到市、市到县、县到乡、乡到村、村到户、户到家庭成员“六个微信群”。

（三）做好综合减灾工作

第一次全国自然灾害综合风险普查工作有序推进，建设自然灾害综合风险普查系统和普查APP，组织编制《广西壮族自治区自然灾害综合风险普查实施方案》和技术规范体系，指导防城港市东兴市、桂林市全州县、河池市南丹县、柳州市三江侗族自治县、梧州市岑溪市、百色市田林县6个试点县开展自然灾害综合风险普查试点工作。建设综合减灾示范社区和示范县，创建了国家综合减灾示范社区36个，自治区综合减灾示范社区140个，在南宁市265个社区建立“八桂应急先锋”响应队。以应急管理所、乡镇救援力量建设、应急避难场所建设为抓手推进综合减灾示范县创建，支持梧州市岑溪市、百色市凌云县、来宾市武宣县3个县创建全国综合减灾示范县。推进自然灾害防治九大工程，召开自治区灾害防治厅际联席会议，推动各部门组织制定广西的九大工程实施方案，推进了一批重点工程项目。

（四）做好救灾救助工作

强化灾后救助，及时启动自治区Ⅳ级和Ⅲ级救灾应急响应各1次，启动国家Ⅳ级救灾应急响应1次，争取中央自然灾害生活救助和救灾物资储备资金6.035亿元，争取中央救灾帐篷3000顶、折叠床3000张。为各地下拨6.435亿元中央、自治区灾害救助和救灾物资储备资金，向灾区紧急调拨救灾帐篷、衣被等救灾物资7.03万件（套、顶），应急救助36万余人，支持1032户农户开展倒损住房恢复重建，协调承保公司累计为5443户农户理赔4284.4万元。强化物资储备，争取2.4932亿元中央财政补助资金在全区75个县（市、区）开展“基层备灾点救灾物资储备”项目建设，编制并上报“广西基层应急与救灾物资储备中心”项目建议书（总投资额24.3亿元），与京东集团签订“新型应急物资保障合作协议”和“应急物资采购协议”。

三、应急救援

（一）强化部门联动

深化部门应急联动，增加与中国铁路南宁局集团有限公司、中国民航广西监管局建立协调联动机制。实行联合值班值守工作制度，形成了通力协作、防救协同新格局，与武警、部队以及有关社会力量健全完善快速联动机制和沟通渠道，提升信息全面共享、救援快速响应、力量快捷调运等方面的应急能力。

（二）强化信息报送

全年接报各类信息3857条，其中接报突发事件信息812条，均分类进行了处置。上报较大以上突发事件信息及综合信息共500条。

（三）强化指挥调度

针对新冠肺炎疫情、全国两会以及防御9次强降雨等重点时期，先后启动了4次Ⅲ级、1次Ⅱ级应急勤务和11次洪涝台风灾害应急响应。应对全年37起森林火灾处置和26次强降雨、4次台风。全年累计参加应急管理部视频调度会60次，召开全区视频调度会107次，其中防汛视频调度会57次、森林防火调度12次、突发事件调度38次。成功处置玉林市碧桂园“5·16”建筑施工事故、贵港市裕泓木业公司“5·20”厂房坍塌事故、河池市贵南高铁在建项目永康隧道顶板坍塌事故、罗城县棉花天坑景区“5·23”观光车碰撞山体事故、防城港市防城区自建房“6·18”火灾事故、钦州“8·4”“中匀7”轮石脑油泄漏燃爆事故、百色“9·10”隧道坍塌较大事故、北海LNG接收站“11·2”火灾事故等多起事故。全国消防智能接处警及智能指挥系统在广西南宁市开展试点。

四、基础保障和能力建设

（一）不断加强应急力量建设

全年全区共组建抗洪抢险救援、地震、石油化工、高层建筑等各类救援专业队89支，将中国安能集团公司纳入应急救援队伍体系，与三一重工股份有限公司、柳工机械股份有限公司等企业签订应急救援战略合作协议；创建118支八桂应急先锋社区响应队，共招募队员2572名，组建首支“广西应急雄鹰行动队”，开展专业化、系统化培训，提高突发事件救援能力。

（二）不断夯实基层基础工作

印发6个自然灾害类专项应急预案和5个安全生产类专项应急预案，北部湾危险化学品救援基地项目获得自治区发展改革委的立项批复。消防方面，新购消防车101辆、器材装备8.25万余件（套）；5个中央投资项目及8个队站相继开工建设、25个队站竣工，灭火救援物资储备及装备维护中心定位提升为全国区域性装备物资储备库。

（三）稳步推进信息化工程建设

建设安全生产风险在线监测预警系统，累计接入危险化学品企业99家、烟花爆竹企业20家、非煤矿山企业2家，尾矿库11座。深入实施应急管理“一张图”，接入气象、水利、自然资源等8个厅局共197类数据。全面完成指挥会商系统建设及自然灾害移动指挥部项目建设，实现部、省、市、县四级联动。

（四）加强应急知识普及宣传工作

起草《关于大力宣传普及应急安全常识提高公众应急防护意识和能力的决定》，作为立法项目报经自治区人大常委会通过立法审议。加强主流媒体宣传力度，在《人民日报》、中央电视台、《中国应急管理报》《广西日报》、广西广播电视台刊播自治区应急管理新闻200多篇次，其中《人民日报》6月13日专题报道广西壮族自治区防汛救援工作，中央电视台专程来桂采访，报道自治区防汛指挥调度工作机制。广西壮族自治区消防救援总队荣获“全国消防系统全媒体工作中心建设先进总队”“十佳消防微博号”等荣誉，南宁应急消防科普教育基地获评为首批国家级应急消防科普教育基地，微电影《蓝色卫士》荣获中央宣传部社会主义核心价值观微电影一等奖。

第二十一章　海南省应急管理工作

2020 年，海南省应急管理系统以习近平新时代中国特色社会主义思想为指导，深入贯彻落实习近平总书记关于应急管理重要论述和对建设海南自由贸易港的重要指示精神，紧紧围绕“抗天灾、防人祸、强救援”三条工作主线，持续深化应急管理机构改革，稳步推进应急管理体系和能力现代化建设。全年全省共发生各类生产安全事故 159 起、死亡 164 人，同比分别下降 26.40% 和 5.21%。其中，生产经营性道路交通事故 87 起、死亡 81 人，同比下降 38.30% 和 18.19%。工矿商贸从业人员十万人生产安全事故死亡率 1.05，同比下降 1.87%；道路交通万车死亡率 2.67，同比下降 0.69。全年未发生重大及以上事故。

一、安全生产和消防安全

（一）安全生产责任制

省委、省政府高度重视安全生产工作，共召开 3 次省委常委会会议、8 次省政府常务会议研究部署安全生产工作。贯彻落实《海南省党政领导干部安全生产责任制实施细则（试行）》，压实党政领导责任。完善安全生产考核办法，重新修订省安委会成员单位职责。省政府其他领导班子成员按照“一岗双责”的要求，切实抓好分管领域安全生产工作。将安全生产工作纳入省委巡视和审计事项，纳入市县高质量发展年度考核指标体系和市县综合考核重要内容。

（二）危险化学品安全提升行动

紧盯全省危险化学品行业，摸清危险化学品“底数”，制定危险化学品安全提升措施，编制《海南省危险化学品安全提升行动方案（2020—2022 年）》。制定《危险化学品企业可食验防护措施管理规范》等 3 项地方标准。开展非法违法“小化工”、天然气点供安全隐患集中整治，开展危险化学品生产企业和构成重大危险源的存储企业安全风险隐患排查等专项整治。推进危险化学品安全风险管控标准制度建设，建立洋浦开发区石化功能区安全巡防一体化工作机制，加强危险化学品领域安全生产防控，运用信息化手段提升安全监管精准化、智能化、动态化、高效化水平。

（三）安全生产专项整治

制定《海南省安全生产专项整治三年行动计划》，突出“一面两点”（琼州海峡、危险化学品和道路交通），明确从 2020 年 4 月至 2022 年 12 月，分 3 个阶段，狠抓 2 个专题和 10 个重点行业领域专项整治。持续推进道路交通安全整治三年攻坚战，协调督促各市县和公安、交通、农业农村、教育等部门联合行动，实施车辆严管、路面严查等六大工程。印发《海南省铁路沿线环境安全专项治理实施方案》，协调开展铁路环境安全隐患集中整治，在完成 701 项高铁隐患问题治理的基础上，继续开展普铁环境安全整治。推动非煤矿山和露天矿山综合整治工作，编制《防范化解尾矿库安全风险工作方案》《海南省非煤矿山安全隐患排查》《非煤矿山双重预防机制建设工作指南》等，查处矿产资源违法案件28起，罚款62.15万元。强化烟花爆竹风险管控，对全省36家烟花爆竹企业开展安全专项检查整治，检查发现隐患问题共201项，督促相关市县和企业限期落实整改。吸取海口市“6·3”中央空调爆炸事故教训，开展为期3个月的制冷行业和中央空调系统专项安全检查。

（四）消防安全工作

出台改进消防执法的意见，开展消防安全专项整治三年行动、打通“生命通道”等消防安全专项行动，将消防救援综合管理系统纳入2020年度省级政务信息化建设项目，推动出台全国首部自由贸易港消防法规《海南自由贸易港消防条例》，推动消防工作纳入文明城市创建、平安海南建设（综治工作）、绩效考核考评指标以及省委督查内容，出台服务自贸港消防工作意见和重点园区技术服务措施，开展“十三五”消防规划执行情况评估验收。2020年，全省共检查单位16.3万余家，督促整改火灾隐患15.5万余处，电动自行车火灾实现“零伤亡”，火灾形势持续平稳。全省共发生火灾3639起、死亡6人、受伤8人，直接财产损失3959.3万元，未发生较大以上火灾事故。

（五）安全生产宣传教育和事故整改

将安全生产纳入各级党政领导干部培训内容，把安全知识纳入中小学和技工院校教育内容，将安全工作列为学校办学水平的评估范围。扎实开展“安全生产月”和“安全生产（园区）行”活动，“安全宣传咨询日”线上活动在9个渠道直播，在线观看达37万多人次。组织300余家企事业单位开展了“安康杯”竞赛，参与职工8万余人。印发《关于高危行业领域安全技能提升行动实施方案》，为3281人落实安全技能培训。开展石油化工行业、交通运输行业、船舶运输行业、电力行业等13个工种的技能竞赛，并纳入2020年省级职业技能竞赛范畴。严格事故责任追究，印发《海南省生产安全事故挂牌督办办法》，严格依法组织琼海“7·30”渔民溺水死亡较大事故调查，挂牌督办海口“9·24”海甸岛污水处理厂爆炸事件，对海口2019年“12·31”道路交通事故等13起市县负责调查处理的事故加强跟踪督导。组织对10个市县发生的51起生产安全事故调查处理报告进行评估，约谈5人，移送司法机关处理3人，行政处罚企业（个人）9家、罚款460.5万元。

二、防灾减灾救灾

（一）台风防御

省防汛防风防旱总指挥部坚持以人民为中心的发展思想，全面贯彻落实“两个坚持、三个转变”防灾减灾救灾新理念，做到了“四报一提示”，每日一快报365期、每周一简报52期、每月一通报12期、临灾一风险研判专报12期、自然灾害综合风险提示23条。全年组织应急会商调度25次，启动防汛防风Ⅳ级应急响应7次，Ⅲ级应急响应1次，Ⅱ级应急响应1次，有效应对了14个热带气旋，3次大范围强降雨。科学调度，全省1105座水库防洪减灾效益显著，水库增蓄21.65亿立方米，有效缓解干旱和保障今冬明春用水。

（二）森林火灾防控

省森林防灭火指挥部制定《海南省森林防灭火指挥部工作规则》《海南省森林防灭火指挥部办公室关于进一步加强森林防灭火执法工作明确执法事项的暂行通知》。将森林防灭火工作纳入公益诉讼范围。专项督导昌江海尾镇“6·7”重大森林火灾、高铁沿线火灾导致动车停运等事件。开展野外火源管控专项行动，下发整改通知书 452 份，刑事立案 32 起，抓获犯罪嫌疑人 14 人，行政拘留 3 人，通报 3 个乡镇政府。全省森林火灾受害率控制在 0.3‰以内，火灾 24 小时扑灭率为 100%，全省未发生森林火灾致人员伤亡事故。

（三）海洋灾害和地质灾害防治

海南省立足海岛现状，积极推动海洋防灾减灾和地质灾害防治工作。编制《海南省海洋防灾减灾规划（2020—2025）》和《海南省海洋风暴潮、海浪和海啸灾害应急预案》。完成省抗震救灾指挥部调整，做好地震地质信息和数据共享，修订《海南省地质（火山）应急预案》《海南省地质灾害应急预案》，梳理完善减灾救灾各项机制。

（四）安全生产和防汛防风深度融合

将安全生产和防汛防风工作同部署、同检查、同落实，严格落实值班、会商、调度、检查四项制度，建立统一的防汛防风和安全生产工作数据体系，具体工作清单化、表单化，将安全生产和防灾减灾统一考核。组织开展安全生产和防汛防风风险隐患专项检查，对全省 19 个市县和洋浦经济开发区进行全覆盖检查，抽查 40 个乡镇、33 家企业，以及 32 处水库、地质灾害等风险隐患点，抽查核实灾害风险点、防汛防风责任人、安全生产专项整治三年行动等工作落实情况，将发现的 112 项问题隐患分别列出清单，统筹整改落实。

三、应急救援

（一）应急救援专业力量

运用情景构建改进应急演练工作，充分发挥演练活动对应急预案的检验和培训功能，组织开展省危险化学品槽罐车爆炸事故应急演练、省地震灾害应急拉动综合演练、森林火灾联合作战应急救援演练等活动 330 余场次。组建抗洪、石化、地震等专业力量 74 支，国家水域救援三亚大队建设得到国内外同行的高度赞誉。在“格瑞德世界绳索救援亚洲赛”8 个比赛科目中取得 3 项第一、1 项第三。

（二）军地联动机制

立足省情，会同省军区战备建设局，组织驻琼军警部队共同研究制定军地协同抢险救灾方案计划。结合海南省应对自然灾害所处的独特地理位置及特点，对驻琼军警部队可能担负的抢险救灾任务进行研讨，邀请水利专家赴驻琼部队开展抗洪抢险技术培训，夯实了驻琼部队执行抢险救灾任务专业技术基础。

（三）社会救援力量

坚持“政府主导、企业参与”原则，打造一支专业化与社会化相结合，规模适度、管理规范的专业应急救援骨干队伍。与中国铁建股份有限公司海南总部、中国电建集团海南分公司、中国安能集团一局海南公司、中国葛洲坝集团海南分公司 4 家企业分别签订抢险救灾合作框架协议。组织海南蓝天救援队、中远海直航空救援队等社会救援力量参加联合演练等活动，搭建政府与社会应急力量互动交流平台。积极探索完善日常管理、应急调用、激励约束等工作机制，引导规范社会应急救援力量建设。

（四）应急保障基础能力

印发《海南省第一次全国自然灾害综合风险普查的通知》，成立领导小组和普查办公室，制定工作方案，建立工作机制。强化灾情管理，落实全省各级灾情管理责任人，建立省、市、县、乡、村五级灾害信息员队伍，制定出台《海南省灾害信息员队伍建设实施意见》，组织各类培训班共培训各市县灾害信息员2358人次。制定出台《海南省自然灾害救灾资金管理实施细则》，明确中央和省级救灾资金来源、申请程序和使用范围。编制完成《海南省应急物资储备保障体系工程总体规划》《海南省中部综合应急物资储备仓库工程项目建议书》，推进全省“东西南北中”5个区域性应急物资仓库和区域性救援基地建设。印发《关于切实加强省级应急物资管理工作的通知》，强化救灾、防汛和森林防火等省级应急物资的统筹使用。

四、基础保障和能力建设

（一）全面推进依法应急

开展《海南省自然灾害防治条例》《海南省铁路安全管理条例》立法工作，起草《海南省安全生产行政执法与刑事司法衔接实施办法》。推进简政放权，优化审批途径，完成省级行政许可12项职责下放。协调省检察院对森林防火工作落实不到位的10个市县下达检察建议书。制定《2020年度安全生产监督检查计划》，开展联合“双随机、一公开”安全生产监管执法工作。开展“12·4”国家宪法日和宪法宣传周等活动，运用微信公众号宣传《中华人民共和国宪法》《中华人民共和国民法典》等法律法规以及生产安全事故典型案例。

（二）健全风险防控预案标准体系

厘清有关部门应急处置职责分工，全方位梳理论证和分析研判风险种类及其规律，摸排掌握现有应急资源底数、实战状态与面临风险的适配度，启动全省总体应急预案和事故灾难、森林火灾、地震等专项应急预案修编工作。修订完善《海南省防汛防风防旱应急预案》，制定应急响应研判、信息报送、成员单位防御响应行动3个配套工作手册。借鉴事故指挥系统理念和海南抗疫的经验做法，编制《海南省防汛防风防旱应急操作手册》，规范成员单位值班值守、预测预警、会商调度、督查检查、应急行动等工作。编制《海南省自然灾害救助应急预案》，建立健全与海南自由贸易港建设相适应的自然灾害救助体系和运行机制。

（三）提高科技支撑能力

完成自然灾害预测预报预警系统、值班值守系统和“一键通”APP开发部署，实现多部门数据汇聚共享，实时信息互通、研判分析和预警预报。完成海南省省、市、县应急“一张图”项目建设，实现转隶部门应急资源、基础信息、业务支撑、监测预警等数据资源整合。完成海南省应急管理“一张图”建设，推动实现安全生产企业主体责任落实、危险化学品监测预警、尾矿库监测预警等领域线上监控。推进应急管理综合应用平台（一期）项目建设前期工作，推动信息化手段与应急管理工作深度融合。

第二十二章　重庆市应急管理工作

2020 年，重庆市应急管理系统面对疫情防控、安全生产和罕见特大洪灾“三场大考”，以习近平新时代中国特色社会主义思想为指导，认真落实习近平总书记关于安全生产和防灾减灾救灾重要论述，坚持人民至上、生命至上，围绕“控大事故、防大灾害”核心目标，审慎研判、细化措施、狠抓落实，沉着应对各方面考验。全年全市共发生各类生产安全亡人事故 849 起、死亡 942 人，同比分别下降 14.5% 和 10.0%；发生较大事故 8 起、死亡 29 人，同比分别上升 14.3% 和 16.0%。

一、安全生产和消防安全

（一）安全生产

连续 11 年以市政府 1 号文件、第一个全市大会形式部署安全生产与自然灾害防治工作。制定安全生产专项整治三年行动“1+3+11”工作方案，细化分解 828 项任务清单，逐一明确时间进度、工作措施、责任人员，实施挂图作战。以大排查大整治大执法为主线，围绕重点行业领域开展“两重大一突出”① 专项整治，排查安全隐患 13.8 万余项，整改隐患 12.9 万余项。全年打击严重违法违规行为 2 万余起，实施经济处罚近 1 亿元。针对元旦、春节、全国两会、国庆、中秋等关键节点，落实“五在”② 责任，全员出动、严防死守，确保重要领域和关键节点安全稳定。深刻吸取松藻煤矿“9·27”火灾、永川吊水洞煤矿“12·4”火灾事故教训，在全市应急管理系统部署启动“人民至上生命至上改进作风积极作为”专题教育，下决心淘汰落后产能，严格“三个硬杠杠”，对纳入关闭退出的煤矿，一律不准下井作业，严禁违规设置“回撤期”“过渡期”，严禁违规转包井下回撤工程。强化关停期间煤矿安全管理，严格“十条措施”，会同重庆煤矿安全监察局对每个关停煤矿建立领导专班、驻矿专班、督导专班“三专班”，确保煤矿安全措施落实到位。

（二）消防安全

市政府出台《关于深化消防执法改革的实施意见》，开展《重庆市消防条例》立法调研，组织开展区县政府年度消防工作综合检查，结果纳入区县政府经济社会发展实绩考核范畴。全市 40 个区县全部明确镇街应急办、综合行政执法大队消防监督和执法权限，落实委托执法人员 4550 名。深化 11 个行业领域消防安全标准化管理，培养消防管理“明白人”3500 余名；将“派出所消防监督检查”和“小火亡人控制”两项指标纳入公安机关各分（县）局考核范畴。建立大型企业、集团总部、行业协会三类消防安全协调机制；全市 9534 家消防安全重点单

① “两重大一突出”：重大风险、重大隐患，突出违法行为。

② “五在”：厅级领导在片区、处级干部在区县、执法人员在一线、企业主要负责人在现场、交警在路上。

位和2942家火灾高危单位全部落实“三自主两公开一承诺”并完成自查报备。市政府制定《重庆市高层建筑消防安全提升计划（2020—2022年）》，开展打通“生命通道”等专项治理，厘清全市3.61万幢高层建筑隐患及责任清单，启动8027幢消防用水问题高层建筑整改计划，6642个小区实现消防车道标识化管理，拆改违章搭建和可燃雨棚等14.6万平方米，新增停车泊位3.8万余个。深化消防安全专项整治三年行动，开展大型综合体、地下工程、石化企业等重点领域专项治理。将消防安全纳入新冠肺炎疫情“入网入格入家庭”防疫内容，对5类涉疫重点场所落实“一企一策一小组”工作机制。全年排查社会单位5.1万余家，督改隐患2.2万余处，整改销号重大火灾隐患单位68家。推进消防宣传“五进”工作，发起首届大学生消防文创大赛，在西南大学举办“119消防宣传月”启动仪式和大学消防安全教育现场会，1.2万名师生现场体验，逾600万网友线上学习；与四川连线开展“助力成渝经济圈，火焰蓝在行动”主题直播，在“两江四岸”举办“119”火焰蓝主题灯光秀，300余万人参加主题活动，上千万人次在线观看。各区县建成52处应急消防科普教育基地，打造16个消防文化主题公园，分类培训6类重点群体8.7万余人次。

二、防灾减灾救灾

（一）健全机制强预警

调整完善安委会、减灾委员会组织架构，完善应急管理体系平台运转机制，细化、固化议事协调机构办公室及重点防治部门会商研判、汛期监测信息日报告等工作规范。明确15个敏感行业部门预警发布及响应规范，提升基层灾害预警能力。发送预警或事件信息1900余条，发布森林火险等级预报258期。

（二）强基固本防风险

加强自然灾害重点防范期村（社区）日巡查、乡镇（街道）周抽查、区县部门月检查，更新风险空间分布图、风险清单台账和风险动态数据库“一图一表一库”。有序推进“八项工程”，治理堤防210公里，推进16项水毁修复工程、11座病险水库整治。推进4个森林火灾高风险区综合治理工程项目、2个航空护林站项目建设。完成深度贫困乡镇地质灾害隐患点综合治理24处、影响学校安全地质灾害点治理工程15个，推进重大地质灾害工程治理102处。推进长江航道重要水域25套气象观测站建设。

（三）有力有序抗洪水

扎实有效应对住历史罕见特大洪水的考验，汛前组织对1981年7月特大洪水进行模拟推演，细化应对方案，全覆盖落实政府行政、行业主管部门和工程管护“三个责任人”。汛期加密会商预警，市、区、县发布预警93次，启动响应73次；面对长江第5号、嘉陵江第2号洪水，首次启动防汛Ⅰ级应急响应。灾害发生后，全市上下迅速反应，特别是长江第5号、嘉陵江第2号超历史最大洪水过境，组织紧急转移避险和安置50.7万人，最大限度保护人民生命财产安全。

（四）争取支持搞重建

争取近6亿元中央救灾资金，调拨帐篷、棉衣被等救灾物资60余万件。推进2020年7276间倒房重建；完成冬春救助受灾困难群众累计43.9万人。

三、应急救援

（一）推进预案修编及演练工作

推动安全生产、自然灾害应急预案修

订，修订《重庆市突发事件总体应急预案》，制定《重庆市突发事件应急预案管理办法》《重庆市突发事件应急预案编制指南》，推广《直管行业灾害事故应急响应工作卡》《直管行业事故应急救援技术方案卡》运用，开展突发水上交通等重点演练10 余次、专项演练1200 余次。

（二）加强救援队伍建设

出台《重庆市综合应急救援队伍管理办法（试行）》，建成区县综合应急救援队 41 个，乡镇（街道）综合救援队947 个、社区应急救援站（微型消防站）2988 个；印发《重庆市应急救援队伍训练与考核大纲》，出台《重庆市抢险救援技术指挥官管理暂行办法》，承办并组织西南地区应对地震灾害实训活动，开展全市民兵应急力量联考联评。

（三）健全指挥协调机制

全面推开全市应急系统指挥中心标准化建设，16 个区县基本建成。与四川省应急管理厅签订《应急联动工作备忘录》，印发《全市应急队伍统一调度办法（试行）》，建立全市水上搜救联席会议制度。出台《加强军地抢险救灾协调联动工作办法》，汛期协调军队、武警参与救援重建 2.4 万人次。

（四）提升应急保障和处置能力

建立跨省抢险救灾公路通行服务保障、院前医疗急救服务、核安全工作协调机制；完善视频指挥调度直通系统，接入水利等 20 余个信息系统、17 万余组视频监控。妥善处置渝北“1·1”加州花园小区居民楼火灾、秀山“5·20”交通事故、高新区“7·2”滑坡、松藻煤矿“9·27”火灾事故、永川吊水洞煤矿“12·4”火灾事故等事故灾害 50 余起。

（五）积极作为战疫情

面对突如其来的新冠肺炎疫情，全市应急系统全面动员，取消春节休假，一手抓防疫、一手抓安全。严格按照防疫“五必须”、安全“五到位”要求，实行“一企一策、一企一组”服务指导，点对点驻地指导 1966 家医疗和民生急需企业平稳运行；高效规范调运物资 3.27 万件，有效保障全市 5300 个疫情防控卡点救灾物资。

（六）消防应急救援

针对重庆典型灾害事故特点，构建完善指挥控制、作战力量、作战保障“三大”体系，完成全市消防智能接处警系统示范建设及全国消防“一张图”部署，组建三级消防应急通信队伍，在渝东北、渝东南等 14 个重点区县建成“轻骑兵”前突通信队伍；启动消防大数据实战应用平台一期建设，汇聚水利、交通等 9 类321 项政务数据，将全市 154 个消防救援站、267 支专职消防队和有资质的社会救援力量全部纳入调度指挥体系，基本实现消防资源“一张图”展示，救援力量“一键式”调度。在全市划建“3+3”灭火救援战区，按照“2+6+23”“1+6+60”“1+6+X”模式，分类组建化工、抗洪和地震救援编队；有序建设消防预案管理系统，修订各类灭火救援预案 4300 份，全年开展各类拉动或实战演练 1.1 万余次。建成 1 个国家级重大灾害救援现场指挥部，6 个战区级指挥方舱，北斗有源终端等关键设备配备率 100%；与重庆交运、重庆航空等建立救援力量、装备物资应急输转机制，开展 72 小时全要素综合战勤保障演练。

四、基础保障和能力建设

（一）深化应急管理体制改革

厘清体制机制，纵深推进应急管理行政管理、组织指挥、应急救援、制度保障

“四大体系”建设，厘清市安委会、减灾委员会和11个安全生产专项办公室、4个自然灾害防治专项指挥部及成员单位职能职责，完善运行规则。持续夯实基层基础，召开全市现场会推动乡镇（街道）应急机构规范化建设。建成区县综合应急救援队41个、乡镇（街道）综合救援队947个、社区应急救援站2988个。

（二）全面推进依法治安

深化安全生产领域“放管服”改革，印发《提升安全生产监管执法效能助力营商环境优化的指导意见的通知》，提升安全生产监管执法效能、服务民营经济发展。推进“百部”安全生产地方标准建设，已完成编制47部。提升执法质量，依法开展复议诉讼工作，办理行政复议和行政诉讼案件40件。

（三）持续改善安全基础

33618辆道路运输车辆安装定位监控，升级改造桥梁护栏101座。开展打通“生命通道”工程和“春季攻势”整治，厘清全市3.49万幢高层建筑“责任清单”，启动4475幢无水高层整改计划，6516个小区消防车道实现标识化管理。建成警保合作标准化劝导站1297个，“两客一危”等重点车辆检验率达99.88%。长输管道定检率68.48%，老旧电梯改造更新数量327台。启动编制全市《城乡消防规划（2019—2035年）》，各区县、建制镇同步修编消防专项规划或专篇，新建市政消火栓1462个、消防取水设施123处，改造老旧居住建筑消防设施659幢，新招录政府专职消防员860名。在全市布点建设消防指挥中心4个、训练基地7个、消防救援站25个。完成10支乡镇专职消防队伍建设任务；启动建设三峡库区综合应急救援指挥中心，建成配套4个救援大队，投入经费3.6亿元，建造各类消防船艇11艘，投入5.5亿元，采购列装各类执勤消防车135台、远程供水系统8套、器材装备4.5万件（套），全市154个消防救援站必配备类车辆器材装备100%达标。

（四）大力实施科技兴安

升级12350接处警系统、安全生产举报投诉系统。推进重大危险源、危险工艺自动化改造达90%以上，107家危险化学品企业重大危险源纳入监测预警平台。350兆警用无线数字集群系统投入使用。152家3A级及以上景区完成视频监测系统建设。

第二十三章　四川省应急管理工作

2020 年，四川省应急管理系统坚持以习近平新时代中国特色社会主义思想为指导，深入贯彻党的十九大和十九届二中、三中、四中、五中全会精神，认真学习贯彻习近平总书记关于应急管理重要论述精神，持续健全完善体制机制，压紧压实工作责任，全力保障人民群众的生命财产安全。全年全省共发生各类生产安全事故 1306 起、死亡 1255 人，同比减少 281 起、313 人，分别下降 17.7% 和 20.0%，未发生重大及以上生产安全事故。

一、安全生产和消防安全

围绕“风险辨识管控+隐患排查整治”开展安全生产“排险除患”集中整治，7 个督导组对全省 21 个市（州）开展分片督导。全年全省共计派出检查组 27692 个，检查生产经营单位 169778 家，督促整改一般隐患 245310 项、重大隐患 18 项。会同相关省直部门派出 21 个巡查组分别对全省各市（州）党委、政府开展 2020 年安全生产巡查，并延伸至县级党委、政府、村（社区）、工业园区等基层一线，发现问题隐患 2072 项，积极推动整改落实。

以清单制管理为抓手，采取“清单制+责任制+信息化+督考制”方式，制定发布党委、政府和 18 个重点行业（领域）责任清单模板，督促各地各部门全面落实党政同责、一岗双责和“三个必须”要求，压紧压实企业主体责任。通过制度创新、示范建设、知识竞赛和 APP 研发等方式，不断延伸清单制管理触角，实现全域推广、责任到人。同时，印发《四川省安全生产专项整治三年行动计划》，在国家方案的基础上新增工贸行业、特种设备、农村安全 3 个专项，深入开展 2 个专题和 12 个专项整治。以省委办公厅、省政府办公厅名义印发《四川省全面加强危险化学品安全生产工作实施方案》，全力加强危险化学品行业风险管控、安全管理，强化监管能力。推动关闭煤矿 63 处，淘汰落后产能 675 万吨/年。

开展“铸安 2020”监管执法专项行动，严厉打击非法违法违规行为。全年全省安全生产监察执法队伍共检查企业 27564 家、59037 次，实施行政处罚 5177 次，处罚款 26514.35 万元。强化安全生产领域行刑衔接，对达到移送标准的违法事实，及时形成案件调查报告并提出移送建议，杜绝“以罚代刑”，依法严厉惩戒安全生产犯罪行为。

二、防灾减灾救灾

推进森林草原防灭火专项整治。成立由省委、省政府主要领导担任组长的领导小组，扎实开展专项整治，聚焦国务院督导组提出的七大方面 25 个问题，通过调研排查，形成“1+10”整治方案体系和“四个清单”。各级各部门认真开展学习动员、问题排查、整改提升等工作，实行“清单制+责任制”，切实履行整改责任。受省政府委托依法组织调查西昌“3・30”森林火灾事件。加强地方专业队伍建设，全省116个高危区和高风险区已完成100支地方专业队伍组建，扑火队员总数达9000多人。基础设施建设专项整治累计完成投资4.5亿元，完工166个，新建、改建防火通道1.5万公里，开设隔离带1.2万公里，开工建设停机坪53处，新建航空取水点111个，建成蓄水池1.9万多口。更新完善各类防灭火装备配置，做好防火期各项准备。

推进自然灾害防治重点工程建设，建立省自然灾害防治工作厅际联席会议制度，以省政府办公厅名义印发《四川省提升自然灾害防治能力重点工程任务分工方案》，明确八项重点工程任务分工并加强督促落实。启动第一次全国自然灾害综合风险普查，扎实推进芦山县、金堂县、康定市普查试点，加快编制实施方案，为全面铺开奠定基础。推动芦山县创建全国综合减灾示范县，推荐55个社区创建全国综合减灾示范社区，指导成都市、泸州市、巴中市建设国家级安全发展示范城市和8个县（市、区）创建省级安全发展示范城市，打造防灾减灾和安全发展样板。

三、应急救援

始终把人民生命安全摆在首位，优化完善抢险救援机制，科学有效调派队伍、指挥救援，坚决打赢每一场战斗。一是及时启动响应。强化信息接报，准确收集灾害信息，年内收集处理灾害信息5000余份，编辑值班信息250余期，启动应急响应27次（其中，Ⅲ级以上响应11次），第一时间调度指挥。新冠肺炎疫情发生以后，及时启动省突发公共卫生事件一级响应，全面掌握抗疫主动权。二是高效抢险救援。科学调度各类救援力量，有力有序有效应对一系列灾害事故。乐山“8·18”特大洪涝灾害中，指挥调度各类抢险救灾力量3000余人，解救1020名被困群众；历时176小时成功救援江油“5·22”隧洞垮塌事故的3名被困人员。根据各类灾害事故特点和风险点，制定应急救援行动安全通则和安全要则，坚决保护救援人员生命安全。三是全力救灾救助。省级安排8850万元专项资金采购救灾物资，向攀枝花市、甘孜州、凉山州等11个市（州）前置6类11.94万件（套）救灾物资。启动省自然灾害救助应急响应5次，会同财政厅印发《关于实施暴雨洪涝灾害受灾群众生活救助和住房重建省级补助政策的通知》，争取中央自然灾害救灾资金17.37亿元，下拨中央及省配套资金22.02亿元；各级调拨帐篷、折叠床、棉被等救灾物资30万余件(套)。针对冬令春荒困难群众，及时报请应急管理部下达救助资金，向全省受灾困难群众发放价值2000万元的御寒物资，确保温暖过冬。

从3个方面主动适应“全灾种、大应急”应急管理需求，不断提升应急救援能力和水平：一是稳步实施《四川省应急救援能力提升行动计划（2019—2021年)》，14个重点项目建设任务全部下达，有序推进项目落地落实。持续推动国家西南区域应急救援中心建设，做好项目评审工作，扎实做好项目招投标和建设前期准备工作。二是完善军地、部门、企地、区域协调联动机制，牵头与重庆、云南、贵州等西部7个省份签订应急联动备忘录，建立区域信息共享、预案衔接、应急处置等协同联动机制。推进与人防、地理测绘、中国铁路成都局、中国安能集团、广电等部门应急合作和优势互补。会同团省委、经信厅等与重庆市相关部门联合举办“联动-2020”首届成渝地区双城经济圈应急志愿服务综合演练，进一步强化川渝协作。三是建强救援队伍，组建地震、化工、核生化、重型机械工程和战略保障等 7 类 29 支救援专业队伍，全省现有可调用各类应急救援力量共 12 万余人，新招录国家综合性消防救援队伍消防员 808 人。强化航空救援力量建设，出台《四川省应急救援航空体系建设方案》，依托成都“一市两场”（成都双流国际机场与成都天府国际机场）航空枢纽优势，全力打造“1+2+N”航空救援机场联动网络。

健全完善监测预警体系，省减灾委员会印发《四川省自然灾害综合监测预警工作制度》，会同自然灾害行业部门建立自然灾害风险形势会商机制，年内累计开展会商研判 12 次，编印报告 12 期。做好暴雨、地质灾害预警期人员转移避险，以省委办公厅、省政府办公厅名义印发《关于进一步强化县级党委、政府防范应对汛期洪涝地质灾害主体责任的紧急通知》，确保防灾避险到位。修订《应急管理厅灾害事故应急响应工作手册》，制定消防安全、地震灾害、地质灾害等多类型突发事件处置流程，完善分级响应条件和责任主体职责定位。成功举行第八次省级抗震救灾综合演练，组织开展 3 次地震桌面推演和应急测绘等专项演练，实战能力不断提升。省应急管理系统健全应急值守体系，搭建“四层级、五专班”全勤指挥部，365 天常态化应对突发事件，每日至少 8 人值守、27 人备勤，重要时段、节假日执行双主班、双副班值守制度，加强重点区域、重点领域和重大危险源调度抽查，将暴雨洪水灾害风险研判延伸至安全生产领域，“点对点”督促落实应对措施。

四、基础保障和能力建设

完善应急管理体制机制，逐一明确与自然资源、水利、林草等部门职责边界，厘清省、市、县三级应急管理部门与相关职能部门间的防救职责和厅机关各处室应急救援职能职责，应急管理工作合力得到加强。认真做好“十四五”应急体系规划和消防事业发展规划编制工作，指导各地各部门修订编制应急预案，持续推动省总体应急预案修订完善，修订印发《四川省地震应急预案》，加强预案衔接。启动将省森林草原防灭火指挥部办公室由省林业和草原局调整至应急管理厅。健全自然资源、水利、林草、地震 4 部门分管领导兼任应急管理厅副厅长工作运行机制。组建省安委办常态化实体工作专班和自然灾害应对专班，统筹灾害事故防范应对工作。建强基层应急组织，以乡镇区划和村级建制调整“两项改革”为契机，着力构建“三级体系五级网络”应急管理格局。在深入调研的基础上，起草《提升基层应急管理能力工作方案》并报审，支持绵阳市试点开展提升基层应急管理能力工作，推动形成以政府力量为主导，基层社区、社会组织、公民个人协同参与的基层应急管理体系。

四川省应急管理厅依法依规下放行政权力，持续推进审批服务便民化，精简疫情期间审批程序，进一步优化营商环境。2020 年，四川省应急管理厅受理行政许可事项申请 44240 件，办结 42642 件（含 2019 年结转数），不予许可 112 件，按时办结率、群众满意率均达到 100%。

第二十四章 贵州省应急管理工作

2020年，贵州省应急管理系统始终坚持把人民生命安全放在第一位落到实处，各项工作取得明显成效，全省安全生产工作实现新中国成立以来“两个历史首次、三个历史最低”，未发生重大以上生产安全事故，煤矿行业未发生较大以上生产安全事故，生产安全事故起数和死亡人数历史最低，事故起数降至1000起以下，死亡人数降至800人以下，较大以上事故起数和死亡人数历史最低。成功应对60年未遇的暴雨洪涝灾害，较前5年均值比较，自然灾害因灾死亡失踪人数减少20.1%，倒塌房屋数量减少41.0%。坚决扛起疫情防控重大政治责任，开展领导决策服务、制定封控预案、人员排查、应急物资保障、公共环境消杀、涉疫场所安全、应急服务、复工复产、援鄂抗疫物资调拨等工作。

一、安全生产和消防安全

（一）完善和落实安全生产责任和管理体系

制定安全生产十大责任体系和五大管理体系，制定煤矿、危险化学品、消防和铁路沿线安全监管责任清单，制定城乡社区安全生产、自然灾害防治和应急处置责任清单，开展“企业安全生产主体责任宣传月”活动。出台贵州安全生产和消防工作年度考核办法、评分细则和标准，制定完善挂牌督办、约谈警示、整改评估和“回头看”制度体系。出台《贵州省消防安全责任制实施办法》，将消防安全列入27个省直机关厅局目标绩效专项考评。推动消安委办挂牌实体化运行，指导行业部门落实消防安全标准化管理，培树消防安全示范单位509个，先后8次对发生较大火灾事故的地方政府和相关行业部门实施约谈。

（二）强化风险排查和隐患治理

印发具有贵州特色的“两个清单”文件，制定14个重点行业领域问题隐患排查清单（标准）。大力开展煤矿瓦斯、硝酸铵等爆炸性危险化学品、消防、交通运输等重点行业领域专项整治。建立健全常态化、制度化的风险隐患排查工作机制和重大安全风险隐患管理办法。

（三）大力提升本质安全水平

持续推进煤矿、危险化学品和道路交通等重点领域安全生命防护工程，关闭30万吨/年以下煤矿，关闭退出煤矿81处、退出落后产能1266万吨/年，正常生产煤矿采煤机械化率达到96%，辅助系统智能化改造升级率达到100%。搬迁改造15家危险化学品企业，危险化学品重大危险源风险监测入网率达100%。非煤矿山全部实现机械化作业，所有烟花爆竹生产企业装混药实现机械化。城乡火灾防控基础不断夯实。将51万户木质房屋纳入危房改造，45万户失火难救的偏远住户纳入易地扶贫搬迁计划，将消防安全改造纳入全省老旧小区改造项目，将消防安全列为村规民约和居民公约内容，305个老旧小区消防车通道得到改造，4268个居民社区、13299个行政村建立了微型消防站。消防安全专项整治行动成效显著。

（四）创新安全监管执法方式

组织开展“一法一条例”执法检查。出台行政处罚自由裁量基准和行政执法文书制作规范。对 9 个重点县和贵州磷化集团创新开展“定向体检会诊式”安全检查。组织开展“安全生产监管执法月”系列活动。研发运用“黔小消”APP 强化基层消防网格化管理，出台复工复产“八项便民利企措施”，建立“乡镇吹哨、部门报到”的隐患排查整治机制。

二、防灾减灾救灾

省委、省政府印发《关于加快建立科学高效的自然灾害防治体系全面提高自然灾害防治能力的意见》。在遵义市和福泉市开展第一次全国自然灾害综合风险普查试点。深入推进自然灾害八项重点工程，统筹落实预防预备、风险排查、综合会商、预警预报、转移避险、抢险救援、灾后救助、过渡安置和恢复重建各项工作，建立强降雨期间山丘区人员避险转移工作机制，下拨各项自然灾害类资金 17.8 亿余元，完成 4.9 万余户因灾倒损住房恢复重建工作，切实把灾害影响降到最低。全年启动 21 次自然灾害和救灾应急响应，有力应对 19 轮大范围强降雨天气、53 次地质灾害和 2 次 4.0 级以上地震、16 起森林火灾和 4 轮低温雨雪凝冻灾害。

三、应急救援

（一）强化应急救援组织指挥体系

持续健全省级“1+23”应急救援指挥部工作运行机制，制定《贵州省应急救援总指挥部成员单位联络员会议制度》，建立健全应急救援总指挥部成员单位联合会商机制，基本形成统一领导、权责一致、权威高效的应急救援组织指挥体系。

（二）强化应急预案体系

组织修订《贵州省突发事件应急预案管理办法》《贵州省突发事件总体应急预案》和 15 个省级专项应急预案，制定突发事件应急响应阶段工作规程、抢险救援服务保障工作方案和事故灾害现场应急救援工作指南。组织全省各级各部门各生产经营单位开展应急演练 8097 次。在安顺机场开展大型无人机应急通信实战演练，实现跨空域昼夜实战应急通信测试、山沟峡谷复杂地形应急通信平台搭建以及空地一体应急通信实战演练和协同指挥。

（三）强化应急救援队伍体系

健全全省应急救援队伍动态管理台账。建成山地、隧道、溶洞、峡谷水域专业救援队伍和省级救援中心、森林航空护林总站，应急管理部自然灾害工程救援贵阳基地挂牌成立，初步形成“空地水”一体化救援体系。建强三级专业队伍、重点打造 10 类 55 支专业救援队伍，把乡镇应急救援力量建设纳入 2020 年省政府“民生实事”，初步建成“一专多能、专常兼备，辐射区域、形成网络”的应急救援力量实战体系。应急救援彰显专业化。组建防疫消杀机动队，洗消时长 4000 多小时、消毒面积 1738 万平方米，实现外部消杀“零失误”、内部防疫“零感染”目标。全年消防救援行动指战员“零伤亡”，总队被评为安全工作先进总队。全省消防救援队伍建立“党委委员+支队联系点、业务处室+救援站”双轨帮扶机制，推行“两基清零”，研发“两项系统”，开展“三大培训”，举办“四场竞技”，严格晋升提拔体能考核“一票否决”。

（四）强化应急保障体系

制定《应急物资储备体系建设规划》《应急指挥救援物资装备清单》，建成中央防汛抗旱物资储备贵阳仓库和国家级区域（西南）重特大事故指挥协调装备库，完成省级救灾物资储备智能仓库一期项目。投入2.1亿余元支持消防救援队伍建立水域救援专业队。投入2.7亿余元加强74个区县应急通信和基层备灾点防汛物资、救灾物资等建设。

（五）健全应急联动机制

建立健全联合会商、信息共享、部门联动、军地协同、专家辅助决策等工作机制。协调武警交通部队二支队在汛期驻训贵州省救援。全年组织应急会商547次，派出145个工作组深入一线督促指导抢险救灾工作，有力应对安顺“7·7”公交车坠湖等194起突发事件。在抗洪抢险攻坚战中，高效完成全省19轮强降雨抗洪抢险和增援四川泸州抗洪抢险任务。全省消防救援队伍接警24000余起，抢救被困人员5400余人，抢救财产价值4.25亿元。

四、基础保障和能力建设

（一）应急管理体系和能力现代化建设

充分发挥“两委四部”[①]办公室的统筹协调作用，制定《关于充分发挥“两委四部”办公室统筹协调作用的意见》，协调解决重大问题。健全应急管理法规标准体系，完成《贵州省自然灾害防治条例》立法论证和报批工作，印发《关于推进应急管理地方标准化建设的指导意见》，建立贵州省应急管理标准化委员会，制定事故灾害风险预防控制标准、突发事件分级分类标准以及预警、响应、处置等应急管理分级标准。健全应急管理体制，推动完成市县两级防汛抗旱、森林草原防灭火指挥部办公室职能职责交接，推进应急指挥体制、部门管理体制、安全监管和执法体制改革，理顺“统”与“分”、“防”与“救”、“上”与“下”的关系。健全应急管理信息共享、会商研判、预报预警、联合响应等工作机制，完善和落实考核、巡查、督导、约谈和责任追究机制。抓好“十四五”应急管理规划编制工作，与应急管理部研究中心、中国地质大学、中国矿业大学、中科院地理科学与资源研究所等专业机构、院校合作，加强重点项目论证和编制。

（二）科技信息化建设与效果应用

建设省到市的高危行业企业安全感知网络。融合气象、交通、自然资源等18个部门37个平台系统和23万路视频资源，实现应急视频中台“聚通用”。建成全省统一的应急指挥网“贵州应急管理云”一期项目及其相关配套基础设施，省级配备卫星通信车、卫星单兵设备、无人机、布控球等先进适用装备。与贵州大学、贵州师范大学、贵州商学院等共建应急管理学院、应急管理学科，加快综合风险指数研究、支撑应急预案编制软科学研究等项目技术攻关。与华为、易华录等企业共建联合创新实验室。申报5个应急管理部重点实验室。运用防汛抗旱态势分析系统、地质灾害实时监测预警系统等提前2小时预警“6·22”桐梓木瓜洪涝灾害和“7·8”黔西中坪地质灾害、松桃甘龙地质灾害。

（三）基层基础基本建设

全力构建共建共治共享工作格局，推

① “两委四部”：安全生产委员会、减灾委员会，防汛抗旱指挥部、抗震救灾指挥部、森林草原防灭火指挥部、地质灾害防治指挥部。

动抓基层强基础固基本专项行动，推进安全风险网格化管理，建立健全第三方参与风险识别与防范、灾情响应与应对等工作机制。会同贵州银保监局、省财政厅联合制定《贵州省安全生产责任保险实施细则》，组织开展新一轮政策性农房保险工作。建立应急管理专家库。健全应急管理新闻宣传制度体系，全媒体、多方式、多渠道面向社会发布防灾避险公益短信 2.5 亿余条。大力培育应急管理文化，获得第二届全国应急管理普法知识竞赛决赛优胜奖。开展安全宣传“五进”活动，提高全民应急处置和自救互救能力。消防官方微博连续 3 年被评为全省“十佳政务新媒体”，4 个集体、3 名个人获第五届全国 119 消防先进集体和先进个人奖。

第二十五章 云南省应急管理工作

2020年，云南省应急管理系统坚持以习近平新时代中国特色社会主义思想为指导，全面贯彻党的十九大和十九届二中、三中、四中、五中全会精神，认真落实中央和省委、省政府、应急管理部决策部署，应急管理各项工作取得新成效，安全生产形势稳定好转。全年全省共发生各类生产安全事故1577起、死亡1591人、受伤794人，同比减少249起、239人、73人，分别下降13.6%、13.1%和8.4%。其中，较大事故31起、死亡109人，同比增加3起、2人，分别上升10.7%和1.9%；未发生重大及以上事故。

一、安全生产和消防安全

（一）安全生产责任体系

云南省委、省政府高度重视应急管理和安全生产工作，全年共召开10次省委常委会会议、17次省政府常务会议研究部署应急管理和安全生产工作。省安委办认真贯彻落实省委常委会会议、省政府常务会议精神，切实履行指导协调、监督检查、巡查考核职责，采取函告、约谈通报、综合督查、考核巡查、专题会议和工作建议等方式，推动各地、有关部门认真贯彻落实《地方党政领导干部安全生产责任制实施细则》，层层压实党委、政府领导责任、部门监管责任和企业主体责任，安全生产“一岗双责”和“三个必须”的责任体系进一步充实完善。

（二）重点行业领域专项整治

制定出台《云南省安全生产专项整治三年行动计划（2020—2022年）》，明确239项治理措施，建立问题隐患和制度措施“两个清单”，成立5个工作专班、建立8项工作制度，推动16个州（市）、23家省级单位集中力量，对标对表抓学习宣传、抓推动落实，有效治理重大隐患145项，及时停产整顿不具备基本安全生产条件的企业128家。

（三）重点时段督查检查

全省各级安委办紧紧抓住防范遏制重特大事故这个关键，先后在春节、全国两会、汛期、国庆等重点时段部署开展“查灾害、除隐患”专项行动、明查暗访、综合督查等工作，坚决防范和遏制重特大事故。各地各有关部门针对突出问题，强化“抓盯守、抓排查、抓处置”措施，扎实推进秋冬季交通安全整治百日会战、冬春火灾防控、重点项目安全隐患排查治理等专项行动，确保全省安全生产形势总体平稳。

（四）安全生产执法

全年共检查企业24216次，出具执法文书25027份，查处安全生产违法违规行为45164项，查处重大事故隐患412项，实施行政处罚482次，处罚罚款2849.11万元，责令停产整顿生产经营单位185家，提请关闭生产经营单位30家。

（五）消防安全

省人大修订出台《云南省消防条例》，省政府定期研究部署消防工作，协调将消防工作纳入平安建设、文明城市创建、“美丽县城”建设考评指标，部署19个重点行业部门开展消防标准化达标创建，推动省公安厅发文明确派出所消防职责。专门投入 560 万元、分两批抽调 80 名业务骨干实施助力怒江脱贫攻坚“消防守护”计划，联合住建、交警等部门实施打通消防“生命通道”专项行动，开展 2 轮危险化学品大排查大整治，省委宣传部将消防宣传教育纳入各级党委宣传部门年度工作内容，实施“百万干部员工大培训”工程，持续推进精准帮扶计划。

二、防灾减灾救灾

（一）年度灾情

全年全省各类自然灾害共造成 16 个州（市）128 个县（市、区）共 1128.51 万人次受灾，63 人死亡，10 人失踪，30768 人次紧急转移安置，6419 人次需紧急生活救助，197.6 万人因旱需救助；房屋倒塌 0.12 万间，严重损坏 0.75 万间，一般损坏 9.7 万间；农作物受灾面积 1228 千公顷、其中绝收 95 千公顷；灾害造成直接经济损失 139.21 亿元。

（二）自然灾害应急管理机制

强化抗震救灾指挥部、森林草原防灭火指挥部、防汛抗旱指挥部、地质灾害应急指挥部的防范部署和应急指挥机制，充分发挥全省“一盘棋”的组织指挥优势，完善应急响应救援“扁平化”组织指挥、防范救援救灾“一体化”运作机制。与省林业和草原局、省森林消防总队和南方航空护林总站等部门共同建立联席会议、火灾信息报送、联动处置、森林消防队伍调动、灭火飞机调动、联合防范、力量联建、舆情应对 8 项工作机制，与省军区、四川等西部 8 个省（区、市）、昆明航空救援支队、民航云南监管局、省机场集团、中国铁路昆明局等建立军地协调联动、区域应急合作、交通保障等应急联动机制，与省水利厅、自然资源厅、林业和草原局、地震局、气象局建立会商研判、灾情通报等机制，与气象、水文部门建立联动合作机制、防灾减灾救灾机制，工作合力进一步增强。

（三）防震减灾

研究制定《云南省应急管理厅应对处置地震和地质灾害工作方案》《关于进一步加强地震灾害防范应对准备工作实施方案》，组织开展防灾备灾检查，牢固树立底线思维，做实做细防大灾、救大灾的应急准备。5 月 18 日巧家发生 5.0 级地震后，省应急管理厅积极协同地震、住建、自然资源、消防等部门（单位）深入灾区指导开展救援工作，启动应急响应、紧急调度救援力量和救援物资，支持做好受灾群众转移安置和应急期生活救助，省财政下拨 2000 万元抗震救灾应急补助资金，昭通财政专项调拨库款 1.5 亿元统筹用于救援排险。

（四）灾情管理

完成 2019 年度因灾倒塌民房重建 14321 户、因灾受损修缮 17513 户。与民政、扶贫等部门沟通协调，多渠道保障受灾群众基本生活，周密部署受灾困难群众冬春生活救助工作。组织开展市、县、乡灾害信息员业务培训，提高灾情管理业务能力和水平。联合省粮食和物资储备局完成 9000 万元应急救灾物资采购入库、补充完善和布局调整工作。

（五）应急救灾

全年全省共启动省Ⅳ级救灾应急响应 5 次，省Ⅲ级救灾应急响应 1 次。针对干旱灾害形势、巧家 5.0 级地震、怒江贡山“5·25”泥石流和昭通盐津“8·18”山体滑坡灾害，省级层面累计安排 15000 万元，国家层面累计下拨 6000 万元用于抗灾救灾工作。

（六）综合防灾减灾

组织实施自然灾害防治能力九项重点工程建设，编制印发《云南省提高自然灾害防治能力重点任务分解方案》，落实中央和省级资金 261.58 亿元，组织开展第一次全国自然灾害综合风险普查，扎实推进全国综合减灾示范社区建设，努力提升基层综合减灾能力水平。

三、应急救援

（一）突发事件处置

处置曲靖罗平“2·29”煤矿事故、迪庆开发区“3·29”森林火灾、巧家 5.0 级地震、怒江贡山“5·25”自然灾害、普洱墨江“5·29”水电站爆炸、西双版纳“6·25”沉船事件、昭通盐津“8·18”滑坡、迪庆维西“10·4”交通事故、迪庆开发区“12·28”森林火灾等 20 余起灾害事故，做到第一时间核报信息、第一时间调度应急队伍、第一时间跟踪事件进展、第一时间派出人员赶赴现场、第一时间贯彻落实领导指示批示精神。

（二）应急值班

建立全省应急管理系统值班通报制度，促进全省应急管理系统值班值守工作规范有序、高效运转。编制《值班手册》，发放给每位值班员，并针对性地开展值班业务实操培训，提升值班员业务水平。

（三）信息报送

省应急管理厅全年接报突发事件 185 起，报送 129 起，编报《云南省应急管理厅值班信息》274 期，发送短信 3.69 万条。完成省领导、省应急管理厅机构相关人员信息录入，采取视频会议、电话沟通、微信交流等方式，指导州（市）、县（市、区）应急管理部门开展信息报送、值班管理、会议通知等功能模块的操作培训。将“企信通”改造为“云 MAS”平台，提升所有干部职工突发事件的知晓率。将气象等部门形成的重要预警信息下发县（市、区）应急管理部门，积极关注省外有重大社会影响的自然灾害和生产安全事故。

（四）消防应急救援

投入 1.05 亿元建成智能化急流模拟水域训练设施，承办 2 期共 203 人的全国水域救援技术教练员专业培训班。举办首届“2020·云上”消防山岳救援技术交流活动，省政府举行“担当-2020”地震救援跨区域实战演练，协同森林消防、南方航空护林、公安警航及森林航空救援等力量联合作战。推动各级政府完成 738 支政府专职消防队事业单位法人登记、落实 1277 名专职消防队员事业编制。深化与地震、应急、气象等部门和蓝天救援队等救援力量的联勤联动联战机制，与省通信管理局、三大通信运营商建立重大灾害救援应急通信保障联动机制。实施战勤保障体系建设三年规划，在全省建设 17 个战勤保障消防站，投入 4000 万元建成 2 个特别重大灾害应急响应现场指挥部战勤保障编组，与航空、铁路等单位签订人员投送、物资储运等协议。

四、基础保障和能力建设

（一）法治体系建设

配合完成突发事件应对法、安全生产法、云南省消防条例等法律法规的立法调研，行政职权由 7 类 388 项精简下放为 7 类 58 项，精减下放率 85%。深化“互联网+政务服务”改革，推进“一部手机办事通”“一网通办”“一颗印章管理审批”建设，所有上线事项 100% 网上预约可办。组织开展安全生产改革任务“回头看”和督察评估相关工作，6 个方面 29

项举措60条任务按计划推进落实。完成行政执法案卷评查167件。组织办理行政复议案1件、行政应诉案1件，办理人大代表建议和政协提案18件。组织举办10期法治专题培训，完成2800余名安全监管执法人员轮训。开展国家宪法日、安全生产法宣传周、民法典、疫情防控等专项法治宣教活动。全国应急管理普法微视频作品获一等奖，全国应急管理普法知识竞赛获优秀组织奖。扎实开展涉赌涉贷、管酒治酒、执法腐败问题专项整治和后勤财经大清查，全力整改巡察发现问题。

（二）规划体系建设

积极推进全省应急管理领域“十四五”规划编制工作，《云南省“十四五”综合防灾减灾救灾规划》纳入省级重点专项规划，《云南省“十四五”安全生产规划》和《云南省“十四五”应急救灾物资储备规划》纳入省级一般专项规划。完成全省应急管理领域“十三五”规划实施情况总结评估，完成《云南省“十四五”综合防灾减灾救灾规划》《云南省“十四五”安全生产规划》和《云南省“十四五”应急救灾物资储备规划》初稿。

（三）科技信息化建设

开发监督管理、监测预警、指挥救援、决策支撑、政务管理等“五大业务域”应急管理综合应用平台和“云南应急通”APP。建成高危行业远程监控系统，接入230家危险化学品、矿山企业在线监测数据3281个监测点和358个视频实时图像。建成安全生产隐患排查治理系统，采集9.92万户企业基础信息、400多万条企业自查隐患清单和检查记录。纵向打通部、省、州、县四级应急管理部门音视频通信网络，横向打通云南省消防救援总队、云南省森林消防总队、云南省地震局等8个单位音视频链路。建立“一个中心、三类主力、多元支撑”重大灾害事故现场应急通信保障联动机制。梳理编制应急通信装备手册，摸清2265套应急通信装备资源底数，为400个乡镇配备卫星电话。编制云南省“数字应急”规划及项目建设建议书。

（四）宣传教育

加强与省委宣传部（省政府新闻办）、省总工会、团省委、重点行业领域主管部门和主流媒体联动配合，深入开展全国防灾减灾日、“安全生产月”“12·4”宪法宣传日、“119消防宣传月”“安康杯”“青安岗”等主题宣教活动。“安全生产月”活动期间，省级层面组织开展“安全生产月”和“安全生产云南行”活动启动仪式，“安全宣传咨询日”启动仪式，高层建筑火灾、地质灾害、紧急避险、矿山事故、隧道事故5个灾种应急救援演练，2020年云南省油品泄漏火灾事故政企联动应急演练等活动，在云视新闻七彩云开设“安全生产公益讲座”线上课堂等5个活动。落实党务政务公开新闻发布制度，全年组织5次新闻发布会，其中自主例行发布4次，以省政府名义召开云南省安全生产专项整治三年行动计划新闻发布会1次。持续推动安全宣传“五进”工作，制作系列公益宣传片，在候车厅、地铁站、机场等公共场所播放。在全省范围内全面开展“三项岗位人员”安全培训考核工作，截至2020年底全省共培训考核高危行业生产经营单位主要负责人623人次、安全管理人员20140人次、特种作业人员116722人次。

第二十六章 西藏自治区应急管理工作

2020年，西藏自治区应急管理系统进一步深入学习贯彻习近平总书记关于安全生产、防灾减灾救灾和应急救援等应急管理工作重要论述，贯彻落实十九届五中全会和中央第七次西藏工作座谈会精神，深刻领会自治区党委经济工作会议和自治区两会精神，按照全国应急管理工作会议的要求，团结协作，勠力拼搏，围绕自治区党委、政府关于安全生产、防灾减灾救灾和应急救援中心任务，始终坚持防范化解风险底线思维，重体系能力建设，保安全、保防控，凝心聚力、锐意进取、扎实推进“全灾种、大应急”预防和救援相结合的具体工作，切实当好雪域高原人民生命财产安全的守卫者和“守夜人”，竭力推进应急管理工作与稳定发展生态强边相适应。全年全区共发生各类安全事故358起、死亡133人，直接经济损失2163.51万元，同比死亡人数减少27人、经济损失减少1057.13万元，分别下降16.9%和32.8%。全区共发生较大事故5起、死亡22人，同比减少1起、1人，分别下降16.7%和4.3%；未发生重大及以上事故。

一、安全生产和消防安全

持续深化重点领域安全隐患排查治理。非煤矿山领域：严格复产复工审批，对地下矿山、露天矿山、尾矿库、外包队伍按照相应的验收标准逐项组织人员进行验收，确保合格一家，批复一家。结合全区非煤矿山安全专项整治三年行动，进一步加大执法检查力度，建立健全尾矿库信息数据库，督促非煤矿山企业加强汛期风险辨识管控和隐患排查治理，把汛期安全生产责任落实到每个单位、每个组织、每个岗位。危险化学品领域：扎实做好春节、藏历新年和疫情防控期间危险化学品、烟花爆竹安全生产工作，自治区层面开展专项执法检查25次，检查企业437家，发现各类安全隐患2247处，现场整改1934处，下达各类执法文书246份。重点整治涉及“两重点一重大”的危险化学品生产、储存和使用企业，对拉萨市、藏青工业园区等9家危险化学品重大危险源企业安全风险和隐患排查整治工作进行督导检查。完成危险化学品安全生产风险监测预警系统建设，所有正在运行的14家构成重大危险源的危险化学品企业全部接入监测预警系统。工贸领域：建立较大危险因素辨识管控责任制，明确企业主要负责人、分管领导、职能部门及其负责人、生产车间（班组）及其负责人和其他各类从业人员安全生产责任，做到“一岗位一清单”。公共安全领域：加强公共安全形势分析研判和监测预警，推动完善公共安全监管制度机制，组织开展公共安全专项整治，预防重大生产安全事故，统筹做好全区重大生产安全事故处置救援及善后工作。消防安全领域：出台《深化消防执法改革实施意见》《火灾高危单位消防安全管理办法》，修订《消防安全责任制实施办法》《文物保护单位消防安全管理办法》，完善火灾事故延伸调查、“双随机、一公开”抽查细则等规范性文件。协调投入 2.05 亿余元整改先天性火灾隐患，推行弱电酥油灯、寺庙智慧用电等新举措。组织开展大型综合体、消防通道、乡镇（街道）和村（居委会）“六联”行动等专项治理 7 次，开展老城区、农牧区、寄宿制学校等“特色示范”创建活动 10 次，督改完成政府挂牌重大隐患单位 9 家，打通“生命通道”859 处。布点组建 11 个类型、45 支专业救援队伍，推动高山救援专业队建设，规范 5 类应急响应和 3 类等级调度制度，与公安、地震、气象等 8 部门建立实体化联合作战机制，建立覆盖全区的灾情信息网格、确定灾情联络人 6075 人，在灾情风险区前置各类装备器材 2820 件（套）。组织应急救援、化工灭火、应急通信等专项培训，完善 211 名战训骨干人才库，建立“一张图”常态化监管模式，围绕 233 家寺庙文博单位、1022 家公众聚集场所开展“六熟悉”工作 5960 次，修订预案 1220 份，实战演练 5364 次。严格落实党委“七议”制度，常态运用“两单两制”，创新推广党员准入制和党员积分制，持续推进 29 个基层党组织示范点建设。积极打造“红黑榜”通报、三色预警管理模式，创新建立“四级安全管理”网格，专门制定安全管理奖惩实施办法，开展“百日安全创建”活动，组织视频巡查和实地督察 1929 家（次）、督改问题 432 处。

扎实开展安全生产专项整治三年行动计划。紧紧盯住危险化学品、非煤矿山、消防、道路交通、建筑施工等重点行业领域，结合不同时段监管特点、风险隐患特征，派出 12 个督导检查组，深入 7 个地市 46 个县区 321 家企事业单位，排查隐患 8692 处，整改 8512 处，整改率达到 97%以上。着眼“两个根本”，抓实抓细安全生产专项整治三年行动，形成“1+2+10”的《西藏自治区安全生产专项整治三年行动计划》，制定问题隐患和制度措施“两个清单”，组织各地市安委会、自治区安委会部分重点成员单位召开 3 次调度视频会，派出 7 个督导组跟踪督导检查，确保专项整治取得实效。同时，积极抓好 2019 年度省级政府安全生产和消防工作考核巡查反馈问题的整改落实，及时消除事故隐患。

加强事故检查评估。成立由应急、公安、交通、旅游、司法、国资 6 部门组成的事故评估检查组，并制定“回头看”工作方案，细化工作分工，明确评估内容，检查评估组通过查阅资料、现场核查、交流座谈等方式对事故防范措施进行全面评估核查，及时掌握整改措施的落实情况，推动建立长效工作机制。

二、防灾减灾救灾

应急体系建设取得实质性成效。组建成立西藏自治区应急总指挥部，负责重特大事故灾难、自然灾害应急救援指挥调度，下设 22 个专项应急指挥部，明确职责，完善体系。印发《西藏自治区应急总体预案（试行）》《西藏自治区应急管理厅应急响应工作手册（总册）》，组织编制 22 个专项应急指挥部应急预案，为应对各类自然灾害和生产安全事故应急救援处置提供科学遵循。自然灾害防治工作联席会议、会商研判等机制制度基本建立，与解放军和武警部队签订应急救援行动对接方案，实现应急救援军地联动。招录消防员 230 人。推动调整减灾委员会、防汛抗旱指挥部、森林草原防灭火指挥部、地震地质灾害救援指挥部等议事协调机构，召开各类会商会 34 次，建立责任清单，划清职责边界，明确职责分工。

协调推动自然灾害防治。扎实推进自然灾害综合风险普查工作，成立西藏自治区第一次全国自然灾害综合风险普查领导小组及办公室，印发《关于做好第一次全国自然灾害综合风险普查的通知》《西藏自治区自然灾害风险防治办法》《关于建立健全自然灾害综合监测预警制度的实施意见》等文件，积极协调推进自然灾害防治九项重点工程建设，认真抓好国家自然灾害防治第八督导检查组反馈问题的整改落实。建立健全自然灾害监测预警制度，建立西藏自治区自然灾害会商研判机制和应急救援联动机制，不断强化自治区应急总指挥部办公室与成员单位、前后方指挥部之间的沟通协调，实现信息共享、会商研判、统一指挥、协调联动。

应急演练持续加强。拟定2020年自治区级自然灾害、安全生产应急综合演练计划，两次组织自然灾害应急救援综合演练桌面推演，自治区27家单位和消防救援总队、森林消防总队“两支队伍”结合本部门本行业实际，围绕自然灾害类、事故灾难类、公共卫生事件类开展相应应急演练。全年共组织桌面推演2603次，实战演练5365场，出动和参与人员85.7万人，出动大型机械设备及其他重要装备6309台，投入演练经费6294.08万元，发放宣传资料90.4万份。

三、应急救援

及时处置自治区第一起日喀则聂拉木冰湖溃决灾害，组织指导日喀则、阿里地震灾区应急救援，处置米拉山隧道油罐车着火事件，营救日喀则市亚东县正在抢修水毁公路而被洪水围困的10名施工人员，解救林芝市波密县玉许乡、倾多镇虫草采集点因河流涨水被围困的290名群众，转移那曲市嘉黎县尼屋乡因冰湖溃决被洪水威胁的群众及施工人员，扑灭近年来过火面积最大的林芝巴宜“4·14”森林火灾，以及林芝察隅“10·22”、日喀则亚东“12·29”森林火灾，实现无人员伤亡、无重要设施和物资损毁。疫情期间，矿山、危险化学品、烟花爆竹、工贸等安全监管持续加强，未发生因疫情防控不力而导致的生产安全事故。

四、基础保障和能力建设

一是推进应急指挥信息网升级改造，建设运行危险化学品企业重大危险源和三等以上尾矿库监测系统，部署应用气象防灾减灾救灾“一张图”和突发事件预警信息发布平台。二是建立健全全年24小时应急值班值守制度，规范各类事故灾害信息报送，落实落细防汛责任措施，强化重点领域、重点设施、重点场所的隐患排查。三是印发《西藏自治区区级应急救灾物资调拨规定（试行）》《西藏自治区2020年度应急救灾物资代储方案》，在全区7地市、部分县区储备帐篷等各类物资17万余件，2020年开工建设救灾物资储备库73个，至2020年底已竣工40个、在建30个、未开工3个，确保自然灾害发生后，第一时间有效保障受灾群众基本生活。四是推动在山南市隆子县玉麦乡成立全区第一个乡镇级应急管理站。五是为全区应急管理系统配备监管执法和应急救援装备5665台（套），报请应急管理部批准西藏开展航空救援工作，调配高原型大型直升机进驻林芝，援助森林防灭火装备1950件（台、套）；全区106个执勤单位净水、生态园，66个新建队站吸氧、供暖等设施设备，7个支队战勤保障站、远程供水系统等实现全覆盖。累计投入2.18亿余元，购置消防车辆94台、装备器材 4.4 万余件（套）；升级应急通信设备、新增卫星通信指挥车。建成 2 个战勤保障基地和水域、山岳、隧道、寺庙等 8 类典型灾害事故模拟训练设施。全年各级争取地方财政经费 3.74 亿余元，同比增幅 16.8%，消防救援总队提出“十四五”规划建设项目 82 个，应急保障能力得到提升。六是创新运用“区市县云视频会议系统”+“消防单兵系统”实现互动连线、实时传输，以“线上为主、线下为辅”。七是深入开展“安全生产月”和“安全生产万里行”活动，向 692 个乡镇农牧民群众发放藏汉两种文字编印的《防灾避险知识宣传手册》及宣传挂图，深入开展安全宣传教育“八进”活动，大力宣传安全生产法律法规政策和安全常识、安全避险知识，共计开展各类活动 2600 余场次、参与人数 20 万人次；为更好适应新形势、新任务、新要求，开办“西藏应急讲堂”。

第二十七章 陕西省应急管理工作

2020年，陕西省应急管理系统坚持以习近平新时代中国特色社会主义思想为指导，深入学习贯彻习近平总书记在陕西省考察时重要讲话精神和关于应急管理重要论述，全面落实省委、省政府决策部署和应急管理部工作要求，安全生产、灾害防治和应急救援等各项工作都取得新的成绩。全年全省各类生产安全事故起数、死亡人数同比分别下降24.4%和15.1%；较大事故起数、死亡人数同比分别下降19.1%、11.7%；连续25个月未发生重大以上生产安全事故，取得自2010年以来防范遏制重特大事故最好成绩。防汛抗洪经受严峻考验，因灾死亡人数同比下降34.1%，森林草原火灾实现火灾起数、过火面积、受害面积“三下降”，创近年来最好成绩。

一、安全生产和消防安全

（一）持续推进责任落实

出台《陕西省安全生产和灾害防治责任体系建设指南》，推动各级党委、政府制定安全生产责任清单和年度工作清单，推动部门落实全链条责任、强化关键点防范，督促企业实施责任清单化管理，强化举报奖励、约谈问责和“黑名单”管理，全省约谈警示单位3649家，联合惩戒企业120家。

（二）扎实开展安全生产专项整治三年行动

成立工作专班，建立“一报表、三清单、月例会、暗访抽查”等制度机制，扎实开展2个专题落实、17个专项整治。全省共组织7662个检查组，督导检查、暗访抽查发现问题26551个、排查隐患14万项，整改近13万项。

（三）深入推进五项攻坚

煤矿领域：印发《煤矿重大安全风险研判防控实施细则》《煤矿安全生产标准化管理体系实施细则》，出台《煤矿驻矿安全监督员管理办法》，建立全省煤矿安全基础信息库，分类细化煤矿安全生产10方面红线清单和56条认定标准。集中整治三大片区冲击地压、煤与瓦斯突出、大面积悬顶等重大灾害，完成35处煤矿灾害治理顶层方案设计，开展瓦斯基础参数测定。组织开展煤矿安全大排查、“开小灶”和监管干部作风整顿，落实停产停工煤矿专人盯守，百万吨死亡率降到0.038。危险化学品领域：全面推进中共中央办公厅、国务院办公厅《关于全面加强危险化学品安全生产工作的意见》落实，持续推进化工园区整治提升，开展“硝酸铵等涉爆危险化学品”“非法违法小化工”“特种作业和反三违”专项整治，实现全省危险化学品重大危险源企业督导检查全覆盖。明确危险化学品企业分级监管主体，实施烟花爆竹布点零售“十统一”，打出危险化学品综合治理“组合拳”。工矿商贸领域：推广凤凰建材本质安全管理经验，加强事故企业特别监管，制定秦岭生态保护区尾矿库安全风险源头治理顶层设计方案、嘉陵江上游尾矿库治理实施方案，出台《防范化解尾矿库安全风险若干规定》，公告 312 座尾矿库包保责任人，落实非煤矿山风险管控和尾矿库度汛措施。

（四）组织重点领域专项整治

开展百日安全生产专项整治行动，紧盯 5 个重点方面，着力解决 14 大类 98 个突出问题，整治期间全省事故起数、死亡人数同比下降 45% 和 30.4%。开展钢铁、铝加工、粉尘涉爆、有限空间、外包作业等安全专项治理。

（五）强化执法和事故查处

全面推行分级分类执法，落实行政执法“三项制度”，开展“零立案、零处罚”约谈和示范执法，推进“互联网+执法”系统试点试用，铜川模式和陕西做法受到应急管理部的肯定。开展交叉执法、集中执法、专项执法和“双随机、一公开”执法，执法检查 88583 家企业，发现违法行为 63117 起，罚款 6615 万元。加大事故挂牌督办和提级调查力度，对 2015 年以来的 4 起重大事故和 2017 年以来的 72 起较大及典型一般事故调查处理工作进行大起底。健全完善全口径统计制度，加强统计分析，统计口径与国家直报系统对接统一。加强重点时段安全防范。疫情期间加强对企业复工复产和安全指导，累计上门服务 1092 次，督促企业落实复工复产“9 个必须”要求，开展线上培训 10 万多人次。安排部署春节、“五一”、全国两会、国庆和汛期、雨雪冰冻期间安全防范等工作，省应急管理厅累计成立 90 多个督导组，推动工作落实。

（六）扎实推进消防安全工作

13 次召开会议专题商议，上级领导 7 次作出批示指示。以消防安全专项整治三年行动为抓手，明确 16 个重点行业部门 26 项年度任务清单，与 13 个行业部门联合出台 11 个规范性文件，集中开展 11 项消防安全攻坚行动，编制完成陕西省“智慧消防”建设规划，与 20 个省级职能部门和 49 家中央和省级主流媒体建立战略合作机制，全年检查社会单位 5.5 万家次，发现并督促整改火灾隐患 7.18 万处，全省火灾起数、亡人数同比均有所下降。

二、防灾减灾救灾

（一）综合防灾减灾有序推进

推动自然灾害防治能力“八大工程”建设，开展灾害普查试点，加强自然灾害风险会商研判，组织综合减灾示范县试点，创建 23 个国家级和 100 个省级综合减灾示范社区。

（二）防汛抗洪经受严峻考验

加强暗访督查，人随雨走、紧跟落区，紧盯“最后一公里”措施落实。加强视频调度、会商研判，及时发布预警、启动应急响应，各级严守不死人底线，紧急转移安置群众 10.2 万人。

（三）森林草原防灭火形势总体平稳

调派 600 名森林消防指战员驻防秦岭北麓和黄陵，推动“三站一中心”航空护林体系建设，依托“智慧林火”APP 和铁塔公司实时监控，实现火情早发现、早扑救。

（四）救灾保障及时到位

启动自然灾害救助应急预案，加强灾害信息员队伍建设，认真核查评估灾情，及时申请国家资金支持。全年下拨应急救助、冬春救助、灾后恢复重建基层备灾等各类救灾资金 7.355 亿元，调拨各类救灾物资 8.9 万件（套），救灾款物同比大幅增长。

三、应急救援

（一）法治引领工作明显增强

完成省人大常委会对《陕西省安全生产条例》贯彻落实情况调研和安全生产工作专题询问。开展2部地方性法规和1部政府规章立法调研，完成《陕西省安全生产行政执法与刑事司法衔接规定》调研起草工作。梳理汇编200余部应急管理相关法律法规。

（二）应急救援体系建设取得进展

印发《陕西省专业应急救援队伍管理办法》。组织省级演练活动5次，完成各级各类演练186次。与晋甘宁三省（区）建立合作机制，与驻陕中央企业、省属企业和驻军、武警、消防建立抢险救援协调联动机制，与省级多部门建立防汛抗洪抢险救援应急保障机制。组建24支省级专业救援队伍，救援人员1.2万余人，形成覆盖主要灾种、涵盖应急救援全过程的专业救援力量体系。西安、延安、榆林、汉中、安康分别组建市级专业应急救援队伍。

（三）及时应对处置突发事件

做好应急准备，强化值班值守，加强研判调度，及时预警提醒，快速应对处置。妥善应对处置“3·19”柞水森林火灾、“6·10”韩城煤与瓦斯突出事故、“8·6”洛南暴雨洪涝灾害。全年消防救援总队共接警出动3.7万多起，出动人员近29万人次，抢救被困人员4339人，疏散人员2.1万人，完成了23次省级以上重大消防安保任务，成功完成处置“4·3”榆林化工装置火灾、“8·6”抗洪抢险救援、“11·24”包茂高速重大交通事故救援以及增援四川雅安抗洪抢险等重大任务，为保护人民生命财产安全作出突出贡献。

四、基础保障和能力建设

建成省级应急指挥综合业务系统和语音调度系统，实现部、省、市、县四级联动。完成指挥信息网和视频指挥系统的上下贯通，建成数据汇集、系统融合、应用支撑、互通共享的应急管理综合应用平台。接入危险化学品、尾矿库安全生产风险监测预警系统，实现在线监测。全省应急指挥中心值班室标准化达标建设基本完成。全省储备防汛抢险物资器械装备1.6亿元。与省内多所高校加强科研、人才培养、业务培训等方面战略合作。联合省社科联开展15项重点课题研究，聘任应急管理专家648名。启动应急管理干部3年大培训，与省级相关部门联合印发《陕西省高危行业领域业务技能提升行动方案》，全年培训4.2万人次，实现全系统培训全覆盖。推动灭火救援体系高效运转，修订完成12大类型预案，推动建立“大应急”区域协作体系和环陕救援“协作圈”，创新建立“2+2+1”组训模式和“班组巡教+教员驻教”指导体系，组建灭火救援专家库和安全人才库。

制定出台《地方消防经费管理暂行规定》等一系列办法规定，编报全省2021—2023年中央财政基建投资建设规划与2021年基建项目投资计划。全年新建消防站5个、续建21个，新建支队级训练基地4个、战勤保障消防站1个，总建筑面积达13万平方米。加快推动装备转型升级，切实优化装备配备结构，为全省配备战勤保障车辆26辆，各类战勤保障物资1.45万件（套），补充更新常规装备器材11.46万件。从严治队抓管理，谋划开展为期5年的正规化建设工作，进一步修订完善打造新时代“六个政工”框架方案，全力开展“三基地一平台”建设，筹备召开“六大数字管理平台”试点建设现场会，以点带面逐步推动正规化建设工作全面铺开。全面贯彻落实济南正规化建设现场会精神，重新调整支队、大队、站三级党组织，组建总队、支队两级机关党委，完成全省消防救援队伍党组织关系划转，顺利完成 1835 名干部的落编定位，启动改革转制后首批干部任用，在渭南支队举办“四型”机关（基层党组织规范化）建设试点现场会。

第二十八章 甘肃省应急管理工作

2020年，甘肃省应急管理系统认真贯彻落实党的十九大和十九届二中、三中、四中、五中全会精神，创新思路举措，着力加强安全监管，有效防范自然灾害，全面提升应急能力，较好完成各项任务。全年全省共发生各类生产安全事故717起，同比下降15.15%；死亡608人，同比下降14.25%；受伤543人，同比下降12.28%；直接经济损失1.48亿元，同比下降16.27%。安全生产四项指标全面下降，未发生重大及以上生产安全事故。

一、安全生产和消防安全

（一）加强组织领导，层层压实安全生产责任

全年召开省委常委会会议4次、省政府党组会议和常务会议10次，传达学习习近平总书记关于安全生产重要指示精神，及时研究部署安全生产工作。2020年初召开全省安全生产工作会议，省委书记、省长同时出席并讲话，各市（州）党政主要领导、省安委会成员单位主要领导参加，全方位安排部署安全生产工作。省政府与全省14个市（州）和兰州新区、29个省安委会成员单位签订安全生产目标责任书，省政府先后召开4次省安委会全体会议，安排部署阶段性安全生产工作。省委书记、省长多次作出批示，先后4次、6次出席安全生产等重大活动和检查调研。各副省长严格履行安全生产“一岗双责”，经常带队督导检查各自分管行业领域安全生产工作。

（二）加强制度建设，不断规范安全监管执法行为

省安委会修订出台《较大生产安全事故调查处理挂牌督办及备案办法》，对白银区“9·6”事故、高台县“9·14”事故等进行挂牌督办并组织专家会诊和专项检查，对张掖、酒泉两市发出安全生产黄色预警。组织对近5年发生的重大生产安全事故整改落实情况进行评估，督促各方吸取教训，严防同类事故发生。建立国务院安委会考核反馈问题台账，严格挂牌督办，确保整改责任和任务落实到位。聚焦服务“六稳”“六保”工作，出台《安全生产轻微违法行为不予行政处罚目录清单》，列出一般行业生产经营单位不予处罚的轻微违法行为，规范不予行政处罚行为的适用程序，减少对企业生产经营的影响。

（三）制定政策措施，加快企业本质安全体系和隐患排查治理体系建设

组织起草《危险化学品企业本质安全体系实施手册》《精细化工企业安全技术规范》等5项规范性文件和标准，制定《关于加强全省冶金工贸企业本质安全体系建设的实施意见》，推进企业本质安全体系与安全生产标准化、安全预防控制体系建设有机融合、一并推进。交通运输领域选取4个工程建设项目、每个市（州）确定2家道路运输企业开展企业本质安全体系建设试点。省、市、县及各行业部门分层建立专家库，建立化工园区及危险化学品重点县安全咨询专家组工作制

度，聘请 63 名专家在化工园区、危险化学品重点县开展经常性技术指导、隐患排查和安全服务，共开展指导服务 94 次、培训 49 场次，排查危险化学品企业 480 家次，排查安全隐患 3400 条。印发《危险化学品安全生产风险监测预警管理运行机制》，建成省级应急管理综合信息平台，隐患排查治理系统与危险化学品监测预警系统、矿山安全监测监控等业务应用系统已实现信息互联互通。

（四）紧贴省情实际，加快推进安全生产专项整治三年行动

印发《甘肃省安全生产专项整治三年行动计划》，在国家总体方案基础上增加“安全生产‘强基固本’三年行动专题方案”；省政府成立领导小组，制定“1+3+9”专题方案，建立联席会议、统计分析、监督检查、约谈通报、考核评价 5 项制度，扎实开展安全生产专项整治三年行动。省级开展 3 轮督导，各级开展检查 4514 次，检查企业单位 2.78 万家（发现问题隐患 8.34 万条，行政处罚 3.16 万次，责令停产停业整顿 893 家，暂扣吊销证照企业 154 家，关闭取缔 120 家，罚款 7700 万元，约谈警示 8335 家，联合惩戒 195 家，移送司法机关 15 人）。开展大排查大整治大提升、防风险查隐患保安全等专项行动，对问题隐患“双重交办、双重督办”，精准消除一大批安全隐患。

（五）扎实推进消防安全工作

省政府将高层建筑消防安全治理纳入为民办实事项目，投入 3 亿元，为社区街道、微型消防站、居民家庭配备应急逃生设施器材 10 万余件(套)，为 20 个县(区)购置举高消防车。省消委会分批约谈 1.3 万名重点单位消防安全责任人、管理人，省、市、县三级分类挂牌督办 91 家重大火灾隐患单位，全省 30 个行业部门分领域组织开展交叉互查。省民政、文旅等 9 部门相继出台行业系统消防安全标准化管理规定，省应急、民政、住建等部门联合印发《民办养老机构消防安全达标提升工程实施方案》，开展联合排查整治。省安委会印发消防安全专项整治三年行动实施方案，省消委办制定年度工作计划，将三年行动作为主责主线贯穿于火灾防控全过程。抽调石化专家、注册工程师和中高级专业技术骨干，对易燃易爆危险化学品企业逐一排查摸底，通过媒体曝光、警示约谈等手段督促隐患整改。深入推进打通“生命通道”集中攻坚，督促全省 1573 个高层住宅小区 100% 完成标线施划、障碍物清理、消火栓测试等治理任务。部署开展装备器材安全操作和隐患专项排查，专家骨干分赴全省 128 个消防站集中开展车辆装备技术服务下基层活动，现场整改排除车辆装备隐患问题 900 余项，组织培训 80 余次 1200 余人。

二、防灾减灾救灾

（一）加强部门协作配合

印发《甘肃省减灾委员会 2020 年工作要点》《甘肃省防震减灾工作要点》，部署安排防灾减灾重点工作任务、提出具体要求。按照应急管理部门“综合防、突出救”，行业部门“专业防、参与救”的思路，围绕防汛抗旱、抗震救灾、地质灾害应急、森林草原防灭火四大重点领域，强化部门联动，凝聚工作合力。省政府印发《关于进一步提升全省森林草原防灭火水平的意见》，明确应急管理部门履行森林草原灭火主体责任和防火综合协调监管责任，明确林草、森林公安等部门的职责。印发《甘肃省防震减灾工作领导小组成员单位职责》等制度规定，细化完善 42 个成员单位和基层应急、地震部门

在防震减灾和抗震救灾工作中的职责分工。以省地震局兰州岩土地震研究所为主体，联合省自然资源厅地质环境监测院、省水利厅水利科学研究院共同组建了甘肃省自然灾害应急技术研究院，打造集科学研究、技术服务为一体的应急技术研究服务平台，为全国首家。

（二）及时有效应对暴洪灾害

在应对百年不遇的“8·13”陇东南特大暴洪灾害期间，强化省减灾委员会、省防汛抗旱指挥部统筹协调职能，迅速启动省级救灾应急响应，16 次召开视频调度会议，紧急调动 3.7 万兵力、工程机械装备 8809 台（套），协调专业力量抢修中断的通信、道路、供水、供电设施，全力打通“生命通道”；调用直升机 24 小时内解救陇南市文县石鸡坝镇、舍书乡 78 名被困群众，有效避免群死群伤；紧急调集大量救灾物资，下拨救灾资金 10.44 亿元，出台过渡安置、对口支援、住房重建等救助政策和资金筹措方案，指导省内轻灾 7 个市（州）及 33 户省属企业支援 16 个重灾县，确保受灾群众基本生活，推动灾后重建顺利进行；争取中央专项资金 4.38 亿元，购置抢险救援装备、储备防汛生活救灾物资，有效提升基层防灾备灾能力。

（三）推进“九大防灾工程”建设

抓紧推进应急管理部门牵头的有关工程。灾害风险调查和重点隐患排查工程方面，全省 13 个县（区）列入试点，指导试点县（区）已完成普查清查、行政区划审核，基本完成灾害承灾体调查、综合减灾资源调查、重点隐患调查，推进开展数据录入和外业核查工作。应急救援中心建设方面，在兰州新区建设国家应急救援中心西北分中心，已完成用地预审，推进开展土地平整、环评、节能评估、可研编制等工作。灾害监测预警信息化工程方面，编制“1 个综合+6 个单项”工程实施方案，完成专项工程招投标，推进实施山洪地质灾害气象监测系统、兰州主城区地质灾害“空天地”一体化专业监测等项目。

协调推进其他部门牵头的有关工程。重点生态功能区生态修复工程方面，加快实施山水林田湖草生态保护修复试点项目、森林草原资源培育项目、矿山地质环境恢复治理项目。防汛抗旱水利提升工程方面，完成引洮供水二期工程骨干工程隧洞 300 公里，实施渭河、泾河、洮河等 13 条河流和中小河流治理项目 193 个，治理病险水库 6 座、山洪沟道 54 条。地震房屋易发区房屋设施加固工程方面，已实施农村危房改造 36.61 万户，实现现有存量农村危房全部清零，实施城镇棚户区改造 79.55 万套，建成保障性住房 59.6 万套。地质灾害综合治理和避险移民搬迁工程方面：实施地质灾害综合防治工程，治理重大地质灾害隐患点 1230 处，搬迁受威胁群众 1.65 万户，完成 86 个县（区）地质灾害隐患点核查及动态调查、地质灾害详细调查、部分重要城镇地质灾害调查与风险区划工作。

三、应急救援

（一）省消防救援总队应急救援

依托政府专职队组建专业森林消防队伍，全力消除 44 个火险县消防力量“空白点”。结合灾情研判态势和高风险对象分布区域，分级组建 34 支抗洪抢险专业队、12 支石油化工灭火编队、57 支低温雨雪冰冻灾害救援专业队和重、轻型排涝分队，全面打造应急救援“尖刀”力量。打破传统“灌输式”培训模式，开展实战指挥和安全管控专项培训，集中培训站级指挥员 280 人，视频培训 900 余人。充分利用社会优势资源和专业师资，组织开展水域、绳索、地震等专业技术培训和资质认证，累计培训 523 人，取得资质 504 人。组织“全过程、全要素、导调式”重大地震、洪涝灾害救援和森林火灾扑救等跨区域实战拉动演练 6 次，及时召开演练点评总结会和典型灾害处置战例研讨会，实现“打一仗进一步”的目标。积极应对陇南地区百年不遇的特大洪涝灾害救援，调集 11 个支队 550 余名指战员参战，连续奋战 21 天，营救疏散转移遇险群众 168 人，救助安置受灾人员 2600 余人。

（二）省森林消防总队应急救援

积极开展防火大调研，收集整理形成陕西、甘肃两省调研资料图表 60 余份、森林火灾数据 5000 余组，更新周边 5 省跨区增援作战数据库。国庆、中秋期间，严密组织旅游景区专项防火行动，全总队共出动 703 人，在甘肃 7 个地级市、16 处景区、32 个公园广场、27 个乡镇，动用车辆 50 台，携带装备 764 件（套），开展防火宣传、设卡检查、携装巡护和助民帮困。在 9 个点两次组织为期 15 天的野外驻训，选派 30 名指战员先后赴四川省森林消防总队攀枝花支队和内蒙古自治区森林消防总队大兴安岭支队参加跨省实战见习，队伍整体战斗力明显提升。2020 年，总队 560 名指战员在“两省四地”4 个重点火险区靠前驻防，共动用 1677 人次处置山西榆社、张掖甘州等地森林火灾任务 25 起，动用 1592 人次执行防火执勤 20 次。“8 · 13”陇南暴洪泥石流灾害发生后，紧急调集 3 个支队 800 名指战员开赴灾区，连续奋战 10 余天，圆满完成疏散转移、解救搜救、排水清淤、垒筑堤坝、警戒巡护、道路抢通、物资搬运、送医消杀等任务。

四、基础保障和能力建设

（一）加强应急救援力量建设

全省消防救援、森林消防“两支队伍”全面完成改革任务，新招录人员 4500 余名，保证所有消防站执勤力量不少于 30 人；分区域组建地质、水域、山岳救援和应急救援保障大队，打造全国首支应急救援快遣队。加大 18 支安全生产专业救援队培训力度，推进专业化救援队伍“一专多能”建设，近三年利用国家和省级资金 1.35 亿元，购买通信车、运兵车和地震救援等装备物资 2.43 万台（套），有效拓展多领域救援能力。应急与交通、水利、林草、地震等部门全面加强合作，把部门行业救援队伍建设纳入全省应急救援体系。与清华大学、省公航旅集团，蓝天、方舟、厚天民间救援队等社会救援力量签订协议，完善社会救援队伍体系。建立以消防救援队、安全生产救援队为主体，行业部门救援队、地方兼职救援队为基础，民间各类救援力量为补充的救援队伍体系。

（二）加强应急管理宣传教育

创办省级公共应急频道甘肃公共应急频道，召开全省应急管理新闻宣传工作推进暨企业安全文化建设座谈会，组织省内重点企业与省广播电视总台签订合作协议，助力全省安全防灾宣传教育工作。深入开展“安全生产月”活动，在报刊、广播、网络、新媒体等平台开设安全生产专栏专题 3260 余个，组织干部职工、企业员工参加“安全生产大家谈”云课堂学习 380 余万人次，在媒体平台开展网络视频访谈 3800 余场，远程在线辅导 5200 余场次，安全生产“公开课”“微课堂”“公益讲座”等线上直播活动 4600 余场，参与总人数230万余人次。

（三）加强应急管理干部培训

依托甘肃干部网络学院开展应急管理系统网络培训，举办全省应急管理系统“大培训、大学习、大提升”应急安全大课堂6期，依托西北师范大学、兰州石化职业技术学院和兰州资源环境职业技术学院开展为期60天的专题能力提升研修班，依托甘肃应急管理学院开展特种作业“三项岗位人员”监考员培训班等6期，采取送教到基层培训等方式，对14个市（州）和18支省级应急救援队伍开展培训35期，有力提升应急系统干部应急安全、防灾减灾救灾能力。

第二十九章　青海省应急管理工作

2020 年，青海省应急管理系统坚持以习近平新时代中国特色社会主义思想为指导，全面贯彻党的十九大和十九届二中、三中、四中、五中全会精神，统筹疫情防控，严守安全底线，全力防范化解重大安全风险，着力提升应急救援能力，不断夯实应急管理基层基础，应急管理各项工作取得新的进展。全年全省生产经营性事故起数和死亡人数、较大事故起数和死亡人数实现“四下降”，同比分别下降 2.5%、5.5%、50%和 47.8%，较“十二五”末分别下降 16.1%、31.8%、62.5%和 62.5%，连续 123 个月未发生重特大事故，连续 33 年未发生重大及以上森林草原火灾。

一、安全生产和消防安全

组织开展较大生产安全事故整改措施落实情况“回头看”，完成 5 个非煤矿山安全生产领域地方标准的形式和技术审查，制定高危行业培训大纲和考核标准，全面落实行政执法公示制度、执法全过程记录制度、重大执法决定法制审核制度，进一步规范执法程序、健全责任链条，提高执法水平，倒逼企业安全生产主体责任落实。2020 年，共开展安全生产执法检查 52 家次，查出各类隐患问题 500 余项，下达各类执法文书 70 份，对查出存在安全生产违法行为的 6 家企业依法予以行政处罚，召开警示约谈会 1 次、专项执法检查通报暨警示会 2 次；向信用中国（青海）平台推送“双公示”信息事项 92 条，推送行政奖励信息 80 条，建立了 7 家救援机构诚信档案和 240 名救灾机构从业人员的诚信档案。

突出煤矿、非煤矿山、危险化学品、交通、住建、消防、特种设备等重点领域，组织开展多轮隐患排查和集中整治，督促压实各级安全责任。采取“明查暗访”“四不两直”方式，加强督查检查，加大问责曝光力度，倒逼工作落实。全力做好“青洽会”、生态（产业）博览会、“一带一路”青海清洁能源发展论坛等大型活动的安全保障和风险管控，强化应急预案准备，确保安全。2020 年，全省应急管理系统共检查企业 9892 家次，督促治理隐患 23107 项，出具执法文书 8976 份，立案起数 201 起，处罚金额 991.7 万元。全力做好木里矿区环境综合整治安全生产工作，8 月初，媒体报道木里矿区盗采情况问题后，按照省委、省政府工作部署和要求，省应急管理厅迅速行动，第一时间印发《关于对木里矿区煤矿开展安全盯守的通知》，安排部署对木里矿区各矿点采取巡查盯守措施，及时成立青海省应急管理厅木里矿区生态环境综合整治安全生产督导工作领导小组，印发《关于认真做好木里矿区生态环境综合整治安全生产监管工作的通知》，加强实地督导，督促属地政府、相关行业部门、施工企业落实安全责任，全力做好木里矿区生态环境综合整治施工现场安全生产工作。

全力推动各领域安全生产专项整治三年行动。省安委会成立领导小组，省安委办成立工作专班，研究制定《青海省安全生产专项整治三年行动总体方案》和2个专题实施方案、21个重点行业领域专项整治实施方案及3个工业园区专项整治实施方案，在国务院安委会部署的基础上，增加了建筑施工、特种设备、电力安全等覆盖全行业领域的专项整治方案。组织召开全省安全生产专项整治三年行动联络员会议，明确专项整治领导小组和部门协调联动机制，围绕整治主要任务和目标，明确工作专班、跟踪指导、协调联动、边查边纠、清单管理、情况报告、信息报送7项制度，形成省、市（州）、县（市、区、行委）和工业园区自上而下的工作体系，健全专项整治协调联动机制，推动专项整治行动“组织到位、人员到位、责任到位、措施到位、整治到位”。安全生产专项整治行动开展以来，全省各地区、单位共成立各类督导检查组444个，检查各类企业、单位及场所16255家（处），排查整改隐患32169项（其中重大隐患70项），依法打击违法违规行为2.17万起，责令停产停业79家，处罚违规企业37家，临时查封81家，行政处罚1973万元，专项整治取得阶段性成效。扎实开展危险化学品重大危险源企业专项检查督导，对全省现有38家危险化学品重大危险源企业、168个重大危险源（点）进行督导检查，实现全覆盖，督促整改事故和火灾隐患594项。

深入推进冬春火灾防控和消防安全专项整治三年行动，严管严控“高低大化”场所，跟踪服务复工复产企业，对账销号重大火灾隐患，标本兼治消防通道、仓储物流等突出问题，防范化解农牧村、老旧小区等“洼地”风险，全面整治各类消防安全隐患。高规格召开大型综合体现场会和全省藏传佛教寺庙消防与文物安全工作现场会，行业规范化管理水平明显提升。省、市两级全媒体中心实体化运行，全省建成消防主题公园10个、文化街17条、科普教育基地56个、志愿者服务队35支，宣传教育融入感不断增强。全年全省共发生火灾1590起、死亡9人、受伤6人，直接损失2490.5万元，共检查社会单位25401家，督促整改火灾隐患2085处，罚款1001.73万元，督办整改重大火灾隐患单位40家，全省连续23年未发生重大及以上火灾，火灾形势总体平稳。全省消防队伍共接警2947起，出动消防车5721辆（次）、指战员27774人（次），抢救被困人员627人，疏散人员6202人，抢救财产价值6418万元。

二、防灾减灾救灾

强化组织领导，加强会商研判。根据灾害风险形势，省减灾委员会、省森林草原防灭火指挥部、省防汛抗旱指挥部等议事协调机构及时组织召开省减灾委员会全体会议、全省森林草原防灭火指挥部联席会议、全省防汛抗旱工作会议等，统筹安排部署防灾减灾救灾工作，并组织开展督查检查，督促各级落实责任和措施，确保形势稳定。同时，加强灾害风险分析研判，制定《自然灾害监测预警风险提醒办法》，每月定期与气象、国土资源、水利等部门进行灾情会商，共享监测信息，及时发布预警信息，形成10期《全省自然灾害风险分析报告》，为各指挥部决策部署提供科学依据。

强化落实防汛责任，安全度汛。省防汛抗旱指挥部印发2020年防汛抗旱工作方案，细化实化各项措施，做到责任人上岗到位、下沉一线、靠前指挥。受黄河上游来水影响，青海省分别于6月19日和8月21日启动了沿黄地区防汛Ⅳ级和Ⅲ

级应急响应。应急响应发布后，省防汛抗旱指挥部办公室两次组织省军区、应急管理、水利、消防救援等部门和全省市（州）、县（市、区、行委）防汛抗旱指挥机构负责人专题会商备汛度汛工作，对防汛工作进行再安排、再部署。抽调 9 个工作组，分赴全省 8 个市（州）及黄河干流梯级电站对防汛重点地区和部位开展督导检查。组织在重点水库（水电站）、淤地坝、尾矿坝等部位开展防汛演练 28 次，参演 3351 人次，各地开展防汛培训 20 次、培训 2214 人次，各级消防救援队伍，专业和社会救援队全力备勤备战，累计储备价值 4900 余万元的防汛物资，落实抢险队伍 181 个，建立防汛抗旱抢险专家库，确保汛期遇到洪灾能够及时调度到位、派上用场。

夯实基础，提升应急处置能力。加强灾害信息员队伍建设。明确省、州、县三级灾害信息员 213 人，乡、村两级灾害信息员 4052 人，切实提高灾情信息报送效率。开展灾害信息员专题培训，着力夯实防灾减灾基础。进一步补充完善省级救灾物资储备体系，向国家发展改革委申报县级救灾物资储备库改扩建项目 19 个，向省财政争取自然灾害生活补助资金 1572 万元，用于采购生活类救灾物资，全面做好救灾物资储备工作。疫情期间，共为全省各疫情排查站点统筹调拨发放 40 余类救灾物资 53000 余件（套），为防控工作提供坚强物资保障。会同自然资源厅实地察看海东市平安区小峡镇西沟峡及果洛州玛沁县拉加镇山体滑坡段，完成互助县西沟峡、西宁市大通县麻哈村、果洛州拉加镇等地质灾害排危除险工作。20 余次赴 8 个市（州）开展督导检查，压实各地地震和地质灾害的防灾减灾救灾和应急处置工作责任。开展全省范围内的自然灾害综合风险普查工作。省应急管理厅派员赴海西州开展调研 5 次，指导海西州开展普查先期准备工作。加强实地督导检查，有序推进创建全国综合减灾示范社区，创建工作被列入 2020 年政府民生工程。全省共创建全国综合减灾示范社区 160 个。

三、应急救援

联合玉树州委、州政府组织开展“4・14”玉树州地震十周年纪念综合应急演练，先后组织开展青海省地震应急救援紧急集结拉动、应对重大事故灾难、危险化学品事故应急桌面演练等综合性演练，参与指导省住房和城乡建设厅城镇燃气安全事故应急演练和西宁、海北等地区地震应急演练，切实提高应急处置能力。全省各市（州）、部门及生产经营单位组织开展规模以上综合及专项演练 1500 余场。强化应急准备和处置，严格执行 24 小时在岗值班制度，及时发布气象、地质灾害及森林草原火险等预警信息 48 条（期），全力做好各类重大突发情况的应急处置。成功处置西宁“1・13”公交车站路面塌陷事故，第一时间启动应急预案，全力开展事故救援，认真组织开展调查评估。强化应急救援力量建设，基本建成以全省综合消防救援队为主力、省级区域性救援队伍为骨干、行业企业专兼职救援队伍为基础、社会应急救援力量为补充的应急救援队伍体系。全省共有 82 支应急救援队伍，其中，国家级应急救援队 2 支 205 人，省级区域性救援队 10 支 378 人，道路交通、城市燃气、电力、铁路、航空等行业企业为主的专职救援队伍 57 支 1812 人，社会救援队伍 13 支 473 人。

四、基础保障和能力建设

（一）健全完善应急管理体制机制

进一步健全防灾减灾、防汛抗旱和森林草原防灭火工作机制，细化部门间“防”与“救”的职责，进一步确权认责，不断增强应急管理工作的系统性、整体性和协同性。建立自然灾害防治工作联席会议制度，加强对自然灾害防治重点工程建设的统筹协调。与省军区、武警青海总队、省地震局、省气象局等部门（单位）分别建立会商研判、信息共享、应急协调联动、救援合作、救灾物资紧急运输等工作机制，与四川省应急管理厅签署《应急联动工作备忘录》，提升应急合力。进一步健全完善应急管理体制机制，对各地深入推进应急管理改革发展具有重要示范作用。

（二）大力推进法治建设

5个非煤矿山预防机制地方标准发布施行，青海省突发事件总体应急预案编制完成，部门和专项预案进一步修订完善，《青海省危险化学品安全管理办法》《青海省突发事件应急响应处置办法（试行）》等多个制度性文件印发，“三位一体”执法模式有力推行，行政执法“三项制度”进一步落实，年度执法计划全面实施，执法规范化水平进一步提高。“放管服”改革扎实推进，应急管理行政审批质效明显提升。

（三）加强队伍建设

在青海师范大学挂牌成立“高原应急培训基地”，在省委党校挂牌成立“青海省应急管理干部培训基地”，通过政校合作的方式，加快培养应急管理高素质人才。举办执法、基本能力、信息化等专题培训班，全年培训应急系统干部职工1000余人次；推动高危行业领域安全技能提升行动计划，全省培训考核“三项岗位人员”3.34万人次。认真组织做好消防员招录工作，进一步充实了专业化救援力量。

（四）强化培训宣传教育

利用“4·14”玉树地震十周年纪念日、“5·12”防灾减灾周、“安全生产月”等重要时间节点，通过网络、广播、微博等新媒体加大安全生产及防灾减灾知识的宣传普及力度。共在中央、省级、市（州）主流媒体、上级政府网站和新媒体平台发稿930余篇。其中，中央媒体223篇，省级媒体427篇。青海省应急管理厅官方网站、新浪微博官方账号、微信官方公众订阅号等新媒体平台发布信息2400余条，公众对应急管理工作的知晓度不断增加，居民及企业防灾减灾抗灾和安全生产意识得到提高。同时，积极拓宽宣传渠道，与青海广播电视台签订战略合作协议，利用电视、广播受众面广、知名度高的宣传优势，采取直播、广播节目等形式，积极探索应急管理宣传工作新模式。

第三十章　宁夏回族自治区应急管理工作

2020 年，宁夏回族自治区应急管理系统认真学习贯彻习近平总书记重要讲话和指示批示精神，坚决贯彻中央和自治区各项决策部署，坚持人民至上、生命至上，始终把保护人民群众生命财产安全作为出发点和落脚点，紧紧围绕“六稳”“六保”大局，防控重大风险、遏制重大事故、应对重大灾害，应急管理各项工作取得良好成效，“十三五”规划目标任务全面实现。2020 年与 2015 年相比，生产安全事故起数和死亡人数分别下降 19.3%和 17.2%，较大及以上事故起数和死亡人数分别下降 57.1%和 55.2%，连续 4 年未发生重大以上事故，连续 4 年获得国务院安全生产考核优秀等次，自然灾害因灾死亡人数大幅下降。

一、安全生产和消防安全

（一）紧盯责任落实抓安全

自治区党委和政府牢固树立以人民为中心的发展思想，站在增强“四个意识”、坚定“四个自信”、做到“两个维护”的高度，坚持把安全作为经济社会发展的基石，统筹谋划、强力推进。主要领导主动扛起维护人民生命财产安全的重大责任，逢会必讲、逢节必查，以身作则、率先垂范。自治区人大、政协主动加强执法监督和民主监督，为落实安全生产责任提供有力支持。全区各级党委、政府认真贯彻落实《宁夏回族自治区党政领导干部安全生产责任制实施细则》，修改出台《宁夏回族自治区安全生产行政责任规定》《宁夏回族自治区消防安全责任制实施细则（修改稿）》《宁夏回族自治区实施〈中华人民共和国消防法〉办法修正案》《关于深化消防执法改革的实施意见》《宁夏回族自治区消防救援队伍经费保障办法》。严格执行安委会、安委办工作规则，每季度召开会议，及时会商研判、制定阶段性措施、统筹推进落实，对负有监管职责的部门通过预警提醒、约谈督办、考核巡查等方式，促进安全生产职责“三个必须”落到实处。重构安全生产标准化创建模式，创新经济激励、差别化监管等 10 项政策措施，全区近 300 家企业达到三级标准化以上，有力促进了企业安全生产主体责任落实。

（二）紧盯综合治理抓安全

紧扣“从根本上消除事故隐患、从根本上解决问题”总目标，有序推动实施“1+2+9+7+N”安全生产专项整治三年行动，细化分解 649 项重点任务，实行挂图作战。组建实体化工作专班，建立“周碰头”“月例会”“季通报”“年总结”制度，紧盯重点、打通堵点、破解难点。累计督导检查有关单位和企业 7395 家（次），约谈警示 2448 家，联合惩戒 99 家，责令停产整顿 150 家，关闭取缔 11 家，罚款 1454.76 万元。梳理自治区层面突出问题 115 项、制度措施 215 项，为打好攻坚战役奠定坚实基础。

（三）紧盯源头管控抓安全

出台自治区《全面加强危险化学品安全生产工作实施意见》和《化工园区（集中区）认定管理办法》，确定2个化工园区、8个化工集中区，组织评估危险化学品企业和化工园区风险等级，分类落实管控措施，明确新建危险化学品项目准入条件，严格“两重点一重大”项目审批，公布化工项目“禁限控”目录，多措并举整治危险化学品领域突出问题，强化全周期、全链条监管。印发《企业安全风险管控体系建设实施指南》，推进非煤矿山、危险化学品、工贸企业双重预防体系建设。

（四）紧盯夯实基础抓安全

对142家危险化学品重大危险源企业开展全覆盖专家指导服务，419处重大危险源实现全天候实时监控，3家煤矿列入国家首批智能化示范煤矿建设名单。通过对事故类型的分析，精准开展安全带安全帽等劳动防护用品专项整治，集中销毁不合格劳动防护用品，有效遏制高处坠落事故。持续深化粉尘防爆隐患排查治理，连续6年未发生粉尘爆炸事故。自治区安委办6个督查组常态化运行，重点时段、重大节日下沉一线、严查细督，消除一大批问题隐患。

（五）紧盯消防治理抓安全

强力推动消防安全专项整治三年行动，制定年度重点工作任务进度控制表、问题隐患和整改责任“两个清单”，实行挂图作战。先后部署开展打通“生命通道”、大型商业综合体专项整治、冬春火灾防控等10余项专项整治，采取单位自查自改、行业督促检查、部门联合惩戒等方式，结合落实“双随机、一公开”监管机制，多措并举推进火灾隐患排查整治。全年共组织检查单位3.85万家，督促整改隐患2.54万处，依法查封关停场所282家，罚款614.04万元，拘留11人。

二、防灾减灾救灾

（一）灾害防治形成新格局

出台《关于防灾减灾救灾体制机制改革的实施意见》《宁夏回族自治区防灾减灾救灾责任规定》，修订《宁夏回族自治区自然灾害救助办法》，自然灾害防治政策保障更加有力。调整完善自然灾害防治指挥架构，建立自然灾害防治工作厅际联席会议制度，成立自治区第一次全国自然灾害综合风险普查领导小组，将防灾减灾救灾纳入自治区效能目标考核，倒逼责任落实，推动工作落地。

（二）重点工程实现新进展

自治区应急管理指挥部办公室认真履行统筹协调职责，各地各部门加强组织领导、完善工作措施，对照“八大工程”任务清单，建立“督项目进度、查资金投入、评工程效益”工作机制，稳步推进重点工程建设。争取中央资金1392万元，保障中卫市自然灾害综合风险普查试点和沙坡头区综合减灾示范县创建。全区累计实施工程项目260余项，投入资金112亿元，防灾减灾成效逐步显现。

（三）救灾基础得到新加强

全区建成救灾物资储备库16个，储备1.08亿元救灾物资，形成以区级为中心、市级为支撑、县级为依托的救灾物资储备体系，可供转移安置12万人。2020年争取并下拨救灾资金4412万元，累计救助25万人次。投资5000余万元，完成自治区应急管理指挥大厅硬件升级改造，建设移动指挥方舱、应急管理信息系统等辅助决策指挥平台，实现前后方互联互通、各要素有机融合、多层级无缝衔接。

（四）社区创建取得新突破

编发《社区应急服务指南》《应急减灾手册》等 10 类便民手册 13 万余份，向全区 230 万手机用户推送应急提醒短信，举办小学生减灾科普微视频大赛，组织开展“千场培训进社区”防灾减灾教育宣传志愿服务活动，全国综合减灾示范社区达到 138 个，应急之声“飞入寻常百姓家”，不断筑牢防灾减灾救灾的人民防线。

三、应急救援

（一）着力健全体制机制

调整自治区安全生产、应急管理指挥组织架构，形成“1+1+4”（安全生产委员会，应急管理指挥部，防汛抗旱指挥部、森林草原防火指挥部、抗震救灾指挥部、减灾委员会）的“全灾种、大应急”指挥体系新格局，延伸应急管理基层触角，在 4 个试点县（区）设立乡镇应急管理办公室，努力打通基层应急指挥和快速处置的“最后一公里”。建立健全“一个后方指挥中心、一个前方指挥部、一套工作制度、一个窗口发布”的“四个一”应急处置模式，完善事前防范、事中处置、事后治理的应急流程。规范灾情会商、预警发布和救灾物资调拨，加强与驻宁部队、社会应急力量、大型企业联勤联动联保，初步构建起统一指挥、分工清晰、互为衔接、畅通高效的应急机制。

（二）着力完善法律法规

稳步推进应急管理法规制度建设，结合机构改革职能调整，制定 30 余项法规制度、行业标准，涵盖队伍管理、物资储备、会商研判、决策指挥、应急保障等多个方面。着眼大应急体系建设，编制完成应急预案框架体系大纲，推行预案简明化、实用化改革，修订自治区突发事件总体应急预案和安全生产、自然灾害等专项应急预案，基本形成纵向到底、横向到边的预案体系。

（三）着力强化救援能力

稳步推进矿山、危险化学品、森林草原防灭火、航空应急救援 4 个基地建设，挂牌组建防汛抗旱、油气管线、航空救援等十大类 29 支专业应急抢险救援队伍，指导建设 37 支企业专业救援队伍，高标准、多科目、全要素组织纪念海原大地震 100 周年应急演练，联合救援能力大幅提升。

各级消防救援队伍广泛开展以智能、体能、技能为一体的实战化练兵活动，开展“高低大化”、抗洪抢险、高空、山岳和“贺兰山-2020”地震救援等全要素实战演练。着眼高层、化工、水域、山岳、地震、森林草原、抗洪抢险、低温雨雪冰冻等灾害应对，整合组建 6 类 32 支典型灾害事故专业救援队伍，通过实战集结拉动、专业训练等方式，不断锤炼队伍能力素质。依托宁东能源化工基地，高质量承办全国化工灭火救援技术培训班，编制 31 类基础战法和化工编队基本力量构成指南。完成化工灭火救援编队建设、城市重大事故和地质性灾害救援两大应急通信系统建设任务。

四、基础保障和能力建设

（一）全面筑牢消防根基

自治区党委、政府分别将消防安全基层治理融入完善基层治理体系提高基层治理能力“1+6”内容和《关于推进城镇老旧小区改造工作的实施意见》，将消防事业发展“十四五”规划纳入自治区“十四五”专项规划编制目录清单。投入 1426 万元建成“智慧消防”物联网远程监控系统并投用，对 791 家火灾高危单位和高层建筑实施消防安全智慧管控。自治区政府批复同意实施《宁夏消防救援队伍2019—2021年灭火救援装备建设规划》《宁东能源化工基地灭火救援装备建设三年规划（2019—2021）》。开工建设消防站6个，支队级训练基地和战勤保障基地（大队）采用“两站合一”或“三站合一”的模式建设，均已建成投入使用，公共消防安全基础有效夯实。

（二）全面强化宣传教育

坚持把安全生产和消防安全培训列入党政干部、新入职公务员和职业技能培训内容，策划运营《应急在行动》《应急微聚焦》《平安119》《消防微课堂》栏目和微博、微信、抖音、快手、今日头条九大新媒体平台，累计开展20余次直播活动，建成40个应急消防科普教育基地，全部实现网上平台预约服务，全年开放1500余次，受教育人数达到12万余人。

（三）全面助力便企利民

对标“四级四同”（省、市、县、乡“四级”，名称、依据、类别、编码“四同”）政务服务标准，深化“三减一提升”（减少办事环节、减少提交材料、减少办理时限，提升群众满意度）政务服务，推出8条便企新举措，推进行政审批8个转变，大力推行“互联网+监管执法”，12项高频事项纳入“我的宁夏”APP办理，52.5%的审批事项纳入即时办理，99%的事项实现不见面办理，自治区应急管理领域“放管服”改革典型做法被国务院推广。

（四）全面提升专业能力

围绕提升应急管理专业能力，深入开展“大学习、大调研、大比武”，分层级分领域分岗位开展大培训，举办自治区安委会有关成员单位负责人、县（市、区）应急管理部门负责人能力提升和全系统业务轮训、行政执法等培训班，累计培训1200余人次，形成了学业务、重研究、善思考的浓厚氛围，培养了一批懂应急、会应急、能应急的行家里手。广泛开展全国防灾减灾日、“三互两共一竞赛”“安全生产月”“安全生产万里行”等活动，大力推进安全惠民服务，培育实训基地1个、示范职业院校2所、产教融合企业2家。深入实施“百千万”工程，培训1.2万余名安全管理骨干。

第三十一章　新疆维吾尔自治区应急管理工作

2020 年，新疆维吾尔自治区应急管理系统以习近平新时代中国特色社会主义思想为指引，坚决贯彻党中央、自治区党委决策部署，面对各种风险挑战，特别是新冠肺炎疫情的严重冲击，全区各级应急管理部门坚持主动服务大局、靠前安全监管，全力服务保障自治区“六稳”“六保”大局，在大战大考中经受了考验，各项工作取得新的成效。全年全区共发生生产安全事故 821 起、死亡 381 人，同比减少 302 起、70 人，分别下降 26.89% 和 15.52%，未发生重特大事故。

一、安全生产和消防安全

（一）全力推进安全生产专项整治三年行动

系统推进自治区安全生产专项整治三年行动，突出整治精准性、协同性、实效性，研究制定“1+2+18”安全生产专项整治方案，建立问题隐患、制度措施“两个清单”，提请自治区政府挂牌督办 3 批 38 项重大事故隐患，压实责任、督促落实、靶向发力、精准整治，有效消除了一批安全隐患。

（二）扎实开展打通“生命通道”集中攻坚行动

全区 1803 个小区制定“一区一策”针对性整治工作方案，1090 个小区消防车通道治理工作纳入老旧小区改造计划，新建停车场、立体停车库 237 个，新增停车位 6.9 万余个。

（三）持续开展安全生产执法检查

坚持安全隐患零容忍，突出重点时段、重点地区、重点企业，组织各地各部门持续开展安全生产执法检查，严格落实《新疆维吾尔自治区安全生产严格执法十项措施》，共排查治理各类事故隐患 13.6 万余项，依法打击各类非法违法行为 6.5 万余起，依法整治各类违规违章行为 93.9 万余起，有效防范遏制各类生产安全事故。

（四）全面强化危险化学品、非煤矿山、工贸等行业领域安全监管

印发《关于全面加强危险化学品安全生产工作的实施意见》，深入推进危险化学品安全专项整治三年行动，组织对全区 180 家危险化学品重大危险源企业进行全覆盖检查，查出并整改隐患 5283 个。深刻吸取黎巴嫩贝鲁特重大爆炸事件教训，组织开展 3 轮硝酸铵等危险化学品企业重大风险隐患排查整治，查出并整改隐患 2249 项。完成 149 家、531 个三、四级重大危险源接入应急管理部危险化学品风险监测预警平台。深入推进非煤矿山安全专项整治三年行动，排查治理问题隐患 11173 项。联合 8 部门印发《防范化解尾矿库安全风险工作实施方案》，全面推行落实全区尾矿库安全包保责任，排查治理问题隐患 1093 项。完善油气增储扩能安全风险定期会商研判机制，研究加强油气勘探项目安全设施监管措施，有效管控油

气勘探开发安全风险。

（五）依法严肃查处各类生产安全事故

修订完善《新疆维吾尔自治区生产安全事故查处挂牌督办办法》，组织开展2015—2019年生产安全事故整改措施落实情况“回头看”，严肃查处库尔勒市“9·28”新疆昆仑工程轮胎有限公司压力容器爆炸等生产安全事故。查处各类生产安全事故29起，对36家事故责任单位、38名责任人员给予行政处罚，移送司法机关3人，罚款1556余万元，有效发挥事故查处警示和威慑作用。

（六）加强消防安全基层基础工作

自治区安委会发布《关于推进消防救援事业高质量发展的意见》，开展城乡和各类园区消防规划修编工作，扎实推进公共消防设施、消防装备和消防救援队伍建设。初步组建中国救援新疆机动专业支队，全区共建成投用12个消防救援站，开工建设3个消防救援站，新建1958个市政消火栓、109个消防水鹤；组建17支化工灭火救援编队和36支抗洪抢险救援队；各地基本完成“轻骑兵”前突小队和志愿消防速报员队伍组建工作，选聘速报员1608人，“轻骑兵”294人；投入2.44亿元加强消防装备建设。

（七）全力防范化解重大消防安全风险

持续深入开展电气火灾、冬春季节、大风天火灾防控和棉花企业消防安全检查和消防安全专项整治三年行动。召开大型商业综合体消防安全标准化管理现场会，连续12年在设有自动消防设施的6357家单位开展建筑消防设施“三化”建设。出台《疫情防控期间支持复工复产消防服务六项措施》《新冠肺炎疫情防治期间消防安全工作指导手册》，组建专家组和技术服务组，动态管控疫情防控单位消防安全，精准保障企业复工复产和学校开学复课。与公安交警部门建立联合执法机制，严查占堵消防车通道违法行为。全区各级消防救援机构共检查单位10.65万个（次），督促整改火灾隐患7万余处，查封645家，“三停”317家；全区2328个高层住宅小区、6774个多层住宅小区以及1.1万余个单位完成了消防车通道标线施划，设置警示牌3.1万余个；新建停车场、立体停车库220个，新增停车泊位4.2万余个。

二、防灾减灾救灾

（一）抓好自然灾害监测预警

会同涉灾部门联合印发《关于建立健全自然灾害综合监测预警制度的意见》，为各地推进自然灾害综合监测预警工作提供指导。持续加密会商研判和灾害监测，将安全生产风险形势纳入研判范围，发布风险形势研判报告9期，发送安全生产和自然灾害预警信息53次、13474条。逐步推动建立覆盖区、地、县、乡、村五级灾害信息员队伍，补齐灾情报送不畅“短腿”。

（二）推动灾害防治工程建设

充分发挥自然灾害防治联席会议制度作用，协调推动全区自然灾害防治重点工程建设，提高灾害防治能力，构筑生命安全防线。全面启动新疆维吾尔自治区自然灾害综合风险普查工作，争取库车市、乌鲁木齐县、巴楚县3个试点县普查资金1220万元，3个试点县形成初步普查成果。编制完成《新疆维吾尔自治区自然灾害监测预警系统可行性研究报告》，上报《新疆重大自然灾害综合防治专题研究报告》《关于新疆气候“暖湿化”趋势影响分析研究和应对措施的报告》，为科学应对灾害防范提供参考。

（三）强化各类自然灾害防范

着眼于防大震，实施应对南天山西段伽师县、天山中段乌苏市重大地震灾害桌面推演，组织各地开展地震灾害防范应对准备和自查。举办自治区地震应急预案综合演练活动、自治区提升综合减灾能力现场会，为各地各部门加强自然灾害防范提供样板。社区综合减灾能力建设水平稳步提升，20 个社区被命名为全国综合减灾示范社区。印发《关于认真贯彻落实习近平总书记重要指示精神，扎实做好防汛抢险救灾工作的通知》等 5 个文件，强化灾情会商研判，调度各地防汛抢险救灾准备工作，确保全区安全度汛。研究制定自治区森林草原防灭火工作“五共”机制，推进阿克苏、阿勒泰、伊犁、昌吉等地航空护林站建设，森林草原火情火灾 24 小时扑灭率保持在 100%，全区森林火灾发生起数、过火面积、受害面积同比分别下降 65.2%、36.5% 和 27.8%，连续 16 年未发生重特大森林草原火灾。

（四）夯实应急救灾物资保障

下拨 2019—2020 年度中央救灾资金 3 亿余元，救助受灾困难群众 334.2 万人（次）。争取新疆 2020—2021 年受灾群众冬春生活救助资金 2.46 亿元，制定印发《关于进一步加强衔接配合做好受灾群众基本生活保障工作实施方案的通知》，加强受灾群众救助工作有序衔接。争取中央救灾资金 3000 万元及大量救灾物资，全力保障伽师 6.4 级地震受灾群众基本生活。争取中央自然灾害救灾资金 2000 万元，支持解决阿克苏库勒湖应急处置和北疆应急抗旱工作费用。起草《新疆维吾尔自治区自然灾害救助资金补助标准》，梳理形成《全区救灾物资（生活类）供应商推荐目录》。会同自治区粮食和物资储备局研究制定 2020 年度 1600 万元救灾物资储备采购计划并呈报自治区政府。在哈密等 3 个地（州、市）、伊宁等 7 个县代储价值 1525 万元的自治区级救灾物资。

三、应急救援

（一）强化应对救大灾准备

制定《厅应对重大突发事件人员到岗规定》《厅重特大地震应急响应任务清单》，会同有关单位建立通信、航空、铁路快速响应、预案衔接、会商通报应急联动机制，提升应对处置事故灾害能力。制定印发《新疆维吾尔自治区应急管理指挥中心建设指导意见》，指导各地应急管理部门开展指挥中心标准化建设。研究制定《新疆维吾尔自治区应对地震危险区重特大地震灾害应急救援力量投送协调保障方案》，细化明确万人规模应急救援力量投送保障措施。组织制定《新疆维吾尔自治区应对重特大自然灾害救灾物资保障方案》及针对伽师县、乌苏市等 6 个子方案，研究细化 1.5 万至 3 万受灾群众转移安置救助及应急救灾物资保障措施。

（二）加快推进预案修编

加快修编《新疆维吾尔自治区突发事件总体应急预案》以及地质灾害、防汛抗旱、森林草原防灭火、危险化学品、自然灾害救助等 7 个自治区级专项应急预案，积极推进非煤矿山、工贸行业、石油天然气开采 3 个部门应急预案修编，协调督促有关部门修编相关自治区级专项应急预案，发挥好预案规范指导作用。

（三）加强应急救援力量建设

在区内和甘肃省招录消防员 900 名，进一步建强国家综合性消防救援队伍。制定印发《新疆维吾尔自治区区域安全生产应急救援中心建设指导意见》，稳步推进南北疆区域性安全生产应急救援中心建设。制定自治区安全生产应急救援骨干队伍建设标准、管理办法，推动20支安全生产骨干应急救援队伍建设。依托新疆维吾尔自治区森林消防总队乌鲁木齐市大队组建260人的自治区综合应急救援机动大队，编制出台机动大队建设相关标准制度，建设方案通过自治区审批。组织开展全疆矿山应急救援队伍实训拉练，推动在41个森林草原高火险区建成120支规范化专业应急队伍，成功举办自治区首届专业化应急救援技能竞赛活动，提升多灾种大应急能力。

（四）全力应对和处置自然灾害

时刻保持应急状态，第一时间派出工作组应对处置伽师6.4级、于田6.4级、柯坪5.2级等地震灾害，妥善处置且末县阿克苏库勒湖、境外麦兹巴赫冰川堰塞湖风险，最大限度维护人民群众生命财产安全和社会和谐稳定。

四、基础保障和能力建设

（一）推进法治政府建设

持续深化“放管服”改革，公布三级应急管理部门许可和服务事项目录，行政许可事项全部实现网上可办、建设项目安全生产许可实现并联审批，部分行政许可和公共服务事项实现即办，为生产经营单位、相关人员年均节约办事成本2700余万元。配合自治区人大常委会开展执法检查、专题调研，提请自治区政府依规向自治区人大常委会报告公共安全应急管理情况，回答专题询问，依法履行应急管理职责。推动安全生产执法信息系统上线运行，制定自治区安全生产行政处罚自由裁量基准，落实执法责任制和行政执法“三项制度”，推进“双随机、一公开”监管、信用监管，逐步规范执法检查行为。

（二）统筹应急管理立法工作

组织编撰应急管理立法规划、《新疆维吾尔自治区应急管理厅2020年立法工作计划》，配合出台《新疆地质灾害防治条例》，自治区政府打包修订《实施〈自然灾害救助条例〉办法》，制定《应急管理系统推进审批服务便民化优化准入服务实施办法》等8件规范性文件，完成《社会单位消防安全管理规范》等5件标准修订工作，推动应急管理法规体系不断完善。稳步推进“十四五”规划编制工作，应急管理体系、安全生产、综合防灾减灾等“3+11”“十四五”规划进一步修改完善。

（三）发挥科技信息化引领作用

推动全区120余个应急管理部门应急指挥综合业务系统部署运行，实现灾害事故信息快速报告。应急指挥视频会议升级改造项目和指挥大厅沙盘建设项目完成招标工作，自治区“动中通”应急救援指挥车改造项目正在稳步实施。加快推进危险化学品物理危险性鉴定实验室建设，推进水文、水工程信息等数据接入应急管理部防汛抗旱态势系统，完成三、四级重大危险源，三等尾矿库数据信息接入应急管理部在线监测系统。

（四）持续加强应急管理宣传教育

加强应急管理普法，制定《新疆维吾尔自治区安全生产考核培训办法》、干部学法计划、普法责任清单，印发《新疆维吾尔自治区安全宣传“五进”工作实施方案》，编撰发放《2019年度应急管理执法典型案件选编》《2019年度应急管理法规汇编》。扎实开展全国防灾减灾日、“安全生产月”“安康杯”宣传教育活动，推送安全生产手机短信2916万条，被中央、自治区主流媒体采用新闻稿件635条，“新疆应急管理”微信公众号关注量超过1.8万人，推动形成法治观念法治环境。

第三十二章　新疆生产建设兵团应急管理工作

2020 年，新疆生产建设兵团各级牢固树立安全发展理念，进一步建立健全安全生产责任体系，深入开展安全生产专项整治三年行动、高风险作业专项治理和巡查暗访等工作，为统筹推进新冠肺炎疫情防控和经济社会发展、决胜全面建成小康社会、决战脱贫攻坚和“十三五”规划圆满收官提供坚强保障，安全形势稳定向好。全年兵团共发生各类生产安全事故 48 起、死亡 44 人，事故起数同比减少 20 起、下降 29.4%，死亡人数同比持平；未发生较大及以上事故。其中，工矿商贸行业领域发生事故 12 起、死亡 16 人，同比减少 8 起、6 人，下降 40% 和 27.3%。

一、安全生产和消防安全

（一）安全生产工作概况

根据兵团安全生产工作特点，兵团办公厅、兵团安委会、兵团安委会办公室下发巡查暗访通报、各类生产安全事故通报、紧急通知等 30 余份，结合“两节”“五一”、全国两会、国庆等重要时间节点，兵团安委会办公室安排兵团各成员单位开展巡查暗访检查 32 次，完成率 100%。共检查生产经营单位 408 家，发现问题隐患 1638 项，下达各类执法文书 125 份，约谈相关责任单位 5 家、责任人 11 人次，责令停产停业 3 家，有效遏制了各类事故发生。

（二）安全生产监管执法

兵团、师市开展安全生产检查，累计下达各类行政执法文书 3085 份，行政处罚 64 起，处罚罚款 149.8 万元，责令停产整顿 5 家，关闭生产经营单位 3 家。严格事故调查处理，对发生的 12 起生产安全事故，已全部结案，处罚事故单位 33 家，作出经济处罚 381.8854 万元，处理相关责任人员 70 人（其中移送司法机关 21 人）。

（三）安全生产综合监管

兵团各部门各单位认真学习贯彻《新疆生产建设兵团党政领导干部安全生产责任制实施细则》《新疆生产建设兵团安全生产委员会安全生产约谈实施办法（试行）》等规定，狠抓安全生产责任制落实，严格落实安全生产约谈实施办法，采取视频和现场相结合的方式，对发生事故的 4 个师市相关部门（单位）、企业共计 79 人进行约谈。与各师市、兵团安委会成员单位及有关直属机构签订 2020 年兵团安全生产目标管理责任书。切实发挥考核“指挥棒”的作用，按照《2020 年兵团绩效考核暨兵团党委管理的领导班子和领导干部年度考核工作方案》和《2020 年度兵团安全生产和消防工作目标管理考核细则》有关要求，完成对 14 个师市、30 个兵团安委会成员单位、4 个兵团直属单位的年度安全生产考核工作，对 14 个师市分管安全生产工作的领导履职情况进行排名，向兵团党委组织部报送年度安全生产考核结果，为兵团党委考核各师市和兵团有关部门领导班子提供决策参考。

（四）消防安全

加大火灾隐患排查力度，扎实开展消防专项行动。一是做好烟花爆竹安全防范工作。及时印发《关于做好烟花爆竹安全管理工作的通知》，加强年终岁尾烟花爆竹安全监管和隐患排查整治。二是开展春季大风天气火灾防控工作。对辖区耐火等级低且人员密集住宅区、城乡接合部、出租屋、“三合一”场所开展不间断的消防安全巡查和督导检查。三是按照消防安全专项整治三年行动工作要求，在辖区开展打通“生命通道”、危险化学品重大危险源企业专项检查督导行动等消防监督检查工作。四是部署开展“安全生产月”活动。普及消防安全常识，突出家庭防火安全和自救互救知识宣传。五是积极做好秋季棉花消防安全工作。消防部门联合相关部门对辖区轧花企业开轧前进行安全生产和消防安全评估，推动棉花加工厂投入火灾隐患整改资金1000余万元，其中，石河子华孚棉业有限公司投资400多万元对下属棉花加工厂进行消防设施专项改造。同时适时组织对棉花采摘、运输、轧花企业加工等各个环节消防进行检查，确保兵团棉花防火工作平稳。全年兵团辖区共发生火灾85起、死亡3人，无人员受伤，直接经济损失265.1万元。同比火灾起数上升16.44%，死亡人数下降40%，经济损失下降94.37%。

二、防灾减灾救灾

（一）自然灾害

2020年兵团发生灾害频次高、灾种多，共发生灾害105起，其中风雹74起、地震13起、洪涝10起、旱灾8起、雪灾2起，共有13个师市93个团场12.7万人受灾，死亡3人，需紧急转移人口0.8万人，需紧急生活救助人口0.1万人，约197.4千公顷农作物（其中3600公顷绝收）受灾，严重损坏房屋0.4万间，一般损坏房屋0.6万间，直接经济损失约7.83亿元。遇到了全国最大的两次地震灾害（伽师6.4级地震、于田6.4级地震），出现了兵团近10年最严重的一次旱灾，兵团第一师阿拉尔市、第三师图木舒克市、第六师五家渠市、第十三师受灾最严重。发生森林草原火情火灾5起，其中3起境外入侵火，1起自然火，1起人为火，森林草原火灾过火面积共为87.78公顷。同比人为火灾次数下降66.67%，火灾受损面积下降24.94%，森林草原火灾火情24小时扑灭率达100%，火灾年均受害率继续保持在0.8%以下，无重大经济损失和人员伤亡。

（二）灾害救助

建立民政、住建、水利、交通等多部门灾害会商研判机制，阶段性开展灾害会商研判。启动第一次全国自然灾害综合风险普查工作，完成试点任务和前期准备工作，落实中央试点补助资金429万元。全年共拨付各类救灾资金6154万元，其中2020—2021年冬春期间受灾群众生活救助中央补助资金4790万元，救助受灾群众6.87万人。完成本级1000万元救灾物资采购工作，师市安排1280万元采购救灾物资。第一师阿拉尔市幸福路街道学苑社区等5个社区获全国综合减灾示范社区称号。

（三）防震减灾

制定完善兵团《地震应急指挥体系流程图》《重特大地震应急响应任务清单》《地震应急响应手册》，明确内设机构处置重特大地震的组织体系和措施。与兵团军事部建立顺畅的军地协调机制，保障抗震救灾应急队伍需要。建立三一重工、通用航空等企业参与较大险情处置工作机制。3 次召开地震应急准备工作点对点视频调度会，指导重点师市、团场制定抗震救灾工作应对方案，完善地震应急预案，开展多层级应急演练，落实应急救援力量和物资储备，规划建设完善应急避难场所。成立兵团自然灾害综合监测预警中心（全额拨款处级事业单位，编制 65 名），为推进做好兵团自然灾害综合监测预警工作提供支撑。

（四）防汛抗旱

主汛期和旱情形势较重期间，各师主要领导和分管领导带队多次检查督导。年初，兵团及时调整防汛抗旱总指挥部领导成员、各单位组成人员及各师市防汛抗旱指挥部责任人员。汛前，各师防汛抗旱指挥部完成各团场、成员单位和重点部位、重要设施防汛目标“三个责任人”调整，完善和压实责任人的具体防汛职责，并在新闻媒体上予以公开公示。确定河道、水库（塘坝）、闸站、地质灾害点、涉山涉水景区、避险点、积滞水区等防汛重点部位防汛责任人并在显要位置公示，实现防汛责任覆盖纵向到底、横向到边。

（五）森林草原防灭火

深入开展打击森林草原违法用火行为专项行动，兵团各级森林防火指挥部共出动车辆 300 台次，人员 580 人次，深入重点团场重点连队全面查找问题点、风险点、隐患点，制止地头“烧荒”行为 90 起，批评教育 128 人，发现火灾隐患 26 起，督促整改 26 起。利用“119 消防宣传月”等时机，组织宣传活动 369 次，播放教育片 286 次，发放宣传品 4.5 万余份。

三、应急救援

（一）应急预案体系基本形成

截至 2020 年底，兵团共有预案 8620 余件，涵盖自然灾害、事故灾难、公共卫生事件和社会安全事件等各个领域。其中兵团本级有总体应急预案 1 件，专项预案 14 件，部门预案 14 件；14 个师市有总体预案 14 件，专项预案 43 件，部门预案 78 件；团场及连队各类应急预案 311 件；社区（村）应急预案 6534 件；规模以上企业应急预案 163 件；学校应急预案 1439 件。兵团各级及其有关部门均结合实际编制应急预案，矿山、危险化学品、建筑施工等重点行业领域应急预案实现全覆盖。

（二）应急演练活动扎实开展

“安全生产月”期间，兵团各级各部门各单位围绕防汛、地震、森林防火、矿山救援、危险化学品生产储存运输、建筑施工、交通运输和人员密集场所逃生等内容，组织开展各种应急演练，强化应急演练评估，检验和完善应急预案。“安全生产月”期间，全兵团共组织开展各类应急演练 1000 余场次，动用装备设备 2 万余台次，演练投入 350 万余元，直接间接参演人数 10 万余人。其中师市组织参与 100 余次，参演人数 1.5 万余人次；团场连队组织开展 400 余次，参演人数 3.5 万余人次；开展抗震救灾应急演练 300 余次，参演人数 4 万余人次；开展危险化学品生产安全应急演练 300 余次，参演人数 1 万余人次；开展防汛抢险应急演练 90 余次，参演人数 0.7 万余人次；开展森林草原防火应急演练 60 余次，参演人数 0.6 万余人次；开展煤矿安全生产应急演练 20 余次，参演人数 0.2 万余人次。

（三）应急处置及时高效

建立民政、住建、水利、交通、农业等多部门灾害会商研判机制，阶段性开展灾害会商研判。针对事故灾害特点和规律，组织相关会商研判38次，及时发布预警信息，有效落实防范措施，科学预置应急力量，先后派出30余个工作组深入一线指导救援救灾。高效应对伽师6.4级地震、达子庙水库重大险情、温宿4.5级地震、于田6.4级地震，积极组织应急救援、救助工作。

四、基础保障和能力建设

（一）应急值守有序开展

修订《新疆生产建设兵团应急管理局 煤监局应急值守工作制度》《新疆生产建设兵团应急管理局 煤监局突发事件信息报送规定》，进一步完善应急值守制度和突发事件信息报送流程；落实兵团应急管理局领导带班、值班主任、值班员、值班司机4人24小时应急值班制度，共计安排1200余人次值班值守，共接报处理事故灾害信息100余条，处理其他政务文件500余份；参加应急管理部指挥中心例行调度点名40余次，及时汇总整理值班记录；推动国家应急指挥综合业务系统使用，每周不定期电话抽查各师市具体值班值守情况，要求各师市在系统进行排班，各类事故灾害信息必须通过系统上报，应急指挥综合业务信息平台运行良好。

（二）应急指挥体系建设理顺机制

健全完善体制机制，注重统筹协调。调整兵团减灾委员会、防汛抗旱指挥部、抗震救灾指挥部成员单位，明确相关成员单位的职责，制作兵团抗震救灾指挥体系图和各类灾害应急响应启动标准速查表，组织5次成员单位联席会议，对兵团防汛抗旱、防震减灾、抗震救灾和自然灾害防治进行工作部署。

（三）做好新闻宣传

积极开展全国防灾减灾日宣传活动，邀请兵团电视台进行跟踪报道；印发《兵团“安全生产月”活动方案》，开展“十个一”活动，积极动员各师市、各行业部门开展“安全生产月”活动；印发《兵团安全宣传“五进”工作方案》，明确五个方面宣传重点，切实有效将“五进”工作走深走实。积极开展安全法规宣传教育活动，组织近17万人参加全国应急普法知识竞赛，获得“优秀组织奖”称号。

坚持消防宣传教育，努力增强消防安全意识。一是本着“消防工作、宣传先行”，扎实推进连队、社区消防宣传活动，加大对辖区职工群众用煤、用火、用电、用油等消防安全知识宣传教育力度，持续增强群众消防安全意识。二是在“全国中小学生安全教育日”、全国防灾减灾日活动期间，消防部门通过教育宣讲、主题课堂、火海逃生等多种方式在辖区开展了丰富多彩的宣传教育活动，受教育群众20余万人。三是深入开展以“关注消防、生命至上”为主题的“119消防宣传月”活动，按照消防宣传“七进”要求，全力推动各级各单位关注消防、学习消防、参与消防，进一步提升辖区职工群众消防安全素质和社会抵御灾害能力。组织逃生演练1000余场次，开展消防知识培训2000余场次，指导帮助企业解决消防安全隐患1207项，发放宣传资料30余万份，宣传提示信息1万余条，电视台专题报道18篇。

（四）创新安全生产行政执法培训方式

组织开展面向兵团应急管理系统的安全生产行政执法法律法规培训，完成兵团应急管理局依法行政培训计划，邀请专家及法律顾问开展《中华人民共和国安全生产法》《中华人民共和国行政处罚法》《中华人民共和国行政复议法》《中华人民共和国行政诉讼法》《安全生产监管执法手册（2020 版）》等有关内容、真实执法案例学习和培训，按照大培训要求，制定局相关处室培训内容，对《关于全面加强危险化学品安全生产工作的意见》、“以案说法”、《煤矿安全生产标准化管理体系》、生产安全事故调查程序及调查报告、运用法治思维提高应急管理系统行政执法规范化和精准化等进行讲解；主要领导解读《地方党政领导干部安全生产责任制规定》。培训通过全时云会议平台进行，采取集中培训与日常自学相结合、专项培训与综合培训相结合的方式进行有针对性的培训，每次时长不超过 1.5 小时，每次培训 350 余人，增强了法律法规培训的操作性和实用性。

第十篇

典型事故案例

案例一 福建省泉州市欣佳酒店“3·7”坍塌事故

2020年3月7日19时14分，福建省泉州市鲤城区欣佳酒店所在建筑物发生坍塌事故，造成29人死亡、42人受伤，直接经济损失5794万元。

这起事故虽然不够特别重大事故等级，但性质严重、影响恶劣，依据《中华人民共和国安全生产法》《生产安全事故报告和调查处理条例》等有关法律法规规定，国务院批准成立了由应急管理部牵头的国务院福建省泉州市欣佳酒店“3·7”坍塌事故调查组进行提级调查。

一、事故经过

2020年3月7日17时40分许，欣佳酒店一层大堂门口靠近餐饮店一侧顶部一块玻璃发生炸裂。18时40分许，酒店一层大堂靠近餐饮店一侧的隔墙墙面扣板出现2~3毫米宽的裂缝。19时6分许，酒店大堂与餐饮店之间钢柱外包木板发生开裂。19时9分许，隔墙鼓起5毫米；2~3分钟后，餐饮店传出爆裂声响。19时11分许，建筑物一层东侧车行展厅隔墙发出声响，墙板和吊顶开裂，玻璃脱胶。19时14分许，目击者听到幕墙玻璃爆裂巨响。19时14分17秒，欣佳酒店建筑物瞬间坍塌，历时3秒。事发时楼内共有71人被困，其中外来集中隔离人员58人、工作人员3人、其他入住人员10人。

二、应急处置情况

事故发生后，应急管理部和福建省立即启动应急响应。应急管理部、住房和城乡建设部派出工作组连夜赶赴现场指导救援，迅速组织综合性消防救援队伍、国家安全生产专业应急救援队伍、地方专业队伍、社会救援力量、志愿者等共计118支队伍、5176人开展抢险救援。3月7日19时35分，泉州市消防救援支队所属力量首先赶到事故现场，立即开展前期搜救。随后，福建省消防救援总队从福州、厦门、漳州等9个城市及训练战勤保障等10个支队调集重轻型救援队、通信和战勤保障力量共1086名指战员，携带生命探测仪器、搜救犬以及特种救援装备，进行救援处置。国家卫生健康委、福建省卫生健康委调派56名专家赶赴泉州支援伤员救治，并在事故现场设立医疗救治点，调配125名医务人员、20部救护车驻守现场，及时开展现场医疗处置、救治和疫情防控工作。

经过112小时全力救援，至3月12日11时4分，人员搜救工作结束，搜救出71名被困人员，其中，42人生还、29人遇难。救援人员、医务人员无一人伤亡，未发生疫情感染，未发生次生事故。

三、事故原因和性质

（一）直接原因

事故单位将欣佳酒店建筑物由原 4 层违法增加夹层改建成 7 层，达到极限承载能力并处于坍塌临界状态，加之事发前对底层支承钢柱违规加固焊接作业引发钢柱失稳破坏，导致建筑物整体坍塌。

（二）事故主要原因

泉州市新星机电工贸有限公司、欣佳酒店及其实际控制人杨××无视国家有关城乡规划、建设、安全生产以及行政许可法律法规，违法违规建设施工，弄虚作假骗取行政许可，安全责任长期不落实。

（三）事故性质

经调查认定，福建省泉州市欣佳酒店“3・7”坍塌事故是一起主要因违法违规建设、改建和加固施工导致建筑物坍塌的重大生产安全责任事故。

四、处理建议

公安机关采取强制措施人员共 23 人；对事故中涉嫌违纪、职务违法、职务犯罪的 49 名公职人员严肃追责问责；涉嫌刑事犯罪人员，由福建省纪委监委移交司法机关处理；对事故单位和技术服务机构分别给予吊销营业执照、特种行业许可证、卫生许可证等证照，吊销或降低企业资质，撤销消防设计备案、消防竣工验收备案，列入建筑市场主体“黑名单”，罚款等处理；对有关责任人员吊销资格证书、岗位证书。

建议对泉州市新星机电工贸有限公司、欣佳酒店和福建省有关技术服务机构的处理由福建省政府负责落实，对湖南大学设计研究院有限公司的处理由住房和城乡建设部负责落实，并将落实情况向国务院安委会办公室报告。

五、事故防范和整改措施建议

一是切实担负起防范化解安全风险的重大责任。二是强化法治思维坚持依法行政。三是全面提高涉疫场所和各类集中安置场所安全保障水平。四是深化建设施工领域“打非治违”和安全隐患排查治理。五是健全部门间信息共享和协同配合工作机制。六是扎实开展安全生产专项整治三年行动。

案例二　吉林省松原市“4·15”重大道路交通事故

2020年4月15日5时30分许，在吉林省松原市乾安县境内503国道286公里处发生一起重大道路交通事故。一辆小轿车与对向行驶的小轿车发生剐蹭后驶入对向车道，与迎面驶来的轻型栏板货车相撞，造成12人死亡、4人受伤。

一、事故经过

自2020年4月11日起，吉JPE628号轻型栏板货车驾驶人陈××受雇主宋××委托，帮助雇佣村民到乾安县所字镇忠字村栽种洋葱。事发当日，陈××从乾安县水字镇龙字村、乾安镇宾字村雇佣14人，驾驶涉事货车违法载人，途中发生事故。

4月15日5时30分许，松原市长岭县驾驶人王×驾驶吉A88NA3号奥迪小轿车，沿503国道自西向东行驶至286公里处，先与自东向西行驶的松原市乾安县吕××驾驶的吉J68U31号夏利牌小轿车左后部发生剐蹭，又与夏利小轿车后方陈××驾驶的吉JPE628号轻型栏板货车（核载5人，实载15人，其中驾驶室6人、车厢9人）迎面相撞，随后奥迪小轿车和小型货车起火燃烧，造成12人死亡、4人受伤。

二、应急处置情况

事故发生后，松原市、乾安县两级党委、政府迅速启动应急响应，主要负责同志立即赶赴现场指挥事故救援和处置工作，吉林省公安、应急、卫健、交通运输等部门迅速派员赶赴现场。公安部交管局负责人带领工作组当晚抵达事故现场，指导事故调查处理工作。

三、事故原因和责任认定

经省、市、县三级道路交通事故处理专家组集体会商，吉A88NA3号奥迪牌轿车驾驶人王×涉嫌酒后驾驶、疲劳驾驶，车辆在行驶过程中突然驶入对向车道，是导致事故发生的直接原因。陈××驾驶的吉JPE628号轻型栏板货车超员、违法载人，两车相撞后起火燃烧，加重了事故损害后果。

松原“4·15”重大道路交通事故分为两起事故责任认定：第一起为当事人王×与吕××财产损失事故，当事人王×应负此事故的全部责任，当事人吕××无责任；第二起为当事人王×与陈××等人员死亡交通事故，当事人王×应负此事故的主要责任，当事人陈××应负此事故的次要责任。

四、处理建议

对在事故中负有责任的松原市公安局和乾安县政府部门18名党政干部、公安民警给予党政纪处分。

五、事故防范和整改措施建议

一是深刻吸取教训，切实将交通安全

摆上重要日程。二是采取刚性举措，坚决遏制事故高发势头。三是层层压实责任，完善交通安全工作机制。四是强化督导检查，推动职责任务全面落实。五是大力营造氛围，有力提升交通安全意识。

案例三 沈海高速浙江温岭段“6·13”液化石油气运输槽罐车重大爆炸事故

2020年6月13日16时41分许，位于浙江台州温岭的沈海高速公路温岭段温州方向温岭西出口下匝道发生一起液化石油气运输槽罐车重大爆炸事故，造成20人死亡，175人入院治疗（其中24人重伤），直接经济损失9477.815万元。

一、事故经过

2020年6月13日5时51分，浙CM9535/浙CF138挂槽罐车从温州昌泰电力燃气有限公司梅屿储备站出发驶往宁波，11时45分到达宁波百地年液化石油气有限公司，充装25.36吨液化石油气后于13时2分出发返回温州。16时40分54秒该车驶入沈海高速公路温州方向温岭西出口匝道，16时41分16秒半挂车后部开始向右倾斜，16时41分18秒车体完全向右侧翻，碰擦匝道外侧旋转式防撞护栏并向前滑行，16时41分19秒罐体与匝道跨线桥混凝土护栏端头发生碰撞，罐体破裂、解体，牵引车和半挂车分离，其中罐体残片及半挂车呈不同方向飞出，罐体中的液化石油气迅速泄出、汽化、扩散并蔓延。16时42分58秒，扩散至沈海高速公路温州往宁波方向跨线立交桥下的石油气首先发生爆燃，火势向西蔓延，16时43分6秒发生大面积剧烈爆炸。事故造成重大人员伤亡，附近车辆、道路、周边良山村部分民房、厂房不同程度损坏。

二、应急处置情况

事故发生后，温岭市110指挥中心接到群众报警后立即电话告知温岭市应急管理局应急值班中心。温岭市应急管理局立即启动应急联动预案，组织公安、建设、交通运输、卫生健康、行政执法、生态环境、供电、消防、供水等相关应急联动部门及抢险救援专家、队伍迅速赶赴现场，全力做好现场灭火、伤员救治、现场勘查、交通疏导和秩序维护等工作。

浙江省委、省政府紧急调集14支专业救援队驰援温岭，组织危险化学品、建筑等领域专家赶赴现场指导救援。现场救援共投入大型抢险救援设备30多台（套），出动各类救援车辆151辆、医疗救护车38辆，参与救援人员2660多人次。自事故发生起至14日8时，14小时内完成现场搜救。立即成立医疗救治工作专班，组织630多名医疗专家和医护人员参与伤员救治。同时，台州、温岭两级政府迅速成立家属接待工作专班，对遇难、重伤人员家属落实专人对接，对房屋受损群众做好临时安置，全力保障群众基本生活。

三、事故原因和性质

（一）直接原因

谢××驾驶车辆从限速60公里/小时路段行驶至限速30公里/小时的弯道路段时，

未及时采取减速措施导致车辆发生侧翻，罐体前封头与跨线桥混凝土护栏端头猛烈撞击，形成破口，在冲击力和罐内压力的作用下快速撕裂、解体，罐体内液化石油气迅速泄出、汽化、扩散，遇过往机动车产生的火花爆燃，最后发生蒸汽云爆炸。

（二）间接原因

旋转式防撞护栏未按设计施工不符合相关技术标准要求，是事故的间接原因。

瑞安市瑞阳危险品运输有限公司及主要负责人叶××等无视国家有关危险化学品运输的法律法规，未落实 GPS 动态监管、安全教育管理、电子路单如实上传等安全生产主体责任，存在车辆挂靠经营等违规行为，是事故发生的主要原因。GPS 监管平台运营服务商违规帮助瑞阳运输公司逃避 GPS 监管、电子路单上传主体责任，行业协会未如实开展安全生产标准化建设等级评定，事故匝道提升改造工程业主、施工、监理单位在防撞护栏施工过程中未履行各自职责，是事故发生的重要原因。

地方交通运输主管部门作为危险货物道路运输负有安全监督管理职责的部门，未严格执行《危险货物道路运输安全管理办法》第五十二条规定，履行危险货物道路运输经营许可证核发，危险货物运输车辆 GPS 动态监控工作考核和危险货物运输企业日常安全监督检查等职责不力。地方公安机关未严格执行《危险货物道路运输安全管理办法》第五十二条第三项规定，履行危险货物运输车辆通行秩序管理职责不力。地方公路管理部门未严格执行《浙江省高速公路养护管理若干规定（试行）》第三条规定，履行事故道路养护施工监管职责不力。

（三）事故性质

经调查认定，沈海高速浙江温岭段“6·13”液化石油气运输槽罐车重大爆炸事故是一起重大生产安全责任事故。

四、处理建议

对叶××等 7 名涉嫌犯罪的有关责任人，公安机关已依法采取强制措施。

对于在事故调查过程中发现的地方党委、政府及有关部门等公职人员在履职方面存在的问题，浙江省纪委监委依规依纪依法组织开展审查调查，对 30 名责任人员作出问责处理。

建议交通运输部门依法对瑞阳运输公司、温州七星科技有限公司、事故道路交通设施安全等级提升改造工程相关企业、温州市道路危险货物运输行业协会作出行政处罚。责成温州市政府向省政府作出深刻检查，并抄报省监委，省应急管理厅。责成瑞安市委、市政府向温州市委、市政府作出深刻检查。

五、事故防范和整改措施建议

一是牢固树立安全发展理念，始终坚持人民至上、生命至上，坚决落实安全生产责任制。二是在危险化学品全生命周期安全整治中全力做好运输环节的标本兼治，持续抓好危险化学品运输安全“铁拳整治”专项行动，注重行业安全发展长效机制建设。三是继续强化企业安全生产主体责任落实，严格执行安全生产相关规定。四是全面提升危险化学品运输协同监管能力，严格依照《危险货物道路运输安全管理办法》规定的 6 部门监管职责，落实危险化学品运输全过程监督。五是加快制修订相关地方法规和标准。六是推动危险化学品运输安全社会共治，强化宣传引导、保险服务、信用管理、协作自治等机制建设，完善危险化学品运输安全社会共治体系。

案例四　山西省临汾市襄汾县陶寺乡陈庄村聚仙饭店“8·29”坍塌事故

2020年8月29日9时40分许，山西省临汾市襄汾县陶寺乡陈庄村聚仙饭店发生坍塌事故，造成29人死亡、28人受伤，直接经济损失1164.35万元。

一、事故经过

2020年8月29日，山西省临汾市襄汾县陶寺乡安李村村民在该乡陈庄村聚仙饭店为其父举办寿宴，预定25桌宴席。按照当地习俗，寿宴安排早、午两餐，早餐用餐人数70余人。早餐后，59人在宴会厅打扑克、聊天，约20人在北楼后院看戏，等候午宴。9时40分许，宴会厅和北楼部分房屋突然发生坍塌。事故发生时除2人自行逃生外，宴会厅内共有57人被困。

二、应急处置情况

事故发生后，临汾市、襄汾县党委、政府及相关部门立即启动应急响应，成立救援现场临时指挥部，开展抢险救援。省委、省政府指派两名副省长率领工作组赶赴现场指挥救援，省应急、公安、住建、自然资源、卫健等部门迅速组织国家综合性消防救援队伍、武警、地方专业队伍、社会救援力量等13支队伍840余人，调集大型救援装备车20余辆开展救援，利用生命探测仪、搜救犬和人工搜索等多种方法搜寻被困人员。经过18小时奋力救援，8月30日凌晨3时52分，抢险救援工作结束，共搜救出57名被困人员，其中28人受伤（4名危重、6名重症、18名一般症状）、29人遇难。救援过程无衍生事故、无次生灾害。

三、事故原因和性质

（一）直接原因

聚仙饭店建筑结构整体性差，经多次加建后，使宴会厅东北角承重砖柱长期处于高应力状态；北楼二层部分屋面预制板长期处于超荷载状态，在其上部高炉水渣保温层的持续压力下，发生脆性断裂，形成对宴会厅顶板的猛烈冲击，导致东北角承重砖柱崩塌，最终造成北楼二层南半部分和宴会厅整体坍塌。同时，不排除当地8月强降雨的影响。

（二）间接原因

聚仙饭店经营者祁××违法占用土地建设房屋；两次通过不正当手段取得未经审批的集体土地建设用地使用证；拒不执行原襄汾县国土资源局下达的关于陈庄村村民祁××违法占地建饭店的处罚决定和襄汾县人民法院下达的行政裁定书；将未经专业设计与施工、未经过竣工验收的农房用于从事经营活动；饭店开业以来存在证照逾期经营行为。

（三）事故性质

经调查认定，山西省临汾市襄汾县聚仙饭店“8·29”重大坍塌事故，是一起因违法违规占地建设，且在无专业设计、无资质施工的情形下，多次盲目改造扩建，建筑物工程质量存在严重缺陷，导致在经营活动中部分建筑物坍塌的重大生产安全责任事故发生。

四、处理建议

对涉嫌过失以危险方法危害公共安全罪的襄汾县陶寺乡陈庄聚仙饭店经营者祁××，公安机关已依法采取刑事强制措施。对在事故调查过程中发现的地方党委、政府及有关部门等公职人员在履职方面存在问题的相关责任人共39人予以问责。

建议依法吊销聚仙饭店营业执照等证照，责令退还非法占用的土地，限期拆除在非法占用的土地上新建的房屋，对发生重大生产安全事故的聚仙饭店处以罚款。

责成临汾市委、市政府向省委、省政府作出深刻书面检查，责成襄汾县委、县政府向临汾市委、市政府作出深刻书面检查，认真总结和汲取事故教训，进一步加强和改进安全生产工作。

五、事故防范和整改措施建议

一是切实担负起防范化解安全风险的重大责任。二是扎实开展城乡建筑领域安全隐患专项排查整治。三是建立健全保障农村建房质量安全的长效机制。四是严查重处基层行政不作为乱作为慢作为。五是全面深化安全生产专项整治三年行动和"零事故"单位创建活动。

案例五　重庆能投渝新能源有限公司松藻煤矿“9·27”重大火灾事故

2020年9月27日0时20分，重庆能投渝新能源有限公司松藻煤矿（简称松藻煤矿）发生重大火灾事故，造成16人死亡、42人受伤，直接经济损失2501万元。

一、事故经过

2020年9月27日事故当班，松藻煤矿374人入井，安全副矿长陈××下井带班；机电一队安排桂××等7人在二号大倾角胶带运煤上山-150～-75米段安装溜槽、清理浮煤，邓××负责二号大倾角带式输送机运转监护。事故当班井下其他主要作业有：6个采煤工作面割煤、安装、施工锚网梁索等作业，11个掘进工作面作业，8个瓦斯抽采钻孔施工作业。

9月26日22时34分，二号大倾角带式输送机开机运行。27日0时19分，二号大倾角带式输送机运转监护工邓××（在事故中死亡）发现胶带存在问题（电话录音中未说明具体问题），电话通知地面集控中心值班员张×停止二号大倾角带式输送机运行。0时20分，邓××向机电一队值班副队长王××电话报告二号大倾角运煤上山下方正在冒烟，将前去查看。0时21分，通风调度值班员孙××听见安全监控系统发出报警语音，发现+5米煤仓上口一氧化碳超限达0.0154%并快速上升至0.10%，即向矿调度值班员余××报告，余××随即电话通知集控中心值班员张×停止大倾角带式输送机运行（此前已停机）。张×看见监控+5米转载点视频呈白雾状，立即电话询问在+5米煤仓上口附近检修采煤二队（3231S采面）液压泵的司机曹×。曹×目视有黑色烟雾从+5米煤仓涌出至3231S采煤工作面，同时听见+5米煤仓上口的一氧化碳传感器持续报警，便在电话中告知“一氧化碳超标”后中断通话，立即打电话通知采煤二队（3231S采面）撤人，但由于采煤二队电话无人接听，遂用语音信号机通知工作面撤人。此后，井下工人桂××在-150米电话汇报二号大倾角胶带运煤上山中上部有明火，余××安排其迅速联络跟班队干撤人，同时向值班调度长梁××报告了事故情况。梁××接到电话报告后，立即赶到调度室指挥余××通知井下所有区域撤人，并依次向值班矿领导张×、机电副矿长邱××、矿长李××等人电话报告事故情况。余××向梁××报告事故后，电话通知距离采煤二队3231S采面最近的液压泵司机曹×迅速通知撤人，但由于电话已无人接听，遂拨打采煤二队工作面电话，此时正在回风巷的工人张×接到电话后迅速和工友撤离。余××向井下带班矿领导陈××电话报告事故后，连续拨打采煤三队（2324-1工作面）电话，但由于一直无人接听，遂紧急通知采煤三队地面值班人员电话通知工作面撤人，随后相继通知井下其他区域撤人，并召请松藻矿山救护大队到矿救援。

二、应急处置情况

9 月 27 日 1 时 5 分，渝新能源公司松藻矿山救护大队接到松藻煤矿事故召请，大队长穆××立即带领 3 个救护小队 23 名指战员赶赴松藻煤矿。1 时 30 分，第一批 3 个小队入井侦查搜救；2 时 40 分，在+5 米进风巷 2 号人行上山吊挂人车处发现 7 名遇险人员，救护队员立即开展紧急救治，并于 4 时 10 分将伤员运送出井。随后，救援指挥部组织松藻、南桐矿山救护大队共 15 个小队分 3 批先后入井到达-75 米标高二号大倾角皮带运煤上山及相邻区域，从下往上开展灭火搜救，先后搜救、组织撤离 78 人安全出井。7 时 35 分，成功关闭+175 米茅口巷与 2 号大倾角运煤上山联络巷的风门，在+175 米茅口巷侦查发现 3 名遇难人员；8 时 5 分，在+175 米茅口巷带式输送机机头以南发现 1 名遇难人员；其后在+175 米茅口巷 2 号石门皮带巷发现 10 名遇难人员和 1 名遇险人员，遇险人员于 10 时 15 分运送出井。12 时 30 分，在二号大倾角胶带上山+5～+80 米段搜寻到 1 名遇难人员；12 时 42 分，在二区+100 米 N3 号皮带上山机头处搜寻到 1 名遇难人员。至此，所有被困人员全部搜寻完毕。13 时 51 分，救护队将遇难的 16 名矿工全部运送出井，事故现场抢险救援工作结束。

三、事故原因和性质

（一）直接原因

松藻煤矿二号大倾角运煤上山胶带下方煤矸堆积，起火点-63.3 米标高处回程托辊被卡死、磨穿形成破口，内部沉积粉煤；磨损严重的胶带与起火点回程托辊滑动摩擦产生高温和火星，点燃回程托辊破口内积存粉煤；带式输送机运转监护工发现胶带异常情况，电话通知地面集控中心停止带式输送机运行，紧急停机后静止的胶带被引燃，胶带阻燃性能不合格、巷道倾角大、上行通风，火势增强，引起胶带和煤混合燃烧；火灾烧毁设备，破坏通风设施，产生的有毒有害高温烟气快速蔓延至 2324-1 采煤工作面，造成重大人员伤亡。

（二）间接原因

（1）松藻煤矿重生产轻安全，矿级领导红线意识缺失，均未实施停产整治，致使胶带机巷隐患未彻底消除；安全管理混乱，没有按规定检查皮带下方的浮煤堆积、金属挡矸棚损坏等情况；业务保安不到位，对该皮带巷长期存在的问题未及时发现消除隐患，致使皮带长时间“带病”运行；应急救援装备可靠性差，压风自救装置存在面罩供气管过软，易老化、扭结等情况。

（2）松藻安全管理中心安全监督管理责任不落实，安全风险分析辨识和评估不全面，未对矿井带式输送机胶带火灾风险进行分析研判，对矿井安全监督管理不到位，隐患排查治理不深入，安全检查不全面、针对性不强。

（3）渝新能源公司安全管理弱化，安全管理制度不完善，业务部门和安全管理中心管理职责不清晰，权责不统一，安全责任不落实，未认真督促煤矿全面开展隐患排查治理。

（4）重庆能投集团督促煤矿安全生产管理责任落实不到位，对煤矿安全实行四级管理，职能交叉、职责不清，责任落实层层弱化；未按集团规定正常召开安全生产例会，未认真分析解决安全生产被动局面的系统性问题和深层次矛盾；存在物资采购制度不健全、采购询价和交货验收违规等问题，带式输送机使用的胶带为假冒伪劣产品，质量不合格。

（5）属地管理及监管监察工作效能不高，对重庆能投集团吸取事故教训不深刻、安全责任逐级弱化等问题督促不够，督促指导煤矿企业安全风险研判和隐患排查治理不够全面，推动煤矿企业落实安全生产主体责任不够有力。

（三）事故性质

经调查认定，重庆能投渝新能源有限公司松藻煤矿“9·27”重大火灾事故是一起重大生产安全责任事故。

四、处理建议

松藻煤矿矿长、分管机电运输工作的副矿长、机电运输科科长、重庆能投集团物资公司供应部副部长 4 人涉嫌严重违纪违法，被纪检监察机关立案审查调查，移送司法机关追究刑事责任。

对事故责任单位松藻煤矿罚款 300 万元，对该矿矿长处上一年年收入 60% 的罚款。依据有关规定将松藻煤矿及其主要负责人纳入联合惩戒对象和安全生产不良记录“黑名单”管理。对胶带质量不合格问题，已移送公安机关立案处理。

对重庆能投集团董事长、总经理、副总经理，渝新能源公司董事长、总经理以及松藻煤矿党委书记、分管安全生产的副矿长、总工程师、机电副总工程师、安全副总工程师（兼安全监察科科长）等 20 名企业人员给予党纪政务处分或组织处理。

对綦江区政府党组成员、副区长，重庆市应急管理局副局长，重庆市国资委党委委员、副主任，綦江区应急管理局党委书记、局长等 13 名政府及安全监管监察人员给予党纪政务处分或组织处理。

五、事故防范和整改措施建议

一是深入学习贯彻习近平总书记关于安全生产的重要批示指示精神，牢固树立安全发展理念。二是扎实推进煤矿安全专项整治三年行动，努力从根本上消除安全隐患。三是全面落实煤矿企业安全生产主体责任，切实强化煤矿安全管理工作。四是严格机电运输管理，提升安全保障水平。五是加强安全生产监管，进一步提升监管监察效能。

案例六　山西省太原市迎泽区台骀山滑世界农林生态游乐园有限公司“10·1”重大火灾事故

2020 年 10 月 1 日，山西省太原市迎泽区台骀山滑世界农林生态游乐园有限公司四季冰雕馆发生火灾事故，造成 13 人死亡、15 人受伤，过火面积 2258 平方米，直接经济损失为 1790 万元。

一、事故经过

2020 年 10 月 1 日 7 时 30 分许，景区 10 千伏供电线路缺相。为了保证景区的正常营业，8 时 50 分许，供电部经理卢×开启了景区 4 台自备发电机供电。11 时 40 分许，临时工郭×发现 150 千瓦发电机故障，告知了卢×，其赶到关闭了故障发电机。12 时 37 分许，李×电话联系郝庄供电所工作人员董×后得知市电修好，相约到景区南门商讨送电事宜。12 时 49 分许，供电公司施工人员牛×电话联系董×可以供电后，将市电接通。12 时 51 分许，卢×在未将低压用电设备及发电机断开的情况下，直接利用单刀双制隔离开关，将电源从自备发电机切换至市电。

12 时 59 分，卢×接到火山乐园项目部经理张×电话，得知冰雕馆方向冒烟，就从冰雕馆配电室附近跑到冰雕馆西口西南方向查看，看到火车通道内冰雕馆一侧有明火，随后跑去配电室断电。其间，迷你小火车兼职司机何×在冰雕馆北侧简易棚下发现冰雕馆西侧冒烟，并于 13 时 1 分拨打 119 电话报警。

二、应急处置情况

事故发生后，应急管理部党委书记黄明视频连线调度指挥，并派出督导组指导抢险救援工作。山西省及太原市主要领导带领应急、消防及其他有关部门负责人，赶赴现场指挥抢险救援。13 时 1 分，太原市消防救援支队 119 指挥中心接警；13 时 25 分，驻守在台骀山景区的迎泽区东山森防灭火救援大队，先期到达事故现场开展扑救；自 13 时 45 分起，太原市消防救援支队和矿山救护等 19 支队伍、276 名专职救援人员及 47 辆消防救援车辆陆续到场展开救援，先后搜救出 13 名被困人员；18 时 30 分，整个灭火救援行动结束。

三、事故原因和性质

（一）直接原因

当日景区 10 千伏供电系统故障维修结束并恢复供电后，景区电工在由自备发电机供电切换至市电供电时，进行了违章带负荷快速拉、合隔离开关操作，在照明线路上形成的冲击过电压击穿装饰灯具的电子元件造成短路，加之通道内照明电气线路采用无漏电保护功能的大容量空气开关，导致短路发生后开关无法及时跳闸切除故障，持续的短路电流造成电子元件装置起火，进而引燃线路绝缘层及聚氨酯保温材料。

（二）间接原因

（1）高压供配电设计不符合国家标准要求。景区 6 座 10 千伏柱上变电站及供电线路均未作继电保护设计，无继电保护的调试和验收记录。

（2）10 千伏高压线路检修操作严重违规。当日 10 千伏线路断线检修停送电操作过程中，冰雕馆变电站高低压开关（包括补偿电容器开关）均保持闭合状态。

（3）低压供配电设计不符合国家标准要求。低压供电系统采用 TN-C 供电方式，未设置接地故障保护，开关短路动作定值较大；彩灯电气线路采用护套线沿可燃物墙面敷设，未采用金属导管或金属槽盒布线，致使发生电气故障时，易引燃周围可燃物。

（4）电气操作存在问题。低压送电切换违规操作，隔离开关直接带电切换，采用隔离开关强行拉负荷，又快速将带残余电压的负荷并入电网，在电源端电容充电的情况下，强行接入系统；作业现场基本条件缺失，景区特种作业人员未持证执业。

（5）建筑设计、施工不符合国家标准要求。被聚氨酯保温材料包覆的火车通道与冰雕馆的隔墙采用金属夹芯板材，夹芯材料为易燃聚苯乙烯泡沫板；冰雕游览区内拱形顶棚采用达不到 A 级标准的聚氨酯作为保温材料。

（6）单位消防安全主体责任不落实。事故发生时，冰雕馆南侧、西侧的 3 个安全出口锁闭、堵塞。

（三）事故性质

经调查认定，山西省太原市迎泽区台骀山滑世界农林生态游乐园有限公司“10·1”重大火灾事故是一起重大生产安全责任事故。

四、事故防范和整改措施建议

一是注重顶层设计，填补行业标准空白。二是加强对电气工程设计、施工安装和装修、装饰材料使用等源头管控，严格按照标准建设。三是优化监管模式，提高技术防范手段。四是强化人员培训，提升专业能力素质。

案例七　吉林省松原市“10·4”重大道路交通事故

2020 年 10 月 4 日 5 时 30 分许，在吉林省松原市境内 514 省道（松哈线松原至长春岭段）39 公里处发生一起轻型仓栅式货车撞至前方同向行驶的四轮拖拉机拖带的挂车尾部后驶入对向车道，与对面驶来的轻型栏板式货车（核载 5 人，实载 16 人）相撞的重大道路交通事故，造成 18 人死亡、1 人受伤，直接经济损失 606.1 万元。

一、事故经过

2020 年 10 月 3 日，冯××驾驶吉 A1E19W 号轻型仓栅式货车（简称吉 A1E19W 号货车）于 15 时许到达今麦郎饮品（长春）有限公司货场。由今麦郎饮品（长春）有限公司仓储科根据送货单安排叉车司机为其装载 800 件软化纯净水后，于 17 时许返至长春市农安县农安镇龙湖路毓秀小区家中。10 月 4 日 2 时 40 分左右，冯××驾驶吉 A1E19W 号货车（核载 3 人，实载 2 人）装载 800 件软化纯净水从毓秀小区出发前往扶余市长春岭镇，途经 302 国道、松原绕城高速、503 国道、203 国道和 514 省道。5 时 30 分许，该车沿 514 省道由西向东行驶至 39 公里处时（车速约 50 公里/小时），先与前方同向行驶的由李××驾驶的丰收牌 180 型四轮拖拉机（车速约 19 公里/小时）拖带的挂车尾部相撞，致拖拉机拖带的挂车与车头脱离，均被撞入道路南侧植树沟内；碰撞后，吉 A1E19W 号货车驶入对向车道，与相对方向唐××驾驶的吉 JMK350 号轻型栏板式货车（简称吉 JMK350 号货车，车速约 59 公里/小时）发生碰撞，致吉 JMK350 号货车被后推 18.2 米，两货车前部严重变形并镶嵌在一起。

二、应急处置情况

接到事故报告后，吉林省委、省政府高度重视，主要负责同志分别作出批示，要求全力开展人员救治工作，省政府相关负责同志赶赴现场，指导救援和善后处置各项工作。应急管理部、公安部、交通运输部、农业农村部及时派出工作组，到松原指导事故调查处置工作。扶余市委、市政府，松原市委、市政府主要负责同志立即赶赴现场，组织指挥公安、应急、消防、卫健等部门开展救援工作。扶余市立即启动应急响应，成立党政主要负责同志为组长的事故处置工作领导小组，下设综合协调、伤员救治、救援及事故调查、舆论宣传、善后处理和后勤保障 6 个工作组，有序开展工作。事故发生后，扶余市交警部门接警后于 6 时 4 分首先赶到现场（拖拉机驾驶员李××受轻伤，已先行打车前往松原市中心医院治疗），迅速查看现场受伤人员，封闭现场路段。长春岭镇力华医院医护人员于 6 时 10 分赶到现场，将吉 JMK350 号货车车厢内的 10 人快速救出，立即送往松原市中心医院，后经确认全部死亡。由于两货车相撞后驾驶室严重变形，消防救援人员利用吊车分离事故车辆，利用液压剪切钳等破拆工具对两车驾驶室实施拆解救援，10时48分，破拆完毕，8名被困人员经现场法医确认已全部死亡。11时，现场救援结束。按照“一对一”原则，松原市、扶余市认真做好遇难者身份确认、伤亡人员家属慰问安抚和善后赔偿等工作。

三、事故原因和性质

（一）事故原因

冯××驾驶吉A1E19W号货车，因疲劳驾驶且当时为凌晨阴天，光线较暗，未能及时发现前方同向李××驾驶的四轮拖拉机拖带的无尾灯无反光标识的挂车，采取措施不当，发生追尾碰撞后驶入对向车道，与相对方向唐××驾驶的吉JMK350号货车发生碰撞。

（二）事故性质

经调查认定，吉林省松原市“10·4”重大道路交通事故是一起重大生产安全责任事故。

四、处理建议

免于追究冯××、唐××责任，对李××予以罚款。

司法机关已对24人采取强制措施（其中，批准逮捕12人，取保候审8人，定罪不捕3人，监视居住1人）。对于在事故调查过程中发现的地方党委、政府及有关部门的公职人员履职方面的问题线索及相关材料，移交吉林省纪检监察机关；对有关人员的党政纪处分，由吉林省纪检监察机关提出。

对今麦郎饮品（长春）有限公司予以罚款；对今麦郎饮品股份有限公司由河北省应急管理厅依法处理；对北汽福田汽车股份有限公司诸城汽车厂、北汽福田汽车股份有限公司、长春市绿园区西环车箱有限公司、长春市新元发汽车经销服务有限公司、长春市路缘机动车检测有限公司分别由工信、市场监管和公安部门依权限处理或报上级部委处理。

五、事故防范和整改措施建议

一是牢固树立人民至上、生命至上理念。二是强化货车违法载人治理力度。三是强化4.5吨及以下轻型货车超载运输综合治理。四是强化企业安全生产主体责任落实。五是深化解决农村安全生产深层次矛盾。六是扎实开展道路交通安全生产专项整治三年行动。

案例八　湖南省衡阳市耒阳市导子煤业有限公司源江山煤矿“11·29”重大透水事故

2020 年 11 月 29 日 11 时 30 分，湖南省衡阳市耒阳市导子煤业有限公司源江山煤矿（简称源江山煤矿）发生重大透水事故，造成 13 人死亡，直接经济损失 3484.03 万元。

一、事故经过

2020 年 11 月 29 日 7 时，源江山煤矿矿长主持召开调度会，共安排 10 个作业地点 37 人下井作业。其中，-290 米水平安排 5 个作业地点（2 个采煤、3 个维修）共 19 人（含绞车司机、机车司机等辅助工），-500 米水平（事故区域）安排 5 个作业地点共 15 人；当班带班领导 3 人。

早 8 时，包工头周××、采煤工董××等 15 人相继下井。8 时 50 分，采煤工董××、王××、谭××3 人到达-500 米水平 6_1煤一上山，查看完工作面迎头情况后，留下谭××负责放煤，董××和王××到 6_1煤北运输巷推车。10 时 20 分，工作面迎头传来煤炮声，一直响个不停。11 时 30 分，董××从-500 米水平大巷推空矿车至距 6_1煤一上山口约 10 米处，看到大量煤和水从里面冲出来，且伴有“轰隆隆”的响声，水和煤瞬间涌至董××膝盖。董×× 用背一边挤矿车一边扒煤，向-500 米水平大巷逃生，并大声喊“穿水了，快跑”。-500 米井底车场的挂钩工王××听见喊声后也立即向上逃生。两人逃生至-230 米水平，电话向调度室值班员报告了井下透水事故情况后，自行升井。在 290 米水平作业的人员接到调度室电话后也全部自行安全升井。

二、应急处置情况

事故发生后，应急管理部多次视频连线事故现场，派出工作组赶赴事故现场，指导抢险救援工作；湖南省领导赶赴事故现场，开展事故抢险救援工作。

14 时 50 分，湖南省矿山救援白沙大队白山坪中队先期到达源江山煤矿开展救援工作。18 时 50 分，成立了事故现场指挥部，迅速调集白沙、衡阳、邵阳、郴州等 8 支矿山救护队以及湘煤集团成建制队伍、消防救援力量、电力公司，以及省、市、县三级政府应急系统等共计 1000 余人参与救援；协调邻省江西矿山排水站、国内排水设备生产厂家进行排水设备支援。

总指挥部通过在源江山煤矿以及相邻的导子二矿、楠木山矿、四家冲井 4 对矿井实施排水，同时在地面和井下施工救援钻孔。至 12 月 3 日 13 时，源江山煤矿积水排至-500 米水平，4 个煤矿累计排水量达 35900 立方米。12 月 3—6 日，在源江山煤矿-500米水平进行清淤搜救工作。至12月8日23时，先后进行侦察搜救4次，搜寻到5名遇难人员。

12月17日，经研究专家组对“11·29”源江山煤矿透水事故救援工作的评估意见和现场指挥部意见，鉴于井下8名被困者已无生存可能，且继续救援存在极大风险，衡阳市人民政府决定终止事故救援工作。

三、事故原因和性质

（一）直接原因

源江山煤矿超深越界在-500米水平6_1煤一上山巷道式开采急倾斜煤层，在矿压和上部水压共同作用下发生抽冒，导通上部导子二矿-350～-410米水平采空区积水，老空积水迅速溃入源江山煤矿-500米水平，并迅速上升稳定至-465米水平，导致井巷被淹造成重大人员伤亡。

（二）间接原因

1. 源江山煤矿严重违法违规

一是通过篡改巷道真实标高、不在图纸上标注、井下设置假国土密闭等方式，隐瞒超深越界行为。二是在煤矿安全生产许可证注销、未取得技改手续情况下，以整改之名违法组织生产，且采取在工业广场入口处设置门哨等手段，对抗地方监管。三是违章指挥在老空水淹区域下开采急倾斜煤层，事故前1小时出现明显透水征兆后未及时撤人，冒险蛮干。四是主体责任不落实，未按规定设置安全管理职能部门，“三专两探一撤”措施严重缺失，井下以包代管，违规申领、使用和存放火工品，采用剃头下山开采、巷道式放顶煤等多头面组织生产，安全管理混乱。

2. 导子二矿严重违法违规

一是主、副斜井直接落在未划定矿权国家资源区域，非法开采国家资源、违法组织生产；在煤矿安全生产许可证注销后，仍然违法组织生产。二是相互连通、冒险蛮干，井下有6处越界巷道与周边矿井连通，采掘混乱；采用剃头下山开采源江山煤矿事故区域上方国家资源后，采空区积水未及时排放，造成严重水患。

3. 中介机构严重不负责任

湖南省煤田地质局第一勘探队耒阳项目部明知源江山煤矿设置的活动铁门和孔格状结构国土密闭不符合要求，未向自然资源部门提出立即整改意见，出具的巷道测量鉴定报告结论与真实开采情况严重不符。

4. 地方政府和相关部门安全监管不到位

一是耒阳市自然资源部门对中介机构拍照的煤矿国土密闭、巷道测量鉴定结论不审核、不把关，违规为源江山煤矿办理采矿许可证延续；衡阳市自然资源部门未履行煤炭资源监管职责。二是耒阳市煤矿安全监管部门发现源江山煤矿违法生产线索后未进一步核实，未如实向市综合行政执法局移送处理，创立名目违规审批火工品供应计划；市执法局查实违法生产行为后未依法处置；衡阳市煤矿安全监管部门未按规定组织对耒阳市煤矿开展安全检查和综合督查。三是耒阳市公安机关长期违规向证照或技改手续不全的煤矿批供火工品，违规将封条交由煤矿自行封存火工品；衡阳市公安机关在源江山煤矿安全生产许可证注销的情况下，违规保留并激活源江山煤矿非营业性爆破作业单位许可证，未对该矿火工品清退、收缴情况进行跟踪督查。四是驻地煤矿监察分局监督检查不到位，向耒阳市人民政府下达的建议书只停留在发函告知层面，没有跟踪落实。五是耒阳市人民政府未正确处理安全与发展关系，未真正汲取事故教训，煤炭开采秩序长期混乱，同类事故重复发生；衡阳市人民政府未按要求对耒阳市煤矿安全生产工作开展督促检查。

（三）事故性质

经调查认定，湖南省衡阳市耒阳市导子煤业有限公司源江山煤矿“11·29”重大透水事故是一起重大生产安全责任事故。

四、处理建议

源江山煤矿董事长兼法人代表、股东、矿长、总经理、总工程师、副矿长、包工头等 11 人，以及导子二矿实际控制人、矿长、总经理、总工程师等 5 人，共 16 人被公安机关采取刑事强制措施；建议对源江山煤矿带班长、仓库保管员，导子二矿生产和安全副矿长，湖南省煤田地质局第一勘探队耒阳项目部技术组组长、项目部主任，共 6 人移送公安机关机关追究刑事责任。

对源江山煤矿建议处罚款 299 万元并承担应急救援费用，依法没收越界开采违法所得，由耒阳市政府依法关闭。依法没收导子二矿越界开采违法所得并处罚款。对楠木山煤矿和四家冲井超深越界违法行为依法立案查处。对湖南省煤田地质局第一勘探队耒阳项目部违法问题依法立案处置。

对耒阳市导子镇党委、政府及煤管站，耒阳市政府及自然资源局、应急管理局、公安局，衡阳市工信局等单位的 11 名公职人员采取留置措施；对事故中涉及地方党委、政府和相关职能部门的责任人员共计 32 名（不含留置 11 人）进行责任事故追责问责审查调查。

五、事故防范和整改措施建议

一是深入学习贯彻落实习近平总书记关于安全生产的重要论述和指示批示精神，统筹发展和安全，研究制定本地区、本企业安全红线具体标准和实施办法，牢固树立安全发展理念。二是开展矿产资源监管专项整治，研究出台日常有效监管的办法，有效制止煤矿超深越界等私挖滥采行为。三是深刻汲取事故教训，严禁开采水体下急倾斜煤层，严格落实煤矿水害防治措施。四是严格落实《国务院关于煤炭行业化解过剩产能实现脱困发展的意见》等文件精神，加大小煤矿淘汰退出力度。五是建立煤矿安全监管监察、自然资源、公安、供电等部门的常态化沟通协调机制，互通执法信息，形成工作合力，严防漏管失控。

案例九　重庆市永川区吊水洞煤业有限公司“12·4”重大火灾事故

2020 年 12 月 4 日 16 时 40 分，重庆市永川区吊水洞煤业有限公司（简称吊水洞煤矿）井下发生重大火灾事故，造成 23 人死亡、1 人重伤，直接经济损失 2632 万元。

一、事故经过

2020 年 12 月 4 日 8 时左右，胜杰回收公司回撤人员陆续到达吊水洞煤矿井下开展回撤工作。16 时 40 分左右，回撤人员在-85 米水泵硐室内违规切割 2 号、3 号水泵吸水管时，掉落的高温熔渣引燃了水仓吸水井内沉积的油垢，进而引燃了水仓中留存的岩层渗出油，油垢和岩层渗出油燃烧产生大量有毒有害烟气。16 时 57 分，调度值班员看见监控系统显示矿井总回风巷一氧化碳传感器超限报警，一氧化碳浓度不断上升，立即向矿长雷××电话报告。

17 时 17 分，吊水洞煤矿调度值班员见监控系统总回风一氧化碳传感器显示浓度一直在上升，立即向永川区能源局值班室报告了事故。永川区能源局接到事故报告后，于 17 时 50 分起陆续向永川区委区政府以及相关部门报告事故情况。事故共造成 24 人被困井下。

二、应急处置情况

事故发生后，应急管理部、国家矿山安全监察局和重庆市立即启动应急响应，全力组织救援工作。应急管理部主要负责同志与现场全程视频连线，国家矿山安全监察局主要负责同志迅速带领工作组赶赴现场指导抢险救援。重庆市、永川区党委和政府主要负责同志立即到达现场，了解事故情况，成立了现场指挥部，迅速开展抢险救援工作。重庆市和应急管理部共调动 9 支抢险救援队伍，343 人参与救援。重庆市卫生健康部门共调集 24 辆救护车、100 余名医护人员全力做好救治保障和疫情防控工作。

12 月 4 日 18 时 38 分起，救护队陆续赶到吊水洞煤矿实施救援。12 月 5 日 4 时 38 分，救出 1 名遇险人员；5 日 23 时 1 分，井下 23 名遇难者全部找到并运送出井。整个救援过程方案科学、指挥有力、调度有序、科学专业，救援过程中未发生次生事故。

三、事故原因和性质

（一）直接原因

胜杰回收公司在吊水洞煤矿井下回撤作业时，回撤人员在-85 米水泵硐室内违规使用氧气/液化石油气切割 2 号、3 号水泵吸水管时，掉落的高温熔渣引燃了水仓吸水井内沉积的油垢，油垢和岩层渗出油燃烧产生大量有毒有害烟气，在火风压作用下蔓延至进风巷，造成人员伤亡。

（二）间接原因

1. 吊水洞煤矿主体责任不落实

一是未对胜杰回收公司资质条件进行审核，将井下设备回撤违规发包给不具备条件的胜杰回收公司。二是未按回撤方案及措施进行设备回撤，向永川区能源局、茶山竹海街道办事处报告回撤方案和措施前已开始设备回撤工作，且隐瞒违规发包的事实；未执行永川区能源局、茶山竹海街道办事处到矿开会提出“不能外包、不许动火、危险性大的设备不许撤除”的安全要求。三是设备回撤安全管理不到位，未将井下回撤的安全生产工作统一协调，未认真执行入井检身制度，未认真开展安全检查，知情并放任胜杰回收公司井下违规撤除水泵、动火作业。四是煤矿管理人员收受胜杰回收公司财物，为胜杰回收公司回撤井下设备提供方便，放松对井下回撤工作的安全管理。

2. 胜杰回收公司主体责任不落实

一是不具备煤矿井下回撤作业的条件，未建立健全安全生产责任制和安全生产规章制度，未配备安全生产管理人员，没有满足煤矿井下设备回撤作业需要的煤矿专业技术人员和技能熟练的员工队伍，违规承接吊水洞煤矿井下设备回撤工作。二是违规在井下动火作业，未对气焊切割操作人员进行培训并取得特种作业证照，未明确切割操作人员的防火职责，未建立切实可行的安全防火管理制度，在有火灾隐患的情况下实施切割作业。三是井下设备回撤作业现场管理混乱，未建立生产安全事故隐患排查治理制度，未配备安全生产管理人员并对作业场所安全生产状况进行经常性检查，未对回撤作业人员进行安全生产教育培训。四是未为从业人员购买工伤保险，在取得营业执照 15 日内未按《再生资源回收管理办法》的规定向公安机关备案。

3. 茶山竹海街道办事处及其应急办属地监管不落实

一是办事处应急办对矿井关闭退出期间安全监管不到位，接到吊水洞煤矿关闭回撤方案报告后未采取措施强化监管，未及时发现回撤井下设备期间的违法违规行为。二是办事处应急办对驻矿安监员管理不到位，日常考核流于形式，未发现驻矿安监员不正确履职等问题。三是履行煤矿属地监管工作不力，对吊水洞煤矿关闭退出期间的安全管理工作督促落实不到位，未对区能源局在吊水洞煤矿召开会议确定的事项进行监督检查，对办事处应急办履职不到位等问题失察。

4. 地方监管监察部门责任不落实

一是永川区能源局对吊水洞煤矿关闭退出工作监督管理不到位，接到吊水洞煤矿撤出井下设备的报告和驻矿安监员向区能源局调度值班报告煤矿已进行回撤设备后未采取针对性措施，对茶山竹海街道办事处煤矿安全监管督促指导不够。二是永川区应急管理局对区能源局和茶山竹海街道办事处履行煤矿安全日常监管职责的巡查、考核不够有效。三是永川区政府督促区煤矿安全监管部门及茶山竹海街道办事处对吊水洞煤矿申请关闭退出工作履行安全监管职责不够有力。四是重庆市能源局在牵头推动 30 万吨/年以下的煤矿分类处置及关闭过程中的程序不够细致、责任不够明确。五是重庆市应急管理局、重庆煤矿安全监察局及渝中监察分局督促指导永川区煤矿安全监管部门对煤矿关闭退出工作履行日常监管职责不够有效。

（三）事故性质

经调查认定，重庆市永川区吊水洞煤业有限公司“12·4”重大火灾事故是一起重大生产安全责任事故。

四、处理建议

胜杰回收公司法定代表人、合伙人等 2 人，吊水洞煤矿法定代表人、董事长及其妻子、副董事长、总经理、董事长助理、矿长、技术副矿长、安全副矿长、机电副矿长、生产副总兼生技科科长等11人被公安机关采取强制措施，依法追究其刑事责任。其中5名为中共党员，由当地纪检监察机关给予相应的党纪处分。

对事故责任单位吊水洞煤矿、胜杰回收公司分别给予罚款400万元，对吊水洞煤矿董事长（实际控制人）、矿长，分别处2019年年收入60%的罚款。

依据有关规定，对胜杰回收公司及其主要负责人、吊水洞煤矿主要负责人实施联合惩戒，纳入安全生产不良记录“黑名单”管理。

对重庆市应急管理局、永川区政府、永川区应急管理局、永川区能源局、永川区茶山竹海街道办事处等单位23名责任人员进行处理，其中2人涉嫌职务违法犯罪被监察机关立案调查，移送检察机关依法审查起诉；17名公职人员存在失职失责问题给予党纪政务处分，4人予以组织处理。事故涉及的重庆煤矿安全监察局3名责任人员中2人给予政务处分，1人给予组织处理。

五、事故防范和整改措施建议

一是加强煤矿安全生产工作的领导，强化地方各级党委和政府对安全生产工作的领导责任落实。二是强化依法办矿、依法管矿意识，严格落实企业安全生产主体责任。三是加强岩层渗出油的管理，全面开展安全风险分析研判，对其风险进行评估，并采取有效措施进行治理。四是加强煤矿驻矿安监员管理，合理确定驻矿安监员的职责，落实驻矿盯守职责。五是明确关闭退出煤矿的管理规范，进一步规范对提请关闭煤矿、自愿关闭煤矿实施关闭过程中的决策机制、程序标准、安全要求，确保安全关闭退出。六是加强煤矿安全生产监管工作，改进工作作风，提高监管能力，在严格精准执法上下功夫，促进煤矿安全形势稳定好转。

第十一篇

附　录

大 事 记

1月

1月2日 应急管理部党组书记、副部长黄明深入四川省凉山彝族自治州应急管理和森林消防、消防救援基层单位调研，看望慰问基层应急管理干部职工、消防救援队伍指战员和牺牲烈士家属代表。

1月3日 应急管理部党组印发《关于加强和改进部直属机关党的建设的实施意见》。

1月6—7日 全国应急管理工作会议召开。会议要求，全国应急管理系统要坚持以习近平新时代中国特色社会主义思想为指导，全面贯彻落实党的十九大和十九届二中、三中、四中全会精神以及中央经济工作会议精神，深入学习贯彻习近平总书记关于应急管理重要论述，按照党中央、国务院决策部署，着力防风险、保稳定、建制度、补短板，全力防控重大安全风险，奋力推进应急管理体系和能力现代化，全面建设党和人民信得过靠得住能放心的队伍，为保护人民群众生命财产安全和维护社会稳定，实现“两个一百年”奋斗目标和中华民族伟大复兴的中国梦不懈奋斗。应急管理部党组书记、副部长黄明作工作报告，部党组成员出席会议，中央有关部门代表应邀出席会议。

1月6日 全国应急管理工作座谈会召开，国务委员王勇出席会议并讲话。应急管理部党组书记、副部长黄明主持会议，在京部党组成员参加会议。

同日 国家发展改革委、国家能源局、应急管理部、国家煤矿安全监察局修订印发《煤矿安全改造中央预算内投资专项管理办法》。

1月7日 全国消防救援工作会议召开，应急管理部党组书记、消防救援总监黄明出席会议并讲话，部领导许尔锋、蒲宇飞出席会议。

1月8日 国家卫生健康委、应急管理部、国家中医药管理局联合修订印发《医疗机构消防安全管理九项规定（2020版）》。

1月9—10日 国务委员王勇在江苏省调研检查安全生产专项整治和岁末年初安全防范工作。应急管理部副部长孙华山陪同调研。

1月9日 北京市房山区（北纬39.77度，东经115.63度）发生3.2级地震，震源深度13公里，未造成人员伤亡。应急管理部党组书记、副部长黄明在部指挥中心调度指导应急处置工作。

1月11日 国务院副总理刘鹤在北京市检查春运工作。应急管理部党组书记、副部长黄明陪同检查。

同日 应急管理部公布2019年全国应急救援和生产安全事故各十大典型案例。

1月12日 应急管理部党组书记黄明主持召开部党组会议暨理论学习中心组学习，传达学习贯彻习近平总书记在中央政治局“不忘初心、牢记使命”专题民主生活会上的重要讲话和中央有关通报精神，学习贯彻习近平总书记在“不忘初心、牢记使命”主题教育总结大会上的重要讲话精神，研究贯彻落实措施。

1月13日 青海省西宁市城中区长城医院门口公交车站路面发生塌陷，一辆正在站内上下客的公交车坠入塌陷坑内，造成9人死亡。应急管理部党组书记、副部长黄明在部指挥中心持续调度指导救援工作，派出工作组赴现场指导地方工作。副部长付建华参加调度。

1月14日 应急管理部系统召开“不忘初心、牢记使命”主题教育总结大会，部党组书记黄明、中央第十一巡回督导组组长宋秀岩出席会议并讲话。在京部党组成员出席会议。

1月15日 应急管理部举行部机关老干部迎新春团拜会，部党组书记、副部长黄明出席活动并致辞。政治部主任许尔锋出席团拜会。

1月16日 国务院江苏安全生产专项整治督导组组长、应急管理部党组书记黄明在江苏省南京市主持召开专题会议，听取江苏省安全生产专项整治情况汇报。部领导孙华山、王浩水，江苏省委书记娄勤俭、省长吴政隆出席会议。

同日 应急管理部党组书记、副部长黄明在江苏省南京市主持召开打通“生命通道”座谈会。部领导孙华山、王浩水出席会议。

1月18日 应急管理部党组书记、副部长黄明会见国务院国有资产监督管理委员会党委委员、中国安能集团董事长周国平一行。

1月19日 应急管理部党组书记、副部长黄明主持召开部党组会议、部务会议、部党组专题会议，传达学习贯彻习近平总书记在十九届中央纪委四次全会上的重要讲话和全会精神，传达学习贯彻中央政法工作会议精神，听取春运春节期间消防安全突出风险及对策措施的汇报，分析全国安全生产形势，研究部署有关重点工作。

同日 新疆维吾尔自治区喀什地区伽师县（北纬39.83度，东经77.21度）发生6.4级地震，震源深度16公里，造成1人死亡、2人轻伤，直接经济损失16.2亿元。应急管理部党组书记、副部长黄明在部指挥中心调度指导抢险救灾和应急处置工作，派出工作组赴灾区指导地方工作。部领导郑国光、尚勇参加调度。20日，财政部、应急管理部向新疆维吾尔自治区紧急预拨中央自然灾害救灾资金3000万元，全力支持帮助地方妥善保障伽师地震受灾群众基本生活。

1月21日 应急管理部党组书记、副部长黄明主持召开专题会议，研究新冠肺炎疫情防控工作。部领导许尔锋、尚勇出席会议。

1月22日 应急管理部举行迎新春团拜会，部党组书记、副部长黄明出席团拜会并发表新春致辞。在京部党组成员出席。

同日 四川省阿坝州理县（北纬31.66度，东经103.13度）发生4.5级地震，震源深度13公里，未造成人员伤亡。应急管理部党组书记、副部长黄明在部指挥中心调度指导抢险救灾和应急处置工作。副部长郑国光参加调度。

1月23日 应急管理部印发《关于启用新版安全生产许可证的通知》。新版安全生产许可证自2020年3月1日起启用。

1月24日至2月2日 应急管理部党组书记、副部长黄明每日主持召开视频调度会和部疫情防控工作领导小组会商研判会议，研究部署春节假期全国安全防范工作和应急管理系统新冠肺炎疫情防控工作。部领导孙华山、郑国光、黄玉治、许尔锋、尚勇分别参加有关调度。

1月25日　应急管理部党组书记黄明主持召开部党组专题会议，传达学习贯彻习近平总书记在主持中央政治局常委会会议时的重要讲话精神，进一步部署应急管理系统新冠肺炎疫情防控工作。在京部党组成员出席会议。

1月26日　应急管理部党组书记、副部长黄明主持召开应急管理系统视频会，传达学习贯彻习近平总书记对当前新冠肺炎疫情防控工作重要指示精神，按照李克强总理在湖北考察时的部署要求，对做好疫情防控和安全防范工作进行再动员、再部署。在京部党组成员出席会议。

1月28日　国务院安委会办公室、应急管理部印发《关于做好当前安全防范工作的通知》。

1月31日　应急管理部党组书记黄明主持召开部党组会议，深入学习贯彻习近平总书记关于安全生产重要指示精神，研究贯彻落实措施。

同日　应急管理部党组印发《关于贯彻落实习近平总书记重要指示精神为打赢疫情防控阻击战提供坚强政治保证的通知》。

2月

2月3日　应急管理部党组书记、副部长黄明主持召开部党组会议、部务会议，认真贯彻落实习近平总书记重要指示精神，研究贯彻全国组织部长会议有关部署、加强应急管理系统组织工作的措施，对疫情防控、节后复产复工安全生产等作出进一步安排。

2月4日　应急管理部党组书记黄明主持召开部党组会议，传达学习贯彻习近平总书记重要讲话和中央政治局常委会会议精神，部署加强应急管理系统新冠肺炎疫情防控工作。

2月6日　应急管理部党组书记、副部长黄明主持召开应急管理系统视频调度会，研判疫情发展趋势，调度部署全系统疫情防控和安全防范工作。部领导郑国光、尚勇出席会议。

2月8日　应急管理部党组书记、副部长黄明主持召开应急管理系统视频调度会，分析重点地区新冠肺炎疫情防控和安全防范工作形势，针对元宵节安全特点和安全生产形势，研究部署安全风险防范工作。部领导孙华山、郑国光、黄玉治、尚勇、刘伟出席会议。

2月10日　应急管理部党组书记、副部长黄明主持召开部党组会议、部务会议，集体学习习近平总书记在中央政治局常委会会议上的重要讲话精神，分析全国安全生产形势，研究部署做好防疫和保障复工复产安全生产工作。

同日　应急管理部批准青海省海东市化隆回族自治县迎宾大道消防救援站特勤分队班长、一级消防士马小龙同志为烈士。

2月13日　应急管理部党组书记黄明主持召开部党组会议，传达学习贯彻习近平总书记在主持中央政治局常委会会议时和在北京市调研指导新冠肺炎疫情防控工作时的重要讲话精神，研究统筹做好应急管理系统疫情防控和全年重点工作。

同日　应急管理部、民政部、财政部印发《关于加强全国灾害信息员队伍建设的指导意见》。

2月14日　国务院安委会办公室、应急管理部印发《关于切实加强复工复产安全防范和安全服务的通知》。

2月17日　国家森林草原防灭火指挥部办公室、应急管理部、国家林业和草原局印发《关于进一步加强当前森林草原防灭火工作的通知》。

2 月 18 日　山东省济南市长清区（北纬 36.47 度，东经 116.64 度）发生 4.1 级地震，震源深度 10 公里，未造成人员伤亡。应急管理部党组书记、副部长黄明在部指挥中心调度指导抢险救灾和应急处置工作。部领导郑国光、刘伟参加调度。

2 月 20 日　应急管理部党组书记、副部长黄明主持召开部党组会议、部务会议，传达学习贯彻习近平总书记在主持中央政治局常委会会议时和中央全面深化改革委员会第十二次会议时的重要讲话精神，听取做好抗大震救大灾准备工作的汇报，分析全国安全生产形势，研究部署疫情防控和安全防范等重点工作。

2 月 21 日　经国务院同意，应急管理部等八部委联合印发《防范化解尾矿库安全风险工作方案》。

2 月 22 日　山东新巨龙能源有限责任公司龙堌矿井发生冲击地压事故，造成 4 人死亡。应急管理部党组书记、副部长黄明在部指挥中心调度指导抢险救援和应急处置工作。副部长孙华山参加调度。

2 月 24 日　应急管理部党组书记黄明主持召开部党组会议，传达学习习近平总书记在统筹推进新冠肺炎疫情防控和经济社会发展工作部署会议上的重要讲话精神，研究部署进一步做好疫情防控和保障经济社会发展工作。

同日　应急管理部办公厅、财政部办公厅、中国银保监会办公厅印发《关于支持安全生产责任保险参保企业应对新冠肺炎疫情的通知》。

2 月 25 日　应急管理部等八部委联合印发《关于加快煤矿智能化发展的指导意见》。

2 月 26 日　应急管理部制定出台统筹推进企业安全防范和复工复产八项措施。

2 月 27 日　应急管理部党组书记黄明主持召开部党组会议，传达学习贯彻习近平总书记重要讲话和中央政治局常委会会议精神，听取关于当前安全生产形势、复产复工有关情况的汇报和部在京单位疫情防控工作情况的汇报，研究部署有关重点工作。

2 月 28 日　应急管理部印发《全国应急管理干部大培训总体方案》。

3 月

3 月 5 日　应急管理部党组书记、副部长黄明主持召开部党组会议、部务会议，传达学习贯彻习近平总书记在主持中央政治局常委会会议时和在北京考察新冠肺炎防控科研攻关工作时的重要讲话精神，分析全国安全生产形势，研究部署有关重点工作。

同日　国家森林草原防灭火指挥部办公室印发《关于开展野外火源专项治理行动的通知》。

3 月 7 日　福建省泉州市鲤城区常泰街道南环路欣佳快捷酒店发生坍塌事故，造成 29 人死亡、42 人受伤。应急管理部党组书记、副部长黄明在部指挥中心持续调度指导抢险救援工作，派出工作组赴现场指导地方工作。同日，国务院决定成立福建省泉州市欣佳酒店“3·7”坍塌事故调查组，国务院安委会办公室副主任付建华任组长。

3 月 8—12 日　应急管理部党组书记、副部长黄明在部指挥中心 12 次视频调度指导福建省泉州市欣佳酒店“3·7”坍塌事故抢险救援和事故调查工作。部领导郑国光、许尔锋、尚勇、刘伟、蒲宇飞、徐平、琼色分别参加有关调度。

3月8日　应急管理部印发《自然灾害情况统计调查制度》《特别重大自然灾害损失统计调查制度》。

3月9日　国务院安委会办公室、应急管理部召开全国进一步加强当前复工复产安全生产工作电视电话会议，国务院安委会副主任、应急管理部党组书记黄明主持会议并讲话。部领导尚勇、刘伟、蒲宇飞、琼色出席会议。

3月10日　全国森林草原防灭火工作电视电话会议召开，国务委员、国家森林草原防灭火指挥部总指挥王勇出席会议并讲话。国家森林草原防灭火指挥部副总指挥、应急管理部党组书记黄明通报有关工作，部领导郑国光、周学文、徐平参加会议。

3月11日　财政部、应急管理部印发《国家综合性消防救援队伍经费管理暂行规定》。

3月16日　应急管理部党组书记、副部长黄明主持召开部党组会议、部务会议，学习贯彻习近平总书记在湖北省考察新冠肺炎疫情防控工作时和在决战决胜脱贫攻坚座谈会上的重要讲话精神，研究加强疫情防控和安全防范工作具体措施；听取中国地震局党组、国家煤矿安全监察局党组和消防救援局党委、森林消防局党委2019年巡视巡察工作情况汇报和近期全国安全生产形势和企业复工复产情况的汇报，研究部署有关重点工作。

同日　应急管理部、国家卫生健康委印发《关于调整职业健康领域安全生产行业标准归口事宜的通知》。

3月18—22日　应急管理部党组书记、副部长黄明在部指挥中心多次调度指导北京市、河北省、山西省等地森林火灾扑救工作。部领导郑国光、黄玉治、周学文、徐平、琼色分别参加有关调度。

3月20日　国务院安全生产委员会全体会议召开，国务院副总理、国务院安委会主任刘鹤出席会议并讲话，国务委员、国务院安委会副主任王勇主持会议，国务委员、国务院安委会副主任赵克志出席会议。国务院安委会副主任、应急管理部党组书记黄明通报工作情况，部领导黄玉治、刘伟、琼色参加会议。

同日　西藏自治区日喀则市定日县（北纬28.63度，东经87.42度）发生5.9级地震，震源深度10公里，未造成人员伤亡。应急管理部党组书记、副部长黄明在部指挥中心调度指导抢险救灾和应急处置工作。部领导郑国光、琼色参加调度。

3月23日　应急管理部党组书记、副部长黄明主持召开部党组会议、部务会议，传达学习贯彻习近平总书记在主持中央政治局常委会会议时的重要讲话精神，传达贯彻国务院安全生产委员会全体会议精神，学习贯彻《党委（党组）落实全面从严治党主体责任规定》，研究贯彻落实中共中央办公厅、国务院办公厅《关于全面加强危险化学品安全生产工作的意见》，研究部署加强复工复产安全风险防控等重点工作。

3月27日　贵州省贵阳市观山湖区贵州商品混凝土有限公司厂区内发生塌滑事件，造成7人死亡。应急管理部党委书记、副部长黄明在部指挥中心调度指导抢险救援工作。消防救援局局长琼色参加调度。

3月28日　黑龙江省伊春鹿鸣矿业有限公司尾矿库溢流井发生倾斜，导致库内泄水量增多并伴有尾矿砂。应急管理部党委书记、副部长黄明在部指挥中心多次调度指导抢险救援工作。部领导郑国光、周学文、徐平、琼色分别参加有关调度。

3 月 29 日 国务院安委会办公室印发《国家安全发展示范城市评分标准（2019 版）》。

3 月 30 日 应急管理部党委书记、副部长黄明主持召开部党委会议、部务会议，学习贯彻习近平总书记在主持中央政治局会议、中央政治局常委会会议时和出席二十国集团领导人应对新冠肺炎特别峰会时的重要讲话精神，分析全国安全生产形势，研究部署有关重点工作。

同日 四川省凉山州西昌市发生森林火灾，造成 18 名打火队员、1 名当地向导牺牲。应急管理部党委书记、副部长黄明连续 5 天到部指挥中心调度指导火灾扑救工作。部领导郑国光、周学文、许尔锋、尚勇、徐平、琼色分别参加有关调度。

同日 T179 次旅客列车（济南—广州）行驶至湖南省郴州市永兴县境内时脱线，造成 1 人死亡、4 人重伤。应急管理部党委书记、副部长黄明在部指挥中心调度指导抢险救援和应急处置工作，派出工作组赴现场指导地方工作。部领导郑国光、琼色参加调度。

同日 内蒙古自治区呼和浩特市和林格尔县（北纬 40.14 度，东经 111.85 度）发生 4.0 级地震，未造成人员伤亡。应急管理部党委书记、副部长黄明在部指挥中心调度指导抢险救灾和应急处置工作。部领导郑国光、琼色参加调度。

3 月 31 日 应急管理部党委书记、副部长黄明主持召开全国视频调度会，传达贯彻习近平总书记重要指示精神和李克强总理等领导同志批示要求，通报四川木里、西昌森林火灾情况，对遏制灾害事故多发势头进行再部署。在京部党委同志出席会议。

4 月

4 月 1 日 国务院安全生产委员会印发《全国安全生产专项整治三年行动计划》，在全国部署开展安全生产专项整治三年行动。专项整治三年行动从 2020 年 4 月启动至 2022 年 12 月结束，分为动员部署、排查整治、集中攻坚和巩固提升四个阶段。

同日 应急管理部办公厅印发《关于加快推进应急救援航空体系建设有关工作的通知》。

4 月 2 日 全国防汛抗旱工作电视电话会议召开，李克强总理作出重要批示，国务委员、国家防汛抗旱总指挥部总指挥王勇出席会议并讲话。国家防汛抗旱总指挥部副总指挥、应急管理部党委书记黄明通报有关工作，部领导郑国光、周学文、蒲宇飞、琼色参加会议。

同日 应急管理部修订印发火灾、森林草原火灾、洪涝灾害、地震地质灾害、生产安全事故、矿山事故 6 个灾种分册和交通运输、救援力量、救灾物资、现场战勤、指挥通信、新闻宣传 6 个保障分册，与总册一并形成特别重大灾害应急响应工作“1+6+6”手册体系。

4 月 3 日 应急管理部召开应急管理系统 2020 年党风廉政建设工作视频会议，部党委书记黄明出席会议并讲话。在京部党委同志出席会议。

4 月 4—6 日 应急管理部党委书记、副部长黄明每日主持召开清明节安全防范工作视频调度会，分析研判各类风险隐患，指导部署各地加强森林草原防灭火、安全防范和应急准备等工作，调度检查各地值班值守工作情况。部领导郑国光、周学文、刘伟、徐平分别出席有关会议。

4 月 7 日 应急管理部办公厅印发

《关于进一步加强尾矿库安全风险隐患排查治理的通知》。

4月10日　全国安全生产电视电话会议召开，国务院副总理、国务院安委会主任刘鹤出席会议并讲话，国务委员、国务院安委会副主任王勇主持会议，国务委员、国务院安委会副主任赵克志出席会议并讲话。国务院安委会副主任、应急管理部党委书记黄明通报有关工作，在京部党委同志参加会议。

4月12日　广西壮族自治区河池市南丹县城关贸易市场发生火灾事故，造成1名消防救援人员牺牲、6名消防救援人员受伤，过火面积1680平方米，直接经济损失922万元。应急管理部党委书记、副部长黄明在部指挥中心调度指导抢险救援和应急处置工作。副部长刘伟参加调度。

同日　国务院安委会办公室、应急管理部印发《关于加强疫情防控常态化条件下安全生产工作的通知》。

4月13日　应急管理部党委书记、副部长黄明主持召开部党委会议、部务会议，传达学习贯彻习近平总书记在主持中央政治局常委会会议时和中央财经委员会会议时的重要讲话精神、关于安全生产重要指示和李克强总理批示要求，传达贯彻全国安全生产电视电话会议精神，深入学习贯彻习近平总书记对四川凉山州森林火灾重要指示精神，深刻反思西昌森林火灾教训，分析全国安全生产形势，研究部署有关重点工作。

4月14日　山西省大同市同煤集团塔山煤矿发生冒顶事故，造成5人被困。应急管理部党委书记、副部长黄明在部指挥中心调度指导抢险救援工作。15日，5名被困人员全部安全升井。

同日　西藏自治区林芝市巴宜区尼西村附近发生森林火灾。应急管理部党委书记、副部长黄明在部指挥中心持续调度指导火灾扑救工作。部领导黄玉治、周学文、徐平、琼色分别参加有关调度。18日17时，森林火灾明火被扑灭，火灾过火面积约700公顷，无人伤亡和重要设施损毁。

4月16日　应急管理部党委书记、副部长黄明拜访全国人大副委员长张春贤并汇报应急管理立法修法有关工作。副部长尚勇参加。

同日　国家森林草原防灭火指挥部全体会议召开，国务委员、国家森林草原防灭火指挥部总指挥王勇主持会议并讲话。国家森林草原防灭火指挥部副总指挥、应急管理部党委书记黄明，部领导周学文、琼色出席会议。

4月17日　财政部、应急管理部向云南省紧急下拨中央防汛抗旱补助资金1亿元，主要用于支持受灾地区做好抗旱救灾工作；向内蒙古自治区下拨中央防汛抗旱补助资金3000万元，用于支持地方开展凌汛险情应急处置工作。

4月18日　应急管理部党委印发《关于认真学习贯彻〈党委（党组）落实全面从严治党主体责任规定〉的通知》。

4月20日　应急管理部党委书记、副部长黄明主持召开部党委会议、部务会议，传达学习贯彻习近平总书记在主持中央政治局会议和中央政治局常委会会议时的重要讲话精神，学习贯彻中共中央办公厅《关于持续解决困扰基层的形式主义问题为决胜全面建成小康社会提供坚强作风保证的通知》，分析全国安全生产形势，研究部署有关重点工作。

4月22日　国务院江苏安全生产专项整治集中督导推进会召开，国务委员王勇出席会议并讲话。国务院江苏安全生产专项整治督导组组长、应急管理部党委书记黄明主持会议并通报督导情况，部领导孙华山、黄玉治、琼色参加会议。

4 月 23 日 山东省青岛市西海岸新区小珠山发生森林火灾。应急管理部党委书记、副部长黄明在部指挥中心持续调度指导火灾扑救工作。部领导孙华山、琼色参加调度。

同日 国务院江苏安全生产专项整治督导组组长、应急管理部党委书记黄明出席国务院江苏安全生产专项整治提升阶段督导组会议并讲话。督导组常务副组长、副部长孙华山出席会议。

同日 应急管理部党委印发《关于统筹做好应急管理部系统巡视巡察工作的意见（试行）》。

同日 应急管理部办公厅、生态环境部办公厅印发《全面开展尾矿库风险隐患排查治理工作方案》。

4 月 24 日 《人民日报》政治版头条刊发应急管理部党委书记黄明署名文章：《坚决贯彻落实总体国家安全观 推进应急管理体系和能力现代化》。

4 月 27 日 应急管理部党委书记、副部长黄明主持召开部党委会议、部务会议，深入学习贯彻习近平总书记关于安全生产和防灾减灾救灾等重要指示精神，分析全国安全生产和自然灾害形势，研究部署有关重点工作。

4 月 28 日 国务院安委会办公室、应急管理部印发《关于做好 2020 年“五一”假期安全防范工作的通知》。

4 月 30 日 应急管理部召开直属机关优秀青年干部表彰暨座谈会，对 10 名优秀青年干部标兵和 40 名优秀青年干部进行表彰。部党委书记、副部长黄明出席会议并讲话，政治部主任许尔锋主持，在京部党委同志出席会议。

同日 应急管理部党委书记黄明主持召开部党委会议，传达中央巡视工作领导小组《关于中央巡视组巡视应急管理部党委的通知》精神，研究部署有关重点工作。

同日 国务院安全生产委员会印发《国务院安全生产委员会成员单位安全生产工作考核办法》。

5 月

5 月 1 日 应急管理部党委书记、副部长黄明主持召开全国应急管理系统视频调度会，分析研判节日期间自然灾害、安全生产形势，调度检查各地安全防范和值班值守情况，对做好节日期间安全防范工作进行再部署。部领导郑国光、周学文、刘伟、琼色出席会议。

同日 全国 31 个消防救援总队首批面向社会公开招录 8727 名新消防员。

5 月 2—4 日 应急管理部党委书记、副部长黄明每日主持召开分析研判会议，听取指挥中心节日期间全国自然灾害、安全生产形势汇报，会商研判“五一”期间森林草原火险趋势，部署有关工作。部领导周学文、徐平、琼色分别出席有关会议。

5 月 5 日 应急管理部党委书记、副部长黄明主持召开全国应急管理系统“五一”假期工作总结视频调度会议，总结假期安全防范工作，研究部署节后工作。部领导孙华山、郑国光、周学文、琼色出席会议。

5 月 6 日 国务院安委会办公室、应急管理部印发《推进安全宣传“五进”工作方案》。

5 月 7 日 国务院督导四川省森林草原防灭火专项整治工作动员会在四川省成都市召开，国务院四川森林草原防灭火专项整治督导组组长、应急管理部党委书记黄明，四川省委书记彭清华出席会议并讲话。省长尹力主持会议，督导组常务副组长、副部长付建华出席会议。

同日　国务院四川森林草原防灭火专项整治督导组组长、应急管理部党委书记黄明主持召开国务院四川森林草原防灭火专项整治督导组全体会议。督导组常务副组长、副部长付建华出席会议。

同日　四川省凉山州喜德县与冕宁县交界处发生森林火灾。应急管理部党委书记、副部长黄明在部指挥中心调度指导火灾扑救工作。部领导郑国光、周学文、琼色参加调度。

5月8日　应急管理部办公厅印发《危险化学品重大危险源企业专项检查督导工作方案》《关于加强2020年汛期地质灾害应对工作的通知》。

5月9日　国务院办公厅印发《关于调整国家减灾委员会组成人员的通知》，国务委员王勇任国家减灾委员会主任，应急管理部党委书记、副部长黄明和中央军委联合参谋部副参谋长马宜明、国务院副秘书长孟扬任副主任，应急管理部副部长兼地震局局长郑国光任秘书长。

5月上旬　国务院安委会办公室启动第三轮危险化学品重点县专家指导服务。

5月12日　国家减灾委员会全体会议暨国务院防震减灾工作联席会议召开，国务委员、国家减灾委员会主任王勇出席会议并讲话。国家减灾委员会副主任、应急管理部党委书记黄明主持会议，副部长郑国光参加会议。

同日　国务院安委会办公室、应急管理部印发《关于开展2020年全国“安全生产月”和“安全生产万里行”活动的通知》。

5月13日　中央第八巡视组巡视应急管理部党委工作动员会召开，中央第八巡视组组长宁延令作动员讲话，对做好巡视工作提出要求，应急管理部党委书记黄明主持会议并讲话，部党委同志出席会议。

5月15日　应急管理部召开定点扶贫工作座谈会，专题听取山西阳高、广灵两县扶贫工作情况。部党委书记、副部长黄明出席座谈会并讲话，副部长孙华山出席会议。

同日　四川省凉山州木里县发生森林火灾，应急管理部党委书记、副部长黄明在部指挥中心调度指导火灾扑救工作。副部长郑国光参加调度。

5月18日　应急管理部党委书记、副部长黄明主持召开加强全国两会安全防范工作视频调度会。在京部党委同志出席会议。

同日　中央第八巡视组听取应急管理部党委工作汇报会召开，中央第八巡视组组长宁延令主持会议并讲话，应急管理部党委书记黄明出席会议并作工作汇报，在京部党委同志出席会议。

同日　云南省昭通市巧家县（北纬27.18度，东经103.16度）发生5.0级地震，震源深度8公里，造成4人死亡、28人受伤。应急管理部党委书记、副部长黄明在部指挥中心调度指导抢险救灾和应急处置工作，派出工作组赴灾区指导地方工作。政治部主任许尔锋参加调度。

同日　国家减灾委员会、应急管理部针对云南省普洱、玉溪等地严重旱灾启动国家Ⅳ级救灾应急响应，派出工作组赴灾区指导地方做好抗旱救灾和受灾群众生活救助等工作。

5月20日　国家防汛抗旱总指挥部印发《关于防汛抗旱行政责任人的通报》。

5月25日　应急管理部党委书记、

副部长黄明主持召开部党委会议、部务会议，传达学习习近平总书记在参加十三届全国人大三次会议、全国政协十三届三次会议部分团组会议时的重要讲话精神，学习李克强总理作的政府工作报告，分析全国安全生产形势，研究部署有关重点工作。

5 月 26 日　应急管理部党委书记、副部长黄明主持召开专题调度会商会，调度指导北京市门头沟区 3.6 级地震和浙江、湖南、江西、广东、广西、四川、云南等省（区）强降雨应急管理工作，会商震情、雨情汛情、地质灾害和安全生产形势，部署重点地区全国两会期间安全防范工作。部领导郑国光、周学文、琼色出席会议。

5 月 28 日　应急管理部召开全系统学习贯彻全国两会精神视频会议，部党委书记、副部长黄明出席会议并讲话。部党委同志出席会议。

同日　公安部、应急管理部联合发布公告，调整消防救援领域公共安全行业标准归口事宜，165 项原由公安部归口管理的消防救援领域公共安全行业标准划转至应急管理部统一归口管理，调整后的标准编号由应急管理部发布。

5 月 29 日　国务院安委会办公室、应急管理部举办 2020 年全国“安全生产月”和“安全生产万里行”活动。国务院安委会副主任、应急管理部党委书记黄明出席活动并讲话，在京部党委同志出席。

5 月 30 日　应急管理部、工业和信息化部、公安部、交通运输部联合制定颁布《特别管控危险化学品目录（第一版）》。

5 月 31 日　国务院办公厅印发《关于开展第一次全国自然灾害综合风险普查的通知》。按照党中央、国务院决策部署，为全面掌握我国自然灾害风险隐患情况，提升全社会抵御自然灾害的综合防范能力，经国务院同意，定于 2020 年至 2022 年开展第一次全国自然灾害综合风险普查工作。

6月

6 月 1 日　应急管理部党委书记黄明主持召开部党委会议，深入贯彻习近平总书记关于应急管理重要指示批示精神，研究部署贯彻落实习近平总书记重要指示批示情况“回头看”工作。

6 月 3—6 日　国务委员王勇在广西、四川调研考察防汛、森林防灭火和地震防范等灾害防治工作。应急管理部党委书记、副部长黄明陪同调研。部党委委员张永利参加四川省相关活动。

6 月 7 日　为应对华南暴雨、珠江流域洪水，国家防汛抗旱总指挥部启动防汛Ⅳ级应急响应，并派出工作组赴灾区指导地方防汛救灾工作。

6 月 8 日　应急管理部党委书记、副部长黄明主持召开部党委会议、部务会议，传达学习贯彻习近平总书记关于进一步改进会风文风、克服形式主义重要批示精神，研究部署贯彻落实措施；听取部援疆工作有关情况，全国安全生产形势和自然灾害情况以及安全生产明查暗访情况汇报，研究部署有关重点工作。

6 月 9 日　国务院安全生产委员会召开 2019 年度省级政府安全生产和消防工作考核巡查动员部署会，国务委员、国务院安委会副主任王勇出席会议并讲话。国务院安委会副主任、应急管理部党委书记黄明主持会议，部领导孙华山、黄玉治、刘伟、琼色参加会议。

同日　国家减灾委员会、应急管理部针对广西严重暴雨洪涝灾害紧急启动国家Ⅳ级救灾应急响应，并派出工作组赴灾区指导地方做好防汛救灾工作。

6月10日 应急管理部党委书记、副部长黄明会见全国人大常委会法制工作委员会副主任许安标一行。副部长尚勇参加会见。

6月11日 应急管理部党委书记、副部长黄明会见国家林业和草原局局长关志鸥一行。部党委委员张永利参加会见。

6月12日 国家防汛抗旱总指挥部召开专题会议，国务委员、国家防汛抗旱总指挥部总指挥王勇出席会议并讲话。国家防汛抗旱总指挥部副总指挥、应急管理部党委书记黄明主持会议，部领导郑国光、周学文、徐平、琼色参加会议。

同日 北京市大兴区黄村镇百联清城商务楼B座19楼一房间发生火灾，造成2名消防指战员牺牲。应急管理部党委书记、副部长黄明赴火灾事故现场指导灭火救援和火灾原因调查等工作，到医院看望受伤人员。消防救援局局长琼色陪同。

6月13日 沈海高速浙江台州温岭出口处，一辆由宁波开往温州的槽罐车发生爆炸，造成20人死亡、175人受伤，其中重伤24人，直接经济损失9477.815万元。应急管理部党委书记、副部长黄明多次到部指挥中心调度指导抢险救援工作，派出工作组赴现场指导地方工作。部领导孙华山、琼色、张永利分别参加有关调度。国务院安委会对事故查处实行挂牌督办。

6月14日 第2号台风“鹦鹉”在广东省阳江市海陵岛登陆，这是2020年在我国登陆的首个台风。国家防汛抗旱总指挥部于13日12时启动防汛防台风Ⅳ级应急响应。应急管理部党委书记、副部长黄明在部指挥中心组织多部门会商视频调度，部署做好台风防御工作。

同日 应急管理部批准北京市大兴区消防救援支队黄村消防救援站通信保障班消防员、四级消防士杨鹏同志为烈士。

6月15日 应急管理部党委书记、副部长黄明主持召开部党委会议、部务会议，深入学习习近平总书记关于应急管理重要指示批示精神，通报浙江温岭槽罐车爆炸事故处置进展情况，分析全国安全生产和自然灾害形势，研究部署有关重点工作。

同日 财政部、应急管理部向云南省下拨6000万元中央自然灾害救灾资金，支持帮助云南省做好前期严重旱灾受灾群众生活救助工作。

6月17日 四川省甘孜州丹巴县半扇门镇梅龙沟发生泥石流，造成丹巴县小金川河河道壅塞；烂水湾阿娘寨村发生山体滑坡，350国道烂水湾段道路中断。应急管理部党委书记、副部长黄明在部指挥中心持续调度指导抢险救灾工作。消防救援局局长琼色参加调度。

6月22日 应急管理部党委书记、副部长黄明主持召开部党委会议、部务会议，传达学习贯彻习近平总书记对2018年朝鲜交通事故、2019年湖北一小学持刀杀害学生案件、2018年巴西博物馆火灾、加强防范近地小行星撞击地球风险的重要批示精神，听取贯彻落实工作汇报，分析全国安全生产形势，研究部署有关重点工作。

同日 应急管理部党委印发《深入推进应急管理系统全面学习贯彻习近平总书记重要训词精神工作方案》。

6月23日 长江流域防汛抗旱工作视频会议召开，国务委员、国家防汛抗旱总指挥部总指挥王勇出席会议并讲话。国家防汛抗旱总指挥部副总指挥、应急管理部党委书记黄明主持会议，部领导孙华山、郑国光、周学文、徐平、琼色参加会议。

同日 应急管理部批准北京市大兴区消防救援支队黄村消防救援站政治指导员、专业技术一级指挥员王建同志为烈士。

同日 应急管理部办公厅印发《关于进一步引导社会应急力量参与防汛抗旱工作的通知》。

6 月 24 日 应急管理部党委印发《中共应急管理部委员会认真贯彻落实习近平总书记重要指示批示和党中央决策部署工作办法》《在部直属机关开展强化政治机关意识教育和全面推进党支部标准化规范化建设两个实施方案》《贯彻落实〈中共中央办公厅关于持续解决困扰基层的形式主义问题为决胜全面建成小康社会提供坚强作风保证的通知〉的若干措施》。

同日 应急管理部办公厅印发《应急管理部重点实验室管理办法（试行）》。

6 月 25 日 应急管理部党委书记、副部长黄明主持召开全国端午节安全防范工作视频调度会，对做好端午假期安全防范工作进行安排部署。部领导郑国光、周学文、徐平、琼色出席会议。

6 月 26—27 日 应急管理部党委书记、副部长黄明每日在部指挥中心主持召开安全形势会商研判会议，调度分析节日期间全国自然灾害、安全生产形势，检查指导各地安全防范责任措施落实和救援力量执勤备战情况。部领导孙华山、郑国光、琼色分别出席有关会议。

6 月 26 日 新疆维吾尔自治区和田地区于田县（北纬 35.73 度，东经 82.33 度）发生 6.4 级地震，震源深度 10 公里。应急管理部党委书记、副部长黄明在部指挥中心调度指导抢险救灾和应急处置工作。部领导郑国光、琼色参加调度。

6 月 28 日 国家减灾委员会、应急管理部针对四川省、贵州省、湖南省严重暴雨洪涝等灾害紧急启动国家Ⅳ级救灾应急响应，派出工作组赴灾区指导地方工作。29 日，财政部、应急管理部向四川、贵州、湖南三省紧急预拨中央自然灾害救灾资金 1.5 亿元，支持受灾地区抗洪抢险救灾工作。

同日 财政部、应急管理部印发《中央自然灾害救灾资金管理暂行办法》。

同日 应急管理部办公厅、教育部办公厅印发《关于 2020 年国家综合性消防救援队伍英烈和因公伤残等人员子女报考中国消防救援学院优待有关事宜的通知》。

6 月 29 日 应急管理部党委书记、副部长黄明主持召开部党委会议、部务会议，传达学习贯彻习近平总书记关于防汛救灾工作重要指示精神，听取关于学习贯彻落实习近平总书记重要指示批示“回头看”情况的汇报，分析全国安全生产和自然灾害形势，研究部署有关重点工作。

同日 应急管理部党委书记、副部长黄明在部指挥中心主持召开调度会商会，会商研判南方重点省（区、市）汛情灾情，部署各项防汛救灾工作。部领导周学文、琼色参加调度。

6 月 30 日 应急管理部举行专题党课报告会暨部直属机关“两优一先”表彰大会。表彰部直属机关 30 名优秀共产党员、15 名优秀党务工作者、20 个先进基层党组织。部党委书记黄明出席会议并讲话，部党委同志出席会议。

7月

7 月 2 日 国家防汛抗旱总指挥部、国家减灾委员会专题会议暨全国自然灾害综合风险普查工作会议召开，国务委员、国家防汛抗旱总指挥部总指挥王勇出席会议并讲话。国家防汛抗旱总指挥部副总指挥、应急管理部党委书记黄明主持会议，部领导郑国光、周学文、徐平、琼色参加会议。

同日　长江三峡水库入库流量达到50000立方米每秒，发生2020年第1号洪水，国家防汛抗旱总指挥部启动防汛Ⅳ级应急响应。派出工作组赴有关地区协助做好防汛抗洪抢险救灾工作。

7月3日　自然灾害防治工作部际联席会议第二次全体会议召开，部际联席会议召集人、应急管理部党委书记黄明主持会议并讲话，部领导孙华山、郑国光、尚勇出席会议。

7月4日　国务院办公厅印发《应急救援领域中央与地方财政事权和支出责任划分改革方案》。

7月6—7日　国务委员、国家防汛抗旱总指挥部总指挥王勇在江西调研指导长江流域防汛抗洪救灾工作。国家防汛抗旱总指挥部副总指挥、应急管理部党委书记黄明陪同调研。

7月7日　贵州省安顺市西秀区虹山湖路一辆公交车坠入虹山水库，造成21人死亡、15人受伤。应急管理部党委书记、副部长黄明第一时间传达李克强总理等国务院领导同志批示精神，视频调度指导现场救援工作，派出工作组赴现场指导地方工作。

同日　国家防汛抗旱总指挥部、应急管理部召开视频会商调度会，部署长江中下游和太湖流域防汛救灾工作，并于16时将防汛Ⅳ级应急响应提升至Ⅲ级。增派9个工作组分赴有关地区指导做好防汛抗洪抢险救灾工作。

7月8日　财政部、应急管理部向安徽、江西、湖北、广西、重庆、贵州下拨中央自然灾害救灾资金6.15亿元，支持帮助地方做好洪涝灾害受灾群众基本生活保障工作。

7月9日　应急管理部党委书记、副部长黄明主持召开重点省份防汛抗旱视频调度会，与水利部、自然资源部、中国气象局会商研判当前防汛形势，调度指导湖北、江西、安徽、江苏、浙江、河北、湖南、贵州等地防汛救灾工作，进一步安排部署长江、太湖流域防汛救灾工作。部领导郑国光、周学文、徐平出席会议。

同日　应急管理部党委书记、消防救援总监黄明与北京市消防救援总队、山东省消防救援总队新任职总队长进行任前谈话。

7月10日　应急管理部党委书记、副部长黄明主持召开防汛工作专题会商研判会议，会商研判当前汛情形势，部署监测预警、物资调拨、督导检查、力量前置、工程抢险、灾情评估等工作。部领导孙华山、郑国光、周学文、徐平出席会议。

7月11日　应急管理部党委书记、副部长黄明主持召开防汛救灾会商调度会议，视频连线安徽、江西、山东、湖北、湖南、贵州等地防汛抗旱指挥部和消防救援总队，就压实各级责任、完善应急预案、加强重点区域巡查、做好群众转移安置等工作作出进一步安排部署。部领导郑国光、周学文、许尔锋、徐平出席会议。

7月12日　应急管理部党委书记、副部长黄明主持召开防汛抗洪抢险救援调度会，与长江中下游等部分省份应急管理厅、消防救援总队视频连线，部署防汛救灾工作。部领导郑国光、周学文、尚勇、徐平出席会议。同日，长江中下游干流监利以下江段及洞庭湖、鄱阳湖和太湖水位持续超警，国家防汛抗旱总指挥部针对上海、江苏等11省（市）汛情灾情，将防汛Ⅲ级应急响应提升至防汛Ⅱ级应急响应。

同日 河北省唐山市古冶区（北纬39.78度，东经118.44度）发生5.1级地震，震源深度10公里。应急管理部党委书记、副部长黄明在部指挥中心调度抢险救灾和应急处置工作。部领导郑国光、许尔锋、尚勇参加调度。

同日 福建省龙岩卓越新能源股份有限公司发生火灾事故，造成2人死亡、3人受伤。应急管理部党委书记、副部长黄明在部指挥中心调度指导火灾事故抢险救援工作。副部长尚勇参加调度。

7月13日 应急管理部党委书记、副部长黄明主持召开部党委会议、部务会议，传达学习贯彻习近平总书记关于进一步做好防汛救灾工作重要指示精神，分析全国安全生产形势，研究部署有关重点工作。

同日 财政部、应急管理部向安徽、江西、湖北、湖南、重庆紧急下拨中央自然灾害救灾资金6亿元，用于支持地方防汛抗洪抢险救灾工作。

同日 新疆维吾尔自治区伊犁州霍城县（北纬44.42度，东经80.82度）发生5.0级地震，震源深度15公里。应急管理部党委书记、副部长黄明在部指挥中心调度指导抢险救灾和应急处置工作。

7月14日 全国防汛抗洪救灾工作视频会议召开，国务委员、国家防汛抗旱总指挥部总指挥王勇出席会议并讲话。国家防汛抗旱总指挥部副总指挥、应急管理部党委书记黄明主持会议，部领导郑国光、徐平参加会议。

同日 应急管理部党委书记、副部长黄明主持召开全国应急管理系统防汛救灾工作视频会，传达学习贯彻习近平总书记7月12日关于进一步做好防汛救灾工作重要指示精神，分析当前面临的形势任务，部署下一步防汛救灾重点工作。在京部党委同志出席会议。

7月15—16日 国务委员、国家防汛抗旱总指挥部总指挥王勇在湖北、湖南检查指导防汛救灾工作。国家防汛抗旱总指挥部副总指挥、应急管理部党委书记黄明陪同检查。

7月17日 国家防汛抗旱总指挥部印发《关于深入学习贯彻落实习近平总书记在中央政治局常委会会议上的重要讲话精神　全力以赴做好防汛救灾各项工作的通知》。

同日 应急管理部发布《国家综合性消防救援队伍2020年面向社会招录消防员的公告》。经应急管理部、人力资源和社会保障部批准，此次国家综合性消防救援队伍共招录消防员15000名。

7月17—18日 应急管理部党委书记、副部长黄明主持召开防汛救灾工作视频会商研判会议，与重点省市、有关部门会商研判水情汛情灾情，进一步安排部署防汛救灾各项工作。部领导孙华山、郑国光、尚勇、徐平分别出席有关会议。

7月19日 应急管理部党委书记、副部长黄明主持召开防汛救灾工作专题会议，研判灾情预警、力量调派、物资保障和群众转移安置等工作，进一步安排部署防汛救灾工作。副部长尚勇出席会议。

同日 湖北省恩施市屯堡乡马者村清江左岸沙子坝滑坡体前缘滑入清江，一度堵塞清江河道形成堰塞湖。应急管理部党委书记、副部长黄明在部指挥中心调度指导抢险救灾工作。应急管理部会同自然资源部、水利部、国家能源局和中国安能建设集团有限公司组成联合工作组赴现场指导地方工作。24 日，财政部、应急管理部向湖北紧急下拨中央自然灾害救灾资金 3000 万元，用于湖北恩施滑坡堰塞湖险情应急处置。

7 月 20 日　国务委员、国家防汛抗旱总指挥部总指挥王勇主持召开国家防汛抗旱总指挥部淮河王家坝分洪运用紧急会商会议。国家防汛抗旱总指挥部副总指挥、应急管理部党委书记黄明出席会议。

同日　应急管理部办公厅印发《关于更新烟花爆竹经营许可证式样的通知》。新版烟花爆竹经营许可证于 2021 年 9 月 1 日启用。

7 月 20—23 日　应急管理部党委书记、副部长黄明每日主持召开防汛救灾会商调度会，与水利部、自然资源部、中国气象局、国家粮食和物资储备局会商研判雨情水情灾情，视频连线有关省份应急管理厅和消防救援总队，安排部署防汛抗洪抢险救灾工作。部领导孙华山、郑国光、徐平出席会议。

7 月 22 日　安徽省合肥市庐江县同大镇石大圩连河段堤防出现漫溢险情。应急管理部党委书记、副部长黄明在部指挥中心调度指导抢险救援工作。副部长尚勇参加调度。

7 月 23 日　西藏自治区那曲市尼玛县（北纬 33. 19 度，东经 86. 81 度）发生 6. 6 级地震，震源深度 10 公里。应急管理部党委书记、副部长黄明作出部署，要求迅速了解相关情况。部领导郑国光、尚勇在部指挥中心调度指导抢险救灾和应急处置工作。

同日　应急管理部批准四川省德阳市广汉市佛山路消防救援站政治指导员、专业技术二级指挥员李义奎同志为烈士。

7 月 24 日　国务委员、国家防汛抗旱总指挥部总指挥王勇在河北检查指导防汛工作。国家防汛抗旱总指挥部副总指挥、应急管理部党委书记黄明陪同检查。

7 月 25—30 日　应急管理部党委书记、副部长黄明每日主持召开防汛救灾会商调度会，与重点省市、有关部门会商研判当前雨情水情灾情和发展态势，部署进一步做好防汛救灾工作。部领导郑国光、周学文、尚勇、徐平、张永利分别参加有关调度。

7 月 26 日　应急管理部批准安徽省合肥市庐江县消防救援大队政治教导员、一级指挥员陈陆同志为烈士。

7 月 27 日　应急管理部党委书记、副部长黄明主持召开部务会议，认真学习贯彻习近平总书记在吉林考察时关于加强当前防汛救灾和安全防范的重要指示精神，分析当前防汛救灾情况和安全防范形势，研究部署当前重点工作。

同日　国家防汛抗旱总指挥部印发《洪涝突发险情灾情报告暂行规定》。

7 月 28 日　应急管理部党委理论学习中心组围绕《习近平谈治国理政》(第三卷）举行集体学习。部党委书记黄明主持学习并讲话，在京部党委同志出席会议。

7 月 30 日　金砖国家自然灾害管理工作组视频会议召开，会议由金砖轮值主席国俄罗斯紧急情况部主持，中国、巴西、印度和南非应急管理部门代表与会。

7 月 31 日　国务院安全生产委员会全体会议召开，国务委员、国务院安委会副主任王勇出席会议并讲话，国务委员、国务院安委会副主任赵克志主持会议。国务院安委会副主任、应急管理部党委书记黄明，部领导孙华山、黄玉治、刘伟、琼色参加会议。

同日　全国安全生产电视电话会议召开，李克强总理作出重要批示，国务委员、国务院安委会副主任王勇出席会议并讲话，国务委员、国务院安委会副主任赵克志主持会议。国务院安委会副主任、应急管理部党委书记黄明，部领导孙华山、黄玉治、许尔锋、尚勇、刘伟、琼色参加会议。

7 月 31 日至 8 月 1 日 国务委员、国家防汛抗旱总指挥部总指挥王勇在安徽调研指导防汛救灾工作。国家防汛抗旱总指挥部副总指挥、应急管理部党委书记黄明陪同调研。

7 月 31 日 应急管理部党委书记、副部长黄明在安徽省合肥市看望慰问在抗洪抢险救援中牺牲的安徽省合肥市庐江县消防救援大队政治教导员陈陆烈士的家属。

8月

8 月 2 日 应急管理部印发《关于开展第五届全国 119 消防先进集体和先进个人评选表彰工作的通知》。

8 月 3 日 应急管理部党委书记、副部长黄明主持召开部党委会议、部务会议，传达学习贯彻习近平总书记主持中央政治局会议时的重要讲话精神，学习贯彻李克强总理关于安全生产工作的重要批示和全国安全生产电视电话会议精神，分析全国安全生产和自然灾害形势，研究部署有关重点工作。

同日 应急管理部党委书记、副部长黄明出席江苏安全生产专项整治“回头看”动员会并讲话。副部长孙华山主持会议。

同日 民政部、应急管理部印发《关于发挥基层群众性自治组织作用加强城乡社区防汛救灾工作的指导意见》。

8 月 4 日 财政部、应急管理部向安徽省紧急下拨中央自然灾害救灾资金 3 亿元，支持帮助灾区做好群众安置救助和灾后民房恢复重建等工作。

8 月 5 日 应急管理部党委书记、副部长黄明主持召开全国安全生产专题视频会议，认真传达贯彻落实习近平总书记关于安全生产一系列重要指示精神，深刻吸取黎巴嫩贝鲁特重大爆炸事件教训，部署开展全国危险化学品储存安全专项检查整治，深入开展天津港“8・12”等重特大事故整改措施落实情况“回头看”，举一反三狠抓其他行业领域安全防范责任措施落实。部领导孙华山、琼色出席会议。

同日 应急管理部办公厅印发《关于进一步加强疫情防控常态化条件下安全生产监管执法工作的通知》。

8 月 10 日 应急管理部党委书记、副部长黄明会见中国电信集团有限公司董事长柯瑞文一行。

同日 国务院安全生产委员会印发《关于进一步贯彻落实习近平总书记重要指示精神坚决防范遏制煤矿冲击地压事故的通知》。

8 月 11—13 日 应急管理部党委书记、副部长黄明每日主持召开防汛会商研判会议，与有关部门、省市会商研判雨水汛情，调度部署新一轮强降雨防范应对工作。部领导周学文、刘伟、徐平、琼色出席会议。

8 月 12 日 应急管理部党委书记、副部长黄明与中国国家铁路集团有限公司董事长陆东福一行座谈应急管理工作，并共同签署应急联动机制协议。部领导孙华山、琼色参加座谈和签署仪式。

8 月 14 日 应急管理部党委书记、副部长黄明主持召开全国应急管理系统防汛救灾工作视频会议，传达学习贯彻习近平总书记关于进一步做好防汛救灾工作重要指示精神，分析当前面临的形势任务，部署下一步防汛救灾重点工作。在京部党委同志出席会议。

同日　国家防汛抗旱总指挥部针对河北、山西、辽宁、江苏、山东、河南、四川、重庆、山西、甘肃10省（市），将防汛Ⅳ级应急响应提升至防汛Ⅲ级应急响应。

8月15—16日　应急管理部党委书记、副部长黄明每日主持召开防汛会商研判会议，与水利部、自然资源部、中国气象局会商研判雨水汛情，指导四川、陕西做好严重洪涝灾害救灾工作，部署四川、陕西等重点地区防汛救灾工作。部领导郑国光、周学文、琼色、张永利分别出席相关会议。

8月15日　国家减灾委员会、应急管理部针对四川、陕西近期严重洪涝灾害紧急启动国家Ⅳ级救灾应急响应，派出2个工作组赶赴重灾区，指导地方做好灾区核查评估、受灾群众转移安置等工作。

8月16日　四川省绵阳市三台县涪江段出现崩岸险情。应急管理部党委书记、副部长黄明在部指挥中心调度指导抢险救援和群众转移工作。部领导周学文、张永利参加调度。

同日　应急管理部批准甘肃省陇南市文县贾昌消防救援站通信保障班消防员赵丹同志为烈士。

8月18日　国务院安全生产委员会印发《全国危险化学品道路运输安全集中整治方案》《非法违法“小化工”专项整治方案》。

同日　国家防汛抗旱总指挥部针对四川、重庆、云南、山西、甘肃5省（市），将防汛Ⅲ级应急响应提升至防汛Ⅱ级应急响应。

8月18—19日　应急管理部党委书记、副部长黄明每日主持召开防汛会商研判会议，与有关部门、省市会商研判雨水汛情和台风“海高斯”发展动态，部署防汛防台风和受灾群众救灾救助工作。部领导孙华山、徐平出席会议。

8月19日　中央第八巡视组向应急管理部党委反馈巡视情况。中央纪委副书记、国家监委副主任陈小江主持召开向应急管理部党委书记黄明的反馈会议，出席向应急管理部党委领导班子反馈会议，对巡视整改提出要求。会议向应急管理部党委主要负责人传达了习近平总书记关于巡视工作的重要讲话精神，中央第八巡视组组长宁延令代表中央巡视组分别向应急管理部党委主要负责人和领导班子反馈了巡视情况。应急管理部党委书记黄明主持向领导班子反馈会议并就做好巡视整改工作讲话。在京部党委同志出席会议。

同日　中央编办印发《关于国家综合性消防救援队伍事业单位设置有关事项的批复》，同意设立中国消防救援学院、消防救援队伍综合保障中心、森林消防队伍综合保障中心、中国消防博物馆。

同日　应急管理部办公厅印发《关于扎实推进高危行业领域安全技能提升行动的通知》。

8月20—21日　国务院总理李克强在重庆考察，强调要贯彻落实好习近平总书记对防汛救灾和灾后重建工作的重要指示精神，加强科学防洪调度，做好抢险救援、生产恢复等工作。应急管理部党委书记、副部长黄明陪同考察。

8月20日　一艘载运约3000吨汽油的油船“隆庆1”轮与一艘砂石料船“宁高鹏688”轮在横沙岛以东30海里处发生碰撞，造成9人死亡。应急管理部党委书记、副部长黄明立即调度了解事故情况，要求有关部门全力做好抢险救援和应急处置工作。

8月21日　应急管理部批准河南省

洛阳市宜阳县锦屏大道消防救援站战斗一班消防员、四级消防士黄强同志为烈士。

8 月 22 日 应急管理部党委书记、副部长黄明主持召开防汛会商研判会议，与有关部门、省市会商研判雨水汛情发展态势，部署台风“巴威”防御和防汛救灾工作。部领导周学文、许尔锋、徐平出席会议。

同日 应急管理部党委作出决定，在全国应急管理系统组织开展向陈陆同志学习活动。

8 月 23 日 应急管理部以“应急科普利国利民”为主题，启动 2020 年全国应急科技活动周活动。

8 月 24 日 应急管理部党委书记、副部长黄明主持召开部党委会议、部务会议，学习贯彻习近平总书记在安徽考察时关于防汛救灾工作的重要指示精神和李克强总理在重庆考察时的有关部署要求，分析全国安全生产形势，听取防汛救灾情况的汇报，研究部署有关重点工作。

同日 国务院安委会办公室印发《深化硝酸铵等危化品生产企业和涉及爆炸性危险货物港口堆场等重大安全风险隐患排查治理工作方案》。

8 月 25 日 应急管理部党委书记、副部长黄明主持召开防汛会商研判会议，与有关部门、省份会商研判雨水汛情和台风“巴威”发展动态，部署重点地区防汛防台风工作。部领导周学文、徐平、琼色出席会议。国家防汛抗旱总指挥部启动防汛防台风Ⅳ级应急响应。

同日 应急管理部公告（2020 第 5 号）发布《关于消防救援领域行业标准以“XF”代号重新编号发布的公告》。

8 月 26 日 应急管理部党委书记、副部长黄明会见甘肃省省长唐仁健一行。部领导郑国光、周学文参加会见。

8 月 27 日 应急管理部党委书记、副部长黄明主持召开会商调度会，与水利部、自然资源部、中国气象局会商研判，视频连线辽宁、吉林、黑龙江、内蒙古、山东、广东、广西、福建、江苏等地防汛抗旱指挥部和相关消防救援总队，部署台风“巴威”防御工作。部领导周学文、张永利出席会议。

同日 应急管理部批准河北省衡水市消防救援支队和平路消防救援站战斗一班副班长、三级消防士牛壮军同志为烈士。

8 月 28 日 应急管理部党委书记黄明、部长王玉普签署命令，给参加抗洪抢险救援任务的全体消防救援指战员通令嘉奖。

8 月 29 日 山西省临汾市襄汾县陶寺乡陈庄村聚仙饭店发生坍塌事故，造成 29 人死亡、28 人受伤，直接经济损失 1164.35 万元。应急管理部党委书记、副部长黄明在部指挥中心持续调度指导事故救援处置工作。部领导黄玉治、琼色参加调度。国务院安委会决定对事故查处实行挂牌督办。

8 月 31 日 应急管理部党委书记、副部长黄明主持召开部党委会议、部务会议，深入学习贯彻习近平总书记关于厉行节约、反对浪费特别是制止餐饮浪费行为的重要指示精神，按照中央和国家机关工委等三部门行动方案要求，研究部署贯彻落实措施和近期安全生产、防汛救灾工作。

同日 中央宣传部授予江西省九江市消防救援支队“时代楷模”称号。

9月

9 月 1 日 应急管理部党委召开中央巡视反馈意见整改工作动员部署会。部党委书记黄明出席会议并讲话，在京部党委同志出席会议。

同日 应急管理部党委书记、副部长黄明主持召开专题会议，研究“工业互联网+安全生产”有关工作。工业和信息化部副部长王江平、应急管理部副部长尚勇出席会议。

9月3日 应急管理部党委书记、副部长黄明主持召开会商调度会，与水利部、自然资源部、中国气象局会商研判，视频连线辽宁、吉林、黑龙江、贵州等地防汛抗旱指挥部，安排部署双台风“美莎克”“海神”防御工作。部领导尚勇、徐平、琼色、张永利出席会议。

9月5日 应急管理部党委书记、消防救援总监黄明出席国家综合性消防救援队伍总队主官座谈会并讲话。部领导许尔锋、徐平、琼色出席会议。

9月7日 应急管理部党委书记、副部长黄明主持召开部党委会议、部务会议，深入学习贯彻习近平总书记关于安全生产重要指示精神，分析近期全国安全生产和自然灾害形势，研究部署下一步工作。

9月8日 应急管理部党委书记、副部长黄明会见应急管理系统全国抗击新冠肺炎疫情先进个人和集体代表。部领导许尔锋、闵宜仁、琼色参加会见。

9月12日 应急管理部党委作出决定，在全国应急管理系统组织开展向江西省九江市消防救援支队学习活动。

9月14日 应急管理部党委书记、副部长黄明主持召开部党委会议、部务会议，传达学习贯彻习近平总书记在中央财经委员会第八次会议上的重要讲话精神，分析全国安全生产形势，研究部署有关重点工作。

同日 国家防汛抗旱总指挥部派出工作组赴吉林检查指导防汛救灾工作。国家防汛抗旱总指挥部办公室向吉林、黑龙江、辽宁、内蒙古等省（区）防汛抗旱指挥部下发通知，部署东北地区江河超警超保堤防巡查防守和抢险救援工作。

同日 国务院安委会办公室印发《国家安全发展示范城市建设指导手册》。

9月15日 应急管理部党委书记、副部长黄明会见澳门纪律部队高层代表团一行。部领导尚勇、琼色参加会见。

9月16日 应急管理部印发《生产经营单位从业人员安全生产举报处理规定》。

同日 国家森林草原防灭火指挥部办公室、公安部、应急管理部、国家林业和草原局印发《关于开展打击森林草原违法用火行为专项行动的通知》。

9月18日 全国森林草原防灭火工作电视电话会议召开，国务委员、国家森林草原防灭火指挥部总指挥王勇出席会议并讲话。国家森林草原防灭火指挥部副总指挥、应急管理部党委书记黄明主持会议，部领导琼色、张永利参加会议。

同日 应急管理部党委书记、副部长黄明会见福建省委常委、副省长赵龙一行。

同日 人力资源和社会保障部、应急管理部联合追授陈陆同志“中国消防忠诚卫士”称号。9月23日应急管理部会同安徽省委、省政府在安徽合肥召开陈陆同志追授“中国消防忠诚卫士”称号表彰大会暨先进事迹报告会。

9月21日 应急管理部党委书记、副部长黄明主持召开部党委会议、部务会议，听取巡视整改进展情况汇报，推进巡视整改工作，分析全国安全生产形势，听取森林防火工作情况的汇报，研究部署有关重点工作。

9月22日 应急管理部党委书记、

副部长黄明主持召开专题会议，研究《危险化学品安全法》制定工作。

同日 应急管理部批准安徽省马鞍山市消防救援支队雨山区向山消防站副站长(站级副职)、四级指挥员彭迪同志为烈士。

9 月 23—24 日 国务委员王勇在山东调研安全生产和应急管理工作，出席全国煤矿智能化建设现场推进会并讲话。应急管理部副部长黄玉治陪同调研。

9 月 23 日 国务院四川森林草原防灭火专项整治督导组组长、应急管理部党委书记黄明在四川省成都市主持召开国务院四川森林草原防灭火专项整治督导组会议。

9 月 24 日 四川省森林草原防灭火专项整治专题辅导报告会在四川省成都市举行，国务院四川森林草原防灭火专项整治督导组组长、应急管理部党委书记黄明作辅导报告，四川省委书记彭清华主持报告会。

同日 应急管理部党委书记、副部长黄明在四川省成都市主持召开应急管理工作座谈会，听取基层应急管理、地震、煤矿安监、消防救援、森林消防部门负责人、基层代表意见建议。

9 月 25 日 应急管理部办公厅印发《关于印发加快推进自然灾害防治重点工程建设工作方案的通知》。

9 月 26 日 应急管理部印发《关于进一步推进地方应急管理立法工作的指导意见》。

9 月 27 日 国务院安委会办公室、应急管理部召开全国加强当前安全防范工作视频会议，部署国庆、中秋假期安全防范工作。国务院安委会副主任、应急管理部党委书记黄明出席会议并讲话，在京部党委同志出席会议。

同日 重庆市能源投资集团有限公司渝新能源公司松藻煤矿发生重大火灾事故，造成 16 人死亡、42 人受伤，直接经济损失 2501 万元。习近平总书记作出重要批示，国务院副总理韩正、刘鹤，国务委员王勇作出批示。应急管理部党委书记、副部长黄明在部指挥中心调度指导事故抢险救援工作，派出工作组赴现场指导地方工作。部领导黄玉治、琼色、张永利参加调度。

同日 应急管理部、国家市场监督管理总局、住房和城乡建设部、公安部、交通运输部印发《关于开展液化石油气瓶和瓶装液化石油气安全专项整治的通知》。

同日 我国在太原卫星发射中心用长征四号乙运载火箭，以一箭双星的方式成功发射应急减灾二号 A、B 卫星。这是应急管理部成立以来，作为牵头用户部门首次发射的卫星。

9 月 28 日 应急管理部党委理论学习中心组深入学习贯彻习近平总书记在全国抗击新冠肺炎疫情表彰大会上的重要讲话精神和习近平总书记在纪念中国人民抗日战争暨世界反法西斯战争胜利 75 周年座谈会上的重要讲话精神。部党委书记黄明主持学习并讲话。在京部党委同志出席会议。

同日 应急管理部党委书记黄明主持召开部党委会议，传达学习习近平总书记在第三次中央新疆工作座谈会上的重要讲话和座谈会精神，研究贯彻落实措施。

9 月下旬 国务院安委会办公室启动第四轮危险化学品重点县专家指导服务。

10 月

10 月 1 日 应急管理部党委书记、副部长黄明主持召开全国应急管理系统视频调度会，分析研判节日期间全国自然灾害、安全生产形势，对做好国庆、中秋假期安全防范工作进行部署。部领导徐平、琼色、张永利出席会议。

同日 山西省太原市台骀山滑世界农林生态游乐园有限公司发生重大火灾事故，造成13人死亡、15人受伤，直接经济损失1790万元。应急管理部党委书记、副部长黄明在部指挥中心调度指导事故抢险救援工作，派出工作组赴现场指导地方工作。部领导琼色、张永利参加调度。国务院安委会决定对事故查处实行挂牌督办。

同日 应急管理部印发《关于开展国家综合性消防救援队伍抗击新冠肺炎疫情先进个人和先进集体评选表彰工作的通知》。

10月2日 国务院安委会办公室、应急管理部召开当前安全防范工作紧急视频会议，通报山西省太原市台骀山冰雕景点火灾事故情况，对国庆、中秋假期保安全护稳定工作进行再部署、再推动、再落实。国务院安委会副主任、应急管理部党委书记黄明主持会议并讲话。部领导孙华山、黄玉治、刘伟、徐平、琼色出席会议。

10月3—5日 应急管理部党委书记、副部长黄明每日主持召开全国应急管理系统视频调度会，传达学习贯彻习近平总书记重要指示精神和李克强总理等领导同志重要批示要求，进一步部署国庆假期安全防范工作。部领导孙华山、黄玉治、刘伟、徐平、琼色分别出席相关会议。

10月4日 吉林省松原市扶余市长春岭镇发生一起货车相撞重大交通事故，造成18人死亡、1人受伤，直接经济损失606.1万元。应急管理部党委书记、副部长黄明在部指挥中心调度指导事故抢险救援工作，派出工作组赴现场指导地方工作。部领导徐平、琼色参加调度。

10月6日 国务院安委会约谈连续发生重大生产安全事故的山西、吉林两省人民政府负责人，国务院安委会副主任、应急管理部党委书记黄明分别主约谈。部领导孙华山、琼色参加约谈。

10月7日 应急管理部党委书记、副部长黄明主持召开专题会议，分析当前安全生产形势和存在的突出问题，研究下一阶段安全防范重点工作措施。

10月8日 应急管理部党委书记、副部长黄明主持召开全国安全防范工作视频会议，总结国庆假期安全防范工作情况，分析当前安全形势和存在的突出问题，部署节后安全防范重点工作。部领导孙华山、黄玉治、周学文、刘伟、徐平、闵宜仁、琼色、张永利出席会议。

10月10日 应急管理部党委书记、副部长黄明主持召开部党委会议、部务会议，传达学习贯彻习近平总书记重要指示精神，分析近期全国安全生产和自然灾害形势，研究部署进一步加强安全风险防控工作。

同日 工业和信息化部、应急管理部印发《“工业互联网+安全生产”行动计划（2021—2023年）》。

10月12日 应急管理部党委理论学习中心组（扩大）围绕《党政领导干部选拔任用工作条例》组织专题学习。部党委书记黄明主持学习并讲话。中央组织部干部一局副局长施俊民应邀到会作辅导报告。在京部党委同志出席会议。

同日 财政部、应急管理部向安徽省紧急下拨中央自然灾害救灾资金36.338亿元，支持帮助灾区做好群众安置救助和灾后民房恢复重建等救灾工作。

10月14日 应急管理部党委书记、

副部长黄明主持召开防灾减灾救灾工作地方经验交流视频会并讲话。在京部党委同志出席会议。

同日 应急管理部党委印发《应急管理部党委巡视工作实施办法》《应急管理部党委巡视工作领导小组工作规则》。

10 月 16 日 应急管理部党委书记黄明出席部系统 2020 年巡视巡察动员部署会并讲话。政治部主任许尔锋主持会议，驻部纪检监察组组长蒲宇飞宣布部党委和中国地震局、国家煤矿安全监察局党组以及消防救援局、森林消防局党委对各巡视巡察组授权及任务分工。部领导黄玉治、蒲宇飞、闵宜仁、琼色出席会议。

10 月 17 日 应急管理部办公厅印发《关于建立危险化学品重大危险源企业联合监管机制（试行）的通知》。

10 月 18—20 日 国务委员、国家森林草原防灭火指挥部总指挥王勇在黑龙江检查指导森林草原防灭火工作。国家森林草原防灭火指挥部副总指挥、应急管理部党委书记黄明陪同检查。

10 月 21 日 应急管理部党委书记、副部长黄明会见新疆维吾尔自治区政府副主席、新疆生产建设兵团司令员彭家瑞一行。

10 月 22 日 应急管理系统 2020 年警示教育大会召开，部党委书记黄明出席会议并讲话。政治部主任许尔锋主持会议，驻部纪检监察组组长蒲宇飞通报了 2018 年警示教育大会召开以来查处的部系统党员干部违纪违法典型案例，在京部党委同志出席会议。

10 月 23 日 应急管理部党委书记、副部长黄明主持召开部党委会议、部务会议，传达学习贯彻《中共中央委员会工作条例》，听取中央巡视整改工作进展情况汇报，分析全国安全生产形势，研究部署有关重点工作。

同日 应急管理部办公厅印发《淘汰落后危险化学品安全生产工艺技术设备目录（第一批）》。

10 月 25 日 沪昆高速怀化境内雪峰山隧道 K1376+600 处，一辆装载电动自行车的半挂车起火，造成 33 辆车滞留，大量人员被困隧道内。应急管理部党委书记、副部长黄明立即作出批示，指导事故救援和应急处置工作。

同日 应急管理部党委印发《关于印发选拔任用干部工作办法的通知》。

10 月 26 日 国务院办公厅印发《国家森林草原火灾应急预案》。

10 月 30 日 应急管理部党委书记黄明主持召开应急管理部系统动员部署会议，传达学习贯彻党的十九届五中全会精神，对学习贯彻落实工作作出安排部署。在京部党委同志出席会议。

同日 交通运输部、应急管理部发布《公路水运工程淘汰危及生产安全施工工艺、设备和材料目录》。

10 月 31 日 应急管理部党委书记黄明主持召开部党委会议（专题学习会），传达学习贯彻习近平总书记重要讲话和党的十九届五中全会精神。

同日 应急管理部印发《危险化学品企业安全分类整治目录（2020 年）》。

11 月

11 月 1—30 日 应急管理部在全国范围部署开展“119 消防宣传月”活动，活动主题是“关注消防，生命至上”。

11 月 1 日 天津市滨海新区天津港散货物流加工区一跨河铁路桥在维修施工过程中发生坍塌，造成 8 人死亡、4 人受伤。应急管理部党委书记、副部长黄明在部指挥中心调度指导救援处置工作，派出工作组赴现场指导地方工作。消防救援局局长琼色参加调度。

11月2日 应急管理部党委书记、副部长黄明主持召开部党委会议、部务会议，深入学习贯彻习近平总书记重要讲话和党的十九届五中全会精神，分析全国安全生产形势，研究部署有关重点工作。

11月3日 应急管理部党委书记黄明主持召开部党委理论学习中心组（扩大）学习专题报告会，深入学习贯彻党的十九届五中全会精神。中共中央党校（国家行政学院）马克思主义学院教授辛鸣应邀作辅导报告，在京部党委同志出席会议。

11月4日 应急管理部党委书记、副部长黄明率队到中国人民革命军事博物馆参观“铭记伟大胜利 捍卫和平正义——纪念中国人民志愿军抗美援朝出国作战70周年主题展览”。部领导尚勇、蒲宇飞、徐平、琼色参加。

11月5日 应急管理部党委书记、副部长黄明出席“中国消防忠诚卫士”陈陆同志先进事迹报告会并在会前会见报告团成员。在京部党委同志出席会议。

11月6日 应急管理部印发《应急管理部关于表彰第五届全国119消防先进集体和先进个人的决定》。

11月7日 应急管理部党委印发《中共应急管理部委员会关于认真学习贯彻党的十九届五中全会精神的通知》。

11月9日 应急管理部召开第五届全国119消防先进集体和先进个人表彰大会，对147个先进集体、197名先进个人进行表彰。部党委书记、副部长黄明出席会议并讲话。政治部主任许尔锋主持会议，部领导徐平、琼色、张永利出席会议。

同日 应急管理部党委书记、副部长黄明主持召开部党委会议、部务会议，深入学习贯彻党的十九届五中全会精神，听取关于“十四五”国家应急体系规划编制工作和近期安全生产形势汇报，研究部署当前重点工作。

同日 浙江省衢州市中天东方氟硅材料有限公司发生火灾事故，火灾发生和救援过程无人员伤亡。应急管理部党委书记、副部长黄明在部指挥中心调度指导救援处置工作。消防救援局局长琼色参加调度。

11月10日 应急管理部、人力资源和社会保障部印发《应急管理系统奖励暂行规定》。

11月12日 应急管理部党委书记、副部长黄明会见广西壮族自治区党委常委、副主席黄世勇一行。部领导闵宜仁、琼色参加会见。

11月16日 应急管理部党委书记、副部长黄明主持召开部党委会议、部务会议，听取中国地震局、国家煤矿安全监察局中央巡视反馈意见整改落实进展情况的汇报，分析全国安全生产形势，研究部署有关重点工作。

11月16—20日 应急管理部会同中央组织部、中央党校（国家行政学院）在京举办省部级干部推进应急管理体系和能力现代化专题研讨班。应急管理部党委书记、副部长黄明出席研讨班结业式并讲话。部领导周学文、许尔锋出席结业式。

11月17日 应急管理部党委印发《贯彻落实〈中国共产党党委（党组）理论学习中心组学习规则〉实施细则》《应急管理部直属机关基层党组织书记抓党建工作述职评议考核实施细则（试行）》。

11月19日 应急管理部印发《应急管理部关于认真贯彻落实〈关于深化应急管理综合行政执法改革的意见〉的通知》。

11 月 20 日 应急管理部公布《煤矿重大事故隐患判定标准》(应急管理部令第 4 号)，自 2021 年 1 月 1 日起施行。

同日 应急管理部党委印发《国家综合性消防救援队伍 2021—2025 年人才建设规划》。

11 月 23 日 应急管理部党委书记、副部长黄明主持召开部党委会议、部务会议，传达学习习近平总书记重要讲话和中央全面依法治国工作会议精神，听取全国安全生产形势和低温雨雪冰冻灾害防范应对工作的汇报，研究部署有关重点工作。

11 月 24 日 应急管理部印发《应急管理部中央预算内投资项目管理暂行办法》。

同日 国家防汛抗旱总指挥部印发《关于健全地方防汛抗旱工作机制的指导意见》。

同日 国家森林草原防灭火指挥部印发《关于健全完善地方森林草原防灭火工作机制的指导意见》。

11 月 25 日 应急管理部党委书记、副部长黄明为中央党校（国家行政学院）中青年干部培训班授课。

同日 应急管理部印发《生产安全事故统计调查制度》《安全生产行政执法统计调查制度》。

11 月 26 日 国务院江苏安全生产专项整治督导组组长、应急管理部党委书记黄明在江苏省南京市出席督导组工作情况汇报会并讲话。督导组常务副组长、副部长孙华山主持会议。

11 月 27 日 国务院江苏安全生产专项整治督导组组长、应急管理部党委书记黄明在江苏省南京市出席江苏省安全生产专项整治工作汇报会并讲话，江苏省省长吴政隆出席会议并汇报有关工作。江苏省委书记娄勤俭主持会议，督导组常务副组长、副部长孙华山出席会议。

同日 国务院江苏安全生产专项整治督导组组长、应急管理部党委书记黄明在江苏省南京市主持召开督导组全体会议并部署下步工作。督导组常务副组长、副部长孙华山出席会议。

同日 国务院安委会办公室印发《关于开展油气储存和长输管道企业安全风险隐患专项排查治理督导工作的通知》。

11 月 29 日 湖南省衡阳市耒阳市导子煤业有限公司源江山煤矿发生重大透水事故，造成 13 人死亡，直接经济损失 3484.03 万元。应急管理部党委书记、副部长黄明在部指挥中心调度指导抢险救援处置工作，派出工作组赴现场指导地方工作。部领导黄玉治、周学文等参加调度。

12 月

12 月 3 日 应急管理部党委书记、副部长黄明会见国家发展改革委副主任林念修一行。副部长尚勇参加会见。

12 月 4 日 应急管理部党委理论学习中心组（扩大）举办学习贯彻党的十九届五中全会精神第二场专题辅导报告会。部党委书记黄明主持报告会并讲话。中央宣讲团成员、中央财经委员会办公室分管日常工作的副主任韩文秀应邀作辅导报告。在京部党委同志出席会议。

同日 应急管理部举行新任职国家工作人员集体宪法宣誓仪式。部党委书记、副部长黄明监誓，政治部主任许尔锋主持宣誓仪式，消防救援局局长琼色领诵誓词，172 名新任职干部参加宣誓。在京部党委同志参加宣誓仪式。

同日 重庆市永川区吊水洞煤业有限公司发生重大火灾事故，造成 23 人死亡，直接经济损失 2632 万元。应急管理部党委书记、副部长黄明在部指挥中心持续调度指导抢险救援工作。部领导琼色、张永利分别参加调度。应急管理部派出由副部长黄玉治带队的工作组赴现场指导地方工作。国务院安委会决定对事故查处实行挂牌督办。

同日　中共湖南省委决定：省应急管理厅党组改设党委。至此，全国 32 个省级应急管理厅（局）全部改设党委。

12 月 5 日　应急管理部党委书记黄明主持召开部党委专题会议，传达学习贯彻习近平总书记近期关于安全生产和煤矿安全重要指示精神和李克强总理等领导同志重要批示要求，研究具体贯彻落实措施。部领导孙华山、刘伟、琼色、张永利出席会议。

12 月 6 日　国务院安委会办公室、应急管理部召开全国煤矿安全生产工作紧急视频会议，认真贯彻落实习近平总书记关于安全生产重要指示精神，按照李克强总理等领导同志重要批示要求，分析当前煤矿安全生产形势，查找存在的突出问题，安排部署岁末年初煤矿等重点行业领域安全防范工作。国务院安委会副主任、应急管理部党委书记黄明出席会议并讲话，部领导孙华山、黄玉治、刘伟、琼色、张永利出席会议。

12 月 7 日　应急管理部党委印发《贯彻落实〈关于巩固深化“不忘初心、牢记使命”主题教育成果的意见〉工作措施》。

12 月 10 日　国家矿山安全监察局举行揭牌仪式，国务委员王勇，应急管理部党委书记、副部长黄明出席仪式并为国家矿山安全监察局揭牌。部领导孙华山、黄玉治、许尔锋、刘伟、琼色出席揭牌仪式。

同日　全国安全生产工作视频会议召开，国务委员王勇出席会议并讲话。应急管理部党委书记、副部长黄明主持会议，在京部党委同志出席会议。

同日　应急管理部党委理论学习中心组围绕深入学习贯彻习近平总书记重要讲话和党的十九届五中全会精神，全面贯彻习近平法治思想，就着力做好应急管理“十四五”规划编制、认真谋划明年工作、加强队伍建设，推进应急管理工作高质量发展开展学习研讨。部党委书记黄明主持学习并讲话，在京部党委同志出席会议。

同日　财政部、应急管理部向 25 个省（区、市）和新疆生产建设兵团下拨 2020—2021 年度中央冬春救灾资金 62.447 亿元，用于支持帮助灾区统筹做好受灾群众冬春期间基本生活保障工作。

12 月 14 日　应急管理部部长、党委副书记王玉普同志遗体送别仪式在八宝山革命公墓举行。王玉普同志因病医治无效，在天津去世，享年 64 岁。部党委同志出席仪式。

12 月 15 日　应急管理部党委书记、副部长黄明主持召开部党委会议、部务会议，传达学习贯彻习近平总书记关于安全生产重要指示精神，研究深化江苏安全生产专项整治工作，分析全国安全生产形势，研究部署有关重点工作。

12 月 18 日　应急管理部印发表彰决定，授予雷永利等 200 名同志“国家综合性消防救援队伍抗击新冠肺炎疫情先进个人”称号、北京市丰台区消防救援支队等 60 个单位“国家综合性消防救援队伍抗击新冠肺炎疫情先进集体”称号。

12 月 21 日　应急管理部党委书记黄明先后主持召开部党委（扩大）会议和专题学习会，传达学习贯彻中央经济工作会议精神，部署进一步做好岁末年初安全生产和受灾群众生活保障工作。

12 月 22 日 应急管理部党委书记黄明主持召开部党委巡视工作领导小组会议并讲话。部领导许尔锋、蒲宇飞出席会议。

12 月 25 日 江苏深化安全生产专项整治动员部署会议在江苏省南京市召开，国务院江苏安全生产专项整治督导组组长、应急管理部党委书记黄明出席会议并讲话。督导组常务副组长、副部长孙华山出席会议。

12 月 28 日 应急管理部党委书记黄明主持召开部党委会议，听取部巡视办、中国地震局、国家矿山安全监察局、消防救援局、森林消防局 2020 年内部巡视巡察综合情况汇报，分析全国安全生产形势，研究部署有关重点工作。

同日 云南省迪庆州香格里拉经济开发区礼仁村发生森林火灾。应急管理部党委书记、副部长黄明在部指挥中心持续调度指导火灾扑救工作。部领导徐平、琼色参加调度。

同日 国务院安全生产委员会印发《国务院安全生产委员会成员单位安全生产工作任务分工》。

12 月 30 日 应急管理部国家安全科学与工程研究院在京挂牌成立。

12 月 31 日 应急管理部党委书记、副部长黄明主持召开视频调度会议，调度检查全国重点地区、重大活动安全措施落实情况，部署跨年夜和元旦假期安全防范工作。部领导周学文、刘伟、宋元明、徐平、闵宜仁、琼色出席会议。